LE GUIDE VERT

Limousin Berry

1 Limoges et le Haut-Limousin 31

2 Brive, Tulle et la vallée de la Dordogne 117

3 Parc naturel régional de Millevaches en Limousin 191

4 Guéret, Haute et Basse Marches 225

5 Bourges, le Sancerrois et la Sologne berrichonne 273

6 Valençay, la Brenne et la vallée de la Creuse 333

7 La Champagne berrichonne et le Boischaut Sud 385

DÉCOUPAGE GÉOGRAPHIQUE DU GUIDE SUR LA CARTE CI-CONTRE

L'équipe du Guide Vert Michelin, de gauche à droite : Camille Bouvet, Denis Rasse, Natacha Brumard, Amaury de Valroger, Lucie Fontaine, Philippe Orain, Florence Dyan, Catherine Guégan, Hervé Dubois, Fiona Lale, Hélène Payelle, Marie-Pierre Renier, Éric Boucher, Véronique Aissani, Marie Simonet, Carole Diascorn, Jérôme Lévêque, Marion Capéra, Pascal Grougon, Dominique Auclair.

Édito

Redonner du sens au voyage en prenant son temps et dans un plus grand respect de l'environnement, voilà ce à quoi devraient ressembler nos déplacements d'aujourd'hui.

Alors, ralentissons le pas pour nous imprégner en profondeur de la richesse des lieux que nous traversons et des gens que nous rencontrons. Laissons-nous surprendre et réapprenons à nous étonner de tout ce qui se trouve sous nos yeux, en ville ou à la campagne, sur un chemin de traverse, loin de chez nous ou juste au bout de la rue.

La France est une destination magnifique, riche de milliers de sites naturels, villages, églises, châteaux, moulins... sans oublier les femmes et les hommes qui font vivre ces patrimoines et leurs terroirs d'exception. Autant de lieux incontournables ou insolites, connus ou confidentiels, que l'équipe du Guide Vert Michelin a cherchés et dénichés pour vous au cours de ses innombrables tournées sur le terrain.

Cette nouvelle édition du Guide Vert Michelin a été entièrement mise à jour. En complément des sites étoilés ★★★, nos auteurs ont également souhaité partager avec vous leurs itinéraires, leurs infos pratiques, leurs plus belles expériences de slow tourisme ainsi que leurs coups de cœur pour des adresses qui s'engagent dans une démarche écoresponsable, signalées au fil des pages par le symbole 🍃.

À votre tour de faire le plein de beau, de bon et de rencontres. Et vos meilleurs moments de voyage seront peut-être publiés dans la prochaine édition !
#coupsdecoeurGuideVertMichelin

Bon voyage !

Philippe Orain,
Directeur du Guide Vert Michelin

Sommaire

Nos incontournables 4

Nos coups de cœur 8

Nos itinéraires 16

Nos spots en famille 25

DÉCOUVRIR LE LIMOUSIN ET LE BERRY

1 Limoges et le Haut-Limousin

Limoges 34
Oradour-sur-Glane 59
Saint-Junien 62
Rochechouart 66
Saint-Léonard de Noblat 70
Ambazac et le lac de Saint-Pardoux 76
Bellac 82
Collégiale Saint-Pierre du Dorat 89
Châteaux de la route Richard-Cœur-de-Lion 92
Saint-Yrieix-la-Perche 99
Arnac-Pompadour 106
Uzerche 110

2 Brive, Tulle et la vallée de la Dordogne

Tulle 120
Donzenac et les gorges de la Vézère 128
Saint-Robert 133
Brive-la-Gaillarde 137
Aubazine 148
Collonges-la-Rouge 152
Turenne 158
Beaulieu-sur-Dordogne 165
Argentat-sur-Dordogne et Xaintrie 172
Bort-les-Orgues 183

3 Parc naturel régional de Millevaches en Limousin

Ussel 194
Meymac 197
Treignac 205
Eymoutiers et le lac de Vassivière ... 213
Crocq 220

4 Guéret, Haute et Basse Marches

Guéret 228
Crozant 235
La Souterraine 242
Château de Boussac 246
Évaux-les-Bains et le pays Combraille 249
Aubusson 253
Bourganeuf 268

5 Bourges, le Sancerrois et la Sologne berrichonne

Bourges 276
Sancerre et le Sancerrois 299
Aubigny-sur-Nère 311
Nançay 318
Mehun-sur-Yèvre 321
Vierzon 327

6 Valençay, la Brenne et la vallée de la Creuse

Château de Valençay 336
Pays de Valençay 341
Parc naturel régional de la Brenne. 348
Le Blanc 358
Saint-Benoît-du-Sault 363
Saint-Marcel et Argentomagus 367
Vallée de la Creuse 371
Gargilesse-Dampierre 380

7 La Champagne berrichonne et le Boischaut Sud

Châteauroux 388
Issoudun 398
Nohant et le pays de George Sand 406
Châteaumeillant 417
Château d'Ainay-le-Vieil 420
Saint-Amand-Montrond 423
Château de Meillant 431
Abbaye de Noirlac 434
Parc floral d'Apremont-sur-Allier ... 438

Retrouvez nos carnets d'adresses à la fin de chaque chapitre

COMPRENDRE LE LIMOUSIN ET LE BERRY

Bienvenue en Limousin Berry 446
Saveurs locales 448
Le vin 451
Histoire 453
Arts et culture 457
Arts décoratifs 472
Personnalités de la région 476
Traditions et croyances 478
Nature et paysages 480

RobertHoetink/Getty Images Plus

Auduciel/Photononstop

ORGANISER SON VOYAGE

Aller en Limousin Berry 486
Avant de partir 488
Sur place de A à Z 492
Agenda 498
Livres, films et séries 500

Index général 502
Cartes et plans 511
Légende des cartes et plans ..... rabat de couverture

Nos incontournables

★★

Collonges-la-Rouge

Bâtie toute en grès rouge, Collonges-la-Rouge offre une harmonie parfaite, créée par l'utilisation exclusive de matériaux traditionnels et la richesse de ses édifices. **Voir p. 152.**

H. Lenain/hemis.fr

H. Lenain/hemis.fr

★★

La Brenne, le pays aux Mille Étangs

La présence de centaines d'étangs donne cette atmosphère si particulière à la Brenne, qui a inspiré les écrivains et les artistes, sensibles à ces paysages sauvages et solitaires. **Voir p. 348.**

Alain36/Getty Images Plus

★★

Sancerre et le Sancerrois

Des coteaux aux formes arrondies couverts de vignobles et, au loin, la ville de Sancerre, son donjon et son beffroi : une véritable carte postale ! **Voir p. 299.**

★★

Le Parc naturel régional de Millevaches

Avec ses forêts, ses tourbières et ses étangs, le plateau de Millevaches présente une mosaïque de milieux naturels qui font le bonheur des amateurs de randonnée. **Voir p. 200.**

L. Olivier/Photononstop

H. Lenain/hemis.fr

★★★

Le château de Valençay

C'est l'un des plus beaux châteaux de la région. Ses proportions parfaites, ses jardins à la française, la richesse de son mobilier en font un monument d'exception. **Voir p. 336.**

Nos incontournables

★★

Uzerche

Le village est perché sur un piton rocheux au-dessus de la Vézère. Il faut parcourir la « perle limousine » au gré de ses belles maisons anciennes et de son église, qui méritent à elles seules un détour. **Voir p. 110.**

Ch. Guy/hemis.fr

★★

La vallée de la Dordogne

De Bort-les-Orgues à Beaulieu-sur-Dordogne, cette riante vallée, empruntée autrefois par les bateliers, permet de croiser des châteaux imprenables, de jolies églises et des barrages agrémentés de belvédères avec vue plongeante sur le fleuve. **Voir p. 165, 175 et 184.**

H. Lenain/hemis.fr

beghoura/Getty Images Plus

M. Authier/SPL Terres de Limousin

★★★

La cathédrale de Bourges

Cette imposante cathédrale est renommée pour ses vitraux, sa crypte, son horloge astronomique et son Jugement dernier, chef-d'œuvre de l'art gothique. **Voir p. 276.**

★★

Limoges

Ancienne cité épiscopale, qui doit en grande partie sa renommée à la porcelaine, Limoges possède de très riches musées et de beaux jardins qui dominent la Vienne. **Voir p. 34.**

Daniel Rousselot/TERRENEUVE architectes

★★

La Cité internationale de la tapisserie

Installée dans un bâtiment contemporain, la Cité de la tapisserie à Aubusson rend un hommage bien mérité à une activité séculaire, inscrite au patrimoine immatériel de l'Unesco. **Voir p. 254.**

Nos coups de cœur

Vue sur la confluence de la Creuse et de la Sédelle avec les ruines du château de Crozant.

TOP 5
Les plus beaux châteaux

1. Valençay (p. 336)
2. Ainay-le-Vieil (p. 420)
3. Meillant (p. 431)
4. Boussac (p. 246)
5. Bouges (p. 342)

Château de Bouges.
Agence d'attractivité de l'Indre

❤ **Surplomber le site de Crozant du haut de la Fileuse,** dans une nature préservée au confluent de la Creuse et de la Sédelle. **Voir p. 235.**

❤ **S'abîmer dans la contemplation des œuvres contemporaines de la Cité de la tapisserie** à Aubusson, qui témoignent d'un foisonnement de talents et d'une inventivité remarquables. **Voir p. 254.**

❤ **Admirer les vitraux de la cathédrale Saint-Étienne** de Bourges, chef-d'œuvre absolu de l'art gothique, et notamment les rosaces, lorsque le soleil les illumine. **Voir p. 276.**

❤ **Faire des affaires dans les magasins d'usine à Bort-les-Orgues** pour acheter un sac ou un portefeuille fabriqué dans les plus beaux cuirs, ou à Saint-Junien pour s'offrir des gants chez Agnelle, par exemple. **Voir p. 189 et p. 65.**

❤ **Randonner sur le plateau de Millevaches** où l'on aura peut-être la chance de croiser des centaines de moutons, convoyés par leurs propriétaires. On ne manquera pas de se promener au milieu des ruines du site gallo-romain des Cars, avant de faire le tour du lac des Oussines ou de la tourbière du Longeyroux. **Voir p. 198.**

Saint-Étienne de Bourges.
Marika Dalloco/Getty Images Plus

Nos coups de cœur

Parc floral d'Apremont-sur-Allier.
S.H.A.P.

❤ **Admirer la richesse des fresques uniques**, du 12e s., qui ornent le chœur et l'abside de l'église romane Saint-Martin de Vic. L'ampleur du programme iconographique et l'expressivité des visages et des corps sont saisissantes. **Voir p. 410**.

Musée de la Résistance à Limoges.
Ch. Guy/hemis.fr

❤ **Découvrir le merveilleux parc floral d'Apremont-sur-Allier,** un jardin de 5 ha aménagé à l'anglaise, et faire durer le plaisir avec une promenade dans le village. **Voir p. 438**.

❤ **Rendre hommage aux résistants limousins** au musée de la Résistance à Limoges, dont la muséographie est un modèle de pédagogie. Aménagé dans un ancien couvent du 17e s., il présente un ensemble de témoignages retraçant cette période sombre où des hommes s'organisèrent très tôt pour vaincre la barbarie. **Voir p. 42**.

❤ **Faire provision de porcelaine blanche à Mehun-sur-Yèvre,** tradition qui date du 19e s. **Voir p. 321**.

La table de George Sand dans sa maison à Nohant.
tilo/Getty Images Plus

Apothicairerie du musée de l'Hospice Saint-Roch.
Photo A. Ricci/Musée de l'Hospice Saint-Roch

TOP 5
Les plus beaux musées

1. Adrien-Dubouché à Limoges (p. 35)
2. Cité internationale de la tapisserie à Aubusson (p. 254)
3. Beaux-Arts de Limoges (p. 39)
4. Hospice St-Roch à Issoudun (p. 398)
5. Hôtel Lallemant à Bourges (p. 288)

❤ **Pénétrer dans l'univers de George Sand** dans sa maison de Nohant, redécouvrir la vie incroyable de l'écrivain, ses amants, parmi lesquels Liszt et Chopin, et saisir l'âme du lieu. Se promener dans le jardin que l'écrivain aimait tant et qui fut un de ses lieux d'inspiration. **Voir p. 406**.

❤ **Plonger dans l'atmosphère spirituelle** de l'abbaye d'Aubazine, en admirant, dans la superbe église, le tombeau de saint Étienne, puis poursuivre la visite vers les monastères. **Voir p. 148**.

❤ **Se croire revenu aux temps médiévaux** en explorant le site des Fermes du Moyen Âge, des reconstitutions exceptionnelles en Xaintrie. Cette région, attachante et secrète, est située à l'est de la Corrèze. **Voir p. 177.**

Nos coups de cœur

Musée national de la Porcelaine Adrien-Dubouché à Limoges.
Ch. Guy/hemis.fr

❤ **Passer des heures à admirer les riches collections du château de Boussac,** dans la Creuse. Toujours habité, il se dresse dans un site spectaculaire. Il abrite également de remarquables tapisseries d'Aubusson. **Voir p. 246.**

❤ **Goûter au crottin de Chavignol** au restaurant Au P'tit Goûter, près de Sancerre. Trois ou quatre affinages différents de ce délicieux fromage, accompagné d'un verre de vin, permettent d'en apprécier toute la variété. **Voir p. 309**.

Le labyrinthe des jardins de Colette.
@MGV-DRONE/Jardins de Colette

TOP 5
Les plus belles églises

1. St-Pierre du Dorat (p. 89)
2. Solignac (p. 50)
3. Aubazine (p. 148)
4. Beaulieu-sur-Dordogne (p. 166)
5. St-Léonard de Noblat (p. 70)

Solignac.
D. Guillemain/CDT87

❤ Se perdre avec les enfants dans le labyrinthe des jardins de Colette à Varetz, avant de faire le tour des six tableaux paysagers évoquant les sources d'inspiration de l'écrivain. S'attarder dans la superbe boutique et à la terrasse du salon de thé. **Voir p. 141**.

❤ Réviser son latin à Argentomagus (Saint-Marcel, dans l'Indre), cité gallo-romaine dont on a conservé d'imposants vestiges, notamment une crypte, qui abrite de riches collections. Les fouilles ont mis au jour des merveilles présentées dans un musée archéologique d'une qualité remarquable. **Voir p. 367**.

❤ Ne manquer sous aucun prétexte le musée Adrien-Dubouché à Limoges, qui recèle des trésors de savoir-faire et de beauté. Ses collections, aujourd'hui riches de plus de 16000 pièces, retracent l'évolution de la céramique, de la porcelaine et du verre, et présentent des œuvres issues des grandes manufactures qui ont fait la renommée de la région.. **Voir p. 35**.

Statuette de déesse-mère, musée archéologique d'Argentomagus.
Ch. Guy/hemis.fr

Nos coups de cœur

Le château de Meillant.
P. Michel/age fotostock

❤ **Faire revivre la favorite de Louis XV à Arnac-Pompadour** en visitant le château et le haras national, immense domaine que le roi avait donné à Jeanne Poisson pour en faire la marquise de Pompadour. **Voir p. 106**.

❤ **Écouter les explications passionnantes** délivrées lors de la visite du musée du Four des Casseaux à Limoges. Subitement, le processus de cuisson de la porcelaine devient limpide... La pièce maîtresse est le four rond, de 19,50 m de haut et de 80 m^3, à flamme renversée. **Voir p. 37**.

❤ **S'amuser en revivant les scènes du film** *Jour de fête* de Jacques Tati à Ste-Sévère-sur-Indre, dans le passionnant musée consacré au cinéaste et à son œuvre. **Voir p. 418**.

❤ **S'extasier devant la richesse de la façade du château de Meillant,** propriété pendant des siècles de la famille d'Amboise, puis déambuler dans le parc à l'anglaise, très coloré. Le domaine et ses attractions font le bonheur des enfants, comme le parcours découverte des miniatures dans l'ancien cellier. **Voir p. 431**.

Turenne.
B. Jannsen/age fotostock

TOP 5
Les plus beaux villages perchés

1. **Uzerche** (p. 110)
2. **Turenne** (p. 158)
3. **Curemonte** (p. 168)
4. **Gargilesse-Dampierre** (p. 380)
5. **Sancerre** (p. 299)

Haras national d'Arnac-Pompadour.
H. Lenain/hemis.fr

Et vous, quels sont vos plus beaux souvenirs de voyage ?

Partagez-les nous sur Instagram ! Vous serez peut-être sélectionnés pour une publication dans une prochaine édition en mentionnant le # : **#coupsdecoeurGuideVertMichelin**

Nos itinéraires

5 jours

Route Jacques-Cœur

En bref: 170 km pour découvrir de merveilleux châteaux.

Janet Steveley/Getty Images Plus

Aubigny-sur-Nère J-1

Promenade dans les rues d'Aubigny-sur-Nère et visite du château des Stuarts le matin (**p. 311**). Découverte du château de La Chapelle-d'Angillon (**p. 315**) l'après-midi.

Sancerre et Chavignol J-2

Visite de Sancerre (**p. 300**) et de Chavignol (**p. 303**). Dans l'après-midi, direction Bourges avec arrêt au château de Menetou-Salon (**p. 292**).

Sancerre.
jimveilleux/Getty Images Plus

Bourges et Mehun-sur-Yèvre J-3

Découverte de la cathédrale et du palais Jacques-Cœur à Bourges (**p. 276**). L'après-midi, cap sur Mehun-sur-Yèvre (**p. 321**) ; visite du pôle de la Porcelaine.

Conseil: consacrez au moins un jour de plus à Bourges.

Dun-sur-Auron, Meillant et Noirlac J-4

Après la visite de Dun-sur-Auron (**p. 424**), poursuivez vers le château de Meillant (**p. 431**). Après-midi dédiée à l'abbaye de Noirlac (**p. 434**).

Saint-Amand-Montrond et Ainay-le-Vieil J-5

Balade à St-Amand-Montrond le matin (**p. 423**), découverte des jardins et château fort d'Ainay-le-Vieil (**p. 420**) l'après-midi.

6 jours

Vallée de la Creuse

En bref: 160 km au fil de la vallée de la Creuse et de la tapisserie.

Alain36/Getty Images Plus

St-Marcel et Gargilesse-Dampierre J-1

Découverte des vestiges gallo-romains d'Argentomagus à St-Marcel (**p. 367**) et son passionnant musée. Promenade à Gargilesse-Dampierre (**p. 380**) l'après-midi: église romane, château et villa Algira.

Lac de Chambon et Crozant J-2

Matin: barrage d'Éguzon au lac de Chambon (**p. 376**). Après-midi: ruines du château de Crozant (**p. 235**), hôtel Lépinat et sentier des peintres, sans oublier le panorama du rocher de la Fileuse (**p. 238**).

Conseil: passez d'une falaise à l'autre pour profiter de points de vue différents sur la Creuse et la Sédelle.

Fresselines et Boussac J-3

Espace Monet-Rollinat à Fresselines (**p. 240**) et promenade (4 km) « Dans les pas de Monet » jusqu'au confluent des deux Creuse. Poursuivez par la visite du spectaculaire château de Boussac (**p. 246**).

Villemonteix et Moutier-d'Ahun J-4

Matinée consacrée au château de Villemonteix (**p. 262**) et à ses belles tapisseries. L'après-midi, flânerie dans le ravissant village de Moutier-d'Ahun (**p. 263**).

Aubusson et Felletin J-5 & 6

Consacrez au moins une journée à la capitale de la Tapisserie (**p. 253**): vieux quartiers, pont médiéval, panorama sur la Creuse depuis le château, Cité internationale de la tapisserie, atelier-musée des Cartons de Tapisserie et visite d'une manufacture en activité. Puis, découverte de Felletin (**p. 260**) et de ses ateliers.

Conseil: vous pourrez prolonger cette découverte de la tapisserie par un stage (www.tourisme-creuse.com).

5 jours

Au pays de Brive

En bref : 70 km à travers une région escarpée aux charmants villages.

G. J. Cummins/age fotostock

Brive-la-Gaillarde J-1

Visite de la ville ancienne de Brive (**p. 137**), des musées Labenche et Edmond-Michelet. Ne manquez pas le marché du samedi matin.

Aubazine et Turenne J-2

Matin : Aubazine (**p. 148**), son abbatiale et le circuit à pied dans le village. Après-midi : Turenne (**p. 158**) et son château.

Conseil : demandez les dates des concerts dans l'abbatiale d'Aubazine.

Le village de Turenne.
lucentius/Getty Images Plus

Collonges-la-Rouge et Meyssac J-3

Balade dans Collonges-la-Rouge (**p. 152**). Cap sur Meyssac (**p. 162**) l'après-midi : circuit du patrimoine et artisanat de poterie.

Saillac et Curemonte J-4

Le matin, arrêt à Saillac pour visiter Les Quatre Demoiselles, écomusée de la noix, l'église du village et suivre le circuit à pied autour de la noix (**p. 163**). Finissez la journée en beauté au village médiéval de Curemonte.

Beaulieu-sur-Dordogne et Reygade J-5

Direction Puy-d'Arnac (**p. 168**) et son panorama avant de poursuivre vers Beaulieu-sur-Dordogne (**p. 165**) : église St-Pierre et circuit dans la vieille ville. Puis, embarquement pour un petit tour en gabare sur la Dordogne, et visite de la mise au tombeau dans l'église de Reygade (**p. 169**) l'après-midi.

5 jours

Limoges et ses alentours

En bref: circuit de 110 km entre nature et patrimoine.

Ch. Goupi/age fotostock

Limoges J-1 & 2

Découverte de la vieille-ville, de la cathédrale et des musées: musée du Four des Casseaux, Adrien Dubouché-Cité de la Porcelaine, musée des Beaux-Arts et musée de la Résistance. Promenade sur les rives de la Vienne pour compléter votre séjour (**p. 34**).

Oradour-sur-Glane J-3

Oradour-sur-Glane (**p. 59**), le Centre de la mémoire et les ruines du village; les vitraux de la nouvelle église.

Conseil: avec de jeunes enfants, il faut évaluer l'impact que pourrait avoir la visite d'Oradour-sur-Glane, où l'atmosphère est chargée d'émotion.

Mortemart et Montrol-Sénart J-4

Le village de Mortemart et l'écomusée « Nostalgie rurale » à Montrol-Sénart (**p. 86**); la Pierre Branlante; vue sur les monts du Limousin depuis Peyrelade (**p. 86**); promenade et nuit à Bellac (**p. 82**).

St-Pardoux et La Jonchère J-5

Journée nature avec le lac de St-Pardoux (**p. 79**), à découvrir à pied, à vélo ou en bateau à voile; la tourbière des Dauges (**p. 80**), ainsi que l'arboretum de La Jonchère où l'on peut suivre le sentier balisé en accès libre (**p. 80**). Retour à Limoges.

Arboretum de La Jonchère.
Assoc' Pierres & Arbres

3 jours

Pays des Mille Étangs

En bref : 40 km pour un bain de nature dans une région dépaysante à souhait.

S. Mamy/hemis.fr

Mézières-en-Brenne et Chérine J-1

Étape à Mézières-en-Brenne (**p. 351**) et à la maison de la Nature. L'après-midi, promenade dans la réserve naturelle de Chérine (**p. 350**).

Au fil des étangs J-2

Le matin, cap sur l'étang de la Mer Rouge (**p. 354**). L'après-midi, réserve des Terres et étangs de Brenne, les observatoires de l'étang Massé et de l'étang Bénisme (**p. 350**).

La Haute-Touche et Bellebouche J-3

Découverte de la réserve zoologique de la Haute-Touche (**p. 354**). Après-midi autour de l'étang de Bellebouche (**p. 353**) : base de loisirs, tour du lac à pied *(7,5 km)*, boucle à vélo. Retour à Mézières.

Conseil : si vous disposez de plus de jours, « perdez-vous » dans la Brenne au rythme des étangs que vous croiserez. Les paysages ont un charme fou.

Lever de soleil sur l'étang Rousseau.
Ch. Guy/hemis.fr

4 jours

Plateau de Millevaches

En bref: 160 km sur les terres limousines.

M. Mazurier/Parc naturel régional de Millevaches en Limousin

Meymac, Les Cars et l'étang des Oussines J-1

La vieille ville de Meymac (**p. 197**), la tourbière de Longeyroux (**p. 198**), l'étang des Oussines (**p. 199**), les vestiges gallo-romains des Cars, disséminés dans un site sauvage et romantique (**p. 203**), puis le plateau d'Audouze (**p. 202**).

St-Quentin-la-Chabanne, Sénoueix, le lac de Vassivière J-2

St-Quentin-la-Chabanne, musée de la Vie rurale au domaine de Banizette, pont de Sénoueix et monument aux morts de Gentioux-Pigerolles, un des rares qui exprime une intention pacifiste (**p. 222**); puis le spectaculaire lac de Vassivière (**p. 217**), ses bateaux-navettes et son petit train. Sur l'île, visite du centre international d'art et du paysage et découverte, sur des kilomètres, des installations artistiques anciennes et nouvelles.

Conseil: vous pouvez accéder à l'île du lac de Vassivière en embarquant sur un bateau-taxi à Auphelle.

Randonnée autour du lac J-3

Le lac de Vassivière (**p. 217**) offre plus de 300 km de randonnée sur sa périphérie. On peut aussi franchir le lac par des passerelles sur pilotis, un ponton flottant, une digue...

Conseil: au lac de Vassivière, un sentier pédestre qui parcourt les rives du lac est accessible aux VTT.

Peyrat-le-Château, Eymoutiers, retour à Meymac J-4

Le barrage de Vassivière à Peyrat-le-Château (**p. 217**), la vieille ville d'Eymoutiers et l'espace Paul-Rebeyrolle qui rend hommage à un artiste profondément humaniste (**p. 214**). Ensuite retour à Meymac par le village de Tarnac (**p. 202**) et sa ravissante église à deux nefs.

En 3 étapes

La Vagabonde en Creuse

En bref: 150 km au départ d'Évaux-les-Bains, entre voies vertes et routes partagées au faible trafic.

Olivier DJIANN/Getty Images Plus

D'Évaux-les-Bains à Aubusson 55 km

Si la Vagabonde commence à Montluçon, dans l'Allier, c'est à Évaux-les-Bains (**p. 249**), l'unique station thermale du Limousin, dans la Creuse, que débute cette étape. Vous atteignez rapidement Chambon-sur-Voueize (**p. 251**), et sa magnifique abbatiale romane Ste-Valérie, la plus grande du département. Prenez ensuite vers l'est, dans un paysage vallonné, et faites une halte à l'**étang des Landes** à Lussat (**p. 251**). Avec ses 100 ha, c'est le plus vaste étang naturel du Limousin. Puis cap vers le sud sur la D55 en direction d'Aubusson où vous attend la visite de la Cité internationale de la Tapisserie (**p. 254**). Situé en centre-ville, l'hôtel La Beauze a tout prévu pour un accueil vélo.

Conseil: en chemin, arrêtez-vous sur les bords de l'étang de la Naute à Champagnat pour une pause fraîcheur.

Bugeat, pont sur la Vézère à Variéras.
Ch. Guy/hemis.fr

D'Aubusson à Royère-de-Vassivière 46 km

Prenez la direction de Felletin (**p. 260**), l'un des berceaux de la tapisserie et la porte d'entrée du Parc naturel régional de Millevaches. Une promenade dans le quartier ancien de la cité réserve de jolies surprises. La route passe ensuite par la forêt, et longe le lac de Lavaud-Gelade, où vous pourrez vous reposer. Remontez sur vos vélos en direction du lac de Vassivière et de ses paysages à couper le souffle (**p. 217**).

Conseil: en arrivant en vue du lac de Vassivière, arrêtez-vous un moment pour contempler le panorama. C'est l'un des plus spectaculaires du Limousin. Et si la saison le permet, une baignade dans le lac s'impose!

De Royère-de-Vassivière à Bugeat 49 km

Prenez la D 34 et passez par Faux-la-Montagne, puis longez le lac du Chammet, d'une superficie de 100 ha. Vous voici au cœur du Parc naturel régional de Millevaches (**p. 200**), avec ses paysages caractéristiques d'étangs, de tourbières, de bruyères et de landes. N'hésitez pas à vous arrêter sur le site gallo-romain des Cars, en pleine nature, dans une atmosphère paisible à souhait. La fin de cette étape sera Bugeat, en Corrèze, entouré de forêts et proche de la source de la Vézère.

Conseil: avec son bâti ancien, Bugeat se prête bien à la balade. On peut aussi y pratiquer de nombreuses activités équestres, pédestres et nautiques.

Infos pratiques

La véloroute la Vagabonde fait 506 km au total. Elle débute à Montluçon (Allier) et se termine à Montech (Tarn-et-Garonne).

www.tourisme-creuse.com/toute-la-creuse/la-vagabonde

LOCATION DE VÉLO

Evahona – Les Thermes - Évaux-les-Bains - 05 55 65 89 48.

Atelier du cycliste – 1 r. de la Beauze, Aubusson - 06 31 88 92 26.

HÉBERGEMENT

À Aubusson (**p. 267**) ou au lac de Vassivière (**p. 219**).

TRANSPORTS

Si vous souhaitez (re)gagner le point de départ en train: gares à Montluçon, Aubusson et Bugeat. Sinon, il vous faudra rebrousser chemin.

Nos spots en famille

Ch. Guy/hemis.fr

Haras national d'Arnac-Pompadour.

Tout au long du guide, ce symbole vous aidera à repérer les sites ou activités qui intéresseront les enfants.

▸ **Descente de la Dordogne en gabare.** Embarquez à Beaulieu ou à Argentat sur l'une de ces barques traditionnelles à fond plat, tels les gabariers qui transportaient des bois de chêne et de châtaignier, du cuir ou du charbon... La gabare glisse tranquillement sur l'eau, vous laissant découvrir à loisir les rives du fleuve. **Voir p. 181**.

Après la visite, allez flâner sur les quais d'Argentat, ou de Beaulieu.

▸ **Au royaume du cheval chez la Pompadour.** Le château fort d'Arnac-Pompadour bâti au 15e s., puis restauré au 19e s., est plus que jamais voué au cheval depuis que son domaine accueille un célèbre haras : Mabrouk et Sami vous y attendent, aux côtés d'autres beaux spécimens d'équidés, dans les superbes écuries voûtées. **Voir p. 106**.

C'est l'occasion d'assister à une course sur l'hippodrome.

▸ **Plaisirs de l'eau au lac de St-Pardoux,** ou dans l'une des piscines, avec, pourquoi pas, du ski nautique pour les plus grands, ou de l'accrobranche pour les plus jeunes. Tout un panel d'activités alléchantes, dans un environnement superbe... **Voir p. 79.**

Afin de profiter de l'offre variée, on peut y rester la journée et pique-niquer ou se restaurer sur place.

▸ **Activités ludiques aux Tours de Merle.** Cheminer de nuit au milieu des ruines médiévales pour apercevoir les chauves-souris, tenter de trouver de l'or lors des séances d'orpaillage... voici un programme qui devrait tenter les enfants, des petits aux plus grands. Et en juillet, place à des séances de maniement de l'épée avec des professionnels. **Voir p. 179.**

Après ces animations, une visite complète du site s'impose.

▸ **Chasse au loup, pacifique, à Chabrières.** Dans une forêt, au cœur du petit massif des monts de Guéret, s'ébattent une quarantaine de spécimens dans leur milieu naturel. On écoute, on se met à l'affût, on observe : loups gris européens,

Parc animalier des monts de Guéret.
Parc Animalier des Monts de Guéret@OTGG 2019

loups noirs du Mackenzie, ou loups blancs arctiques, peut-être aurez-vous la chance d'en voir « pour de vrai »... **Voir p. 230.**

Après cette immersion, direction le parc Aventure de Chabrières, pour d'autres sensations fortes.

▸ Spectacle de la route du Sirque. À Nexon, impossible de manquer le chapiteau du Sirque, pièce maîtresse de la ville, dans la cour du château. Festival d'été, stages d'initiation et ateliers pratiques en tous genres rappellent cette forte présence artistique, pour le plus grand bonheur de tous ! **Voir p. 95.**

Explorez le jardin des Sens, conçu en partie par des écoliers, paradis pour les yeux et l'odorat...

▸ Aventure au temps des Gallo-Romains. À Argentomagus, dans l'Indre, en route pour un voyage dans l'Antiquité. On pénètre dans une crypte archéologique qui date du 2e s. et qui a conservé une partie de son décor d'origine ; on admire les collections de vases et de bronzes, comme la statue du dieu Mercure, et surtout, on participe à des ateliers de cuisine ou à des jeux gallo-romains. **Voir p. 367.**

Le miel était très apprécié dans l'Antiquité : découvrez ses vertus grâce à l'atelier d'apiculture organisé en été.

▸ Initiation à l'archéologie au gouffre de la Fage. Comprendre le rôle de l'eau dans la création des cavités souterraines, la formation d'un fossile, les techniques de fouilles et le relevé d'empreintes, tout cela est proposé aux enfants lors de l'atelier du « petit archéo » au gouffre de la Fage. En plus, ils repartiront avec un fossile et deux moulages ! **Voir p. 161.**

En avril, vous aurez peut-être la chance d'apercevoir des chauves-souris. C'est le meilleur moment pour les observer...

▸ Le labyrinthe du jardin de Colette. À Varetz, tout près de Brive, un merveilleux voyage attend toute la famille. Perdez-vous dans le labyrinthe géant de 5 000 m² et parcourez les six autres jardins qui évoquent les lieux où a vécu la célèbre romancière. Les petits adoreront les jeux XXL ou la cour d'école de Claudine, une des héroïnes de Colette. **Voir p. 141.**

Il est possible de pique-niquer sur place. Il faut aussi s'attarder à la boutique très bien achalandée.

Vous avez vécu une super expérience en famille ?

Partagez-la nous sur Instagram ! Vous serez peut-être sélectionnés pour une publication dans une prochaine édition en mentionnant le # : **#enfamilleGuideVertMichelin**

Spectacle de chevaliers aux Tours de Merle.
J. Mathiaud/Corrèze Tourisme

Coude de la Creuse au niveau du village de Badecon-le-Pin.
Alain36/Getty Images Plus

DÉCOUVRIR LE LIMOUSIN ET LE BERRY

La porte Bécharie et l'hôtel de Clédat à Uzerche.
Ch. Guy/hemis.fr

1

Limoges et le Haut-Limousin

CARTE MICHELIN DÉPARTEMENTS 325 – CREUSE (23) ET HAUTE-VIENNE (87)

Limoges★★	34
Oradour-sur-Glane★★	59
Saint-Junien	62
Rochechouart★	66
Saint-Léonard de Noblat★	70
Ambazac et le lac de Saint-Pardoux★	76
Bellac	82
Collégiale Saint-Pierre du Dorat★★	89
Châteaux de la route Richard-Cœur-de-Lion★	92
Saint-Yrieix-la-Perche★	99
Arnac-Pompadour★	106
Uzerche★★	110

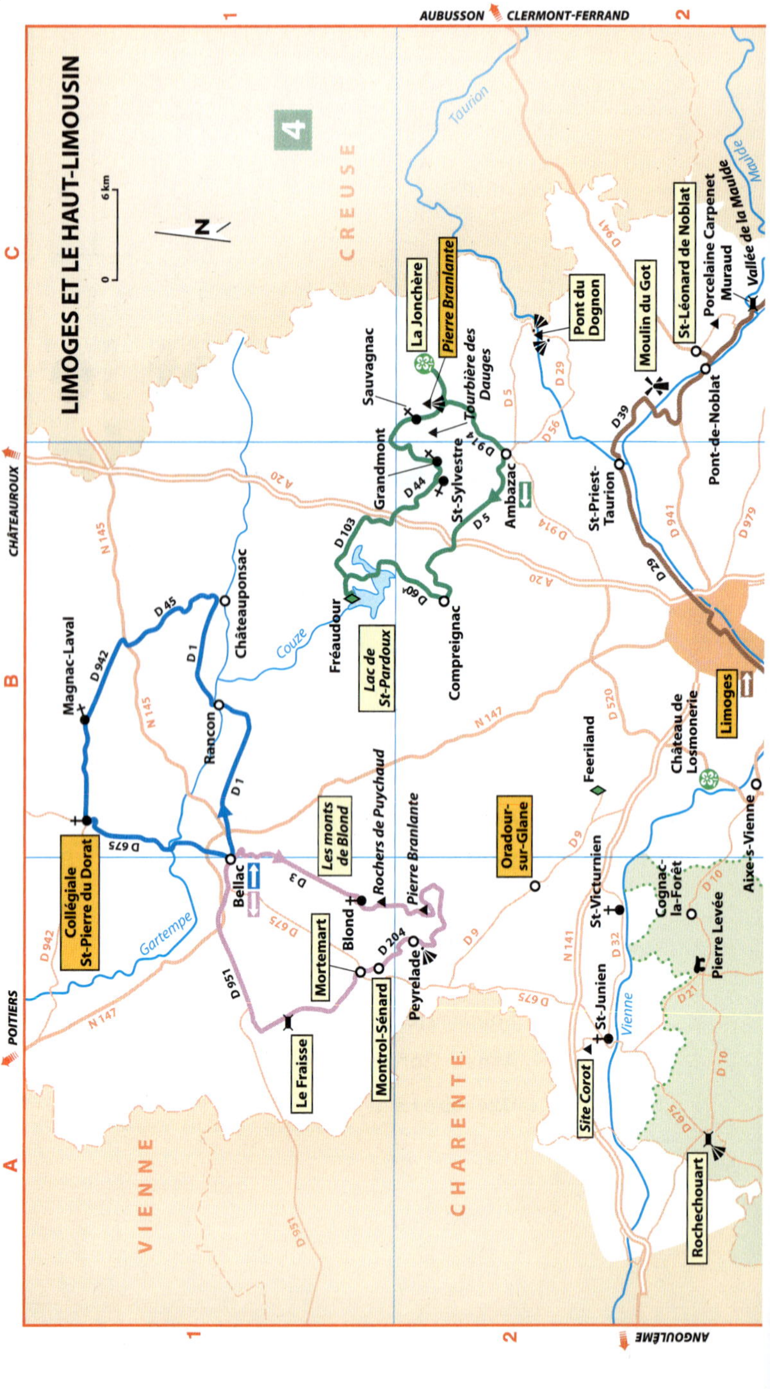

LIMOGES ET LE HAUT-LIMOUSIN
0
6 km
N
4
CREUSE
VIENNE
CHARENTE
AUBUSSON
CLERMONT-FERRAND
CHÂTEAUROUX
POITIERS
ANGOULÊME
A
B
C
1
2
Collégiale St-Pierre du Dorat
Magnac-Laval
Châteauponsac
Rancon
Bellac
Le Fraisse
Mortemart
Montrol-Sénard
Blond
Peyrelade
Les monts de Blond
Rochers de Puychaud
Pierre Branlante
Fréaudour
Lac de St-Pardoux
Compreignac
Grandmont
St-Sylvestre
Sauvagnac
La Jonchère
Pierre Branlante
Tourbière des Dauges
Ambazac
Pont du Dognon
Moulin du Got
St-Léonard de Noblat
Porcelaine Carpenet Muraud
Vallée de la Maulde
Pont-de-Noblat
St-Priest-Taurion
Limoges
Château de Losmonerie
Feeriland
Oradour-sur-Glane
St-Victurnien
Aixe-s-Vienne
Cognac-la-Forêt
Pierre Levée
St-Junien
Site Corot
Rochechouart
Gartempe
Couze
Taurion
Maulde
Vienne

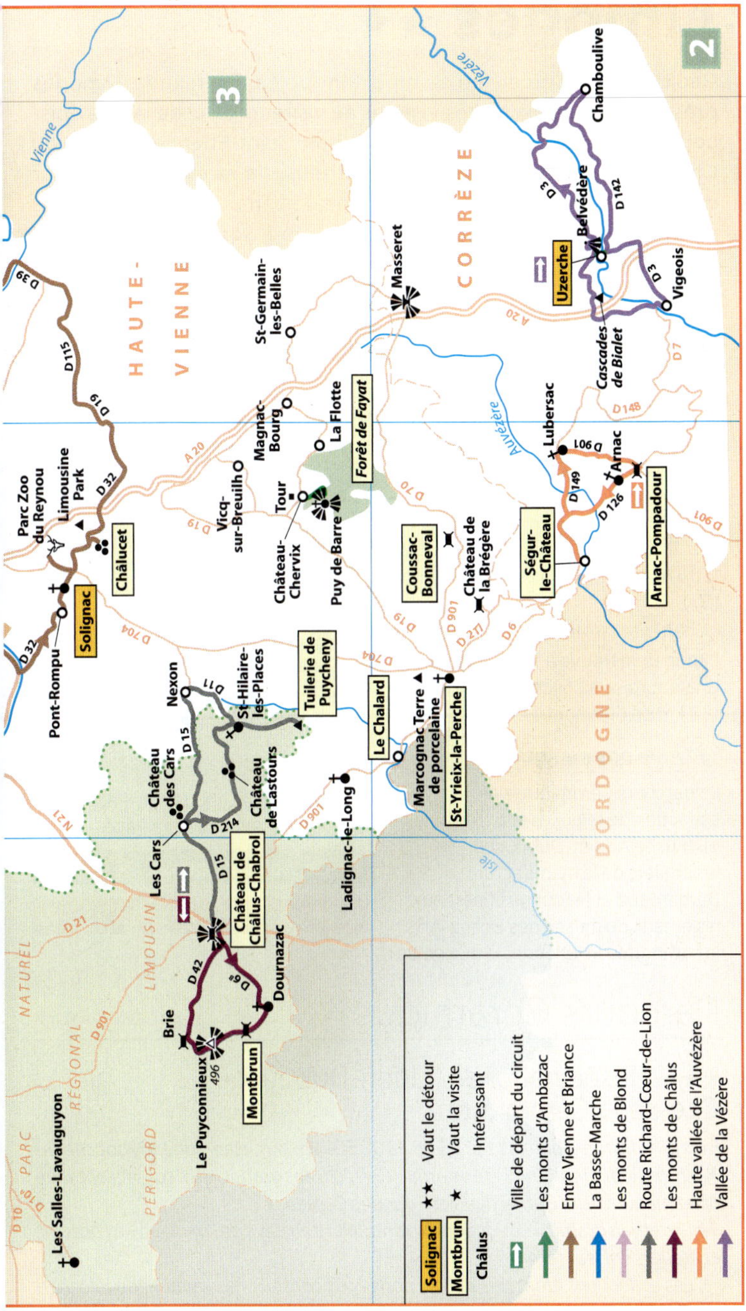
Solignac
Montbrun
Châlus
★★ Vaut le détour
★ Vaut la visite
Intéressant
Ville de départ du circuit
Les monts d'Ambazac
Entre Vienne et Briance
La Basse-Marche
Les monts de Blond
Route Richard-Cœur-de-Lion
Les monts de Châlus
Haute vallée de l'Auvézère
Vallée de la Vézère
HAUTE-VIENNE
CORRÈZE
DORDOGNE
PARC NATUREL RÉGIONAL PÉRIGORD LIMOUSIN
Les Salles-Lavauguyon
Le Puyconnieux
496
Brie
Dournazac
Château de Châlus-Chabrol
Les Cars
Château des Cars
Château de Lastours
Nexon
St-Hilaire-les-Places
Tuilerie de Puycheny
Ladignac-le-Long
Le Chalard
Marcognac Terre de porcelaine
St-Yrieix-la-Perche
Pont-Rompu
Châlucet
Parc Zoo du Reynou
Limousine Park
Vicq-sur-Breuilh
Château-Chervix
Tour
Puy de Barre
Magnac-Bourg
La Flotte
Forêt de Fayat
St-Germain-les-Belles
Masseret
Coussac-Bonneval
Château de la Brégère
Ségur-le-Château
Lubersac
Arnac
Arnac-Pompadour
Cascades de Bialet
Uzerche
Belvédère
Vigeois
Chamboulive
BRIVE-LA-GAILLARDE
Vienne
Vézère
Auvézère
Isle
A 20
N 21
D 21
D 901
D 42
D 15
D 214
D 11
D 704
D 32
D 19
D 115
D 39
D 70
D 217
D 6
D 149
D 126
D 148
D 7
D 3
D 142
A
B
C
3
4
2

Limoges ★★

Capitale de la porcelaine et important pôle universitaire, Limoges présente aussi deux autres visages au visiteur : celui de la Cité épiscopale, groupée autour de la cathédrale Saint-Étienne, et celui du Château, animé et commerçant, construit sur le versant voisin autour de l'abbaye St-Martial. La porcelaine, les émaux et les fabriques de chaussures ont largement contribué à son essor industriel. Les musées, rénovés, possèdent de remarquables collections qui dévoilent la richesse du passé artistique de Limoges. La forte présence d'étudiants en fait une ville vivante, agrémentée de boutiques attractives, où il fait bon flâner. Entre le patrimoine lié à la céramique, l'architecture éclectique qui se dévoile au fil des rues et les rives aménagées de la Vienne, les buts de promenade ne manquent pas, à condition de ne pas craindre les fortes pentes, car Limoges est bâtie sur des collines...

Se repérer

130 876 Limougeauds - Haute-Vienne (87)

CARTE P. 32-33 (B2), PLAN P. 40-41.

Limoges se trouve à 120 km de Châteauroux, à 95 km de Brive et à 180 km de Clermont-Ferrand.

À ne pas manquer

Le parcours Céramique avec la collection de faïences et porcelaines du musée Adrien-Dubouché, les ateliers de la manufacture Bernardaud et le four des Casseaux; les émaux du musée des Beaux-Arts; la cathédrale St-Étienne; le musée de la Résistance; l'animation et les bons produits des halles centrales.

Organiser son temps

Consacrez deux jours à la ville (dont 1 j. entier pour le parcours céramique), et une journée supplémentaire aux vallées de la Vienne et de la Briance.

En famille

L'aquarium du Limousin; le Parc Zoo du Reynou; le Limousine Park.

Carnet pratique p. 54

Nos adresses p. 54

Parcours Céramique

PLAN DE VILLE P. 40-41

★★★ Musée national Adrien-Dubouché - Cité de la Céramique A1

8 bis pl. Winston-Churchill - ✆ 05 55 33 08 50 - www.musee-adriendubouche.fr - ♿ - 10h-12h30, 14h-17h45 - fermé mar. - 7 € (-26 ans gratuit) - 5 € sur présentation billet manufacture Bernardaud et Four des Casseaux.

Livret-jeu gratuit « Le voyage extraordinaire au pays de l'or blanc » à l'accueil, et ateliers enf. sur réserv.

Les collections étant très riches, nous vous conseillons vivement de télécharger l'application du musée pour smartphones, qui sert d'audioguide (explications à l'accueil du musée). Elle propose des parcours de découverte et thématiques très intéressants.

La cathédrale Saint-Étienne à Limoges.
L. Maisant/hemis.fr

Avec le musée national de la Céramique et la manufacture de Sèvres, le musée Adrien-Dubouché, fondé en 1845, fait partie de la **Cité de la céramique Sèvres et Limoges**. Un bâtiment moderne, conçu par l'architecte autrichien Boris Podrecca, double la surface du musée historique, tandis que la muséographie attractive est due à la scénographe Zette Cazalas. Le musée porte le nom de son principal bienfaiteur, fils d'un riche négociant de draps, auquel il doit une part importante de ses fonds, consacrée notamment aux arts du feu. Aujourd'hui riche de plus de 16 000 pièces, il retrace l'évolution de la céramique et du verre et présente des œuvres issues de la plupart des grandes manufactures mondiales. Les porcelaines, Limoges en tête, occupent une place de choix dans cette extraordinaire rétrospective. Cité de la porcelaine oblige, la signalétique dans chaque salle a été réalisée dans ce matériau.

Galerie des techniques – *Mezzanine.* Très didactique, cet espace s'intéresse aux techniques de fabrication de céramiques et au savoir-faire des ouvriers. Après une vitrine en forme de four, où sont présentées les familles de céramique et type de cuisson, sont évoquées les différentes étapes du processus : extraction et traitement des matières premières, modelage et tournage, décor, etc.

De l'Antiquité à la fin du 18e s. – *Niveau 1, bâtiment historique.* Dans cette vaste galerie, une impressionnante enfilade de vitrines dresse un panorama complet de l'évolution de la céramique. Après la présentation de poteries, grès et faïences de l'Antiquité à la Renaissance, le parcours souligne les influences réciproques qu'entretiennent les productions chinoises et occidentales, tant au niveau des formes que des motifs. L'entrée historique du musée fait également une place à Adrien Dubouché et à l'histoire du musée. Le secret de la porcelaine est percé en 1710 à Meissen. En France, la porcelaine dure se développe après 1768, date de la découverte de gisements de kaolin à St-Yrieix-la-Perche, près de Limoges : à Sèvres d'abord, puis à Limoges, à Paris, ainsi que dans d'autres villes de France.

La céramique du 19e s. à aujourd'hui – *Niveau 2, ancienne École des arts décoratifs.* Est présenté ici un vaste panorama de la création artistique, depuis les céramiques

L'or blanc du Limousin

Un laboratoire pour Turgot

Le 24 août 1761, un jeune magistrat de 34 ans, **Turgot**, est nommé intendant de la généralité de Limoges, l'une des plus misérables du royaume. Belle occasion pour cet admirateur des encyclopédistes de mettre en pratique ses théories en matière d'économie.
Au cours de ses treize années de mandat, l'intendant fait feu de tout bois : le Limousin se dote d'un réseau routier moderne, voit naître une industrie (mines, porcelaine grâce à la découverte du kaolin), se développer l'agriculture (Turgot tente d'y implanter la culture de la pomme de terre).
L'urbanisme n'est pas en reste : l'intendant fait abattre les remparts de Limoges qui cèdent la place à des boulevards, puis ordonne de construire un collège et un hôpital. Rien d'étonnant si le jeune Louis XVI pense à lui en 1774 pour diriger son gouvernement.
Lorsque Turgot est appelé par le roi, il lui tient ce propos : « N'oubliez jamais, Sire, que c'est la faiblesse qui a mis la tête de Charles Ier [roi d'Angleterre] sur le billot. » Deux ans plus tard, effrayés par les réformes, les privilégiés demandent à Marie-Antoinette d'intervenir. Le roi cède et Turgot est renvoyé.

Une découverte fructueuse

En 1661, la **manufacture de Sèvres** avait acheté le secret de la porcelaine dure à grand prix. On apprit ainsi qu'il fallait 50 % de **kaolin**, une argile blanche aussi pure que rare. Or, en 1766, l'intendant du Limousin entendit parler de la découverte, à St-Yrieix, d'une argile qui, analyses faites, se révéla être le précieux kaolin *(voir encadré p. 103)*. Turgot intervint pour faire apporter des capitaux à une faïencerie de Limoges, se procura les plans des fours utilisés en Saxe et, dès 1772, les premières pièces sorties de la manufacture furent présentées à Versailles, parrainées par le comte d'Artois et exemptées des droits de douane. Une industrie était née.

Le renouveau de la porcelaine

À partir du milieu du 19e s., la porcelaine de Limoges est mondialement reconnue. Elle remporte de nombreux prix et sa renommée n'est plus à faire. Mais les conflits du 20e s. et l'épuisement des carrières limousines de kaolin marquent son déclin. La concurrence est très rude. Pourtant, les entreprises de Limoges ne baissent pas les bras. Elles améliorent les techniques de production et n'hésitent pas à investir. De nos jours, la porcelaine de Limoges a retrouvé sa notoriété.
De jeunes créateurs ont apporté une touche de modernité aux nouveaux modèles. Formes et décors surprennent par leur design audacieux. Des artistes du monde entier viennent travailler à l'**École nationale supérieure d'art de Limoges** pour créer des œuvres dignes de la réputation de la ville, et des commandes prestigieuses confirment le renouveau de la porcelaine de Limoges.
Pour découvrir tous les sites liés à la porcelaine, et télécharger de la documentation :
www.routes-porcelaine-limoges-hautevienne.fr/#

impressionnistes dites « barbotines », jusqu'aux œuvres empruntant aux courants artistiques comme l'Art nouveau et l'Art déco, en passant par les productions de **Théodore Deck** ou de la manufacture de Sèvres. Les cabinets d'étude au recto des vitrines viennent approfondir l'approche de chaque esthétique. La section de céramique contemporaine fait état des évolutions artistiques actuelles y compris par l'usage des nouvelles technologies comme l'impression 3D.

La porcelaine de Limoges et les verres – *Niveau 3.* Une salle à structure métallique, décorée d'une frise végétale et de vitraux, abrite une splendide collection de verres provenant de toute l'Europe. Sous la verrière d'origine et exposé dans des vitrines-conques sur fond noir, le fonds de porcelaine de Limoges – dont le musée possède la collection publique la plus importante au monde – présente un éventail de la production de porcelaine blanche, depuis ses débuts en 1771 jusqu'à nos jours (créations du Centre de recherche des arts du feu et de la terre – CRAFT). Attardez-vous devant les créations contemporaines : certaines ménagent de belles surprises.

★ Manufacture Bernardaud A1, EN DIRECTION

À 700 m du précédent musée. 27 av. Albert-Thomas - ✆ 05 55 10 21 86 - www.bernardaud.com - visite guidée (1h15 sur réserv.) lun.-sam. - 8 € (-18 ans gratuit).

Fondée en 1863, cette manufacture, toujours familiale, est l'une des plus importantes sur le marché des arts de la table. Aujourd'hui, l'ensemble de la production s'effectue à Limoges et à Oradour-sur-Glane. Les anciens ateliers limougeauds ont été aménagés en partie pour servir de décor à une visite guidée passionnante au cours de laquelle vous serez initié aux mystères et aux gestes de la fabrication de la porcelaine. Vous pourrez apercevoir les designers ou les décorateurs au travail, mais aussi découvrir le four à tunnel long de 33 m. Accompagnant le parcours, de grands écrans vidéo permettent une incursion visuelle au sein des ateliers modernes de production situés à Oradour *(ne se visitent pas)*. Chaque année, de juillet à mars, est organisée une exposition thématique convoquant de nouveaux céramistes contemporains français et étrangers. Boutique.

Boulevard Louis-Blanc B2

C'est l'artère dédiée à la porcelaine et aux émaux. Ne manquez pas, au centre du square situé devant l'hôtel de ville – archétype de l'architecture de la IIIe République –, la surprenante **fontaine** (1893) habillée de porcelaine (plaque, vasques et vase) et soutenue par des nervures en bronze : une façon pour les porcelainiers de montrer leur savoir-faire. Les statues de bronze adossées à la colonne de granit illustrent différents métiers de la porcelaine (dessin, moulage, sculpture et décor).

★ Musée du Four des Casseaux C1-2

R. Victor-Duruy - ✆ 05 55 33 28 74 - www.museedescasseaux.com - tlj sf dim. 10h-12h30, 14h-17h30 - 4,50 € (-12 ans gratuit).

Ce musée est implanté aux Casseaux, un quartier près de la Vienne où parvenaient les bois flottés destinés à chauffer les fours. La pièce maîtresse est le four rond à flammes renversées (19,50 m de haut et de 80 m^3). Sa construction en 1900 a nécessité plus de 120 000 briques réfractaires. Il se compose de deux parties : le globe à l'étage, où la porcelaine subissait une première cuisson à 950 °C, et le laboratoire (chauffé par 8 alandiers), dont les murs de brique de 1 m d'épaisseur cintrés de fer pouvaient renfermer 32 t de gazettes (briquettes réfractaires pour séparer les porcelaines) et 15 000 pièces ; une haute cheminée se terminant par un clapet couronnait le tout. Un regard pratiqué dans la paroi du four permettait de contrôler les cuissons qui pouvaient durer plusieurs jours, avec des

1

températures qui montaient à 1400 °C. Au début du 20e s., à Limoges, plus de 100 fours employaient 12 000 ouvriers. Fermé en 1957, le four des Casseaux fut laissé à l'abandon jusqu'à sa restauration en 1992 par l'association Espace porcelaine. Ce riche passé industriel est évoqué dans les collections permanentes du musée par des photographies inédites et de nombreuses pièces primées lors d'expositions universelles. Des expositions de céramiques contemporaines ont lieu régulièrement.

Découvrir la ville

PLAN DE VILLE P. 40-41

★★ La Cité C2

Située sur le puy St-Étienne qui domine la Vienne, la Cité est le quartier le plus ancien de Limoges. Il abrite la cathédrale et l'un des musées les plus importants de la ville. Autrefois, les monastères s'y élevaient nombreux. Jusqu'à la fin du 19e s., les bois flottés destinés aux fours à porcelaine étaient acheminés au port du Naveix, remplacé aujourd'hui par des jardins. Si la Cité a fait l'objet de destructions massives dans les années 1960-1970, il reste néanmoins des ruelles agréables et pittoresques à parcourir.

★ Cathédrale St-Étienne C2

Travaux de restauration en cours, mais l'édifice reste ouvert à la visite.

Étalée sur six siècles, la **construction** de la cathédrale de Limoges s'est déroulée en trois campagnes principales. De 1273 à 1327, le chœur est achevé et raccordé à l'ancienne nef romane. À partir de 1344, l'évêque Guy de Comborn fait reprendre les travaux par le transept méridional; après le sac de la Cité par le Prince Noir en 1370, s'élèvent, à partir de 1378, le transept nord et la chapelle St-Martial, et le clocher est renforcé. Entre 1458 et 1499, malgré la volonté d'en finir, on ne parvient qu'à édifier les deux premières travées de la nef. Le premier tiers du 16e s. voit la réalisation du portail nord (portail St-Jean) du transept, mais le chantier s'arrête à la mort de l'évêque Jean de Langeac en 1541; il reprendra au 19e s., entre 1876 et 1888, époque à laquelle la nef est enfin terminée et reliée au clocher.

★ **Portail St-Jean** – Réalisé en un granit très fin, il a été édifié entre 1515 et 1530, alors que triomphait le style flamboyant. Deux galeries ajourées divisent la façade en trois étages. Tout le tympan est garni d'arcatures dans lesquelles sont sertis des verres aux riches coloris. Les deux vantaux de bois, œuvre de la Renaissance, représentent les épisodes de la vie de saint Martial et de saint Étienne.

Clocher – Bâti sur plan carré, il atteint 62 m de haut. Les trois étages inférieurs (romans) contrastent avec les quatre étages supérieurs (gothiques); les trois plus élevés dessinent un plan octogonal présent dans de nombreux édifices du Limousin. Jusqu'au 19e s., le clocher était séparé de la nef; c'est pour le raccorder à celle-ci que furent construits le narthex et trois travées.

★★ **Intérieur** – Une impression d'unité se dégage de la nef. La hardiesse et l'élégance des voûtes sont remarquables.

Placé sous le buffet d'orgue, le **jubé★**, qui séparait autrefois le chœur du transept, date de 1533-1534. Ce monument de pierre calcaire et de granit, dont la paroi du fond est percée d'une large baie, est surmonté d'une galerie aux clés pendantes ornées des statues des six Vertus. Les niches creusées de part et d'autre de la porte sont encadrées de colonnes et de pilastres, parés comme tout l'ensemble d'une riche décoration à l'italienne. Les bas-reliefs du soubassement représentent des scènes mythologiques, dont les travaux d'Hercule.

Porcelaine Bernardaud.
Lily-Rose/Bernardaud

Remarquez les fresques et vitraux, pour la plupart du 19e s. qui ornent les chapelles du **chœur**, et notamment *L'Arbre de Jessé* (1859) dans la chapelle de la Vierge (13e s.). Placés autour du chœur, **trois tombeaux★** d'évêques offrent un grand intérêt décoratif : celui de Raynaud de La Porte (14e s.), celui de Bernard Brun, son neveu, et le **tombeau de Jean de Langeac**, évêque de Limoges à partir de 1533. Les 14 panneaux sculptés de ce mausolée du plus gracieux style de la Renaissance (1544) retracent les épisodes de l'Apocalypse de saint Jean ; il s'agit d'une adaptation de la *Petite Passion* de Dürer, mais traduite dans la pierre par un mouvement et une fougue exceptionnels.

★★ Musée des Beaux-Arts C2

1 pl. de l'Évêché - ✆ 05 55 45 98 10 - www.museebal.fr - ♿ - avr.-sept. : 9h30-12h, 14h-18h ; reste de l'année : 9h30-12h, 14h-18h - fermé lun.-mar. - 5 €/3 € (-26 ans gratuit).

Installé dans l'ancien palais épiscopal du 18e s., c'est l'un des plus beaux musées des beaux-arts de France. La muséographie contemporaine met parfaitement en valeur les œuvres exposées. Les collections, remarquables, ne cessent de se développer.

Au sous-sol, l'allée d'accès à l'exposition permanente est décorée d'une série de vitraux de **Francis Chigot** (1879-1960), grand maître verrier né à Limoges.

Galerie égyptienne – *Sous-sol.* Cette très riche collection (2 000 objets) a été réunie par J.-A. Perichon, qui vécut en Égypte au début du 20e s. Elle illustre la vie quotidienne en Égypte durant l'époque pharaonique ainsi que les coutumes funéraires, en particulier à travers de rares modèles de masques de momies en bois.

Limoges et son histoire – *Sous-sol.* Dans de belles caves voûtées, l'évolution de Limoges depuis l'Antiquité est présentée par thématiques et par périodes. La **collection lapidaire★**, particulièrement riche, regroupe du mobilier funéraire du premier âge du fer provenant de Glandon (Haute-Vienne), des lions de pierre, des coffres funéraires, des cippes et des statues caractéristiques de l'art gallo-romain local.

Des fresques et des mosaïques donnent une idée de la beauté des décors intérieurs de la demeure d'un notable de la région (fin du 1er s.). Le Moyen Âge est représenté par des sarcophages, bas-reliefs et fragments divers, la très belle série de 18 **chapiteaux** de St-Martial de Limoges (seconde moitié du 11e s.), et par les vestiges de l'abbaye Ste-Marie-de-la-Règle (12e s.), qui s'élevait en contrebas de la cathédrale. L'exposition retrace également le terrible incendie de 1864 ainsi que le développement de la cité porcelainière.

Section beaux-arts –*Rez-de-chaussée du palais épiscopal.* Elle s'organise par écoles et compte des artistes de renom tels Van Cleve, Van Loo, Hubert Robert, Théodore Rousseau, Charles-François Daubigny, Berthe Morisot, Maurice Denis *(Les Béatitudes)*, Othon Friesz, Lurçat, etc. Les collections comprennent par ailleurs un riche ensemble de toiles d'artistes d'origine limousine, tels Suzanne Valadon, Armand Guillaumin, Pierre Auguste Renoir *(Portrait de Jean)*, né à Limoges, ou encore du peintre naïf Élie Lascaux. Depuis 2017, un parcours chrono-thématique met en valeur la figure féminine et le paysage.

Les émaux – *1er étage du palais épiscopal. Pour tout savoir sur les émaux, voir p. 472.* Grâce à sa Biennale internationale de l'art de l'émail, Limoges est devenue un centre important d'**émaux contemporains**, et son fonds comprend de très belles pièces, notamment une curieuse couverture en émail. Ces collections, riches de plus de 500 **émaux★**, constituent sans aucun doute le fleuron du musée. Créations limousines du 12e s. à nos jours ou œuvres anciennes et contemporaines d'artistes

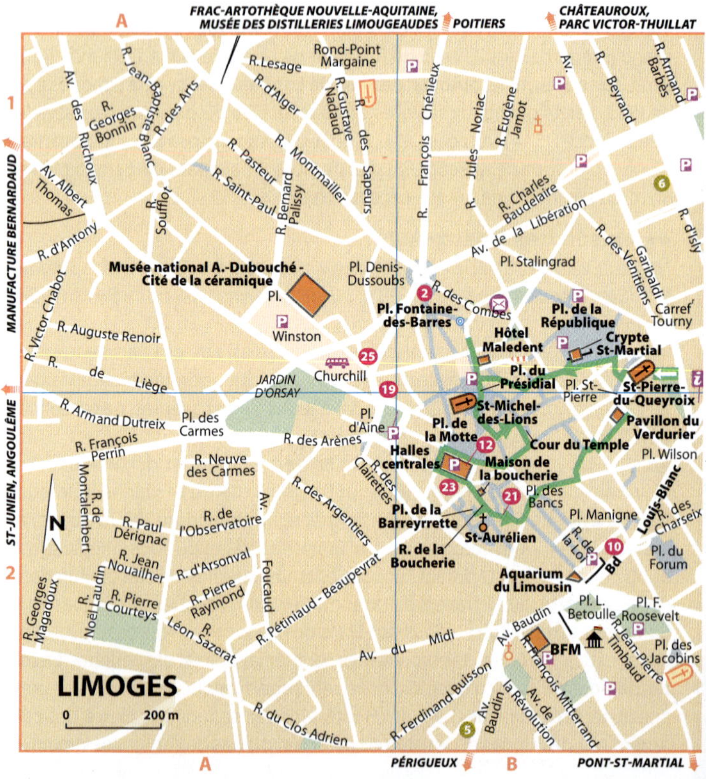

français ou étrangers, en particulier d'Extrême-Orient, ces pièces exceptionnelles valent à elles seules la visite. Le Moyen Âge vit s'épanouir l'art de l'émaillerie sous la main d'orfèvres de talent, qui produisirent de superbes **émaux champlevés** comme la célèbre châsse de Thomas Becket (vers 1200).

Dans la série d'**émaux peints** de la période Renaissance, dont le musée possède l'une des plus importantes collections au monde, on retiendra le retable de la Passion de **Colin Nouailher** (1541), membre de l'une des plus illustres dynasties d'émailleurs limougeauds, les **œuvres** de **Léonard Limosin** (v. 1505-v. 1577), portraitiste de la Cour (plaques émaillées, notamment les *Sibylles*), celles de Pierre Reymond, célèbre pour ses services de vaisselle émaillés, ou de Pierre Courteys (*Laocoon* monumental). Plusieurs pièces réalisées par la dynastie des Laudin, dont un *Martyre de sainte Agnès,* illustrent les 17e et 18e s. À voir aussi, les émaux Art déco de Léon Jouhaud et une belle collection de bijoux contemporains en émail.

★ Souterrain de la Règle

✆ 05 55 34 46 87 - www.limoges-tourisme.com - 4 €. Visite guidée (30mn) organisée par l'office de tourisme. Prévoir de bonnes chaussures, sol glissant.

Limoges possède un dédale de souterrains creusés au fil des siècles dans le sous-sol de la ville – caves voûtées, galeries, silos, aqueducs. Beaucoup de maisons ont été construites avec les matériaux du sous-sol. Le souterrain de la Règle évoque la puissante abbaye Ste-Marie-de-la-Règle, dirigée par des abbesses, fondée au 9e s. dans le quartier de l'Abbessaye en contrebas de la cathédrale,

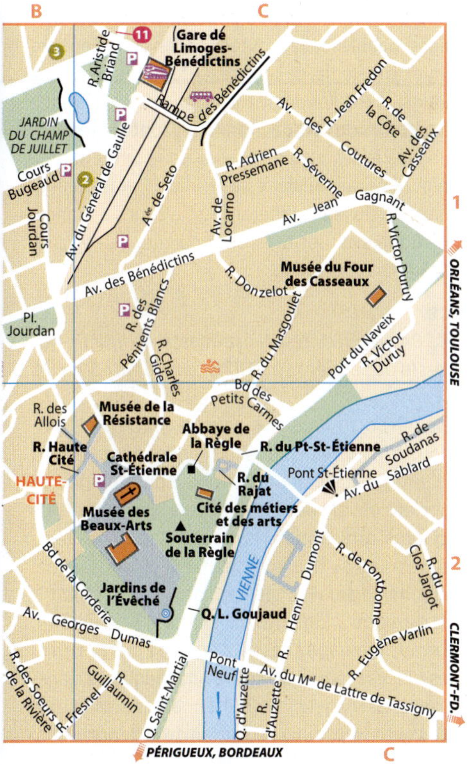

SE RESTAURER

- VerSus ... 2
- Au Relais Louis Blanc ... 10
- Au Bouchon limousin ... 11
- Le Bistrot d'Olivier ... 12
- Le Versailles ... 19
- Les Petits Ventres ... 21
- Chez Alphonse ... 23
- Le Bistrot gourmand ... 25

SE LOGER

- Brit Hôtel ... 2
- Hôtel Akena City ... 3
- Best Western Plus-Hôtel Richelieu ... 5
- Hôtel de Paris ... 6

et dont les bâtiments furent détruits en 1966. Dans ces basses caves du 12e et du 14e s., qui pouvaient compter jusqu'à quatre niveaux d'élévation, les religieuses stockaient notamment des céréales. Le tracé d'un ancien aqueduc du 3e s. est visible. La salle du Pilier abrite un monolithe de granit d'époque gallo-romaine qui a été réutilisé pour les besoins de l'abbaye.

★ Jardins de l'Évêché

Étagés en terrasses au-dessus de la Vienne, ces jardins offrent une jolie **vue★** sur la cathédrale et le palais épiscopal. Trois zones ponctuent la promenade. La première, en parfaite harmonie avec le cadre de l'évêché, correspond à un **jardin systématique** ; conçu dans l'esprit des jardins médiévaux et Renaissance, il se compose de quelque 1 200 plantes classées par familles. Le **jardin à thème** offre une agréable succession de plantes médicinales, aromatiques, mellifères ou alimentaires. Beaucoup plus sauvage, la troisième zone recrée cinq **milieux naturels régionaux**, typiques du Limousin : la chênaie-charmaie, riche en arbustes et plantes herbacées ; la hêtraie à houx, avec ses myrtilles et ses fougères ; la lande à bruyère ; la prairie humide, en bordure des étangs et des ruisseaux ; et enfin, la tourbière à sphaignes, que l'on rencontre dans les hauts plateaux de la montagne limousine. Au cours de votre promenade, vous remarquerez les vestiges de l'**abbaye de la Règle**.

★ Cité des métiers et des arts

5 r. de la Règle - ✆ 05 55 34 12 61 - www.limoges-tourisme.com - ♿ - mai et 15-30 sept. : merc., w.-end 14h30-19h, juin à mi-sept. : tlj 14h30-19h - 4,50 € (-2 ans gratuit). Appli de visite à télécharger sur smartphone ou tablette (iPad à disposition des visiteurs).
Situé au cœur des jardins de l'évêché, dans les salles voûtées de l'ancien réfectoire du séminaire diocésain de l'abbaye de la Règle, ce lieu présente des œuvres des **compagnons du Tour de France** ainsi que celles des meilleurs ouvriers de France du bâtiment. On y évoque les fondateurs du compagnonnage ; sont présentées les réalisations les plus talentueuses et les plus originales des compagnons, auxquels on doit également la réfection spectaculaire de l'édifice. En mezzanine sont retracées les différentes étapes d'un jeune itinérant sur le Tour de France. On découvre ainsi ce milieu spécifique avec ses rites, ses couleurs... Une visite originale, qui dévoile des savoir-faire insoupçonnés.

★ Musée de la Résistance

7 r. Neuve-St-Étienne - ✆ 05 55 45 84 44 - www.resistance-massif-central.fr - ♿ - de mi-juin à mi-sept. : 10h-18h ; reste de l'année : 9h30-17h, dim. 13h30-17h - 5 € (-26 ans gratuit).
Téléchargez l'appli « Résistance en poche », conçue pour les enf. de 8 à 13 ans.
Lors de la dernière guerre, le Limousin fut durement touché par des déportations et des massacres en nombre (*Oradour-sur-Glane et Tulle*). Sur deux étages, ce beau musée, aménagé dans un ancien couvent du 17e s., présente un ensemble de témoignages (affiches, cartes, photos, armes, matériel de sabotage, faux tampons, etc.) évoquant cette période noire où des hommes de la Haute-Vienne, avec à leur tête **Georges Guingouin**, héros de la Résistance, s'organisèrent très tôt pour vaincre la barbarie. Capitale du maquis, Limoges fut libérée le 21 août 1944, sans effusion de sang. Le musée rend hommage à ces héros grâce à des portraits décrivant leurs actions. Parmi les pièces maîtresses figure une maquette transparente retraçant la bataille du mont Gargan (*voir p. 215*), l'une des plus importantes de Haute-Vienne. La visite s'achève par une évocation de la déportation.

La cathédrale Saint-Étienne surplombant les jardins de l'Évêché et le pont Saint-Étienne.
LianeM/Getty Images Plus

Rues anciennes de la Cité
Du côté de la cathédrale, la **rue Haute-Cité**, piétonne, est l'ancien cœur commerçant de la Cité des évêques, bordée de maisons de marchands avec leurs échoppes en rez-de-chaussée.
Poursuivez vers la Cité des métiers, d'où descendent des ruelles jusqu'à la Vienne. La **rue du Rajat** (« ravin » en occitan) a conservé ses maisons à pan de bois et ses pavés. Sur l'une d'elles, la statue de Notre-Dame du Péteu (battoir), entourée de battoirs, rappelle le passé du quartier. Parallèle à la rue du Rajat, la **rue du Pont-St-Étienne** est constituée de gazettes, briquettes réfractaires qui servaient à séparer les porcelaines dans les fours.

★ Rives de la Vienne C1-2
Le long du fleuve, en contrebas du **quai Louis-Goujaud**, une agréable promenade délivre un beau panorama sur la Cité. Le pont St-Étienne, composé de huit arches en arc brisé formant dos-d'âne, fut construit au 13e s. pour desservir la cité épiscopale. Il était franchi par des milliers de pèlerins venus se recueillir sur le tombeau de saint Martial avant de gagner St-Jacques-de-Compostelle. Sur les berges s'affairaient les laveuses. Rive gauche, le clos Ste-Marie désigne d'anciens jardins ouvriers. Le petit peuple – ouvriers, manœuvres, etc. – de ces quartiers qui vivait autour des ponts était appelé les Ponticauds. L'un d'entre eux, Léonard Betoulle, devint en 1912 le premier maire socialiste de Limoges.

★ Quartier du Château B1-2

Circuit tracé en vert sur le plan p. 40.
Le quartier du Château, né autour du château du vicomte et de l'abbaye St-Martial, constitue le centre-ville, aux vieilles rues commerçantes très animées. Des boulevards circulaires ont pris la place des anciens remparts qui isolaient la ville de la périphérie. Les maisons à pans de bois côtoient des immeubles des années 1930 et d'autres des années 1960, élevés lors de la restructuration de certains îlots.
Le circuit débute place St-Pierre.

Église St-Pierre-du-Queyroix B1-2

Pl. St-Pierre - fermé dim. après-midi.

La façade, de style ogival flamboyant, remonte à 1534. Le clocher du 13e s. est de proportions très harmonieuses ; il a servi de modèle, à Limoges même, à ceux de St-Michel et de St-Étienne. L'intérieur, en partie du 12e s., frappe par sa largeur : la nef centrale est encadrée de chaque côté par deux collatéraux. L'obscurité est atténuée par de beaux vitraux, pour la plupart du 19e s. À droite du chœur, beau vitrail exécuté en 1510 par Jean Pénicaud *(la Dormition de la Vierge)*, restauré. Remarquez, au fond du second collatéral, un retable en bois doré du 17e s., très chargé, orné de peintures et décoré de colonnes torses. Placé au mur derrière le maître-autel, un christ en bois de la fin du 14e s., très expressif.

Place de la République B1

Vous l'aurez compris au premier coup d'œil, la place de la République, dont une restauration d'envergure est lancée en 2019, n'est pas la plus belle de Limoges. Elle occupe l'emplacement de l'ancienne abbaye St-Martial. Il faut se représenter ce quartier, au Moyen Âge, couvert d'églises et de cloîtres. Une mosaïque au sol, figurant un plan, permet de mesurer la taille de la basilique du Sauveur, qui abritait la châsse de saint Martial, avant qu'elle ne soit déposée dans l'église St-Michel-aux-Lions.

★ Crypte St-Martial B1

Pl. de la République - ✆ 05 55 34 46 87 - www.limoges-tourisme.com - 6 € - visite guidée (1h) organisée par l'office de tourisme.

Elle a été découverte en 1956, à la faveur de la création du parking. Aujourd'hui encore, des fouilles y sont menées. Martial et ses deux compagnons (Alpinien et Austriclinien) reposaient dans les deux grands sarcophages de plus de 2,80 m de long, qui occupent la première salle. Dans l'angle opposé s'ouvre la loge dallée dans laquelle était placé le tombeau de sainte Valérie qui, loin de ce que raconte la légende, pourrait être une dame mérovingienne, bienfaitrice du lieu. La seconde salle ou « sanctuaire » contient l'énorme sarcophage de granit dit de Tève-le-Duc, du 4e s. La dernière salle est constituée par les soubassements des églises St-Pierre et St-Benoît, établis sur des ruines gallo-romaines et à l'emplacement d'un cimetière paléochrétien, comme en témoignent les nombreuses sépultures. *Traversez la r. Jean-Jaurès. Empruntez la r. du Clocher, puis tournez à droite r. Gaignolle.*

Place du Présidial B2

Remarquez, au coin de la rue Haute-de-la-Comédie, l'ancien **hôtel Maledent**, daté de 1639. Le portail nord de l'**église St-Michel-des-Lions★** *(voir ci-après)* s'ouvre sur cette place qui a conservé son ordonnancement des 17e et 18e s. avec ses bâtiments de l'administration monarchique. Allez voir en contrebas la jolie **place Fontaine-des-Barres,** du 16e s. Son nom vient des barres posées sur l'ancien puits public central, pour éviter tout accident. Au 17e s., ce puits fut remplacé par une fontaine.

★ Église St-Michel-des-Lions B2

Pl. Saint-Michel.

Deux édifices, l'un roman et l'autre gothique, ont précédé l'église actuelle dont la construction, entreprise en 1364, se poursuivit au 15e s. (portail nord) et au 16e s. (nef prolongée d'une travée). Le plan rectangulaire consacre son caractère d'**église-halle**, ce qui explique sa taille. Près de la porte du clocher, côté sud, sont placés

deux lions de granit qui ont donné leur nom à l'église et servaient, dit-on, à indiquer au Moyen Âge la limite des juridictions des abbés de St-Martial et des vicomtes de Limoges. La tour présente des étages supérieurs octogonaux renforcés de tourelles : une haute flèche, surmontée d'une boule en cuivre ajourée, s'élève à 68 m. Le portail nord, finement décoré, est orné d'une Vierge à l'Enfant (15e s.) portant une grappe de raisin. L'intérieur compte trois vaisseaux d'égale hauteur, la nef et deux collatéraux reposant sur des colonnes étonnantes de légèreté. De part et d'autre du chœur, à l'extrémité des nefs latérales, des vitraux du 15e s. évoquent la Vierge et saint Jean-Baptiste. L'autel de pierre sculptée, un peu en avant du chevet plat, à l'extrémité de la nef centrale, recèle une châsse en chêne recouvert de cuivre doré au 19e s. abritant les reliques de saint Martial. Dans la niche de gauche, buste-reliquaire de sainte Valérie, en cuivre et argent, orné de pierres semi-précieuses et d'émaux.
Poursuivez dans la rue Ferrerie, puis la rue du Temple.

★ Cour du Temple B2

La rue du Consulat, bordée d'immeubles du 18e s., est reliée à la rue du Temple par un couloir (au no 22) qui s'ouvre sur un ancien hôtel particulier à colombages, l'hôtel de Lostanges, avec des galeries à arcades du 16e s., qui appartenait à une illustre famille de Limoges.
Prenez la rue du Consulat, puis la rue des Halles.

1

★ Halles centrales B2

Pl. de la Motte - leshallescentraleslimoges.fr - mar.-merc. 7h-14h, jeu.-dim. 7h-15h - fermé lun.
Construites en 1869, elles ont bénéficié d'une restauration très réussie, qui s'est achevée en 2020. Elles bordent la **place de la Motte,** piétonne, dont le nom évoque sans doute la motte féodale sur laquelle se dressait le château des vicomtes. Le bâtiment est orné d'une **frise en porcelaine** de 328 panneaux illustrant les produits du marché. Sous la vaste charpente métallique, les stands de produits locaux et d'ailleurs font des halles un haut lieu de la gastronomie limousine. Deux restaurants également *(voir Le Bistrot d'Olivier, p. 55).*

★ Rue de la Boucherie B2

Cette rue étroite, très pittoresque, abrite des maisons à pans de bois dont certaines conservent quelques-uns des 52 étals de bouchers dénombrés au 13e s. Dans les galetas aux étages, on faisait sécher les sabots des animaux, utilisés ensuite pour fertiliser les champs, ainsi que les peaux.

L'abbaye St-Martial

Situé extra-muros, le quartier de la **place de la République** était une nécropole qui accueillit, au 4e s., les premières inhumations chrétiennes, en particulier le corps de saint Martial, l'apôtre du Limousin. Le tombeau du saint fut très tôt l'objet d'une grande vénération, et une chapelle funéraire s'éleva au-dessus (6e s.). Les clercs qui en avaient la garde adoptèrent, en 848, la règle bénédictine : l'abbaye se développa et s'affilia à Cluny en 1063. Durant tout le Moyen Âge, elle fut un intense foyer de piété, d'art et de culture : entre le 9e et le 12e s., son *scriptorium* exécuta de purs chefs-d'œuvre comme le *Manuscrit de la Seconde Bible* (Bibliothèque nationale). Mais elle ne cessa de décliner par la suite et ses bâtiments furent démolis à la Révolution. Dans les alentours du tombeau de saint Martial, trois églises s'élevèrent : la basilique du Sauveur, St-Pierre et St-Benoît.

Désertée par la corporation, la rue retrouve son animation d'antan lors de la Frairie des Petits Ventres. Cette fête gastronomique réunit producteurs de Limoges et de Haute-Vienne qui s'installent dans la rue pour vendre leurs produits régionaux tandis que N.-D.-des-Petits-Ventres est portée en procession dans les rues de Limoges *(voir « Nos adresses »).*

Maison traditionnelle de la Boucherie B2

Été : mar.-sam. 14h-18h ; hors sais. : se rens. à l'office de tourisme.

L'étal du n° 36 ouvre sur un rez-de-chaussée, autrefois réservé à l'activité professionnelle. La cuisine, transformée en boutique, abrite un billot et ses accessoires, une armoire glacière du 19e s. et une cheminée où étaient mitonnés les abats ; l'arrière-salle servait au boucher de lieu pour dépecer les animaux et également d'écurie. Aux étages, dans les pièces meublées, cohabitaient quelque 25 personnes (familles, apprentis et employés). Le grenier à claire-voie servait de saloir et au séchage des peaux).

Place de la Barreyrrette B2

Le nom de cette charmante et paisible place provient des barrières qui fermaient les enclos des animaux destinés au couteau du boucher et qui broutaient sur place... Six familles possédaient le monopole de cette activité. La création d'un abattoir municipal en 1832 supprima à cet espace sa vocation.

★ Chapelle St-Aurélien B2

2 r. St-Aurélien - ✆ 05 55 34 46 87 - se rens. à l'office de tourisme.

Une croix monolithe du 16e s. signale l'entrée de ce curieux petit édifice élevé en 1471 et plusieurs fois remanié. Oubliez le disgracieux immeuble situé en arrière-plan : cette chapelle est une merveille de simplicité et de dévotion. Elle fut mise aux enchères en 1795 et rachetée secrètement par la corporation des bouchers tripiers, qui l'entretient encore de nos jours. Elle est remplie d'ex-voto et de statues de bois doré. Admirez la richesse du mobilier, dont un magnifique retable encadré de colonnes torses. Une statue de sainte Catherine (15e s.) est l'une des pièces maîtresses du lieu. Remarquez aussi une statue dite l'Enfant au rognon (15e s.), où l'Enfant Jésus, entouré de la Vierge et de sainte Anne, croque un morceau de rognon d'agneau, que les bouchères offraient aux enfants des clientes... La chapelle accueille en octobre la Frairie des Petits Ventres.

Une corporation millénaire

Depuis l'an 930, **Messieurs les bouchers de Limoges** administrent une corporation regroupée dans la rue Torte (rue de la Boucherie). Après la découverte en 1315 des reliques de saint Aurélien (évêque qui succéda à saint Martial), les bouchers obtiennent le droit de l'adopter comme saint patron ; la corporation crée alors une confrérie qui, en 1471, bâtit à ses frais la **chapelle St-Aurélien** afin d'y abriter la châsse contenant ses reliques.
Au 16e s., six familles de la corporation prennent le contrôle du conseil de la confrérie (les membres sont toujours élus par bulletin secret pour sept ans).
Depuis Henri IV, la **confrérie de St-Aurélien** détient le privilège d'offrir les clés de la ville aux princes ou aux chefs d'État en visite à Limoges.
De nos jours, les descendants des Cibot et autres Parot font perdurer la tradition.

Augustoritum, ville gallo-romaine

Limoges est une création de la dernière décennie du 1er s. av. J.-C. La présence de la voie militaire d'Agrippa, qui reliait Lyon à Saintes, l'existence d'un gué au bord de la Vienne et l'exposition dominante sud-est du coteau urbanisable ont conditionné le choix du site d'*Augustoritum*.
Cette cité nouvelle s'ordonnait selon un quadrillage à partir de deux artères centrales perpendiculaires. Très vite, la ville fut dotée d'une imposante panoplie de monuments publics : un pont de pierre franchissant la Vienne (qui deviendra plus tard le pont St-Martial), un forum, des thermes, des aqueducs, un amphithéâtre, un théâtre, des temples, etc. Le forum s'étendait dans le secteur de l'actuelle mairie, entre la rue des Récollets et la rue Timbaud. En contrebas, il était jouxté par des thermes (place des Jacobins, fouillés de 1967 à 1978). L'amphithéâtre (actuel jardin d'Orsay), édifié hors de la ville sur une hauteur, mesurait 137 m x 116 m, ce qui en faisait l'un des plus vastes de la Gaule. Malgré l'existence de nombreux monuments, *Augustoritum* ne fut sans doute jamais très peuplé : guère plus de 6 000 habitants. Les vides constatés dans le semis urbain antique laissent imaginer une ville incomplètement bâtie.
À la fin du 4e s., les grandes invasions entraînèrent une contraction de la cité, qui se réfugia sur le puy St-Étienne et s'enferma derrière des remparts, formant ainsi le noyau de la cité. Une maquette au musée des Beaux-Arts permet de se faire une idée de la ville romaine.

1

★ Pavillon du Verdurier B2

Pl. St-Pierre. Ouvert lors des expositions temporaires.
Construit après la Première Guerre mondiale pour stocker la viande alors en pénurie, ce bâtiment Art déco, conçu par l'architecte de la gare des Bénédictins, surprend par ses mosaïques de grès et ses frises florales sur carreaux de céramique. Il abrite aujourd'hui un espace d'exposition. En sous-sol, beaux vitraux (déb. du 20e s.) de Francis Chigot, originaire de Limoges.

À voir aussi

Aquarium du Limousin B2

2 bd Gambetta - ✆ 05 55 33 42 11 - www.aquariumdulimousin.com - ♿ - merc.-dim. 10h30-18h (tlj pdt vac. scol) - fermé de déb. janv. à déb. fév. - 10 € (3-12 ans 6 €).
Visite des coulisses sur demande et animations gratuites quotidiennes.
Installé sous la place Haute-Vienne, il bénéficie de l'atmosphère d'un ancien réservoir d'eau voûté aménagé sous Napoléon Ier, donnant l'impression au visiteur de pénétrer dans une grotte. Les animaux marins y sont présentés par continent. Un premier ponton, bordé d'aquariums peuplés de poissons évoluant dans les eaux douces d'Europe ou tropicales, descend vers le fond du souterrain. Après le bassin des piranhas, une salle confronte le visiteur aux prédateurs amazoniens avant de le plonger dans les profondeurs des abysses. Le départ du second ponton le ramène à la surface, tout en lui permettant d'admirer les animaux des mers tropicales. Au total, quelque 2 500 spécimens représentant plus de 300 espèces...

BFM (Bibliothèque francophone multimédia) B2

2 pl. Aimé-Césaire - ✆ 05 55 45 96 00 - bfm.limoges.fr - ♿ - 10h-18h - fermé dim. - entrée libre.

L'ancien hôpital général, construit au 17e s. pour accueillir les malades, les enfants abandonnés, les mendiants et les « filles perdues », s'est converti en 1998 en bibliothèque francophone multimédia, indispensable dans une ville universitaire comme Limoges. Une immense verrière a été ajoutée par l'architecte Pierre Riboulet, qui a conçu l'intérieur du bâtiment à la fois comme un « repli intime » et « une ouverture infinie au monde ». Le passé romain d'*Augustoritum* – l'édifice est construit à l'emplacement du forum – resurgit grâce à une mosaïque ornée d'une lionne, qui décorait à l'origine la villa d'un riche propriétaire gallo-romain. Les visiteurs sont accueillis dans le hall par une tapisserie contemporaine monumentale or et bleu de Rachid Koraïchi. La place Léon Betoulle est dominée par l'imposant **hôtel de ville**, de style néo-Renaissance, construit de 1875 à 1883.

FRAC-Artothèque Nouvelle-Aquitaine A1, EN DIRECTION

17 bis r. Charles-Michel - www.fracartothequenouvelleaquitaine.fr - ouverture prévue à l'automne 2023.

Le FRAC-Artothèque Nouvelle-Aquitaine est une institution publique dédiée à la diffusion de l'art contemporain. Son fonds compte plus de 6 200 œuvres, soit l'un des plus grands ensembles d'œuvres accessibles au public en France. Fin 2023, cette collection prendra place dans un ancien bâtiment industriel constitué d'une charpente métallique de type Eiffel et d'une façade en pierres de taille, en cours de réhabilitation. Le FRAC-Artothèque y présentera des expositions d'art contemporain et diverses animations (visites, ateliers, cours d'histoire de l'art, lectures...), en ayant recours aux nouvelles technologies. En parallèle, le FRAC-Artothèque organise des expositions dans le Limousin (Tulle, Guéret, Royère de Vassivière, Panazol, Argentat-sur-Dordogne) en partenariat avec d'autres structures culturelles (voir la programmation sur le site Internet).

Musée des Distilleries limougeaudes A1, EN DIRECTION

54 r. de Belfort - ✆ 05 55 77 23 57 - www.distillerie-du-centre.fr - ♿ - merc.-sam. 9h30-12h, 15h-18h - fermé 10 déc.-10 janv. - gratuit - dégustation - parking.

Dernière représentante d'une longue tradition locale, la distillerie du Centre est une fabrique artisanale de liqueurs et d'apéritifs (spécialités locales : châtaigne, figue) en activité depuis 1789. Son musée fait revivre l'histoire des distilleries limougeaudes, qui représentaient jadis une importante activité locale puisque, en 1900, on en comptait 48 !

★ Gare de Limoges-Bénédictins C1

Voir l'ABC d'architecture p. 467.

Symbole de la prospérité et du développement de Limoges entre les deux guerres, c'est un point de repère et l'un des monuments les plus connus de la ville. Construite de 1923 à 1929 par Roger Gonthier, elle déploie les formes distendues de son dôme vert-de-gris sur une plate-forme au-dessus des voies. L'originalité de son architecture est mise en valeur par l'esplanade du Champ-de-Juillet, aménagée en parc municipal à la même époque et propice à la flânerie.

Parc Victor-Thuillat HORS PLAN PAR B1

Av. Émile-Labussière.

Amoureux des arbres, ce parc paysager d'inspiration anglaise de 3,5 ha vaut le détour. Situé au nord-ouest de la gare, dans un ancien quartier ouvrier, il abrite

Gare de Limoges-Bénedictins.
Ch. Guy/imageBROKER/age fotostock

750 espèces de plantes vivaces, dont une partie le long de la rivière, et plus de 240 arbres remarquables (cyprès chauve, séquoia géant, hêtres pourpres, Emménoptérys de Henry). Ici, le désherbage se fait à la main, on évite les pesticides et les déchets verts sont réutilisés sur place. Un des poumons verts de Limoges.

À proximité

CARTE P. 32-33

Limousine Park à Boisseuil B3

À 12 km au sud-ouest de Limoges par la D 320.
Pôle de Lanaud - 05 55 06 46 10/07 55 59 26 64 - www.limousinepark.com - juil.-août et mi-avr.-1er mai : 10h-18h30 - 7 € (enfant 3-12 ans 5 €) - restaurant sur place : Le Lanaud (05 55 06 46 08/06 15 39 20 81 - ts les midis, vend.-sam. soir - menus 14/18 €, plats 18/22 €).

Ce parc agro-touristique conçu par Jean Nouvel met en avant les richesses et le patrimoine du Limousin : la viande bovine, bien sûr, mais aussi la porcelaine, l'agriculture, la gastronomie, le tourisme ou l'architecture. Nombreuses activités et animations : chasse aux trésors, île aux labyrinthes, terrasses pédagogiques, salle de projection, mini-ferme, bar à vaches, longues-vues pour admirer le paysage environnant…

Aixe-sur-Vienne B2

À 11 km à l'ouest de Limoges par la D 79 puis la D 20.
46 av. du Prés.-Wilson - 05 55 70 19 71 - www.tourismevaldevienne.fr.

Ville porte du **Parc naturel régional Périgord-Limousin** *(voir p. 93)*, ses ostensions offrent, tous les sept ans, le spectacle original de 20 reliquaires portés en procession par les représentants des corps de métiers de la ville à la chapelle N.-D.-d'Arliquet (à la fois N.-D.-des-Reliques, des Sept-Douleurs et de-la-Bonne-Mort), et ramenés la nuit à la lueur des flambeaux.

Jardins du château de Losmonerie B2

Aix-sur-Vienne, La Porte, 5 km au nord - www.losmonerie.fr - dernière sem. de juin à fin août : tlj 10h-12h30, 14h-18h30 ; w.-end de sept. jusqu'aux J. du patrimoine : 14h-18h30 - visite guidée (à 16h) du château dern. sem. de juil. à fin août - jardins seuls 5 € (7-18 ans 3 €), jardins + château 8 €.

Resté dans la même famille depuis le 18e s., avec ses meubles d'époque, le château de Losmonorie, qui date de la Renaissance, était une « maison aux champs ». Ce sont trois jardins que le visiteur est amené à découvrir. Le premier, qui se déploie autour des bâtiments historiques, se compose d'une terrasse offrant un splendide point de vue sur la Vienne, et d'un **jardin dit de l'Arrivée**, avec une salle à manger végétale, un théâtre de verdure et un verger. Dans le **jardin Framboises**, 4000 pieds de framboisiers (100 variétés) ont été plantés, offrant une promenade gustative unique dans le Limousin. Dans le **Jardin sauvage,** place à de petites cascades ponctuées de rochers et à une grande cabane en osier, comme dans les paysages chinois.

Circuit conseillé

CARTE P. 32-33

★ Entre Vienne et Briance BC2-3

Circuit de 90 km tracé en marron sur la carte p. 32-33. Quittez Limoges par le sud en empruntant la N 21 vers Périgueux puis la D 32.

La belle route remonte la vallée de la Briance qui coule en serpentant au milieu des prairies. Au hameau de **Pont-Rompu**, on aperçoit à droite un vieux pont aux avant-becs aigus : c'est ici que passait l'ancienne voie romaine de Limoges à Bordeaux.
Poursuivez la D 32 jusqu'au village de Solignac.

★★ Église abbatiale de Solignac B3

De ce magnifique ensemble fondé en 632 par **saint Éloi**, ancien orfèvre devenu ministre du roi Dagobert, il ne reste plus aujourd'hui qu'une belle église romane des 12e-13e s. L'actuelle église abbatiale date de la première moitié du 12e s. C'est l'église du Limousin qui a le plus profondément subi les influences de l'école périgourdine. Son architecture révèle de nombreuses **influences mozarabes**. Le grand **clocher-tour** contemporain de l'abbatiale a été remplacé au 19e s. par un simple clocher-mur. Le flanc nord offre une admirable ordonnance : larges contreforts et colonnes engagées montent jusqu'à la corniche du toit ; dans la partie inférieure, des groupes de quatre arcs retombent alternativement sur des pilastres sans décor et sur des culots ornés de volutes, de personnages accroupis ou de monstres ; à l'étage, succession de fenêtres et de baies trilobées aveugles. Un bas-relief figurant un Christ en majesté surmonte le portail du croisillon nord.
Entrez par le portail placé sous le porche. Le vaisseau est couvert de **vastes coupoles hémisphériques** et les murs ornés d'arcatures aveugles en plein cintre. Ces dernières, qui supportent une galerie de circulation, sont décorées de chapiteaux et de culs-de-lampe archaïques : la sculpture apparaît de plus en plus recherchée au fur et à mesure que l'on s'avance vers le chœur.
Les **stalles★**, placées de chaque côté de la nef, datent pour l'essentiel du 15e s. : leurs miséricordes et leurs accoudoirs sont sculptés de feuillages, d'animaux et de masques grimaçants. Le transept est dissymétrique. Le croisillon sud, plus court, est voûté en berceau ; remarquez la fenêtre « limousine » à voussure unique de l'absidiole (Vierge en bois polychrome du 18e s.). Au fond du chœur, à gauche, est exposé le **trésor★** de l'abbatiale : bras-reliquaires, châsses, bustes-reliquaires,

Le grand saint Éloi

Né en 588 à Chaptelat, Éloi apprend son métier d'orfèvre à l'atelier de Limoges, puis va travailler à Paris sous les ordres du trésorier du roi. Son talent et sa probité le font remarquer par Clotaire II, qui en fait son trésorier ; mais c'est surtout la confiance du roi Dagobert, qui permet à saint Éloi de déployer ses capacités de ministre. Titulaire de l'évêché de Noyon, saint Éloi a pourtant la nostalgie du sol natal : il demande au roi la terre de Solignac pour y fonder le monastère, où il compte mourir en paix. Le roi répond favorablement à cette sollicitation. L'abbaye prend aussitôt une grande importance mais, en dépit de ses fortifications, elle ne pourra échapper aux assauts des Normands, des Sarrasins, des Anglais et des huguenots qui, au cours de sa longue histoire, la ravageront périodiquement.

dont celui de saint Théau, du 12e s., en cuivre doré et argent. Le chœur, couvert d'une coupole déformée, est rythmé par sept arcades et trois absidioles. Les **chapiteaux**, d'une grande richesse iconographique, portent un décor varié : palmettes, personnages luttant contre des griffons et des serpents entrelacés, etc. Deux fresques du 17e s. représentent la *Tentation du Christ* et l'*Agonie au jardin des Oliviers*. Les vitraux datent en partie du 15e s. Sur le pilier de droite, une peinture « à la détrempe » représente saint Christophe ; elle daterait du 15e s. : cet ex-voto a été offert par un seigneur, Bony de la Vergne, délivré des Maures.

1

Bâtiments abbatiaux – Les bâtiments annexes ont été malmenés et en partie détruits par les envahisseurs étrangers et les guerres de Religion. Reconstruits au 18e s., dévastés sous la Révolution, puis rénovés au 20e s., ils ont été successivement pensionnat de jeunes filles et usine de porcelaine. Durant la Seconde Guerre mondiale, ils ont abrité les réfugiés de l'École normale d'Obernai puis ont été occupés par une congrégation religieuse jusqu'en 2004.

De la cour, vue sur le flanc sud de l'église, qui communiquait avec le cloître par un portail en plein cintre de la seconde travée. L'arc brisé sous lequel on passe en contournant l'édifice marque soit une seconde entrée du cloître, soit l'entrée d'une chapelle.

Il ne faut pas hésiter à se promener dans **Solignac** pour découvrir le pont roman, la maison de la Fanfare (à colombages), le mur rénové avec d'anciennes meules de moulin rue de la Peyrade, ou encore l'ancienne porte Saint-Jean, qui fermait autrefois le village.

Parc Zoo du Reynou B3

☎ 05 55 00 40 00 - www.parczooreynou.com - ♿ - avr.-sept. : 10h-19h30 ; oct.-mar. se rens. - 20 € (3-12 ans 13 €). Possibilité de séjourner dans des lodges sur place (diverses formules proposées).

Dans ce **parc animalier** d'une superficie de 100 ha, au paysage typiquement limousin, évoluent plus de 130 espèces animales des cinq continents, de la girafe au tamarin en passant par l'ours polaire. Créé en 1870 pour le porcelainier Charles-Edouard Haviland, le **parc paysager** est harmonieusement planté de 120 essences végétales rapportées de ses voyages (cèdres, arbre à caramel, séquoias) autour d'un château. Diverses activités sont proposées aux enfants.

Revenez et poursuivez sur la D 32.

★ Château de Châlucet B3

☎ 05 55 00 96 55 - www.chalucet.com - le site est en accès libre et gratuit tte l'année ; possibilité de visite guidée en juil.-sept. de 10h45 à 18h, dernier dép. 16h30 (1h - 6 €, -12 ans gratuit) - hors sais., se rens.

Une appli permet de parcourir le site du château et de contempler les éléments d'architecture en réalité augmentée: reconstitutions à 360°, points de visée, vidéo, etc.

Sur un promontoire escarpé s'avançant au confluent de la Briance et de la Ligoure se dressent les **ruines de Châlucet**, parfait exemple d'architecture militaire médiévale, vestiges d'une impressionnante grandeur. Le site de Châlucet fait régulièrement l'objet de campagnes de fouilles. Dans la maison d'accueil, maquette avec des reconstitutions du château. Le **château bas** est le plus ancien (fin du 12e s.) : il comprend un **donjon**, appelé la tour Jeannette (haute de 23 m), une enceinte maçonnée et des maisons-tours hautes d'au moins 10 m. Une seule porte donnait accès à la tour Jeannette, à 5 m de hauteur... Du haut de cette tour, belle vue sur la campagne environnante. De là, on accède au **château haut**, du 13e s., délimité par un grand fossé qui l'isole sur l'éperon du plateau. On peut contempler les vestiges de la chapelle et de la majestueuse cheminée de la salle d'apparat. Devant l'entrée *(au nord)*, une **barbacane** permettait de contrôler le passage. Sur la façade nord, des mâchicoulis et un assommoir se dressaient juste au-dessus de la porte. Dans les tours d'angle abattues au 16e s. étaient installés les appartements des seigneurs. Au-dessus de la porte du Capitaine, une chapelle renferme encore les fonts baptismaux et neuf sépultures.

À proximité de la forteresse, le **parc forestier de Ligoure** (40 ha), aménagé par la famille Le Play au 19e s., constitue un agréable lieu de promenade. Un **parcours** *(7 km)*, jalonné de 10 panneaux pédagogiques, renseigne sur l'histoire du site.

À St-Hilaire-Bonneval, prenez la D 19 à gauche jusqu'à La Croix-Verte, puis à droite vers St-Paul, où débute la D 115.

Au Châtenet, la pittoresque D 39, à gauche *(dir. St-Léonard de Noblat)*, franchit la Vienne. Au confluent de la Vienne et de la Maulde, dominé par le **château du Muraud** agrippé à un promontoire, tournez à gauche.

Vallée de la Maulde C2

Dans une gorge boisée et rocheuse, la route remonte la vallée de la Maulde, petite rivière bondissante, transformée par EDF en un immense escalier d'eau comportant huit barrages.

Le château de Châlucet au fil du temps

Vers 1130, la **famille de Jaunhac** érige un château à Châlucet-haut (appelé aussi haut *castrum*), tandis que des maisons de chevaliers sont bâties à Châlucet-bas au pied de la tour Jeannette (c'est le bas *castrum*). Au 13e s., les chevaliers s'opposent au vicomte de Limoges. **Géraud de Maulmont**, ministre du vicomte, reprend Châlucet et se fait construire le château neuf, véritable palais, à l'emplacement du premier château. Ce sont les ruines de ce palais que l'on visite actuellement. À la mort de Géraud de Maulmont, le site revient à **Philippe le Bel**, qui le confie à divers châtelains. Au 14e s., une troupe de brigands béarnais s'en empare et terrorise la région. Le château passe de main en main et finit par tomber en ruine. En 1577, il est le fief des huguenots, qui s'en servent comme base de départ contre Limoges. Conquis en 1593, il est finalement démantelé par les bourgeois de Limoges. Le château de Châlucet et la forêt de Ligoure sont aujourd'hui la propriété du Conseil départemental de la Haute-Vienne.

Château de Châlucet.
Mirphotos/SPL Terres de Limousin

Le **barrage de l'Artige**, dernier ouvrage de la chaîne, sert de régulateur de débit des barrages en amont.
La route le surplombe et offre des **vues** sur le vallon. Poursuivez le long de la Vienne.

Pont-de-Noblat C2

Situé dans la vallée de la Vienne, ce faubourg s'est développé de part et d'autre de la rivière dont les deux rives sont reliées entre elles par un joli pont du 13e s. La fête traditionnelle de la Saint-Martial y a lieu début juillet *(voir carnet pratique)*.
Sur la rive gauche, au niveau de l'église, la **promenade du chêne de Clovis** grimpe vers un plateau où se dressait autrefois un château. De ce site archéologique, on découvre une motte féodale, ainsi qu'une belle vue sur la Vienne.
Depuis Pont-de-Noblat, allez visiter **Saint-Léonard de Noblat**, à 500 m *(voir p. 70)*. *Reprenez la D 941 en direction de Limoges.*
La D 124, que l'on prend à St-Antoine, offre un panorama sur les **monts d'Ambazac** *(voir p. 78)* et rejoint la D 39 ; tournez à gauche dans cette petite route.

St-Priest-Taurion B2

Site agréable au confluent du Taurion, dont la vallée agreste est coupée de barrages, et de la Vienne qui s'étale dans un cadre de collines.
Après Le Palais, la D 29 suit la vallée jusqu'à Limoges, longeant sur 2 km la retenue du barrage, avec ses moulins et ses anciens sites industriels.

Carnet pratique

S'informer

Office de tourisme – *12 bd de Fleurus - ✆ 05 55 34 46 87 - www.limoges-tourisme.com.* Organise des visites guidées avec des guides conférenciers agréés, visites audioguidées également.

Pass touristique

City Pass – *Accès gratuit à 8 sites touristiques et nombreuses réductions. 15 €/24h, 20 €/48h, 30 €/7 j.*

Se déplacer

Tuk Tuk de Limoges - train touristique – *✆ 06 43 75 65 70 ou 06 42 38 84 94 - guichet : bd Fleurus, devant l'office de tourisme - 12 €/pers., 40 €/famille de 4 pers. - 2 circuits de 45mn.*

Agenda

Danse Émoi – *Janv.-fév. (années paires) - ✆ 05 55 45 94 00.* Biennale de danse contemporaine au Centre culturel Jean-Gagnant.

Coquelicontes – *2 sem. en mai - www.alca-nouvelle-aquitaine.fr.* Festival itinérant du conte avec 100 spectacles, à Limoges et dans plus de 60 communes du Limousin (musées, jardins, fermes, cafés...).

Lire à Limoges – *3 j. déb. mai - lire.limoges.fr.* Au Champ-de-Juillet et autres lieux culturels de la ville. Près de 300 auteurs invités.

Urbaka – *Fin juin - www.urbaka.com.* Festival pluridisciplinaire et des arts de la rue.

Festival 1001 Notes en Limousin – *Fin juill.-déb. août - www.festival1001notes.com.* À Limoges et en divers lieux du Limousin, concerts de musique classique et musiques du monde.

Les Francophonies en Limousin – *Fin sept.-déb. oct. - ✆ 05 55 10 90 10 - www.lesfrancophonies.fr.* Festival de théâtre, musique, danse, écritures contemporaines.

Frairie des Petits Ventres – *3e vend. d'oct. - www.ville-limoges.fr.* Cette fête gastronomique, institution limougeaude, commémore rue de la Boucherie, la très puissante corporation des bouchers de la ville.

Festival Éclats d'émail Jazz Édition – *10 j. 2e quinz. nov. - www.eclatsdemail.com.* Concerts en salles et dans les bars de la ville.

À Pont-de-Noblat – **Fête de la St-Martial** – *1er w.-end de juil.* Ascension aux brandons, course à la bague, couronnement du Roi sur le vieux pont...

À Aixe-sur-Vienne – **Pèlerinage à N.-D.-d'Arliquet** – *3e dim. sept. - www.arliquet.com.* Marche et procession, messe en plein air.

À St-Just-le-Martel – **Salon international du dessin de presse et d'humour** – *Fin sept.-déb. oct. - centredessinpresse-stjust.com.* Expositions et dessinateurs invités.

Nos adresses

PLAN P. 40-41

Restauration

Premier prix

11 Au Bouchon limousin – C1 - *3 r. Aristide Briand - ✆ 05 55 77 26 18 - www.hotel-poste-limoges.fr - fermé dim. - formules déj. 9,50/16,50 €, menus 21/28 € - 9 ch 55/70 € - ☕ 6,50 €.* Tout près de la gare, une adresse bien connue des habitués. Son entrecôte limousine, particulièrement goûtue, servie en portions généreuses, jusqu'à 1h du matin les vendredi et samedi, fait un tabac... Excellent rapport qualité-prix, service efficace et bon enfant. Chambres simples à l'étage.

12 **Le Bistrot d'Olivier** - B2 - *Pl. de la Motte (halles centrales) - ✆ 05 55 33 73 85 - fermé le soir et dim. - menu 19,50 € - formules 16,50 €.* Dans ce petit restaurant des halles, la cuisine du terroir est à l'honneur, et le personnel vous accueille avec efficacité et bonne humeur. Menu unique très copieux: terrine maison délicieuse, tartare issu de viande limousine ou blanquette de veau, et desserts gourmands. Une adresse sympathique, où l'on s'installe à la bonne franquette à de grandes tables.

Budget moyen

2 **VerSus** - B1 - *3 pl. Denis-Dussoubs - ✆ 09 86 36 16 58 - versuslimoges.eatbu.com - fermé merc. et le soir du dim. au mar. - formule déj. 16,50/19 €, carte du soir env. 30 €.* Sur la « place des cinémas », cette récente adresse sert, au déjeuner, des plats tendance bistronomie, souvent twistés par des condiments et épices (comme des perles de yuzu sur un *cheesecake* truite et citron confit, ou un crumble pomme et rhubarbe infusée au rooibos). Le soir, elle devient « cave à vin » : on partage de petites assiettes en goûtant les crus à la carte.

25 **Le Bistrot gourmand** - A1 - *7 pl. Winston-Churchill - ✆ 05 55 10 29 29 - www.bistrotgourmand.fr - lun.-sam. 12h-14h, 19h-23h - plats 18/39 €.* À deux pas du musée Adrien-Dubouché, cette adresse pour gourmets attire une clientèle locale qui apprécie la qualité des produits. Les escalopes de veau et leurs déclinaisons sont l'un des *must* de la maison, tout comme les gratins. La lecture du menu met d'emblée l'eau à la bouche...

10 **Au relais Louis Blanc** - B2 - *29 bis bd Louis-Blanc - ✆ 05 55 10 20 00 - aurelaislouisblanc.fr - ♿ - fermé dim. - formule 22,90 €, plats 16,90 €.* Ce restaurant propose un large choix de viandes (limousines de préférence), mais il fait aussi la part belle au poisson avec, entre autres, un filet de bar ou du saumon gravlax. Sympathique décor de bistrot, personnel accueillant et efficace.

19 **Le Versailles** - A1-2 - *20 pl. d'Aine - ✆ 05 55 34 13 39 - formule midi tlj sf dim. 20 €, plats 18,50/34 €.* Avec le palais de justice en toile de fond, cette brasserie haut de gamme fondée en 1932, agrandie d'une mezzanine circulaire, sert des petits plats simples adaptés à l'esprit du lieu, avec un large choix de viandes limousines.

21 **Les Petits Ventres** - B2 - *20 r. de la Boucherie - ✆ 05 55 34 22 90 - www.les-petits-ventres.fr - fermé dim.-lun. - formule déj. 18 €, plats 19/28 €.* Plats canailles (spécialité de tripes) et large éventail de menus régale les petits ventres et les autres! Cadre rustique à colombages d'une maison du 14e s.

23 **Chez Alphonse** - B2 - *5 pl. de la Motte - ✆ 06 73 28 86 15 - www.chezalphonse.fr - fermé dim. soir - plats env. 20 €.* Pourquoi Alphonse? Parce que chaque jour, comme ses prédécesseurs avant lui, le chef de ce charmant bistrot « fonce aux halles » pour faire son marché... La belle tradition est donc à l'honneur: terrines diverses, crépinette de pied de porc, généreuses pièces de bœuf et pot-au-feu sont à la carte. À table!

Le Cheverny - HORS PLAN PAR B2 - *57 av. Baudin - ✆ 05 55 34 50 01 - www.lecheverny.fr - fermé sam. midi, dim. soir et lun. - plats 22,50/38 €.* En restaurateurs expérimentés, Didier et Marie-Christine Palard ont fait de ce Cheverny limougeaud – installé dans une ancienne usine de fabrication de

1

chaussures – un véritable havre de gourmandise. On s'y régale d'une cuisine cohérente et parfaitement maîtrisée, qui fait la part belle aux produits régionaux.

À proximité

Budget moyen

La Table des faubourgs – *14 av. de la Vienne - Bosmie-l'Aiguille - 8 km au sud-ouest - ✆ 05 55 84 47 23 - restaurant-table-des-faubourgs.com - fermé dim. soir, lun., mar. soir et merc. soir - formule déj. sem. 16 €, menus 29/39 €.* Le chef, Emmanuel, qui a travaillé dans de grands restaurants étoilés, vous propose une cuisine haute en couleurs, aux saveurs inventives, en privilégiant les circuits courts. Ambiance bistrot très sympathique.

Petite pause

Maison de thé « L » – *9 r. Cruche-d'Or - ✆ 05 55 32 23 36 - www.salon-de-thes-l.fr - lun. 14h-19h, mar.-sam. 10h-19h - fermé 1re quinz. d'août.* Installés dans un ancien hôtel particulier, les fauteuils confortables de ce salon de thé intime n'attendent que vous ! Faire son choix parmi plus de 120 thés des quatre coins du monde n'est pas une mince affaire ; vous pourrez aussi opter pour le chocolat, onctueux à souhait. Cakes, tartes et autres gourmandises accompagneront agréablement votre breuvage.

Shopping

Gastronomie

Halles centrales – B2 - *Pl de la Motte - leshallescentraleslimoges.fr - mar.-merc. 7h-14h, jeu.-dim. 7h-15h - fermé lun.* L'endroit idéal pour faire le plein de produits régionaux *(voir p. 45)*.

Porcelaine

Porcelaine Carpenet – *9 bd Louis-Blanc - ✆ 05 55 34 28 86 – www.porcelainecarpenet.fr/fr - merc.-vend. 14h-18h30, sam. 10h30-12h30, 14h-18h30.* Sur le « boulevard de la porcelaine », Carpenet présente ses dernières nouveautés. Pour plus de choix et pour découvrir la manufacture, il faudra vous rendre à St-Léonard de Noblat *(voir p. 74)*.

Le Bocal – *19 bd Louis-Blanc - ✆ 05 55 33 85 40 - le-bocal-art-gallery.business.site - mar.-sam. 10h-13h, 14h-19h.* Cette galerie associative met à l'honneur l'artisanat d'art, comme la mosaïque, l'émail, la plumasserie et la porcelaine. De jeunes créateurs, rassemblés autour de l'émailleuse d'art Lise Rathonie, exposent des œuvres originales et de qualité.

Lachaniette – *27 bd Louis-Blanc - ✆ 05 55 34 58 61 – www.porcelainelachaniette.com - lun.-sam. 10h-12h, 14h-19h.* On retrouve ici toutes les grandes manufactures de porcelaine de Limoges (Bernardaud, Raynaud, Haviland, etc.) mais aussi des collections éditées par Lachaniette.

La Salamandre – *33 bd Louis Blanc - ✆ 09 75 83 88 91 - salamandre-limoges.com - mar.-vend. 10-12h, 14-19h ; sam. 14h-19h.* Dans sa boutique-atelier, Patrice Chauvel effectue des démonstrations de fabrication de porcelaine à la demande *(30 à 40mn ; tél. pour prendre RV)*. Les plus grosses pièces sont réalisées à la fabrique de St-Junien. Vous trouverez aussi des bijoux et des produits du terroir.

Magasin d'usine Haviland – *ZI Magré, 3 av. du Prés.-John-Kennedy - ✆ 05 55 30 21 86 - mar.-sam. 10h-12h30, 13h30-18h.* Magasin d'usine des Haviland, famille américaine qui s'installa à Limoges en 1842, et produisit des services prestigieux pour les rois, les reines, et autres sommités. Musée en accès libre. Grand choix de pièces (vaisselle, décoration...) à la boutique.

Magasin d'usine Bernardaud – *27 av. Albert-Thomas - ✆ 05 55 10 21 86 - www.bernardaud.com - tlj sf dim. 9h30-18h30.* Le magasin de la célèbre manufacture de porcelaine, sur le site des anciens ateliers limougeauds *(voir p. 37)*.

Maison de la porcelaine d'Aixe-sur-Vienne – *14 av. du Prés.-Wilson - Aixe-sur-Vienne - ✆ 05 55 70 14 68 - www.maisonporcelaine.com - boutique : lun.-sam. 10h-13h, 14h-19h, ouv. certains dim., se rens.* Vaste choix de services de table et de pièces décoratives produits par la manufacture du Lys royal.

En soirée

L'Irlandais – *2 r. Haute-Cité - ✆ 05 55 32 46 47 - mar.-vend. 12h-15h, 17h-1h, vend. 12h-1h30, dim. 17h-0h30 - fermé dim. de nov. à avr.* Lui, marin-pêcheur breton, a fait le tour du monde et a tenu un pub en Irlande. Elle, violoniste, a joué dans des cours royales. Tous deux ont fait de L'Irlandais une brasserie conviviale où l'on vient écouter des concerts de jazz, de musique celtique, etc., et assister aux matchs sur écran géant. On peut également y déjeuner et dîner (burger et *fish and chips* réputés).

Cril Café – *4 pl. Denis-Dussoubs - ✆ 05 87 41 58 47 - crilcafe.com - 16h-0h, vend.-sam. 16h-1h, dim. 16h-22h.* Si vous voulez du 100 % limousin, c'est dans ce bar à l'ambiance *afterwork* qu'il faut venir, pour boire une bière locale ou goûter à la sangria au vin de Verneuil, accompagnée de « croutchôs », sortes de tapas sous forme d'assiettes au comptoir.

Brasserie Michard – *8 pl. Denis-Dussoubs - ✆ 05 55 79 37 98 - www.bieres-michard.com - mar.-sam. 16h-1h.*
Authentique brasserie fabriquant 6 variétés de bières artisanales limousines. Deux étages, un immense comptoir et une déco réussie. Très animé le soir. *Flammeküches* maison et vente de bière à emporter.

Le Duc Étienne – *19 r. de la Boucherie - ✆ 05 55 32 39 70 - lun.-merc. 14h-1h, jeu.-sam. 14h-2h, dim. 18h-1h.* Dans un cadre rustique, un bar de nuit qui attire les amateurs de rock depuis... plus de quarante ans, sans le moindre signe de fatigue. Tarifs très abordables et atmosphère hautement conviviale.

Activités

Train touristique à vapeur en Limousin – *www.trainvapeur.com.* De juin à août avec l'association Conservatoire Ferroviaire Territoires Limousin Périgord (CFTLP) sur la ligne Limoges-Ussel. Une locomotive de 1932 vous transporte, à 40 km/h, de la vallée de la Vienne au plateau de Millevaches (1/2 journée ou journée). Visites et animations à St-Léonard de Noblat, St-Sulpice-Laurière, Eymoutiers. Réserv. en ligne ou à l'office de tourisme.

Hébergement

Budget moyen

⑥ **Hôtel de Paris** – B1 - *5 cours Vergniaud - ✆ 05 55 77 56 96 - www.hoteldeparis-limoges.com - 24 ch. 75/98 € - ☕ 9 €.* Cet ancien hôtel particulier du 19e s., entièrement rénové en 2019, abrite différents types de chambres sous de hauts plafonds, toutes bien tenues. Situation intéressante en centre-ville et parking gratuit en face de l'hôtel.

② **Brit Hôtel** – C1 - *17 av. du Gén.-de-Gaulle - ✆ 05 55 77 67 77 - hotel-limoges.brithotel.fr - P 7,50 €/j - 49 ch. 50/79 € - ☕ 9,90 €.* Situé à côté de la gare, cet hôtel a été entièrement refait. Personnel serviable et agréable. Possibilité de petits plats en chambre sur réserv. Très bon rapport qualité/prix.

1

3 **Hôtel Akena City** – B1 - *16-18 r. Gén.-du-Bessol - ✆ 05 55 77 51 40 - www.hotels-akena.com - P 5 €/j. - 27 ch. 59/73 € - ☕ 7,90 €.* L'hôtel est proche de la gare, mais il a d'autres atouts : son appréciable style contemporain et son ambiance familiale font que l'on s'y sent tout simplement bien. Parking payant.

5 **Best Western Plus - Hôtel Richelieu** – B2 - *40 av. Baudin - ✆ 05 55 34 22 82 - www.bestwestern-richelieu-limoges.com - ▤ ✕ ♿ - 46 ch. 89/130 € - ☕ 15 €.* Près de la mairie, cet hôtel 3 étoiles allie confort moderne et décor de style années 1930. Chambres contemporaines dans l'extension.

Art Hôtel Tendance – HORS PLAN PAR B1 - *37 r. Armand-Barbès - ✆ 05 55 77 31 72 - 16 ch. 80/90 € - ☕ 9 €.* Chambres assez spacieuses et agréables, comme autant d'invitations au voyage avec leur décor original autour d'un thème à chaque fois différent (Inde, Italie, Égypte...). Bon accueil.

Hôtel Le Saint-Martial – HORS PLAN PAR B1 - *21 r. Armand-Barbès - ✆ 05 55 77 75 29 - www.hotel-saint-martial.com - ♿ - 29 ch. 79/99 € - ☕ 12 €.* Situé au nord de la gare et du centre-ville, cet hôtel trois étoiles assure un accueil charmant et des prestations de qualité. Petit déjeuner copieux, possibilité de plateau-repas, parking gratuit dans la rue et aux alentours.

Chambres d'hôtes Édouard & Louise – HORS PLAN PAR B1 - *Allée Henri-Moissan - ✆ 05 55 35 10 44 - edouard-et-louise.fr - P - 5 ch. 80/95 € ☕.* Guillaume a récemment racheté l'ancienne ferme et restauré la demeure de ses arrières-grands-parents, Édouard et Louise. En bordure du parc de l'Aurence, à 10mn en voiture du centre de Limoges, la maison 1930 comprend cinq belles chambres. Photos de famille et meubles chinés confèrent au lieu un charme délicieusement rétro. Avec, en prime, la tranquillité de la campagne, un agréable cadre verdoyant, et un bon petit-déjeuner.

À proximité

Une folie

La Chapelle Saint-Martin – *St-Martin-du-Fault - 13 km à l'ouest de Limoges - ✆ 05 55 75 80 17 - www.chapellesaintmartin.com - ▤ P ⛱ - 14 ch. 225/365 € - ☕ 25 € - ✕ menus 85/135 €, fermé lun.-mar.* Nichée dans un grand parc à l'orée d'un bois où se dressent des arbres bicentenaires, cette belle demeure du 19e s. propose à ses clients un séjour hors pair, loin des bruits de la ville. Ils peuvent profiter à loisir de la piscine découverte, et faire de la randonnée à proximité.

Oradour-sur-Glane

★★

Le 10 juin 1944, quatre jours après l'annonce du débarquement allié en Normandie, un village entier – soit 642 personnes – est anéanti par la division d'élite « Das Reich ». Des pans de murs calcinés, un mémorial, un cimetière où ont été rassemblées les dépouilles des victimes du nazisme appellent aujourd'hui au recueillement. Le Centre de la mémoire permet de faire la lumière sur ce qui est devenu l'un des symboles de la barbarie humaine.

Une rue d'Oradour-sur-Glane.
Ch. Guy/hemis.fr

Se repérer

2 477 Radounaux – Haute-Vienne (87)
CARTE P. 32-33 (A2). Oradour-sur-Glane est à 22 km au nord-ouest de Limoges.

À ne pas manquer

Passez par le Centre de la mémoire avant de visiter les rues du village détruit et la vieille église ; témoignage de la barbarie humaine, l'ossuaire du cimetière est bouleversant.

Organiser son temps

Consacrez une demi-journée à ce lieu de mémoire et de recueillement.

En famille

Richement documenté, le Centre de la mémoire replace clairement le drame d'Oradour dans son contexte historique.

Nos adresses p. 61

Visiter

Le Centre de la mémoire

L'Auze - ✆ 05 55 43 04 30 - www.oradour.org - ♿ - de mi-mai à mi-sept. : 9h-18h ; de déb. mars à mi-mai et de mi-sept. à fin oct. : 9h-17h ; reste de l'année : 9h-16h - fermé de mi-déc. à fin janv. - 7,80 € (10-18 ans 5,20 €). Fermeture pour réaménagement complet prévue à partir de fin 2024, se rens.

Avec son architecture coupée par des plaques d'acier rouillées, cet édifice semi-enterré symbolise la destruction, mais aussi la résistance au temps du village traumatisé, témoin pour les générations futures de la barbarie humaine. Le **parcours de la mémoire** replace le drame d'Oradour dans son contexte historique pour mieux l'appréhender.

L'exposition évoque la montée du nazisme en Allemagne, le désir d'expansion territoriale du Reich et les premières années de la guerre, puis met en parallèle ce qu'était la vie dans le village d'Oradour en 1944 et l'avancée de la division allemande *Das Reich*. Le contraste entre le quotidien paisible du village et les massacres perpétrés dans les pays de l'Est par la division est saisissant. Le drame survenu le 10 juin 1944 est ensuite relaté. Oradour, c'est aussi l'horreur de la découverte des ruines fumantes et des corps carbonisés, difficiles à identifier. Le parcours revient aussi sur les lendemains du drame, du relogement des survivants au procès. Malgré la reconnaissance nationale de la tragégie – le village fut immédiatement classé Monument historique après la guerre –, le résultat du procès a divisé la France en deux clans. Les rescapés de la division *Das Reich* ont

La tragédie du 10 juin 1944

Ce samedi 10 juin 1944, les habitants d'Oradour, important bourg situé à une vingtaine de kilomètres de Limoges, vaquent à leurs occupations quotidiennes. À 14h, une colonne allemande, la division *Das Reich*, arrive en vue du village et commence un mouvement d'encerclement. Pendant que 200 soldats cernent les issues, une colonne de camions et de voitures blindées pénètre dans la localité. Un petit réfugié lorrain, conscient du danger, s'enfuit à toutes jambes. Les Allemands, semble-t-il, ne sont là que pour débusquer d'éventuels terroristes. L'ensemble de la population est rassemblé sur la place du Champ-de-Foire, hommes, femmes, vieillards et les 247 enfants des écoles, conduits par leurs maîtres. Bientôt, les femmes et les enfants sont enfermés dans l'église, tandis que les hommes sont emmenés par petits groupes dans des granges et des garages sans issue. Les fusillades commencent, fauchant sans répit la vie des hommes qui ne peuvent fuir. Seul l'un d'entre eux, blessé, parvient à s'échapper. Les Allemands attendent la fin de l'après-midi pour détruire à coups de grenade et de dynamite l'église pleine de monde. L'édifice s'écroule et prend feu. Une jeune femme s'en échappe et reste cachée des heures durant. Le tramway qui ramène les Limousins travaillant à l'extérieur d'Oradour arrive aux portes du village. Ceux qui ne sont pas d'Oradour sont renvoyés chez eux. Les autres sont arrêtés et, finalement, sommés de fuir. La division quitte les lieux, laissant quelques soldats sur place. Elle revient le lendemain pour effacer les traces de ses actes. Le village est brûlé afin que les corps ne soient pas identifiables. La division *Das Reich* continue sa route vers le front de Normandie, laissant derrière elle un champ de ruines et 642 corps sans vie.

en effet été jugés et condamnés à Bordeaux. Parmi eux se trouvaient de jeunes Alsaciens incorporés de force dans l'armée allemande. La polémique fut terrible, certains réclamant justice pour tous, d'autres demandant l'amnistie pour les Alsaciens, qui l'obtinrent finalement.
Avant de pénétrer dans le village martyr, la galerie de portraits permet de mettre des visages et des noms sur les 642 victimes du 10 juin 1944.

Les ruines du village

Accès par le hall du Centre de la mémoire, sf de mi-déc. à fin janv. (accès direct par portes nord et sud) - gratuit.
L'ancien village est resté tel quel, en ruine. Néanmoins, la nature a repris ses droits. L'herbe a repoussé, des pans de mur se sont écroulés. Oradour, si vivant naguère, est aujourd'hui silencieux. Des plaques nomment les différents commerces, méconnaissables. On est frappé de stupeur devant l'importance de ce bourg qui abritait près de 1200 personnes et de nombreux réfugiés de l'Est de la France, mais aussi d'Espagne. Derrière les pans de mur des maisons aux sols défoncés, une marmite près d'une cheminée ou une machine à coudre rappellent brutalement que des familles vivaient ici paisiblement avant le drame. Près des garages, des carcasses de vieilles voitures défient le temps. Le village semble s'être brutalement « endormi » en juin 1944. Les rues conduisent inévitablement à l'église, chargée d'émotion. Les visites du **mémorial**, où sont rassemblés des objets ayant résisté aux flammes, et du **cimetière**, où reposent dans un ossuaire les restes calcinés des victimes, sont particulièrement émouvantes.

Le nouvel Oradour

Au lendemain de la guerre, un nouveau village fut construit à proximité des ruines pour tous ceux qui désiraient rester sur place. Dominant l'entrée du bourg, l'**église** a été consacrée en 1953. Ses verrières, lumineuses sont l'œuvre de l'atelier de Francis Chigot, un important maître-verrier de Limoges.

1

Nos adresses

Restauration

Pour se faire plaisir

L'Équilibre – *Domaine de Laplaud - ✆ 05 44 23 03 61 - www.restaurant-equilibre.fr - fermé lun. et le soir de dim. à jeu. - 40/65 €.* Installé dans une ancienne dépendance du château de Laplaud, qui se reflète dans l'étang voisin, le chef Maxime Dupiot y donne toute l'étendue de sa créativité, en sublimant des produits locaux, présentés dans l'assiette comme des œuvres d'art.

Hébergement

Budget moyen

Hôtel de la Glane – *8 r. de la Mairie - ✆ 05 87 14 08 10 - www.hoteldelaglane.com - 12 ch. à partir de 80 € - ☕ 12 €.* Jouxtant l'hôtel de ville du nouvel Oradour, cet hôtel a été entièrement rénové en 2022 par ses sympathiques et dynamiques nouveaux gérants. Si la bâtisse a conservé quelques éléments d'époque (comme la cheminée et le parquet de la grande salle de petit-déjeuner), les chambres (doubles ou familiales) ont toutes été refaites et décorées avec soin.

Saint-Junien

Au cœur d'une région d'élevage, ainsi favorisé par une abondante matière première telle que peaux de chevreau et d'agneau, St-Junien fut connu pour ses mégisseries et ses ganteries, qui acquirent, dès le 15e s., une grande renommée. Ne manquez pas d'aller faire quelques emplettes dans leurs magasins d'usine, tous situés à Saint-Junien. Cette petite ville active, traversée par la Vienne, possède par ailleurs une superbe collégiale de style roman limousin. Une balade s'impose dans le centre pour en découvrir son riche patrimoine.

Se repérer

11254 St-Juniauds – Haute-Vienne (87)

CARTE P. 32-33 (A2).

À 30 km au nord-ouest de Limoges
La ville est l'une des portes du Parc naturel régional Périgord-Limousin.

À ne pas manquer

Le tombeau de saint Junien, chef-d'œuvre de la sculpture du 12e s.

Organiser son temps

Comptez 3h pour visiter la ville et ses environs.

En famille

Le monde miniature de Feeriland.

Carnet pratique p. 65

Nos adresses p. 65

Se promener

Pour accéder à l'église, empruntez la rue Lucien-Dumas, bordée de jolies boutiques. Elle débute au nord à l'emplacement de la porte du Pont-Levis, l'une des quatre portes principales qui entouraient la ville jusqu'à la fin du 18e s.

★ Collégiale St-Junien

Pl. Deffuas.

C'est l'une des plus vastes églises de Haute-Vienne. Elle possède une nef et un transept de la fin du 11e s., une façade de la fin du 12e s., et un chevet carré du 13e s. Le clocher central, écroulé en 1922, a été reconstruit. Le portail de la façade occidentale, divisé en deux baies et encadré de colonnettes, est surmonté d'un massif **clocher-porche** que flanquent deux clochetons. Dans les croisillons s'ouvrent des chapelles voûtées d'ogives primitives. À la croisée du transept s'élève une coupole octogonale à pendentifs plats, ajourée de quatre baies limousines et percée d'un oculus polylobé. Les chapiteaux du chœur sont décorés de palmettes, d'animaux et de personnages. Les deux dernières travées et le chevet orné d'une grande rose furent ajoutés au 13e s. En plusieurs endroits subsistent d'importants vestiges de **fresques** des 12e et 13e s. Dans le chœur, au sud, une vitrine présente notamment une châsse reliquaire en émail champlevé limousin du 13e s. et, contre les piliers, une intéressante collection de statues polychromes des 15e-16e s.

★★ Tombeau de saint Junien – *Derrière le maître-autel.* Voilà un chef-d'œuvre de la sculpture limousine du 12e s. Les deux tiers de la longueur du tombeau sont en calcaire et couverts de sculptures, le reste n'est qu'une enveloppe de plâtre ajoutée au siècle dernier. Sur la face orientale, le Christ en gloire est entouré des symboles des évangélistes. Sur la face nord, la Vierge, assise dans une gloire et portant l'Enfant Jésus, est encadrée par douze vieillards de l'Apocalypse ; sur la face opposée figurent les douze autres vieillards et un médaillon représentant l'Agneau mystique. Le tombeau est ouvert tous les 7 ans, lors des ostensions *(voir encadré ci-dessous)*.

Chapelle St-Martial – *Dans la deuxième travée du bas-côté nord du chœur.* De construction gothique, elle contenait jadis les reliques de ce saint dont la vie est retracée à travers des fresques du 13e s., en partie visibles. Un enfeu polychrome abrite une **Mise au tombeau** du début du 16e s

Place des Bancs

Ancienne place de la halle de la boucherie, elle présente un bel ensemble d'architecture civile du 15e au 17e s., dont la **maison des Consuls** (16e s.) où logeait, comme son nom le laisse entendre, l'un des consuls de la ville.

Marché couvert

Construit à la fin du 19e s. dans le style Art nouveau, il abrite le marché couvert, la halle aux grains et la salle des fêtes. Expositions, concerts, activités culturelles.

Bourse du travail

Édifié dans les années 1920 sur le jardin de l'ancien couvent du Verbe incarné, ce beau bâtiment est un symbole de l'histoire ouvrière de St-Junien. Les bureaux des syndicats ouvriers y étaient installés, ainsi que leurs œuvres sociales et culturelles. Un cinéma, le Ciné-Bourse, occupe désormais les lieux.

1

Chapelle N.-D.-du-Pont

2 quai des Mégisseries - ✆ 05 55 43 06 80 (mairie) - www.poltourisme.fr - ouv. lors des Journées du patrimoine.

L'élégante chapelle se dresse sur la rive droite de la Vienne, à l'entrée d'un pont du 13e s. La Vierge exposée dans l'abside fut trouvée sur les bords de la Vienne, près du pont. Transportée dans la collégiale, la statue aurait regagné la rive le lendemain. Aussi les habitants de St-Junien lui élevèrent-ils un sanctuaire à l'endroit où on l'avait recueillie. Construite au 15e s. sur l'emplacement de ce premier édifice, la chapelle actuelle fut agrandie et terminée grâce à Louis XI, qui s'y rendit deux fois en pèlerinage. L'ensemble est d'un gracieux **style flamboyant**. La voûte est ornée de clés finement sculptées. Le portail est coupé par un linteau orné de feuilles frisées et surmonté d'une accolade fleuronnée.

Junien le thaumaturge

À la fin du 5e s., dans une forêt des bords de la Vienne, à Comodoliac, vivait un saint ermite nommé Amand. Attiré par la réputation de celui-ci, un jeune homme originaire de Cambrai, Junien, vint le rejoindre. Pendant une quarantaine d'années, celui-ci guérit, avec l'eau d'une source, les malades qui arrivaient parfois de très loin. Sa réputation était telle qu'en 540, lors de son décès, l'évêque de Limoges présida à ses obsèques et ordonna la construction d'un sanctuaire au-dessus de son tombeau. La ville de St-Junien était née. Des **ostensions** célèbrent tous les sept ans la mémoire de **saint Junien**. À cette occasion, ses reliques sont exposées et une cérémonie a lieu : la rue principale est couverte de feuillages pour représenter la forêt ancestrale et des cages remplies d'oiseaux sont placées dans les branches pour renforcer l'illusion, tandis que des groupes de statues figurent les principaux événements de la vie de saint Junien. Le dimanche après-midi, des groupes costumés défilent solennellement à travers la ville.

Terrasses de Saint-Amand

13 r. de Saint-Amand.

Ces terrasses, accessibles en permanence, portent les vestiges d'une église du 11e s., considérée comme le berceau originel de la ville.

À proximité

CARTE DE RÉGION

★ Site Corot A2

À 2 km au nord-ouest par la N 141. À la sortie de la ville, dans un virage, tournez à droite à angle aigu, puis aussitôt après, à gauche dans une petite route; suivez-la jusqu'à l'usine de porcelaine et garez-vous à l'entrée du sentier.

15mn AR. Longez un moment les bords de la Glane. Celle-ci coule dans un cadre composé d'amas de blocs de granit et de beaux arbres (des chênes et des charmes, spectaculaires en automne), qui inspira **Corot** et de nombreux peintres. Corot avait découvert le Limousin en 1847, puis les bords de la Glane en 1852. Il y revint régulièrement pendant dix ans. L'endroit est idéal pour une promenade ou un pique-nique. Il abrite une espèce végétale rare, l'osmonde royale. Elle pousse le long de la rivière et ses tiges peuvent atteindre 2 m de haut

Église de St-Victurnien A2

À 9 km à l'est par la D 32.

Un retable décoré de peintures du 14e s. figurant la Passion et la Résurrection orne l'autel, qui abrita sans doute les restes de saint Victurnien. Châsse en émail champlevé, du 13e s.; Vierge à l'Enfant en pierre polychrome du 14e s.

Au cimetière *(route d'Oradour-sur-Glane)*, remarquez une **lanterne des morts** dont les deux ouvertures au revers permettaient aux simples d'esprit de passer la tête à l'intérieur et de demander au saint leur guérison.

Feeriland B2

À 17 km à l'est par la N 141. Sortez à La Barre, puis prenez la D 28 et suivez les panneaux indicateurs. Ebourliat - ✆ 05 55 03 16 71 - www.feeriland.com - ♿ - juil.-août : 10h30-19h; des vac. de Pâques à fin juin : 14h-18h; reste de l'année : w.-end et vac. scol. 14h-18h30 - fermé des vac. de la Toussaint aux vac. de Pâques - 8 € (3-12 ans 5,50 €).

Venez vous plonger dans la magie de ce lieu unique en France, un monde fantastique peuplé d'êtres minuscules, fruit de vingt ans de travail. Vous passerez d'un monde à l'autre à travers sept univers géants, animés et sonorisés, qui représentent des **scènes historiques ou imaginaires** : Azay-le-Rideau, le Far-West, Fourmiville, le château fort, le carnaval, la motte féodale...

À voir aussi, le jardin botanique aquatique et la forêt de bambous géants. Dans le parc, jeux familiaux, jeux d'estaminet, costumes de sumos, jeux gonflables...

Douceurs limousines à goûter à St-Junien

Impossible de quitter St-Junien sans avoir fait provision de deux spécialités locales, l'aréna et le cyrano. Le premier est un gâteau aux amandes qui a été créé par le pâtissier Paulin Arena à la fin du 19e s.; le second est une confiserie à base de pruneau macéré dans la liqueur et garni de praliné, puis enrobé de chocolat. Il aurait vu le jour en hommage au comédien Jean Piat, interprète de Cyrano de Bergerac et tombé sous le charme du Limousin...

Carnet pratique

S'informer

Office de tourisme – *Pl. du Champ-de-Foire - ✆ 05 55 02 17 93 - www.poltourisme.fr.*

Porte Océane du Limousin – *✆ 05 55 02 14 60 - www.porteoceane-dulimousin.fr.*

Agenda

Comme un effet de l'art scène – *Mi-juil.-mi août.* Concerts le jeudi soir dans un des bars de la ville.

Legend'air – *Un w.-end de sept. - www.legendairenlimousin.blogspot.com.* La plus grande fête aérienne gratuite en France réunit des passionnés d'avions anciens sur l'aérodrome de St-Junien.

Nos adresses

Restauration

Voir adresses Hébergement.

Shopping

Marché – *Sam. matin.* Les étals débordent autour des halles.

Luxe & cuir– Les gantiers **Agnelle** *(30 bd de la République - www.agnelle.com)* et la maison **Daguet** *(r. Junien-Rigaud - www.facebook.com/DaguetLuxe)*, le mégissier **Colombier** *(13 av. Gay-Lussac, www.encuir.fr)* ont leur magasin d'usine à St-Junien. On y trouve des réalisations pour maisons de couture à des prix bien plus raisonnables que dans le commerce traditionnel. Accueil charmant.

Le Monde d'Eva – *19 pl. Auguste-Roche - ✆ 06 56 86 76 58 - lemondedeva.fr - mar.-sam. 9h30-12h, 14h-18h30.* Dans cette boutique-atelier, des savons bio, fabriqués de manière artisanale, des cosmétiques, des produits pour la maison… Atelier adulte *(1h30)* pour réaliser votre propre savon.

Activités

Randonnées – Sur l'île de Chaillac *(46 ha - 4,5 km à l'ouest de St-Junien)*, deux sentiers d'interprétation de 1,7 km et 5 km.

Hébergement

Budget moyen

Le Bœuf Rouge – *57 bd Victor-Hugo - ✆ 05 55 02 31 84 - www.lebœufrouge.com - - 48 ch. 70/90 € - 9,50 € - plats 17,50/30 €.* Cet imposant bâtiment en pierre abrite des chambres climatisées et équipées d'une literie confortable, à la déco thématique (ganterie, rugby, monastères de St-Junien, etc), ainsi qu'une salle de fitness. La salle de restaurant, assez chic, propose au menu une belle sélection de viandes limousines et une carte des vins étoffée. Parking fermé gratuit et piscine découverte aux beaux jours.

Hôtel Le Relais de Comodoliac – *22 av. Sadi-Carnot - ✆ 05 55 02 27 26 - www.comodoliac.com - - 29 ch. 74/117 € - 12 € - plats 21/39 €.* Hôtel logé dans une construction des années 1970 isolée de la route par un joli jardin. Style contemporain dans l'air du temps dans les chambres relookées. Agréable salle à manger-véranda ouverte sur une terrasse verdoyante. Plats du terroir et cuisine généreuse.

Du lundi au vendredi, le **Como Bistro,** situé dans le même établissement, vous accueille pour le déjeuner *(formule 18,50 €).*

1

Rochechouart ★

Il y a 200 millions d'années, une météorite percuta la région, formant un cratère de 20 km de diamètre et un paysage lunaire... Depuis, la végétation a repris ses droits. La vicomté de Rochechouart et son château, dressé sur un promontoire rocheux, naquirent bien plus tard. Fidèles au roi de France, ses occupants participèrent aux combats contre les Anglais. Aujourd'hui, Rochechouart, proche de Limoges, a retrouvé sa quiétude et se parcourt à pied, au gré de ses sentiers. Son château abrite l'une des plus intéressantes collections d'art contemporain de Nouvelle-Aquitaine de spectaculaires fresques du 16e s.

Se repérer

3 767 Rochechouartais – Haute-Vienne (87)

CARTE P. 32-33 (A2).

À 12 km au sud-ouest de St-Junien, Rochechouart se situe dans le Parc naturel régional Périgord-Limousin.

À ne pas manquer

Le château des Rochechouart et la promenade des Allées ; le musée départemental d'art contemporain ; les fresques de l'église des Salles-Lavauguyon.

Organiser son temps

Prévoyez une journée.

En famille

L'Espace Météorite.

Carnet pratique p. 69

Nos adresses p. 69

Se promener

Église

De l'ancienne église prieurale, consacrée en 1067, il ne reste que la porte ouest, le mur nord, une partie du transept et du chœur. L'édifice est coiffé d'un curieux clocher dont la flèche torsadée fut refaite au 18e s.

Rue Jean-Parvy

Elle était parfois empruntée par les vicomtes, qui se rendaient du château à l'église pour les cérémonies officielles. Remarquez la **maison des Consuls** du 15e s. et, plus loin, une tour d'angle de l'ancienne enceinte médiévale.

★ Château

La plus grande partie du château actuel date de la fin du 15e s. Bâti sur un promontoire rocheux, il occupe un site remarquable surplombant la vallée de la Graine et de la Vayres. L'ancien donjon, du 12e s., qui flanque le châtelet d'entrée, a été rasé à hauteur des toits au 16e s. La tour d'angle, qui fait suite à gauche, porte un lion de granit sculpté dans une niche en hommage aux vicomtes de Limoges, ancêtres des Rochechouart. On accède au châtelet d'entrée par un pont-levis.

Cour d'honneur – Les bâtiments qui l'encadrent sur trois côtés, remaniés au 18e s., abritent le musée départemental d'Art contemporain. Le quatrième côté de la cour est bordé de courtines. Dans l'angle gauche, la porte gothique est un bon exemple de la décoration architecturale du 15e s.

On vous emmène dans le parc de Rochechouart

En déambulant tranquillement dans ce vaste parc ouvert largement au public (pique-nique autorisé), on n'imaginait pas ressentir de tels chocs esthétiques. Devant le château, le charme planté en 1985 a comme emprisonné la colonne torsadée en granit de Giuseppe Pennone et ses deux formes en bronze *(Souffle végétal Geste végétal Arbre)* ! Le végétal a pris le pas sur les matériaux... On attire une chaise à soi, on s'assied et on admire cette œuvre où la nature a fini par imposer sa loi. À l'arrière du bâtiment, face à la vallée de la Graine qui s'étale en contrebas, une autre découverte... On se penche sur *Le Tombeau du miroir*, de Michelangelo Pistoletto, pour y contempler à la fois son image et celle du paysage environnant, un « autoportrait du monde » selon l'artiste. Une mise en bouche avant de découvrir l'intérieur du musée d'art contemporain, le plus riche de la région.

★ Musée départemental d'Art contemporain

Pl. du Château - ✆ 05 55 03 77 77 - www.musee-rochechouart.com - ♿ - mars-sept. : 10h-12h30, 13h30-18h, reste de l'année : 10h-12h30, 14h-17h - fermé mar. et de mi-déc. à fin fév. - 4,60 € (-18 ans gratuit).

Cour du château en accès libre. Nocturnes en été le jeu. jusqu'à 20h.

Ce magnifique musée mène, depuis sa création, une politique de dialogue très réussie entre l'ancien et le moderne, entre l'environnement et l'architecture. La collection, que le conseil général de la Haute-Vienne a commencée à constituer en 1985, et qui s'enrichit régulièrement grâce à d'importantes donations, forme aujourd'hui un ensemble important axé autour de trois thèmes – paysage, histoire, imaginaire – portés par des artistes comme, entre autres, Christian Boltanski, Annette Messager, Richard Long...

Raoul Hausmann (1886-1971), figure majeure du dadaïsme, est bien représenté avec un fonds d'une grande richesse (700 œuvres, 1600 tapuscrits).

Dans la cour, remarquez une sculpture (*Souffle végétal Geste végétal Arbre*, 1985) de Giuseppe Pennone, à l'intérieur de laquelle a grandi un charme, planté dès l'origine : évocation des liens puissants entre l'art et la nature. À l'arrière, le château ouvre sur un jardin en terrasses – accessible par un escalier à double volée – partiellement caché par les arbres à la belle saison.

À l'intérieur, on accède d'abord à une belle salle du 17e s. décorée de faïences de Delft, avant de visionner un film sur l'histoire du château, dont la façade affiche quatre niveaux d'élévation. Deux autres salles conservent une remarquable série de **fresques★** du 16e s. :

Salle des Chasses – Cette pièce renferme des fresques qui relatent une chasse à courre, depuis le départ en cortège jusqu'à l'hallali, la curée et la collation servie aux invités. Les costumes, le cadre dans lequel se déroule l'action (on reconnaît Rochechouart avec le château et la petite ville ceinte de remparts), font de ces peintures un intéressant document sur l'époque de Louis XII (tout début du 16e s.).

Galerie d'Hercule – Elle constitue un rare exemple de **peintures murales en grisaille**. Celles-ci, réalisées par plusieurs artistes, illustrent le thème des travaux d'Hercule. On y remarque l'influence d'Albrecht Dürer et de l'École de Fontainebleau.

Une magnifique **charpente★** du 15e s. en châtaignier, en forme de carène de bateau, est visible dans les combles. De 40 m de long, ils abritent des expositions temporaires de longue durée (trois par an).

Promenade des Allées

En sortant du château, on gagne les Allées *(à gauche)*, promenade ombragée de tilleuls séculaires. Du **calvaire** situé à l'extrémité, jolie **vue★** sur les vallées de la Graine et de la Vayres et sur la façade principale du château, encadrée de tours rondes et surmontée d'élégantes lucarnes ayant conservé leurs croisées de pierre.

Maison de la Réserve - Espace Météorite Paul Pellas

16 r. Jean-Parvy - 05 55 03 02 70 - www.porteoceane-dulimousin.fr - - de mi-juil. à mi-août : 10h-12h30, 13h30-18h, w.-end et j. fériés 14h-18h ; reste de l'année se rens. - 4,10 € (-12 ans gratuit).

La maison de la réserve organise des expos thématiques : découverte géologique, circuit en voiture et randonnée pédestre commentée.

Rochechouart s'est construit sur un cratère d'impact résultant de la chute d'une météorite aux dimensions imposantes (1,5 km de diamètre pour une masse de 6 milliards de tonnes). L'impact fut terrible (équivalent à 14 millions de fois la bombe d'Hiroshima) et laissa un cratère de 20 km de diamètre. Exposition permanente sur l'« astroblème » de Rochechouart-Chassenon, large collection d'échantillons de roches, présentation vidéo et maquette interactive du cratère.

La visite « Pierre de Lune » *(de mi-juil. à mi-août : mar.)* montre l'impactite (roche modifiée par l'impact d'une météorite) dans le patrimoine bâti de la ville et quelques affleurements naturels.

Le **sentier de l'astroblème** *(2 km)* dévoile les secrets de l'unique cratère français.

À proximité

CARTE P. 32

Église Saint-Eutrope des Salles-Lavauguyon A3

À 16 km au sud-ouest par la D 10 puis la D 34. Fermée pour travaux.

Érigée en grande partie aux 11e et 12e s., l'église St-Eutrope, du fait de son inclinaison vers l'est, présente une nef s'élevant par paliers successifs vers le chœur (13e s.). En 1986, des travaux de restauration ont permis de mettre au jour d'exceptionnelles **fresques★** du 12e s. Les plus remarquables, visibles au revers de la façade occidentale, frappent par la richesse des coloris, notamment les bleus intenses et les verts. De haut en bas : l'annonce à la Vierge Marie, la création d'Adam et Ève, la naissance du Christ, l'illustration des Vices, la vie des saints.

Cognac-la-Forêt A2

À 17 km à l'est par la D 10.

Musée du chanvre et de la ganterie - *60 r. Jean-Moulin - 06 52 77 06 40 - www.patrimoinecognac87.ovh - - juil.-août : 14h30-17h30 ; reste de l'année se rens. - 1 € (-12 ans gratuit).* Comme St-Junien, Cognac-la-Forêt fut une cité gantière. On découvre les différentes étapes de fabrication à travers une collection d'outils et de machines. Une salle illustre la culture du chanvre, qui redevient d'actualité aujourd'hui. Et chaque été a lieu une nouvelle exposition.

À l'ouest du village *(200 m par la D 209)*, une **lanterne des morts** du 12e s. domine le cimetière. Une cavité permettait jadis de déposer une lampe pour éclairer le site et ne pas laisser dans le noir ceux qui y reposent. Sur les tombes, remarquez les épitaphes inscrites sur des plaques de porcelaine.

Carnet pratique

S'informer

Office de tourisme – *6 r. Victor-Hugo - ✆ 05 55 03 72 73 - www.poltourisme.fr.*

Agenda

Ostensions – *Tous les 7 ans (dernière édition en 2023), w.-end de Pentecôte.* La cité honore son patron saint Julien de Brioude.

Le Labyrinthe de la voix – *Fin juil.- www.labyrinthedelavoix.fr.* Rock et musiques du monde.

Nos adresses

Hébergement-restauration

Budget moyen

Hôtel de France – *7 pl. Octave-Marquet - ✆ 05 55 03 77 40 - www.hoteldefrance-rochechouart.fr - P ♿ - 12 ch. 67/85 € - ☕ 9 € - ✕ menu 36/40 €.* Chambres au confort moderne à prix très raisonnables. La cuisine, très prisée par la clientèle locale, fait la part belle au bœuf limousin, au veau de St-Yrieix et au cochon « cul noir ».

À proximité

Hameau de gîtes de la Chassagne – *Plage de la Chassagne - Videix - 11 km au sud-ouest de Rochechouart - ✆ 05 55 48 83 39 - www.poltourisme.fr - ♿ - 🚭 P - 16 gîtes à partir de 85 €/nuitée.* D'une architecture moderne, ces gîtes sont bien équipés. Un bon point de départ pour visiter la région, à proximité d'un lac, d'une base de loisirs (piscine), équitation, randonnée et circuits VVT.

Hostellerie La Bergerie des Chapelles – *Chemin de la Côte - Oradour-sur-Vayres - 11 km au sud-est de Rochechouart - ✆ 05 55 78 29 91 - www.domainedeschapelles.com - ♿ 🏊 - 10 ch. 6/121 € - ☕ 12,50 € - ✕ menu 32 €.* Aménagées dans une grande longère, les vastes chambres donnent sur la campagne environnante, et certaines sur la piscine. Un terrain de tennis complète l'offre. Au restaurant (*sur réserv. la veille, du mar. soir au sam. soir*), les produits locaux sont à l'honneur. Une adresse à retenir.

Shopping

À proximité

Verger de Fougeras – *Fougeras - St-Auvent - 12 km au sud-est de Rochechouart - ✆ 05 55 00 03 39 - www.vergerdefougeras.fr - 10h-12h, 14h-18h30, w.-end 14h30-18h30 - fermé j. fériés.* À la vente, 26 variétés de pommes, de poires et de cerises cueillies sur place, ainsi que des produits régionaux : miel, confitures, foie gras, confits, vins, bières, œufs frais, etc. Possibilité de cueillette de cerises et de pommes à la saison (*se rens.*).

Boutique des créateurs – *5 av. du 8 Mai 1945 - Oradour-sur-Vayres - ✆ 05 55 78 22 21 - avr.-déc. : lun.-sam. 9h30-12h30, 14h-18h.* Aménagée dans les mêmes locaux que l'office de tourisme, elle offre un large panorama des savoir-faire limousins : artisanat d'art (bijoux, céramique), produits locaux.

Activités

Randonnées – *✆ 05 55 03 72 73 - www.poltourisme.fr/fr/voir-faire/sentiers-de-randonnees.* Pas moins de 37 sentiers de randonnées, à Rochechouart et aux alentours.

1

Saint-Léonard de Noblat ★

Au cœur de la région berceau de la race bovine limousine au pelage roux, St-Léonard est un centre très dynamique. Cette charmante cité médiévale de la vallée de la Vienne, où il fait bon flâner, abrite également l'un des plus beaux fleurons de l'architecture romane limousine : la collégiale St-Léonard, dont le haut clocher guide les pèlerins sur la route de St-Jacques de Compostelle.

Se repérer

4 385 Miaulétous – Haute-Vienne (87)

CARTE P. 32-33 (C2)

À 21 km à l'est de Limoges.

À ne pas manquer

La collégiale romane et son clocher. La cité médiévale.

Organiser son temps

Prévoir une demi-journée pour la ville.

En famille

L'HistoRail et le moulin du Got.

Carnet pratique p. 74

Nos adresses p. 75

Se promener

La ville médiévale

Le plan de la ville médiévale se lit encore très bien : la ceinture des boulevards épouse le tracé des anciens remparts, comme en témoignent les vestiges du **boulevard Carnot** au sud (restes d'une tour des remparts fin 12e s.) et de la **rue Jean-Jaurès** au nord-ouest. C'est dans ce quartier que sont conservées nombre d'anciennes demeures, dont certaines remontent au 13e s.

Après avoir emprunté le **pont de Noblat**, les pèlerins entraient et sortaient de la cité par la **rue Georges-Périn**. Les plaques des rues sont bicolores : en haut, la partie bleue indique le nom actuel ; en bas, la couleur rouge donne le nom usité avant la Révolution française.

Partez de la **place Gay-Lussac** (monument et maison natale du savant), ancien marché aux grains bordant la collégiale. Cette place était, au Moyen Âge, le centre des affaires. Dans un angle, la **maison Petitjean** (13e s.) – du nom de l'ambassadeur du Massepain de St-Léonard *(voir p. 74)* – présente, au-dessus d'une vaste baie en tiers-point, deux étages avec des fenêtres géminées. D'autres demeures de cette époque ont été retouchées aux 17e-18e s.

Empruntez ensuite la rue Gay-Lussac, qui débouche **place de la République** (marché aux porcs) : les maisons ont conservé leurs façades à pans de bois, les arcades de leurs échoppes. Au no 18 se trouvent la **maison de la Tour ronde** (17e s.) et sa tourelle en encorbellement. À l'angle de la rue de la Halle, découvrez un autre édifice du 17e s., la **maison de la Tour carrée**, qui se distingue précisément par son échauguette de forme carrée.

Collégiale de St-Léonard de Noblat.
Ch. Goupi/age fotostock

En avançant vers la **place Noblat** (marché aux vaches), remarquez une des plus anciennes maisons du 13e s. avec une large entrée de boutique en tiers-point et un second étage percé de deux fenêtres géminées. De là, suivez la **rue de la Liberté**. Vous y verrez de belles demeures du 17e s. et une statue polychrome de saint Léonard.

★ Collégiale

Une collégiale désigne une église dont un groupe de religieux, appelé collège des chanoines, avaient la charge. Celle de St-Léonard-de-Noblat est inscrite au patrimoine mondial de l'Unesco depuis 1998 au titre des Chemins de Saint-Jacques de Compostelle. C'est un bel édifice roman du 12e s. dont les murs latéraux et la chapelle du Sépulcre datent du 11e s.

★★ **Clocher** – *Voir l'ABC d'architecture p. 463.* Ce clocher-porche, rattaché à la collégiale, est caractéristique de l'art roman limousin. De 52 m de haut, il repose sur un porche ouvert des deux côtés et garni de remarquables chapiteaux. La tour présente quatre étages de plan carré, surmontés de deux étages en retrait, sur un plan octogonal. La transition entre le plan carré et le plan octogonal est ménagée par un gâble aigu sur chaque face. Une flèche en pierre, du 12e s., ajoute à l'élégance de l'ensemble.

★ **Rotonde du Sépulcre** – La rotonde fin 11e s. servait de baptistère. Cette chapelle serait due à la dévotion d'un chevalier revenant de Terre sainte. La chapelle primitive, restaurée au 19e s., comporte une coupole reposant sur huit colonnes, autour de laquelle s'ouvrent quatre absidioles.

Façade ouest – Du 13e s., elle offre un large portail flanqué de nombreuses colonnettes ornées de fins chapiteaux à crochets, supportant des voussures.

Chevet – Vu de l'extérieur, il est harmonieusement étagé et les chapelles sont couvertes de tuiles rondes. À l'intérieur, les différentes campagnes de construction (maquette et historique à l'entrée) donnent l'impression d'un manque d'unité.

Nef – Elle est composée de cinq travées : la première, voûtée d'arêtes, et les deux suivantes, en berceau plein cintre, n'ont pas de bas-côtés ; dans les deux dernières, d'étroits collatéraux font leur apparition, et les voûtes sont en berceau brisé. À voir, l'ancien **battant du gros bourdon** (la plus grosse cloche de l'église).
Transept – La croisée du transept est couverte d'une coupole sur pendentifs placée sur un tambour éclairé de huit fenêtres, et l'extrémité de chaque bras de coupoles plus petites.
Chœur – Plus large que la nef, le chœur (fin 12ᵉ s.) se raccorde assez maladroitement au transept. Le déambulatoire à sept chapelles rayonnantes est couvert d'une voûte d'arêtes irrégulières, soutenue par d'élégantes colonnettes entre les absidioles. Au 17ᵉ s., une surélévation a obligé à renforcer les supports : deux des minces colonnes du sanctuaire ont dû être intégrées dans des piles carrées disgracieuses, et une autre pile a été ajoutée sous l'arcade centrale.
Mobilier – Les stalles du 15ᵉ s., en chêne, sont sculptées de motifs satiriques. Sur le maître-autel en bois doré du 18ᵉ s., les reliques de saint Léonard sont enfermées dans une cage grillagée et surmontée de sa statue. Dans le transept droit, une vitrine renferme le **Trésor**, dont un très beau retable en albâtre de Nottingham daté du 15ᵉ s. illustré de scènes de la vie du Christ. Dans le croisillon sud, un enfeu abrite le « verrou » et le sarcophage du saint. Le **verrou**, qui servait à entraver les chevilles des condamnés, est l'attribut de saint Léonard, invoqué pour la délivrance des prisonniers et, selon une tradition, pour vaincre la stérilité.
Revenez **place de la Collégiale** pour voir le portail de l'église et la maison des Consuls (13ᵉ s.), remaniée au 19ᵉ s. (fenêtres géminées, chapiteaux décorés).
De là, faites un aller-retour dans la **rue St-Léonard** : le saint demeurait dans la maison de l'ermitage (statue en bois). Remarquez aussi, dans cette rue, les arcades d'anciennes boutiques des 15ᵉ et 18ᵉ s.
Prenez la rue Roger-Salengro jusqu'à l'**Espace Denis-Dussoubs** (couvent des filles de Notre-Dame du 17ᵉ s.). Vous verrez le portail St-Jérôme de la chapelle des Pénitents bleus.

Musée Gay-Lussac

1 r. Jean-Giraudoux - ✆ 05 55 56 25 06 - été : mar.-sam. 10h-12h, 15h-18h, dim. 15h-18 ; reste de l'année : se rens. - gratuit.

L'ermite Léonard

La ville doit son nom à l'ermite Léonard, filleul de Clovis, qui, au début du 6ᵉ s., choisit la forêt de Pauvain, aujourd'hui disparue, comme lieu de retraite, et y éleva un sanctuaire rustique. Sa piété et ses miracles firent de lui l'un des saints limousins les plus populaires d'Europe. Un village se créa autour de l'ermitage et prit le nom de Noblat (de *nobiliacum*, lieu de noble).
Saint Léonard est invoqué pour la protection des prisonniers et opprimés. Il est le saint de toutes les délivrances (femmes enceintes, âmes...), c'est pourquoi il est toujours représenté avec des instruments évoquant la captivité. Il est fêté au tournoi de la Quintaine et ses reliques sont vénérées tous les 7 ans, lors des **Ostensions septennales limousines**, inscrites au Patrimoine immatériel par l'Unesco (les prochaines auront lieu en mai 2023). Bien avant la conquête romaine, un important itinéraire reliant Bourges à Bordeaux franchissait la Vienne près du village de Noblat : cette route, qu'un château des évêques de Limoges vint contrôler, devint, au 12ᵉ s., un chemin de Compostelle très fréquenté (la Via Lemovicensis).

Le génie de Louis Joseph Gay-Lussac (1778-1850)

Reçu à l'École polytechnique à l'âge de 19 ans, il se distingue très vite par ses travaux de physique et de chimie. Il découvre la **loi de la dilatation des gaz** et fait plusieurs ascensions en ballon pour vérifier la diminution de la force magnétique terrestre à mesure qu'augmente l'altitude. Plus tard, il énonce les **lois de la combinaison des gaz** et démontre, en 1809, que le chlore est un corps simple. Il découvre aussi le bore et l'acide fluoborique, et se signale par ses comptes rendus à l'Académie des sciences et par la valeur de son enseignement, au Muséum, à l'École polytechnique et à la faculté des sciences.

Installé dans l'ancien couvent des filles de Notre-Dame (foyer rural), ce musée rend hommage à l'œuvre de ce savant hors pair en présentant des objets relatifs à ses expériences (nacelle de ballon) et des instruments illustrant ses découvertes (alcoomètre, baromètre, étuve, etc.). La première salle donne un aperçu de la vie de cet homme (1778-1850) qui demeura toujours attaché à sa ville natale. Elle le replace dans le contexte économique et industriel de son époque. La seconde salle évoque sa carrière et son activité avec, entre autres, une reconstitution d'un laboratoire de chimiste du 19e s.

À voir aussi

HistoRail

Au sud de la ville par la D 39.
20 bis r. de Beaufort - ✆ 06 81 66 56 28 - www.historail.com - juil. à mi-sept. 14h30-16h30 - fermé w.-end - visite guidée (1h30) 6 € (8-17 ans 4 €).

Installé dans une ancienne manufacture de chaussures du 19e s., ce musée retrace l'histoire du rail à travers un parcours pédagogique et ludique. Le voyage est illustré par l'intérieur d'un train, son fonctionnement et ce qui se passe « en dessous ». Quatre réseaux miniatures expliquent le rôle des gares, le fonctionnement d'un pantographe, les subtilités de la signalisation ferroviaire, et des simulateurs de conduite révèlent les secrets de la traction. Vous découvrirez une reproduction de la gare de St-Léonard de Noblat et de son viaduc, un circuit de rocaille, et un second circuit sur 52 m de voies.
La visite se poursuit à l'extérieur avec une voie ferrée dotée d'une draisine et du premier locotracteur Moyse, un attelage automatique, une pendule de gare de Limoges-Bénédictins et divers matériels liés aux trains.

À proximité

CARTE P. 32

★ Moulin du Got C2

Au Pénitent, à 1,5 km à l'ouest. Suivez les panneaux indicateurs.
Le Pénitent - ✆ 05 55 57 18 74 - www.moulindugot.com - ♿ - visite guidée (1h15) de mi-juil. à fin août : mar.-vend. 10h30, 14h15-17h15, lun. et sam. 14h15-17h15 ; sept., vac. de Pâques et vac. de la Toussaint : mar.-sam. 15h ; hors saison : se rens. - 9 € (-13 ans 4 €) ; expo 4 € (gratuit si visite guidée).

Construit au début du 16e s. sur le Tard, un affluent de la Vienne, dans une petite vallée encaissée, le moulin, dernier vestige de l'industrie papetière en Haute-Vienne, vous invite à découvrir la renaissance de ses ateliers. Un long

Le massepain, spécialité locale

St-Léonard de Noblat est réputé pour son massepain, biscuit à base d'amandes, de sucre et de blanc d'œuf. Sa préparation, tenue secrète, le rend moelleux à l'intérieur et croquant à l'extérieur. Nos adresses : Maison du Massepain (*✆ 05 55 56 23 07*), Coignac Sas (*✆ 05 55 56 03 76*) et pâtisserie Martin (*✆ 05 55 56 04 58*).

travail de restauration permet d'admirer son architecture d'origine. La grande originalité du lieu est de regrouper sur un seul et même site une **papeterie** et une **imprimerie**, ce qui donne une vision globale sur le processus de fabrication du papier, puis son utilisation graphique.

On descend tout d'abord dans la **salle des machines**, qui contient une mare, où la paille macère dans du lait de chaux avant d'être broyée sous les meules ; une pile hollandaise, servant à raffiner la pâte de paille ; une cuve pour la fabrication du papier à la main, et une machine à papier, pour sa fabrication mécanique ; une presse hydraulique, compactant le papier et expulsant un maximum d'eau ; un local à séchage.

Pour la transformation du papier, on passe ensuite dans l'**atelier d'imprimerie**. Celui-ci comporte un rang de casses (typographie lettre par lettre) et une linotype (typographie en ligne entière) ; diverses presses à imprimer : Stanhope en fonte (1793), presse à platine (1890), machine semi-automatique Heidelberg (1950) ; et pour réaliser divers effets artistiques, une presse lithographique, une presse à gaufrages ou encore une presse à taille-douce.

En sortant du moulin, une petite allée mène à la **roue à augets** du moulin, reconstruite à l'identique. Le moulin organise également expositions et ateliers, et accueille des artistes en résidence.

Manufacture Porcelaine Carpenet C2

Au lieu-dit St-Aubin, à 2 km à l'est de St-Léonard par la D 13.

✆ 05 55 56 02 39 - www.porcelainecarpenet.fr - été : visite guidée mar., merc. et jeu. 10h30, lun. et vend. 14h30 ; reste de l'année : se rens. - 3 € (-12 ans gratuit) - magasin d'usine lun.-sam. 9h-18h30.

Fondée dans les années 1960, la manufacture artisanale et familiale Carpenet ouvre les portes de son usine près de St-Léonard de Noblat. La visite, très instructive, permet d'observer les artisans au travail, des premières étapes de modelage à la décoration des pièces, en passant par le coulage, le finissage, l'émaillage et la cuisson. Vous saurez tout sur les étapes de fabrication des tasses, assiettes et autres lampes, réalisées dans la plus pure tradition et labellisées Indication Géographique Porcelaine de Limoges. Magasin d'usine.

Carnet pratique

S'informer

Office de tourisme – *Pl. du Champ-de-Mars - ✆ 05 55 56 25 06 - tourisme-noblat.org.*

Pays Monts et Barrages en Limousin – *✆ 05 55 69 57 60 - www.pahmontsetbarrages.fr.*

Agenda

Les Léon'arts – Rencontres des Métiers d'Art - *le 14 juil. de 10h à 18h*

dans le centre historique.
Médiévales et Fêtes du bovin limousin – *3e w. end d'août*
Fête de la Quintaine – *2e dim. apr. 6 nov. - ✆ 05 55 56 25 06.* Reprenant une tradition médiévale, des cavaliers armés de massues de bois cassent, au galop de leurs chevaux, la Quintaine, reproduction en bois d'une prison.

Nos adresses

Restauration

Voir aussi adresses Hébergement.

Premier prix

Le Restaureau – *19 avenue du Champ-de-Mars - ✆ 05 55 56 00 06 - fermé dim. - plats 17,50/23,50 €.* Excellent rapport qualité prix pour la formule entrée, plat et desserts maison. Délicieuse terrine et viandes limousines à l'honneur ! Une adresse simple et conviviale.

Shopping

Marché – *Sam. matin.* Dans la halle et les rues proches : fromages fermiers et produits du terroir. **Foire** le 1er lun. du mois.

Activités

Randonnées – *✆ 05 55 56 25 06 - tourisme-noblat.org.* Plusieurs itinéraires : circuit de Noblat *(4 km - 1h)*, entre Vienne et Tard *(10 km - 2h30)*, le prieuré de l'Artige *(8 km - 2h)*, circuit des clochers et des étangs *(15 km - 3h45)*.
Tannerie Bastin – *Chemin du Moulin Follet - ✆ 05 55 56 00 32 - visites guidées sur réserv. auprès de Pays Monts et Barrages - 6 € (12-18 ans 3 €).* Installée dans un ancien moulin à aubes, la dernière tannerie traditionnelle végétale d'Europe encore en activité produit notamment les cuirs des semelles des chaussures de luxe Weston.

Hébergement

Budget moyen

Hôtel Le Relais St-Jacques – *6 bd A.-Pressemane - ✆ 05 55 56 00 25 - www.lerelaissaintjacques.com - ▤ - 9 ch. 75/90 € - ☕ 9 € - ✕ menus 20/50 €.* Des chambres lumineuses, au design contemporain. En cuisine, le chef privilégie les produits du cru et les saveurs limousines : foie gras maison, bœuf Limousin Label Rouge « Blason Prestige », veau fermier élevé sous la mère...
La Rapiette de Noblat – *18 r. Jean-Jaurès - ✆ 06 22 71 02 60 - 3 ch. dont 1 suite 70/95 € ☕.* Au cœur de la cité, une belle maison où dominent la pierre et le bois propose des chambres avec cuisine et salon mis à disposition des hôtes.
Maison Gay-Lussac – *1 r. Jean-Giraudoux - ✆ 05 55 56 25 06 - 2 suites (2/4 pers.) 90/125 € ☕.* Dans une superbe maison du 17e s. où naquit Gay-Lussac, deux suites ont été aménagées. Grandes chambres lumineuses et confortables, décorées avec goût, petit-déjeuner copieux.

Pour se faire plaisir

Le Jardin des Lys – *3, pl. de la Collégiale - ✆ 05 55 56 63 39 - www.le-jardin-des-lys.com - 4 ch. 103/143 € ☕.* Un bel hôtel particulier donnant sur un grand jardin au pied de la cathédrale. Grandes chambres décorées avec goût, prestations raffinées, table d'hôte sur réserv. *(petite faim 16 € ou repas complet 35 €)*, petit-déjeuner copieux. Concerts organisés l'été.

1

Ambazac et le lac de Saint-Pardoux ★

À proximité de la vallée du Taurion et au pied du mont Gerbassou, Ambazac offre aux amateurs d'espaces verts et de randonnées un cadre champêtre qui fera également le bonheur des pêcheurs grâce à ses nombreux plans d'eau et ruisseaux. Côté attraits culturels, outre la riche collection de roches et minéraux de son musée, cette petite ville active abrite, dans son église, un trésor issu de l'ancienne abbaye de Grandmont comprenant des pièces splendides, dont la châsse d'Ambazac, une œuvre exceptionnelle.

Se repérer

5 593 Ambazacois – Haute-Vienne (87)
CARTE P. 32-33 (B2).
À 20 km au nord-est de Limoges.

À ne pas manquer

Le trésor de l'église d'Ambazac ; le lac de St-Pardoux ; le panorama de la Pierre Branlante, dans les monts d'Ambazac.

Organiser son temps

Prévoyez environ 2h pour explorer le val du Taurion, et une demi-journée pour découvrir les monts d'Ambazac.

En famille

Le lac de St-Pardoux et ses activités ; l'arboretum de la Jonchère ; le musée de Minéralogie.

Nos adresses p. 81

Se promener

3 av. du Gén.-de-Gaulle - 87240 Ambazac - 05 55 56 70 70 - www.tourisme-montsdulimousin.fr.

★★ Trésor de l'église St-Antoine

R. Jouanet - 05 55 56 61 45/60 55 - www.mairie-ambazac.fr - gratuit.

Cette sobre église du 12ᵉ s., dont le chœur fut refait à la fin du 15ᵉ s., accueille deux pièces d'exception. La **châsse-reliquaire de saint Étienne**, un édifice à deux niveaux couronné par un oiseau symbolisant l'âme du saint ou la colombe du Saint-Esprit, fut réalisée en 1189, en cuivre repoussé et ciselé orné d'émaux champlevés, de pierreries et d'intailles ; elle figurait, avec six autres châsses, sur l'autel majeur de Grandmont. Quant à la **dalmatique** dite de saint Étienne de Muret, il s'agit d'un vêtement liturgique, de soie aux motifs d'or brillant sur un fond mat rouge, décoré d'un aigle de Byzance à deux têtes, dont les ornements montrent une nette influence mauresque ; elle aurait été donnée à saint Étienne en 1121 par l'impératrice Mathilde, mais des analyses du tissu laissent supposer qu'il s'agit d'un vêtement plus tardif (seconde moitié du 13ᵉ s.), vraisemblablement rapporté d'Espagne par un pèlerin de St-Jacques-de-Compostelle.

Musée de Minéralogie et de Pétrographie et espace IZIS

5 av. de la Libération (accès par la bibliothèque, 3 av. de la Libération) - 06 99 33 87 06 - musee-ambazac.e-monsite.com - ♿ - mar., vend. et sam. 14h-18h, merc. 9h30-12h30, 14h-18h - gratuit.

Lac de Saint-Pardoux.
G. Giuglio/hemis.fr

Vous y découvrirez, sur trois niveaux, plus de 500 roches et 3000 minéraux du monde entier. L'espace consacré à la pétrographie présente des roches de grande taille : bombes volcaniques, calcaires fossilifères, granites, pegmatites, etc. Vous verrez également des quartz roses de Madagascar, une halite d'Arabie saoudite ou encore un granite orbiculaire des monts de Guéret et, côté minéraux et minerais métalliques, de riches échantillonnages de cuivre et d'argent, de nickel, de cobalt et de chrome, de fer, d'aluminium ou d'or.
Intensément exploités en Limousin pendant un demi-siècle, l'**uranium** et les uranifères font l'objet d'une exposition à part, avec des vitrines remplies de spécimens aux couleurs vives.
L'**espace IZIS** rend hommage au photographe d'origine lituanienne Israëlis Bidermanas dit Izis, réfugié à Ambazac pendant la Seconde Guerre mondiale, et qui participa à la Résistance aux côtés de Georges Guingouin. En 1949, il devint reporter à *Paris Match* et effectua de nombreux reportages. Ses photographies se distinguent par leur caractère humaniste. Son laboratoire personnel a été reconstitué au sein du musée.

Chapelle N.-D. de la Libération

La Croix de Muret.
Elle fut élevée en 1954 en réponse à un vœu émis par l'abbé Landon dans des circonstances particulières : le 4 août 1944, les Allemands pénètrent dans Ambazac, traquant Juifs et résistants. Ils ordonnent à la population de se rassembler sur la place centrale. L'Abbé Landon s'offre en otage, proposition refusée par les Allemands. L'abbé se met à prier, se promettant de construire une chapelle si les habitants sont épargnés. Surgit alors une estafette qui ordonne à l'officier allemand de gagner la route de Paris avec ses hommes car une colonne y est aux prises avec les maquisards. Il ne reste plus à l'abbé que de donner suite à son vœu...

À proximité

★ Pont du Dognon

10 km à l'est d'Ambazac. Quittez Ambazac par le sud-est en empruntant la D 5, puis, après le pont (voie ferrée), prenez à droite la D 56, pour une incursion au val du Taurion.

L'ouvrage – construit à cet emplacement depuis le Moyen Âge – enjambe le Taurion dans un site remarquable de falaises boisées ou hérissées de rochers.

Circuit conseillé

CARTE DES MONTS D'AMBAZAC

★ Les monts d'Ambazac

Circuit de 60 km tracé sur la carte ci-dessous. Quittez Ambazac par le nord-ouest en empruntant la D 5 (au niveau de l'échangeur 26, sur l'autoroute A20).

De vigoureuses collines aux sommets arrondis (600 à 700 m d'altitude) dessinent ce pays. L'empreinte millénaire de l'homme marque la pierre à travers les mégalithes, les croix antiques et les villages aux façades trapues...

Compreignac

Le bourg s'est développé sur l'itinéraire de Limoges à Châteauponsac, où s'élevèrent des lieux de culte. Fortifiée aux 15e et 16e s., l'**église St-Martin**, l'une des plus belles du Limousin, est couronnée d'une galerie à mâchicoulis. Le portail retombant sur une frise de chapiteaux sobrement sculptée ne manque pas d'élégance.

Quittez Compreignac par le nord en empruntant la D 60 puis la D 60A.

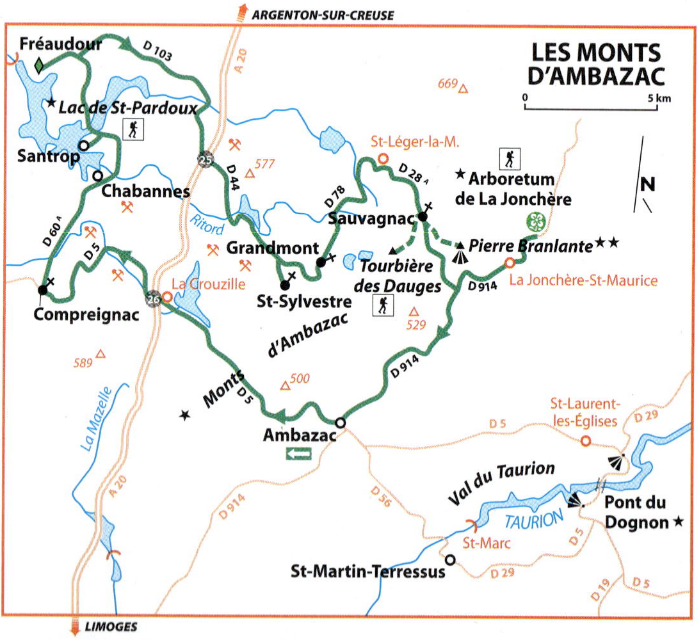

L'ordre de Grandmont

Fondé en 1076 par **Étienne de Muret** (1046-1124), un saint ermite entouré d'un groupe de disciples, cet ordre se transporta à Grandmont, dans les monts d'Ambazac en 1125, et reçut de son quatrième prieur, **Étienne de Liciac**, une règle très sévère inspirée des enseignements d'Étienne. Les moines grandmontains, appelés les Bons Hommes, devaient se consacrer exclusivement à la prière et à la charité et ne rien posséder en dehors de leur enclos. Leur règle allait profondément influencer au 13e s. celle des frères prêcheurs, les dominicains. Protégé par les Plantagenêts, l'ordre rayonna en Aquitaine et au-delà des frontières par ses nombreuses « celles », appelées plus tard prieurés, mais son développement fut entravé par les révoltes des convers, qui avaient seuls la charge du temporel. À cette époque, dans le dernier tiers du 12e s., l'abbaye devint un centre artistique spécialisé dans l'émaillerie et l'orfèvrerie : on y exécuta de nombreux reliquaires et tout un mobilier eucharistique. L'ordre de Grandmont fut supprimé par le pape en 1772 sur l'intervention de l'archevêque de Toulouse, ami de Turgot, et le trésor déplacé en 1790. L'abbaye fut détruite en 1817.

1

★ Lac de St-Pardoux

Maison du Lac - Site de Santrop, 87640 Razès - 05 55 71 04 40 - www.lacsaintpardoux.fr

La deuxième plus grande retenue d'eau du Limousin, lac artificiel bordé de forêts et de petits bourgs, s'étire sur 330 ha dans un cadre très plaisant, à 360 m d'altitude. **Station de loisirs**, le lac attire les familles, les amateurs de sports nautiques, les amoureux de la nature et les pêcheurs. Il s'étend sur 3 sites : Santrop, Fréaudour et Chabannes. La piscine (**Santrop**), ouverte toute l'année, comprend notamment un bassin ludique intérieur, de 80 m², et un parc aquatique extérieur, s'étendant sur 400 m² : parmi les activités les plus appréciées, un pentagliss géant... Sur le site de **Fréaudour**, place à la glisse avec le *lake wakepark* : ce téléski nautique se compose d'une tyrolienne qui traverse le lac et monte jusqu'à 16 m pour les parcours les plus hauts, avec une vitesse modulable de 0 à 30 km/h. Un parc acrobatique en forêt et un Aquapark font également la joie des petits et des grands. Enfin, sur la base nautique de **Chabannes**, on expérimente la voile sous toutes ses formes. Le lac se découvre aussi en nage longe-côte, à pied ou à vélo. Une passerelle relie les 2 sites de Santrop et de Chabannes.

Quittez St-Pardoux par la D 103 à l'est. Après Razès, franchissez l'A 20 et suivez la D 44.

St-Sylvestre

Dotée d'un clocher à charpente recouverte de bardeaux, l'église conserve un remarquable **buste reliquaire★** de saint Étienne de Muret (1496) provenant de l'abbaye de Grandmont. La tête est constituée de deux feuilles d'argent repoussé soudé, un travail qui fut réalisé par un artiste italien.

Quittez St-Sylvestre par le nord en empruntant la D 78.

Grandmont

Les fondations et quelques pierres de taille sont les seules traces de l'**abbaye de Grandmont**, dont les bâtiments avaient été élevés au 12e s., puis agrandis aux 14e et 15e s. Endommagée pendant la guerre de Cent Ans et les guerres de Religion, l'abbaye avait été complètement restaurée au milieu du 18e s., mais à la suite de la suppression de l'ordre à la veille de la Révolution, les bâtiments furent démolis (*Voir encadré ci-dessus*).

Site de Sauvagnac.
Tourisme Haute-Vienne

Les plans de l'abbaye sont affichés près de la **chapelle de Pèlerinage**, qui abrite des copies de la châsse d'Ambazac et de la croix reliquaire de Gorre.
Avant l'entrée dans St-Léger, prenez à droite la D 28^{A}.

Sauvagnac

L'origine de ce minuscule village fut une « celle » (ou prieuré) de l'abbaye de Grandmont.
Chapelle – Lieu de pèlerinage à Notre-Dame dont la statue richement habillée couronne le maître-autel. À droite du chœur, une pietà du 15e s.
★★ **Pierre Branlante** – *1h AR à partir de la chapelle.* Chaos de blocs de granit d'où se développe une **vue★★** très étendue sur Ambazac et Limoges (sud-ouest), le mont Gargan et Monédières (sud-est), le puy de Dôme et le puy de Sancy (est).
À la sortie du village, tournez à droite et prenez le chemin qui part à gauche.
1h AR. Une belle promenade conduit à la réserve naturelle de la **tourbière des Dauges**. Vieille de 12 000 ans, elle abrite une faune et une flore remarquables. On peut la parcourir le long de 2 sentiers balisés de 2 et 5 km. Pour découvrir ce dernier de manière ludique, téléchargez l'application « Haute-Vienne Explor Games ». Infos : **Maison de la Réserve** *(juil.-août 10h-18h - appeler av. : 05 55 39 80 20 - www.cen-nouvelle-aquitaine.org).*
Poursuivez sur la D 28^{A}, puis prenez à gauche la D 914.

★ Arboretum de La Jonchère

Cheminement libre sur 6 ha ; 2,5 km.
Pour une agréable parenthèse végétale, enfoncez-vous dans cette superbe forêt domaniale. Aujourd'hui géré par l'Office national des forêts, l'arboretum de La Jonchère, qui couvre au total 70 ha, fut créé en 1884 pour produire des plants destinés à reboiser les monts d'Ambazac et le plateau de Millevaches. Vous y découvrirez, le long d'un sentier balisé, une soixantaine d'espèces botaniques, notamment des essences originaires de la côte ouest nord-américaine (séquoias et thuyas géants, Douglas verts, sapins de Vancouver) et des espèces rares comme le fau (hêtre) de Verzy, au curieux tronc hélicoïdal.
La D 914 ramène à Ambazac.

Nos adresses

Restauration

À proximité

Premier prix

Restaurant Le Saint-Pardoux – *Razès - 05 55 79 03 95 - ouvert en juil.-août et les w.-end à partir de Pâques (par beau temps, tél. pour confirmer) - 10/18 €.* Idéalement situé face à la plage de Santrop au bord du lac de Saint-Pardoux, et pourvu d'une vaste terrasse, cet établissement propose des grillades, pizzas, salades, glaces.

Budget moyen

Relais du Taurion – *2 chemin des Contamines - St-Priest-Taurion - 9 km au sud d'Ambazac - 05 55 39 70 14 - www.relais-taurion.fr - fermé lun., mar. midi et dim. soir - menus 35/45 € - 6 ch. 60/80 € - 9 €.* Dans cette belle maison bourgeoise, ancien relais de poste, on déguste une cuisine traditionnelle aux plats du terroir revisités avec bonheur. L'été, les repas se prennent sous les arbres... Quelques chambres attendent les voyageurs qui veulent prolonger le plaisir.

Ferme-auberge de la Besse – *La Besse - Les Billanges - 15 km à l'est d'Ambazac - 05 55 56 57 76 ou 06 60 27 78 66 - www.bienvenue-a-la-ferme.com - - P - ouvert sam. midi et dim. midi, et le jeu. soir en été - formule 24 €, menu 30/34 €.* Cette adresse toute simple offre de vrais produits fermiers et un accueil charmant. Dans un domaine de 30 ha, on y élève volailles, agneaux, lapins, bœufs, porcs « cul-noir » du Limousin. Entre autres mets : magret de canard aux cèpes, caille farcie au porc à la châtaigne, moelleux à la châtaigne...

Shopping

Marché – *Vend. matin.* Marché de producteurs locaux.

Activités

Lac de St-Pardoux – *05 55 71 04 40 - www.lacsaintpardoux.fr.* Les aménagements sont répartis sur 3 sites (*p. 79*). Animations estivales.

Randonnées

Les monts d'Ambazac comptent nombre de sentiers, de la simple promenade de 4 km à la boucle Rando Zen de 93 km *(livret en vente aux Bureaux d'information touristique d'Ambazac et de Bessines).* Base VTT de 19 circuits de 5 à 93 km sur les monts d'Ambazac. Rens. aux bureaux d'info touristique et sur www.tourisme-hautevienne.com.

Les gendarmes et les voleurs de temps – Trail évasion 100 % nature lors du w.-end de Pentecôte. Référence dans le domaine des courses internationales, cette course attire des milliers d'adeptes. Dép. du domaine de Muret, à Ambazac : trails de 10 à 52 km. Rens. : *05 87 21 31 87 - www.gendarmes-et-voleurs.com.*

Hébergement

Budget moyen

Hôtel-restaurant Les Voyageurs – *27 av. du Gén.-de-Gaulle - 05 55 56 60 31 - www.hotel-ambazac.fr - - 5 ch. 68/85 € - 8,50 € - 13,80 €/45 €.* L'hôtel a fait peau neuve. Ses chambres rénovées affichent toutes un décor différent. Le restaurant propose une cuisine sobre très réussie, concoctée par Joseph Travia, Toque blanche du Limousin. Excellent rapport qualité-prix.

1

Bellac

Situé au cœur d'un paysage vallonné et verdoyant, Bellac, superbe balcon sur les alentours, est le point de départ idéal pour découvrir la Basse-Marche et les monts de Blond. C'est aussi une cité au passé littéraire : Giraudoux, qui la tenait pour « la plus belle ville du monde » y est né, La Fontaine y fit un bref passage, le temps d'une fable... Il faut s'y attarder pour flâner dans le quartier historique et au bord du Vincou que jalonnaient les tanneries au siècle dernier.

Se repérer

3639 Bellachons – Haute-Vienne (87)

CARTE P. 32-33 (AB1).

À 40 km au nord-ouest de Limoges, Bellac marque la limite des plateaux du Limousin et des plaines du Poitou.

À ne pas manquer

La maison natale de Jean Giraudoux et l'église Notre-Dame, qui abrite la châsse la plus ancienne du Limousin ; les petits sentiers au bord du Vincou ; le ravissant village de Mortemart.

Organiser son temps

Prévoyez une journée pour la visite des monts de Blond et de la Basse-Marche.

En famille

À Montrol-Sénard, la vie d'un village au 19e s.

Carnet pratique p. 87

Nos adresses p. 87

Se promener

Laissez votre voiture place de la République, près de l'hôtel de ville (16e s.), et prenez la rue Lafayette, en face de la mairie. À 100 m, beau point de **vue** depuis une terrasse sur l'église, le Vincou au loin, le vieux pont de pierre et le viaduc. Non loin, au 29 rue Thiers, une plaque évoque le séjour que fit La Fontaine, en 1663, dans une hostellerie où il écrivit *Le Coche et la Mouche*.

Église Notre-Dame

Bâtie au 12e s., on ajouta, au 14e s., à la nef romane, une nef ogivale à chevet plat et un clocher carré. Le portail sud possède de petits chapiteaux en serpentine. À gauche de l'entrée, dans un coffre mural, est conservée la plus ancienne **châsse★** du Limousin. Probablement exécutée à Conques dans les premières décennies du 12e s., elle rassemble sur ses panneaux de cuivre doré, semés de cabochons et de remplois de bijoux antiques, des médaillons champlevés de diamètres différents selon la hiérarchie de leur signification. Sur la face principale apparaît le Christ entouré des symboles des quatre évangélistes.

La Digitale : Maison natale de Jean Giraudoux

4 av. Jean-Jaurès - ✆ 06 08 43 51 90 - www.ladigitale-giraudoux.fr - mi-juin à fin août : tlj 14h-18h, jeu.-sam. 10h30-12h30,14h-18h - hors saison, sur RV - gratuit - l'été, exposition temporaire sur un aspect de l'écrivain et de son œuvre.

« Venez, je vous prie, dans la maison où je suis né. » L'hôtel particulier où naquit Jean Giraudoux a été investi par le collectif Or Normes. Au gré d'installations interactives et immersives, le « Spect'Acteur » est invité à entrer dans l'univers

Le dramaturge Jean Giraudoux, enfant du pays

Né à Bellac en 1882, l'auteur de *Siegfried et le Limousin* est l'initiateur d'un théâtre d'un genre nouveau où se mêlent l'ironie, la poésie et la magie. *Intermezzo, Électre, Ondine, La Folle de Chaillot, La Guerre de Troie n'aura pas lieu, Amphitryon 38*... font de lui l'un des grands dramaturges de l'entre-deux-guerres. Une partie de son œuvre reflète les paysages qu'il a connus enfant et qu'il évoque dans *Suzanne et le Pacifique*.

de l'auteur de théâtre aux vies multiples, dans un lieu entièrement repensé et dédié à sa mémoire.

Un **monument** en hommage à l'écrivain, sculpté par Chauvenet, a été élevé en 1951 dans le jardin aux arbres magnifiques attenant à l'hôtel de ville; de chaque côté de son portrait en médaillon ont été représentées six héroïnes de ses œuvres: Ondine, Alcmène, Judith et Bella, Isabelle, Suzanne.

Séchoir à peaux et ★rives du Vincou

L'escalier médiéval de 104 marches mène en contrebas, au pied du rocher fortifié, à l'ancien séchoir à peaux d'une tannerie. Son plancher de châtaignier était utilisé pour faire sécher les galettes de tourbe et de tanin.

Ce quartier a vu travailler les tanneurs jusqu'au début du 20e s. Le soir, les cafés étaient très animés, les habitants des quartiers anciens venant rejoindre leurs camarades. Une tannerie, qui fournit la haute couture parisienne, est toujours en activité. Le tannage y est encore pratiqué à l'écorce de chêne...

Le long des berges aménagées de la rivière, jeux pour enfants dans les **jardins du Vincou.**

1

Pont de la Pierre

Les marchands franchissaient la rivière du Vincou sur ce pont, daté du 13e s., pour rejoindre la seigneurie de Mortemart (voir ci-après). Y transitaient le sel, les poissons de l'Atlantique et les vins de Charente. Au château de Bellac avait lieu un marché réputé pour ses étains et ses draps de bure.

Circuits conseillés

CARTE P. 32

★ La Basse-Marche B1

Circuit de 55 km tracé en bleu sur la carte p. 32. Quittez Bellac par l'est en empruntant la D 1, en dir. de Châteauponsac.

Rancon

La paisible cité de la vallée de la Gartempe est construite à flanc de coteau.

Sur une petite place se dresse une **lanterne des morts** (12e s.) surmontée d'une croix à cinq lobes. De transition romano-gothique et fortifiée au 14e s., l'**église** faisait partie de la ligne de défense du bourg. Le clocher, tour carrée du 16e s., se termine en un bulbe couvert de bardeaux. Au chevet, remarquez les mâchicoulis avec ouvertures pour le tir à l'arc. Dans le chœur, christ en bois du 13e s. Les beaux vitraux, refaits au 19e s., évoquent N.-D. de Lourdes et St-Sulpice.

Châteauponsac

Pl. Xavier-Mazurier - 05 55 68 12 79 - www.tourisme-hautlimousin.com.

Perchée sur un promontoire dominant un méandre encaissé de la Gartempe, la vieille ville de Châteauponsac, surnommée la « perle de la Gartempe », se presse

autour de l'église St-Thyrse. Avec son cadre naturel privilégié, ce site constitue une **station verte** agréable.
Après avoir contourné l'église, traversez le quartier appelé **Sous-le-Moustier,** faubourg où se pressent des maisons du 15e s. flanquées d'escaliers extérieurs en pierre. À l'extrémité de cette rue, découvrez la vallée encaissée de la Gartempe et la vieille cité, entourée de jardins en terrasses. Vous pouvez ensuite descendre jusqu'au pont romain (il date en fait de 1609) par le chemin des Anglais, qui démarre en face du musée.
À côté du pont, une aire de pique-nique au bord de l'eau n'attend que vous. Juste après se trouve une voie pavée qui suit le tracé d'une ancienne voie romaine.
Pour un joli **panorama★** sur la vallée et Châteauponsac, faites l'ascension de la **colline St-Martial** à pied par la voie romaine, ou en voiture *(après le pont, contournez la colline et suivez la direction « Vallée de la Gartempe »)*. Continuez jusqu'au village de Letrade pour voir son abreuvoir et ses croix de pierre.
Église St-Thyrse – Fondée au 11e s., elle fut l'église du monastère de moines bénédictins venus de Déols, dont il ne reste rien aujourd'hui. Son architecture en forme de croix latine l'apparente aux églises berrichonnes. L'église du début du 12e s., partiellement détruite par le **Prince Noir** en 1370, a été très remaniée au 15e s. La croisée, très élevée, porte une coupole sur pendentifs. Sous le croisillon sud, une petite crypte rectangulaire possède une abside flanquée d'une absidiole. Elle servait pour les prières nocturnes des moines. Le chœur s'orne de belles colonnes aux chapiteaux sculptés. Remarquez une chaire de pierre de 1642, un grand lutrin du 18e s., des statuettes de bois polychrome des 16e et 17e s. et un retable fin 18e s.
Musée René-Baubérot – *Pl. de l'Église-St-Thyrse - ✆ 05 87 59 51 18 - www.museechateauponsac.fr - avr.-juin et mi-sept. à mi-nov. : merc. et w.-end : 14h-18h ; de juil. à mi-sept. : tlj 14h-18h - fermé de mi-nov. à déb. avr. - 6 € (6-15 ans 3 €).* Installé dans un ancien prieuré bénédictin fondé en 1318, c'est le plus important musée ethnographique du Limousin. Passé la reconstitution de la pièce commune qui servait à la fois de cuisine et de chambre, il présente les différents aspects de

Bellac.
F. Guiziou/hemis.fr

la culture locale : son histoire (archéologie ; unique fer à hosties du 13e s. ; archives), ses métiers et leurs outils, la mode féminine, l'habitat rural ; la minéralogie...
La visite se termine par la **Maison du terroir** *(en face du musée)*, où sont organisées des expositions annuelles.
La **chapelle N.-D.-de-Toute-Bonté**, sur la route de Bellac, est une construction romane à chevet plat pourvue de bas-côtés gothiques. À l'intérieur, retable du 17e s., statues des 15e et 17e s.
Prenez la D 45 très sinueuse, qui se déploie dans un agréable paysage de bocage, puis continuez en direction de Magnac-Laval (N 145 à droite, puis D 942 à gauche).

Magnac-Laval

La bourgade est réputée pour sa **procession de St-Maximin** qui, chaque année dans la nuit du dimanche au lundi de Pentecôte, se déroule dans la campagne sur plus de 50 km. Les pèlerins, une couronne de fleurs au cou, partent après la messe de minuit et ne rentrent qu'à la tombée du jour.
L'**église** possède un chevet plat du 12e s. et est coiffée d'un beau clocher hexagonal en pierre de taille. Elle abrite les reliques de saint Maximin.

★★ Collégiale St-Pierre du Dorat

(voir p. 89)
La route *(D 675)* qui ramène à Bellac traverse la vallée de la Gartempe.

1

★ Les monts de Blond A1-2

Circuit de 60 km tracé en rose sur la carte p. 32. Quittez Bellac par le sud en empruntant la D 3.
Les monts de Blond sont les premières hauteurs que l'on rencontre en venant de l'Atlantique. Ils présentent l'aspect d'une succession de collines dont le point culminant se situe aux **rochers de Puychaud** (515 m). Propice à la randonnée, cette « montagne » forme une entité à part, avec ses mégalithes, ses croix de pierre et ses chapelles isolées, dans un paysage très vert, parsemé d'étangs.

Blond A1

L'**église** fortifiée date de la fin du 12e s. Elle comprend une vaste nef dotée de six chapelles latérales ornées de statues en bois. Des vestiges de fortifications (mâchicoulis), ajoutées au 16e s., sont visibles au-dessus du portail encadré de deux contreforts massifs et surmonté d'une cloche.
Place de l'Église, suivez la signalisation « Rochers de Puychaud ».
La route pénètre au cœur des monts de Blond.

Rochers de Puychaud A1

À gauche de la route, on aperçoit de curieux amoncellements de blocs de granit ayant subi une érosion en boule : certains ont cru reconnaître à cet endroit l'existence de pierres sacrificielles.
Une plaque dédiée au poète occitan **Frédéric Mistral** rappelle que la frontière entre les pays de langue d'oc et de langue d'oïl passait ici.
Juste après Boscartus, prenez à gauche le chemin carrossable signalé.

Pierre Branlante A2

Sur la commune des Cieux. Laissez votre voiture et faites 50 m à pied.
Un chaos de pierres se dissimule dans les bois. Le plus gros bloc, fort de ses 120 tonnes, ne repose sur celui du dessous que par quelques points de contact.
Rejoignez la D 204.

Peyrelade A2

À l'entrée de ce hameau, un chemin carrossable, à gauche, mène à une plate-forme rocheuse d'où l'on a un bon **point de vue** sur les monts du Limousin et le Nontronnais.

★ Montrol-Sénard A1

Visite libre et gratuite du parcours « Nostalgie rurale » d'avr. à oct. - ✆ 05 55 68 12 79.

Offrant un magnifique panorama, cet authentique village limousin aux belles maisons en pierre mérite qu'on s'y attarde. Ses habitants, désireux de garder la mémoire des Anciens, ont décidé d'ouvrir au public 18 sites qui illustrent la vie des paysans et des artisans de Montrol-Sénard au début du 20e s.

Un plan du parcours **« Nostalgie rurale »** est prêté le temps de la visite. Commencez par l'école communale *(en face de l'église)*, en activité de 1877 à 1952. Passez ensuite dans la **maison « Chabatz d'Entrar »**, habitation à pièce unique d'un agriculteur : au fond, le lit à rideau, le coin toilette et le coffre à vêtements ; devant, le coin repas-cuisine organisé autour de la cheminée et de la table. À côté, se trouvent l'étable-cellier et en haut, le grenier, où sont expliqués les petits métiers (travail du chanvre et du lin, tissage, couture) et les traditions. On visite aussi le fournil, l'ancien bûcher et le local réservé aux cochons et aux poules, puis on passe chez le sabotier et le cordonnier. Ensuite, vous irez glaner des nouvelles au café d'Angèle avant de découvrir la grange-étable où l'on rentrait le soir les carrioles et les bêtes. En revenant, arrêtez-vous au lavoir, lieu d'échange pour les femmes. La **petite église romane** des 12e-13e s., sur la place, réunissait tout le village pour la messe du dimanche. N'oubliez pas la forge avant de vous rendre au cimetière pour voir la lanterne des morts et la croix hosannière.

De l'artisanat et des produits régionaux sont proposés à la vente durant l'été.

Suivez la D 5A en direction de Bellac.

★ Mortemart A1

Avec les vestiges de son **château** *(fortement remanié)*, ses maisons en pierre et ses vieilles halles en bois abritant le marché, ce superbe bourg fleuri, à l'architecture typiquement limousine, mérite une halte prolongée. C'est le berceau de la famille des Mortemart, à laquelle appartenait **Mme de Montespan**, favorite de Louis XIV. En parcourant les lieux, qui frappent par leur harmonie, on peut saisir toute la grandeur du passé. Le couvent des Augustins *(propriété privée)* jouxte l'église. De l'autre côté de la route se dresse l'imposant couvent des Carmes.

L'**église St-Hilaire**, comme le couvent des Augustins, date du 14e s. et fut commanditée par le cardinal Gauvain. Elle est couronnée d'un curieux clocher à bulbe, en ardoises. Son chœur est isolé de la nef par une barrière en bois.

Des **stalles★** longent les murs, celles du chœur (15e s.) sont particulièrement belles. Les métiers – roi, pasteur, bûcheron, moine, guerrier – sont sculptés sur les dossiers et les accoudoirs, tandis que des animaux et des démons ornent les dessous des sièges (« les miséricordes »). L'autel, monumental, se compose d'un retable baroque en bois doré du 17e s. orné en son centre d'un tableau figurant l'Assomption de la Vierge (1651). Deux bustes reliquaires, une pietà et deux peintures sur bois complètent l'ensemble : à droite, la résurrection du Christ ; à gauche, l'ouverture du tombeau de la Vierge rempli de roses. Dans le chœur se trouvent également un lutrin en bois doré du 17e s., une Vierge en pierre polychrome du 14e s. et au sol, des blasons.

Quittez Mortemart par le nord-ouest (D 4).

★ Château du Fraisse A1

05 55 68 32 68 - www.chateau-du-fraisse.com - visite guidée (1h) sur réserv. - 10 € (8-18 ans 5 €).

Apparaissant au détour d'une petite route, au milieu des prés et à proximité d'un étang, il dégage une impression de noblesse et d'élégance. Il appartient à la même famille depuis le 13e s. En grande partie reconstruit au 16e s. par Jean des Monstiers, évêque de Bayonne et ambassadeur des rois François Ier et Henri II auprès de Charles Quint, il constitue l'exemple le plus complet du style renaissance en Limousin. De cette époque date le corps de logis qui ferme la cour d'honneur. La très riche décoration des portes et lucarnes est due à l'Italien Sebastiano Serlio. À droite du logis subsistent les restes du château médiéval, bien mis en valeur, avec une jolie porte du 15e s. Les communs, à gauche, datent du 17e s. La façade arrière sur le parc est plus sobre, typique du style de la seconde Renaissance. À l'intérieur, un bel escalier Henri II mène à la grande salle : la cheminée monumentale, dessinée par Serlio, est ornée d'une fresque de facture naïve représentant le château. On visite également la chapelle et la salle des archives.

Possibilité de loger dans des chambres de charme. *Voir « Nos adresses », ci-dessous.* Aux alentours, ne manquez pas les villages de Lesterps et Brigueil en Charente, très proches (*Guide Vert Charentes)*

Poursuivez sur la D 4 jusqu'à Mézières-sur-Issoire et revenez à Bellac par la D 951.

1

Carnet pratique

S'informer

Office de tourisme – *R. des Doctrinaires - 05 55 68 12 79 - www.tourisme-hautlimousin.com.*

Agenda

Festival national de Bellac – *5 j. déb. juil. - 05 55 60 87 61 - www.theatre-du-cloitre.fr.* Lancé en 1953 par Louis Jouvet en hommage à Jean Giraudoux. Concerts, contes et spectacles de théâtre.

À Magnac-Laval - Procession de « neuf lieues » – *Lun. Pentecôte - www.magnac-laval.fr.* En l'honneur de saint Maximin (remonte au 4e s.).

Rancon - Salon des artistes de la Gartempe – *De mi-juil. à mi-août.* Dans la chapelle St-Sébastien.

Nos adresses

Restauration

Budget moyen

À proximité

La Belle Équipe – *16 rte de la Coulée-Verte - Montrol-Sénard - 05 55 60 44 01 - fermé lun.-mar. et dim. soir - réserv. obligatoire - menu 28 €.* Une joyeuse ambiance règne dans cet établissement situé au cœur du village. Outre déguster des plats savoureux, préparés avec des produits locaux de saison, on peut assister à des concerts et des expos très prisés des habitants et des touristes.

Auberge La Source – *1 av. du Lac - Cieux - 17 km au sud de Bellac - 05 55 03 33 23 - www.auberge-la-source.com - menu déj. sem. 18 €, menu 32 € - 7 ch. 85/95 € - 11 € -*

rest. fermé du dim. soir au mar. midi. Dans cet établissement fort accueillant, vous dégusterez une cuisine aux saveurs hautes en couleur, à base de produits locaux. Chambres sobres et fonctionnelles.

Activités

Marché – *Sam. en été.* Marchés de producteurs du pays de Bellac.

Randonnées – *℘ 05 55 68 12 79 (office de tourisme Bellac).* Trois itinéraires faciles au dép. de Bellac : le Chemin des Diligences *(8 km - 2h)*, le Chemin des Moulins *(8 km - 2h)*, et Flânerie au cœur de Bellac *(5,7 km - 1h30)*. Cinq randonnées dans les Monts de Blond *(7-13 km de 45mn à 3h15)* au dép. de Blond.

Cyclotourisme – Parmi les nombreux circuits proposés dans la région, celui des Mégalithes *(C15 - 21 km - dénivelé 396 m - classé circuit « Familles »)* serpente au cœur des Monts de Blond, à la découverte des mégalithes, des forêts et des étangs.

Hébergement

Budget moyen

Hôtel-restaurant Le Central – *7 av. Denfert-Rochereau - ℘ 05 55 68 00 43 - www.centrahotel-restaurantlimousin.fr - 15 ch. 65/71 € - 9,50 € - plat du jour déj. sem. 12 €, 20/30 €.* Chambres simples et sans histoire, mais on vient avant tout ici pour déguster une cuisine traditionnelle de qualité, à commencer par le bœuf limousin et l'agneau de Bellac, servis avec le sourire. Le chef fait partie des Toques blanches du Limousin.

À proximité

Hôtel-restaurant le Bellevue – *2 av. de Limoges - Bessines-sur-Gartempe - 33 km de Bellac - ℘ 05 55 76 01 99 - www.bellevue87.com - - 12 ch. 70 € - 10,50 € - formules déj. sem. 15,90 €; menus 26/32 €.* Cette auberge de village à l'ambiance familiale propose des chambres fonctionnelles. Menus préparés à base de produits locaux.

Ferme de Rouffignac – *Rouffignac - Blanzac - 5 km à l'est de Bellac - ℘ 05 55 68 02 14 - www.ferme-de-rouffignac.fr - - 5 ch. 73/80 € - table d'hôtes sur demande.* Les chambres de bon confort, dont 2 en duplex, ont été aménagées dans la grange. Les amateurs de viande, de charcuterie et de desserts maison seront à la fête dans cette belle ferme d'élevage située en pleine campagne. Vente de conserves et produits fermiers. Espace-détente piscine en sus.

Hameau de Gîtes Les Pouyades – *Les Pouyades - Magnac-Laval - 16 km au nord-est de Bellac - ℘ 05 55 60 73 45 - www.lespouyades.com - - 12 gîtes 588/744 € (4 à 8 pers.)/sem., loc. parfois possible à la nuitée (79/140 € selon nb de pers.) ou pour le w.-end.* Charmant petit village de gîtes aménagé dans un parc arboré et fleuri. Tous bénéficient d'un excellent confort et six d'entre eux, les pieds dans l'eau du lac, sont le paradis des pêcheurs.

Pour se faire plaisir

Château du Fraisse – *Le Fraisse - Nouic - ℘ 05 55 68 32 68 - www.chateau-du-fraisse.com - 5 ch. d'hôtes 95/105 €.* Venez goûter à la vie de château dans cette vaste demeure de famille. Certaines chambres peuvent accueillir des familles. Le petit-déjeuner est servi dans la salle à manger face à une splendide cheminée Renaissance.

Collégiale Saint-Pierre du Dorat

★★

Siège de la sénéchaussée principale de la Basse-Marche du 16e s. à la Révolution, le village du Dorat possède l'un des monuments les plus remarquables du Limousin par son architecture austère et majestueuse, la collégiale St-Pierre, posée sur une vaste crypte datant du premier âge roman. Il ne faut pas manquer ensuite de déambuler dans la cité médiévale, au caractère affirmé.

Se repérer

Haute-Vienne (87)

CARTE P. 32-33 (B1). À 12 km de Bellac.

Organiser son temps

Prévoyez 2h.

Carnet pratique p. 91

Nos adresses p. 91

1

Visiter

★★ La collégiale

Pl. de la Collégiale.

En forme de croix latine et bâtie en granit du pays, la collégiale St-Pierre-aux-Liens impressionne par ses dimensions (77 m de longueur et 39 m au transept) et ses proportions harmonieuses. Elle s'élève à l'emplacement d'une église du 10e s. détruite par un incendie. Les travaux de la collégiale débutent vers 1100 et se terminent à la fin du 12e s. L'édifice, dans ses grandes lignes, possède déjà son aspect actuel. Sa crypte est dédiée à sainte Anne. Au 15e s., les temps incertains amènent la ville à se fortifier. Une tour fortifiée s'élève au-dessus de la chapelle axiale de l'abside de la collégiale, qui s'intègre désormais aux fortifications.

Extérieur

Voir l'ABC d'architecture p. 462. La façade ouest, massive, s'ouvre par un très large **portail polylobé** témoignant d'une influence mozarabe qui pourrait être attribuée aux pèlerins de St-Jacques-de-Compostelle. Les voussures à mouluration

Les ostensions du Dorat

L'exposition et la vénération des reliques de saints (ostensions) avaient jadis lieu lors d'événements exceptionnels ou de période de fléau. Depuis 1659, tous les sept ans, mousquetaires à cheval et tambours en uniformes du Premier Empire constituent la garde d'honneur de la procession des ostensions du Dorat. Durant cette fête très populaire, à la fois religieuse et folklorique, les châsses des deux saints protecteurs Israël et Théobald sont portées avec solennité à travers le village.

Saint Israël et saint Théobald

Né au Dorat en 950, Israël est élevé par les chanoines du chapitre. En 988, l'évêque de Limoges le remarque, en fait son conseiller et l'emmène à la cour du roi Robert le Pieux. Nommé supérieur du chapitre collégial, il est chargé par le pape français Sylvestre II de restaurer le monastère de St-Junien. Revenu au Dorat, il se consacre à l'éducation des religieux.
Parmi ses élèves se trouve le jeune Théobald (né en 990). Érudit, celui-ci est finalement admis parmi les chanoines. Après la mort de saint Israël en 1014, il continue les travaux de l'église, et meurt en 1070.

limousine atténuent la sévérité de la façade. À la croisée du transept se dresse un élégant **clocher octogonal** (26 m de haut) à trois étages d'inégale hauteur, percés de fenêtres à trois voussures limousines au premier, d'arcatures trilobées au deuxième et de fines baies géminées au troisième. Il est surmonté d'une flèche élancée et d'un **ange** du 13ᵉ s., une pièce capitale de l'orfèvrerie romane. En cuivre doré, haut de 1,66 m, il domine l'édifice à plus de 60 m.
Du cimetière, en contrebas de la place de l'Église, vue sur l'étagement des clochetons et des tours qui forment la partie haute du **chevet** : l'absidiole centrale supporte une tour semi-circulaire qui appartient au système de défense établi au 15ᵉ s. Deux contreforts rectangulaires soutiennent chaque absidiole ; toutes les baies sont à une seule voussure limousine.

Intérieur

Deux portes séparées par un trumeau composé de colonnes accolées donnent accès à l'église. Sombre, très haut de plafond, l'édifice surprend par ses différences de niveaux. La première travée, couverte par une coupole circulaire, surplombe en effet le reste de la collégiale. On pénètre dans la nef, haute de 17 m, par un escalier monumental de 12 marches. Une grande **cuve baptismale** en granit monolithe d'époque carolingienne (9ᵉ s.), vestige de l'église antérieure, se dresse en bas des marches, dans l'axe de la nef. Elle est décorée de lions aux queues fleuronnées. Les cinq travées de la nef sont voûtées en berceau brisé sur doubleaux. Des bas-côtés, anormalement larges (3 m env.) pour une église limousine, contiennent la poussée de la voûte principale et fournissent seuls l'éclairage. L'absence de lumière accentue l'aspect très massif de la collégiale. À la croisée du transept s'élève une haute coupole sur pendentifs dont le tambour est ajouré de huit fenêtres.
Les **chapiteaux★** des colonnes du **chœur**, décorés de palmettes et de feuillages, comptent parmi les plus beaux de la collégiale. À voir aussi, un des dernières **orgues** Cavaillé-Coll, qui date de 1875. Deux tombeaux de granit du 12ᵉ s. occupent le bras droit du transept. Jusqu'au 17ᵉ s., ils abritaient les corps des saints Israël et Théobald. En 1659, leurs reliques furent reléguées dans deux châsses en bois doré aujourd'hui exposées dans les chapelles du déambulatoire. Les arcades du chevet reposent sur quatre colonnes ornées de chapiteaux à feuillages.

Crypte

℘ 05 44 25 46 77 (Maison du Patrimoine) - visite guidée sur demande - 3 €.
Ce beau sanctuaire du 11ᵉ s. qui s'étend sous le chœur est placé sous la protection de sainte Anne. Il se distingue par ses colonnes et ses chapiteaux primitifs. La chapelle absidiale abrite des fragments de statues du 13ᵉ s., une statue de sainte Anne et une pietà du 15ᵉ s.

La ville

Avec ses ruelles étroites et tortueuses qui lui confèrent encore un aspect de cité médiévale, la capitale de la Basse-Marche est une ville de caractère, où certaines curiosités retiendront votre attention :

Porte Bergère (15e s.) – Seule porte fortifiée subsistant en Haute-Vienne, classée aux Monuments historiques.

Rue des Bouchers – Emplacement de l'une des quatre anciennes portes de la ville, murée au 15e s.

Rue des Fours – Anciennes prisons *(n° 13)*, ancien Carmel *(n° 10)*.

Tour Gévardat (15e s.) – Joli point de vue sur la vallée de Courtoison.

Rue St-Michel – Hôtel du sénéchal Claude de La Pouge (16e s.), flanqué d'une échauguette surmontée d'un épi de faîtage, et qui repose sur un encorbellement de granit, avec, en son milieu, trois minuscules fenêtres de guet. Porte d'entrée monumentale. Ancienne chapelle Notre-Dame du Temple transformée en lieu culturel (expositions).

Le Souterrain-Refuge – L'une des galeries qui courent en réseau sous le village se visite *(sur réserv. auprès de la Maison du patrimoine : ✆ 05 44 25 46 77 - 3 €)*.

Carnet pratique

S'informer

Office de tourisme – *9 bis pl. de la Collégiale - ✆ 05 55 68 12 79 - www.tourisme-hautlimousin.com.*

Agenda

Courses hippiques – *Juin, juil. et août - Hippodrome de la Sagne.* Le canton du Dorat est célèbre pour ses élevages de chevaux, notamment la race anglo-arabe.

Nos adresses

Restauration

Budget moyen

La Marmite – *29 av. de la Gare - Le Dorat - ✆ 05 55 60 66 94 - www.restaurant87lamarmite.com - fermé mar.-merc. - formule déj. sem. 14,50 € - menus 21/32,50 €.* Généreux plats traditionnels à base de produits du terroir, à commencer par le bœuf limousin et l'agneau, servis dans une salle rustique. Terrasse à la belle saison.

Shopping

Marché – *Juil.-août, un jeu. sur deux.* Marché nocturne des producteurs, au son de la fanfare ou de l'accordéon.

Hébergement

Budget moyen

Chambres d'hôte l'Ancien presbytère – *5 pl. de l'Ancien Presbytère - Voulons - 4 ch. 70 € (dont 2 ch. 4 pers. 110/120 €) - ✆ 05 55 68 04 45 - lancienpresbytere.com.* Des chambres colorées, un jardin et une petite piscine vous attendent au Dorat, dans une maison ancienne qui a conservé tout son cachet.

Châteaux de la route Richard-Cœur-de-Lion ★

Impossible de manquer les châteaux qui jalonnent la route Richard-Cœur-de-Lion dans le sud-ouest de la Haute-Vienne. Situé au centre de lourdes masses granitiques et boisées formant les contreforts du Massif central, Châlus compte celui de Châlus-Chabrol, témoin de la fin tragique du roi d'Angleterre. D'autres, comme Montbrun, qui dresse sa spectaculaire architecture au détour de la route encaissée, affiche un excellent état de conservation.

Se repérer

Haute-Vienne (87)

CARTE P. 32-33 (A3)

À 35 km au sud-ouest de Limoges.

Organiser son temps

Comptez une journée entière.

En famille

Le Petit Monde des automates au château de Brie, la tuilerie de Puycheny.

Carnet pratique p. 97

Nos adresses p. 97

Circuits conseillés

CARTE P. 33

Route Richard-Cœur-de-Lion AB3

Circuit de 45 km tracé en gris sur la carte p. 33. Quittez Châlus par le nord-est en empruntant la D 15.

La **route Richard-Cœur-de-Lion** est née en 1984 à l'initiative de propriétaires privés et d'institutions publiques. Le roi d'Angleterre, qui guerroya près de cinq ans en Limousin et y fut mortellement blessé, est choisi comme fil conducteur. Un blason est créé : un lion couronné au cœur percé d'une flèche, évoquant le destin tragique du personnage ; celui-ci signale les châteaux faisant partie de la Route. Vingt-trois sites sont actuellement membres de cette association *(www.routerichardcoeurdelion.fr).*

★ Château de Châlus-Chabrol A3

87230 Châlus - ✆ 05 55 02 12 23 ou 06 71 38 19 43 - avr.-oct. 10h-19h, nov.-mars w.-end et j. fériés 10h-17h - 6 € (- 12 ans gratuit).

Il domine la ville et la haute vallée de la Tardoire de sa haute silhouette. Dans les vestiges de la **chapelle castrale**, reposent, selon sa volonté, les entrailles de Richard Cœur de Lion. L'impressionnant **donjon** (25 m de hauteur et 10 m de diamètre), des 11e et 12e s., témoigne de l'architecture militaire à l'âge d'or de la féodalité. Sa forme cylindrique est rarement observée en Limousin. Du haut du donjon, le 26 mars 1199, un assiégé décocha le carreau d'arbalète qui allait causer la mort du roi d'Angleterre. En effet, ce dernier tenait le siège du château pour punir le vicomte de Limoges, Adhémar, coupable selon lui d'avoir pris fait et cause pour le roi de France. Dans le **corps de logis** des 11e et 13e s. agrandi au 17e s. a été reconstituée la salle des gardes.

On visite aussi la tour d'angle (très belle voûte), les salles basses dotées d'une imposante cheminée, et le logis médiéval, aux murs épais de 2 m à 2,30 m... Il abrite des armures, des coffres, des tapisseries.
Le château a appartenu à d'illustres familles : les Sully, d'Albret, Borgia et Bourbon.

Les Cars AB3

Sentier de randonnée au dép. de la mairie.
Ce joli village, qui se parcourt à pied, conserve un beau bâti ; certaines maisons datent des 16e s. et 17e s. L'église affiche diverses étapes de construction : le chœur et le transept sont romans, mais la nef, de style gothique flamboyant. À l'entrée du chœur, sur la gauche, **croix reliquaire** (13e s.), ornée de filigranes d'argent doré et de pierres précieuses.

Château des Cars B3

Rte de Nexon - ✆ 05 55 58 28 44 - tourisme-nexon-chalus.fr - visite libre, appli à télécharger.
Ancienne demeure des Pérusse, gouverneurs du Limousin, cette forteresse du 13e s., retouchée aux 15e et 16e s., fut, pendant la guerre de Cent Ans, occupée par les Anglais, puis reprise par **Bertrand Du Guesclin**. Elle a conservé une tour du 13e s. ainsi que deux grosses tours du 15e s., en partie restaurées. Une **salle lapidaire** présente le résultat des fouilles (pierres sculptées, monnaies, poteries, etc.), tandis qu'une exposition permanente, « Autour du château des Cars », retrace l'histoire du lieu et de ses occupants. L'édifice fut en partie détruit à la Révolution. En face du château, en contrebas, magnifiques **écuries** mansardées construites par un seigneur des Cars au début du 17e s.
Quittez Les Cars par le sud-est en empruntant la D 214.
La route sépare la **forêt des Cars** *(à droite)* de la **forêt de Lastours** *(à gauche)*.
En sortie de forêt, prenez sur la gauche la D 59A.

Château de Lastours B3

✆ 05 55 58 38 47 - www.chateau-lastours-limousin.fr. Fermé au public au moment de la rédaction de ce guide.
À la limite du Limousin et du Périgord, le site de Lastours compte 10 000 ans d'histoire, les prospections ayant révélé une occupation humaine depuis le néolithique. Ces belles ruines féodales (donjon du 12e s. – qui devait atteindre 40 m de haut – tours et logis du 13e au 16e s.) sont en cours de dégagement et de restauration depuis 1979, grâce à une association de bénévoles très active.
Le nom de Lastours est associé à une puissante famille limousine du Moyen Âge, fondatrice des châteaux de Pompadour et de Hautefort. Gouffier de Lastours figurait parmi les preux qui entrèrent à Jérusalem aux côtés de Godefroy de Bouillon en 1099. L'histoire raconte qu'il sauva un lion de la mort dans le désert.

Parc naturel régional Périgord-Limousin

Créé en mars 1998 pour protéger et valoriser la région Périgord-Limousin, ce parc de 180 000 ha s'étend entre Périgueux, Limoges et Angoulême sur deux départements, la Haute-Vienne et la Dordogne (*☛ aussi Le Guide Vert Périgord Quercy*). Il englobe quatre terroirs distincts : le bocage limousin, planté de chênes et de hêtres ; les plateaux du Jumilhacois, entaillés de vallées étroites ; le massif des Feuillardiers, avec ses châtaigniers majestueux ; et les vallées périgourdines, aux noyers centenaires. Il se prête bien à la randonnée sous toutes ses formes (il est traversé par plusieurs GR) : à pied, à cheval, en VTT, et même en vélo-rail...

1

Ce dernier s'attacha indéfectiblement à lui et se noya en suivant à la nage le bateau qui ramenait son maître vers la France. Au 18e s., le château n'est plus que ruines ; il est transformé en carrière de pierre à la Révolution.

Jardin de l'An Mil à nos jours – Les membres de l'association Les Amis de Lastours ont créé un jardin médiéval (en accès libre), constitué de petits jardins clos : verger, oseraie, jardin bouquetier, jardin de simples, jardin des petits fruits, roseraie, vigne, parcelle céréalière, parcelle des plantes textiles...

Poursuivez sur la D 59A.

Église de St-Hilaire-les-Places B3

Cette petite église romane (12e s.) possède un joli clocher octogonal ajouré de fenêtres en plein cintre. À l'intérieur, petite Vierge noire.

À 800 m du bourg, s'étend un lac de plaisance dans un complexe touristique verdoyant. Plongeoir, toboggan aquatique, jeux pour enfants, pêche ; baignade surveillée en juil.-août.

Empruntez la D 15A en dir. de St-Hilaire-les-Places. Continuez sur la D 15A vers Ladignac-le-Long sur 4,5 km.

★ Tuilerie de Puycheny - Atelier-musée de la Terre B3

4 carrefour de Puycheny (D 15A) - ✆ 05 55 58 35 19 ou 06 25 76 23 00 - www.ateliermuseedelaterre.com - horaires, se rens. - visite libre gratuite - visite guidée 8 € (6-16 ans 6 €).

Ateliers *(enf. ou adultes)* d'initiation au modelage et au travail de l'argile.

Composée de bâtiments servant à fabriquer et à cuire les tuiles autour de l'aire de séchage, cette ancienne tuilerie ferma ses portes en 1955. Au début du 20e s., on ne dénombrait pas moins de 120 tuileries dans le département. Aujourd'hui, trois sont encore en activité dont deux, artisanales, à Puycheny. Dans ce véritable musée vivant, vous découvrirez les différentes étapes de la fabrication artisanale des tuiles et des feuillards.

Rejoignez St-Hilaire-les-Places, puis la D 11 vers Nexon.

Nexon B3

Ce bourg paisible, l'un des berceaux de la célèbre race de chevaux anglo-arabes, est aujourd'hui résolument tourné vers les métiers du cirque.

Jardin des Sens – *R. des Écoles - accès libre tte l'année.* Le **parc du château** de Nexon sert d'écrin à ce « jardin citoyen » dont l'originalité est avant tout d'avoir été conçu par des bénévoles et des écoliers. Véritable passerelle entre les générations, ce lieu paisible, situé à l'extrémité du parc du château, se compose d'une série de jardins thématiques : labyrinthe des bambous, massif éphémère, verger, vigne, jardin thérapeutique, lavoir, passerelle des senteurs, garde-manger des oiseaux, jardin bouquetier, collections de sauges. Partout, de jolies compositions florales apportent à l'ensemble des touches de couleurs.

La forêt toute proche appartient au parc du château, que l'on peut rejoindre directement en empruntant un sentier boisé au départ du jardin des Sens.

Les « feuillardiers »

Autrefois nombreux dans cette région riche en châtaigniers, ces artisans fabriquaient non seulement les tiges de bois fendues appelées « feuillards », dont ils se servaient pour cercler les tonneaux ou faire des casiers à homards, mais produisaient aussi des clôtures, des piquets, du bois de charpente, des meubles, etc.

Le château de Montbrun.
A. Chicurel/hemis.fr

1

Château – Construit aux 15e et 17e s., puis détérioré pendant la Révolution, le château de Nexon fut entièrement restauré au siècle dernier. Entouré d'un charmant parc municipal de 40 ha ouvert aux promeneurs comme aux cavaliers, il abrite aujourd'hui les bureaux de la mairie. Implanté dans le parc, un **chapiteau** permanent accueille les activités du **Sirque** *(voir Nos adresses p. 98)*.
Église St-Jean-Baptiste – L'édifice possède des parties romanes (sanctuaire, transept et clocher) et une nef du 15e s., en voûte d'ogives. À l'intérieur, intéressant mobilier dont : châsse en cuivre émaillé à personnages d'applique du 13e s., **chef-reliquaire** de saint Ferréol (14e s.) dû à l'orfèvre limousin Aymeric Chrétien, statues en bois de sainte Catherine (15e s.) et de saint Roch (16e s.)
Atelier Paul Buforn – *10 pl. de l'Église - ✆ 06 37 25 62 62 - seult sur RV.* Cet artisan émailleur passionné vous expliquera tout sur sa profession, ses traditions et ses techniques.

Les monts de Châlus A3

▶ *Circuit de 20 km à partir de Châlus, tracé en bordeaux sur la carte p. 33. Quittez Châlus par le sud-ouest en empruntant la D 6bis, vers Nontron.*

Dournazac A3

L'**église St-Sulpice**, du 12e s., remaniée au 14e s., conserve dans le chœur, les absidioles et sous la coupole de la croisée d'intéressants chapiteaux sculptés de figures expressives et des culs-de-lampe romans.
Verger conservatoire – *Rte Vergnes - ✆ 05 55 58 28 44 - ♿ - accès libre - prévoyez des chaussures confortables.* Il propose un sentier de découverte de la châtaigne, une promenade accessible à tous les âges (*45mn*). Neuf panneaux bien illustrés expliquent l'histoire des châtaigniers surnommés « arbres à pain » (leur farine servait notamment à confectionner du pain), les variétés existantes, leur culture, l'utilisation de la châtaigne en gastronomie, etc.
Quittez Dournazac par le nord-ouest en empruntant la D 64.

★ Château de Montbrun A3

✆ 05 55 78 75 11 - www.tourisme-hautevienne.com - visite guidée juil.-août sur réserv. - 15 € (4-13 ans 10 €).

La forme incurvée de la route bordant Montbrun et une vue dégagée permettent d'apprécier toute la **beauté de l'architecture** (*voir l'ABC d'architecture p. 466*) : les douves et les hautes murailles témoignent de l'importance de cet ensemble défensif qui protégeait jadis les confins du duché d'Aquitaine. Édifié au 12e s., Montbrun n'a conservé de cette époque que le **donjon quadrangulaire** au bel appareillage de pierres, l'un des plus spectaculaires du genre. Couronné de mâchicoulis et percé d'une fenêtre géminée, il comprenait huit étages. Le château fut ensuite incendié et ruiné en 1385. Le corps de logis et les murs de défense, réunis par des tours rondes dont l'une cerne la base du donjon, datent du 15e s. Ils ont été reconstruits par Pierre de Montbrun, évêque de Limoges.

Continuez sur la D 213.

La route passe à proximité du **Puyconnieux** (alt. 496 m), qui offre un point de vue panoramique (table d'orientation).

Peu après, prenez à droite la D 100.

Château de Brie A3

D 100 - ✆ 05 55 78 17 52 - www.chateaudebrie.fr - visite guidée (35mn) avr.-sept : dim. et j. fériés 14h-19h - 6 € (4-12 ans 4 €) inclus visite libre du Petit Monde des automates. Gîtes à la location.

Le château actuel, construit en 1480 pour célébrer un prestigieux mariage entre deux familles seigneuriales, est une demeure familiale dont les différentes tours sont avant tout des marques de prestige. La tour carrée, en façade, renferme un bel **escalier** à vis en granit du Limousin terminé par une voûte gothique. Dans l'épaisseur des murs, un petit escalier dérobé surmonté d'une voûte en palmier permet de rejoindre la chambre des Pucelles. Le château possède deux tours rondes, sans doute pourvues à l'origine d'un chemin de ronde. Un important mobilier des 16e-18e s. est réparti dans les diverses salles. La salle à manger Renaissance côtoie le salon vert en stuc (fin 19e s.) meublé entre autres d'une table Napoléon III marquetée, d'un piano Pleyel, de peintures et de pastels...

Dans le parc du château se dresse la **Grange médiévale** (15e s.). Rectangulaire, munie de 13 meurtrières et de 2 échauguettes, elle a traversé les siècles sans subir de modification et sert désormais de salle de réception.

Petit Monde des automates – *Visite également en sem. en juil.-août sur réserv. 2,50 € (4-12 ans 2 €).* Dans les communs, 70 personnages animés font revivre en musique des scènes de différents lieux : Turquie, Afrique, Londres, Paris...

Au carrefour, prenez la D 42 qui ramène à Châlus.

Carnet pratique

S'informer

Offices de tourisme – *6 bis pl. de la République, 87800 Nexon et 28 av. F.-Mitterrand, 87230 Châlus - ☏ 05 55 58 28 44 - tourisme-nexon-chalus.fr.*

Agenda

Nexon - Festival Multipistes – *Juil.-août - lesirque.com.* Important festival de cirque, avec compagnies étrangères invitées.

Tuilerie de Puycheny - Festival des arts du feu – *www.ateliermuseedelaterre.com.*

Flavignac - Les Carrioles – *3 j. déb. août - www.lescarrioles.fr.* Écofestival qui marie ancrage local et développement durable. Marché paysan, concerts, ateliers...

Nos adresses

Restauration

À proximité

Premier prix

Le Chemin de ronde – *49 rte des Chevaliers - Rilhac-Lastours - ☏ 09 54 73 23 24/06 79 00 65 79 - ouv. merc.-sam. midi et soir - menus déj. sem. 16/18 €, w.-end 16/21 €.* Ce restaurant créé par l'association Les Pieds dans le plat propose une cuisine inventive 100 % maison, faite avec des produits locaux, et des menus qui changent régulièrement. Excellent rapport qualité-prix.

Le Saint-Hilaire – *1 r. des Places - 87800 St-Hilaire-les-Places - ☏ 05 55 58 76 95 - tlj sf merc. 8h-19h - formule déj. 14,90 €, 25 € le soir, w.-end et j. fériés.* Une cuisine contemporaine, où tout est fait maison. Terrasse aux beaux jours.

Shopping

Vla' Aut' Chose – *9 r. Pasteur - Nexon - ☏ 05 55 58 80 16 - mar.-vend. 10h-12h30, 16h-19h, sam. 10h-12h30, 15h-18h.* Consommer local en privilégiant les circuits courts, tel est l'objectif de Beata et de cette épicerie associative. Vous trouverez ici des produits issus de l'agriculture bio, du pain et des viennoiseries ainsi que des idées cadeaux.

Marchés de producteurs – En été, à Châlus et dans les communes voisines *(dates à l'office de tourisme de Nexon-Châlus).*

Le Comptoir – *Le Bourg - St-Priest-Ligoure - ☏ 05 55 31 24 38 - brunch le dim. (10 €).* Un lieu d'échanges et de convivialité, ce comptoir est à la fois un bar, une épicerie et une boutique où tout est local et très souvent bio...

Activités

Randonnées, parcours cyclo et trail – Les sentiers ne manquent pas en Pays de Nexon - Monts de Châlus. Infos: rando-paysdenexonmontsdechalus.loopi-velo.fr.

Espace Hermeline – *Av. du Plan-d'Eau - 87230 Bussière-Galant - 6,5 km au sud-est par D 901 - ☏ 05 55 78 86 12 - www.espace-hermeline.com.* Un paradis pour la famille : parc aventure, labyrinthe des Hermines, méga-tyrolienne, course d'orientation, mini-golf, espace jeux, baignade et pêche. Espace restauration, pique-nique, camping et yourtes.

1

Vélo-rail – *Espace Hermeline - juil.-août : 14h et 16h30 ; mi-juil. à mi-août : dép. suppl. à 10h30 ; reste de l'année : w.-end et j. fériés - vélo-rail : 29 € (5 pers.), 32 € avec assistance électrique.* Circulez en draisine sur d'anciennes voies de chemin de fer, parcours de 12 km.

Voie verte des Hauts de Tardoire – *Av. François-Robert - ✆ 06 26 18 99 23 - www.voieverte-enlimousin.com - ♿.* L'ancienne voie ferrée, accessible aux personnes à mobilité réduite, relie Châlus à Oradour-sur-Vayres *(13 km)*. Location de vélos, vélos électriques et rollers toute l'année *(9h-12h, 14-18h)*.

Le Sirque - Pôle national du cirque Nexon Nouvelle Aquitaine – *Château de Nexon - 6 pl. de l'Église - 87800 Nexon - ✆ 05 55 00 73 53/05 55 00 98 36 - lesirque.com - 18 € (3-12 ans 8 €).* Dans l'enceinte du parc du château de Nexon, le Pôle du cirque accueille régulièrement des créations de compagnies de cirque originaires du monde entier, et notamment l'événement phare, le Festival Multipistes. Des répétitions publiques gratuites, « Le Hors piste », permettent aux spectateurs d'aller à la rencontre des artistes.

Hébergement

Premier prix

Chambre d'hôte La Thibaudière – *R. Aimé-Pataud - La Faye - 87230 Châlus - à 2 km du centre sur la D 15 vers l'est - ✆ 06 81 82 61 72 ou 06 12 41 54 52 - chambredhoteschalus.wixsite.com/lathibaudiere-chalus - 2 ch. 60 € ☕.* Glycine ou tilleul ? Une de ces chambres vous attend tout près de Châlus, avec de la verdure à perte de vue... Possibilité d'utiliser une cuisine annexe.

Budget moyen

Chambre d'hôte Au Fil du temps – *41 r. Salardine - ✆ 06 76 17 25 84 - P - 3 ch. 72/85 € ☕.* Au cœur du bourg de Châlus, cette belle maison de maître agrémentée d'une piscine chauffée vous reçoit dans l'une de ses trois chambres, meublées avec goût. Vos hôtes vous proposeront des randonnées aux alentours.

Saint-Yrieix-la-Perche

★

À la frontière du Périgord, cette petite ville (prononcez Saint-Yrié) se trouve au centre d'une riche région d'élevage. Elle connut son heure de gloire, en 1768, quand fut découvert le gisement de kaolin à l'origine du développement de la porcelaine de Limoges. Elle se parcourt à pied pour apprécier ses maisons anciennes, la richesse de sa collégiale, la tour du Plô, récemment restaurée... et sa bibliothèque, où une surprise de taille attend le visiteur.

Se repérer

7 310 Arédiens – Haute-Vienne (87)

CARTE P. 32-33 (B4).

St-Yrieix est située à mi-distance entre Limoges (40 km) et Hautefort (35 km). C'est l'une des villes-portes du Parc naturel régional Périgord-Limousin.

À ne pas manquer

La collégiale du Moustier ; la tour du Plô ; la Bible romane de St-Yrieix ; le village du Chalard et son église fortifiée ; le château de Bonneval.

Organiser son temps

Prévoyez une journée pour la ville et ses environs.

Carnet pratique p. 105

Nos adresses p. 105

1

Se promener

Promenez-vous de la rue de la Poterne, en logeant les anciens remparts, jusqu'à la place du Marché, rue de la Pierre-de-l'Homme, place de la Nation, etc.

★ Collégiale du Moustier

Pl. Attane. Elle s'élève à l'emplacement de l'abbaye fondée par Aredius, également à l'origine de la cité, au 6e s. *(voir encadré p. suivante)*. Cet immense édifice présente un mélange d'art roman et d'art gothique. De l'église romane ne subsiste que le **clocher-porche** flanqué de deux collatéraux étroits. Le caractère massif de ce dernier et les contreforts robustes couronnés de créneaux, ajoutés au 19e s., donnent à l'édifice l'allure d'une église fortifiée. Au sud, un portail gothique est surmonté d'arcatures légères où apparaît un Christ en majesté du 12e s.

La nef, très large et longue de deux travées seulement, s'inscrit dans des murs extérieurs romans. Un vaste transept à chapelles latérales précède un chœur très profond, voûté d'ogives à liernes et tiercerons. D'élégantes arcatures ornent les murs. Des corniches formant galeries courent de chaque côté de l'édifice, contournant les croisillons du transept. Dans le chœur, la coursière est bordée d'une rampe en bois et supportée par des modillons décorés de motifs décoratifs.

Trésor – Dans une niche de la nef sont rassemblées des œuvres religieuses : une copie du buste reliquaire de saint Yrieix *(l'original est au Metropolitan Museum à New York)*, en lames d'argent repoussé clouées sur une âme de bois, la barbe et les sourcils étant figurés en pointillé or (buste 15e s., collier 13e s.) ; une petite châsse du 13e s. en cuivre doré et émaillé, ornée de 20 médaillons qui figurent des anges aux ailes déployées ; une belle colombe eucharistique (13e s.) en cuivre doré

Saint-Yrieix-la-Perche.
Ch. Guy/hemis.fr

aux ailes mobiles, découvrant les hosties consacrées ; un pavillon en tissu orné de perles qui recouvrait la colombe.

Maison du Patrimoine

1 pl. Attane - Square Sœur-Emmanuelle-Marie - ✆ 09 64 11 44 52 - www.saint-yrieix.fr - juin-sept. : 14h-18h - entrée libre et gratuite.
La collection de céramiques de **Paul Marquet** témoigne de l'histoire très riche de la porcelaine et de la faïence dans la région. L'exposition est renouvelée chaque année. La création contemporaine est également mise à l'honneur.

Tour du Plô

✆ 05 55 08 20 72 - juil.-août : mer.-dim. 14h-18h, juin et sept. : w.-end 14h-18h.
Plô signifie « place établie sur un point dominant » en occitan. Cette tour du 13e s., percée de fenêtres géminées, est l'ancien donjon des vicomtes de Limoges qui possédaient alors une résidence à St-Yrieix. Au pied de la Tour, qui s'élevait à plus de 20 m de haut, s'étendait une place ovale où le prévôt exerçait son pouvoir de justice. Entièrement restaurée, la tour propose une muséographie sur 4 niveaux permettant de mieux connaitre l'histoire des lieux. Terrasse panoramique avec **vue★** sur la cité médiévale et les environs.

La villa d'Aredius

Vers 530, un certain **Aredius**, noble de la cour du roi Théodebert, ami de Grégoire de Tours et de Fortunat de Poitiers, hérite de la villa de son père et vient s'y installer. Homme d'une grande piété, il fonde un sanctuaire desservi par des moines et, en 572, par un testament précieux pour la connaissance de la société mérovingienne, il lègue la plus grande partie de ses biens à l'abbaye St-Martin-de-Tours. Près du monastère, un bourg se développe et prend le nom de St-Yrieix. À partir de 1307, la ville relève en partie de l'autorité royale, mais elle est dominée par le puissant chapitre de la collégiale du Moustier. Henri IV y séjourne en 1569, à la veille de la bataille de La Roche-l'Abeille, et on montre encore aujourd'hui la chambre dans laquelle il dormit. Après les événements de la guerre de Cent Ans, qui amènent du Guesclin dans ses murs, et la grande peste de 1563, St-Yrieix obtient sa franchise municipale en 1565.

Centre des livres d'artistes

1 pl. Attane - ✆ 05 55 75 70 30 - merc.-sam. 14h-18h - gratuit.
Sur la place où se dresse la collégiale, un beau bâtiment attire l'œil : le CDLA, qui expose une collection d'ouvrages réalisés par plus de 500 artistes. En tout, près de 3 200 pièces – livres, affiches, DVD, etc. Expositions temporaires en été.

★ Bible romane de St-Yrieix

6 av. de-Lattre-de-Tassigny - ✆ 05 55 08 88 79 - bibliotheque-mediatheque.saint-yrieix.fr - tlj sf lun. et dim. - horaires sur le site Internet - entrée libre et gratuite.
Derrière une vitrine blindée, la bibliothèque municipale conserve une **Bible géante** de 23 kg, transcrite sur 376 feuilles de parchemin en peau de veau, chèvre et mouton. Réalisée à la toute fin du 11e s. ou au début du 12e, elle évoque les manuscrits sur lesquels travaillaient les moines à la même époque au scriptorium de St-Martial à Limoges. Des lettrines à motifs de feuillages recourbés ou d'animaux fantastiques ornent la première page des livres principaux. Les canons des Évangiles s'inscrivent dans des arcs reposant sur des colonnes. Cette Bible est aussi consultable sur : *en.limousin-medieval.com.*

À proximité

CARTE P. 33

1

Marcognac Terre de porcelaine B4

À 4 km à l'est par la D 901. 10 r. Antoine-Lafarge - 87500 St-Yrieix-la-Perche - ✆ 07 62 64 26 30 - www.routes-porcelaine-limoges-hautevienne.fr - juil.-août : visites guidées mar.-dim. 14h30 et 16h - 5 € (-12 ans, gratuit) - réserv. recommandée.
Site de carrières qui furent exploitées durant deux cents ans à partir de 1786, et qui fournissait la manufacture de Sèvres, Marcognac Terre de porcelaine offre au visiteur une plongée dans l'univers de ceux qui ont contribué au développement de la porcelaine de Limoges : les bâtiments restaurés, les outils permettent de se faire une idée du travail des ouvriers et des conditions d'exploitation du kaolin grâce à un dispositif interactif élaboré avec le parc naturel régional Limousin-Périgord.

★ Le Chalard B4

À 8 km au nord-ouest par la D 901.
Ce ravissant village fut fondé par saint Geoffroi (vers 1060-1125).
Église – Fortifié par les Anglais pendant la guerre de Cent Ans, cet édifice du pur roman limousin est surmonté d'un massif clocher carré. Dans le chœur polygonal, belles arcatures à baies limousines et chapiteaux de granit finement sculptés, ornés de têtes grimaçantes. Dans le bras droit du transept, l'imposant **buffet** (15e s.) sculpté de motifs flamboyants, abrite le tombeau de saint Geoffroi, fondateur du prieuré. Dans le mur à proximité, une niche contient une châsse émaillée du 13e s. et le reliquaire du crâne de saint Geoffroi (19e s.). Dans la chapelle basse, antérieure à l'église, voyez les vestiges de fresques aux murs et au plafond.
Cimetière des moines – Il renferme un ensemble unique de 56 tombes du 11e et 12e s. La plupart sont en forme d'église, avec un toit recouvert de tuiles ou de chevrons, des arcades romanes sur les côtés et des croix aux extrémités. Sur d'autres figurent les attributs sculptés des moines : le bûcheron avec sa hache, le tisserand et sa navette... Le lieu est si paisible qu'il mérite qu'on s'y attarde.
En aval du bourg, les **gorges de l'Isle** cachent un décor de rochers et de rapides.
Maison de l'or en Limousin – *R. du Paladas - ✆ 07 82 29 08 50 - www.orenlimousin.com - juil.-août : 15h-18h, juin et sept. seult w.-end 15h-18h ; reste de l'année : sur RV - 4/5 € (-12 ans gratuit).* Objets exhumés, photos, cartes, panneaux explicatifs,

vidéos évoquent près de 2 500 ans de l'histoire de l'or en Limousin. Une exploitation peu commune et peu connue *(voir encadré p. 104)*.

Église de Ladignac-le-Long B3

À 12 km au nord-ouest par la D 901.
De cet édifice roman à clocher octogonal, remarquez la qualité du chevet, avec ses arcades trilobées sur colonnes d'angle. À l'intérieur, l'abside est éclairée par trois baies limousines.

Château de la Brégère B4

À 7 km au sud-est de St-Yrieix-la-Perche. 05 55 08 88 88 - juil.-août 14h-18h - entrée libre.
Cette imposante maison forte du 16e s., rachetée par la mairie de St-Yrieix puis restaurée, abrite un lieu d'exposition de céramique et d'installations contemporaines. Vous pouvez dormir au château si le cœur vous en dit *(1 ch. 130 €, 1 suite 180 €)*.

Coussac-Bonneval B4

À 11 km à l'est par la D 901.
58 bd de l'Hôtel-de-Ville - 05 55 08 20 72 - www.tourisme-saint-yrieix.com.
★ **Château de Bonneval** – *06 29 19 49 06- www.chateaudebonneval.com - visite guidée (50mn) ponts de mai et juil.-mi-sept. : 14h30, 15h30, 16h30, 17h30 - fermé lun. - 10 € (5-12 ans 5 €) - parc en visite libre, boutique.* Il se dresse sur une hauteur dominant le village de Coussac, dans un paysage de prairies coupées de ruisseaux, de haies vives et de taillis de châtaigniers. Le château est resté dans la famille de Bonneval depuis les origines. Construit au milieu du 14e s. comme élément d'une ligne de défense qui protégeait l'accès à l'Aquitaine, cette place militaire a ensuite subi des remaniements. Elle présente un plan quadrangulaire à quatre tours, couronnées de mâchicoulis et coiffées de toits en poivrière. La façade a conservé son aspect médiéval. À l'angle sud-ouest, la tour du Diable fait plus de 40 m de haut – elle a été rehaussée au 19e s. Avec l'adjonction de fenêtres à meneaux au 16e s., la façade nord montre comment l'édifice est passé de forteresse médiévale à un château de plaisance. La cour intérieure a été décorée à la Renaissance d'une galerie à colonnades aux vitraux colorés.
L'**intérieur★** renferme un très riche mobilier d'époque allant de la Renaissance au Directoire, dont de remarquables **tapisseries d'Aubusson et de Fontainebleau.**

L'extraordinaire destin de Bonneval-Pacha

Né en 1675, **Claude Alexandre de Bonneval** est très tôt attiré par le métier des armes. Il se distingue sous les ordres de son parent, le maréchal de Tourville, puis prend part aux campagnes d'Italie de 1701 à 1706. Divers démêlés le portent à offrir ses services à l'empereur d'Autriche. Promu général autrichien, Bonneval se couvre de gloire au côté du prince Eugène, dont il devient l'ami et le confident. Absous, il revient en France en 1717 et se marie ; huit jours plus tard, il quitte sa femme et sa patrie pour guerroyer de nouveau pour le compte de l'Autriche. Un différend avec le prince Eugène le jette dans une semi-disgrâce. Une équipée le conduit à Corfou et de là en Dalmatie, partie de l'Empire ottoman. Pour faire carrière à Constantinople, Bonneval se convertit à l'islam et devient Ahmed Pacha. Au service du sultan, il réorganise l'armée turque, avec laquelle il obtient d'éclatantes victoires sur les Autrichiens. Il meurt à Constantinople en 1747.

Darnet et le kaolin

Le kaolin est une argile blanche très pure, connue en Chine depuis le 7e s. (il tire son nom de la colline de Kao-ling). Utilisé pour la première fois en Europe par la manufacture saxonne de Meissen au début du 18e s., il fait l'objet en France de recherches fiévreuses de la part des céramistes fabriquant les porcelaines tendres. Au cours des prospections effectuées dans le Sud-Ouest, un chirurgien de St-Yrieix nommé **Darnet** remarque la qualité particulière de la terre utilisée par sa femme pour faire la lessive. L'analyse révèle la pureté du kaolin. En 1771, Darnet est chargé, au nom du roi, d'en diriger l'extraction. Dès 1774, une fabrique de porcelaine est installée à la Seynie, à 1 km de St-Yrieix. Amorcée dès 1784 à Frougeix, puis sur d'autres exploitations de la commune de Coussac (Marsaguet, Pierrefiche et Marsac), l'extraction du kaolin va animer la campagne coussacoise jusqu'à la Seconde Guerre mondiale. Grâce à Turgot, intendant du Limousin, l'impulsion est donnée et St-Yrieix approvisionne en kaolin Limoges et toute la région.
Boucle du kaolin – *8 km. Rens. à l'OT de Coussac-Bonneval.*

1

Portraits, gravures et documents rappellent le souvenir de **Bonneval-Pacha** *(voir encadré ci-contre)*.
Église – Ce petit édifice du 12e s., remanié au 15e s., possède un clocher-tour. L'église abrite quelques traces de fresques *(dans le croisillon à droite)*, un bas-relief en bois polychrome du 16e s., une pietà et une toile de Lebrun, *Dieu le Père* (17e s.).
Une imposante **lanterne des morts** du 12e s., restaurée au 14e s., marquait jadis l'entrée du cimetière. La petite porte permettait d'introduire une lampe que l'on hissait jusqu'au lanternon. La lumière qui brillait symbolisait l'hommage rendu aux morts et l'avertissement aux vivants; elle servait également de point de repère au voyageur égaré la nuit.

Masseret C4

À 30 km à l'est de St-Yrieix par les D 901 et D 78.
Dans ce village situé au cœur d'un paysage dominé par la forêt, grimpez jusqu'au sommet *(104 marches)* de la **tour** qui abrite le château d'eau ; de là se révèle un très beau **panorama★**. Vous apercevrez au nord les monts d'Ambazac, à l'est le plateau de Millevaches, le massif des Monédières et, par temps clair, les monts d'Auvergne. L'**église** romane, fortement remaniée au 16e s., possède une châsse de sainte Valérie du 13e s.

Magnac-Bourg C3

À 26 km à l'est de St-Yrieix par les D 19 et D 31.
Son église possède de beaux **vitraux** (fin 15e s.), tandis que ses maisons sont ornées de curieux **épis de faîtage** (à panses ou anses).
Sentier d'interprétation – *Dans Magnac-Bourg, prenez la D 215, puis la C1 (dir. Condamines, Le Cluzeau) et suivez le panneau « Lande du Cluzeau et de La Flotte ». Dép. des anciennes tuileries du Cluzeau. Parking. 4 km.* Ponctué de panneaux sur la faune, la flore et la géologie, cet agréable sentier permet de découvrir une **lande serpentinicole** de 120 ha, entourée par le bocage du pays arédien. Dans de jolis paysages de bruyère vagabonde et de fétuque de Léman, vous aurez peut-être la chance d'observer une fauvette pitchou, un busard St-Martin, un azuré des mouillères, un criquet italien ou encore un sonneur à ventre jaune...

L'or en Limousin

Une partie du Limousin, notamment la Haute-Vienne, contient de grandes fosses allongées, les **aurières**, que l'on pensait être des vestiges de fortifications gallo-romaines. Mais en 1866, un ingénieur des Mines, Ernest Mallard, découvre la véritable nature de ces curieuses excavations : d'antiques mines d'or à ciel ouvert, avec des parois en gradins. À l'époque gallo-romaine, l'extraction s'étendait à un vaste croissant, dont le centre était Bénévent-l'Abbaye, et qui s'étirait de Bridiers à St-Dizier-Leyrenne. Une **petite ruée vers l'or** se produisit au 20e s. lors de l'ouverture de la mine de la Petite Faye. Plusieurs centaines de kilos de métal précieux en furent extraites jusqu'en 1962. De 1907 à 1955, le gisement du Châtelet, près d'Évaux-les-Bains, fournit 10 t d'or. En activité pendant plus d'un siècle, Le Bourneix, dans la région de St-Yrieix-la-Perche, fut la dernière mine en exploitation ; le site, fermé en 2001, employait 85 personnes et produisait près de 2 t d'or par an.

St-Germain-les-Belles C3

À 32 km à l'est de St-Yrieix par les D 19 et D 31.

L'**église** est un bel édifice fortifié du 14e s., dont la façade et le chevet sont protégés par des mâchicoulis. À l'intérieur, un escalier à vis permet d'accéder, au-dessus de la haute voûte brisée, aux salles de guet et au chemin de ronde.

Château-Chervix B3

À 18 km à l'est de St-Yrieix par les D 19 et D 31.

Grimpez jusqu'à la place du village, dominée par une grande tour. Ce donjon de 32 m de haut, joliment appareillé, est le seul vestige du château du 12e s.

Sentier des bergers et tuiliers – *11,3 km - 2h50 - dép. du parking au carrefour des rtes de Fayat et de La Flotte.* Cet itinéraire explore la lande de **La Flotte** et du Cluzeau, qui se caractérise par la **serpentine**, roche métamorphique vert sombre qui fait l'objet d'une protection réglementaire.

Sentier de la forêt de Fayat – *14,4 km - 3h30 - dép. de la D 70, à 1,7 km au sud de Château-Chervix.* Il mène, entre autres, aux anciennes mines d'or de la Fagassière.

★ Forêt de Fayat B3-4

À 22 km à l'est de St-Yrieix par les D 19 et D 70.

Cet espace de 700 ha, planté de feuillus et de résineux, culmine à 700 m au puy de Barre (alt. 533 m), où s'élève une chapelle (1860) faisant l'objet d'un pèlerinage. C'est l'une des plus belles futaies du département.

Vicq-sur-Breuilh B3

À 24 km au nord-est de St-Yrieix par la D 19.

Ce ravissant village ne compte pas moins de sept châteaux ! Tous appartiennent à des particuliers, mais on peut en apercevoir certains au gré de la promenade. Celle-ci vous mènera aussi à l'**église** et son clocher-mur, en partie doublé de bardeaux de châtaigniers, au **puits à balancier** – l'un des derniers du Limousin – et à la **chapelle des Chauveix**.

Musée & jardins Cécile Sabourdy – *Le Presbytère, r. Chavaud - ✆ 05 55 00 67 73 - museejardinscecilesabourdy.wordpress.com - juil.-août : mar.-sam. 10h-18h30, dim. 14h-18h30 - sept.-juin : tlj sf lun. 14h-18h - 5,50 € (- 6 ans gratuit).* Ce musée porte le nom de Cécile Sabourdy (1893-1970), peintre d'art naïf, dont le Limousin, ses châteaux, sa campagne, ses animaux... ont été les principales sources d'inspiration.

Le musée est installé dans un beau presbytère du 17e s.; la charpente est à elle seule un modèle du genre. Le site accueille plusieurs expositions temporaires par an, l'occasion de pénétrer dans l'univers de ces créateurs inclassables, représentants de l'art naïf et de l'art brut.

À l'arrière du musée, les **jardins** invitent au délassement. Sur 5000 m², ils se déploient en plusieurs espaces : le Grand Jardin et le jardin des Simples, très fourni en plantes tinctoriales, médicinales et aromatiques. Dans l'amphithéâtre de verdure ont lieu animations et spectacles. Devant le musée a été ajouté un « jardin de curé ».

Carnet pratique

S'informer

Office de tourisme – *58 bd de l'Hôtel-de-Ville - ☏ 05 55 08 20 72 - www.tourisme-saint-yrieix.com.*

Agenda

Festival musical – *Juil.-août - www.festivaldesaintyrieix.com.* Concerts de musique classique.

Rues des arts – *Juil.-août.* Boutiques éphémères abritant une cinquantaine de créateurs : ateliers et démonstrations.

Nos adresses

Restauration

Budget moyen

L'Attanum - *3 r. Pierre-de-l'Homme - ☏ 05 55 09 52 27 - juil.-août : mar.-sam. midi et soir, hors sais. : déj. mar.-sam., dîner vend.-sam. - menus déj. sem. 24/29 €, menus 34/52 €.* Près de la collégiale, une belle maison de pierre attire l'attention. C'est là qu'est installé Ludwik Crosnier. Il privilégie une cuisine de saison, aussi agréable à l'œil qu'au palais, avec de nombreux produits locaux. Terrasse aux beaux jours.

À proximité

Pour se faire plaisir

La Table du Moulin – *La Gorce - 87800 La Roche-l'Abeille - 12 km au nord par D 704 et D 17A2 - ☏ 05 55 00 70 66 - www.moulindelagorce.com - ♿ - fermé lun. midi et mar. - menus 40/56 € - 6 ch. d'hôtes 115/185 € - ☕ 19 €.* Repris par le chef du prestigieux Moulin de la Gorce, le café de campagne est devenu un bistrot servant une cuisine aux saveurs raffinées. Si vous êtes en fonds, prenez place au restaurant gastronomique.

Shopping

Marché – *Sam. matin; foire les 2e et 4e vend. du mois.* Producteurs et maraîchers locaux.

Manufacture de porcelaine LS Art et Création – *Espace de La Seynie - mar.-sam. 9h-12h, 14h-17h - ☏ 05 55 08 37 63 - www.lsartetcreation.com.* Grand choix de porcelaines dans ce magasin d'usine et exposition-vente de décors artistiques.

Le Croquembouche – *9 r. Émile-Frange - ☏ 05 55 08 12 61 - mar.-sam. 6h30-18h, dim. 6h30-12h30.* On y fait provision d'une des spécialités de St-Yrieix, une petite madeleine délicieuse qui fond sous le palais... Salon de thé et *snacking* pour un déjeuner rapide.

Arnac-Pompadour ★

En 1745, Louis XV donne à sa favorite qu'il souhaite anoblir, Mme Le Normant d'Étiolles, née Jeanne Antoinette Poisson, le domaine de Pompadour, assorti du titre de marquise. Celle-ci y entreprend des travaux et y crée un haras. Mais, à cause de difficultés financières, elle revend le domaine en 1760. L'année suivante, Louis XV en fait un haras royal, futur berceau de la race anglo-arabe. Voici Arnac-Pompadour élevée au rang de « Cité du cheval ». Tout au long de la saison, la petite bourgade limousine vit pour et par le cheval, attirant les amateurs de sports équestres, mais aussi les touristes, curieux de découvrir son beau château qui s'impose à la vue dès l'arrivée à Pompadour.

Se repérer

1136 Pompadours – Corrèze (19)

CARTE P. 32-33 (B4)

Arnac-Pompadour occupe un plateau boisé à 25 km au sud-ouest d'Uzerche.

À ne pas manquer

La visite du château et du haras national, ainsi que les courses, concours, parades et manifestations diverses qui rythment l'été. La fresque monumentale de la chapelle St-Blaise. Les chapiteaux historiés de l'église de Lubersac.

Organiser son temps

Comptez une demi-journée pour la visite du château et des haras, et environ 3h pour découvrir les charmes de la vallée de l'Auvézère.

En famille

Le Haras national : la chasse au trésor (à partir de 6 ans), la mini-ferme avec goûter à l'hippodrome. Au 15 août, les sonneurs à l'hippodrome, lors de la grande journée du cheval.

Carnet pratique p. 109

Nos adresses p. 109

Visiter

★ Château

05 55 98 99 27 - chateau-pompadour.fr - de déb. juil. à fin août : 10h-19h ; d'avr. à mi-juin et de mi-sept. à fin oct. : tlj sf lun. 13h-18h ; de mi-juin à déb. juil. et de fin août à mi-sept : tlj sf lun. 10h-18h - 9,50 € (-14 ans 7 €).

Possibilité de billet combiné avec une animation équestre et/ou la visite du domaine de Chignac (Jumenterie) : 19 € les 3 (enf. 13 €).

Sa majestueuse façade s'inscrit dans un beau cadre de verdure. Protégé par ses huit tours de guet coiffées de toits en poudrière, l'imposant château fut construit en 1026, brûlé en 1200, puis rebâti au 15e s. Partiellement détruit durant la Révolution, il fut victime d'un incendie en 1834. Ses terrasses offrent une jolie **vue** sur l'hippodrome et sur la cour d'entraînement.

À l'intérieur, onze pièces ont été réaménagées selon deux thèmes. La **marquise de Pompadour**, tout d'abord. On découvre ainsi le salon-salle à manger, avec une très belle **tapisserie d'Aubusson** représentant le château de l'Élysée (il fut la résidence de la favorite royale), ou la chambre de la marquise reconstituée (remarquez un vase en émail-biscuit très rare). Des costumes, copies de robes de

Versailles, sont également exposés afin de reconstituer l'atmosphère du château au 18e s. Un film explique l'histoire et l'architecture du château.
La seconde partie de la visite est consacrée à **l'évolution du haras**, qui fut royal, puis impérial, avant de devenir national. Pompadour possédait ainsi le cheval limousin préféré de Napoléon Ier. La thématique du cheval est déclinée sous toutes ses formes : races, sports (courses, concours d'équitation), métiers du haras... À voir, une étonnante balance de jockey. Une autre salle rend hommage aux spectacles de chevaux et aux cabarets équestres donnés chaque année au château : des artistes sont en résidence à Arnac-Pompadour.
Dans l'ancienne cour du château sont présentées des pièces sculptées récupérées quand une des ailes a été détruite à la Révolution.

★ Haras national

Même condition de visite que le château.
L'hippodrome (sf les jours de courses) et le Puy Marmont se visitent librement.
Dès 1751, Mme de Pompadour avait créé un haras privé à Arnac-Pompadour en faisant venir des chevaux de Paris. Dix ans plus tard, Louis XV y établit un haras royal qui sera florissant jusqu'à la Révolution, époque à laquelle il est démantelé et les chevaux vendus aux enchères. Rétabli par Napoléon Ier en 1795, le haras devient national en 1872, et poursuit depuis sa mission d'amélioration de la race chevaline. En 1976, y a été créé le SIRE (Système d'identification relatif aux équidés), qui est une des missions de l'IFCE (Institut français du cheval et de l'équitation). L'immense domaine de Pompadour dispose de différentes infrastructures : orangerie transformée par Napoléon Ier en écurie, sellerie d'honneur, forge, manège, hippodrome... Les écuries abritent une trentaine de chevaux nationaux (anglo-arabes et chevaux présidentiels : Mabrouk et Sami, offerts respectivement à Jacques Chirac et à François Hollande durant leur mandature) et de spectaculaires voitures hippomobiles.
En face du château, l'hippodrome est un élégant terrain en herbe (30 ha), réservé à des manifestations de prestige (courses de plat et surtout d'obstacles). Il se prête particulièrement bien aux parcours de cross. C'est l'occasion de découvrir le lieu d'entraînement et de compétition du haras.

1

Le château de Pompadour.
H. Lenain/hemis.fr

Chapelle St-Blaise

Construite au début du 16e s. en collégiale par Geoffroy de Pompadour, évêque du Puy, c'est l'église paroissiale du pays de Pompadour. Suite à un projet de restauration, sa décoration intérieure a été confiée à l'artiste André Brasilier. Les 300 m² portent un décor aux couleurs éclatantes sur des thèmes historiés de la Bible.

Circuit conseillé

CARTE P. 33

Haute vallée de l'Auvézère B4

Circuit de 35 km tracé en orange sur la carte p. 33 – Quittez Arnac-Pompadour par la D 126.

Église d'Arnac B4

Édifié au 12e s., l'édifice frappe par son aspect sévère et ses dimensions imposantes, et offre une curieuse juxtaposition de formes romanes et gothiques. Le portail, de style limousin, est décoré de chapiteaux archaïques, d'arcatures ornées de culs-de-lampe et de médaillons. Nef à voûte d'ogives dont les clés sont aux armes de Pompadour. D'intéressants chapiteaux historiés décorent les colonnes de la nef.
Poursuivez sur la D 126, puis prenez à gauche la D 127.

★ Ségur-le-Château B4

Enclavé dans une boucle de l'Auvézère, ce village très pittoresque est dominé par deux buttes aux pentes abruptes – l'une porte les ruines d'un château fort (12e-13e s.) à double enceinte. Ségur fut le siège du 15e s. à 1750, d'une cour de justice d'appel, dite « cour des Appeaux », dont dépendaient des centaines de juridictions seigneuriales du Limousin et du Périgord. La présence de tout un monde de robe a enrichi le pays, comme en témoignent ces « maisons nobles » : la **maison Febrer** (15e s.), avec ses cheminées Renaissance et ses tourelles, et la **maison Henri-IV**, baptisée ainsi en l'honneur de la famille d'Albret. Berceau des premiers vicomtes de Limoges, ce bourg prospère vit naître, en 1470, Jean d'Albret, premier roi de Navarre et aïeul de Jeanne d'Albret, la mère d'Henri IV. Des maisons à colombages et à tourelles des 15e, 16e et 17e s., des toits pointus de tuiles brunes, des croisées à meneaux et des portes gothiques, sans oublier la tour des Appeaux, que l'on découvre au détour des rues étroites et tortueuses, créent une atmosphère particulière qui attire promeneurs et peintres.
Quittez Ségur par le nord-est en empruntant la D 149.

Lubersac B4

6 av. du Château - 19210 Lubersac - 05 55 73 20 00 - www.terresdecorreze.com.

Dans l'**église St-Étienne**, des chapiteaux finement sculptés ornent les absidioles nord et sud (scènes de la vie du Christ), ainsi que l'extérieur de l'abside principale. D'allure trapue, le chœur possède une remarquable série de **chapiteaux historiés★**. Des travaux de restauration de l'édifice, effectués de 1999 à 2001, ont par ailleurs révélé tout un décor pictural d'époques différentes (du 14e au 18e s.). Ancienne résidence des archiprêtres jusqu'en 1780, la **maison des Archiprêtres** présente de belles arcades surmontées de fenêtres Renaissance. Les personnages sculptés, représentant un vieillard, un gentilhomme et une châtelaine, illustreraient un vieux dicton chevaleresque : « Son Dieu, son Roi et sa Dame. »
La D 901 rejoint à Arnac-Pompadour.

Carnet pratique

S'informer

Office de tourisme – *Entrée du Château - 19230 Arnac-Pompadour - ✆ 05 55 98 55 47 - www.terresdecorreze.com.*

Agenda

Grande Journée du cheval – *12-15 août - www.pompadour-equestre.com.* L'événement équestre de l'été : présentation d'étalons et d'attelages, courses de plat et d'obstacles, concours hippique en nocturne.

Grande semaine de Pompadour – *2e sem. de sept. - pompadour.shf.eu.* Grande manifestation hippique avec concours de chevaux de race anglo-arabe et animations.

Concèze – Fête de la framboise et foire artisanale - *Mi-juillet - www.framboises.com.* Tarte géante, dégustation et vente de framboises.

Nos adresses

Restauration

Premier prix

Bar-Brasserie Les Remparts – *7 allée des Marronniers - ✆ 05 55 73 98 10 - ouv. tlj - plats 10/25 €.* Cette brasserie à la vaste terrasse ne désemplit pas. Salades, burgers, grillades servis en généreuses portions. Fait glacier en journée.

À proximité

Budget moyen

La Part des Anges – *4, r. des Claux - 19230 Ségur-le-Château - ✆ 05 55 73 35 27 - fermé mar. - plats 13/24 € - réserv. conseillée.* Dans un cadre ravissant en bordure de l'Auvézère, dans la belle maison ou sur l'une des terrasses, on déguste une cuisine aux accents du terroir, où le veau, le bœuf limousins et le boudin aux châtaignes sont à l'honneur.

Budget moyen

L'Inattendu – *Le Bourg - St-Pardoux-Corbier - 8 km au nord-est d'Arnac-Pompadour - ✆ 05 55 73 37 15 - www.restaurant-linattendu.com - fermé lun.-mar.- menu déj. sem. 18 €, menus 29/63 €.* Après avoir travaillé dans divers restaurants en France et en Europe, Julien Bouyssou a posé ses bagages dans ce village où il propose un repas en 7 services, mêlant textures et saveurs au gré de son inspiration et privilégiant les producteurs locaux. Très belle cave.

Activités

Les Écuries du Mas – *6 Le Mas - 1,5 km au sud - ✆ 05 55 73 32 62 - www.lesecuriesdumas.ffe.com.* Dans cette ancienne exploitation familiale qui s'étend sur 15 ha, Stéphane Chauprade, diplômé d'État, organise cours, stages, balades à cheval ou à poney.

Hébergement

Budget moyen

Parc Hôtel Pompadour – *1 pl. du Vieux-Lavoir - ✆ 05 55 98 56 61 - 15 ch. 80/110 €, suites 120/154 € - ☕ 9 €.* En bordure du château de Pompadour, cet établissement aux couleurs pimpantes, situé tout près de l'hippodrome, est idéal pour une étape. Le petit-déjeuner se prend dans la grande salle ou en terrasse.

1

Uzerche ★★

Depuis que la construction de l'A20 a délivré Uzerche des bouchons récurrents, cet ancien bastion a retrouvé toute sa superbe. Sa forêt de tourelles, de clochetons et de toits à poivrières s'impose d'emblée au visiteur, qui arpentera la ville à pied en prenant le temps d'en saisir toute la saveur. Car Uzerche « la pucelle », la « perle limousine », est la séduction même, flanquée de belles maisons anciennes évoquant le dicton : « Qui a maison à Uzerche a château en Limousin. »

Se repérer

2794 Uzerchois – Corrèze (19)

CARTE P. 32-33 (C4).

Uzerche se dresse sur un promontoire qu'enserre une boucle de la Vézère.

À ne pas manquer

La place des Vignerons, l'église romane St-Pierre et l'esplanade de la Lunade surplombant la Vézère ; le quartier de la Papeterie et la promenade qui y mène.

Organiser son temps

Comptez une demi-journée pour la vieille ville et le reste de la journée pour découvrir la vallée de la Vézère.

En famille

L'office de tourisme propose une découverte ludique du patrimoine de la ville *(à partir de 6 ans)*. Pique-nique aux cascades de Bialet ou canoë à la base de loisirs de la Minoterie.

Nos adresses p. 114

Se promener

10 pl. de la Libération - 05 55 73 15 71 - www.terresdecorreze.com.

Partez de la pl. Marie-Colein.

Les **escaliers du lavoir**, très raides, mènent à la Vézère et à l'ancien lavoir de la ville. Autrefois, ils longeaient le château des Pradel de Lamazze, détruit en 1793.

Rue Gaby-Furnestin

Notez, à gauche, une maison à pans de bois (16e s.) où naquit Alexis Boyer, chirurgien de l'empereur Napoléon Ier. Dans cette rue et la rue Jean-Gentet qui la prolonge, plusieurs autres vieilles demeures rénovées possèdent de belles portes sculptées avec des frontons ornés et de grandes fenêtres en arcades, vestiges des anciennes boutiques.

Porte Bécharie

Cette porte fortifiée est la seule des neuf portes anciennes de la ville qui ait été conservée intacte : au-dessus du passage sous voûte, une niche sculptée abrite une statue moderne de la Vierge. Cette porte défendait jadis le cœur de la ville formé par les deux paroisses de Ste-Marie-de-Bécharie et de St-Nicolas.
Accolé à la porte, le bâtiment appelé **château Bécharie** est flanqué d'une tour carrée et d'une tourelle en échauguette. Sur le mur à gauche, une dalle de grès sculptée porte les armes d'Uzerche.
Aussitôt après la porte Bécharie, prenez à droite l'escalier Notre-Dame.

Place des Vignerons

Ancien marché aux fruits, la petite place est bordée de vieilles demeures et par la **chapelle Notre-Dame de Bécharie**, la plus ancienne d'Uzerche. Restaurée à

Uzerche.
Ch. Guy/hemis.fr

la fin du 19e s., elle aurait succédé à l'église N.-D.-du-Désert, donnée aux moines par le vicomte de Comborn en 992.
La **maison Boyer Chammard**, juste à côté (16e-18e s.), est particulièrement belle, de même que l'ancien **hôtel des Joyet de Maubec**, qui étaient chargés de la lieutenance criminelle d'Uzerche (17e-18e s.). Il accueillit par la suite le pensionnat Ste-Marie, puis la perception. Depuis 2013, il a été transformé en hôtel-restaurant de charme *(voir carnet d'adresses)*.
Du jardin attenant, on aperçoit la Vézère ainsi qu'une partie de la ville, en particulier les petits jardins en terrasses.
Laissez à gauche la **tour du Prince-Noir** du 12e s. et suivez la rue St-Nicolas qui mène directement à la place de la Libération, dominée par la masse imposante de l'église St-Pierre.

Esplanade de la Lunade

De cette terrasse établie à l'emplacement des anciens bâtiments abbatiaux, la **vue** se porte en contrebas sur le faubourg de la Pomme, qui s'étage au long de la D 920, sur le méandre de la Vézère et, au-delà, sur le cadre des collines entourant la ville.
L'esplanade de la Lunade doit son nom à une coutume païenne célébrant le solstice. Elle fut ensuite le départ d'une procession chrétienne, le 23 juin, en l'honneur de saint Jean-Baptiste. La procession se rendait sur le « puy du Feu de la Lunade », c'est-à-dire sur les hauteurs sud de la ville. La terrasse qui surplombe la Vézère abrite aujourd'hui des sculptures contemporaines.

Le noyer contre la peste

Les portes de certaines maisons uzerchoises sont ornées de branches de noyer séchées. Cette coutume rappelle le remède à base de noyer que les habitants utilisaient lors des épidémies de peste au Moyen Âge. Aujourd'hui, pour perpétuer la tradition, les Uzerchois pendent ces branches le 24 juin, jour de la St-Jean, et les laissent sécher jusqu'à l'année suivante.

Ruse de guerre

Repoussés à Poitiers par Charles Martel, les Arabes vinrent attaquer Uzerche en 732. Bien protégée par de solides murailles et 18 tours fortifiées, la ville résista pendant sept ans. Mais la famine décima la population. Usant alors d'un stratagème éprouvé, les assiégés offrirent à l'émir des Sarrasins leur dernier veau et leur dernière ration de froment. Étonnés d'une telle prodigalité, les Arabes crurent les défenseurs encore abondamment pourvus de vivres et, découragés, levèrent le siège. Les armoiries d'Uzerche (deux taureaux) rappellent cette ruse de guerre qui sauva la forteresse. La vieille cité ne capitula plus jamais au cours des nombreux sièges qu'elle subit au Moyen Âge. Charles V, avec l'autorisation d'ajouter dans ses armes trois lys d'or, lui donna le surnom d'« Uzerche la pucelle », et sa devise *non pulluta* (jamais souillée) confirme cette appellation.

★ Église St-Pierre

6 pl. de la Lunade.

Vestige d'une abbaye bénédictine, cet intéressant édifice roman fut construit en plusieurs étapes : chœur et croisillon nord du 11e s., nef voûtée en berceaux brisés du 12e s. allongée au 13e s. Fortifiée pendant la guerre de Cent Ans, réparée au 17e s., l'église a été restaurée au début du 20e s.

Clocher – Du 12e s., il est de style limousin. Le troisième étage carré aux baies géminées et lucarnes à gâbles est surmonté d'un quatrième, octogonal, dont le toit couvert de bardeaux remplace une pyramide en maçonnerie.

Tour – Une tour ronde et massive en moellons, percée de meurtrières, défendait le portail. C'est, depuis la restauration subie par l'église au siècle dernier, le seul vestige qui subsiste de l'ensemble de défense militaire de la cité : l'enceinte comptait 18 tours et 5 portes fortifiées.

Crypte – *Accès par l'extérieur, du chevet (deux escaliers reliaient jadis la crypte à l'église).* Cette crypte du 11e s., en forme de rotonde à trois absidioles, est considérée comme la plus ancienne du Limousin. Les murs et les voûtes, en moellons, portent encore des traces de coffrage. La salle centrale, soutenue par un unique pilier à base rectangulaire, communique avec le déambulatoire. Sous le pilier étaient conservées les reliques de saint Léon et de saint Coronat, qui avaient été transportées à St-Martial de Limoges depuis la Bretagne, en 1178, pour échapper aux invasions normandes, avant de rejoindre la crypte d'Uzerche lors des guerres de Religion. Elles étaient visibles de l'église par de petites ouvertures, aujourd'hui condamnées. La chapelle nord abrite un tombeau (14e s.) d'origine inconnue.

La nef est flanquée de bas-côtés très étroits. À la croisée du transept s'élève une coupole octogonale. Dans le chœur à déambulatoire et chapelles rayonnantes se trouvent de beaux **chapiteaux**, ornés d'entrelacs, de feuillages et d'animaux. Trois autres ont été transformés en bénitiers : l'un d'eux est sculpté de monstres à corps de lion et à tête humaine.

Rue Pierre-Chalaud

Elle est bordée de maisons anciennes, à pans de bois, ornées d'une porte gothique ou Renaissance. La **maison Eyssartier** avec sa façade Renaissance appartenait à une famille d'apothicaires (écusson avec un mortier, en façade). Au bout de la rue, le **château Tayac** (12e-14e s.) est une belle demeure à tourelle dont le portail est surmonté d'un écusson. L'encadrement en granit de la porte est aux armes de la famille. La tourelle d'angle abrite un escalier.

Hôtel du Sénéchal

14 r. de la Justice.

Cet hôtel date du 17e s. Son propriétaire, le sénéchal de Chavailles, était officier royal de justice. Sa famille accueillit le roi Louis XIII en sa demeure en 1632. Les bâtiments disposés en U sont visibles depuis la route en contrebas. Ils possèdent trois tours (polygonale, circulaire et carrée) qui ponctuent la façade. Côté « rue de la Justice », la petite tourelle en échauguette est coiffée d'une toiture en poivrière

Remontez vers l'église.

Par la rue Jean-Gentet, rejoignez la porte Bécharie et la place Marie-Colein. Remarquez au passage les **portails sculptés**.

L'ancien logis maçonnique *(n° 6)*, appelé loge St-Jean-de-l'Heureuse-Alliance, fit des adeptes parmi la bourgeoisie locale avec ses idées révolutionnaires.

Revenez pl. Marie-Colein.

Descendez à pied vers la Vézère en empruntant la passerelle et le **Parcours du Méandre** *(circuit disponible à l'office de tourisme).*

Éco-quartier de la Papeterie

Le quartier de la Papeterie a subi une transformation radicale. Après la fermeture de l'usine en 2006, Jean-Michel Wilmotte a conçu un quartier durable en réinventant les lieux. Dans la **salle de la machine de la papeterie**, devenue espace d'exposition, une grande coursive abrite l'ancienne machine à papier reconstituée. L'**auditorium Sophie Dessus** (330 places) affiche une programmation riche et éclectique (concerts, spectacles de théâtre et de danse).

Archéologie du Paysage - *Salle de la Machine - 4 allée de la Papeterie - ✆ 05 55 73 26 07 - www.archeologie-paysage.org - lun.-vend. sf j. fériés 9h-12h, 14h-17h - gratuit - il est préférable de téléphoner avant de venir.* L'objectif de cette association est d'expliquer l'empreinte de l'homme dans le paysage régional, depuis la préhistoire jusqu'à nos jours. Expositions temporaires régulières.

Circuit conseillé

CARTE P. 33

Vallée de la Vézère C4

Circuit de 55 km tracé en violet sur la carte p. 33. Quittez Uzerche par le nord-est en empruntant la D 3, dir. Eymoutiers. La route s'élève rapidement et traverse le faubourg Ste-Eulalie.

Belvédère C4

Avant un virage à gauche, découvrez une très belle **vue★★** sur le site d'Uzerche, perché sur son rocher au pied duquel coule la Vézère : l'église St-Pierre domine les nombreux clochetons des tourelles couvertes d'ardoises. Parmi les vieux logis étagés en terrasses au-dessus de la rivière, se détache, sous l'église, la silhouette du château Pontier.

Poursuivez sur la D 3 puis, peu après Eyburie, prenez à droite sur la D 26.

Chamboulive C4

Dans un paysage agréable de puys, de collines et de champs, ce pays d'altitude moyenne (434 m) fut occupé par l'homme dès le néolithique et connut ensuite la prospérité gallo-romaine. L'**église** romane, réaménagée au 15e s., est précédée par une sorte de beffroi au porche profond et surélevé. Son caractère massif est renforcé par un **imposant clocher carré** à deux étages, l'un roman et l'autre gothique.

Quittez Chamboulive par le nord-ouest en empruntant la D 142 direction Uzerche. Après Espartignac, prenez à gauche sur la D 920.

Vigeois C4

Un monastère y fut fondé, si l'on en croit la « Vita » de saint Yrieix (Aredius), dès le 6e s. Ruinée par les Normands, la guerre de Cent Ans, les guerres de Religion, l'abbaye se relève à chaque fois. Un décret de la Convention la supprime totalement en 1790.

L'**église** de Vigeois, caractéristique du roman limousin, remonte au 12e s., mais elle a subi au cours des siècles d'importantes restaurations. Au portail nord, polylobé, un **chapiteau★** représente les apôtres Pierre et Paul dans leurs mandorles juxtaposées. Remarquez les chapiteaux se trouvant au niveau du transept. Le chevet à trois chapelles rayonnantes constitue un ensemble harmonieux dont les baies alternent avec les arcatures aveugles. Il est décoré de modillons sculptés et de colonnes engagées surmontées de beaux **chapiteaux historiés** (à l'absidiole centrale, l'on reconnaît la parabole du mauvais riche, la Vierge en majesté, Daniel dans la fosse aux lions).

De l'église, la route dévale jusqu'au **vieux pont**, du 12e s., qui enjambe la Vézère, dont les eaux encore calmes se brisent sur les avant-becs.

Quittez Vigeois par le nord en empruntant la D 7, dir. Arnac-Pompadour, puis tournez à droite apr. le pont de Jargassou. Suivez la C 7, puis la V 1 vers Baby.

Cascades de Bialet C4

Aire de pique-nique. Un circuit est aménagé à partir du petit pont qui enjambe le ruisseau du moulin du Puy-Aumont. Dans un site protégé, suivez la cascade en passant d'un bord à l'autre du cours d'eau par des passerelles de bois sommaires *(surveillez les enfants).*

Poursuivez la petite route qui plonge vers Uzerche.

Nos adresses

Restauration

À proximité

Budget moyen

Déshors-Foujanet – *9 rte de la Faurie - 19450 Chamboulive - 15 km à l'est par D 142 - 05 55 21 62 05 - www.deshors-foujanet.com - fermé lun. midi - plats 15/26 € - 20 ch. 75/90 € - 10,50 €.* Dans un cadre rustique rénové, où les recettes se transmettent de génération en génération, la cuisine d'Elina Malaterre, Toque blanche du Limousin, vous ravira les papilles, du foie gras poêlé aux pommes au ris de veau aux morilles. Chambres de style moderne donnant sur la piscine. Centre de détente (sauna et salle de musculation).

Auberge Saint-Roch – *2 r. du Château - 19140 St-Ybard - 6 km au nord-ouest par D 920 et D 34 - 05 55 73 00 05 - - fermé dim. soir et lun.-mar. - plats 19/25 €.* Pendant que Sylvie s'active en salle, Hervé agrémente en cuisine cèpes et foie gras, viandes limousines et ris de veau, entre autres plats... à déguster sur la paisible terrasse, face à l'église.

La Treille muscate - Hôtel Joyet de Maubec – *Pl. des Vignerons - 05 55 97 20 60 - www.hotel-joyet-maubec.com - - 32/42 € - 11 ch. 99/188 € - 16 €.*

Situé au cœur de la cité médiévale, cet hôtel 4 étoiles abrite un jardin en terrasse dominant la Vézère. Les tables du restaurant sont dressées sur la terrasse aux beaux jours. Au menu, une cuisine gourmande aux saveurs raffinées. Un espace détente (sauna, salle de massage, salle de fitness) complète l'offre.

Shopping

Marché de producteurs de pays – *Vend. soirs en été.* Quartier de la Papeterie. C'est l'occasion de choisir ses produits et de les consommer sur place dans une ambiance festive.

Brasserie des Anges – *Chamboulive - 07 77 05 72 17 - brasseriedesanges.com - visite sur RV - bar ouv. le vend. 18h-0h.* Ouverte en 2022, c'est l'une des rares micro-brasseries en France à utiliser la méthode ancestrale, la cuisson au chaudron chauffé au feu de bois et brassage à la main! C'est à la force de ses bras que Stéphanie mélange ensuite le malt, le houblon et l'eau des Monédières pour produire ses bières artisanales...

Activités

Randonnées – *05 55 73 15 71 - www.terresdecorreze.com.* L'itinéraire Sur les pas de Simone de Beauvoir *(6 km - 1h50)* longe les rives de la Vézère jusqu'à Espartignac. Dans son enfance, Simone de Beauvoir passait une partie de ses vacances près d'ici... D'autres randonnées sont réalisables *(rens. à l'office de tourisme et sur son site Internet).*

À proximité

Base de loisirs de la Minoterie – *Rte de la Minoterie - au sud de la ville par D 142 - 05 55 73 02 84 - www.vezerepassion.com.* Plusieurs formules de randonnées sur la Vézère en canoë-kayak *(1-2h ou à la journée - 14/22 €)*, randonnée dans les gorges avec accompagnateur *(30 € - réserv. obligatoire)* ou rafting *(1/2 j. 30 € - réserv. conseillée)*, navigation sur les bassins *(5 à 9,50 €/h selon embarcation)*, mais aussi escalade, location de VTT, tir à l'arc...

Petits trains de Seilhac – *R. de la Brégeade - 06 19 71 80 56 - www.lespetitstrainsdeseilhac.com - 6,50 € (3-12 ans 5 €) - 1re quinz. de juil. et de sept. : tlj 14h30-18h; mi-juil. à fin août : tlj 10h30-12h30, 14h30-18h30; déb. mai à fin juin : merc. et w.-end 14h30-18h.* Dans un cadre enchanteur circulent les 20 trains électriques miniatures de Seilhac.

Hébergement

Budget moyen

Hôtel-restaurant Teyssier – *R. Pont-Turgot - 05 55 73 10 05 - www.hotel-teyssier.com - fermé janv. - 14 ch. 59/81 € - 10 € - formule midi (lun.-jeu.) 15 €, menus 28/40 €.* Près de la Vézère, cette auberge du 18e s. à la façade blanche propose des chambres tout confort; certaines avec vue sur la rivière. Cuisine épurée aux accents du Sud servie dans une salle à manger moderne et panoramique.

À proximité

Budget moyen

Hôtel de la Tour – *7 pl. Marcel-Champeix - 19510 Masseret - 18 km au nord par D 920 - 05 55 73 40 12 - www.hoteldelatourmasseret.com - 24 ch. 54/84 € - 10 € - menus 28/40 €.* Juché sur les hauteurs du village, au pied d'un château d'eau d'aspect médiéval, cet hôtel familial propose des chambres meublées dans un style campagnard. Au restaurant, menus du terroir aux saveurs alléchantes et vins de pays.

1

Ruelle de Collonges-la-Rouge.
H. Lenain/hemis.fr

2

Brive, Tulle et la vallée de la Dordogne

CARTE MICHELIN DÉPARTEMENTS 329 – CORRÈZE (19)

Tulle★	120
Donzenac et les gorges de la Vézère★	128
Saint-Robert★	133
Brive-la-Gaillarde★	137
Aubazine★★	148
Collonges-la-Rouge★★	152
Turenne★★	158
Beaulieu-sur-Dordogne★	165
Argentat-sur-Dordogne et Xaintrie★	172
Bort-les-Orgues★	183

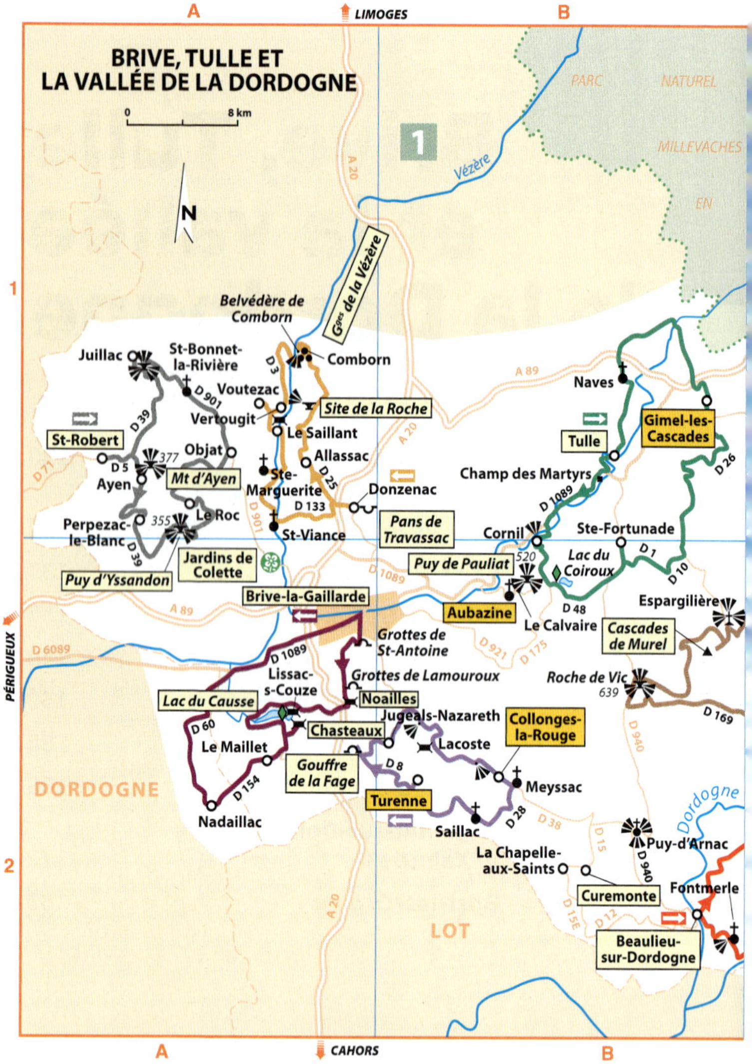
BRIVE, TULLE ET
LA VALLÉE DE LA DORDOGNE
0
8 km
N
A
LIMOGES
B
1
2
CAHORS
PÉRIGUEUX
PARC NATUREL
MILLEVACHES
EN
Vézère
Gges de la Vézère
Belvédère de Comborn
Comborn
Juillac
St-Bonnet-la-Rivière
Voutezac
Vertougit
Site de la Roche
Le Saillant
Allassac
St-Robert
Objat
Ayen
Mt d'Ayen
Ste-Marguerite
Donzenac
Perpezac-le-Blanc
Le Roc
St-Viance
Pans de Travassac
Jardins de Colette
Puy d'Yssandon
Brive-la-Gaillarde
Puy de Pauliat
Aubazine
Le Calvaire
Grottes de St-Antoine
Grottes de Lamouroux
Lissac-s-Couze
Lac du Causse
Noailles
Chasteaux
Jugeals-Nazareth
Lacoste
Collonges-la-Rouge
Le Maillet
Gouffre de la Fage
Turenne
Meyssac
Nadaillac
Saillac
DORDOGNE
LOT
Naves
Tulle
Gimel-les-Cascades
Champ des Martyrs
Cornil
Ste-Fortunade
Lac du Coiroux
Espargilière
Cascades de Murel
Roche de Vic
639
520
377
355
Dordogne
Puy-d'Arnac
La Chapelle-aux-Saints
Curemonte
Fontmerle
Beaulieu-sur-Dordogne
A 89
A 20
D 3
D 901
D 39
D 5
D 71
D 25
D 133
D 1089
D 6089
D 60
D 154
D 8
D 28
D 38
D 15
D 940
D 15E
D 12
D 921
D 175
D 48
D 1
D 10
D 26
D 169

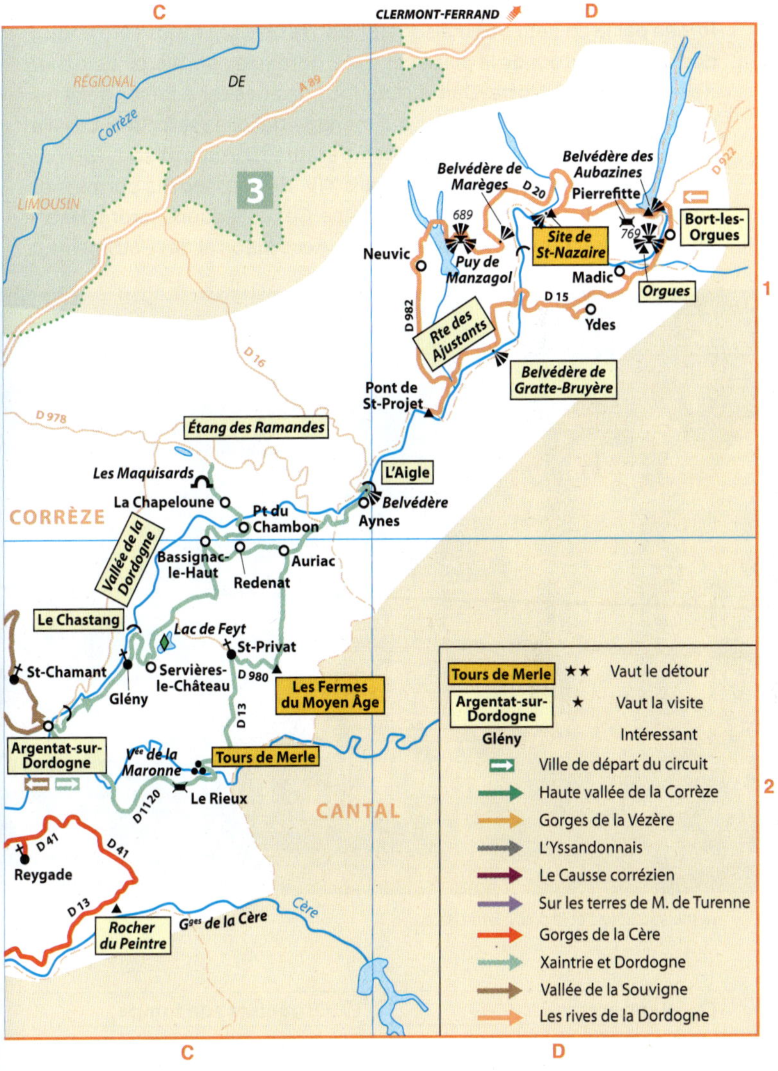
C
CLERMONT-FERRAND
D
RÉGIONAL
DE
LIMOUSIN
Corrèze
A 89
3
Belvédère de Marèges
Belvédère des Aubazines
Pierrefitte
D 20
D 922
689
769
Bort-les-Orgues
Neuvic
Puy de Manzagol
Site de St-Nazaire
Madic
Orgues
D 15
Ydes
D 982
Rte des Ajustants
Belvédère de Gratte-Bruyère
Pont de St-Projet
D 16
D 978
Étang des Ramandes
L'Aigle
Les Maquisards
La Chapeloune
Belvédère
Aynes
Pt du Chambon
CORRÈZE
Vallée de la Dordogne
Bassignac-le-Haut
Redenat
Auriac
Le Chastang
Lac de Feyt
St-Privat
St-Chamant
Servières-le-Château
D 980
Glény
D 13
Les Fermes du Moyen Âge
Argentat-sur-Dordogne
Vée de la Maronne
Tours de Merle
D 1120
Le Rieux
CANTAL
D 41
Reygade
D 13
Rocher du Peintre
Gges de la Cère
Cère
1
2
Tours de Merle ★★ Vaut le détour
Argentat-sur-Dordogne ★ Vaut la visite
Glény Intéressant
Ville de départ du circuit
Haute vallée de la Corrèze
Gorges de la Vézère
L'Yssandonnais
Le Causse corrézien
Sur les terres de M. de Turenne
Gorges de la Cère
Xaintrie et Dordogne
Vallée de la Souvigne
Les rives de la Dordogne

Tulle ★

Au fond de l'étroite vallée de la Corrèze, Tulle, entourée de sept collines, occupe un site peu banal qui lui donne un côté austère, impression renforcée par la couleur des maisons. Elle offre un visage plus aéré le long des quais et autour de la place centrale, dominée par l'élégant clocher de la cathédrale Notre-Dame. Il ne faut pas hésiter à flâner dans les ruelles de l'Enclos, un quartier qui ménage de jolies surprises. La ville est connue pour son ancienne manufacture d'armes et son « poinct de Tulle », apprécié à la cour de Louis XIV. Elle possède la dernière et unique fabrique d'accordéons de France. Ces collections seront désormais à admirer dans la nouvelle Cité de l'Accordéon et des Patrimoines.

La maison Loyac et la place Gambetta.
Ch. Guy/hemis.fr

Se repérer

14 812 Tullistes – Corrèze (19)

CARTE P. 118-119 (B1)

Tulle se trouve à 25 km de Brive-la-Gaillarde.

À ne pas manquer

La cathédrale, le quartier médiéval de l'Enclos, la haute vallée de la Corrèze.

Organiser son temps

Une demi-journée pour Tulle et l'après-midi dans la vallée de la Corrèze.

En famille

Cascades de Gimel.

Carnet pratique p. 125

Nos adresses p. 125

Se promener

Cathédrale Notre-Dame

Pl. Gambetta.

En 1103, l'abbé Guillaume, voulant donner à son abbaye, alors en pleine prospérité, un cadre digne d'elle, entreprit de reconstruire l'église et les bâtiments claustraux. Le 12e s. vit s'élever la nef, le porche et le premier étage du clocher. Cette église abbatiale fut promue au rang de cathédrale au 14e s. Pendant la Révolution, le chœur, le transept et l'abside se sont effondrés; ils ont ensuite été rebâtis.

★ **Clocher** – Ses 73 m en font l'un des plus hauts de France. Ses trois étages sont coiffés d'une flèche octogonale cernée par de gracieux clochetons; touchée par la foudre en 1645, celle-ci, qui datait du 14e s., a été restaurée dans son style primitif.

Porche – Couvert d'une voûte d'ogives, il abrite un portail en tiers-point, de type limousin, orné de boudins et de colonnettes.

Grande verrière – L'œuvre moderne (1979) de Jacques Gruber affiche une remarquable palette de couleurs; au centre se tient Notre-Dame de Tulle et, au-dessous, saint Jean-Baptiste portant l'Agneau de Dieu; dans les bordures : à droite, l'évêque Dumoulin-Borie (missionnaire corrézien martyrisé au Tonkin), au-dessous, saint Sébastien; à gauche, saint Jacques, au-dessous, un pendu évoquant les douloureux souvenirs de 1944.

La statue de saint Jean-Baptiste (16e s.), à l'entrée de la nef à gauche, est l'objet d'une grande vénération.

Au sous-sol, vestiges carolingiens de **l'abbatiale Saint-Martin** : chapiteaux, éléments de tombeaux.

Cloître

De l'ensemble du 13e s., il reste la galerie ouest et deux travées des galeries nord et est. Les deux galeries complètes, restaurées, présentent des voûtes d'ogives à liernes. La finesse de leur décoration apparaît à travers les motifs, délicatement sculptés, des chapiteaux et des clés de voûte. La galerie est *(au fond)* est la plus ornementée (remarquez les anges aux clés de voûte); elle ouvre sur la salle capitulaire. Les voûtes d'ogives retombent sur deux piliers centraux; sur le mur nord, appréciez les deux peintures du début du 14e s. *(Entrée du Christ à Jérusalem et la Cène)*. Une collection de plaques de cheminée (16e-18e s.) et des moulages de gisants des papes limousins sont disposés le long de la galerie sud.

★ L'Enclos

Au nord de la cathédrale s'étend le quartier dit de **l'Enclos**, dont le nom évoque les remparts qui entouraient jadis la ville. Ce quartier typé a conservé son aspect ancien (fin du Moyen Âge) avec ses ruelles, ses escaliers et ses maisons caractéristiques. Au départ de la cathédrale, une promenade permet d'en avoir une vue d'ensemble, avant de poursuivre le long des quais *(30mn)*.

★ Maison Loyac

Construite entre la fin du 16e s. et le début du 17e par un ambassadeur de François Ier, elle conserve une très belle façade. Les fenêtres et la porte d'entrée sont encadrées de colonnettes et surmontées d'accolades ornées de feuillages, de choux frisés et d'animaux : cerf, lièvre, sanglier, porc-épic (emblème de Louis XII), lion, lévriers. Certains des personnages adoptent des postures parfois grivoises.

Prenez à gauche de la maison Loyac.

Tulle dans l'histoire

Son nom proviendrait soit de *Tutela*, en hommage à la déesse romaine Tutelle, protectrice des personnes et des lieux (son culte serait ici lié au franchissement de la Corrèze), ou de *tudela*, racine celtique de « moulin ».
Durant la **guerre de Cent Ans**, la ville tombe à deux reprises aux mains des Anglais, en 1346 et en 1369 ; chaque fois la milice locale parvient à chasser l'envahisseur. Au cours des **guerres de Religion**, Tulle la « papiste » résiste à l'armée protestante du vicomte de Turenne, qui échoue devant ses murs en 1577, mais, en 1585, il prend une sanglante revanche et met la ville à sac, après un assaut que le poète protestant Agrippa d'Aubigné a relaté.
Le 8 juin 1944, Tulle occupée est libérée par les troupes du maquis, mais dès le lendemain, le **9 juin 1944**, les troupes allemandes reprennent la ville. Plusieurs centaines d'habitants sont arrêtés, 99 d'entre eux sont pendus dans les rues par groupe de dix, les autres sont envoyés en déportation : 101 d'entre eux ne reviendront pas. Au sud de la ville *(rte de Brive, D 1089)*, un **monument** a été érigé à la mémoire des victimes du nazisme.

Rue de la Tour-de-Maïsse

Rue à escaliers, très étroite, bordée de plusieurs maisons à encorbellement des 15e et 16e s. dont les toits à auvents se rejoignent presque.
Suivez à gauche la rue (en pente) de la Baylie, puis encore à gauche.

Rue des Portes-Chanac

Parmi les anciennes demeures de cette rue en pente, qui était au Moyen Âge la route de Limoges, remarquez à gauche, au n° 9, la belle porte sculptée d'une maison fin Renaissance, la Galerie du Trech. Au n° 6, hôtel de Ventadour (14e-16e s.)

Rue Riche

Ne manquez pas de lever le nez pour admirer les maisons nobles de cette petite rue pavée. Arrêtez-vous au n° 13 devant la façade de l'hôtel Lauthonie, superbement restauré, qui faisait partie de l'enceinte protégeant la cité médiévale. Cette maison Renaissance possède une belle porte d'entrée surmontée d'une coquille St-Jacques et de remarquables fenêtres à meneaux.
Poursuivez la rue Riche qui ramène à la cathédrale et gagnez les bords de la Corrèze.

Théâtre L'Empreinte

Situé sur le quai, près de l'office de tourisme, cet édifice en ciment armé a été conçu par l'architecte Anatole de Baudot en 1899. La façade est ornée de grès émaillés, de bustes et de médaillons.

Cité de l'Accordéon et des Patrimoines

Ouv. prévue d'ici l'été 2023, se rens. auprès de l'office de tourisme : ✆ 05 55 26 59 61.
Un nouveau musée, destiné à regrouper et à mettre en valeur une partie des collections de la ville aujourd'hui non visibles, est en train de prendre place dans les anciens locaux de la Banque de France de Tulle. Il s'agit d'une restructuration des musées municipaux existants – musée du Cloître, musée des Armes et Pôle Accordéons –, mais aussi d'une présentation des savoir-faire qui ont forgé l'identité de la ville. Seront ainsi dévoilés l'univers de l'accordéon, les travaux de dentelle en point de Tulle et l'histoire de la manufacture d'armes. Un espace de démonstration est prévu, et un auditorium pourra accueillir conférences, concerts et spectacles. Des éléments indissociables du passé de Tulle seront présentés, comme la

boutique de Martin Cayla, personnalité incontournable du milieu des bals musettes et des accordéonistes, avec ses meubles, affiches, partitions, disques, d'origine. *Traversez la rivière par le pont de l'Escurol et remontez par les rues du Canton et de la Fontaine St-Martin.*

Tour d'Alverge

Cette tour des 15e et 16e s. abrite un escalier à vis qui dessert les étages de la maison à colombages contiguë, ancien relais des pèlerins de St-Jacques de Compostelle.

Circuit conseillé

CARTE CI-DESSOUS

★ Haute vallée de la Corrèze B1-2

Circuit au départ de Tulle tracé en vert sur la carte ci-dessous.
Née à l'ouest de Meymac, dans les landes de Bonnefond à presque 900 m d'altitude, la **Corrèze** traverse le massif des Monédières et creuse une profonde vallée dans les granits. Artère principale du département auquel elle a donné son nom, elle arrose Tulle et Brive avant de grossir les eaux de la Vézère.
Quittez Tulle par le sud-ouest en suivant la D 1089, dir. Brive-la-Gaillarde.
La route suit la rive droite de la Corrèze et passe auprès du **« champ des Martyrs »**, monument commémorant le massacre par pendaison de 99 jeunes hommes à Tulle les 8 et 9 juin 1944. Sur deux cénotaphes sont gravés les noms des suppliciés et, entre les deux, un mur rappelle la disparition de 101 déportés *(voir encadré ci-contre)*. Chaque année, le 9 juin, un cortège se rend à pied au champ des Martyrs. Bientôt, la vallée se resserre entre de hauts versants boisés parsemés de rochers. Sur la rive droite sont exploitées de nombreuses carrières de gneiss.

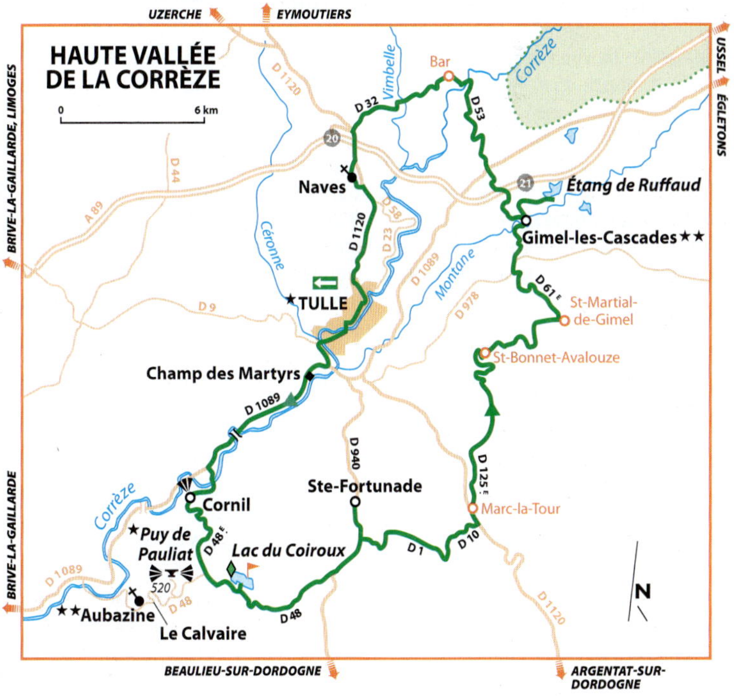

Cornil B12

Seul vestige d'un château érigé au-dessus du village, une tour carrée de quatre étages jouxte l'**église romane**. Une jolie vue permet de distinguer, en contrebas, un méandre de la Corrèze épousant la partie escarpée de l'éminence.
Au village, prenez sur la gauche la D 48^{E} et continuez sur la D 48.
Possibilité de faire un arrêt au **lac du Coiroux** *(voir Nos adresses page suivante).*

Ste-Fortunade B12

Un agréable petit parc avec pièce d'eau encadre un **château** du 15e s., très restauré, qui accueille sous son toit la mairie. L'**église St-Martial**, romane, abrite le **chef reliquaire★** de sainte Fortunade. Œuvre du 15e s. en bronze, ce charmant visage au front bombé, aux yeux baissés, frappe par l'originalité de son expression, la finesse de ses traits et la grâce de son attitude
Prenez la D 940 vers le sud sur 1 km, tournez à gauche pour emprunter la D 1, puis suivez la D 10 et la D 26^{E2} jusqu'à Pandrignes. De là, la D 26^{E1} et la D 29 à gauche conduisent à St-Bonnet-Avalouze. Traversez le village, suivez la D 29^{E} puis, à l'entrée de St-Martial-de-Gimel, la D 61^{E}.

★★ Gimel-les-Cascades B1

Les habitants doivent la renommée de leur bourg à **Gaston Vuillier** (1845-1915), peintre oublié dont les aquarelles exaltent la beauté des paysages corréziens. L'artiste aménagea, à la fin du 19e s., un sentier fléché le long des gorges sauvages. Les cascades de Gimel devinrent ainsi, en 1912, le premier site naturel protégé de France.
★★ **Cascades** – *1h à pied AR ; parcours assez difficile ; accès par le parc Vuillier (sentier fléché) - 05 55 21 26 49/05 87 01 06 03 - juil.-août : 10h-19h ; mars-juin et sept.-oct. : 10h-18h, merc. 11h-18h - 6 € (6-14 ans 4,50 €).* Étranglée dans une gorge sauvage, la Montane se fraie un chemin au milieu des rochers et se précipite d'une hauteur de 143 m. La traversée des parcs est incontournable pour découvrir les points de vue sur les cascades. La première, dite **Grande Cascade** ou Grand Saut, tombe de 45 m. Aussitôt après, la deuxième, dite **la Redole**, fait une chute de 27 m. De là, on a une vue en enfilade sur les deux cascades. La troisième, appelée **la Queue de Cheval**, apparaît tout à coup lorsque l'on accède à un promontoire perché dans un cadre de rochers ; cette cascade plonge d'une hauteur de 60 m dans des gorges au nom évocateur de **gouffre de l'Inferno**.
★ **Trésor de l'église St-Pardoux** – *9h-19h (18h en hiver) - accès libre.* Pièce majeure de la production limousine médiévale, la **châsse de saint Étienne★★** à fond vermiculé et figures émaillées, date de la fin du 12e s. Elle relate la passion de saint Étienne et se distingue notamment par la finesse des têtes en relief, dont les yeux sont incrustés de pierres précieuses. Vous admirerez aussi un **buste reliquaire** en argent doré (15e s.) de saint Dumine, soldat de Clovis, qui se retira dans les gorges de la Montane pour y vivre en ermite. Un très curieux **« plat des âmes »** du 18e s., une **pyxide** en émail champlevé du 14e s., viennent compléter ce bel ensemble.
un promontoire, domine les vallées de la Vimbelle et de la Corrèze.
Une randonnée un peu sportive *(compter 1h AR)* conduit aux vestiges de l'église **St-Étienne-de-Braguse**, située dans un **cadre★** exceptionnel. Suivre la D 53^{E} vers Tulle, et 150 m avant le cimetière, prendre à gauche (panneau) un escalier pentu se prolongeant par un sentier. On parvient à l'église St-Étienne-de-Braguse qui domine les cascades et dont il reste la façade. Continuer en descente et franchir la Montane sur une passerelle. L'itinéraire remonte dans le bois par un sentier en lacets jusqu'à la D 53^{E} (au niveau du chalet des cascades).
Prenez la D 53 jusqu'à Bar.

La route sinueuse dégringole à travers bois et prairies. Le village de **Bar**, juché sur un promontoire, domine les vallées de la Vimbelle et de la Corrèze.
Prenez la D 23 et la D 53 en direction de l'ouest.

Naves B1

L'**église St-Pierre-ès-Liens** du 15e s., flanquée d'une tourelle fortifiée, abrite un **retable★** monumental en noyer sculpté qui peut se lire de deux manières différentes. Dans le sens vertical, le décor est centré sur le Christ; dans le sens horizontal, c'est l'histoire de l'église qui est mise en avant, à partir de la vie de l'apôtre Pierre, dont elle porte le nom.
Prenez la D 58, puis à droite la D 1120 pour revenir vers Tulle.

Carnet pratique

S'informer

Office de tourisme – *14 pl. Gambetta - ✆ 05 55 26 59 61 - www.tulle-en-correze.com.*

Agenda

Fête de la St-Jean – *23 juin - www. tulle-en-correze.com.* Depuis le 14e s., commémorant un vœu fait pour les sauver de la peste, les habitants de Tulle célèbrent la nativité de saint Jean-Baptiste par la procession de la Lunade.

Les Nuits de nacre – *4 j. autour du dernier w.-end de juin - ✆ 09 52 33 81 54 - www.accordeon. org.* Manifestation réunissant professionnels et amateurs autour de l'accordéon. L'événement culturel de la ville.

Festival Ô les Chœurs – *Toussaint - elizabethmydear.org.* Concerts, spectacles jeune public, expositions, cinéma.

Gimel-les-Cascades – *Fin juil. - gimelenscene.free.fr.* Son et lumière dans l'enceinte du château *(10 €; 5-14 ans 5 €).*

Clergoux – Saison culturelle au château de Sédières – *Juil.-août* - expositions, concerts et spectacles pour enfants.

2

Nos adresses

Restauration

Budget moyen

Les 7 – *32 quai Baluze - ✆ 05 44 40 94 89 - www.restaurant-les7.fr - ♿ - fermé dim.-lun. - plats env. 20 €.* Le nom de cet établissement évoque les sept collines qui surplombent la ville et les dates de naissance des propriétaires, nés en juillet. Le chef Cyril Auboiroux, formé chez Alain Ducasse, élabore une cuisine soignée, où se mêle le sucré-salé, avec une carte renouvelée chaque mois. Produits de saison, excellent rapport qualité-prix.

Le Bouche à Oreille – *39-43 av. Charles-de-Gaulle - ✆ 05 44 40 40 30 - www.leboucheaoreille-tulle. com - fermé dim.-lun. - formules déj. sem. 27/32 €, menus 37 €.* Une carte courte mais qui change au gré des saisons, une cuisine raffinée, un service irréprochable... et des prix très corrects! Demandez une table dans le jardin aux beaux jours.
Des expositions d'art contemporain et de photographie sont souvent organisées.

À proximité

La Ferme du Léondou – *Le Bourg - St-Salvadour - 18 km au nord de Tulle - ✆ 05 55 21 60 04 - www.restaurant-seilhac-leleondou.fr - fermé merc. - formules 14/16 €, menus 27,50/42 €.* Faites un détour par cette ancienne grange avec ses spectaculaires mangeoires de bois et sa grande cheminée. Ici, la tradition régionale (boudin aux châtaignes, chou farci à l'ancienne, pous de blé noir) n'est pas un vain mot...

Hôtel-restaurant Vernat – *2 av. des Lilas - Favars - 8 km à l'ouest de Tulle - ✆ 05 55 29 30 14 - www.hotelrestaurantvernat.fr - P ♿ - fermé soir et w.-end (sf pour les clients de l'hôtel et sur réserv.) - formule sem. 13,70 €, menu 20/35 € - 7 ch. 55 € - ☕ 9 €.* Établissement réputé pour sa table, affilié aux Toques blanches du Limousin, gage de qualité. Dans les assiettes, une solide cuisine de terroir.

Auberge Le Tacot – *1 pl. de l'Église - Espagnac - 20 km au sud-est de Tulle - ✆ 05 55 93 64 06 - fermé lun. - menus 26/35 € - réserv. conseillée.* Installée sur la route du Transcorrézien – ancienne ligne de chemin de fer qui reliait Tulle à Ussel – réaménagée en sentier, cette auberge propose une cuisine de marché : spécialités (croustillant de pommes de terre et tête de veau sauce gribiche), plats végétariens à la demande.

Shopping

Le Renouveau du Poinct de Tulle – *2 pl. Émile-Zola - ✆ 05 55 21 46 08 - www.lepoinctdetulle.com - juin-sept. : mar.-merc. et vend.-sam. 14h30-17h.* Créations de l'atelier de l'association Diffusion et renouveau du poinct de Tulle. Visite de l'atelier.

Maugein Accordéon – *9 r. Marguerite-Pradel - ZI de Mulatet - ✆ 05 55 20 08 89 - www.accordeons-maugein.com - lun.-vend. 8h30-12h, 13h30-17h.* En 1919, Jean Maugein, aidé par ses deux frères, crée un petit atelier (40 m^2) voué à l'accordéon. Soixante-cinq ans plus tard, une nouvelle usine est inaugurée, la fabrication modernisée, mais la tradition conservée.

Maison Julien – *6 pl. Émile-Zola - mar.-sam. 8h-19h - dim. 8h-13h - ✆ 05 55 26 11 63 - maisonjulien-tulle.com.* Après avoir été chef pâtissier dans des restaurants étoilés, Julien Breuil est désormais à son compte en plein centre-ville de Tulle. Parmi les spécialités de la maison, le gâteau Caramia, à base de caramel, noisette et chocolat au lait. Petite restauration salée. Autre boutique près de la gare *(9 av. Winston-Churchill - ✆ 05 44 40 94 60).*

Louisa B – *11 av. Ch.-de-Gaulle - mar.-vend. 9h20-19h, sam. 8h30-19h, fermé dim.-lun. - ✆ 05 55 26 65 99.* Dans cette chocolaterie-pâtisserie, vous trouverez de très bons produits sucrés et salés faits maison, à emporter ou à grignoter sur place aux beaux jours, en terrasse. Propose également des produits régionaux.

À proximité

Harmonie du monde – *Gimel-les-Cascades - ✆ 06 89 55 49 80 - harmonie-du-monde.business.site.* Animé par Yves et Margaux, ce lieu atypique propose des objets de déco décalés et originaux mais aussi des instruments de musique. On y pratique la méditation musicale, on vient pour des concerts, et on peut s'y restaurer ou boire un verre. Un endroit très sympathique, au centre du joli bourg de Gimel-les-Cascades.

En soirée

La Taverne du Sommelier – *8 quai de la République - ✆ 05 55 26 57 63 - www.taverne-du-sommelier.fr - 9h-0h.* Brasserie traditionnelle qui propose un grand choix de vins au verre. Le patron, Didier Bordas, fut premier jeune sommelier de France en 1983. Belle terrasse sur la Corrèze. Possibilité de se restaurer.

Hébergement

Budget moyen

Manoir XV Domaine de Peyrafort – *6 chemin de Peyrafort - ✆ 05 55 27 34 66/06 22 96 80 92 - manoirxv.com - 5 ch. et suites - 85/95 €* ☕. Perché sur l'une des sept collines de Tulle, ce somptueux domaine entouré d'un parc aux arbres centenaires vous fera vivre la vie de château du... 15e s.! Accueil chaleureux.

À proximité

Premier prix

Camping du lac de Bournazel – *Seilhac le Lac - 19700 Seilhac - 15 km au nord-ouest par D 1120 puis D 44 - ✆ 05 55 27 05 65 - www.camping-lac-bournazel.com - avr.-sept. - chalets et roulottes pour 2, 4, 6 ou 8 pers. 45/88 € (2 nuits mini) - location seult à la sem. en juil.-août 329/714 €.* Dans un environnement agréable, au bord d'un lac, camping très bien aménagé et aux équipements de qualité. Nombreuses activités.

Budget moyen

Chambre d'hôte Chateauret – *Espagnac - Chateauret - 21 km à l'ouest de Tulle - ✆ 05 55 27 13 01/06 25 53 69 17 - chateauret.com - 🏊 - 5 ch. 90/100 €* ☕ *- table d'hôte 33 €.* D'origine anglaise, Samantha Parry et sa petite famille ont élu domicile dans le village d'Espagnac, pour le plus grand bonheur de leurs hôtes. Ceux-ci profitent à loisir du grand parc et de la piscine, et peuvent déguster la cuisine de Samantha qui privilégie les circuits courts. Une excellente adresse.

Donzenac et les gorges de la Vézère ★

Bâti à flanc de coteau en bordure du bassin de Brive, Donzenac se situe au pays des ardoisiers, qui ont assuré durant des siècles sa renommée, et dont les derniers représentants maintiennent l'activité. C'est une bonne base pour découvrir les magnifiques gorges de la Vézère, au fil de villages ravissants et de sites spectaculaires.

Allassac, gorges de la Vézère au site de la Roche.
Ch. Guy/hemis.fr

Se repérer

2678 Donzenacois – Corrèze (19)

CARTE P. 118-119 (A1)

Donzenac se trouve à 10 km au nord de Brive-la-Gaillarde.

À ne pas manquer

Le village de Donzenac ; les pans de Travassac ; les gorges de la Vézère à partir du site de la Roche ; la chapelle du Saillant et les vitraux de Chagall.

Organiser son temps

Comptez une journée.

Carnet pratique p. 132

Nos adresses p. 132

Visiter

Donzenac

Cet ancien village ardoisier occupe une position stratégique qui lui valut d'être disputé, particulièrement pendant la guerre de Cent Ans par les troupes anglaises, puis pillé lors des guerres de Religion. Il conserve quelques édifices intéressants qui lui confèrent beaucoup de charme.

Surmontée d'une flèche en grès du 13e s., qui affiche des ressemblances avec celle de Tulle, l'**église** a été restaurée au 19e s. Elle conserve trois statues des 14e-15e s. figurant la Vierge à l'Enfant, Ste-Marie-Madeleine et St-Jean-Baptiste. Dans le trésor, coffret émaillé du 13e s. destiné à la préservation des hosties. On accède à la **chapelle des Pénitents** (17e s.), aménagée dans un ancien hôtel noble, par la porte du même nom : à l'intérieur de l'édifice, beau retable en bois doré. La rue **Catherine-de-Médicis**, bordée d'une maison Renaissance, rappelle que la reine fut dame de Donzenac. **Rue du Puy-Broch**, belle maison du 13e s., la plus ancienne du Limousin. Le nombre de fenêtres indique qu'elle appartenait à un notable à l'époque médiévale. Donzenac possède **onze portes**, qui se découvrent au gré de la balade.

★ Pans de Travassac AB1

À 3 km de Donzenac par la D 920 puis la D 133.

05 55 85 66 33 - www.lespansdetravassac.com - visite guidée (1h30) juil.-août : 10h30-11h, 11h30, et ttes les 30mn de 14h30 à 17h30 ; mai-juin et sept.-oct. : dim. et j. fériés visites guidées ttes les 30mn de 14h30 à 17h30 - 8,80 € (8-18 ans 5,80 €). Boutique avec vente de produits et de bijoux en ardoise.

Avant la guerre de 1914-1918, les ardoisières de Donzenac et d'Allassac connurent une réelle prospérité : on remplaçait alors la couverture de chaume des fermes par des toitures d'ardoises. Cette carrière, la dernière de la région, est la seule où l'ardoise se présente sous forme verticale, et non horizontale. Au début du 20e s., deux cents ouvriers y travaillaient encore. Inaltérable et imperméable, l'ardoise de Travassac, au grain fin et à la teinte anthracite bleutée, ne peut pas être mécanisée à cause de sa structure géologique. Réputée pour sa robustesse et sa parfaite étanchéité, elle a été choisie pour la couverture de monuments prestigieux, telle l'abbaye du Mont-Saint-Michel...

Filons et pans – La découverte du saut de la Girale (140 m), depuis le belvédère du parking, donne un avant-goût des sensations de vertige que l'on éprouve lors de la visite de ce site, entièrement façonné par la main de l'homme depuis le 17e s. Passerelles, plates-formes, perces (cavité au creux d'un pan), puits de mine : bienvenue au cœur de la Puyboëne, l'un des sept filons du site des Pans de Travassac, long d'1 km et large de 600 m.

Chantier ardoisier – La reconstitution d'un chantier en activité permet d'observer avec quelle habileté reparteurs (qui taillent les blocs) et cliveurs exécutent le **rebillage** (gros blocs d'ardoise débités en petits morceaux), le **clivage** (séparation des feuilles d'ardoise) et la **taille** (carrée ou ogivale). Sur une tonne de pierre, seuls 20 % de la matière sont exploitables. Autrefois, un ardoisier taillait de 2000 à 5000 ardoises par mois.

Au cœur d'une galerie, un musée retrace, grâce à des documents, outils et film, l'histoire et la vie des ardoisiers de Travassac à travers les siècles.

Un film destiné à expliquer le travail des ardoisiers complète la visite.

2

Circuit conseillé

CARTE DES GORGES DE LA VÉZÈRE

Gorges de la Vézère

Circuit de 45 km tracé en orange sur la carte ci-dessous et sur la carte de région p. 118. Quittez Donzenac par l'ouest en empruntant la D 25.

Allassac

Petite ville aux maisons bâties en schiste noir et coiffées d'ardoise, parfois agrémentées de chaînes d'angle en grès rouge.
L'**église** de la Décollation-de-St-Jean-Baptiste est également construite en schiste noir, à l'exception du gracieux **portail sud**★ en grès aux tonalités contrastées.
À proximité de l'église, la **tour de César** (11e-13e s.), haute de 30 m, représente le dernier vestige de l'enceinte fortifiée médiévale. Beau **panorama** sur Allassac et ses environs.
Quittez Allassac par le nord en empruntant la D 9.

★ Site de la Roche

Une agréable petite route conduit au bord d'un précipice qui plonge sur les gorges de la Vézère. À droite, un chemin jonché de roches mène sous les châtaigniers à une **table d'orientation** (391 m) : la vue s'étend des **gorges** boisées du **Saillant** au premier plan, jusqu'au village de St-Robert. À gauche, le **panorama** permet une meilleure approche de la perspective des gorges.
Revenez sur la D 9, puis peu avant Le Pilou, prenez à gauche la D 9^{E3}.

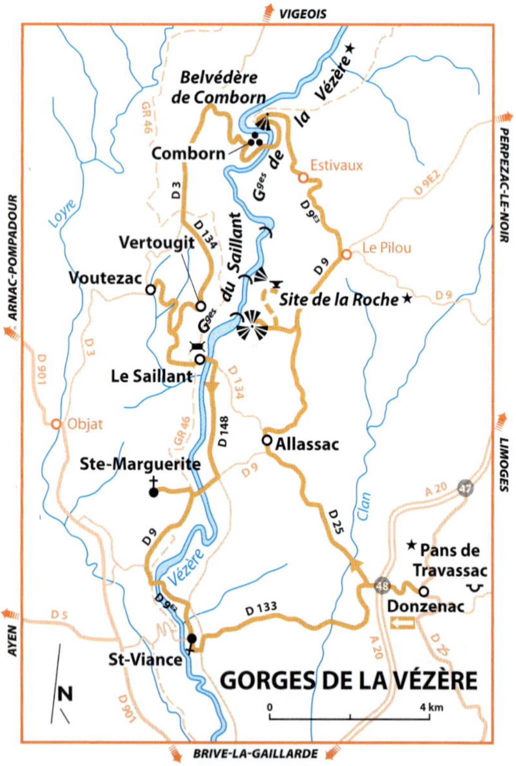

Belvédère de Comborn

Vue sur les ruines du château de Comborn qui occupe, au cœur des gorges, un méandre de la Vézère.

Poursuivez la D 9E3 jusqu'au château.

Château de Comborn

☏ 05 55 73 77 23 - visite guidée du 1er juil. à fin sept. tlj sf merc. 15h-18h30 - 7,50 € (-14 ans gratuit).

Il fut jadis la propriété de la puissante et cruelle famille de Comborn. Les vestiges du donjon (11e s.) surplombant la Vézère sont enchâssés dans des remaniements postérieurs. Le propriétaire des lieux a dégagé les remparts et entrepris la restauration intérieure de la partie 18e s. *(ne se visite pas)*. Trois salles souterraines de la même époque sont bien conservées. Exposition permanente sur les fouilles.

Rejoignez la D 3 et prenez à gauche.

Vertougit

Face au site de la Roche, ce ravissant village domine les **gorges de la Vézère**. Prenez le temps de flâner dans ses ruelles bordées de maisons typiques du pays, dont certaines possèdent une décoration extérieure intéressante.

Descendez jusqu'à la **table d'orientation** pour profiter, chemin faisant, de la vue sur le village et du paysage où se côtoient arbres fruitiers et vignes.

Rejoignez la D 134 et prenez à droite.

Voutezac

Bâti à flanc de coteau, le village possède une belle église fortifiée à tour carrée du 15e s. À l'angle de la route menant à Objat (calvaire) se trouve un travail à bœufs, entouré de divers instruments de labour.

Reprenez la D 134 en direction d'Allassac.

2

Le Saillant

Le petit village occupe un site agréable au débouché des gorges de la Vézère, enjambées par un joli **pont médiéval**.

Sur la rive droite s'ouvre le **parc** du **château du Saillant**, appartenant depuis le 14e s. aux Lasteyrie du Saillant. Le château, où séjourna le tribun révolutionnaire Mirabeau, frère de la marquise du Saillant, fut réaménagé au 17e s., mais remonterait au 12e s. De cette époque subsistent encore les douves.

Dans la chapelle qui faisait, à l'origine, partie intégrante du château, ne manquez pas les six **vitraux★** de **Marc Chagall**, créés de 1978 à 1982.

Franchissez la Vézère et prenez, à droite, la D 148. Après 2,5 km, tournez à droite dans la D 9, puis encore à droite après avoir passé la Vézère.

Chapelle Ste-Marguerite

Le gracieux monument en grès rouge, de style roman, se dresse sur un replat qui offre une belle perspective sur la vallée de la Vézère.

Faites demi-tour pour rejoindre la D 9, et prenez à droite. Après 3 km, tournez à gauche dans la D 9E2 qui enjambe bientôt la Vézère.

St-Viance

Séduisant village de grès rouge au bord de la Vézère.

À l'intérieur de l'**église**, dans une niche du chœur : **châsse★** d'émail champlevé du 13e s.

Quittez St-Viance par l'est en empruntant la D 133. La D 25 ramène à Donzenac.

Carnet pratique

S'informer

Café, dépôt de presse, bureau de poste, mairie, etc. : en Corrèze, les **PoHTes, points d'hospitalité touristiques**, ont pris le relais de certains bureaux d'information touristique et se mobilisent pour fournir les renseignements nécessaires à votre séjour. Liste des points sur : www.brive-tourisme.com/fr/point-information.

Agenda

Voutezac – Festival de la Vézère – *De fin juil. à mi-août - ✆ 05 55 23 25 09 - www.festival-vezere.com.* Festival de musique classique. Nombreux concerts dans plusieurs villes et villages de Corrèze.

Nos adresses

Restauration

Budget moyen

Le Périgord – *9 av. de Paris - ✆ 05 55 85 72 34 - fermé merc. et le soir du dim. au mar. - plats 14/23 €.* Restaurant à la façade couverte de vigne vierge où l'on s'attable autour d'une cuisine traditionnelle régionale (tête de veau sauce gribiche, pièce de veau du Limousin, trilogie de foie gras à la moutarde violette...), servie en généreuses portions.

Shopping

Cave coopérative des Coteaux de la Vézère – *Le Saillant - Allassac - ✆ 05 55 25 24 60 - www.coteaux-vezere.fr - lun.-vend. 9h-12h, 14h-18h (17h vend.) et en sais. et vac. scol. aussi sam. 9h30-12h, 14h30-17h - fermé dim. et j. fériés, et sam. hors sais.* Vins de la Vézère *(9/15 €)* : blanc sec, tendre, mœlleux, muscaté, gris ou rouge.

Hébergement

À proximité

Premier prix

Chambre d'hôte Ferme de la Borde – *La Borde - St-Bonnet-l'Enfantier - 10 km au nord de Donzenac - ✆ 05 55 73 72 44 - www.fermedelaborde.fr - ⊠ - fermé de mi-sept. à Toussaint (ch. d'hôtes) - 5 ch. 66 € ☕ - ✕ 22 €.* À la sortie du village, belle maison en pierre proposant des chambres climatisées. Les propriétaires, agriculteurs, spécialisés dans l'oie, seront heureux de vous en servir à table.

Escale en Corrèze – *8 rte de Mons - Sadroc - 8 km au nord de Donzenac - ✆ 06 72 85 85 43 - ⛱ - 3 ch. 73/88 € ☕ - ✕ 18 € sur réserv. d'oct. à fin mai.* Une déco contemporaine aux couleurs flashy, un baby-foot, un billard, un terrain de pétanque et une piscine à disposition des hôtes, cette Escale en Corrèze ne manque pas de charme.

Budget moyen

Au Relais de Laborde – *482 rte de Laborde - St-Germain-les-Vergnes - 15 km au nord-est de Donzenac - ✆ 06 11 91 80 63/06 85 80 16 74 - www.aurelaisdelaborde.com - 3 ch. 65/80 € ☕ et 2 gîtes 3/4 pers. 90/120 €, réservables aussi à la sem.* Cet ancien relais de poste, belle bâtisse de pierre et d'ardoises, incite à une halte bienvenue. Au programme, baignade à volonté dans la piscine et détente dans le parc.

Saint-Robert ★

Juché sur une hauteur, à l'emplacement d'une cité mérovingienne, le village fleuri de St-Robert connut de violents affrontements au moment des guerres de Religion. Aujourd'hui, ce site et son paysage corrézien invitent à la promenade. Sa grand-place, ses robustes maisons de pierres blanches couvertes d'ardoises et son église forment un véritable décor de cinéma qui se parcourt paisiblement à pied.

Le village de Saint-Robert.
H. Lenain/hemis.fr

Se repérer

295 St-Robertois – Corrèze (19)

CARTE P. 118-119 (A1)

Situé à 25 km au nord-ouest de Brive-la-Gaillarde.

À ne pas manquer

Le village de St-Robert; les vallées de l'Yssandonnais; les vestiges gallo-romains du puy d'Yssandon et l'église en forme de rotonde de St-Bonnet-la- Rivière.

Organiser son temps

Une demi-journée permet de parcourir la région.

Carnet pratique p. 136

Nos adresses p. 136

Se promener

★ Village

St-Robert possède un bâti remarquable, que l'on découvre en flânant dans le village. Après avoir profité du **panorama** de la terrasse située à l'arrière de l'église, empruntez la vieille rue, bordée de maisons anciennes à escalier latéral et toits de tuiles plates, qui aboutit devant une porte fortifiée. Derrière se dresse le château Verneuil (16e s.). À droite, à l'extrémité de la rue en impasse, la tour carrée du pavillon de chasse de la maison de Noailles (16e s.) domine la campagne.

Église Ste-Marie

Cet édifice fortifié construit au 12e s. dépendait des moines de La Chaise-Dieu, qui ont donné son nom au village, en hommage à leur fondateur Robert de Turlande. Ne subsistent que le transept, dont la croisée supporte un clocher octogonal, et le chœur, de belles proportions. Ce dernier, éclairé par des fenêtres hautes, est séparé du déambulatoire par six colonnes surmontées d'intéressants **chapiteaux historiés** (scènes bibliques) ; ceux qui sont accolés au mur du déambulatoire sont de facture plus archaïque (remarquez les deux vieillards se tirant la barbe). Dans la nef, Christ en bois grandeur nature, de l'école espagnole du 13e s.

Circuit conseillé

CARTE DE L'YSSANDONNAIS

L'Yssandonnais

Circuit de 60 km tracé en gris sur la carte ci-contre et sur la carte p. 118. Comptez une demi-journée (routes très sinueuses).

L'Yssandonnais couvre la partie ouest du bassin de Brive ; son territoire constituait durant le haut Moyen Âge un *pagus* (pays) qui avait pour chef-lieu Yssandon.

Sa géologie variée – schistes noirs du plateau corrézien, mamelons de grès rouge dominés par des buttes calcaires ou « puys » – explique les séduisants contrastes de matériaux employés dans la construction des villages et des bourgs.

Le relief, très vallonné, porte des prairies et des rideaux de peupliers dans les dépressions, des champs de tabac ou de maïs, des noyers et arbres fruitiers sur les terroirs les mieux exposés, tandis que la forêt de chênes couronne les puys.

Quittez St-Robert par l'est en empruntant la D 5.

Ayen

Ancienne châtellenie de la vicomté de Limoges, ce village est célèbre pour les **enfeus** (niches funéraires) du 12e s. disposés dans les murs extérieurs de l'église. À l'est du village, le **mont d'Ayen★** (377 m) est aménagé en aire de pique-nique. Dominant les vignes, une table d'orientation aide à la lecture du panorama (St-Robert, les monts Dore, Allassac).

Quittez Ayen par le sud-est et la D 2. Après le lieu-dit La Contie, prenez à gauche.

★ Puy d'Yssandon

L'occupation du site est très ancienne : on y a découvert les structures d'un oppidum gaulois et des restes gallo-romains. La **tour** est le seul vestige du château fort médiéval, propriété de puissantes familles : les Pompadour et les Noailles. Isolée en bout de route, l'**église** du 12e s. bénéficie d'un site agréable qui domine le bassin de Brive (petite table d'orientation derrière le cimetière). Vues étendues sur les monts du Limousin, les collines du Périgord, la plaine de Brignac.

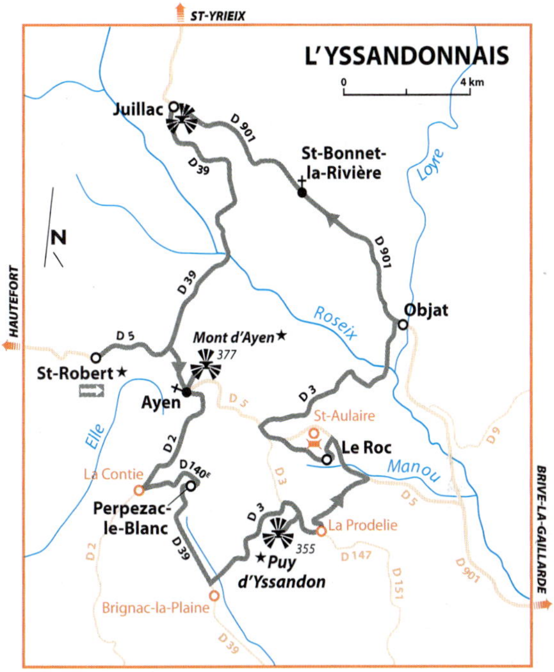

Rejoignez la D 151 et prenez à droite. Au lieu-dit La Prodelie, tournez à gauche. La petite route rattrape bientôt la D 5 ; prenez à gauche, dir. Ayen.

Le Roc

Rustique hameau perché au-dessus de la vallée de la Manou et dominé par le château de St-Aulaire, entièrement bâti en grès rouge.
Rejoignez la D 5 par St-Aulaire. Peu après, prenez à droite la D 3.

Objat

Pl. Charles-de-Gaulle - www.brive-tourisme.com.
Pôle économique de la région, ce bourg actif s'est spécialisé dans la culture de la pomme et l'élevage du veau fermier « élevé sous la mère », animaux qui figurent dans les **foires** organisées dans la ville – ne manquez pas non plus le **marché** du dimanche matin, très couru. Autour de l'église, de style gothique flamboyant, se dressent de vieilles maisons en grès.
Quittez Objat par le nord-ouest en empruntant la D 901.

St-Bonnet-la-Rivière

Ce village possède une pittoresque **église** romane en grès rouge, en forme de rotonde, dont le portail d'entrée est protégé par un clocher-porche. La légende veut que, pendant sa captivité en Terre sainte, le chevalier des Cars, seigneur de St-Bonnet-la-Rivière, ait fait vœu d'élever en son fief une église à l'image du St-Sépulcre. *Poursuivez sur la D 901.*

Juillac

Montez au Châtenet (345 m), où, parmi les vergers, vous découvrirez un joli **panorama** (table d'orientation).
Quittez Juillac par le sud en empruntant la D 39, puis la D 5 qui ramène à St-Robert.

2

Carnet pratique

S'informer

Café, dépôt de presse, bureau de poste, mairie, etc. : en Corrèze, les **PoHTes**, points d'hospitalité touristiques, ont pris le relais de certains bureaux d'information touristique. Liste des points sur : www.brive-tourisme.com/fr/point-information.

Agenda

Festival de Saint-Robert – *Mi-juil. à mi-août - www.festival-saint-robert.com.* Concerts de musique de chambre ou de musique du monde avec plus de 350 artistes, de renommée internationale ou de jeunes talents. Expositions artistiques en complément.

Objat – Randonnée de la pomme du Limousin - *Ts les 2 ans déb. sept. (prochaine édition en 2023) - www.rando-pomme.objat.com.* Plusieurs circuits à pied et à vélo.

Nos adresses

Restauration

À proximité

Budget moyen

La Tête de L'Art – *Espace Loisir Jacques-Lagrave - 155 av. Jules-Ferry - Objat - 1 km au nord, à l'Ecopiscine, au bord du plan d'eau - ✆ 05 55 25 50 42 - fermé lun. - menus 30/35 €.* Histoire de marier l'art et le goût, ce restaurant familial expose des toiles d'artistes locaux. Cuisine originale, table régionale très courue, qui privilégie les circuits courts et les produits de qualité.

Shopping

À proximité

Marché – *Dim. matin à Objat (13 km à l'est).* Renommé dans la région pour ses produits du terroir.

Activités

À proximité

Ecopiscine d'Objat – *Av. Jules-Ferry - Objat - 1 km au nord, au bord du plan d'eau - ✆ 05 55 25 82 94 - www.ecopiscine-objat.fr- ♿ - juil.-août : 10h-20h - reste de l'année : se rens. - espace aquatique 5,50 € (3-14 ans 4,40 €).* Ce centre aquatique propose un bassin ouvert tte l'année, des jeux d'eau ainsi qu'un espace bien-être et remise en forme.

Sortir

Le Café perché – *23 pl. de la Prévôté - ✆ 09 86 61 67 16 - lun. 10h-19h, merc.-jeu. et dim. 13h-21h, vend.-sam. 15h-23h, fermé mar. - hors sais., se rens.* En terrasse sous les platanes, on se détend autour d'un café. Concerts rock et folk régulièrement organisés, dans une ambiance très festive !

Hébergement

À proximité

Budget moyen

La Maison bleue – *Lavialle - Juillac - 12 km au nord de St-Robert par la D 39 - ✆ 06 42 66 64 73 - lamaisonbleue.eu - 🏊 - 4 ch. 95/125 € ☕ - table d'hôte lun., merc. et ven. sur réserv. 30 € bc.* Voici une adresse idéale pour se ressourcer. De la terrasse ou de la piscine, le regard porte au loin sur les collines verdoyantes. Petit-déjeuner copieux et appétissant. Jacuzzi.

Brive-la-Gaillarde ★

Brive « la courageuse », qui sut si bien défendre les murs qu'elle avait élevés, est une cité dynamique, accueillante, dont le cœur bat au rythme des clameurs du stade de rugby. Elle a conservé un centre commerçant vivant et possède un nombre incroyable de restaurants, qui témoignent du goût des habitants pour la bonne chère. C'est aussi la ville la plus riche de Corrèze. En témoignent ses hôtels particuliers, ses musées et ses monuments, construits en grès, dont la chaude patine est mise en valeur au soleil couchant. C'est enfin le lieu de rencontre des écrivains qui, durant la Foire du livre, font découvrir la Corrèze qu'ils affectionnent.

Brive-la-Gaillarde, place Latreille.
H. Lenain/hemis.fr

Se repérer

46330 Brivistes – Corrèze (19)

CARTE P. 118 (AB2), PLAN P. 140. À 25 km au sud-ouest de Tulle, Brive est proche du confluent de la Corrèze et de la Vézère.

À ne pas manquer

Le centre historique ; le musée Labenche ; le musée Edmond-Michelet ; le marché du samedi ; les jardins de Colette à Varetz ; Noailles.

Organiser son temps

Un jour pour la ville et deux jours pour ses alentours. Brive est un point de départ idéal pour découvrir la vallée de la Corrèze et le Causse corrézien.

En famille

Le labyrinthe des jardins de Colette ; la base de loisirs du lac du Causse.

Carnet pratique p. 144

Nos adresses p. 144

Se promener

PLAN P. 140

★ Vieille ville

Occupant le noyau central délimité par la première ceinture de boulevards, le quartier ancien a fait l'objet d'une importante rénovation mariant, souvent avec bonheur, bâtiments anciens et modernes uniformisés par la chaude couleur du grès beige et la teinte bleutée des toitures.

Circuit tracé sur le plan 140. Départ de l'office de tourisme.

Avant de commencer le circuit, ne manquez pas la visite du **château d'eau**, au-dessus de l'office de tourisme. En forme de phare, il fut édifié au bord d'un ancien canal et ménage une belle vue sur la ville *(gratuit, heures d'ouverture de l'office). Suivez l'av. de Paris, prenez en face la rue de Toulzac et tout de suite à droite la rue de Corrèze.*

Chapelle St-Libéral AB1

Du 14e s., ce bel édifice possède un portail typique de style roman limousin. La nef est de style gothique. La chapelle accueille toute l'année des expositions temporaires.

Poursuivez rue de Corrèze, puis rue Majour.

★ Collégiale St-Martin B2

Pl. Charles-de-Gaulle.

Au 5e s., saint Martin, décidé à combattre le paganisme, se rend à Brive. Il renverse les idoles, mais la population furieuse le lapide. Quelque temps plus tard, la ville est décimée par une épidémie. Les habitants de Brive sollicitent le saint, qui semble répondre à leur prière. En 570, ils lui dédient une première église, puis une seconde qui disparaît à son tour. Une nouvelle église, plus grande, est bâtie entre 1080 et 1150. Il n'en reste aujourd'hui que le transept, une chapelle, les absidioles et les **60 chapiteaux** remarquablement décorés de figures humaines et d'animaux fantastiques ou réels.

Du portail ouest, il faut descendre huit marches pour pénétrer dans la nef haute et majestueuse. À gauche, cuve baptismale en grès du 12e s. ornée des attributs des évangélistes, couronnée au 19e s. d'une statuette de saint Jean-Baptiste en métal. À côté, porte-cierge en fer forgé du 13e s., tableaux 18e s., orgue du 19e s. À l'extérieur, les beaux chapiteaux historiés et la corniche à modillons des absidioles retiennent l'attention.

Crypte archéologique – On peut y admirer les vestiges de murs de l'église primitive, des sarcophages mis au jour *in situ* en 1987-1988, des objets liturgiques et des reliquaires. La coupole, octogonale, est supportée par des colonnes du 14e s.

En sortant de la collégiale, prenez sur la gauche la rue des Échevins.

★ Tour des Échevins B2

La plus belle maison ancienne de Brive. Un hôtel s'orne d'une tour Renaissance en encorbellement percée de fenêtres à croisillons de pierre.

Revenez sur vos pas et prenez à droite.

Place Latreille B2

Autrefois cœur spirituel et commercial de la cité, elle est bordée de maisons anciennes. L'hôtel de Maillard-Quinhart, dit aussi des **Tours St-Martin**, date des 15e-16e s. Cet édifice en retour d'équerre est flanqué de trois tourelles et possède deux échauguettes.

Poursuivez tout droit dans la rue du Dr-Massénat, puis tournez à droite dans la rue Raynal.

Au coin des rues Blaise-Raynal et du Salan se trouve l'**hôtel Desbruslys**, du 18e s.

Continuez dans la rue Blaise-Raynal et pénétrez dans l'hôtel de Labenche par la petite porte sur la gauche.

★ Musée Labenche B2

26 bis bd Jules-Ferry - ✆ 05 55 18 17 70 - www.museelabenche.fr - ♿ - 10h-12h30, 13h30-18h - fermé lun. - 5,50 €.

L'**hôtel Labenche★**, magnifique édifice de la Renaissance toulousaine, fut bâti vers 1540 par Jean II de Calvimont, seigneur de Labenche, garde du sceau et greffier du roi. De la cour intérieure, on découvre les deux corps de logis en équerre qui soutiennent les grandes arcades de la galerie. La coloration rosée de la pierre met en valeur la beauté de la décoration. Au-dessus de la porte d'entrée du musée, remarquez les bucranes – têtes de taureaux morts – et les patères aux angles, inspirées des décors romains. L'hôtel de Labenche affiche la même exubérance architecturale à l'intérieur qu'à l'extérieur : **grand escalier** « à la romaine », aux culs-de-lampe sculptés de bustes de femmes et de guerriers, cheminées massives parfois peintes.

Les 17 salles des collections permanentes du musée, intéressantes et diversifiées, attirent un public varié. Au sous-sol sont conservées les collections de géologie et de paléontologie. Au rez-de-chaussée, on peut admirer le **mobilier Art nouveau** dessiné par Pierre Selmersheim (1869-1941), le piano quart de queue de Debussy, un vitrail aux armes des Noailles et une tapisserie d'Aubusson fin 17e s. Au 1er étage, collections d'histoire, d'art et d'archéologie. Celle des comtes de Cosnac est décorée d'un superbe ensemble de 10 **tapisseries★** provenant de la manufacture royale de Mortlake, relatant l'histoire de Mars, Héro et Léandre, Mercure et Argus et des chasses (1645). Cette manufacture, fondée en 1620 à Mortlake, dans le Surrey, disparut à la fin du 17e s. Ses tapissiers d'origine flamande travaillaient d'après des cartons de Rubens et de Van Dyck notamment. D'autres salles présentent Brive et sa région à travers des objets depuis la préhistoire jusqu'au Moyen Âge. La salle de **l'église St-Sernin de Brive**, détruite pendant la Révolution, mérite un arrêt. Au cours de fouilles, des sépultures ont été mises au jour, notamment celle d'un pèlerin de St-Jacques-de-Compostelle reconstituée. L'exceptionnelle **colombe eucharistique★** en bronze argenté, du 11e s., suspendue au-dessus de l'autel, renfermait les hosties. La **salle du maréchal Brune** évoque l'histoire récente de Brive et de ses personnages illustres : mobilier Empire, coffret de campagne de Napoléon Bonaparte. Les 2e et 3e étages sont consacrés aux arts et traditions populaires reconstitutions d'ateliers, centaines d'outils et d'objets illustrant la vie au 19e s. et au début du 20e s.

Sortez boulevard Jules-Ferry et prenez à gauche la rue du Dr-Massénat.

Briva Curretia

Au 6e s., la ville s'appelait *Briva Curretia* (Brive sur la Corrèze), *briva* (« pont » en gaulois) rappelant qu'il y avait un gué sur la Corrèze près de l'actuel pont du Bouys. Au 16e s., on lui adjoignit l'épithète « la Gaillarde », à cause de l'ampleur de l'enceinte fortifiée (un gaillard) dont elle s'était entourée.

2

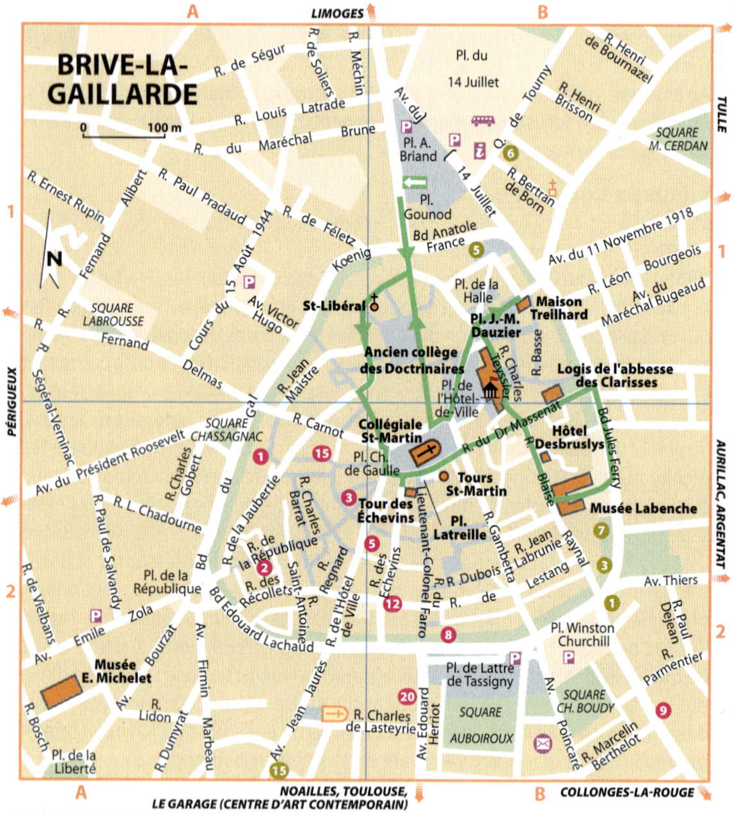

SE RESTAURER
- La Table d'Olivier 1
- Chez Rosette 2
- La P'tite Cocotte 3
- Amédélys 5
- Le Grain de sel 8
- Le Living 9
- Le Bistrot Chambon 12
- Atelier du Moutier 15
- Le Montauban 20

SE LOGER
- Hôtel Le Collonges 1
- Hôtel Le Coq d'Or 3
- Hôtel La Truffe Noire 5
- Hôtel Le Quercy 6
- Le Chêne vert 7
- Le Miel des Muses 15

Logis de l'abbesse des Clarisses B1

De style Louis XIII, il se signale par des lucarnes à frontons en plein cintre, ornées de boules quillées. Jadis relié par un cloître aux bâtiments de l'école de musique, il abrite désormais les archives municipales.
Tournez ensuite à droite dans la rue Teyssier.

★ Ancien collège des Doctrinaires B1

Tenu par les pères de la Doctrine chrétienne, humanistes à l'esprit ouvert, ce collège eut un rayonnement croissant jusqu'à la Révolution et forma des hommes de renom, tel le juriste consul Treilhard.
Aujourd'hui occupés par les services de l'**hôtel de ville**, ces bâtiments du 17e s. présentent sur la rue Teyssier une façade classique donnant sur une cour fermée par un mur décoré d'une colonnade à chapiteaux en grès de Gramont. Remarquez à gauche du mur de la façade un beau portail baroque à colonnes torsadées.
Tournez à droite.

Place Jean-Marie-Dauzier B1

Sur ce vaste espace dégagé se côtoient les bâtiments modernes du Crédit agricole et d'anciens hôtels à tourelles dont, au nord-est, la **maison Treilhard,** qui date du 16ᵉ s. Elle présente deux corps de logis reliés par une tour ronde s'ornant elle-même d'une échauguette. Le jurisconsulte Jean-Baptiste Treilhard, enterré au Panthéon, fut l'un des rédacteurs du Code civil.

Revenez sur vos pas, traversez la place de l'Hôtel-de-Ville pour revenir à la collégiale, et rejoignez la rue de Toulzac à droite du chevet.

Musée Edmond-Michelet A2

4 r. Champanatier - ✆ 05 55 74 06 08 - centremichelet.brive.fr - mai-sept. : 11h-18h, sam. 13h-18h ; oct.-avr. : 13h-18h - fermé dim. et j. fériés (sf 15 août) et de Noël au jour de l'An - gratuit. Expositions temporaires, colloques.

Installé dans la maison d'**Edmond Michelet** (1899-1970), ce musée rempli d'émotion est une étape incontournable d'une visite à Brive. Il retrace l'histoire de la Résistance et de la Déportation à travers des peintures, photos, et une exceptionnelle collection de plus de 400 **affiches de propagande★** (exposées par roulement). Chef du mouvement Combat en Limousin, héros de la Résistance locale, Michelet fut arrêté en février 1943, déporté à Dachau, et libéré en 1945. Il devint ensuite député de la Corrèze et plusieurs fois ministre dans le gouvernement de Gaulle. Les salles du rez-de-chaussée sont consacrées à la vie et aux convictions de cet homme qui, en juin 1940, devança l'Appel en citant Péguy : « Celui qui ne se rend pas a raison contre celui qui se rend. » Au premier étage, expositions temporaires. Le second étage est consacré à la Déportation, avec notamment des dessins (terriblement évocateurs, et déconseilés aux enfants) d'Anna Garcin-Mayade (1897-1981) sur la vie quotidienne au camp de Ravensbrück, où cette professeur de dessin et militante communiste, ancienne élève de Renoir, fut déportée.

Brive fut la première ville de la France occupée à se libérer par ses propres moyens, le 15 août 1944.

À proximité

CARTE P. 118

Sortez de Brive au nord-ouest par la D 901.

★ Jardins de Colette, à Varetz A2

La Chassagne - ✆ 05 55 86 75 35 - www.lesjardinsdecolette.com - juil.-août : 10h-19h mai-juin et sept. : tlj sf lun. 10h-18h ; vac. de Pâques et. de la Toussaint : 10h-18h ; reste de l'année : se rens. - 8,50 € (-18 ans 7 €, 3-6 ans 5,50 €).

Animations organisées toute l'année : concerts, visites nocturnes l'été. Le site comprend aussi une belle boutique proposant livres (nature, jardinage) et jeux, un salon de thé avec terrasse donnant sur les jardins, et une aire de pique-nique.

L'école de Brive

En 1982, la Foire du livre de Brive *(voir Carnet pratique/Agenda)* a lancé le regroupement d'auteurs ayant en commun un attachement à la Corrèze, où ils puisent l'inspiration de leurs livres. On compte parmi eux Michel Peyramaure, Claude Michelet, Christian Signol, Colette Laussac, Denis Tillinac... Pour en savoir plus : *L'École de Brive, son histoire, ses auteurs,* J. Peuchmaurd, Robert Laffont, 1997. Bibliographie *(voir p. 500).*

Colette vécut dix ans à Varetz (prononcez Varè), au domaine de Castel Novel, avec son époux, Henry de Jouvenel, et sa fille surnommée Bel Gazou. Ce vaste espace de 5 ha décline six tableaux paysagers, illustrant les lieux en France où séjourna la romancière, qui avait la main verte... À l'entrée de chacun de ces jardins, une table de lecture propose des extraits des œuvres évoquant sa Bourgogne natale, la Franche-Comté, la Bretagne, etc., pour se terminer aux jardins du Palais-Royal, où elle mourut. Des photos de Colette sont disséminées ici et là, on croise aussi la cour d'école de Claudine, l'une des héroïnes de la romancière. Une balade poétique, à effectuer librement ou en suivant la visite commentée, très instructive.

Un labyrinthe de 5000 m² bordé d'osier tressé vivant, en forme de papillon (un insecte qu'aimait beaucoup Colette), offre un jeu de piste d'1h30, à parcourir en famille. Dans le jardin sont disposés des jeux traditionnels géants en bois, pour s'amuser en famille : jenga, dominos, forêt à grelots, morpions, marelle...

Circuit conseillé

CARTE P. 118

★ Le Causse corrézien A2

Circuit de 58 km tracé en bordeaux sur la carte p. 118. Quittez Brive par le sud en empruntant la D 920, en dir. de Cahors.

La route s'élève aussitôt au-dessus du bassin de Brive. Avec ses forêts profondes et son lac, le Causse corrézien offre une fraîcheur bienvenue en été – quand la forte chaleur est au rendez-vous dans la ville en contrebas – et se prête à la randonnée. La région possède aussi un riche patrimoine, où le calcaire le dispute au grès, et les toits en lauze aux murets de pierre sèche. On y découvre en outre l'une des plus illustres familles corréziennes, les Noailles, dans le village du même nom.

Grottes de St-Antoine

Creusées dans le grès, les grottes où saint Antoine de Padoue se retirait lorsqu'il séjournait à Brive forment un sanctuaire de plein air. Les franciscains assurent l'accueil du pèlerinage *(℘ 05 55 24 10 60 - www.fratgsa.org)*. En suivant le chemin de croix, on arrive au sommet de la colline d'où l'on découvre une belle vue sur Brive.

★ Noailles

Le village occupe un site agréable dans un paysage de collines verdoyantes. Il est dominé par le château et l'église perchés sur un coteau. Le **château** Renaissance *(ne se visite pas)*, berceau des Noailles, est décoré de fenêtres surmontées de pinacles; le fronton s'orne de médaillons et d'anges portant les armes des Noailles. Coiffée d'un clocher à peigne de style limousin, l'**église Ste-Catherine** présente une abside et un chœur romans soutenu par des colonnettes ornées de chapiteaux historiés très réalistes (estropiés soutenus par des béquilles, le prophète Ezéchiel se coupant la barbe). Le martyre de la sainte est représenté sur une belle châsse émaillée du 13e s. L'église conserve le cœur du vicomte de Noailles, qui s'illustra dans la guerre d'Indépendance américaine aux côtés de son beau-frère La Fayette, et fut l'un des initiateurs de l'abolition des privilèges.

Quittez Noailles par l'ouest en empruntant la D 158.

Le parcours reprend sa montée vers le **Causse corrézien**, pays de calcaire blanc taraudé par d'innombrables « cloups » (terme local décrivant des dolines fertiles, dépressions circulaires tapissées d'argile rouge), et couvert de genévriers et de chênes malingres.

Lissac-sur-Couze

Dominant le lac du Causse, le village possède un beau manoir massif flanqué d'échauguettes, ancienne tour militaire des 13e et 14e s. À côté, l'église est surmontée d'un clocher à peigne.

★ Lac du Causse

Appelée aussi lac de Chasteaux, cette superbe étendue d'eau de 84 ha, enchâssée dans la riante vallée de la Couze à 10 km au sud-ouest de Brive, est aménagée en **base de loisirs**. Outre la baignade *(surveillée juil.-août 10h-18h)*, on peut s'y adonner à de multiples activités nautiques : voile, ski nautique, planche à voile, canoë-kayak, stand up paddle, surf-bike, aviron et bateau à pédales... *(location de vélos de mi-juin à fin août - ☏ 07 56 25 02 13 - www.base-vezere.com)*. Également des jeux pour les enfants. Le site est réputé pour ses courses d'aviron. Possibilité de réserver ces activités en ligne *(www.brive-tourisme.com)*.

Quittez Lissac par le sud-ouest en empruntant la D 59 pour rejoindre la D 19. Empruntez la D 19 vers l'est en dir. de Chasteaux.

L'itinéraire longe en grande partie les berges du lac, vous permettant ainsi d'apprécier la beauté du site.

Randonnée des Trois Villages

Départ Chasteaux - 14 km, 4h - dénivelé 300 m - (difficulté moyenne).

Elle permet de relier à pied Chasteaux, St-Cernin-de-Larche et Lissac-sur-Couze. Elle fait découvrir un aspect sauvage des environs de Brive-la-Gaillarde, en cheminant à travers les sous-bois au-dessus du lac de Causse. Description complète sur *www.correzerando.com*.

2

★ Chasteaux

Au sommet de ce beau village perché, se dresse une église de la fin du 15e s., édifiée sur un piton rocheux. De son porche on jouit d'une **vue★** incomparable sur le lac de Causse et Lissac-sur-Couze. Le village possède un bâti remarquable, qu'il faut découvrir à pied.

Dans les villages tout proches, **Le Soulier** et **Roziers**, les maisons anciennes, en calcaire ou en grès, méritent également une halte. A Roziers, remarquez les tourelles d'angles à pigeonniers.

Reprenez la D 19, puis quittez-la pour emprunter, sur la droite, la D 154 vers Chartrier-Ferrière.

Le Maillet

Les moellons calcaires des maisons de ce hameau sont assemblés au mortier d'« hirondelle », simple motte d'argile pressée dont la couleur rouge vif donne à l'ensemble beaucoup de caractère.

Poursuivez sur la D 154.

Nadaillac

Beau village rustique, renommé pour la qualité de ses **truffes**. Ses maisons médiévales portent parfois des toits de lauzes.

L'église fortifiée s'ouvre par un porche profond précédé d'un passage voûté. L'avant-chœur est couvert d'une coupole sur pendentifs.

Quittez Nadaillac par le nord-ouest en empruntant la D 63.

Plus loin, la D 60 serpente entre les limites des départements de la Dordogne et de la Corrèze. À **Larche**, la D 1089 ramène à Brive.

Carnet pratique

S'informer

Office de tourisme – *Pl. du 14-Juillet - ✆ 05 55 24 08 80 - www.brive-tourisme.com.*

Se garer

Pl. du 14-Juillet (grand parking souterrain), pl. Aristide-Briand, près de l'office de tourisme, au nord, ou pl. de-Lattre-de-Tassigny, au sud.

Agenda

Foire des rois – *Déb. janv. - www.brive.fr.* Foire grasse avec mise en conserve gratuite des foies gras apportés par les habitants et concours primé aux truffes. Foire des rois avec galette géante.

Festival du cinéma de Brive – Rencontres Internationales du moyen métrage – *1re quinz. d'avr. - festivalcinemabrive.fr.* Le seul festival en Europe consacré aux moyens-métrages.

Brive-Festival – *4 j. en juil. - brivefestival.com.* Festival musical avec des stars françaises et internationales en tête d'affiche. S'y ajoute un festival Off avec des concerts et animations gratuits.

Les Samedis en musique – *Tous les sam. juil.-août - pl. de la Guierle - 11h30-13h30.*

Festival de la Vézère – *De déb. juil. à mi-août - www.festival-vezere.com.* Dédié à la musique classique, dans des sites patrimoniaux de Brive et ses environs.

Foire du livre – *Déb. nov. - foiredulivredebrive.net.* Près de 400 auteurs réunis sous la halle Georges-Brassens. Plusieurs prix décernés (jeunesse, poésie, langue française, etc.).

Festival du bien élever et du bien manger (de l'Élevage) – *Dernier w.-end d'août - pl. de la Guierle - www.brive-tourisme.com.* Présentation de l'élevage régional avec plus de 700 bêtes, bovins, ovins, volailles, porcs et chevaux. Halle Georges Brassens : stand des saveurs gourmandes de viandes grillées, limousines, salers, veaux de lait, expositions, démonstrations d'équitation, etc. Ferme géante au cœur de Brive.

Foires grasses – *Tous les sam. nov.-mars - www.brive-tourisme.com.*Foie gras et truffes et, le 8 janv., foire des Rois avec galette géante.

Nos adresses

PLAN P. 140

Restauration

Premier prix

2 Chez Rosette – A2 - *12 r. de la République - ✆ 05 55 23 24 12 - fermé dim. et le soir de lun. à jeu. - menus 15/20 €.* Cuisine familiale et traditionnelle réalisée avec des produits frais et de saison. Sympathique et sans chichi !

3 La P'tite Cocotte – A2 - *42 r. de la République - ✆ 05 55 87 56 42 - la-petite-cocotte.fr - fermé soir (sf juin-sept de jeu. à sam.) et dim. - menu déj. sem. 14/18 €, le soir à la carte 25 € env.* Des circuits courts et une cuisine maison, concoctée au gré de l'inspiration, sans oublier quelques plats végétariens. Cette P'tite Cocotte mérite une halte.

Budget moyen

Chez Francis – HORS PLAN - *61 av. de Paris - ✆ 05 55 74 41 72 - www.chezfrancis.fr - fermé dim.-lun. - plats 19/30 €.* Réclames rétro et dédicaces laissées par les clients décorent ce sympathique restaurant aux allures de bistrot parisien. Cuisine traditionnelle revisitée au fil des saisons, carte courte; vins du Languedoc.

20 **Le Montauban** – B2 - *6, av. Edouard-Henriot - ✆ 05 55 24 00 38 - www.le-montauban.com - fermé sam. midi, dim. soir et lun. - plats 21,50/24,50 €, menu 39 €.* Confortablement installé dans la salle à manger délicieusement kitsch, on déguste une cuisine de grande qualité, aux saveurs subtiles. Un pur moment de bonheur, qui n'a rien d'étonnant : le maître des lieux, Jean-Luc Viginiat, est membre des Tables Gaillardes et des Toques Blanches du Limousin. Service attentif et souriant.

L'Inspyration – HORS PLAN - *142, av. du Prés. Henri-Queuille - ✆ 09 81 02 36 76 - fermé dim.-lun. - 25/52 €.* Engagé dans une démarche écoresponsable, Jérémy Cannesan vous invite à partager un moment à sa table: pas de carte, pas de menu établi à l'avance, on se laisse guider par les créations du chef... Plaisir de la découverte et de saveurs ô combien originales.

12 **Le Bistrot Chambon** – B2 - *8 r. Capitaine Galinat - ✆ 05 55 22 36 83 - www.bistrot-chambon.fr - fermé dim.-lun. - formule déj. sem. 18 €, plats 17/29 €, menu diner 36 €.* Ce bistrot gourmand, où le rouge domine, privilégie les plats du terroir, servis en portions généreuses.

5 **Amédélys** – B2 - *9 r. de l'Hôtel-de-Ville - ✆ 05 55 74 42 09 - www.amedelys.fr - ♿ - fermé dim.-lun. - plats 16/24,50 €.* Dans cette salle tout en longueur, le chef compose une cuisine actuelle au gré des saisons où le bœuf limousin et le canard règnent en maîtres, accompagnée de vins judicieusement choisis, à des prix plutôt doux.

9 **Le Living** – B2 - *15 av. Alsace-Lorraine - ✆ 05 55 24 26 55 - fermé merc. et dim. - menu 33 €.* Ce restaurant propose une carte variée, aux plats originaux, exotiques ou plus traditionnels.

Bistrot C. Forget – HORS PLAN PAR B1 - *53 av. de Paris - ✆ 05 55 74 32 47 - fermé dim. soir et lun.-merc. - menu 33 €.* Dans la salle au décor résolument contemporain ou dans le petit jardin planté d'un vieux tilleul, vous goûterez à la bonne cuisine de terroir de Christophe Forget, avec des viandes du Limousin naturellement à l'honneur. Excellent accueil.

8 **Le Grain de sel** – B2 - *6 bd Puyblanc - ✆ 05 55 24 06 22 - www.legraindesel-brive.fr - fermé mar.-merc. et dim. soir - menu déj. sem. 19 €, menus 29/33 €.* Belle maison corrézienne et cadre contemporain. On peut aussi dîner en terrasse. Cuisine traditionnelle, bon rapport qualité-prix.

15 **Atelier du Moutier** – A2 - *16 r. Maillard - ✆ 09 50 46 60 57 - www.atelierdumoutier.fr - fermé lun., mar. soir et dim. soir - formules déj. sem. 19 €, menus 35/53 €, brunch le dim. 28 €.* Nicolas Serre régale les Brivois de ses saveurs empruntées au terroir – foie gras et truffes – mais aussi fleurant bon l'exotisme. Charmant décor gris et violet mâtiné de turquoise, service attentionné.

Pour se faire plaisir

En Cuisine – HORS PLAN - *39 av. Édouard-Herriot - ✆ 05 55 74 97 53 - www.encuisine.net - fermé dim.-lun. - menus 55/69 €.* Un bistrot chic et une déco qui l'est tout autant, pour une cuisine raffinée qui fait le lien entre le passé et le présent, concoctée par le chef Nicolas Eche, fourmillant d'idées... Excellente carte de vins.

1 **La Table d'Olivier** – A2 - *3 r. St-Ambroise - ✆ 05 55 18 95 95 - fermé dim.-lun. et mar. midi - menus 55/80 €.* Pierre Neveu prépare une cuisine audacieuse et raffinée, qui utilise des produits frais et adapte la tradition avec brio. Carte renouvelée avec les saisons, belle présentation des

plats, service efficace et aimable. Il est prudent de réserver.

Petite pause

Le Django – *4 pl. des Patriotes Martyrs - ✆ 05 19 07 68 80 - mar.-sam. 8h30-18h.* Vous aimez les jus de fruits maison, le *cheese cake* ou le chocolat chaud ? Direction le Django et son mobilier chiné. Dans une ambiance joyeuse faite de bric et de broc, vous savourerez le temps qui passe...

Brin de causette – *2 r. St-Libéral - ✆ 05 55 24 09 33 - www.brindecausette.net - mar.-ven. 10h-19h, sam. 9h30-19h30.* Bar, café, salon de thé dans un décor vintage des années 1950 : un lieu atypique et convivial, très girly, où l'on peut faire ses emplettes de déco...

Shopping

Marché – *Mar., jeu. et sam. - halle Georges-Brassens.* Important marché de la région.

Foires grasses – Brive en compte cinq *(mi-nov., déb. et mi-déc., déb. janv. et déb. fév., voir Agenda).*

Maison Bach – *3 r. Nungesser - marché Brassens - ✆ 05 55 87 24 16 - www.maisonbach.com - lun.-vend. 8h-19h30.* L'une des adresses les plus sympathiques et les meilleures du marché de Brive. La maison Bach propose, depuis 1962, un assortiment de charcuterie – boudin aux châtaignes, une spécialité locale, andouille de viande, noix de jambon, etc.

Distillerie Denoix – *9 bd du Mar.-Lyautey - ✆ 05 55 74 34 27 - www.denoix.com - juil.-août : tlj sf dim. 9h30-12h30, 14h30-19h ; visite guidée (1h) en juil.-août mar.-vend. à 14h30 - reste de l'année : fermé dim.-lun. et j. fériés.* Cette distillerie fondée en 1839 produit 15 liqueurs, dont la célèbre Suprême Denoix, et 11 apéritifs. On y trouve aussi la moutarde violette au moût de raisin, une autre spécialité régionale. Les ateliers aménagés dans les bâtiments d'origine, en cuivre et bois de chêne, se visitent. Dégustation en fin de parcours.

Halle gaillarde – *Pl. de Lattre de Tassigny - mar.-jeu. 7h30-14h, vend.-sam. 7h30-19h, dim. 9h-14h.* Dans cette halle alimentaire près de la Poste, une quinzaine de commerçants proposent une gamme complète de produits (alimentation, fleurs, librairie, café-bar).

La Cave du Pic Vert – *9-11 r. de l'Hôtel de Ville - ✆ 05 55 74 33 05 - cavedupicvert.fr - mar.-vend. 10h-12h45, 15h-19h15, sam. 10h-13h, 14h30-19h15.* Épicerie fine proposant une large gamme de vins issus de l'agriculture biologique et biodynamique, ainsi que des vins naturels.

En soirée

Café des Halles – *12 pl. de la Halle - ✆ 05 55 87 53 65 - mar.-merc. 10h-0h, jeu.-sam. 10h-1h30.* Au cœur de Brive, voici l'endroit idéal pour boire un verre ou assister à un match. Ambiance garantie ces soirs-là...

La Banou Bar – *37 av. du Mar.-Foch - www.labanou.com - mar.-jeu. 17h-23h, vend.-sam. 10h-23h.* Vous y dégusterez de délicieuses bières artisanales brassées sur place, des cocktails originaux à la bière, et, en cas de petite faim, un menu casse-croûte *(7/15 €)* à base de produits du terroir. Animations, soirées à thème.

Hébergement

Premier prix

③ **Hôtel Le Coq d'Or** – B2 - *16 bd J.-Ferry - ✆ 05 55 17 12 92 - www.hotel-coqdor.fr - - 8 ch. 55/80 € - ☕ 9 €.* Les chambres de cet hôtel aux belles pierres apparentes, situé près du centre, sont décorées de meubles anciens et de toile de Jouy. Accueil charmant.

Budget moyen

1 Hôtel Le Collonges – B2 - *3 pl. W.-Churchill - ✆ 05 55 74 09 58 - www.hotel-collonges.com -* ▤ *- 28 ch. 90/110 € - ☕ 10 €.* Cet hôtel fréquenté en partie par des habitués est situé en léger retrait du boulevard. Salon-bar coquet et chambres sobrement modernes.

Grand Hôtel – HORS PLAN PAR A2 - *67-69 av. Jean-Jaurès - ✆ 05 55 74 21 14 - grandhotelbrive.com -* ▤ 🅿 *10 € - 51 ch. 85/107 € - ☕ 10 €.* Entièrement rénové en 2017, cet établissement installé en face de la gare ptropose des chambres à prix raisonnable, décorées avec goût. Son restaurant, le Terminus *(formule déj. tlj sf w.-end 18 €, à la carte 18/31 €)*, est ouvert en semaine (sf le midi en août).

7 Le Chêne vert – B2 - *24 bd Jules-Ferry - ✆ 05 87 09 99 99 - www.chenevert-hotel.fr - 20 ch. 94/140 € - ☕ 12 € - bar ouv. de 7h30 à 21h.* Doté d'une spectaculaire verrière, Le Chêne vert a fait peau neuve ! Déco contemporaine et colorée, bar lounge, chambres confortables toutes différentes. Une belle adresse.

Noemys Brive – HORS PLAN PAR A2 - *7 av. Cyprien-Faurie - ✆ 05 55 86 45 00 - www.hotel-brive-la-gaillarde.com -* ▤ ✕ ♿ 🅿 *- 40 ch. à partir de 66 € - ☕ 9,50 €.* Si vous préférez séjourner à l'écart de l'animation du centre-ville, optez pour cet hôtel fonctionnel aux chambres spacieuses.

6 Hôtel Le Quercy – B1 - *8 bis quai Tourny - ✆ 05 55 74 09 26 - www.hotelduquercy.com -* ▤ ✕ ♿ *- 48 ch. 105/140 € - ☕ 12 €.* Bien situées en centre-ville, les chambres de cet hôtel moderne sont spacieuses et bien équipées. Petit-déjeuner continental ou américain.

Pour se faire plaisir

5 Hôtel La Truffe Noire – B1 - *22 bd A.-France - ✆ 05 55 92 45 00 - www.la-truffe-noire.com - 27 ch. 105/135 € - ☕ 12 € -* ✕ *formule déj. 20 €, menu 27 €.* Au seuil de la vieille ville, cette grande maison régionale du 19e s. abrite des chambres au décor discret. Intérieur moderne, ou terrasse, pour déguster truffes et spécialités corréziennes actualisées.

15 Le Miel des Muses – A2 - *21 r. J.-Jaurès - ✆ 05 55 23 79 65 - www.lemieldesmuses.fr -* ♿ *- 10 ch. 101/148 € - ☕ 13 €.* Dans le cœur historique de la cité, cet hôtel de charme installé dans une ancienne quincaillerie propose de vastes chambres portant de doux noms de vins. Design et déco bois assurent une atmosphère intimiste réussie. Toute petite piscine sur le toit, jacuzzi et hammam *(25 €/h)*.

À proximité

Les Collines de Sainte-Féréole – *Allée A.-Valéry - Ste-Féréole - lieu-dit Goursat - ✆ 05 55 92 43 50 - www.residencelescollines.com -* ♿ *- 900/1 000 €/sem. pour 2 pers. en hte sais.* Les 25 *lodges* haut de gamme de cette résidence de tourisme écolabellisée, nichés au cœur de la colline et à dix minutes de Brive, surplombent le superbe paysage corrézien. Une parenthèse de bien-être en pleine nature.

Château de Lissac – *Le Bourg - Lissac-sur-Couze - ✆ 06 08 14 95 97 - www.chateaudelissac.com -* 🅿 *- 4 ch. 130/160 €, suite 4 pers. 250 € - ☕ 14 €.* Un séjour dans ce spectaculaire château, dont la construction a débuté au 13e s., est un voyage dans le temps. Le vaste parc incite à la promenade. Petit-déjeuner servi dans la cuisine voûtée du 15e s., ou, aux beaux jours, sur la terrasse située au-dessus du lac de Causse.

Aubazine ★★

Niché dans un joli cadre de collines boisées, ce ravissant village du sud-ouest corrézien dresse ses maisons à l'ombre de l'ancienne abbaye cistercienne d'Obazine, à laquelle il doit son existence. Lieu de rencontre spirituelle avec l'un des grands courants mystiques de l'Occident chrétien, le site est aussi un lieu d'agréables promenades le long du canal des Moines, bâti de mains d'hommes à flanc de colline, ou sur le puy de Pauliat, qui domine la région.

Se repérer

887 Aubazinois - Corrèze (19)

CARTE P. 118-119 (B2)

À 13 km à l'est de Brive-la-Gaillarde.

À ne pas manquer

Les vestiges de la double communauté monastique de l'abbaye ; la chapelle grecque.

Organiser son temps

Comptez 2h pour l'abbaye, et environ 3h pour la basse vallée de la Corrèze. Chemins de randonnée aménagés autour du canal des Moines.

Carnet pratique p. 151

Nos adresses p. 151

Visiter

★ Abbaye cistercienne St-Étienne

★★ **Église abbatiale** – Érigé en grès dans la seconde moitié du 12e s. par deux prêtres originaires de Xaintrie, cet édifice roman fut, comme la plupart des églises cisterciennes, voué à la Vierge. Elle était à l'époque la plus grande église du Limousin. Au 18e s., le recrutement des religieux étant en net recul, seuls quelques moines résidaient à l'abbaye.

N'ayant plus les moyens d'entretenir les bâtiments qui menaçaient de tomber en ruine, ils décidèrent de préserver l'abbatiale en l'amputant de six de ses neuf travées (elle faisait donc à l'origine 90 m de long). L'espace ainsi libéré devint alors une place au cœur même du village.

La fondation de l'abbaye

Dans le premier tiers du 12e s. s'assemblent en forêt d'Obazine, autour de l'ermite **Étienne de Vielzot**, venu de la Xaintrie voisine *(voir Argentat)*, des hommes et des femmes aspirant à une vie austère consacrée à la prière. La petite communauté, ayant adopté la règle de saint Benoît, érige un **monastère d'hommes** à Obazine, puis un **monastère de femmes** à proximité du premier, dans le vallon du Coiroux. En 1147, malgré le handicap constitué par l'existence de la communauté féminine, Étienne obtient l'intégration de ses fondations dans l'ordre cistercien.

Cette spécificité d'une double communauté monastique sera conservée jusqu'à la Révolution. Les femmes, ayant été soumises par le fondateur à la clôture absolue, vécurent sous la totale dépendance, tant au plan spirituel que matériel, du monastère masculin, condition sans doute à l'origine du facétieux dicton : « Qui a fille à Coiroux a gendre à Aubazine. »

Abbaye d'Aubazine.
H. Lenain/hemis.fr

À l'extérieur, l'abbatiale d'Aubazine se distingue par un **clocher★** original. Son plan carré passe au plan octogonal par un système de gradins de pierre, réalisant une figure dite « surface réglée », véritable prouesse technique unique à ce jour. À l'intérieur, magnifique de simplicité, le vaisseau central est voûté en berceau légèrement brisé, et le vaste carré du transept doté d'une élégante coupole sur pendentifs. Trois chapelles orientées, à chevet plat, s'ouvrent de chaque côté du chœur terminé par une abside à cinq pans. L'édifice est éclairé par de remarquables **vitraux** en grisaille, les seuls à être admis par les cisterciens, dont la plupart remontent au 12e s. L'abbaye possède un intéressant mobilier, dont de superbes **stalles** du 18e s. décorées de visages très expressifs, et la plus ancienne **armoire liturgique★** de France, fabriquée en chêne au 12e s., ornée d'arcatures et de fines colonnettes annelées sur ses faces latérales. Notez aussi une fresque représentant la Vierge de pitié (15e s.) ainsi qu'une châsse en émail champlevé (13e s.).

Pièce majeure de l'abbatiale, le spectaculaire **tombeau de saint Étienne★★** fut exécuté en calcaire dans les années 1250-1260. Le gisant repose dans une châsse dont l'élévation est ajourée par une arcature; le toit à deux versants est orné de scènes sculptées : sur le côté visible, la Vierge à l'Enfant accueille saint Étienne et ses communautés pendant leur vie terrestre. Le visage du gisant a été mutilé par les fidèles qui raclaient la pierre, la poussière obtenue possédant selon leur croyance des vertus miraculeuses. Autre pièce d'une qualité exceptionnelle : la **Mise au tombeau du Coiroux★**, œuvre en calcaire polychrome retrouvée en 1985 lors de la fouille de l'église du monastère féminin.

Coco Chanel passa six ans, de 1895 à 1901, à l'orphelinat de l'abbaye d'Aubazine, une expérience qui devait lui inspirer le goût pour les lignes épurées !

Ancien monastère masculin – *abbaye.aubazine.com - visite guidée (1h30) - ouv. d'avr. à nov. - horaires et tarifs : voir site Internet.* Rassemblés autour du jardin de l'ancien cloître, les **bâtiments conventuels** ouverts à la visite comprennent la salle capitulaire, avec ses voûtes d'arête retombant sur deux colonnes, la salle

de travail des moines et le grand vivier à poissons. Ce dernier est alimenté par un d'art d'une qualité technique exceptionnelle, qui vaut à lui seul d'être découvert.
Canal des Moines – Du 12e s., il fut tantôt creusé dans la roche en place, tantôt construit en encorbellement au-dessus d'à-pics de plus de 50 m. Pour subvenir à leurs besoins en eau courante, les cisterciens, hydrauliciens réputés, opérèrent une capture sur le Coiroux pour alimenter ce canal, amenant ainsi l'eau jusqu'à l'arrière du bâtiment qui abritait les cuisines et le réfectoire. La structure permettait aussi d'irriguer jardins et prés, de remplir un vivier et même d'actionner trois moulins. Victime de la tempête de 1999 qui entraîna d'importants éboulements, mais aussi de la popularité du site, fréquenté par de nombreux visiteurs et amateurs d'escalade, il a fait l'objet de travaux de restauration. Il relie l'abbaye à la Bissière en contournant Aubazine par le haut. Un sentier le longe sur 1,7 km.
Ancien monastère féminin – À environ 500 m du monastère masculin *(sur la D 130 en dir. de Palazinges)*, dans un vallon étroit parcouru par l'impétueux Coiroux, subsistent les murs de l'église de ce monastère abandonné en 1791. Des fouilles ont permis de retrouver, sous le talus de la route actuelle, la **porterie** voûtée, aménagée en sas, par laquelle communiquaient moines et moniales. Chaque communauté disposait en effet d'une clé de la porterie : l'une avait la clé de la porte extérieure, l'autre la clé de la porte intérieure !
Chemin des Moines – *À 5mn à pied.* Il reliait les deux monastères *(1,5 km)* en contournant le village par le bas. Il passe devant la croix qui se dresse à l'entrée d'Aubazine.

À proximité

CARTE P. 118

Chapelle grecque byzantine catholique

De l'abbatiale, empruntez la D 130 sur 300 m. À gauche, un panneau en bois indique la chapelle, que l'on atteint en descendant une vingtaine de marches (accès libre).
Dans cette ancienne grange qui a été transformée en chapelle (1962) à deux étages, fresques et icônes rivalisent de couleurs chaudes avec les plafonds et le sol. Les illustrations représentent des scènes de la vie du Christ. La fête de Pâques étant la plus importante dans la liturgie byzantine, une grande partie des fresques évoquent les différentes étapes de la Résurrection. Toutes de noir vêtues, les **moniales de la Résurrection** dépendent de l'Église grecque catholique de rite melkite, de tradition byzantine, dont le siège patronal est à Damas.

Le Calvaire B2

À 1 km à l'est par la D 48 dir. Le Chastang. Au lieu-dit Le Saut-de-la-Bergère, prenez à gauche, garez-vous et continuez à pied.
Du calvaire coiffé d'une statue de saint Étienne, beau **panorama★** sur le village, les vallées du Coiroux et de la Corrèze.

★ Puy de Pauliat B2

À 3 km à l'est par la D 48 dir. Le Chastang. Au puy de Pauliat, garez-vous et continuez à pied en suivant les panneaux.
30mn AR. Alt. 520 m. Un sentier, tracé à travers les bruyères et les bois de châtaigniers, conduit au sommet, d'où l'on découvre une large **vue★** : une table d'orientation permet de situer au sud-est la roche de Vic et au nord, le massif des Monédières. Vous pouvez vous rendre au **cromlech**, curieux alignement néolithique de pierres dressées autour d'un bloc central, à l'**ermitage** d'où l'on a un beau point de vue sur la région et au **dolmen** en gneiss rose, formé de trois piliers.

Carnet pratique

S'informer

Office de tourisme – *Le Bourg - 19190 Aubazine - ✆ 05 65 33 22 00 - www.vallee-dordogne.com.*

Agenda

Foire aux chèvres – *Dim. en avr. autour de la St-Georges - www.vallee-dordogne.com.* Foire au bétail, produits régionaux, dégustations de vins.

Beynat – Foire primée de la châtaigne et du marron – *Un w.-end. à la mi-oct. - www.vallee-dordogne.com.* Marché à la châtaigne, intronisation des membres de la Confrérie des gourmets de la châtaigne, et « châtaigne géante ».

Nos adresses

Restauration

Premier prix

Hôtel-restaurant St-Étienne – *Av. Brugeilles - ✆ 05 55 25 71 01 - www.le-saint-etienne.com - P - ✕ 21/29 € - 33 ch. 68/80 € - ☕ 9,50 €.* On ne peut pas manquer cette jolie bâtisse en pierre de pays, avec sa tour dominant la place du village. Dans la grande salle à manger ou en terrasse, on déguste une cuisine à base de produits du terroir. Chambres classiques, propres et de bon confort.

Auberge Le Passadou – *Mardil - ✆ 06 50 99 35 99 - tlj sf merc. 12h-13h, 19h-21h - menu ouvrier déj. sem. 15 €, 12/43 €.* Sur la terrasse aux beaux jours ou au coin du feu en hiver, venez goûter des plats faits maison, servis en généreuses portions et élaborés à base de produits locaux. Si vous êtes mélomane, le chef assure l'interlude musical après le repas et fait aussi venir des artistes...

Activités

Parc du Coiroux – *Lac du Coiroux - 14 km au sud par D 940 et D 48 - ✆ 05 55 27 25 66- www.golf-coiroux.com.* Complexe de loisirs autour de la retenue d'eau de 24 ha, avec plage surveillée *(juil.-août)*, golf de 9 et 18 trous, accrobranche, terrains de sport, départs de sentiers et VTT. Activités nautiques, pêche.

Hébergement

Budget moyen

Hôtel-restaurant de la Tour – *Pl. de l'Église - ✆ 05 55 25 71 17 - www.hotel-tour-aubazine.fr - 17 ch. 65/91 € - ☕ 10 € - ✕ 17/26 €.* Face à l'abbaye, vieille maison de caractère flanquée d'une tour. Chambres égayées de papiers peints colorés.

Une folie

Spalazen Nature – *La Jarouste, D 175, Palazinges - ✆ 06 17 91 45 55 - www.spalazen-nature.com - 5 lodges 180/240 € (2 à 4 pers.) ☕, tarifs dégressifs - paniers gourmands sur réserv. 23/33 €, brunch 20 €.* Vous désirez vous ressourcer ? Au cœur de la forêt de Palazinges, ces lodges atypiques vous accueilleront le temps d'un week-end ou plus. En plus du Spa individuel, un espace relaxation avec sauna, massages et soins Sothys vous sera proposé. Boutique bien-être et boutique gourmande.

Collonges-la-Rouge

★★

Collonges-la-Rouge est l'emblème des « plus beaux villages de France », appellation inventée par Charles Ceyrac, maire de Collonges de 1965 à 1996. Le titre lui est resté depuis... Une fois les grappes de touristes reparties, venez goûter au charme de ce village lumineux, aux couleurs pourpres si particulières. Le paysage, déjà quercynois, est composé de garennes parsemées de genévriers, de noiseraies et de vignobles.

Collonges-la-Rouge.
Xantana/Getty Images Plus

Se repérer

483 Collongeois – Corrèze (19)

CARTE P. 118-119 (B2), PLAN P. 154.

À 32 km au nord-est de Souillac.

À ne pas manquer

Le tympan et le clocher de l'église St-Pierre ; le castel de Vassinhac.

Organiser son temps

Comptez 2h pour la visite du village, de préférence en fin de journée quand l'affluence est moindre.

Carnet pratique p. 156

Nos adresses p. 156

Se promener

PLAN PAGE SUIVANTE

Circuit tracé sur le plan de la ville p. 154. Partez de l'ancienne gare.
Une indéniable harmonie émane de la cité, sans doute liée à l'utilisation exclusive de matériaux traditionnels dans la construction, aux proportions harmonieuses et à la richesse des édifices.

Maison de la Sirène

R. de la Barrière - 06 83 32 53 25 - gisfaucher@orange.fr - juil.-août : 14h-17h30 - 2 € (-10 ans gratuit).
Coiffée d'un toit de lauzes, cette maison du 16e s. à encorbellement, précédée d'un porche, est ornée d'une sirène qui tient un miroir d'une main et un peigne de l'autre. C'était la propriété d'Henry de Jouvenel, second mari de **Colette**, qui possédait aussi les châteaux de Curemonte et de Castel Novel à Varetz.
Elle abrite un intérieur collongeois d'autrefois reconstitué au sein du **musée des Arts et Traditions populaires.**
Plus loin, une **porte de style ogival** marque l'accès du prieuré bénédictin qui fut détruit à la Révolution.

Maison de la Ramade de Friac

Cette gentilhommière, surmontée de deux tourelles, était la maison de ville de la puissante famille dont elle porte le nom. Au-delà de l'ancien **relais St-Jacques-de-Compostelle** (Collonges fut une étape du pèlerinage), franchissez un passage couvert : dans une ruelle se dresse à droite une vieille demeure à tourelle.

Castel de Benges

Se détachant sur un fond de peupliers et de noyers, le fier manoir possède une tour en poivrière qui s'orne d'une gracieuse fenêtre Renaissance. Les seigneurs de Benge régnèrent sur le vignoble réputé de Collonges, jusqu'à sa destruction par le phylloxéra.

Porte Plate

Appelée ainsi parce qu'elle a perdu ses tours, elle faisait partie de l'enceinte fortifiée qui protégeait l'église, le cloître et les bâtiments du prieuré.

Halle

Dotée d'une charpente supportée par de robustes piliers, la halle aux grains, édifiée à la fin du 16e ou au début du 17e s., fut le centre la vie sociale durant des siècles. Elle abrite le four banal, installé en 1880.

Un lieu de villégiature

La couleur qui la désigne évoque le grès rouge (il contient 2 % d'oxyde de fer) que l'on trouve sur un escarpement au nord du village. Et pourtant, les maisons ont été édifiées sur un sol de calcaire... blanc !
Collonges s'est développée au 8e s. autour de son église et de son prieuré qui dépendait de la puissante abbaye poitevine de Charroux. Au 13e s., elle obtient les franchises et les libertés de la vicomté de Turenne dont elle fait partie, puis devient au 16e s. un lieu de villégiature des grands fonctionnaires de la vicomté qui font construire les manoirs contribuant à l'originalité de Collonges.

2

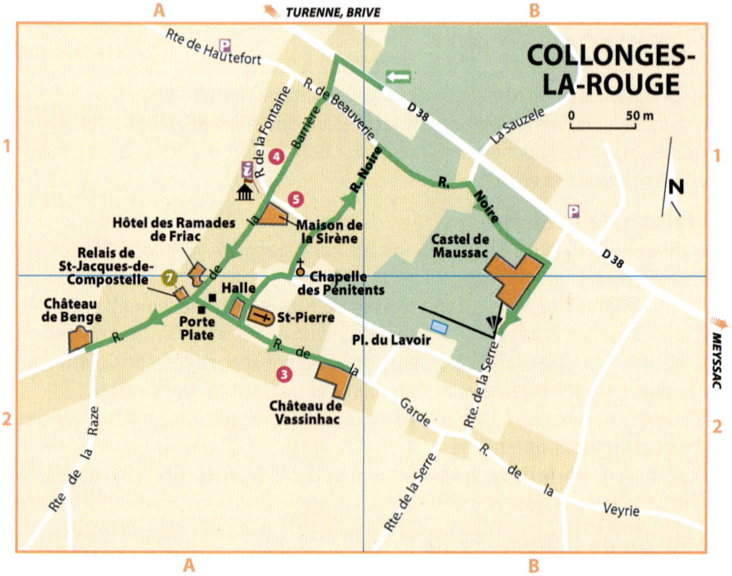

SE RESTAURER
Le Maraîcher 3
Le Cantou 4
Les Pierres Rouges 5

SE LOGER
Hôtel Le Relais de St-Jacques-de-Compostelle 7

★ Château de Vassinhac

www.tourismecorreze.com/fr/tourisme_detail/le_castel_de_vassinhac.html - ✆ 05 55 84 06 20/06 32 90 95 17 - avr.-oct. et vac. scol. 10h-12h30 et 14h-19h - 6,50 € (-12 ans gratuit).

L'élégante demeure appartenait à Gédéon de Vassinhac, seigneur de Collonges, capitaine gouverneur de la vicomté de Turenne. Construit en 1583, le castel, hérissé de tours et de tourelles en poivrière, est percé de fenêtres à meneaux. Échauguettes et meurtrières témoignent de la fonction défensive de l'édifice. On découvre la salle à manger pavée en grès rouge ciré pourvue d'un plafond Louis XIII et d'une imposante cheminée, puis les salons Louis XVI. Dans la tour de l'escalier qui mène aux chambres, deux bibliothèques murales abritent quelque 350 volumes du 18e s. Un escalier à vis dessert une cave voûtée où sont exposées des photographies du château avant et après sa restauration. Un film sur le village est projeté dans une seconde cave. Dans le parc, d'où la vue porte sur les tours imposantes du castel, s'élèvent des calvaires et une croix sculptée.

★ Église St-Pierre

Pl. de l'Église.

Elle date des 11e et 12e s., mais fut fortifiée au 16e s., pendant les guerres de Religion. Le grand donjon carré fut alors pourvu d'une salle de défense communiquant avec un chemin de ronde. Le tympan de l'église, mis hors d'atteinte dans le nouveau pignon de la façade, retrouva sa place d'origine en 1923.

★ **Tympan** – Probablement l'œuvre de sculpteurs de l'école toulousaine, il représente l'Ascension. Au registre supérieur, le Christ élevé par deux anges apparaît nimbé, tenant la Bible d'une main et bénissant de l'autre ; au registre inférieur, la

Vierge attristée est entourée des onze apôtres commentant ce prodige. Le tympan est bordé par un arc brisé décoré d'un fin cordon d'animaux.
★ **Clocher** – Ses deux étages carrés ajourés de baies en plein cintre et surmontés de deux étages octogonaux flanqués de gâbles, en font un bel exemple du 12e s. de style roman limousin.
Intérieur – Au 12e s., l'église présentait un plan cruciforme autour de la croisée du transept surmontée d'une coupole, elle-même emboîtée dans le clocher. Celui-ci repose sur des piliers du 11e s. Des chapelles latérales ont été ajoutées aux 14e et 15e s., ainsi qu'une seconde nef de style flamboyant.

Chapelle des Pénitents

Élevée au 13e s., elle a été aménagée au 17e s., lors de la Contre-Réforme, par la famille de Maussac. Elle abrite des objets anciens ayant appartenu aux Pénitents noirs et des commentaires sur cette fameuse confrérie. Des vitraux contemporains rouge flamboyant illuminent les lieux.

Rue Noire

Elle traverse le quartier le plus ancien de Collonges dont les maisons, construites en retrait les unes des autres, s'ornent de tourelles et de tours et s'habillent de glycines et de treilles.

Castel de Maussac

Il abrita avant la Révolution le dernier membre de la famille des Maussac qui, émigré en Italie, devint l'aumônier de la princesse Pauline Borghèse.
L'édifice à tourelle est précédé par un portail à auvent ; une échauguette fait saillie sur une tour carrée dominée par une lucarne.
En poursuivant un peu plus au sud dans la rue, on a une jolie **vue**★ sur Collonges, le castel de Vassinhac et le clocher.

2

Collonges-la-Rouge, château de Vassinhac.
guy-ozenne/Getty Images Plus

Carnet pratique

S'informer

Office de tourisme – *R. de la Barrière - ✆ 05 65 33 22 00 - www. vallee-dordogne.com.* L'office de tourisme organise des visites nocturnes aux flambeaux (sur réserv.) et un parcours ludique pour les enfants (livret-jeu).

Se garer

Circulation interdite dans le village l'été. Parking gratuit face aire camping-car et autres *(payants apr. 30mn)* à l'entrée et la sortie du site.

Agenda

Théâtrales – *Mar. soir de mi-juillet à mi-août - www.theatrales-collonges.org.* Théâtre en plein air.

Marché d'antan et Fête du pain – *1er dim. d'août - www.collonges-la-rouge.fr.* Produits du terroir.

Nos adresses

Restauration

Budget moyen

5 Les Pierres Rouges – A1 - *Le Bourg - ✆ 05 55 74 19 46 - 12h-14h, 19h-21h - fermé nov.-mars et dim. soir-lun. - plats 14,50/18 €, menu 25 €.* Agréable restaurant avec terrasse qui sert des spécialités régionales et d'excellentes salades. Bonne ambiance, accueil prévenant.

4 Le Cantou – A1 - *R. de la Barrière - ✆ 05 55 84 25 15 - www. lecantou.fr - ♿ - fermé janv. et le soir sf juil.-août - menu 25 €.* Sur l'agréable terrasse ombragée ou dans la salle en partie voûtée, vous pourrez choisir menus, tartines ou omelettes. Vraie cuisine du terroir et desserts maison. Boutique.

3 Le Maraîcher – A2 - *La Bassière - ✆ 07 69 99 55 80 - menu 23/28 €.* Du potager à l'assiette : tel est le credo de ce restaurant. Dans les assiettes, des légumes bio, cultivés sur les 4 ha du domaine, et des viandes, poissons, fromages et vins qui n'auront pas fait plus de 100 km. Une cuisine goûtue qui donne l'eau à la bouche. Grandes salades, glaces artisanales. Concerts, piscine ouverte à la clientèle *(jeu.-dim. 15h- 21h30)*. Une adresse à retenir.

À proximité

Premier prix

Le Relais du Quercy – *Av. du Quercy - Meyssac - 2 km au sud-est de Collonges - ✆ 05 55 25 40 31 - www. relaisduquercy.fr - piscine - menu déj. 13,50 € - menus soir 22/39 € - 10 ch. 82/92 € - petit-déj. 10 €.* Dans la confortable salle à manger, ou sur la terrasse, vous savourerez une délicieuse cuisine maison préparée avec des produits de la région. Idéal pour un week-end de charme, avec en prime le plaisir de profiter de la piscine.

Shopping

À proximité

Clos des Quatre Croix – *La Coste - Saillac - 3 km au sud-ouest de Collonges - ✆ 05 55 84 03 01 ou 06 72 13 58 95 - tlj apr. 19h.* Pour acheter du vin paillé, issu de vendanges séchées sur lit de paille pendant six semaines minimum. Cette succulente boisson, obtenue après conservation en fût, se boit fraîche, à l'apéritif ou au dessert.

Poterie - Mosaïque – *Pl. de la Halle - Meyssac - 1,7 km au sud-est de Collonges - ✆ 06 20 24 69 54 (Sarha) ou 06 30 96 26 00 (Valérie) - mar.-sam. 10h-18h30.* Sarha, céramiste, et Valérie, mosaïste, présentent leurs réalisations dans cet atelier-boutique.

La Vie contée – *Sabazot - Ligneyrac - 9 km à l'ouest de Collonges - ✆ 05 55 25 42 07 ou 06 23 02 60 49 - www.laviecontee.fr - sur réserv., visite gratuite.* Dans ce village surnommé le Rocamadour corrézien en raison du site qu'il occupe, on assiste aux pressées de l'huile de noix dans le moulin centenaire, un savoir-faire qu'Anne et Cyrille ont à cœur de transmettre.

Activités

Randonnées – 12 itinéraires balisés *(topofiches en vente à l'OT)* dans le pays de Collonges-la-Rouge. Au départ de Collonges : le Circuit des lavoirs collongeois (7 km) et La Chaise du diable (14 km).
La Rando des musées (18,8 km) mène de Collonges à Noailhac, Ligneyrac et Saillac, et retour. *www.rando-des-musees.fr.*

Hébergement

Premier prix

Chambre d'hôte La Vigne grande – HORS PLAN - *La Vigne Grande - 19500 Collonges-la-Rouge - à 2,5 km au sud - ✆ 05 55 25 39 20 - lavignegrande.free.fr - P - 5 ch. 46 €.* À quelques kilomètres de Collonges, cette ancienne grange restaurée présente un bon rapport qualité-prix pour visiter la région. Belle vue sur les collines de Corrèze et piscine pour se rafraîchir l'été.

Budget moyen

7 **Hôtel Le Relais de St-Jacques-de-Compostelle** – A2 - *Le Bourg - ✆ 05 55 25 41 02 - www.hotel-stjacques.com - P - fermé de mi-nov. à mi-mars - 10 ch. 89/109 € - 10,50 €, 1/2 P possible - menus 31/35,50 € (réserv. conseillée) - fermé merc.* Chambres sobres, où le blanc domine. Cette maison du 15ᵉ s. abrite deux salles à manger, rafraîchies dans un esprit campagne actuel. Jolie terrasse et cuisine du terroir.

À proximité

Premier prix

Chambre d'hôte Le Jardin de la Raze – *La Raze - 5,5 km au sud-ouest de Collonges - ✆ 05 55 25 48 16 ou 06 50 77 27 46 - jardindelaraze.blogspot.com - - 5 ch. 54 €. - juil.-août 3 nuits mini.* Cette ferme du 18ᵉ s. est à 10mn à pied de Collonges. Chambres confortables, décorées avec soin. Tout autour, un grand jardin à l'anglaise avec arbres fruitiers et rosiers.

Pour se faire plaisir

Hôtel-restaurant La Bastidie – *1 r. des Ecoles - Noailhac - 4 km au nord-ouest de Collonges - ✆ 09 51 94 99 07 - www.la-bastidie.fr - P - 115/165 € - 12 € - menu déj. sem. 19 €, menus soir 31/36 € - fermé janv.-fév., dim. soir et lun.* Un hôtel de charme niché dans un village de poche et installé dans une ancienne ferme superbement restaurée. Chambres meublées avec beaucoup de goût. Cuisine inventive et gourmande, où les produits de saison sont de rigueur. Possibilité de randonnées à pied ou à vélo dans les environs.

2

Turenne ★★

Un donjon qui s'élance à l'assaut du ciel, des maisons perchées formant cascade autour des vestiges de son château, voici la spectaculaire cité de Turenne ! Fief du huguenot Henri de La Tour d'Auvergne, maréchal de France et héros de la guerre de Trente Ans, elle reste fière d'avoir été la capitale de l'ancienne vicomté, véritable État dans l'État. Un célèbre dicton local, comparant la ville à ses voisines, déclare : « Pompadour pompe, Ventadour vente, Turenne règne. »

Turenne.
ivotheeditors/Getty Images Plus

Se repérer

811 Turennois – Corrèze (19)

CARTE P. 118-119 (B2), PLAN P. 160.

Turenne se trouve à 30 km au nord de Souillac, porte d'entrée du Lot.

À ne pas manquer

La vue du haut de la tour de César. L'église de Saillac et les Quatre Demoiselles, écomusée de la noix.

Organiser son temps

Comptez 2h pour Turenne, compte tenu de l'affluence en saison.

En famille

Visites costumées de Turenne ; le gouffre de la Fage.

Carnet pratique p. 163

Nos adresses p. 164

Se promener

PLAN PAGE SUIVANTE

Ville basse

C'est le quartier du Barri-Bas, ancien faubourg de la ville.

Place du Foirail

Au sud, l'**hôtel Sclafer** avec sa terrasse à l'italienne était la demeure de notaires au 17e s. En face, remarquez une **échoppe du 15e s.** et sa grande arcade.
Remontez la rue du Cdt-Charollais.

Place de l'Ancienne Halle

Les logis tout autour témoignent de la richesse des habitants, surtout l'élégante **maison Vachon**, demeure des consuls de Turenne aux 16e et 17e s. L'hôtel de Carbonnières, du 17e s., orné de tours et de tourelles, appartenait à une famille noble de la Xaintrie.

Rue Droite

Entre deux hôtels, cette rue étroite et spectaculaire s'élève vers le château, bordée de très belles maisons anciennes à encorbellement et de modestes échoppes.
De la place de la Halle, prenez à droite.

Rue Joseph-Rouveyrol

Admirez la **maison de l'Ancien Chapitre**, dont la tour est décorée d'une belle porte de style gothique flamboyant.
Poursuivez tout droit en empruntant la rue de l'Église.

Collégiale Notre-Dame-et-St-Pantaléon

Cette église fortifiée fut construite entre 1660 et 1680. L'édifice, en forme de croix grecque, est curieusement voûté; une belle mosaïque de pierres jaunes et blanches dessine un réseau de nervures prismatiques. Les murs très épais donnent à l'intérieur un aspect austère inhabituel pour l'époque. Le clocher-porche culmine à 30 m de haut. Le mobilier des 17e et 18e s. comprend un maître-autel surmonté d'un **tabernacle-retable★** en bois sculpté et doré figurant la passion du Christ. Un décor en trompe-l'œil plus tardif occupe l'espace entre les colonnes torses.
Au-dessus de l'église, la grande **maison Tournadour** était le grenier à sel de la ville.

Ville haute

On pénètre dans la ville haute par la **porte fortifiée** de la deuxième des trois enceintes qui protégeaient le château, la **porte de Mauriolles**. À droite, la **maison du Sénéchal** s'orne d'une élégante tour. À gauche, la **chapelle et couvent des Capucins** (1644), élevée par le frère du Grand Turenne, sert de cadre estival à des expositions et des concerts.
En contournant le **château** par la droite, remarquez une série de manoirs recouverts de toits d'ardoises et flanqués de tours trapues.
Redescendez vers la ville basse en empruntant la ruelle qui sépare la deuxième de la troisième enceinte, puis la **rue Droite**.

Château

✆ 05 55 85 90 66 - www.chateau-turenne.com - juil.-août : 10h-19h ; avr.-juin et sept.-oct. : 10h-12h, 14h-18h ; reste de l'année : se rens. - 5,50 € (10-18 ans 3,80 € ; -10 ans gratuit).

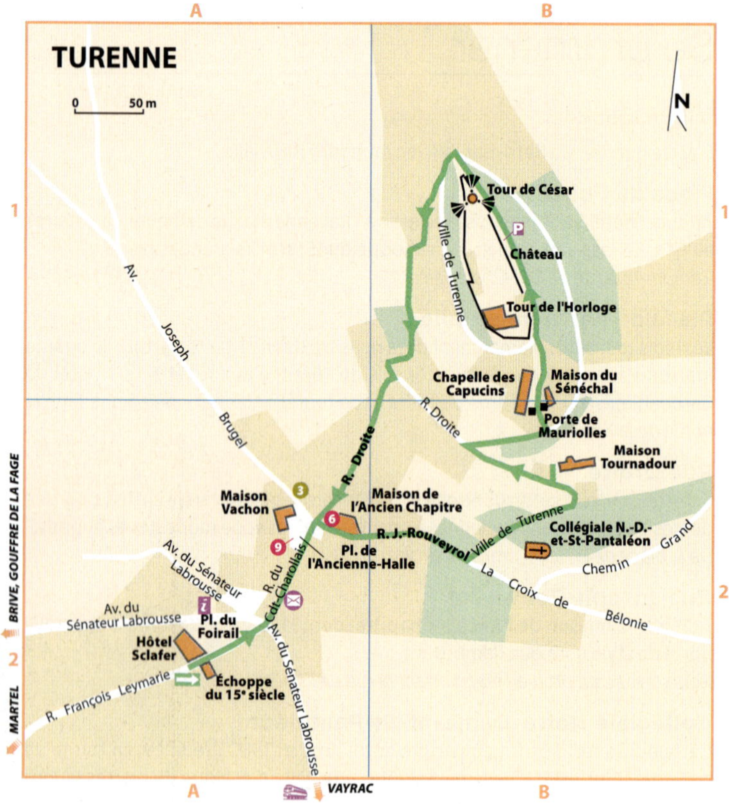

SE RESTAURER
La Maison des Chanoines 6
Le Bistrot de Turenne 9

SE LOGER
Chambre d'hôte Le Clos Marnis 3

Il fut démantelé sur ordre de Louis XV juste après la réunion de la vicomté à la Couronne. Seules les tours de l'Horloge et de César ont été épargnées, occupant chacune une extrémité du promontoire, **site★** remarquable qui était autrefois entièrement couvert par les vastes corps de logis. Une chapelle s'élevait derrière la **tour de l'Horloge**. De cet ancien donjon du 14e s., on ne visite que la salle des Gardes, voûtée en berceau brisé. Quelques objets évoquant le passé de Turenne y ont été rassemblés. Au-dessus se trouve la salle de la Monnaie ou salle du Trésor. À l'opposé du donjon, la **tour de César** circulaire, à l'appareillage irrégulier, date du 12e s. Un escalier permet d'accéder au sommet *(322 m d'altitude, table d'orientation)* d'où vous pourrez contempler un superbe **panorama★★** sur la région par-delà un paysage verdoyant et vallonné, avec les monts du Cantal vers l'est et, plein sud, la vallée de la Dordogne.

Randonnées

Le circuit des falaises – Circuit de 8,5 km *(2h15 env.)* qui traverse le village de Turenne et vous fait passer par le causse voisin au pied du château de la Peyrouse, puis revenir par la vallée de la Tourmente. *Rens. sur www.correzerando.com.*

Circuit conseillé

CARTE P. 118

★ Sur les terres de M. de Turenne AB2

Circuit de 50 km tracé en violet sur la carte p. 118.

Cet itinéraire traverse la partie centrale de l'ancienne vicomté de Turenne, unie à la couronne de France en 1738 seulement. Au-delà de Turenne, les collines boisées du Limousin font place aux premiers plateaux du causse quercynois.

Quittez Turenne vers le nord-ouest par la D 8, et après 3 km, prenez sur la gauche vers Lagleygeolles.

★ Gouffre de la Fage A2

05 55 85 80 35 - www.gouffre-de-la-fage.com - juil.-août 9h30-13h et 14h-18h ; visite libre le matin, guidée (1h) l'après-midi sf sam. ; avr.-juin et sept. : tlj sf merc. 14h-17h ; reste de l'année : se rens. - 9 € (4-13 ans 5,50 €).

Jeux insolites dans le parc, mini parcours spéléo et chantier de fouilles - atelier fossile (7-12 ans) juil.-août : sur réserv. (10 €, visite du gouffre, deux moulages et un fossile).

Capitale d'une célèbre vicomté

Castrum Torina au 8e s., puis *Torena* trois siècles plus tard, Turenne voit la forme presque définitive de son nom apparaître au milieu du 12e s. : *Turena*. Son origine ? Le mot préceltique *turra* (hauteur).

L'incapacité des derniers Carolingiens à gouverner l'ensemble de leurs possessions et l'aptitude des seigneurs de Turenne à résister aux invasions normandes semblent être à l'origine de l'émancipation du fief vis-à-vis du pouvoir royal. Dès le 11e s., une **forteresse** couronne la butte témoin détachée du causse de Martel.

Au 15e s., Turenne compte sous sa dépendance le tiers du Bas-Limousin, le Haut-Quercy et le Sarladais, soit 1 200 villages et bon nombre d'abbayes. La vicomté jouit alors d'enviables privilèges. Tout comme le roi de France, les vicomtes agissent en véritables souverains anoblissant à leur guise, créant offices et consulats, battant monnaie, levant les impôts. Les habitants étaient exonérés de la taille (impôt). Mais le dicton « heureux comme les vicomtins » prit fin en 1738, lors de la vente de la vicomté à Louis XV...

La famille des **La Tour d'Auvergne** a rendu célèbre le nom de Turenne. Au 16e s., Henri Ier de La Tour d'Auvergne (1555-1623) est le chef des huguenots du Limousin et le plus vaillant soutien de la Réforme. Pour récompenser son zélé lieutenant, Henri IV lui fait épouser l'héritière du duché de Bouillon, Charlotte de La Marck, en 1591 ; les Turenne émigrent alors à Sedan. Mais Charlotte meurt trois ans après ce mariage, laissant à son mari les titres de duc de Bouillon et de prince de Sedan. Celui-ci se remarie avec Élisabeth de Nassau, dont il aura huit enfants.

Son fils cadet, également prénommé Henri, est un fabuleux stratège et deviendra le **Grand Turenne** (1611-1675). Mais c'est l'aîné, Frédéric Maurice, qui hérite de la vicomté. Il y reçoit en 1650 la princesse de Condé et son fils, le duc d'Enghien. La rencontre entre ces deux partisans de la Fronde fut l'objet de telles magnificences qu'elle resta célèbre sous le nom de « semaine folle de Turenne » et qu'il fallut prélever deux années d'impôts pour rembourser les dépenses occasionnées.

2

Découvert en 1891, le gouffre, d'une profondeur de 25 m, débouche à la croisée de deux galeries qui occupent le lit d'une ancienne rivière. L'escalier d'accès emprunte l'aven, qui résulte d'un effondrement de la voûte de pierre.
Dans la première galerie, stalactites et stalagmites ont pris avec le temps des formes étranges : piliers, orgues, draperies, dos de tortue, colonnettes et cascades. Les couleurs des concrétions - de l'orange au vert - varient selon les oxydes transportés par les eaux de pluie. La grotte est habitée par une importante colonie de plusieurs milliers de **chauves-souris** (près de 14 000 !), relevant de 14 espèces différentes. Un film leur est consacré. Avril est la meilleure période pour les observer. Dans la deuxième galerie, de véritables forêts d'aiguilles pendent des plafonds.
Un sentier d'interprétation aborde la géologie, la paléontologie et le thème des chauves-souris.
Revenez à Lagleygeolles pour prendre, sur la gauche, la route qui rejoint la D 73.

Jugeals-Nazareth B2

Le village de Nazareth fut fondé par Raymond Ier de Turenne au retour de la première croisade. Celui-ci y installa une maladrerie confiée à l'ordre des Templiers. Sous la mairie subsistent des salles voûtées, équipées de puits fermés par une grille, où séjournaient les lépreux.
À la sortie nord du village, sur la D 8, un point de vue se dégage sur la droite. Au carrefour de Montplaisir, prenez la D 38, sur la droite vers Meyssac.

Château de Lacoste B2

Cette ancienne place forte, bâtie en grès de la région *(propriété privée, ne se visite pas)*, se compose d'un corps de logis flanqué de trois tours rondes du 13e s. et complété au 15e s. par une élégante tourelle d'escalier polygonale.
À **Noailhac**, on pénètre dans le pays du grès rouge, matériau qui servit à construire ces villages aux si belles tonalités. On aperçoit bientôt le plus fameux d'entre eux, Collonges-la-Rouge, émergeant de son écrin de verdure.

★★ Collonges-la-Rouge *(**152)*

Meyssac B2

Au centre de cette région vallonnée où abondent noyers, peupliers, vignes et arbres fruitiers, Meyssac, comme Collonges, est bâtie en grès rouge. Cette terre, dite terre de Collonges, a donné naissance à un artisanat de la **poterie** qui s'est développé à Meyssac. L'office de tourisme propose un circuit du patrimoine.
L'**église St-Vincent,** de style gothique rayonnant, est assez curieuse. Son clocher-porche du 12e s. possède des baies pour le tir et le guet. Le portail en calcaire de style roman limousin, à triples voussures, présente des chapiteaux sculptés de têtes d'homme ou de lion. Au 16e s., les guerres de Religion ont amené les habitants de Meyssac à fortifier l'édifice en ajoutant des hourds ou galeries de bois défensives au sommet du clocher ainsi qu'une tour de guet sur la façade nord de l'église.
La charpente de la **halle** repose sur de grands piliers et des colonnes intercalés. Construite au 18e s., elle s'élève au milieu d'une large place bordée de belles demeures, certaines ornées de splendides tours.
Quelques maisons à encorbellement, à auvents et à pans de bois achèvent de conférer du cachet à la cité.
Quittez Meyssac par la D 14 (direction Martel). Après 2 km, prenez à droite la D 28.

Saillac B2

Ce ravissant village bâti en grès rouge et jaune, qui compte un peu plus de 200 habitants, apparaît au milieu des noyers et des maïs. Il a conservé son **moulin,** qui produit de l'huile de noix lors de la **Fête de la noix** *(1er dim. oct., années paires)*. Le prieuré de Saillac dépendait autrefois de l'évéché de Limoges.
De style roman, l'**église St-Jean-Baptiste** (12e s.) a subi de nombreuses attaques au cours des guerres de Religion et de la Révolution, d'où son aspect défensif : clocher-porche massif, baies pour le tir et le guet. De style languedocien, son portail à triples voussures possède un très beau **tympan★** en pierre polychrome, relativement rare au 12e s., où figure l'Adoration des Mages. En dessous, sculptés dans une frise, un monstre ailé dévore un enfant tandis que l'archange saint Michel tient en laisse un dragon. Le style des figures est très naïf. Un **trumeau axial torsadé**, orné de feuillages, d'animaux et d'êtres humains, divise le portail en deux. Dans le chœur, couvert d'une coupole sur pendentifs, beaux chapiteaux historiés.
★ **Les Quatre Demoiselles, écomusée de la noix** – *Pl. de l'Église - Saillac - ✆ 05 55 22 70 62 - www.4demoiselles.fr – juil.-août : 8h30-21h - avr.-juin et oct. : tlj sf merc. 8h30-17h - 5 € (6 -18 ans, 3 €) - départ visite ttes les h. (dernier à 19h) - réserv. conseilée.* Ce musée passionnant a pris place dans un ancien prieuré. Saillac est le berceau de la **noix Marbot**, l'une des quatre variétés de l'AOP, qui porte le nom de Maurice Marbot, saillacois ayant greffé cette variété de noix précoce. Au fil de la visite, se déroulant dans une belle cave voûtée, on découvre la culture de la noix, son histoire, ses usages culinaires et médicinaux, sa symbolique, complétés par un film et une création musicale. Mise en scène remarquable du muséographe Guy Brun et une façon originale de célébrer ce fruit emblématique de la région. Le parcours se poursuit dans la salle du Trésor où est évoqué le travail des producteurs. La noix entre dans la composition de liqueurs et autres douceurs locales. L'écomusée abrite aussi un **coin bistrot** pour goûter des produits à bas de noix, avec terrasse aux beaux jours, et une **boutique** très bien achalandée.
Quittez Saillac par le nord-ouest pour rejoindre la D 19, puis, vers le nord la D 8, qui ramène à Turenne.

Randonnées

Randoland – Circuit de 4,3 km autour de la noix *(départ à l'écomusée de la noix - www.randoland.fr)*.

2

Carnet pratique

S'informer

Office de tourisme – *Pl. du Belvédère - ✆ 05 55 24 08 80 - www.brive-tourisme.com. Brochure Circuit du patrimoine (1 €) ; livre sur Turenne et sa Vicomté (5,50 €).*

Visites guidées – *5 € (enf. 2,50 €).* L'office de tourisme organise des visites historiques costumées et des nocturnes *(sur réserv.)*.

Agenda

Marché des producteurs de pays – *Vend. juil.-août, à partir de 17h.* Au centre du bourg de Saillac.

Nos adresses

Restauration

Premier prix

9 **Le Bistrot de Turenne** – A2 - *Pl. de la Halle - 09 88 49 29 96 - à la carte à partir de 18 € - réserv. conseillée - j. et horaires, se rens.* Idéalement situé, ce bistrot rural ouvert en 2022 mérite une halte. Il privilégie circuits courts (fermes de la région) et produits du marché. C'est pourquoi sa carte change à chaque saison.

Pour se faire plaisir

6 **La Maison des Chanoines** – A2 - *R. Joseph-Rouveyrol - 05 55 85 93 43 - www.maison-des-chanoines.com - P - de Pâques à mi-oct. - 50 € tous les soirs (réserv. obligatoire) - 7 ch. 85/105 € - suites 105/120 € - 13 €.* Charmante maison du 16e s. : porte d'entrée sculptée, salle à manger voûtée, chambres coquettes, terrasse. Carte traditionnelle et créative.

Shopping

La Ronde des créateurs – *R. du Commandant-Charolais - 06 26 71 54 09 - avr.-oct. 10h-19h.* Cette coopérative regroupe une quinzaine d'artisans créateurs de Corrèze et des alentours. Luminaires, jouets en bois, objets de déco, maroquinerie, coutellerie, art floral et végétal, créations textiles, cosmétiques, savons, bijoux, de très belles réalisations pour toutes les bourses…

Activités

Petit train – *06 37 66 13 43 - juil.-août tlj, mai-juin mar.-dim. (et lun. de Pentecôte) 10h-12h30, 14h-18h, départ ttes les 30mn (4,50 € AR au château, 3,50 € 3-16 ans).*

Hébergement

Premier prix

3 **Chambre d'hôte Le Clos Marnis** – A2 - *Pl. de l'Ancienne-Halle - 05 55 22 05 28 - closmarnis.online.fr - P - 5 ch. 69 € (tarif dégressif) - table d'hôte 28 € sur réserv.* Cette belle maison de pierre reçoit dans un décor du 18e s. Chaque chambre porte un prénom de femme. Petit-déjeuner servi sous les voûtes de l'ancien réfectoire des Pénitents blancs, où l'on peut également dîner… Grand jardin accueillant.

Pour se faire plaisir

Tiny House À la Belle écorce – HORS PLAN - *Pont Estor - 06 78 92 52 51 - 140/160 €/nuit, 2 nuits mini.* En pleine campagne, offrant une vue imprenable sur le château de Turenne, ce petit gîte pour 2 à 3 pers. attend votre passage. Conçu par Virgile, charpentier et Domitille, décoratrice d'intérieur, il est en bois et comprend une cuisine équipée.

À proximité

Budget moyen

Chambre d'hôte La Diligence – *Le Peyratel - Noailhac - 7 km au nord-est de Turenne - 05 55 25 47 50 - - 3 ch. 80 € et 1 suite 105/115 € .* Dans une maison du 18e s., avec vue panoramique sur le bourg, trois chambres, pas très grandes mais agréables et soignées, ont été créées dans la grange. La table d'hôte, essentiellement régionale, montre que le chef n'a pas perdu la main. Gîte pour 4 pers. *(350/450 €)* également proposé à la location.

La Maison des étoiles – *Rte de Génestal - Noailhac - 7 km au nord-est de Turenne - 06 02 28 85 12 - www.lamaisondesetoiles.fr - de 44 € à 110 € selon les gîtes.* Pour un séjour dépaysant à souhait, optez pour ce hameau de gîtes situés en pleine nature. Dans celui de Domostella, vous pourrez même observer les étoiles depuis votre lit !

Beaulieu-sur-Dordogne ★

Occupant un méandre de la Dordogne, cette jolie cité médiévale est une avancée du Périgord en Limousin. Son climat tempéré et son ensoleillement important tout au long de l'année lui valent le surnom de « Riviera limousine ». Ce « beau lieu » offre des trésors d'architecture, parmi lesquels le somptueux portail de son église romane et la chapelle des Pénitents. À quelques kilomètres, la Mise au tombeau dans la chapelle de Reygade est un chef-d'œuvre à découvrir absolument.

Se repérer

1284 Bellocois – Corrèze (19)

CARTE P. 118-119 (B2).

À 17 km au nord de St-Céré *via* Bretenoux, par la même route.

À ne pas manquer

Les berges de la Dordogne et la vieille ville; les sculptures romanes de l'église St-Pierre; la Mise au tombeau dans la chapelle de Reygade.

Organiser son temps

Prévoyez une demi-journée pour la ville, une journée pour les circuits.

En famille

Le musée de l'Homme de Neandertal (à La Chapelle-aux-Saints); la descente de la Dordogne en canoë.

Carnet pratique p. 169

Nos adresses p. 170

Se promener

Vieille ville

Un dédale d'étroites ruelles bordées de demeures anciennes converge vers l'église, le long d'un circuit à faire à pied. Une belle tour à coquille (16e s.) se dresse rue Ste-Catherine.

Maison Renaissance

Pl. de la Bridolle (Ne se visite pas).

La maison dite Renaissance possède une façade ornée de statues et de médaillons du 16e s., utilisés en remploi lors de la reconstruction de l'édifice, après un incendie, en 1806.

Quais de la Dordogne

Ils se trouvent à l'emplacement de l'ancien port haut : au 19e s., des gabares circulaient en effet sur la Dordogne; ces embarcations descendaient la rivière à partir d'Argentat pour gagner Libourne.

Quai Faugère, la maison des Gabariers, au grand balcon de bois, rappelle cette époque où la navigation était florissante. Aujourd'hui, les visiteurs peuvent monter à bord de *L'Adèle-et-Clarisse*, reconstruite à l'identique et baptisée ainsi en l'honneur des deux dernières passeuses de bac *(✆ 05 65 33 22 00 - www.vallee-dordogne.com - balade commentée (45mn) mai-oct. - 8 €, 5-10 ans 6 € - réserv. à l'office de tourisme ou sur www.vallee-dordogne.com).*

★★ Église St-Pierre

Pl. du Marché.

Imprégnée d'influences architecturales venant du Limousin comme du sud-ouest de la France, cette **église abbatiale** du 12e s. fut un lieu de pèlerinage important. Bâtie en grès, elle affiche un plan bénédictin que l'on retrouve dans les églises de pèlerinage de ce type. Le chœur, le transept et la travée orientale de la nef furent édifiés de 1100 à 1140 environ. Au milieu du 12e s., on poursuivit les travaux par le côté sud de la nef et le mur du collatéral nord ; la campagne s'acheva au 13e s. par la travée occidentale de la nef et la façade.

★★ **Portail méridional** – Édifié en 1135, il est l'un des premiers chefs-d'œuvre de la sculpture romane. Le portail a été exécuté par les tailleurs d'images toulousains qui travaillèrent à Moissac, Collonges, Souillac et Carennac. Précédé d'un porche ouvert, il présente un ensemble sculpté d'une composition remarquable. Il illustre la parousie (le second avènement du Christ). Au sommet trône le Christ, avec les apôtres qui figurent dans le prolongement de ses bras. Il est entouré d'une cour d'anges. Deux d'entre eux sonnent de la trompe pour annoncer son retour et deux autres présentent la croix de la Passion. En dessous, dans le monde terrestre, les morts, soulevant les couvercles de leurs tombeaux, ressuscitent. Le monde infernal occupe le registre inférieur du tympan.

Chevet – *Voir ABC d'architecture, 463.* Ses proportions harmonieuses donnent une impression d'unité, renforcée par l'homogénéité du style décoratif. Le clocher central comprend un seul étage octogonal percé de huit baies en arc brisé à voussure limousine. En contournant le chevet, dans le prolongement du croisillon nord, remarquez les restes du cloître bordant la salle capitulaire (sacristie).

Façade occidentale – Elle s'ouvre par un large portail sans tympan. Le clocher qui la surmonte à l'angle sud fut rajouté au 14e s., au moment de la guerre de Cent Ans, et surélevé en 1556.

Intérieur – Sanctuaire de pèlerinage, l'église fut conçue pour faciliter la circulation des foules : larges bas-côtés et déambulatoire. La voûte en berceau de la nef repose sur des piles cruciformes. À la croisée du transept s'élève une coupole irrégulière sur pendentifs plats. Le chœur est éclairé par cinq baies en plein cintre.

Trésor – Exposé dans le bras nord du transept, le trésor renferme une remarquable **Vierge à l'Enfant★** du 12e s. (60 cm de haut), en bois revêtu d'argent, des reliquaires et une châsse du 13e s. en émail champlevé.

★ Chapelle des Pénitents

Également nommée N.-D.-du-Port-Haut, cette chapelle du 12e s..a conservé son chevet roman et son **clocher-mur** à cinq baies qui se reflète dans les eaux de la Dordogne. Sa silhouette harmonieuse et son emplacement font les délices des photographes... Elle occupe en effet un site particulièrement romantique, où les gabares faisaient halte autrefois. Première église paroissiale de la ville, elle fut vendue à la Révolution et sa fonction transférée à l'abbatiale. Au 19e s., elle fut rattachée à la confrérie des Pénitents bleus.

Elle accueille durant l'été des expositions temporaires *(de mi-juin à mi-sept.)*.

À proximité

CARTE P. 118

La Chapelle-aux-Saints B2

À 13 km à l'ouest de Beaulieu-sur-Dordogne par la D 12 et la D 144.

Du parking *(200 m du village)*, un chemin conduit à la **grotte** où furent retrouvés les restes de notre lointain cousin, enseveli il y a environ 45 000 ans. C'est ici, à la

Tympan de l'abbatiale Saint-Pierre.
guy-ozenne/Getty Images Plus

bouffia Bonneval (*bouffia* signifiant « grotte, trou » en occitan), que fut trouvé, en 1908, un squelette quasiment complet de l'homme de Neandertal. Il gisait dans une fosse, entouré d'objets familiers.

Musée de l'Homme de Neandertal – *Sourdoire - 05 55 91 18 00 - www.neandertal-musee.org - - visite guidée (45mn) juil.-août : 10h-12h, 14h30-18h ; avr.-juin et sept. : tlj sf dim. 14h30-18h ; reste de l'année : se rens. - 5,50 € (6-16 ans 3,50 €).* Il présente la reconstitution de la sépulture de ce chasseur, ainsi que son mode de vie et son environnement. Les visites commentées expliquent l'enjeu scientifique de cette découverte.

Le portail de l'**église** du village (12e s.), au beau toit d'ardoises, est doté de deux colonnes dont les chapiteaux sont décorés d'oiseaux qui encadrent un homme et tiennent dans leur bec une couronne ornée de perles.

De clunisienne à bénédictine

Le nom de Beaulieu remonterait à 855. **Rodolphe de Turenne**, alors archevêque de Bourges, visitant la région, est séduit par le site, qu'il baptise *Bellus locus* (beau lieu), et décide d'y fonder une abbaye. En dépit des luttes meurtrières des seigneurs de Turenne et de Castelnau qui se disputent sa suzeraineté, le monastère d'obédience clunisienne devient très vite influent. C'est une étape pour les pélerins se dirigeant vers Rocamadour et St-Jacques-de-Compostelle. Les abbés doivent ensuite compter avec les bourgeois de la cité qui, obtenant privilège sur privilège, acquièrent bientôt une indépendance presque totale. Au sortir des guerres de Religion, l'abbaye est en pleine décadence. En 1663, l'abbé de La Tour d'Auvergne fait appel aux austères bénédictins de St-Maur, qui entreprennent les réformes nécessaires, réparent les bâtiments conventuels et permettent à l'abbaye de vivre des heures sereines jusqu'à la Révolution.

★ Curemonte B2

À 12 km au nord-ouest de Beaulieu-sur-Dordogne par la D 144 et la D 153[E]. Mairie - 05 55 25 34 76/06 80 40 98 63 - www.curemonte.org - visite guidée sur réserv. (1h30) - 3 € (-15 ans gratuit).

Parking payant en haut de la côte qui mène au village. Prévoyez une bonne marche ensuite pour rejoindre le centre-bourg.

C'est dans cette paisible cité que **Colette** écrivit son *Journal à rebours,* durant la Seconde Guerre mondiale. Curemonte vient du latin *cura montis*, qui signifie « ferme en altitude ». Aux confins de la Corrèze et de la Dordogne, ce petit joyau médiéval, très fréquenté par les touristes, impose de loin la silhouette de ses remparts, de ses **trois châteaux** – phénomène étonnant pour un village de 200 habitants ! – et de ses nobles maisons aux toits de tuiles plates. Il domine les vignobles vallonnés de Branceilles. Sous la **halle aux grains** Jean-Lalé, construite après la Révolution au-dessus d'un socle, remarquez le fût de calvaire sculpté de 12 bas-reliefs du 16e s. ayant pour thème la vie de Jésus.

Au-delà de la halle, sur la droite, observez le petit **château de La Johannie**, demeure du 14e s., et la belle maison à tourelle bâtie un siècle plus tard.

L'**église**, à l'architecture composite (portail et chevet du 12e s., chapelles des 14e-15e s.), a gardé son clocher à peigne protégé par un auvent.

Prenez à droite derrière l'église. L'enceinte aux tons chauds flanquée de bastions couverts en poivrière protège le **château de Plas** (tours rondes du 16e s.) et le **château St-Hilaire** (tours carrées à mâchicoulis du 14e s.) que l'on longe successivement. Montez jusqu'à la **table d'orientation,** d'où vous découvrirez une **vue★** magnifique sur Curemonte et ses alentours boisés et vallonnés.

Redescendez place du Château, où s'élèvent plusieurs « maisons nobles » à tourelles, des 16e et 17e s. Tournez à gauche en suivant les remparts ; cet itinéraire de retour dégage de belles vues vers le causse de Martel et le Périgord noir.

À 1,5 km du bourg, à l'ouest, vous trouverez **l'église Saint-Hilaire de La Combe** (11e s.), la plus ancienne du département, qui accueille des expositions en saison, et à l'est, la **chapelle St-Genest** (12e s.), qui abrite un musée religieux *(ouv. juil.-sept. 10h-19h ; reste de l'année : w.-end 10h-19h - entrée libre et gratuite).*

Puy-d'Arnac B2

À 8 km au nord de Beaulieu-sur-Dordogne par la D 940.

Il se blottit au pied d'une butte que couronne une église. Du village, une route en très forte montée permet d'accéder en voiture à la plate-forme entourant l'église *(site de la Cafoulière).* Celle-ci est aménagée en aire d'accueil et donne accès à des chemins pédestres entretenus. Trois tables d'orientation aident à découvrir le vaste **panorama★** : à l'est et au sud, la vue se porte sur la vallée de la Dordogne, composée de vallons et de collines avec des prairies coupées d'élégants rideaux de peupliers, tandis qu'au nord-ouest se dessinent les reliefs plus accentués de la région de Meyssac et de Turenne.

Circuit conseillé

CARTE P. 118-119

Gorges de la Cère BC2

Circuit de 50 km tracé en rouge sur la carte 118-119.

Née dans les monts du Cantal, la Cère appartient au Quercy pour la dernière partie de son cours. Mais avant de confondre ses eaux avec celles de la Dordogne

en aval de Bretenoux, au pied du promontoire où se dresse le célèbre château de Castelnau-Bretenoux, la Cère a dû se frayer un chemin, entre Laroquebrou et Laval-de-Cère, en creusant des gorges sauvages.
Quittez Beaulieu par la D 940 vers St-Céré, puis à gauche la D 41.
Après la traversée la Dordogne, la route s'élève, offrant de belles vues sur la vallée.

Chapelle de Reygade C2

✆ 05 55 28 50 19 - juil.-août : 9h-22h ; reste de l'année : 9h-18h - 6 € - se munir de 3 pièces de 2 €.
Près du cimetière, une petite chapelle abrite un chef-d'œuvre de la fin du 15e s., en pierre polychrome. Cette émouvante **Mise au tombeau★** pourrait avoir été réalisée par le même sculpteur que celui de Carennac (Lot), mais on ignore son nom. Les couleurs, qui ont gardé presque toute leur vivacité, accentuent l'expression des visages et donnent du relief aux costumes. Un spectacle son et lumière (voix de Jean Piat et musique de Jack Labrunie) explique les particularités de chaque personnage.
Rejoignez et poursuivez sur la D 41. 7 km après La Chapelle-St-Géraud, prenez la D 13 vers Camps.

★ Rocher du Peintre C2

Site panoramique aménagé sur un terre-plein au sud de Camps : de là se révèle une belle **vue** sur les gorges boisées de la Cère.
Alors que la voie ferrée emprunte les gorges de bout en bout, aucune route ne longe la rivière des environs de Laroquebrou à Laval-de-Cère.
Poursuivez sur la D 13.
Entre Laval-de-Cère et Port-de-Gagnac, la route sinueuse s'élève au-dessus de la vallée dans un décor de prairies et de collines, et surplombe le barrage de Brugale.
À 1 km avant Port-de-Gagnac, tournez à droite sur la D 116E.
Avant de regagner Beaulieu, en montant jusqu'à l'église de **Fontmerle**, vous pourrez profiter, une dernière fois, du paysage de la région.

Carnet pratique

S'informer

Office de tourisme – *Pl. Marbot - ✆ 05 65 33 22 00 - www.vallee-dordogne.com.*

Agenda

Fête de la Fraise – *2e dim. mai - ✆ 06 65 33 22 00 ou 06 67 86 92 62 - fraisedebeaulieu.fr.* Tarte géante aux fraises, marché gourmand et artisanal, orchestres, animations.

Fête de la préhistoire – *Fin juil. à La Chapelle-aux-Saints - ✆ 05 55 91 18 00 - www.neandertal-musee.org.* Sur les terres de l'Homme de Neandertal, salon du livre historique et championnat européen de tir aux armes historiques.

Fête votive des Corps saints – *1er w.-end sept. - ✆ 05 55 91 11 31.* Commémoration des saints Prime et Félicien. Messe accompagnée par une harmonie, procession et corsos fleuris.

Reygade – Kenny Festival – *Mi-sept. - ✆ 05 65 29 66 13 - motoraxess.com/kennyfestival.* Le plus grand rassemblement européen de motocross.

Nos adresses

Restauration

Premier prix

Les Voyageurs – *Pl. du Champ-de-Mars - ✆ 05 55 91 18 34 - 14/26 € - tlj de mi-avr. à fin sept.* En terrasse à l'ombre des platanes, dans le jardin où les enfants pourront jouer ou dans la salle à l'ambiance brasserie, grand choix de pizzas, burgers, salades, glaces..., sans oublier les spécialités régionales.

Crêperie le Beau Lieu Breton – *R. du Presbytère - ✆ 05 55 91 12 32/06 02 21 98 48 - tlj déb. juin à fin août - hors sais. fermé mar. soir et merc. - menu 13,50 €.* Au cœur de la cité médiévale, dans une rue piétonne, large choix de crêpes et de galettes.

Budget moyen

Côté Dordogne – *20 bd Rodolphe-de-Turenne - ✆ 05 55 91 29 29 - cote-dordogne.fr - 12h-13h30, 19h15-21h30 - fermé mar.-merc. et dim. soir - menu déj. sem. 19/25 € - plats 18 €.* L'équipe jeune et dynamique concocte une cuisine bistronomique qui fait la part belle aux produits frais et de saison et privilégie les circuits courts. À déguster en salle ou sur la terrasse surplombant un bras de la Dordogne.

Les Flots Bleus – *Pl. du Monturu - ✆ 05 55 91 06 21 - www.hotel-flotsbleus.com - fermé lun. midi et mar. midi (en été slt lun. midi) - formule déj. sem. 17/22 €, menu 30 € - 7 ch. 76/85 €.* Cet hôtel-restaurant, à la déco très contemporaine, possède une terrasse au bord de la Dordogne. On y contemple à loisir le ballet des gabares face à la chapelle des Pénintents, tout en dégustant un copieux petit-déjeuner ou un repas aux saveurs du jour...

Pour se faire plaisir

Cueillette – *3 La Raufie - Altillac - à la sortie de Beaulieu (à l'est) - ✆ 05 19 90 00 19 - restaurant-cueillette.fr - ouv. mar.-sam. - formule déj. 35 €, menus 55/75 € - 5 ch. 135/180 €* ☕. Ouvert en 2022 aux portes de Beaulieu-sur-Dordogne, cet établissement est à la fois un hôtel de charme et un restaurant gastronomique. Aux commandes, le chef Oscar Garcia, qui a été le plus jeune étoilé Michelin de France ! Dans un décor épuré où dominent le bois et la pierre, vous dégusterez une cuisine de grande qualité où les produits du jardin sont en vedette. Pour les viandes, le chef s'approvisionne dans les fermes locales. Chambres haut de gamme, aux couleurs reposantes.

Shopping

Marché des producteurs – *Pl. du Monturuc - lun. juil.-août, 17h-20h.* Devant la chapelle des Pénitents.

Domaine de Chirac-Jean Mage – *Chirac-de-Brivezac - Brivezac - 8 km au nord-est - ✆ 05 55 91 54 52 - 9h-12h, 14h-19h, dim. sur RV.* Une adresse pour déguster et acheter du vin de paille de la Corrèze (rouge ou blanc), grande spécialité de basse Corrèze. Vente aussi d'huile de noix et de conserves de canard gras.

Lou Pé Dé Gril – *77 rte de Brancelles - Curemonte - ✆ 06 82 97 99 57/05 55 25 45 53 - www.loupedegril.com.* Avez-vous déjà goûté à la gelée aux fleurs de pissenlit ? C'est délicieux ! Dans la boutique de François, située à l'entrée du joli village de Curemonte, vous trouverez aussi des apéritifs aux fleurs de pissenlit, une recette 100 % artisanale, des confitures et des pâtisseries propices à la dégustation...

Activités

Randonnées – *✆ 05 65 33 22 00 - www.vallee-dordogne.com.* Le GR 480 et le GRP Les Gabariers passent par Beaulieu-sur-Dorgogne.

Promenade en gabare – *Voir « Nos adresses » à Argentat.*

Hébergement

Premier prix

Hôtel Le Relais de Vellinus – *17 pl. du Champ-de-Mars - ✆ 05 55 91 11 04 - www.vellinus.fr - fermé de fin oct. à mi- avr. - 20 ch. 56/84 € - ☕ 9 €.* Cette maison, ouverte sur la place du marché, propose des chambres confortables, toutes décorées sur un thème invitant au voyage. Petites touches ethniques dans la salle à manger, agréable terrasse et plats traditionnels, servis dans le restaurant Beaulieu, juste en face.

Budget moyen

Hôtel-restaurant Le Turenne – *1 bd St-Rodolphe-de-Turenne - ✆ 05 55 91 94 72 - www.leturenne.com - fermé vend.-sam. en basse sais. - ▤ - 9 ch. 88/170 €, dont 2 suites 135/210 € - ☕ 14 € - ✕ menu déj. sem. 17 €, 32/42 €.* On accède à cette belle bâtisse par une allée de luminaires qui éclairent la vénérable façade, s'ouvrant sur le hall par un arc ogival. Le design se prolonge dans les chambres à forte personnalité, toutes différentes. Le confort, la taille des lits – 1,80 à 2 m –, les sanitaires sont dignes d'un trois-étoiles. Au restaurant, les produits frais, joliment travaillés, sont mis en valeur dans de la vaisselle très design, elle aussi.

Hôtel-restaurant Le Beaulieu – *www.hotelbeaulieudordogne.com - 24 ch. 89/120 €, suites 110/135 € - ☕ 10 € - formule déj. sem. 16/19 €, menus 27/33 €.* Entièrement restauré, avec des chambres toutes différentes, oscillant entre couleurs douces et tonalités plus vives, cet « hôtel de charme » invite à y poser ses bagages. Au restaurant, ouvert toute l'année, ou sur la grande terrasse, vous dégusterez une cuisine savoureuse à base de produits locaux.

Pour se faire plaisir

Chambre d'hôte Le Clos Rodolphe – *14 r. Ste-Catherine - ✆ 06 83 38 03 68 - closrodolphe.fr - 3 ch. 90/120 € - ✕ 35 € bc, sur réserv.* Dans une spectaculaire demeure historique des 18e-19e s. qui se dresse près de l'abbatiale, vous serez accueilli par Thierry et Philippe. Les chambres, décorées d'objets d'art anciens, ont chacune leur personnalité. Petit-déjeuner copieux, table d'hôte à base de produits locaux un soir par sem. *(sur réserv. 48h à l'avance).*

Argentat-sur-Dordogne et Xaintrie ★

Entouré de collines, Argentat est le premier port sur la Dordogne : entre le 16e et le 18e s., de nombreuses gabares partaient de ses quais à destination de Bergerac. Le commerce du bois a fait la fortune de la cité dans les siècles passés. À cette époque furent édifiées, en bordure de Dordogne, ses maisons à balcons aux toits pentus couverts de lauzes et ses demeures à tourelles et à poivrières, qui lui donnent tout son charme. A l'est, annonçant l'Auvergne, le plateau formé par la Xaintrie se dévoile au long de routes sinueuses bordées de châtaigniers.

Argentat-sur-Dordogne.
phbcz/Getty Images Plus

Se repérer

2896 Argentacois – Corrèze (19)

CARTE P. 118-119 (C2).

Argentat est à 30 km au sud de Tulle.

À ne pas manquer

Les quais d'Argentat; les Fermes du Moyen Âge, les tours de Merle; les cascades de Murel.

Organiser son temps

Comptez 2h pour Argentat, une journée dans la Xaintrie et la vallée de la Dordogne. Puis, encore 3h pour la Souvigne et ses cascades.

En famille

Le lac de Feyt et les Fermes du Moyen Âge, un tour en canoë sur la Dordogne, les animations aux tours de Merle.

Carnet pratique p. 181

Nos adresses p. 181

Se promener

★ Quai Lestourgie

C'est sur ce quai construit en 1844 que venaient accoster les gabares. Pavé comme autrefois, il est bordé de belles maisons, dont les toits en lauze sont semés çà et là de tourelles ou de poivrières. Celles aux balcons de bois sont d'anciennes habitations de pêcheurs. On y mettait les filets à sécher. À l'arrière, elles possédaient une sortie à l'étage, pour s'échapper en cas de crue.

Pont

De l'entrée du pont qui franchit la Dordogne, une large vision circulaire permet d'admirer, en amont de la rive gauche, les maisons à bolet (modeste perron) s'avançant au-dessus de l'eau. En face, la rive droite laisse apparaître la rue commerçante (en prolongement du pont), qui sépare la ville en deux quartiers.

Vieille ville

Après le pont, longez la rivière en empruntant une plaisante petite promenade aménagée jusqu'à la **rue des Condamines**, croisant de nombreuses ruelles pittoresques. Remontez vers le centre-ville par la **place Delmas**, entourée de rues aux maisons anciennes (manoir de l'Eyrial, maison Filliol)

De l'**église St-Pierre**, descendez par des escaliers vers la **rue Ste-Claire**, où s'élèvent quelques belles demeures, dont l'hôtel des vicomtes de Turenne.

Après avoir traversé la rue Henri-IV, la **rue des Goudous** dévoile de nombreuses vieilles maisons dont le linteau gravé des portes révèle la date de construction. Passez devant la **chapelle Jeanne-d'Arc**, puis revenez au parking par la rue Ledam

Maison du patrimoine

Av. Gilbert-Dillange - ✆ 05 55 28 06 16 - www.argentat-sur-dordogne.fr - juin-sept. : 10h-12h, 15h-18h - fermé lun. en juil.-août, lun.-mar. en juin et sept. - gratuit.
En introduction à la visite d'Argentat, cette petite exposition présente l'histoire de la ville et des sites archéologiques locaux (villa gallo-romaine du Longour, village gaulois du Puy-du-Tour). Des objets découverts en fouilles, une maquette de l'oppidum du Puy-du-Tour, qui était situé à 2 km de l'actuel emplacement de la ville, et de nombreux panneaux racontent de façon très didactique **l'évolution du site d'Argentat** : sa position stratégique dans l'Antiquité, son aspect fortifié

Les bateliers de Haute-Dordogne

Voie fluviale très importante, la Dordogne permettait jadis de rallier l'Auvergne, la Haute-Dordogne et l'Aquitaine. Les fameuses **gabares** – ces larges barques à fond plat communément appelées **courpets** – descendaient alors jusqu'à Libourne, Bergerac ou Castillon du printemps à l'automne, chargées de **merrains** (chêne destiné à la fabrication des barriques) et de **carassonnes** (tuteurs en châtaignier pour les vignes), voire de châtaignes, de cuir ou de charbon. Le voyage des gabariers pouvant être dangereux, la tradition voulait qu'avant leur départ, les moines du couvent des Récollets d'Argentat bénissent les équipages. Une fois la marchandise livrée, les gabariers démantelaient leur embarcation et la vendaient comme bois de chauffage, puis regagnaient leur village... à pied. Vers le début du 20e s., le développement des voies de communication terrestres et l'avènement du chemin de fer finirent par avoir raison de cette activité fluviale artisanale.

au Moyen Âge, la fin de son indépendance lorsque la vicomté fut rachetée par Louis XV, ses conflits religieux, etc.

Vous y découvrirez aussi, grâce à un film documentaire et à une gabare reconstituée à quai, des informations sur l'épopée des bateliers de Haute-Dordogne et les techniques de construction des courpets (autre appellation des gabares) d'Argentat. Ces audacieux navigateurs descendaient la Dordogne depuis le Massif central pour convoyer jusqu'à Bordeaux le bois nécessaire à la tonnellerie.

Réserve départementale de biodiversité Les Gravières

22 av. Lamartine - RD 166 - www.correze.fr/reserve-biodiversite.

Créé à l'emplacement des anciennes gravières d'Argentat, cette réserve offre 40 ha d'un milieu naturel à préserver. Chemins avec points d'observation sur la faune et la flore, panneaux d'interprétation, bornes audio et application numérique. Nombreuses animations.

Circuits conseillés

CARTE DE XAINTRIE CI-DESSOUS

★ Xaintrie et Dordogne

Circuit de 121 km tracé en vert pâle sur la carte ci-dessous.

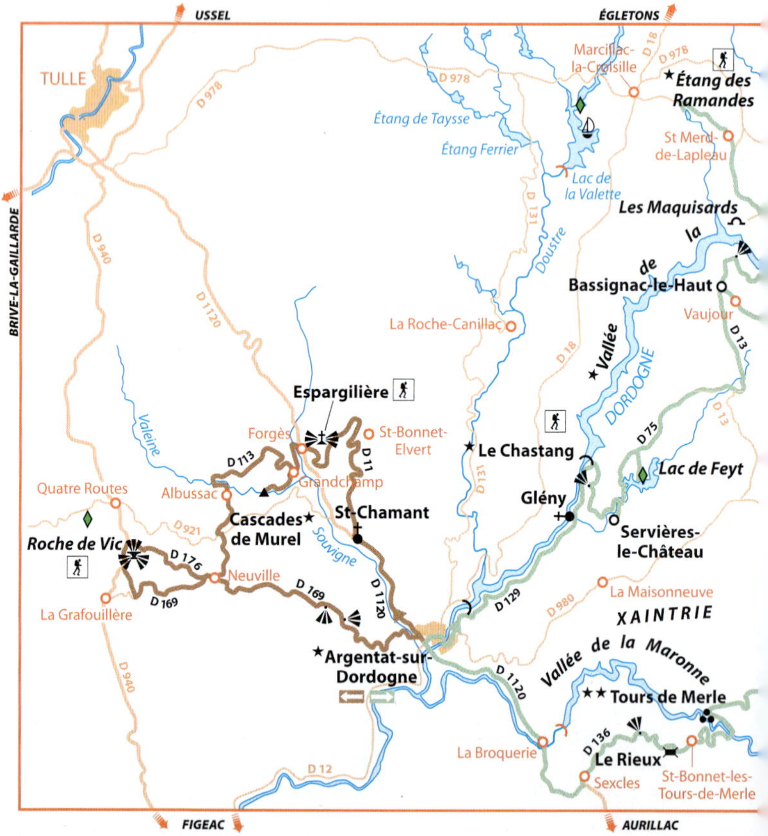

Barrages sur la Dordogne en Corrèze, du nord au sud

Barrage de Bort-les-Orgues – 1952 - hauteur : 120 m - longueur à la crête : 390 m - productibilité : 350 millions de kWh - *p. 184*.
Barrage de Marèges – 1935 - hauteur : 90 m - longueur à la crête : 247 m - productibilité : 345 millions de kWh.
Barrage de l'Aigle – 1945 - hauteur : 95 m - longueur à la crête : 289 m - productibilité : 500 millions de kWh - *p. 177*.
Barrage du Chastang – 1952 - hauteur : 85 m - longueur à la crête : 300 m - productibilité : 540 millions de kWh - *p. 176*.
Barrage du Sablier – 1957 - hauteur : 31 m - longueur à la crête : 196 m - productibilité : 102 millions de kWh - *ci-dessous*.

La Xaintrie, cette région sauvage où les landes et les broussailles alternent avec les bois de pins et de bouleaux argentés, désigne le plateau qui sépare l'Auvergne du Limousin. Son nom, qui signifierait « borne », évoque aussi la délimitation entre la tribu gauloise des Arvernes et celle des Lémovices. La Xaintrie est en effet historiquement plus proche du Cantal que du reste de la Corrèze : jusqu'au 19e s., il n'y existait aucun pont pour franchir la Dordogne... Ce plateau granitique calé entre le Bas-Limousin, l'Auvergne et le Quercy, est profondément entaillé par les **gorges de la Dordogne**, de la Maronne et de la Cère. On distingue la **Xaintrie blanche** au nord (St-Privat) et la **Xaintrie noire**, au sud (Mercœur).

Quittez Argentat par le sud en dir. de St-Privat, puis prenez à gauche la D 129 (attention, c'est dans un virage, soyez vigilant).

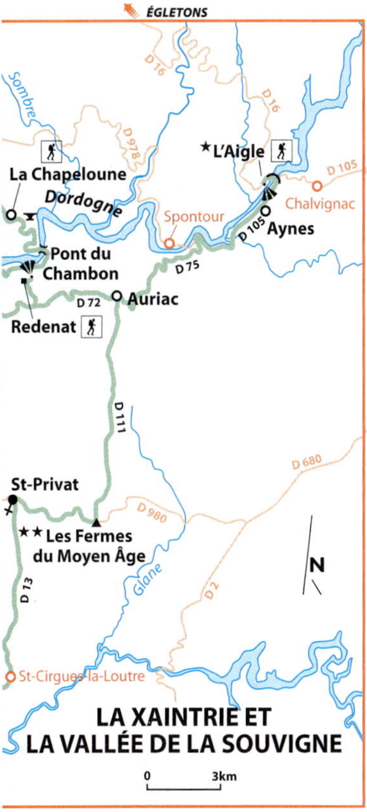

Barrage d'Argentat

Cinquième réalisation hydroélectrique de Haute-Dordogne, l'ouvrage, dit aussi **barrage du Sablier**, de type « piles-usines », permet une meilleure utilisation de la retenue du Chastang. Sa hauteur maximale au-dessus des fondations est de 35 m, et sa longueur à la crête de 196 m. Quatre vannes peuvent évacuer 4 000 m^3 d'eau par seconde. Un passage aménagé sur la crête permet d'y traverser la rivière à pied ou à vélo.

La D 129 longe la rive gauche de la Dordogne qui coule au pied de collines boisées, tandis que la route est, par endroits, bordée de hauts rochers.

2

Chapelle de Glény

Dans ce joli hameau aux maisons cossues, notez l'église et son clocher à peigne.

★ Barrage du Chastang

Son usine électrique a la capacité de production la plus importante de toutes celles de la Dordogne *(visite guidée l'été sur réserv. : office de tourisme, ✆ 05 65 33 22 00)*
À 1500 m au-delà de la crête du barrage, arrêtez-vous au niveau du panneau belvédère. À droite, un sentier en lacet conduit à un belvédère aménagé sur la rive gauche de la Dordogne : la vue se porte sur le barrage *(côté aval)* et sur sa retenue. Au pied du barrage, un espace scénographique a été aménagé pour tout savoir sur l'hydroélectricité *(ouv. en été - gratuit)*.

Servières-le-Château

Cette ancienne place forte aux maisons couvertes de lauzes fut aux mains de la famille de Turenne, puis celle de Noailles. Elle occupe un **site★** original au-dessus des gorges profondes de la Glane, dans un cirque de rochers déchiquetés, sur lesquels s'accrochent des sapins.
Quittez Servières par le nord en empruntant la D 75.

Lac de Feyt

Avant de vous rendre à la **base de loisirs** (voile), arrêtez-vous au nord du barrage de la Glane : la perspective sur cette belle étendue d'eau de 65 ha est saisissante.
Poursuivez sur la D 75, puis continuez sur la D 13 en direction de Bassignac-le-Haut.

Bassignac-le-Haut

Près de l'église du 15e s. se dresse sous un auvent une très belle **croix** du 16e s. en calcaire dont les quatre faces du fût sculptées évoquent la vie de Jésus. Placé au nord du village *(D 13)*, un **belvédère★** permet d'admirer un méandre de la Dordogne.

La Chapeloune

Table d'orientation – *Au sud. 30mn, dep. de la D 13.* Une route forestière descend vers un site dégagé ; belle vue sur la retenue de Chastang et les monts du Cantal.
Grotte des Maquisards – *Au nord. 1h30 AR, départ du parking (D 13).* Prenez le maquis le temps d'une balade. Attention, les 200 derniers mètres conduisant à la grotte *(sentier escarpé)* sont déconseillés aux marcheurs occasionnels, qui pourront cependant profiter de la vue.

★ Étang des Ramandes

À chacun son activité : les rêveurs pourront méditer sur le site, et les marcheurs partiront en balade *(2h)* à la découverte d'une forêt de 260 ha composée essentiellement de pins sylvestres, d'épicéas et de Douglas.
Revenez à Bassignac-le-Haut. Prenez la D 72, direction Auriac.

Redenat

Ce lieu-dit propose deux agréables promenades *(balisées)* en sous-bois. La première *(au sud)* conduit à un **menhir** ; la seconde *(à l'est)* descend vers une **cascade** qui se jette à proximité du pont du Chambon.

Auriac

Charmant village dont est originaire l'écrivain et journaliste **Denis Tillinac**. Remarquez dans l'**église** une crosse eucharistique (17e s.) en bois sculpté. Le **plan d'eau** séduira les pêcheurs.
Quittez Auriac par la D 75 et continuez sur la D 105.

On vous emmène aux Fermes du Moyen Âge

Prêt pour un saut dans le passé ? Pénétrez au cœur de ces 12 hectares de forêt en parcourant ses chemins et oubliez le 21e s.... Vous voici plongé dans un village médiéval plus vrai que nature. On descend vers le moulin, on remonte vers le lavoir, au toit couvert de chaume, puis le four à pain ; on pénètre dans les fermes où pendent au plafond des jambons odorants ; pas un bruit, à part le bêlement des moutons et le caquètement des poules. On pourrait demeurer des heures entières à se ressourcer dans une telle plénitude. Parvenu à la petite chapelle décorée de fresques et au cimetière, on se surprend à penser qu'on aimerait bien reposer ici, au milieu des herbes folles, face aux monts du Cantal qui se dessinent à l'horizon. Plus bas, le jardin et ses 350 plantes donnent envie de se documenter pour agrémenter son propre jardin... Une immersion dont on ne ressort pas indemne.

★ **Jardins Sothys** – *✆ 05 55 91 96 89 - www.lesjardinssothys.fr - horaires et tarifs : se rens. - livret-jeux enf.* Ces jardins contemporains ont été aménagés par Bernard Mas, fondateur de la marque de cosmétiques Sothys – implantée dans le bassin de Brive depuis 1976. Avec des architectes paysagistes, il a imaginé un espace aux essences variées, dans le respect de la nature. Un ensemble de clos intimistes, inspirés par le monde de la cosmétique et de l'esthétique (blanc, égyptien, hydratant, senteur...), invite à une évasion sensorielle.
Une boutique propose un espace cosmétique, de l'artisanat, des produits locaux et des livres. Tout au long de la saison, un riche programme d'animations est proposé.

2

Aynes

Ses maisons de granit aux toits d'ardoises se dispersent autour d'une chapelle. La route, tracée en corniche, offre d'intéressantes perspectives sur le barrage de l'Aigle.

★ Barrage de l'Aigle

Il s'impose par l'ampleur de ses dimensions, la hardiesse de sa conception et la puissance de ses installations. Sa retenue s'étend sur 25 km. Deux évacuateurs de crue en « saut de ski » permettent l'écoulement de 4 000 m³ d'eau par seconde. C'est l'aménagement EDF le plus puissant du bassin de la Dordogne. Il est surnommé « le barrage de la Résistance » : sa construction, de 1935 à 1945, a été retardée par l'Organisation de résistance de l'armée du Cantal pour empêcher les occupants d'avoir accès à une puissance énergétique supplémentaire dans la région (*visite guidée l'été uniquement sur réserv. : ✆ 05 19 60 00 30 (Tourisme Haute-Corrèze) - RV au « Labo » du Moulinot, à côté de l'accueil, 15200 Aynes).*

Belvédère – *Accès entre deux tunnels de la route : laissez votre voiture à hauteur du barrage et gagnez à pied, par la D 16, la rive droite de la Dordogne.* Aménagé en aval de l'ouvrage, ce belvédère offre une très belle **vue★** sur le barrage et sur la vallée en aval (*visite guidée du Belvédère lun. et mar. en juil.-août : rés. obligatoire au ✆ 05 34 39 88 70 ou sur visites.edf.aigle@manatour.fr).*

Revenez sur vos pas. Dans Auriac, suivez la direction St-Privat (D 65, puis la D 111).

★★ Les Fermes du Moyen Âge

Le Puy-d'Arrel - St-Julien-aux-Bois - ✆ 05 55 28 31 30 ou 06 87 49 34 53 - www.fermesdumoyenage.com - juil.-août : 10h-19h - mai-juin : sur réserv. - 8 € (6-12 ans 6 €).
À la boutique, nombreux ouvrages sur le Moyen Âge et vente de produits locaux, dont des herbes médicinales. Animation audiovisuelle : l'histoire d'un village de Xaintrie, racontée par un moine cistercien.

En pénétrant sur ce site qui s'étend sur 12 ha, le visiteur s'embarque pour un voyage à nul autre pareil. Depuis 2005, Pierre Gire – un passionné du Moyen Âge qui a travaillé durant deux décennies aux Tours de Merle, où il a construit sa première ferme – a conçu et reconstitué de ses mains un village médiéval du 15e s. Grâce à de patientes recherches dans les archives locales et la réalisation de relevés sur les anciennes bâtisses environnantes, il a reconstitué un ensemble de fermes tenues jadis par des paysans, ainsi que la métairie du notaire. N'utilisant que des outils en usage à l'époque, il a monté les murs, les charpentes, bâti des maisons en pierre aux toits couverts de chaume ou de bardeaux de châtaignier, les a entourées de jardins desservis par des petits chemins bordés de murets de pierres ou de branches souples de châtaignier. Dans les maisons, des panneaux expliquent la vie des habitants soumis au seigneur local, l'architecture de leur habitat, leur mobilier. Rien n'a été oublié : le four à pain, le moulin au toit couvert de genêt, les ruchers, ou encore le séchoir à châtaignes, où s'ébattent deux porcs laineux de petite taille qui ont été croisés jusqu'à obtenir l'aspect qu'ils avaient au Moyen Âge. Car les animaux sont très présents sur le site : moutons, chèvres, poules, chien... En haut du village, on accède à l'enclos clérical : la chapelle, ornée d'une fresque murale et de statues de saints, et le cimetière. Cet extraordinaire plongeon dans le passé se conclut par la visite du jardin médiéval, où plus de 350 plantes – dont certaines oubliées – médicinales, aromatiques, potagères sont cultivées, chacune étiquetée à son nom. C'est l'une des visites les plus instructives de Corrèze, qui allie un savoir-faire exceptionnel, à la fois manuel et artistique, et des recherches historiques très poussées.
Suivez la D 980 vers l'ouest.

Merle, un repaire inexpugnable

Dans cette région rude et sauvage qu'est la Xaintrie, aux confins de l'Auvergne, du Limousin et du Quercy, Merle fut jadis un repaire de brigands qui rançonnaient quiconque traversait le secteur. Les seigneurs de Merle font leur apparition au 11e s. Dans le courant du 13e s., héritages, partages et alliances transforment la terre de Merle en une coseigneurie vassale des **sires de Ventadour**. Merle accueille ainsi les places fortes des seigneurs de **Merle**, mais aussi de **Carbonnières**, de **Vayrac** et de **Pesteils**, qui vont régner jusqu'au 15e s. sur la région, se partageant une vingtaine de paroisses. Le choix du site de Merle répond à une préoccupation défensive évidente : le promontoire (200 m sur 40 m), dominant la Maronne de 30 m, est isolé du plateau plus élevé de 150 m. Ce type de forteresse frontalière s'appuie sur une utilisation optimale de la topographie. Pendant la guerre de Cent Ans, en 1371, les Anglais parviennent à réduire la place, mais la restituent peu après sur l'intervention du pape Grégoire XI.
En revanche, le célèbre routier **Aymerigot Marchès** échoue devant Merle en 1380 ; là se termine sa sinistre carrière de destructeur et de pillard, car son échec entraîne à bref délai sa capture. L'avènement de l'artillerie finit par affaiblir cette place forte réputée imprenable, et que l'on peut désormais facilement attaquer des hauteurs avoisinantes. En 1574, les huguenots s'en emparent, puis doivent se replier. L'inaccessibilité du site et la rudesse des conditions de vie vont avoir raison de Merle qui, au 17e s., connaît un dépeuplement progressif. Des villageois y vivent jusque vers la fin du 18e s., mais l'endroit finit par être abandonné.
Déclaré Monument historique en 1927, le site de Merle fait l'objet de travaux de restauration et de mise en valeur, et donne lieu à des visites et animations diverses.

Les Tours de Merle.
R. Semik/easyFotostock/age fotostock

St-Privat

Capitale de la Xaintrie blanche, St-Privat se trouve au cœur du plateau granitique. L'église, des 13e et 16e s., possède une puissante tour carrée. Le petit marché de producteurs locaux, le vendredi matin, est très prisé des touristes.
Prenez par le sud la D 13.

2

★★ Tours de Merle

19220 St-Geniez-ô-Merle - ✆ 05 55 28 22 31 ou 05 55 28 27 67 - www.toursdemerle.fr - juil.-août : 10h-19h ; avr.-juin, sept. et vac. scol. Toussaint : 14h-18h - 8 € (6-15 ans 5,50 €). Prévoyez de bonnes chaussures.
Diverses animations et spectacles médiévaux en été, mais aussi jeux d'énigmes, balades nature, comptoir médiéval, Nuits de la chauve-souris, soirées privilégiées, jeu de piste (1,50 €).
Un étroit chemin empierré permet de pénétrer dans le **castrum** des Tours de Merle par le flanc nord.
Entouré par la boucle de la Maronne, il est établi sur un site naturel qui était géré en coseigneurie et occupé par six à sept familles au Moyen Âge. Sept châteaux s'égrènent en chapelet du nord au sud, et forment des ensembles de tours, corps de logis des 12e-15e s., répartis sur des terrasses. Les impressionnantes façades qui dressent leurs pans de mur vers le ciel, les cheminées suspendues dans le vide, les escaliers qui ne conduisent nulle part, tout cela crée une atmosphère presque fantomatique *(l'accès à certains édifices est interdit pour raisons de sécurité)*. Le bâtiment le plus récent, et le plus vaste, date du 15e s. Appelé l'hôtel aux sept écus, il comprenait vingt pièces. Le village médiéval était situé au pied des logis seigneuriaux.
Au long de la promenade se dévoilent les vestiges de la **chapelle seigneuriale** (13e s.), dédiée à saint Léger, le château ruiné (14e s.) d'Hugues de Merle et la **tour** de Fulcon de Merle (13e s.), qui révèle d'intéressants éléments : cellier, cuisine, chambre, escalier en colimaçon, pigeonnier. Plus au sud, deux **tours carrées**

des 13e et 14e s., ayant appartenu aux seigneurs de Carbonnières et de Pesteils, méritent l'attention. Au sommet de la seconde tour, dotée d'une belle salle à voûte en arc de cloître, superbe **vue★** sur les contreforts de la Haute-Auvergne à l'est, et le Limousin au nord-ouest.

Prenez le temps de découvrir l'agréable **parc** de 10 ha, traversé par la Maronne, aux abords de la forteresse. En contrebas, au bord de la rivière, le **jardin médiéval** en terrasse offre une autre vue sur le site et prolonge la promenade. Notez aussi les vestiges d'un **ancien pont** à péage médiéval, rebâti en 1735, puis emporté par une crue cinq ans plus tard, et plus en amont, les ruines d'un **moulin à eau** du 14e s.

Quittez la D 13, et prenez vers St-Bonnet-les-Tours-de-Merle.

Vallée de la Maronne

La D 136 monte à flanc de ravin, ménage des échappées sur les tours de Merle avant la traversée de St-Bonnet, puis passe au pied du **château du Rieux** (13e et 16e s.).

Après Sexcles, la D 1120 rejoint Argentat par la rive droite de la Maronne.

★ Vallée de la Souvigne

Circuit de 45 km tracé en marron sur la carte 174-175 – Quittez Argentat par le nord-ouest en empruntant la D 1120, dir. Tulle.

La route remonte la vallée de la Souvigne aux collines boisées, traverse des vallons coupés de châtaigneraies et gagne un plateau couvert de landes.

Église de St-Chamant

Précédé d'un clocher-porche, le portail à hourds ne manque pas d'intérêt, avec ses chapiteaux et son tympan sculpté.

Quittez St-Chamant par le nord en empruntant la D 11. À St-Bonnet-Elvert, prenez à gauche vers Forgès.

Calvaire d'Espargilière

15mn AR. Des abords de ce monument, la **vue** s'étend largement sur les vallées adjacentes tapissées de prairies et soulignées de coteaux boisés.

Traversez la D 1120 pour atteindre la rive droite de la Souvigne. À Grandchamp, prenez la D 113E.

★ Cascades de Murel

Baignade interdite.

On les atteint en longeant la Valeine aux eaux limpides. Les trois chutes d'eau coulent dans des gorges escarpées, dans un joli cadre de feuillages et de rochers. Un circuit pédestre de 7 km, au départ de l'église de Forgès, permet d'accéder aux cascades.

Revenez à Grandchamp et prenez à gauche la D 113. Rejoignez Albussac par la D 87, puis après Neuville, prenez à droite la D 176 en direction du Sirieix.

Roche de Vic

15mn AR. Alt. 636 m. Cette colline aux flancs dénudés est couronnée de gros blocs granitiques sur lesquels se dressent une chapelle et une statue de la Vierge. De là se déploie un **panorama★** sur le Bas-Limousin *(table d'orientation)* : la vue se porte au premier plan sur un paysage de collines, à l'horizon apparaissent au nord le massif des Monédières, au sud les causses du Quercy.

Pour rejoindre Argentat, prenez à gauche la D 940, puis encore à gauche la D 169.

Carnet pratique

S'informer

Office de tourisme – *Pl. da Maïa - ✆ 05 65 33 22 00 - www.vallee-dordogne.com.*

Agenda

Dordogne intégrale – *Avr. ou mai - ✆ 07 60 16 53 23 - www.vallee-dordogne.com.* Course de canoé-kayak et stand up paddle de 130 km en une journée entre Argentat et Castelnau. Unique en France !

Tous sur le pont – *1er sam. juil. - ✆ 07 88 48 06 26 - www.toussurlepont.fr.* Cette fête très courue célèbre la Dordogne et ses aventuriers d'un jour. Descente en radeaux, repas festif sur le pont d'Argentat et animations diverses.

Foire à la brocante – *Dim. fin juil., 9h-19h.*

Foire des potiers – *1er w.-end août.*

Xtrail Corrèze Dordogne – *Un sam. fin sept. - ✆ 06 41 42 95 35 - www.xtrail-correze-dordogne.com.* 5 parcours de 8 à 103 km en Xaintrie ou dans les gorges sauvages de la Maronne et de la Dordogne.

Nos adresses

Restauration

À proximité

Budget moyen

Les Contes de Bruyère – *1 r. des Nauges - Servières-le-Château - ✆ 05 55 28 09 50 - sur réserv. uniquement - menu déj. 18 €, dîner 21/25 €, menu signature (seult sur réserv.) - 7 ch. à partir de 75 €.* La cheffe Martina Kömpel, qui a officié chez les plus grands, venait en Corrèze en vacances. Un jour, elle a décidé de s'y installer, pour le plus grand bonheur de ceux qui ont goûté à sa cuisine inventive à base de produits du terroir.

Restaurant Les Jardins Sothys – *10 r. Bernard-Mas - Auriac - ✆ 05 55 91 96 89 - www.lesjardinssothys.com - fermé nov.-mars, du dim. soir au lun., et mar. hors sais. - formule déj. sem. 23 €, menu du jour 27 €, menus 34/56 €.* Le restaurant des jardins est installé dans une ancienne grange très lumineuse donnant sur le lac. On y sert des plats hauts en couleur, magnifiés par les épices, où les produits locaux et de saison – châtaignes, vins régionaux, saumon fumé maison, viande bio – excitent les papilles. Le potager sur place fournit les légumes.

Shopping

Marché des Producteurs de Pays – *Jeu. juil.-août 17h-19h.* À Monceaux-sur-Dordogne.

Nocturne des commerçants – *Merc. de mi-juillet à 3e sem. d'août, à partir de 19h.*

Activités

Promenade en gabare – *www.vallee-dordogne.com - sur réserv. - billetterie en ligne - mai-oct. - 2 points d'embarquement : Argentat (barrage du Sablier) et Beaulieu-sur-Dordogne (✆ 05 65 33 22 00).* Pour revivre un pan de l'histoire et de l'aventure des gabariers.

Randonnées – 37 itinéraires proposés dans le topoguide « Bol d'air » *(disponible gratuitement à l'office de tourisme d'Argentat).*

À proximité

Ferme équestre du Moulin de Malesse – *Étang de Malesse - St-Privat - ✆ 06 83 41 48 17 - www.equitation-malesse-correze.com - sur RV.* Ferme avec moulin du

2

12e s. pour suivre des cours de perfectionnement *(18 €/h)*, se balader dans la Xaintrie ou randonner avec un guide *(1 à 5 j. - 60/70 €/j)*. Camping à la ferme et restauration sur place.

Hébergement

Budget moyen

Hôtel Le Sablier du Temps – *13 av. J.-Vachal - ✆ 05 55 28 94 90 - www.lesablierdutemps.fr - - 24 ch. 71/94 € - 11 € - menus 31/55 €.* Un jardin arboré agrémenté d'une piscine entoure cet hôtel proche du centre-ville, aux chambres bien tenues. Cuisine du terroir servie dans une grande salle à manger-véranda ouvrant sur la terrasse.

À proximité

Budget moyen

Hôtel Roche de Vic – *Les Quatre Routes d'Albussac - Albussac - ✆ 05 55 28 15 87 - www.rochedevic.fr - - fermé dim. soir, lun. et vend. soir (juil.-août : fermé seult lun.) - 7 ch. 75/95 € - 9/11 € - formules déj. sem. 15/19 € sf j. fériés, menu 29/33 €.* Chambres simples mais très correctes, dans une bâtisse des années 1950 en pierre de taille, au milieu de la verdure, agrémentée d'une piscine. Restaurant à l'ambiance familiale, plats traditionnels savoureux.

Auberge de la Xaintrie – *25 r. de la Xaintrie - St-Privat - ✆ 05 55 28 49 80 - aubergedelaxaintrie.fr - - fermé janv. - 28 ch. 80/165 € - 14 €.* Chambres impeccables et décorées de façon moderne, à la literie grand confort. Au restaurant, cuisine traditionnelle de qualité. Petit kiosque à journaux bien pratique. Piscine chauffée hors saison, sauna, hammam, idéal pour un séjour détente.

Domaine de Nalou – *St-Geniez-ô-Merle - ✆ 06 60 14 84 04 - www.domaine-de-nalou.com - - 2 ch. 85 € - gîte 450/700 €/sem.* Dans un cadre d'une quiétude absolue, cette superbe maison de maître abrite des chambres d'hôte et un gîte *(juin-sept.)*. De votre chambre ou de la piscine, la vue sur la montagne compose un tableau à elle seule. Et dans les environs vous attend tout un panel d'activités. Accueil charmant.

Pour se faire plaisir

La Ferme des histoires mélangées – *Marlingues - Sexcles - www.lafermedeshistoiresmelangees.com - ✆ 06 23 25 15 18/06 82 05 24 54 - 5 cabanes pour 2 à 8 pers. et 1 ch. d'hôte - 100/150 € pour 2 pers., tarifs dégressifs - en été 2 nuits mini - panier-repas 22/27 € sur réserv.* Êtes-vous tenté par un séjour dans les arbres sans eau ni électricité (les salles de bains se trouvant dans le bâtiment de l'accueil) ? Direction La Ferme des histoires mélangées – un bien joli nom ! Si vous avez le vertige, pas de problème, la cabane de pêcheurs ou la cabane du terrier, semi-enterrée, vous attendent sur la terre ferme !

Bort-les-Orgues ★

Site frontalier entre les territoires arvernes et lémovices, Bort s'est développé au Moyen Âge et reçut de Charles VII le droit de s'entourer d'une enceinte dont il subsiste quelques vestiges. La petite ville est dominée par ses célèbres orgues volcaniques. La retenue du barrage, l'une des plus longues de France, se prête à la pêche et à la pratique des sports nautiques. Bort est aussi un point de départ idéal pour découvrir les rives de la Dordogne ou la mystérieuse Artense, volontiers surnommée la « Scandinavie auvergnate ».

Se repérer

2648 Bortois - Corrèze (19)

CARTE P. 118-119 (D1)

Bort se trouve le long de la Dordogne, à 30 km au sud-est d'Ussel.

À ne pas manquer

Le musée de la Tannerie et du Cuir; du haut du plateau des Orgues, la vue sur la vallée de la Dordogne, l'Artense, le Cantal et les monts Dore; le site de St-Nazaire.

Organiser son temps

Visitez les principaux sites de Bort en une demi-journée. Comptez une journée de plus pour découvrir les rives de la Dordogne.

En famille

Les orgues de Bort; plage et base nautique de Val.

Carnet pratique p. 188

Nos adresses p. 188

2

Se promener

Église

L'association Au bord des Orgues propose une visite guidée gratuite de l'orgue à tuyaux de l'église (1h, sur réserv. - 05 55 96 81 85 - auborddesorgues.e-monsite.com - fermé fêtes religieuses).

Elle date des 12e et 15e s. Dans son cadre architectural très sobre, quelques œuvres d'art sont bien mises en valeur : une statue de sainte Anne tenant dans ses bras la Vierge et l'Enfant (15e s.), de beaux vitraux modernes, un christ en bronze du sculpteur Chavigner... À l'extérieur, près du chevet, subsistent des traces de fortifications médiévales.

À côté se dresse l'ancien prieuré du 17e s.

★ Musée de la Tannerie et du Cuir

965 av. de la Gare - 05 55 96 85 59 - musee-du-cuir.com - juil.-août 10h-19h; juin et sept. 10h-12h, 14h-19h; des vac. scol. de fév. à fin oct. : tlj sf lun. 10h-12h, 14h-19h - 6 € (8-14 ans 4,50 €). Atelier pédagogique (6 €/enf.).

Les anciennes Tanneries bortoises ont fermé leurs portes en 1991. La salle d'exposition des machines retrace les étapes de transformation de la peau brute en cuir fini. Un film raconte l'histoire des tanneries de Bort et décrit le métier de tanneur tel qu'il est pratiqué aujourd'hui.

★ Barrage de Bort

De la route de crête du barrage, qui s'étire sur 390 m, on découvre, côté amont, le lac de retenue et, côté aval, l'usine principale et l'évacuateur de crues. Par sa masse considérable, le barrage de Bort, mis en eau en 1952, est la pièce maîtresse de l'aménagement hydroélectrique de la Dordogne. Sa retenue de 477 millions de m^3 est longue de 18 km. Plusieurs bases nautiques ont été aménagées le long du lac de barrage : bases de Val, de la Siauve et de Beaulieu (Cantal), Singles (Puy-de-Dôme), Aubazine et Outre Val (Corrèze).

Espace EDF – *05 34 39 88 70 - www.edf.fr/hydraulique-dordogne - horaires et jours d'ouverture : se rens. - gratuit - photos et sac à dos interdits.* Au pied du barrage, cet espace pédagogique ludique évoque les différents moyens de produire de l'électricité. L'accent est mis sur les économies d'énergie et la protection de l'environnement. La visite fait découvrir, à l'aide d'une maquette animée et d'un film, l'aménagement hydroélectrique du bassin de la Dordogne et de ses affluents.

À proximité

CARTE DES RIVES DE LA DORDOGNE P. 185

★ Les orgues de Bort

Quittez Bort par la D 979 (rte de Limoges), près du cimetière. Suivez la direction des Belvédères.

Au cours de la montée, beau **panorama** à gauche sur la vallée de la Rhue (Cantal).

Au niveau du panorama des Orgues *(parking)*, circuit à pied : boucle de 4,5 km, faisant le tour des Orgues. Suivez le balisage vert. Ces impressionnantes colonnes de phonolithe, hautes de 80 à 100 m, se succèdent sur une longueur d'environ 2 km. Elles sont le résultat d'une poussée volcanique vieille de 15 millions d'années !

Poursuivez sur la D 127 et, après 2 km, prenez à droite la route (signalée) qui, en 800 m, conduit à un vaste parking en sous-bois, près du relais de télédiffusion.

Du **plateau des Orgues** (769 m), gagnez la table d'orientation et un **deuxième point de vue**, dit des Orgues, sur la droite : immense **panorama★★** sur la vallée de la Dordogne, les monts Dore, le massif des Monédières et le plateau de Millevaches. Au col du puy de Bort (859 m), la route en corniche offre sur la gauche une vue intéressante.

Circuit conseillé

CARTE DES RIVES DE LA DORDOGNE P. 185

Les rives de la Dordogne

Circuit de 95 km tracé en orange sur la carte ci-contre.

La Dordogne coulait jadis au fond de gorges étroites. Les lacs-réservoirs, qui s'allongent aujourd'hui dans la vallée et forment comme un gigantesque escalier d'eau de plus de 100 km, ont transformé le paysage sans lui ôter de son intérêt touristique. Toutefois, les périodes de basses eaux qui mettent à nu les pentes inférieures décapées par l'érosion sont à éviter.

Quittez Bort par le nord en empruntant la D 922, puis la D 979 à gauche.

Belvédère des Aubazines

Point de vue aménagé *(aire de pique-nique)* situé en bordure de la D 979, qui permet de mieux embrasser du regard les 1400 ha de la retenue.

Poursuivez sur la D 979 sur 2 km, puis tournez à gauche dans la D 127.

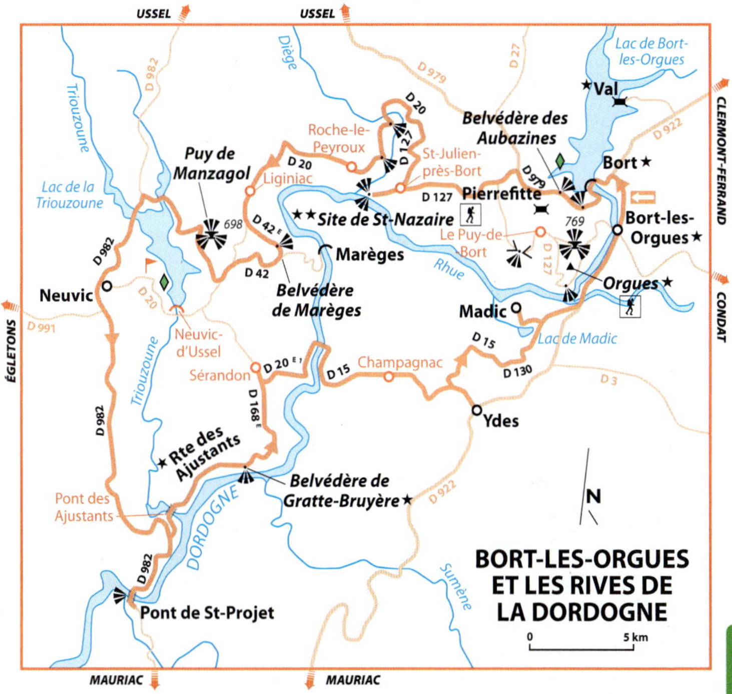

★★ Site de St-Nazaire

30mn AR. Prenez à droite en restant au sommet du versant et suivez un chemin de croix. Dépassez une statue de saint Nazaire et gagnez, à travers les bruyères, l'extrémité du promontoire surmonté d'un calvaire. De là se dégage une magnifique **vue** sur les gorges de la Dordogne et de la Diège.

À St-Julien-près-Bort, poursuivez sur la D 127.

La route, après avoir franchi la Diège, s'élève sur des pentes boisées et offre jusqu'à Roche-le-Peyroux des vues sur les gorges de cette rivière.

Peu après Liginiac, prenez à gauche la D 42e.

Belvédère de Marèges

Accès libre toute l'année.

Garez-vous sur le parking et prenez le chemin sur la droite, en suivant le sentier d'interprétation *(1 km)* avec les panneaux SHEM, sur le thème de la seconde Guerre Mondiale. Arrivée au **belvédère** qui surplombe la retenue du barrage.

Rejoignez la D 20 par la D 42. Après 2 km, prenez, à droite, la D 183 en direction de la plage de Liginiac.

Puy de Manzagol

Alt. 698 m. Table d'orientation. Du sommet se développe un beau **panorama** sur le lac de la Triouzoune *(voir Nos adresses)*, ainsi que sur le Massif central.

La D 183 puis, à gauche, la D 982 contournent le lac.

Neuvic

La petite ville installée à flanc de colline reçoit chaque année une foule d'estivants attirés par son lac et sa plage – le plan d'eau arbore le pavillon bleu, ce qui atteste la pureté de son eau. Elle a su préserver son centre ancien, avec ses ruelles bordées de maisons en granit, les vestiges de sa porte fortifiée et son église au massif clocher-porche.

Musée départemental de la Résistance Henri-Queuille – *21 r. du Commerce - 05 19 07 84 50 - www.correze.fr - - juil.-août : 10h-12h, 14h-17h30 ; reste de l'année : tlj sf w.-end 10h-12h, 14h-17h30 - fermé déc. - gratuit.* **Henri Queuille** (1884-1970) fut une importante personnalité politique neuvicoise (député radical-socialiste de 1914 à 1935). Il fut treize fois ministre de l'Agriculture et trois fois président du Conseil. On lui doit la création du Crédit agricole. Le musée évoque sa vie et son parcours et revient sur les hauts faits et les drames de la Résistance. Les maquis de Corrèze furent particulièrement actifs pendant la Seconde Guerre mondiale : des réseaux bien structurés affaiblirent l'ennemi et, en 1944, de violents combats furent le prélude à la Libération.

Quittez Neuvic par le sud en empruntant la D 982 en direction de Mauriac.

Pont de St-Projet

Pont suspendu qui offre une jolie vue sur la retenue.

Faites demi-tour et suivez la D 168.

★ Route des Ajustants

On atteint la vallée de la Dordogne aux versants rocheux et boisés. La route, taillée à flanc de rocher, offre de belles échappées sur la retenue de l'Aigle.

★ Belvédère de Gratte-Bruyère

Site aménagé en aire de pique-nique. **Point de vue** de toute beauté sur le confluent de la Dordogne et de la Sumène ainsi que sur la retenue du barrage de l'Aigle. C'est là que les ornithologues viennent observer faucons pèlerins, milans royaux et parfois même l'aigle botté, dont la population est estimée à 30 couples pour la vallée de la Dordogne.

Peu avant Sérandon, prenez à droite la D 20^{E1}.

Ydes

Aux confins du Cantal et de la Corrèze, ce village s'élève au bord de la Sumène dans une région hérissée de pitons basaltiques.

Église – Cet édifice, dédié à saint Georges, est du style roman de la Haute-Auvergne (12e s.). Les modillons sculptés de son chevet sont très curieux ; les visages, juvéniles pour la plupart, sont traités avec beaucoup de verve. Le porche ouest, surmonté d'un clocher à peigne, en est la partie la plus intéressante par ses sculptures.

Exposition Insectes du monde – *04 71 40 59 81 - www.ydes.fr - - juil.-août : lun.-vend. 14h-18h, reste de l'année sur RV - 4 € (-18 ans 3 €).* Cette exposition est consacrée principalement aux papillons diurnes et nocturnes. Derrière chaque vitrine, d'étonnants spécimens rivalisent de taille et de couleurs. Pour les philatélistes, intéressante collection de timbres sur le thème des papillons, en provenance de Hongrie, du Pakistan, du Mexique.

Revenez sur la D 15, puis prenez, à gauche, la D 130.

Madic

Sympathique village d'où vous pourrez découvrir une autre facette des orgues de Bort. Agréable promenade autour du lac.

La D 30, puis la D 922, ramènent à Bort.

Le château de Val.
Ch. Guy/hemis.fr

★ Château de Val

À 2,5 km à l'ouest de Lanobre.

04 71 40 30 20 - www.chateau-de-val.com - juil.-août : 10h-12h30, 14h-19h ; fév.-mars : tlj sf mar. 14h-18h ; avr.-juin : tlj sf mar. 10h-12h, 14h-18h - 6,50 € (-12 ans 3,50 €).

Doté d'élégantes tours coiffées en poivrière, le château de Val (15e s.) occupe, depuis la mise en eau de la retenue de Bort, un **site★★** de toute beauté. Planté sur son îlot rocheux, il ne communique avec la terre ferme que par une digue étroite lorsque le lac est complètement rempli. L'intérieur abrite de beaux escaliers et deux magnifiques cheminées Renaissance. Le premier étage accueille chaque année des œuvres de peintres contemporains. Vous pourrez accéder au chemin de ronde et à la charpente d'une tour. De nombreuses photos de Val au début du 20e s. et de la construction du barrage sont exposées dans la **chapelle St-Blaise**, donnant sur la cour d'honneur. Dans une salle des communs, une vidéo d'images de synthèse explique l'historique du château.

À la période estivale, le château s'illumine dès la tombée du jour, et semble alors tout droit sorti d'un conte de fées.

Au pied du château – Plage *(baignade surveillée en saison)*, base nautique, départs de promenades en **vedette**.

Carnet pratique

S'informer

Office de tourisme – *Pl. Marmontel - 19110 Bort-les-Orgues - 05 19 60 00 30 - www.tourisme-hautecorreze.fr.*

Office de tourisme – *1 r. de la Tour-des-Cinq-Pierres - 19160 Neuvic - 05 19 60 00 30 - www.tourisme-hautecorreze.fr.*

Agenda

Neuvic – Concours national des coqs de pêche - *1er Mai - www.neuvic-correze.net.* Compétition des meilleurs coqs dont les plumes serviront à fabriquer des leurres. Soirée gastronomique et braderie.

Ultra-trail et swim-run Aquaterra – *Mi-juil., à Bort-les-Orgues - 05 55 92 02 49 - www.trail-aquaterra.com.* Départ sur la crête du barrage, 5 parcours de 7 à 110 km.

Festival Millesources – *De mi-juil. à mi-août - www.millesources.org.* Une quarantaine de concerts de musique classique, à Neuvic et en divers lieux de Corrèze.

Festival de la Luzège - *De mi-juil. à mi-août - 06 12 40 05 94 - www.laluzege.fr.* Théâtre, musique et rencontres. Roc du Gour Noir et environs (St-Pantaléon-de-Lapleau).

Nos adresses

Restauration

À proximité

Budget moyen

Auberge de la Marguerite – *Le Bourg - St-Hilaire-Luc - 7 km au sud-ouest de Neuvic - 05 55 72 48 74 - fermé en janv. , mar.-merc. et dim. soir et lun. hors sais. - menus 20/35 € - réserv. conseillée.* Dans cette belle maison corrézienne au décor authentique, avec des objets chinés dans la boutique d'antiquités du village, le chef Fabrice Bouvier vous propose une cuisine de saison préparée à base de produits locaux.

Activités

Site d'initiation à l'escalade – Seules les voies d'accès au belvédère des Orgues sont ouvertes. *Rens. ☎ 05 19 60 00 30 (office de tourisme).*

Randonnées – À l'office de tourisme, guide gratuit *12 randonnées autour de Bort-les-Orgues* : circuits de 3,5 km à 18 km sur Bort et les Plateaux Bortois.

Vedettes panoramiques – *Lanobre - ☎ 05 55 46 21 67 ou 06 49 60 66 83 - vedettes-panoramiques.fr - mai-sept. - horaires, se rens. - 14 € (5-14 ans 9 €, 2-4 ans 6 €).* Circuit château de Val/remontée gorges de la Dordogne *(1h10)* ou circuit château de Val/barrage *(1h10).*

Les Gabares de Haute-Dordogne – *Spontour - Soursac - ☎ 05 19 60 00 30 - mai-oct. tlj sf lun. - départ 10h30, 14h30 et 16h15 suivant affluence - 10 €, 5-12 ans 8 € - 1h20 - réserv. conseillée.* Au départ d'un ancien village de gabariers, une balade dans les gorges de Haute-Dordogne pour évoquer l'épopée de ces bateliers.

À proximité

Plages – Deux plages sont aménagées sur les rives du **lac de Triouzoune** : Liginiac à l'est et Neuvic à l'ouest. Au sud, le barrage de Neuvic-d'Ussel, retenue de 410 ha idéale pour la pratique des activités nautiques.

Nautisme – Plusieurs bases nautiques, en particulier celle de Val *(8,5 km au nord par D 922 et rte secondaire à gauche),* sont installées aux abords du lac de barrage de Bort, qui se prête lui aussi aux activités nautiques.

Shopping

Magasin d'usine Le Tanneur et Cie – *1028 av. de la Gare - ☎ 05 55 96 87 56 - www.magasins-usine.net - mar.-sam. 10-12h et 14-19h, et. aussi le lun. de mi-juil. à fin août, mêmes horaires - entrée libre.* Situé en face du musée de la Tannerie, il propose un choix très varié de maroquinerie (Marques Soco et Le Tanneur). Accueil charmant.

Hébergement

Premier prix

Central Hôtel – *65 av. de la Gare - ☎ 05 55 96 81 05 - www.centralhotelbort.com - ✕ P ♿ - 33 ch. et une suite 79/99 €.* La plupart des chambres offrent tout le confort actuel et une bonne isolation phonique. On appréciera celles de l'annexe, donnant sur la Dordogne. Cuisine du terroir avec un excellent menu à prix doux.

Chambres Bortoises – *Rte d'Ussel - ☎ 05 55 96 84 55 - chambresbortoises.free.fr - ⊭ - 4 ch. 50 € ☕ - ✕ 15 €.* Cette ferme offre un très beau panorama sur le barrage de Bort-les-Orgues, le lac de Val et les monts du Cantal. Vous goûterez également aux nombreux produits maison. Petit-déjeuner copieux et varié pris près du cantou. Les enfants apprécieront les animaux – ânes, poneys, moutons, canards, etc – qui gambadent dans les prés.

À proximité

Une folie

Suite royale au château de Val – *Les Fontilles - Lanobre - 6,5 km au nord - ☎ 04 71 40 30 20 - 2 ch. 280 € ☕.* Une nuit de rêve dans un château à l'abri des vieilles pierres, en prenant ensuite le petit-déjeuner sur la terrasse privée d'où la vue est remarquable...

Eymoutiers, ancien couvent des Ursulines et collégiale Saint-Étienne.
Ch. Guy/hemis.fr

3

Parc naturel régional de Millevaches en Limousin

CARTE MICHELIN DÉPARTEMENTS 329 – CORRÈZE (19)

Ussel 194

Meymac★ 197

Treignac★ 205

Eymoutiers et le lac de Vassivière★★ 213

Crocq 220

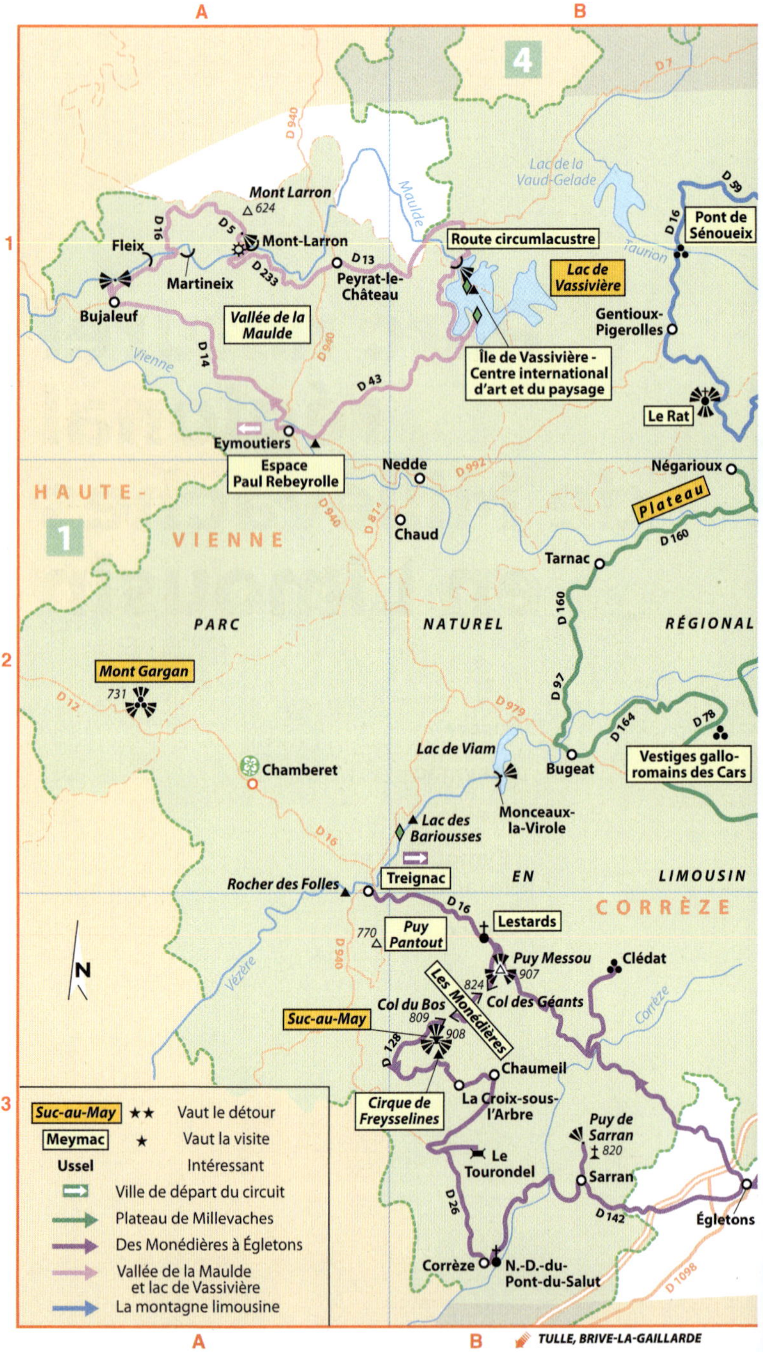
A
B
4
Mont Larron
624
Mont-Larron
Fleix
Martineix
Bujaleuf
Peyrat-le-Château
Vallée de la Maulde
Route circumlacustre
Lac de Vassivière
Lac de la Vaud-Gelade
Pont de Sénoueix
Gentioux-Pigerolles
Île de Vassivière - Centre international d'art et du paysage
Le Rat
Eymoutiers
Espace Paul Rebeyrolle
Nedde
Négarioux
Plateau
Chaud
Tarnac
HAUTE-VIENNE
1
PARC NATUREL RÉGIONAL
Mont Gargan
731
Chamberet
Lac de Viam
Bugeat
Vestiges gallo-romains des Cars
Monceaux-la-Virole
Lac des Barioussses
Treignac
Rocher des Folles
EN LIMOUSIN
CORRÈZE
Lestards
Puy Pantout
770
Puy Messou
907
Clédat
Les Monédières
824
Col des Géants
Col du Bos
809
Suc-au-May
908
Chaumeil
La Croix-sous-l'Arbre
Cirque de Freysselines
Puy de Sarran
820
Le Tourondel
Sarran
Égletons
Corrèze
N.-D.-du-Pont-du-Salut
N
Suc-au-May ★★ Vaut le détour
Meymac ★ Vaut la visite
Ussel Intéressant
Ville de départ du circuit
Plateau de Millevaches
Des Monédières à Égletons
Vallée de la Maulde et lac de Vassivière
La montagne limousine
TULLE, BRIVE-LA-GAILLARDE

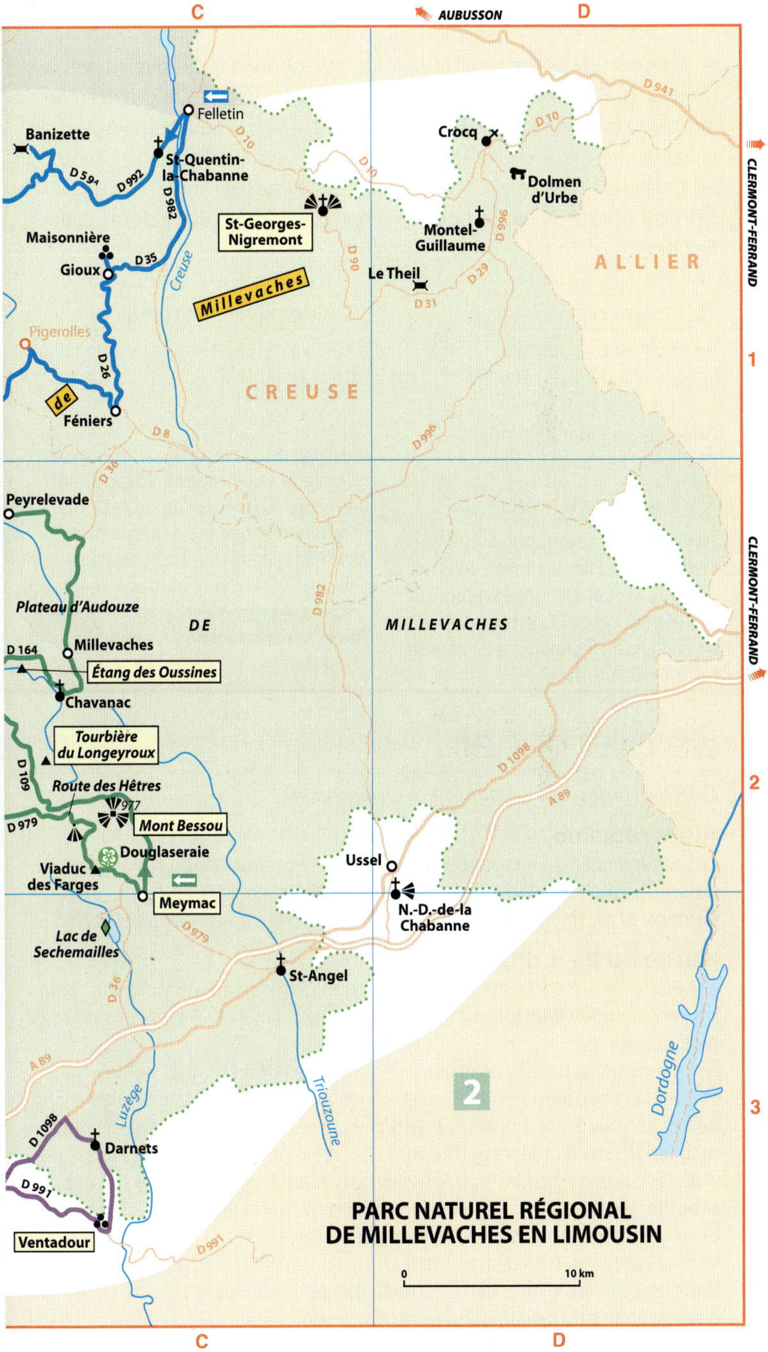
AUBUSSON
CLERMONT-FERRAND
CLERMONT-FERRAND
Felletin
Banizette
St-Quentin-la-Chabanne
Crocq
Dolmen d'Urbe
St-Georges-Nigremont
Montel-Guillaume
Maisonnière
Gioux
Le Theil
ALLIER
Millevaches
Creuse
Pigerolles
de
Féniers
CREUSE
Peyrelevade
Plateau d'Audouze
DE
MILLEVACHES
Millevaches
Étang des Oussines
Chavanac
Tourbière du Longeyroux
Route des Hêtres
977
Mont Bessou
Douglaseraie
Viaduc des Farges
Meymac
Ussel
N.-D.-de-la Chabanne
Lac de Sechemailles
St-Angel
Triouzoune
Luzège
Dordogne
Darnets
Ventadour
2
PARC NATUREL RÉGIONAL
DE MILLEVACHES EN LIMOUSIN
0
10 km
C
D
1
2
3

Ussel

Ancien carrefour de communication aux confins de l'Auvergne et du Limousin, Ussel est perchée à 631 m d'altitude sur l'un des derniers contreforts du plateau de Millevaches, entre les vallées de la Diège et de la Sarsonne. Siège de l'une des cours les plus renommées du Limousin au 12e s., cette petite ville, dont Jacques Chirac fut longtemps député, offre au visiteur de beaux témoignages d'un passé qui vit éclore maintes habitations de nobles et de bourgeois.

Se repérer

9 358 Ussellois – Corrèze (19)

CARTE P. 192-193 (D2).

Ussel se situe à mi-distance entre Brive-la-Gaillarde (90 km) et Clermont-Ferrand (80 km).

À ne pas manquer

La vieille ville, regroupée autour de l'église St-Martin; le musée du Pays d'Ussel; la chapelle des Pénitents et son évocation de la vie religieuse au Pays d'Ussel; les vestiges de l'église fortifiée de St-Angel.

Organiser son temps

Prévoyez environ 3h pour visiter Ussel et ses alentours.

En famille

Le livret découverte du centre ancien d'Ussel, « Explorateurs Voyage dans le Temps à Ussel » pour les 6-12 ans, gratuit et disponible à l'office de tourisme; la station Sports Nature Haute-Corrèze et le parc acrobatique.

Carnet pratique p. 196

Nos adresses p. 196

Se promener

Départ de la place Voltaire (office de tourisme).

Aigle romaine

Ce monument en granit sans tête fut découvert au moulin du Peuch, à proximité d'Ussel. Le sculpteur Pic le dota d'une nouvelle tête en 1804.

Remontez l'av. Thiers, prenez à gauche le bd Foch et à gauche la rue Michelet.

Musée du Pays d'Ussel

12 r. Michelet - 05 55 72 54 69 - www.ussel19.fr - de mi-avr. à fin oct. : mar., jeu.-vend. et dim. 14h-18h, merc. et sam. 10h-12h, 14h-18h - 5 € (-18 ans gratuit) hors sais. sur RV.

Un ensemble d'édifices anciens, composé de l'**hôtel Bonnot de Bay** (18e s.) et des maisons Gourrieyrou (17e s.) et Moncourier-Beauregard, accueille ce riche musée consacré aux arts et traditions populaires en Haute-Corrèze. De fidèles **reconstitutions d'ateliers** permettent de découvrir des métiers disparus ou en voie de disparition : le forgeron, le tisserand (superbe **métier à tisser★** du 18e s.), le **sabotier**, le galochier, la modiste, la lavandière, le tourneur, le menuisier, etc. Une belle collection de meubles régionaux et de tapisseries de la Marche complète la visite, avec notamment des tapisseries du milieu du 20e s. (Lurçat, Gromaire, Dom Robert...). Le travail de la paille est également abordé. À voir aussi : un intérieur paysan, et un **café de campagne★** de l'Entre-deux-guerres.

Revenez sur vos pas et dirigez-vous vers l'église.

Église St-Martin

Seul le chœur à chevet plat date de la fin du 12e s. La nef et les collatéraux furent refaits en style gothique. La façade et le clocher (19e s.) sont plus récents.
À l'intérieur, **boiseries et stalles** du 18e s. dans le chœur, pietà en bois polychrome du 16e s., et orgue des ateliers d'Aristide Cavaillé-Coll (19e s.).
En sortant de l'église, prenez à droite jusqu'à la place Joffre.
Sur cette place se trouve une jolie **fontaine** du 18e s. Dans les ruelles adjacentes, s'élèvent de nombreuses **maisons anciennes** aux massives portes d'entrée en bois surmontées de linteau en pierre en arc brisé, avec le blason sculpté du propriétaire. Parfois dotées d'une boutique ouvrant sur la rue, ces demeures sont généralement flanquées d'une tour abritant un escalier à vis. Sur la place *(à droite)* se dresse une maison de ce type datée de 1647. Certaines sont du 15e s.
Remarquez également l'ancienne **boucherie d'Eugène Moncourier**. Au Moyen Âge, les bouchers s'étaient établis autour de l'église, utilisant la fontaine de la place pour laver les peaux de bête. Les crochets pour pendre la viande sont encore sur la façade.
Rendez-vous place de la République.

Maison de Ventadour

Derrière la place se dresse une élégante demeure Renaissance construite par les ducs de Ventadour au 17e s. pour remplacer leur austère château féodal *(voir encadré p. 210)*. Sa tour d'escalier se distingue par sa forme octogonale et sa décoration raffinée.
De retour derrière l'église, suivez la rue de la Liberté puis la rue Pasteur.

Chapelle des Pénitents

Associée au musée du Pays d'Ussel *(mêmes conditions de visite)*, elle sert de cadre à l'évocation de la vie locale : la messe, les **processions et confréries**, les dévotions populaires du berceau à la tombe, autant de liens entre **le sacré et le profane**. Vous y verrez quelques pièces remarquables : retable en bois doré de 1711, toile des frères Cibille, *La Pentecôte* (1664), nombreuses statues en bois polychrome (bel ange en prière du 17e s.), étonnant corbillard du 19e s. attelé à un cheval naturalisé.

À proximité

CARTE D2-C3

Chapelle N.-D.-de-la-Chabanne D2-3

À 1 km au sud par la rue Pasteur.
De l'esplanade devant cette chapelle de pèlerinage s'ouvre une **vue** étendue sur le plateau de Millevaches au nord-ouest, les monts Dore à l'est et les monts du Cantal au sud-est.

St-Angel C3

À 9 km au sud-ouest par la D 1089.
Établi sur un promontoire dominant la rive droite de la Triouzoune, le village se distingue avant tout par son église fortifiée, située en hauteur, à laquelle sont accolés quelques bâtiments de l'ancien prieuré de St-Michel-des-Anges. La façade de l'**église★**, épaulée par de puissants contreforts, a la sévérité d'une forteresse. Son intérieur surprend par son élévation. Le chœur est d'une grande élégance, tout en pierre de taille avec sa voûte en étoile. L'abside est éclairée par des fenêtres en arc brisé sous lesquelles s'ouvrent de petites chapelles ménagées dans l'épaisseur des murs, ornées de culs-de-lampe sculptés.

Carnet pratique

S'informer

Office de tourisme – *Pl. Voltaire - ☏ 05 19 60 00 30 - www.tourisme-hautecorreze.fr.*

Nos adresses

Restauration

Budget moyen

La Terrasse des gourmets – *8 r. Sagard - Les Salles Sud - ☏ 05 55 72 56 27 - www.terrasse-gourmets.fr - fermé dim. soir et lun. soir - formules déj. sem. 23/26 €, menu 44 €.* Installé sur la terrasse ouvrant sur la nature, ou dans la salle à manger design, vous dégusterez une cuisine maison préparée par un maître restaurateur.

Le Château de la Borde – *R. des Buis - ☏ 05 55 72 59 27 - fermé dim. soir et lun.-mar. - menus 19/23 € à la Terrasse de Marguerite et 33/55 € à l'étage.* Installé au 1er étage d'un beau château du 17e s., ce restaurant bistronomique sert une cuisine inventive et colorée. Menus à prix doux en terrasse aux beaux jours. Concerts organisés régulièrement.

Activités

Station Sports Nature Haute-Corrèze – *18 av. Turgot - Château de la Diège - ☏ 05 55 72 17 96 ou 06 24 12 85 72 - www.sportsnaturehautecorreze.com.* Une myriade d'activités de plein air : canoë-kayak, tir à l'arc, VTT, escalade, course d'orientation, Accrobranche, randonnée pédestre... Sports accompagnés en été, location de VTT et de canoë-kayak, rens. sur le site.

À proximité

Parc acrobatique – *La Chassagnite - 19200 Mestes - 7 km au sud par D 982 et rte secondaire - ☏ 06 12 94 13 90 - www.sportsnaturehautecorreze.com/parc-diege-aventure - juil.-août 13h-19h ; vac. scol. de Pâques, w.-end et j. fériés en mai, juin et sept. 14-18h - 3 €, 7 € ou 12 € selon l'âge.* Trois parcours d'accrobranche.

Hébergement

À proximité

Budget moyen

Chambre d'hôte Jardin d'Arsac – *Arsac - St-Fréjoux - 6,5 km à l'est - ☏ 06 33 62 86 99 - jardindarsac.canalblog.com - 4 ch. 83/94 € (suite 143 € pour 4 pers.).* Dans une grange restaurée, grandes chambres à la déco raffinée. Une belle adresse au cœur d'un jardin remarquable que ses propriétaires vous feront visiter avec plaisir. Il comprend 13 scènes paysagères, à découvrir au cours d'une balade qui se termine par un étonnant jardin japonais.

Meymac ★

Avec ses pittoresques ruelles regroupées autour de l'abbaye bénédictine et ses maisons aux murs de granit, coiffées de toits d'ardoises bien inclinés, Meymac a un cachet typiquement corrézien. Idéalement situé en bordure du plateau de Millevaches, le bourg offre le cadre d'agréables promenades au « pays des mille sources » couvert de landes, de tourbières et de forêts. Au fil de la découverte, on traverse aussi de paisibles villages.

Se repérer

2 308 Meymacois – Corrèze (19)

CARTE P. 192-193 (C2-3).

Meymac se trouve à 15 km à l'ouest d'Ussel.

À ne pas manquer

Le mont Bessou; la tourbière du Longeyroux; l'étang des Oussines; l'église originale de Tarnac; les vestiges gallo-romains des Cars.

Organiser son temps

Comptez une journée pour découvrir Meymac et le plateau de Millevaches.

En famille

Le musée archéologique Marius-Vazeilles; l'étang des Oussines; la tourbière du Longeyroux.

Carnet pratique p. 203

Nos adresses p. 204

Se promener

Vieille ville

En vous promenant dans Meymac, vous remarquerez d'intéressants éléments architecturaux. Les **portes médiévales** sont ornées de linteaux ogivaux et de tympans décorés de symboles. Les **tourelles** coiffées de toits en poivrière caractérisent les maisons de notables : elles abritent un escalier hélicoïdal. Les **linteaux** sont souvent taillés dans le granit. Les **bretèches**, signes extérieurs de richesse, sont des logettes à mâchicoulis qui font saillie sur les façades.

À gauche de l'église, une **halle** du 16e s., dotée d'une charpente apparente reposant sur des piliers de granit, est entourée d'une petite place fermée par les bâtiments de l'**hôtel-Dieu** (1681). On sacrifiait jadis dans cette halle les « bœufs gras » consommés à l'occasion du Mardi gras.

En montant en direction de la **tour de l'Horloge**, vous découvrirez, au détour des rues étroites, de nombreux porches sculptés des 15e et 16e s., ainsi que de charmantes maisons de pays.

Abbaye St-André

En 1085, Archambaud III fondait une abbaye bénédictine à l'emplacement d'une église qu'il tenait de ses aïeux. Prenez le temps de découvrir ce site, pour son abbatiale et pour les deux musées qu'il abrite dans ses murs.

Abbatiale – Sa construction, commencée au 12e s., se poursuivit au 13e s. à la suite des modifications du plan initial qui présente quelques irrégularités : une déviation des bras du transept, un déséquilibre de l'abside et de ses chapelles. Le chœur ne se trouve pas dans l'axe de la nef... Admirez son remarquable **clocher-porche**

limousin, avec un portail polylobé flanqué de deux arcades, sa nef voûtée d'ogives, prolongée par un chœur aussi large qu'elle ; et sa superbe **Vierge noire★** du 12e s.
Musée Marius-Vazeilles – *05 55 95 19 15 - www.mariusvazeilles.fr - fin mai-oct. : mar.-dim. 14h30-18h30 - 5 € (12-18 ans 3 €, -12 ans gratuit).* Marius Vazeilles, archéologue et forestier, a consacré sa vie au plateau de Millevaches. Ses collections archéologiques et ethnologiques, exposées dans ce musée, évoquent la vie sur le plateau de la préhistoire à nos jours. Vous y découvrirez un riche outillage lithique, du mobilier funéraire de l'époque gallo-romaine et toutes sortes d'objets illustrant la vie rurale locale : vêtements, outils, meubles, etc. Des expositions temporaires sont régulièrement organisées
Centre d'art contemporain Meymac – *Pl. du Bûcher - 05 55 95 23 30 - www.cacmeymac.fr - visite guidée sur réserv. (1h10) de déb. juil. à mi-sept. : 10h-13h, 14h-19h ; reste de l'année : 14h-18h - fermé lun., fév. - 5 € (-12 ans gratuit).* Installé dans l'aile sud et la tour de l'abbaye, il organise des rétrospectives d'artistes de renom, et des expositions thématiques sur les grandes tendances de l'art contemporain. Chaque année, il confie à un artiste différent la création d'un calendrier de l'Avent sur la façade de l'abbaye.

Écomusée Meymac-près-Bordeaux

Chai des Moines Larose, Sente d'Audy - 05 19 60 00 30 - horaires, se rens.
Ce musée évoque l'histoire des marchands de vin du pays de Meymac qui, au 19e s., s'exilèrent du côté de Bordeaux pour y faire fortune, et y vendre du vin sous l'étiquette « Meymac-près-Bordeaux ».

★★ Plateau de Millevaches BC2

Circuit de 98 km tracé sur la carte ci-contre. Quittez Meymac par le nord en empruntant la D 36.
Les hautes terres limousines des contreforts du Massif central offrent une étonnante mosaïque de milieux naturels : forêts, tourbières, étangs ou rivières. Elles constituent un vrai paradis pour les amateurs de nature sauvage et de tourisme vert !

★ Mont Bessou

Avec le puy Pendu, situé juste en face, le mont Bessou est le point le plus élevé du plateau (976 m), que l'on surnomme volontiers le « toit du Limousin ». Une route en fait le tour. Au sommet a été aménagé un parc de 67 ha agrémenté d'une aire de repos et d'un étang artificiel. Une **tour panoramique** (188 marches) permet de monter à 1 000 m et de profiter d'une **vue★** à 180°.
Rejoignez la D 979 et prenez en direction de Bugeat. Après 3 km, tournez à droite sur la D 109 vers Celle.

★ Tourbière du Longeyroux

Sentier des Linaigrettes (1 km) et sentier des Bruyères (9 km) pour faire le tour du cœur de la tourbière. Livret dans les offices du tourisme ici de Meymac et de Bugeat. Rens. 05 19 60 00 30 - www.tourisme-hautecorreze.fr.
Visite guidée merc. 10h et 11h30 en juil.-août (dép. de l'office de tourisme de Meymac) - 4,50 € (3,50 € - 12 ans).
Cette zone protégée Natura 2000, de 250 ha, occupe le fond d'une dépression granitique du plateau de Millevaches et cache les sources de la Vézère. Au Longeyroux, l'épaisseur moyenne de la tourbe (décomposition lente de matières organiques, au fond d'une eau froide et acide) est de 2 m ; l'analyse des pollens

fossilisés montre que la tourbière s'y est installée il y a 8000 ans ; c'est la plus ancienne du Limousin. Au 19e s., il n'y avait ici qu'un amas de joncs et de bruyères. On doit à Marius Vazeilles le reboisement du site en chênes, hêtres et pins Douglas. La tourbière constitue un millefeuille de végétation : sphaigne, trèfle d'eau, canneberge, drosera, linaigrette, etc. La lande est habitée par une faune peu riche mais rare (lézard vivipare, vipère péliade, pipit farlouse) et survolée par l'« aigle des serpents », le circaète jean-le-blanc. La présence de la discrète loutre (traces d'excréments ou « épreintes ») est un indicateur de la pureté des eaux du site.

De la tourbière du Longeyroux, on peut rejoindre le site des Cars par un circuit pédestre (16 km, 4h30 - www.correzerando.com).

★ Étang des Oussines

Cette étendue de 18 ha est alimentée par les eaux de la Vézère. Son espace naturel, fréquenté par des oiseaux migrateurs, possède un très riche intérêt biologique. On y rencontre des espèces végétales rares (bruchie des Vosges ou littorelle, une plante aquatique donnant une fleur) et le site est encore fréquenté par des loutres...

Revenez sur la D 164. 1,5 km plus loin, tournez à droite.

Église de Chavanac

Des 13e et 14e s., elle abrite une statue en pierre polychrome, appelée ici la **Dansarelle**. Celle-ci représenterait Salomé, fille d'Hérodiade, portant le plateau sur lequel repose la tête de saint Jean-Baptiste.

Rejoignez la D 36, direction Felletin.

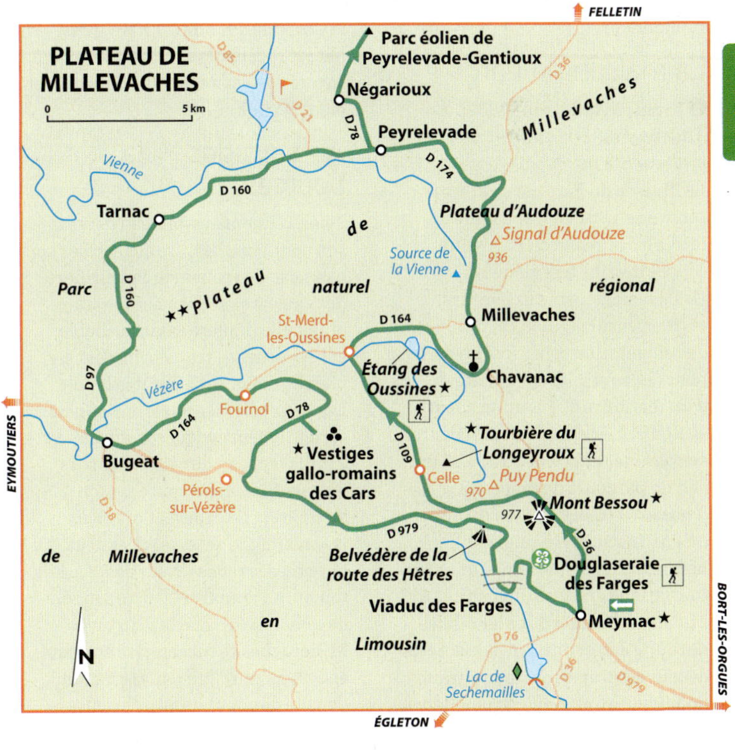

Portrait du Parc

Créé en 2004, il regroupe 113 communes sur 332 500 ha répartis sur les départements de la Corrèze, de la Creuse et de la Haute-Vienne. Son rôle est pluriel, allant de l'aménagement du territoire à la protection et à la valorisation du patrimoine naturel et culturel, en passant par la gestion des espaces forestiers et de la filière bois, principal débouché économique du plateau de Millevaches. Le Parc naturel joue également un important rôle d'accueil, d'information et de sensibilisation. En partenariat avec diverses associations et syndicats d'initiative, il favorise le développement d'un tourisme de qualité, proposant des balades thématiques, des stages d'étude du milieu, ainsi qu'une myriade d'activités sportives et de loisirs, au premier rang desquelles figure la randonnée.

La maison du Parc

7 route d'Aubusson - 19290 Millevaches - t 05 55 96 97 00 - pnr-millevaches.fr.

La Maison du Parc est une ferme rénovée en 2014 qui accueille à la fois les bureaux du Parc et un espace destiné aux visiteurs. Des aménagements extérieurs et intérieurs originaux et de la documentation sont ainsi présents pour découvrir les spécificités d'un territoire d'exception. C'est également le point de départ de trois sentiers de randonnée de 5 à 15 km et d'un parcours de géocaching (chasse au trésor) : Tèrra Aventura. Le Parc naturel régional publie notamment chaque année une carte touristique gratuite (disponible à la Maison du Parc et dans les offices de tourisme) et un carnet de sorties découverte répertoriant un grand nombre d'animations : promenades gourmandes, découvertes de la faune et de la flore, spectacles, sensibilisation à la mobilité douce et aux économies d'énergie...

Une terre de pierre et d'eau

Communément appelé « Montagne limousine », le plateau de Millevaches est un vaste espace granitique situé à la marge nord-ouest du Massif central. Son altitude oscille entre 400 et 976 m au mont Bessou, plus haut sommet du département de la Corrèze. D'innombrables ruisseaux et plusieurs rivières importantes y prennent leur source : les unes se dirigent au nord vers le bassin versant de la Loire (la Vienne et son affluent, la Creuse), d'autres se jettent dans la Dordogne et alimentent le bassin versant de la Garonne (la Triouzoune, la Vézère et son affluent, la Corrèze). Plus de 6 600 sources ont été recensées sur le territoire. Le surnom de pays des Mille Sources est bien mérité !

Au pays des Mille Sources

Selon la légende, le plateau devrait son nom à une bergère qui gardait son troupeau de vaches sur la tourbière du Longeyroux. Surprise par un orage, elle implora l'aide du diable et ses vaches se transformèrent en pierres, couvrant bientôt la lande... Les deux origines du terme les plus sérieusement évoquées font dériver « millevaches » du celte *mille batz*, qui signifie « mille sources », ou du latin *vacua* et du gaulois *melo*, la « montagne déserte ». Les deux hypothèses reposent sur des réalités toujours d'actualité ! Outre son rôle de « château d'eau », le plateau de Millevaches se caractérise en effet encore aujourd'hui par sa très faible densité de population, inférieure à

Paysage du côté de Saint-Georges-Nigremont..
C. Salomon/Parc naturel régional de Millevaches en Limousin

20 hab./km². En 2022, il comptait 41 000 habitants. Forêts de pente, immenses étendues forestières feuillues de hêtres ou de résineux, landes sèches à bruyères et pâturages couvrent un moutonnement de formes souples où se succèdent des dépressions en forme de cuvettes imperméables, les alvéoles, favorables à la création de tourbières.

Un trésor écologique

Effet de sa richesse paysagère et de l'extrême diversité des milieux, le plateau de Millevaches abrite une faune et une flore remarquables. Les rivières sont peuplées de lamproies, de truites fario, d'écrevisses et même de moules perlières, une espèce rarissime au bord de l'extinction. Sa reproduction dépend strictement de la présence de la truite fario qui abrite ses « larves » dans ses branchies. Dans les forêts, autour des lacs et des étangs, on rencontre parfois des loutres, animal emblème du Parc naturel régional, plusieurs espèces de chauves-souris, des chevreuils, d'innombrables variétés de reptiles, d'insectes et d'oiseaux.

Et la flore n'est pas en reste : callune et gentiane colorent partout les landes et les prairies de violet et de jaune. Cogérés par le Parc, plusieurs sites sont classés Natura 2000 afin de préserver leur patrimoine naturel et leur biodiversité : vallées (Gioune, Taurion et affluents, haute vallée de la Vienne, gorges de la Vézère autour de Treignac), landes et zones humides (lac de Vassivière et Haute-Vézère), tourbières (Négarioux-Malsagne et Bonnefond-Péret-Bel Air) ou forêt (Cubesse). En raison de son intérêt ornithologique, le plateau de Millevaches lui-même, sur près de 66 000 ha, est sous statut de zone de protection spéciale (ZPS).

Millevaches

Ce petit village (alt. 912 m), chef-lieu de commune le plus élevé de Corrèze (et de tout le Limousin), situé au centre du plateau auquel il a donné son nom, est caractéristique du pays avec ses maisons de la fin du 19e s. Il compte à peine une centaine d'habitants.

Poursuivez la D 36 sur 3 km.

Plateau d'Audouze

Les ruisselets coulant sur les pentes ouest et nord sont les sources de la Vienne, ceux des pentes est et sud, les sources de la Diège, affluent de la Dordogne. Le plateau est dominé par le **signal d'Audouze** *(accès interdit)*, qui culmine à 936 m d'altitude, sur la ligne de partage des eaux des affluents de la Loire et de la Dordogne. Il est possible d'accéder à la table d'orientation du mont Audouze, qui offre un large panorama sur les volcans d'Auvergne, le Puy-de-Dôme, le Sancy, le Mont-Bessou et le plateau de l'Artense.

Continuez sur la D 36 puis prenez à gauche, la D 174, puis la D 174E1.

Peyrelevade

Ce bourg regroupe de jolies maisons anciennes aux toits d'ardoises. L'église et la **croix des Templiers**, dite du Mouton, datent du 13e s.

Amateurs de tourbières, rendez-vous à **Négarioux** *(3 km au nord par la D 78)*.

Un circuit pédestre *(6 km - 3h)*, ponctué d'œuvres artistiques en rapport avec le patrimoine du lieu, sillonne la tourbière entre Négarioux, Geneyte et Malsagne.

Vous pouvez aussi visiter librement le **parc éolien de Peyrelevade-Gentioux** : six éoliennes de 70 m de haut, disposées en arc de cercle, occupent désormais le plateau de Millevaches *(panneaux explicatifs pour visite libre)*.

Poursuivez sur la D 21 sur 2 km, puis prenez à gauche la D 160.

Tarnac

Ce ravissant village mérite à coup sûr une halte.

La petite **église St-Gilles-et-St-Georges★**, unique en son genre, possède deux nefs accolées : l'une romane du 12e s., l'autre gothique du 14e s. terminée par un chevet plat. Son portail est décoré de deux bas-reliefs, l'évêque saint Gilles à

Site gallo-romain des Cars.
Ch. Guy/imageBROKER/age fotostock

gauche et saint Georges sur son cheval à droite. Son décor intérieur du 17e s. se compose d'un retable, de peintures murales et de panneaux sculptés. Près de l'église se trouvent l'adorable fontaine St-Georges et son vieux lavoir. Sur la place se dressent le **vieux chêne** « de Sully », qui a près de 300 ans et, à côté, le chêne dit « de la Liberté du 12 mars 1848 ».
Poursuivez sur la D 160.

Bugeat

Proche de la source de la Vézère, le gros bourg sert de lien entre le plateau de Millevaches et le massif des Monédières. Les vestiges gallo-romains témoignent d'une présence humaine ancienne, malgré un climat rude. Avec ses vastes forêts et de nombreuses rivières, Bugeat est un lieu qui se prête à la détente et au sport (randonnée équestre et pédestre, activités nautiques).
À la sortie de Bugeat (dir. Meymac), empruntez sur la gauche la D 164. À Fournol, prenez, à droite, la petite route qui rejoint la D 78 par les Fargettes.

★ Vestiges gallo-romains des Cars

Perdu en pleine nature, cet amoncellement de blocs de pierre révèle un étonnant **ensemble funéraire** (fin 2e-3e s.) et **bâtiment d'habitation** (fin 2e s.), distants de 300 m. Vous remarquerez tout d'abord les vestiges d'un temple rectangulaire (soubassements, podium, escalier monumental) et d'un mausolée de grande dimension, pourvu en son centre d'un coffre cinéraire inséré dans le dallage. Un petit sentier sur la gauche vous mène aux ruines d'une **villa**, ayant sans doute appartenu à un riche propriétaire terrien. Agencée autour d'une cour, elle bénéficiait de tous les conforts, comme l'atteste son énorme **cuve monolithique**. Cette dernière alimentait, grâce à des canalisations en plomb, une piscine chauffée par hypocauste ainsi qu'un bassin d'ornement doté d'un jet d'eau.
Poursuivez sur la D 78. Peu avant Pérols-sur-Vézère, prenez sur la gauche la D 979 en direction de Meymac. Après 8 km, prenez à droite la D 979E.

3

Belvédère de la route des Hêtres

Il offre une **vue★** étendue sur la vallée des Farges, Meymac, le lac de Sechemailles et le mont Bessou.
De la D 979E, prenez à droite pour rejoindre la D 109 en direction de Meymac.

Douglaseraie des Farges

À proximité du **viaduc des Farges**, un sentier s'enfonce dans une futaie de conifères (20 ha) chouchoutée par l'ONF. Les pins Douglas atteignent allègrement 40 m de haut !

Carnet pratique

S'informer

Office de tourisme – *1 pl. de l'Hôtel-de-Ville - 05 19 60 00 30- www.tourisme-hautecorreze.fr.* Visites guidées organisées.

Agenda

Journées artisanales d'art de Meymac – *3e w.-end août, pdt 3 j.* Une centaine d'artisans animent le centre historique.

Nos adresses

Restauration

Budget moyen

Chez Françoise – *24 r. Fontaine-du-Rat - 05 55 95 10 63 - fermé de dim. soir à mar. soir - menus 29/39 € - 6 ch. 75 €.* Goûtez aux spécialités corréziennes, comme la farcidure et les tourtous, dans cette maison rustique du 16e s. flanquée d'une tour. Vente de produits régionaux. Chambres spacieuses et bien équipées, idéales pour une étape.

À proximité

Budget moyen

Hôtel-restaurant des Voyageurs – *18 pl. de la Mairie - Tarnac - 30 km au nord-ouest - 05 55 95 53 12 - www.hotelcorreze.com - fermé de déc. à fin fév., dim. soir et lun. - plats 28/36, menu 35 € - 15 ch. 81/93 € - 9 €.* Dans le ravissant village de Tarnac, l'une des meilleures tables de la région! William Justin concocte des plats de qualité où les viandes limousines sont à l'honneur. Autres spécialités : le foie gras poêlé, la cassolette de ris-de-veau en sauce et un burger à base de mique corrézienne. Son épouse Christelle s'affaire en salle avec efficacité. Chambres confortables, accueil adorable.

Activités

Randonnées – *www.correzerando.com.* La Haute-Corrèze est émaillée d'itinéraires pédestres (plus de 140 parcours).

VTT – 22 circuits VTT *(4 à 43 km). Rens. à l'office de tourisme.*

À proximité

Lac de Sechemailles – L'immense plan d'eau (42 ha), aménagé pour les loisirs et les vacances, s'étend dans un site boisé reposant. Plage surveillée et base nautique.

Hébergement

Budget moyen

Hôtel Le Limousin – *76 av. Limousine - 05 55 46 12 11 - www.hotel-limousin-meymac.fr - P - 12 ch. 63/93 € - 8,50 € - menu déj. 14 €.* En face de l'abbaye St-André, cet hôtel-restaurant abrite des chambres sobres mais au confort moderne. Petit-déjeuner servi sous forme de buffet et spécialités maison au menu.

Pour se faire plaisir

Chambre d'hôte Moulin des Farges – *Les Farges - 05 55 46 06 48 - www.moulindesfarges.com - - 4 ch. 77/97 € et une suite 99/114 € - 28 € bc (réserv. indispensable).* De belles et luxueuses chambres avec de grandes salles de bains. Un charme totalement *british*... car les propriétaires sont anglais! Terrasse propice à un dîner romantique, excellente table d'hôte, piscine bienvenue en été.

À proximité

Budget moyen

Hôtel Europa – *Le Poteau - Maussac - 8,5 km au sud - 05 55 94 25 21 - www.hoteleuropa1.fr - P - 23 ch. 81/91 € - 12,90 € - formule déj. sem. 19 €, menu 37 € (fermé vend. midi, sam. midi et dim. soir).* Cet établissement proche de la route propose des chambres fonctionnelles et correctement équipées. Buffet de hors-d'œuvre et grillades de veau et de bœuf de race limousine.

Treignac ★

Vous êtes ici au pied du massif des Monédières, dans un superbe village entouré de forêts et de lacs. Les eaux de la Vézère, retenues par un barrage en amont de Treignac, reprennent leur course au milieu des rochers. Des courbes douces et un enchevêtrement de croupes fortement rabotées par l'érosion caractérisent des paysages qui séduiront à coup sûr les citadins en mal d'air pur et de campagne. Ne dit-on pas : « Quand la bruyère est fleurie aux flancs des Monédières, qu'ils sont loin, les soucis qu'ont les gens de Paris... » ?

Treignac.
Ch. Guy/hemis.fr

Se repérer

1297 Treignacois – Corrèze (19)

CARTE P. 192-193 (A2-3).

À 40 km au nord de Tulle, Treignac s'étage au-dessus de la Vézère.

À ne pas manquer

La ville haute de Treignac ; le panorama du Suc-au-May sur le plateau de Millevaches ; et, à Chaumeil, la Maison des Monédières.

Organiser son temps

Comptez 2h pour Treignac et ses alentours, et au moins 3h de plus pour découvrir le massif des Monédières.

En famille

L'arboretum de Chamberet avec ses aires de jeux et sa Maison de l'arbre.

Carnet pratique p. 211

Nos adresses p. 212

Se promener

Ville haute

C'est d'abord la ville haute que découvre le visiteur en arrivant par la route. S'étendant entre la place de la République et la place du Collège, elle présente un bel ensemble de **maisons anciennes**, certaines du 16e s. (rue de la Garde), d'autres du 17e s. (rue de la Borde). Notez la présence d'ornements en forme de coquilles St-Jacques sur beaucoup d'édifices, comme la **maison Lachaud Sangnier** (1573), qui servit jadis d'auberge aux pèlerins de St-Jacques-de-Compostelle. L'église N.-D.-de-la-Paix (1326) possède un **clocher** tors (dont la flèche est en spirale), unique en Corrèze. La **halle**, reconstruite au 15e s., est dotée de 12 piliers et d'une belle charpente en châtaignier recouverte d'un toit en ardoise.

Musée des Arts et Traditions populaires de la haute et moyenne Vézère

R. du Dr-Fleyssac - ✆ 05 55 98 15 04 - juil.-août 14h30-18h30 - fermé mar. - 2 € (enf. 1 €).

Installé dans la maison de famille de **Marc Sangnier** (1873-1950), journaliste et homme politique, fondateur des auberges de jeunesse, le musée évoque la **vie quotidienne des Corréziens** à travers des collections réparties sur trois étages. Vous y découvrirez l'habitat dans les campagnes et les petits métiers ruraux : sabotier, tisserand, laveuse, vannier, paysan, etc.

Ville basse

Église N.-D.-des-Bans

Cette **église-halle** du 13e s., sur plan carré, reconstruite en 1471, est flanquée d'un clocher hexagonal qui date de 1602. Son vaste toit d'ardoises voûté d'ogives repose sur d'imposants piliers. À l'intérieur, l'autel de granit en forme de dolmen, clin d'œil du sculpteur contemporain Marcel Petit aux origines très anciennes de Treignac, côtoie des vitraux de **Camille Fleury** exécutés entre 1954 et 1960, illustrant les couleurs chaudes de l'automne si caractéristiques de la région.

Vieux pont gothique

Accès par une rue en très forte pente.

Les arches de ce pont du 14e s. enjambent la Vézère au cours rapide : la **vue** porte sur les ruines de l'ancien château, dont les murs en terrasses dominent la rivière, ainsi que sur l'église et les vieilles demeures coiffées d'ardoises.

À proximité

CARTE AB2-3

Rocher des Folles A2-3

45mn AR. Sentier signalé à la sortie sud-ouest de la localité.

Ce chemin offre de jolies **vues** sur Treignac. Au sommet de la butte, suivez le sentier qui serpente au milieu des bruyères et descend jusqu'au rocher des Folles. Une légende raconte que, dans des temps anciens, une mère, refusant de sacrifier sa fille aux dieux, se jeta avec elle dans la Vézère du haut de ce gros bloc granitique. Beau **panorama** sur les gorges rocheuses et les collines boisées de la Vézère.

Lac des Bariousses B2

À 4 km au nord par la D 940.

En rive gauche du lac, la route révèle de magnifiques **vues**. Le site pittoresque, où se côtoient châtaigniers, chênes et conifères, dispose d'une base de loisirs.

Barrage de Monceaux-la-Virole B2

À 17 km au nord-est par la D 940 et la D 160.
Situé sur le **lac de Viam**, il constitue la première retenue en amont de la Vézère, là où la rivière bondissait autrefois en cascades. Une jolie **vue** donne un aperçu du contraste paysager.

Chamberet A2

À 10 km au nord-est par la D 16, à la sortie du village sur la route d'Eymoutiers.
Arboretum – *Accès libre tte l'année.* Dans cet arboretum de 10 ha du parc de l'Angle s'épanouissent une centaine d'espèces différentes, locales ou exotiques comme l'araucaria du Chili. Le site comprend par ailleurs un plan d'eau, une saulnaie, deux tourbières, ainsi qu'une aire de jeux et de pique-nique.
La Maison de l'arbre et de la nature – *05 55 97 92 14/06 48 90 89 50 - www.arboretum-chamberet.com - - vac. scol. : tlj 10h-12h, 14h-18h (fermeture musée 16h30) ; hors vac. scol. : merc., vend. et w.-end 14h-17h30 (fermeture musée 16h30) - 5 € (enf. 3 €).* Cet espace a pour vocation de sensibiliser petits et grands à la nature, son fonctionnement, ses espèces végétales (arbres, tourbière...) et animales (ruche, aquarium où évoluent des poissons du Limousin). Vous y découvrirez des expositions thématiques, des jeux éducatifs, une bibliothèque nature, une salle de classe-laboratoire et divers jeux sensoriels. Les espaces extérieurs comprennent un arboretum (balade possible à poney), un espace animalier (animaux de la ferme), un jardin des senteurs et des saveurs, un parcours santé et un parcours d'orientation. Des animations sont régulièrement organisées.

Circuit conseillé

CARTE DES MONÉDIÈRES P. 208

★ Des Monédières à Egletons

Circuit de 105 km tracé en violet sur la carte page suivante et sur la carte p. 192.
Adossé au plateau de Millevaches, le massif des Monédières s'étend de la haute vallée de la Vézère à la Corrèze. Il représente le bastion méridional de la montagne limousine. D'altitude relativement faible, 919 m au puy de la Monédière, il se compose d'un enchevêtrement de croupes fortement rabotées par l'érosion, où dominent les roches cristallines. Bien qu'ouvert aux influences océaniques apportées par les vents d'ouest, le climat n'en demeure pas moins montagnard, hiver rude et enneigé, été court mais chaud.
Quittez Treignac par le sud-est en empruntant la D 16, en direction d'Égletons.

★ Église de Lestards

Entourée d'un cimetière aux tombes très anciennes, cette ancienne église de l'ordre hospitalier des Antonins est coiffée d'un insolite **toit de chaume**, unique en France. Le clocher mur-pignon de la façade ouest est flanqué de quatre contreforts aux angles. À l'intérieur, les chapiteaux sculptés ont été restaurés.
À la sortie de Lestards, prenez à droite la D 32.

Col des Géants

La route amorce une légère descente au milieu des conifères. Belles échappées à gauche sur le **puy Messou** (907 m), à la bordure nord du massif des Monédières, et à droite sur le Suc-au-May.
Au col des Géants, tournez à droite sur la D 128, direction Madranges.

Avant d'arriver au col du Bos, faites une halte gourmande à la Ferme de la Monédière *(voir « Nos adresses »).*
Tournez à gauche sur la D 128ᴱ.

Col du Bos
La route, bordée de résineux, débouche bientôt sur un magnifique paysage où la forêt fait place à la lande.

★★ Suc-au-May
Garez-vous sur le parking, puis 5mn à pied.
De la table d'orientation, à 908 m d'altitude, le **panorama** embrasse la campagne limousine et le plateau de Millevaches. Le massif des Monédières se dresse au premier plan en une suite de bombements et de faibles dépressions à fond plat. Par beau temps, vous pourrez distinguer les reliefs de l'Auvergne : monts Dôme, monts Dore et monts du Cantal.
Revenez au col du Bos et prenez la D 128 à gauche.
La route descend au milieu des prairies et des conifères. Sur la droite se dessine la longue échine du **puy Pantout**★ (770 m).
En bout de route, prenez à gauche sur la D 121.
Sur ce versant exposé au sud, alternent cultures, herbages et châtaigneraies.

★ Cirque de Freysselines
Il enserre un curieux hameau (maisons de style Renaissance) qui lui a donné son nom. Traversez le village vers l'est *(D 121)* pour découvrir la meilleure vue sur le cirque. Le site est composé d'une superbe végétation : ajoncs, bruyères, fougères, genêts, bouleaux, sorbiers, que dominent les résineux.
12 km AR. Cet itinéraire de balade contourne le cirque et permet de rejoindre le Suc-au-May.

La Croix-sous-l'Arbre

Dans un virage au cœur de ce hameau, belle **vue** sur votre droite sur Chaumeil, capitale des Monédières, et le puy de Sarran.
Poursuivez sur la D 121.

Chaumeil

Dans ce coquet village, les maisons de granit aux toits d'ardoises ou de lauzes se groupent autour d'une croix gothique. Chaumeil présente plusieurs points d'intérêt, notamment une **église** du 15e s., ornée d'un beau porche du 16e ; à l'intérieur une pietà naïve du 16e s. en bois polychrome et une Vierge à l'Enfant. Un bas-relief circulaire de **Jean Ségurel** (1908-1978) rappelle que cet accordéoniste à succès était natif de Chaumeil. Passionné de vélo, il a créé le Bol d'or, un critérium qui attire au mois d'août les meilleurs grimpeurs internationaux.
Ne manquez pas non plus la **Maison de pays des Monédières** *(voir « Nos adresses »),* qui vous invite à découvrir la gastronomie et l'artisanat locaux et vous propose des expositions thématiques.
Quittez Chaumeil par le sud en suivant la D 32 jusqu'à St-Augustin. Puis prenez la D 142 pour le Tourondel.

Le Tourondel

Le petit village abrite un joli château *(ne se visite pas)* et de très belles maisons en pierres grises. Logé dans un petit abri soigneusement restauré (jetez un œil sur le remarquable toit de chaume et les redans), le **four à pain** mérite le détour. Il abrite divers outils liés à la vie paysanne *(accès libre)*. Belle vue depuis la route.
Revenez sur St-Augustin et prenez la D 26 en direction du sud pour Corrèze.

Corrèze

En entrant dans Corrèze, vous verrez à votre droite la **chapelle des Pénitents-Blancs** du 17e s. et, sur le muret donnant sur la rue (ainsi que par ailleurs dans Corrèze), une ancienne plaque de signalisation Michelin. La cité médiévale garde de son passé de nombreux vestiges de fortifications dont la **porte Margot,** qui donne accès à une petite place bordée de belles maisons de granit aux façades Renaissance (remarquez les coquilles St-Jacques) et aux toits de fines ardoises.
Au centre de cette place, l'**église St-Martial** du 15e s., à l'aspect de forteresse, est coiffée d'un lanternon, la flèche du clocher ayant été décapitée par la foudre au 18e s. clocher anglais. À l'intérieur, beau retable du 18e s.
Dans un **site★** particulièrement agréable, la **chapelle N.-D.-du-Pont-du-Salut** *(à 600 m de l'église par la rue Talin)* se blottit entre les rochers et la Corrèze, qu'enjambe un vieux pont.
Continuez la D 143, puis empruntez la D 135 à gauche.

Sarran

Musée du Président-Jacques-Chirac - *✆ 05 55 21 77 77 - www.museepresidentjchirac.fr - ♿ - de fin mars à mi-nov. : 10h-12h30, 13h30-17h (mai-sept. 18h) sf lun. - 4,50 € (-25 ans gratuit) - livret-jeux enf.* Des matériaux traditionnels de l'architecture corrézienne (châtaignier, chêne, granit, ardoise), subtilement alliés au verre et au métal, ont été utilisés dans la conception de ce musée contemporain, dû à l'architecte **Jean-Michel Wilmotte**. Le musée a été créé autour d'une donation de cadeaux protocolaires reçus par Jacques Chirac au cours de ses deux mandats présidentiels. On y découvre, à travers ses expositions

Bernart de Ventadour

Ventadour fut au 12e s. un véritable foyer littéraire. Ses vicomtes étaient poètes de père en fils. C'est dans cette ambiance raffinée que naquit, vers 1125, Bernart, fils d'un domestique du château. Très jeune, il révèle un extraordinaire talent poétique et devient un chantre passionné de l'amour courtois. Mais la vicomtesse écoute avec trop de ferveur les vers brûlants du troubadour qui sait si bien chanter et possède un physique avantageux. Le vicomte éloigne le poète, qui est accueilli par Aliénor d'Aquitaine, épouse d'Henri II Plantagenêt. Devenue reine d'Angleterre, elle part à Londres avec sa cour et Bernart de Ventadour. Ses démêlés avec Henri II la font revenir en France à Poitiers, où son époux la fait capturer et ramener en Angleterre, où elle est retenue prisonnière. Bernart de Ventadour se rend alors pour dix ans chez Raymond de Toulouse dans l'Aude. Puis, attiré par la vie monacale, il se retire à l'abbaye de Dalon, en Dordogne. Il y rencontre un autre troubadour célèbre, Bertran de Born. Il s'éteint à la fin du siècle, laissant les chansons qui ont fait sa renommée.

permanentes et temporaires, des collections variées, plus d'un millier de cadeaux. Témoins d'une rencontre ou d'un événement international marquant, les objets exposés ont été retenus pour leur valeur symbolique.

Puy de Sarran

Une route étroite et cahotante, bordée de sapins, grimpe sur 1,5 km jusqu'à ce mont de 820 m. Au sommet, deux croix encadrent un imposant calvaire. À leur pied, on peut découvrir une **vue★** sur les monts pelés avoisinants.
Quittez Sarran par la D 142.

Égletons

Elle a beau avoir été l'une des quatre villes murées de la vicomté de Ventadour, Égletons possède des ensembles architecturaux remarquables du 20e s. On en aura un aperçu en faisant le tour de la cité.

★ **Centre de découverte du Moyen Âge - CDMA** – *2 av. d'Orluc - ✆ 05 55 93 29 66 - www.egletons.fr/cdma - juin-oct. : tlj sf mar. 10h-12h, 14h-18h ; reste de l'année : se rens. - 3,50 € (-12 ans 2 €) - 2 € Pass Ventadour, sur présentation d'un ticket plein tarif du château de Ventadour.* Installé dans une maison du 18e s., voici un musée pédagogique qui privilégie le sensoriel. Travaux agricoles, costumes, trésors de l'orfèvrerie limousine, une journée d'un moine cistercien, enluminures, évocation de Bernart de Ventadour, troubadour du 12e s. *(voir encadré ci-dessus)* et des instruments de musique de l'époque (accompagnée de chants médiévaux), santé et alimentation : vous saurez tout sur le Moyen Âge ! Faites ensuite un tour au jardin monacal où sa symbolique vous sera dévoilée.
Suivez la D 991 en direction du sud-est.

★ Château de Ventadour

✆ 05 55 93 04 34 - www.chateau-ventadour.fr - juil.-août : 10h-13h, 14h30-18h30 ; mai-juin et sept. : mar.-vend. 14h-18h, w.-end 10h-13h, 14h-18h ; reste de l'année : se rens. - 5 € (6-16 ans 3 €) - 3,50 € pour le Pass Ventadour, sur présentation d'un ticket plein tarif du CDMA. Accès par une petite route depuis le village de Moustier-Ventadour.

Perchés sur un éperon rocheux à 572 m d'altitude, les vestiges de la **forteresse médiévale** se dressent dans un site sauvage, exposé aux vents. Par sa situation et sa formidable défense, Ventadour semblait imprenable. Elle fut cependant gagnée par trahison et resta treize ans aux mains des Anglais pendant la guerre de Cent Ans. À l'époque de la Renaissance, les ducs Lévis-Ventadour abandonnèrent la forteresse, trop austère, pour s'installer à Ussel dans un élégant hôtel. Deux tours, de hautes murailles, d'anciennes cours intérieures, des vestiges du corps de logis et une barbacane demeurent de l'austère forteresse médiévale. De la plate-forme située au sud, la **vue** est vertigineuse sur les ravins et la vallée de la Soudeillette.

Depuis le parking du château, deux circuits pédestres sont proposés : le **sentier de l'épave du camion allemand** qui plonge dans les fossés sauvages de Ventadour *(2,1 km - attention, sentier pentu)* et celui des **cascades de la Vigne** *(3,1 km)*, qui rejoint le bourg de Moustier-Ventadour et offre de belles vues sur le château.

Prenez la D 119 en direction de Prailloux et Darnets.

Darnets

L'église romane et gothique St-Martin-St-Maurice conserve de beaux restes de peintures murales, notamment des écus aux armes des Soudeilles. À voir également la croix sous un auvent, les belles maisons du village et la « croix des rameaux » d'époque mérovingienne à l'entrée du cimetière.

Rejoignez Égletons par la D 119, puis la D 1089 puis prenez la D 16 en direction de Treignac. À environ 18 km, tournez à droite direction Grandsaigne puis la Vialle.

Clédat

Au cœur de la forêt de pins se dressent les ruines d'un village en pierre caractéristique du plateau de Millevaches, construit jadis au milieu d'énormes rochers ronds. Abandonné en 1963, ce site isolé fait l'objet d'un programme de restauration dont a déjà bénéficié sa petite chapelle romane dédiée à sainte Madeleine *(possibilité de visite guidée - sur réserv. auprès de Renaissance des Vieilles Pierres - ✆ 05 55 72 36 81).*

Rejoignez Treignac par la D 16.

3

Carnet pratique

S'informer

Office de tourisme de Treignac – *1 pl. de la République - ✆ 05 55 98 15 04 - www.terresdecorreze.com.*

Office de tourisme Ventadour-Égletons-Monédières – *R. Joseph-Vialaneix - 19300 Égletons - ✆ 05 55 93 04 34 - www.tourisme-egletons.com.*

Agenda

Championnat du monde de canoë-kayak sur la Vézère – *1 sem. déb. juin - ✆ 05 55 98 15 04 - www.canoe-treignac-vezere.com.*

Festival de jazz Kind of Belou – *Jeu.-dim. fin juil.-déb. août - www.kindofbelou.com.* Concerts de jazz. Buffet de terroir.

À proximité

Corrèze - Fête du champignon – *Dim. de la mi-oct. - ✆ 05 55 21 25 21 (mairie).* Vente et dégustation de plats à base de champignons.

Sarran - Festival de folklore du monde - *4 j. déb. août - www.festivalfolklore-sarran.sitew.com.* Chants, danses et musiques du monde. Marché de producteurs.

Nos adresses

Shopping

À proximité

La Maison de pays des Monédières – *Le bourg - 19390 Chaumeil - 17 km au sud-est par D 16 et D 32 - ✆ 05 55 21 21 24 - www.tourisme-egletons.com/maison-de-pays-des-monedieres - juil.-août. : tlj 10h-12h30, 14h-18h30 ; mai-juin et sept. : merc.-dim. 10h-12h, 14h-18h.* Véritable vitrine des productions locales, cette maison regroupe plus de 50 exposants dans son espace découverte.

Ferme de la Monédière – *La Monédière - 19390 Chaumeil - 17 km au sud-est par D 16 et D 32 - ✆ 06 63 85 20 48 - 10h-18h.* La myrtille sous toutes ses formes ! En saison, myrtilles fraîches, tartes aux myrtilles à emporter et goûter à la ferme. Un sentier pédestre balisé *(1h)* permet de découvrir la flore.

Le Jardin du Centaure – *Les Chaussades - 19300 St-Yrieix-le-Déjalat - 22 km au sud-est par D 16 - ✆ 05 55 93 93 79 - www.jardin-du-centaure.fr - Boutique : tlj sf dim., hors sais. sur RV. Jardin botanique : visite libre mai-sept. Dégustation de fleurs et visite du séchoir : juil.-août.* Un agriculteur spécialisé dans les plantes médicinales et aromatiques bio vous fait partager ses connaissances : usage populaire, utilisation en cuisine, origine des noms, etc. Vente de tisanes et d'aromates. Stages, randonnées botaniques, conférences.

Hébergement

Budget moyen

Chambre d'hôte Maison Grandchamp – *9 pl. des Pénitents - ✆ 05 55 98 10 69/06 59 05 09 46 - www.hotesgrandchamp.com - - fermé nov.-avr. - 3 ch. 85/95 €.* Dans cette maison familiale de la fin du 17e s. décorée de meubles anciens, de portraits des aïeux et de souvenirs de voyages, les chambres sont spacieuses, coquettes et fraîches. Copieux petit déjeuner servi dans la cuisine devant le cantou, ou en terrasse aux beaux jours.

À proximité

Premier prix

Domaine des Monédières – *19800 Meyrignac-l'Église - 22 km au sud par D 26 - ✆ 05 19 99 40 30 - www.domaine-de-monedieres.com - - fermé de déb. janv. à déb. fév. - 64 chalets (2 à 4 pers.) et 1 cabane 95/165 €.* Au bord de l'étang de Meyrignac, cette résidence piétonne vous propose un site boisé de 12 ha, et de nombreuses activités nature.

Budget moyen

Village des Monédières – *L'Arboretum - 19370 Chamberet - 9,5 km au nord-ouest par D 16 - ✆ 03 85 53 76 60 - www.roulottes-monedieres.com - - fermé de mi-nov. à fin mars - 25 roulottes (4 pers.), 3 toues cabanées, 1 chalet (Jacuzzi) et 1 petite écocabane 40/399 €/nuit.* Un hôtel à la campagne ! Votre chambre sera installée dans une roulotte, mariant à merveille le calme, les matériaux en bois et le confort moderne. Également un « carré d'étoiles » avec spa, pour observer la voûte céleste. Pour les loisirs : piscine couverte et chauffée, poneys, VTT...

Pour se faire plaisir

Les Jardins Saint Eloi – *3 r. Jean-Boissy - 19470 Le Lonzac - 11 km au sud-ouest - ✆ 09 61 66 09 46 - lesjardins-sainteloi.fr - 4 ch. 120/180 € - - table d'hôte 25/35 € sur réserv.* Une adresse de charme avec des chambres spacieuses à la déco raffinée, installées dans une ancienne longère. Petit-déjeuner copieux, à déguster une fois que vous aurez fait vos longueurs dans la piscine ! Formules relaxation *(sur réserv.)*.

Eymoutiers et le lac de Vassivière ★★

Sertie dans un écrin d'eau et de verdure, ancienne ville close peuplée de tanneurs, Eymoutiers a conservé un visage médiéval. La collégiale, élevée du 11e au 15e s., est l'unique vestige de son monastère. C'est la ville natale du peintre Paul Rebeyrolle, auquel un musée est consacré, spécialement conçu autour de ses œuvres. De là, partez à la découverte du Parc naturel et du lac de Vassivière, plus grande retenue d'eau du Limousin, aux paysages somptueux, dont l'île accueille le Centre international d'art et du paysage et un parc de sculptures.

La passerelle d'accès à l'île de Vassivière et son Centre international d'art et du paysage.
H. Lenain/hemis.fr

Se repérer

2077 Pelauds – Haute-Vienne (87)
CARTE P. 192-193 (AB1). Sur une butte granitique dominant la Vienne, à 45 km au sud-est de Limoges.

À ne pas manquer

Le musée Paul Rebeyrolle; la vallée de la Maulde; le mont Gargan; les rives du lac de Vassivière et son île.

Organiser son temps

Une journée est nécessaire pour explorer pleinement Eymoutiers, la vallée de la Maulde et les abords du lac de Vassivière.

En famille

La Cité des insectes de Nedde; baignade au lac et pique-nique sur l'île de Vassivière.

Carnet pratique p. 218

Nos adresses p. 219

Découvrir Eymoutiers

★ Collégiale St-Étienne

La presque totalité de la nef et le clocher-porche sont de style roman. La façade sud, gothique, possède un portail doté de chapiteaux formant une frise. Le chœur, très élégant, est éclairé par 15 hautes fenêtres qui sont garnies de remarquables **vitraux**, exécutés au 15e s. par des maîtres verriers limousins. Face à la chaire, remarquez un grand christ sculpté au couteau. L'église conserve également une belle pièce d'orfèvrerie limousine du 13e s., une **croix reliquaire** à double traverse. Autour de l'édifice se pressent de belles demeures anciennes en pierre. Dans la rue des Cloîtres, derrière l'église, s'élèvent la maison du prévôt du chapitre et celle du chanoine théologal, reconnaissable à ses fenêtres moulurées.

Faubourg des Farges

Grâce aux eaux de la Vienne, Eymoutiers s'était spécialisée dans la tannerie aux 17e et 18e s. Le nom des habitants de la ville, les Pelauds, vient du latin *pelis*, qui signifie « celui qui tanne ». Rue Farge se dresse l'ancienne maison du Maître Tanneur (au n° 23). Autour du pont des Tanneries s'élevaient des moulins. Plusieurs cuves de tanneurs ont été restaurées.

★ Espace Paul-Rebeyrolle

Rte de Nedde - ✆ 05 55 69 58 88 - www.espace-rebeyrolle.com - ♿ - juin-août : 10h-19h ; déc. : 10h-17h ; reste de l'année : 10h-18h - fermé janv. - 6 € (-25 ans 4 €, -12 ans gratuit).

☺ Boutique très riche en catalogues et livres d'art.

Rassemblant **80 œuvres, peintures et sculptures** confondues, de Paul Rebeyrolle, né à Eymoutiers en 1926, cet espace a été conçu spécialement par l'architecte Olivier Chaslin pour rendre hommage à un artiste dont l'humanité sourd de chacune de ses créations. Sensible à l'exclusion et à la souffrance des êtres, Rebeyrolle œuvra à transposer sa vision du monde à travers des mises en scène dramatiques, parfois non dénuées d'humour. Amoureux de la nature, puisant son inspiration dans les paysages de la région, ses compositions associent peinture et éléments naturels. On retiendra, exposé pour la première Biennale de Paris, *Planchemouton* (1959), du nom de la grange qu'il possédait à Eymoutiers, *Paysage I et II*, deux grands tableaux de 1978 où s'exprime toute sa puissance créatrice, ou encore *Le Cyclope, hommage à Georges Guingouin* (1987). La collection comprend aussi des sculptures de grande dimension en bronze, en plâtre et en terre. Certaines ornent le jardin. L'espace accueille des expositions temporaires d'artistes célèbres : Pol Bury en 2012, Ernest Pignon-Ernest en 2014, le peintre finlandais Erró en 2018, André Marfaing en 2021…

Espace minéralogique

Rte de Nedde - ✆ 05 55 69 27 74 - ♿ - 21-30 juin et 1er-10 sept. : 14h-18h, juil.-août : 14h-18h30 - 4 € (-10 ans gratuit).

« Les cristaux sont à la Terre ce que sont les étoiles au ciel »… Dans cet espace où ils brillent de mille feux, vous découvrirez des minéraux aux formes étonnantes et aux couleurs chatoyantes ainsi que des fossiles impressionnants. La visite, commentée par l'un des membres de cette association d'amoureux des minéraux qui a créé cet espace, vous plongera dans un monde méconnu et vous expliquera les particularités de chaque pierre, leur utilisation, la découverte d'œufs de dinosaures… Une quarantaine de vitrines exposent des pièces du monde entier ainsi que des minéraux rares découverts dans le Limousin.

On vous emmène sur le mont Gargan

Une allée de hêtres centenaires, immenses. Porté par le vent et le chant des oiseaux, on gagne une lande sèche couverte de genêts et de bruyère qui s'étend à 731 m d'altitude. Après la chapelle, voici la fontaine à dévotions du Buisson blanc qui, dit-on, ne tarit jamais. De là, le regard embrasse un panorama à 360° qui porte, par temps clair, jusqu'à la chaîne des Puys. En 1944, le site, haut lieu de la Résistance, servait de point de largage de vivres et de munitions. Les jours de brume, le mont Gargan prend des allures fantomatiques et l'âme des résistants se fait plus prégnante encore...

À proximité

CARTE AB2

Nedde B2

À 13 km au sud-est par la D 992. À Nedde, prenez sur la droite la D 81, puis, après avoir franchi la Vienne, empruntez sur la droite la D 81^A menant au lieu-dit de Chaud.
En lisière du plateau de Millevaches, un hameau niché dans un joli cadre de verdure.
Cité des insectes – *05 55 04 02 55 - www.lacitedesinsectes.com - de Pâques à la Toussaint : 10h30-19h (tlj pdt les vac. scol., merc. et w.-end hors vac. scol.) - 9,50 € (4-15 ans 6 €).* Collection entomologique composée de quelque 10 000 spécimens ! Ici se dévoile d'une manière ludique et instructive l'univers fascinant des insectes. Composé de plantes aromatiques, médicinales et mellifères, le jardin permet de voir évoluer les insectes dans leur univers naturel. À l'intérieur, un cabinet de curiosités, le bureau de travail d'un entomologiste, la maquette géante d'un criquet, la salle d'élevage d'insectes exotiques, celle des abeilles et des termites...

★★ Mont Gargan A2

À 23 km au sud-ouest par la D 30, puis la D 43 et la D 39.
Alt. 731 m. Une route, en forte montée au départ, conduit au sommet, couronné par les ruines de la chapelle N.-D. du Bon Secours (19e s.). On y accède par une splendide **allée de hêtres** centenaires, qui forment une voûte végétale bienvenue en été. Chaque année est commémorée, sur ce site de lande sèche, la bataille du Grand Maquis, livrée par **Georges Guingouin** *(voir musée de la Résistance de Limoges, p. 42)* et ses hommes contre l'occupant allemand, du 17 au 23 juillet 1944. La **Pierre de mémoire** qui se dresse sur le site rappelle ces événements. Derrière la chapelle, un immense **panorama**★★ *(table d'orientation)* se déroule au sud-est sur le massif des Monédières, au nord sur les collines de la Marche, à l'ouest sur les monts du Limousin.

3

Circuit conseillé

CARTE DE LA VALLÉE DE LA MAULDE P. 216

★ Vallée de la Maulde et ★★ lac de Vassivière

Circuit de 70 km tracé en rose sur la carte p. 216 et sur la carte p. 192. Quittez Eymoutiers par le nord-ouest en empruntant la D 14.

Bujaleuf

Prenez à gauche pour atteindre le pont qui franchit le lac de barrage ; de là, très joli **point de vue**★ sur les deux côtés du petit plan d'eau aménagé en base de loisirs. Après Bujaleuf, la D 16 redescend dans la vallée, offrant de belles **vues** sur les retenues et les horizons montagneux.

Barrage de Fleix

D'une architecture très sobre, cet ouvrage, long de 50 m, haut de 16 m et soutenu par des contreforts verticaux, s'inscrit dans un beau site boisé.

Barrage du Martineix

Du même type que le précédent, il se dresse dans un site assez sauvage.

Rejoignez la D 13 et prenez en direction de Peyrat.

Peu après Clédat, la D 5 longe, à gauche, le **mont Larron**.

Prenez à droite la D 5^{A1} dir. St-Julien-le-Petit, puis tournez à gauche apr. le cimetière.

Usine et barrage du Mont-Larron

L'usine aux lignes sévères est le cerveau qui surveille et commande les barrages en aval de la Maulde. Sur la droite du bâtiment s'amorce un chemin qui mène au pied du barrage. Un sentier à droite permet d'accéder à la crête du barrage, longue de 183 m. La route en corniche offre de belles échappées sur la vallée et les collines avoisinantes.

Peu avant Artigeas, prenez à gauche sur la D 233.

Peyrat-le-Château

Parmi les collines où les landes de genêts et de bruyères alternent avec les bois de pins et de hêtres, Peyrat-le-Château se blottit près d'un étang au bord duquel se dresse la tour carrée de son ancien château fort, jadis occupé par les Lusignan. Brûlée en 1184, l'église St-Martin fut reconstruite en style gothique. N'hésitez pas à arpenter les ruelles du village pour découvrir son patrimoine.

Musée de la Résistance – *Av. de la Tour - ☎ 05 55 69 40 23 - www.peyrat-le-chateau.fr - de mi-juin à mi-sept. : lun.-sam. 14h30-17h30 - 3,50 € (-12 ans gratuit).* Petit musée sur le maquis limousin et le maquis local (appelé « maquis Guingouin »). Histoire des personnages locaux célèbres, avec une section spécifique réservée aux femmes, tracts, armes... La Petite Montagne limousine a été marquée par une résistance active.

Maison des moulins - *05 55 69 26 05 - ♿ - fermé au moment de la rédaction de ce guide, se rens.* Cet ancien moulin à farine abrite une collection de grandes maquettes de moulins à vent, à roue, à marée, noria... réalisées au 1/10.

À côté, agréable aire de pique-nique en bordure de la Maulde.

Barrage de Vassivière et usine hydroélectrique du Mazet - *05 34 39 88 70 - edf.fr/vienne-creuse.com - visite le vend. sur réserv. sf j. fériés - gratuit - pièce d'identité requise - interdit aux -12 ans.* Cette usine souterraine d'une puissance de 63,7 MW est connectée à la retenue de Vassivière par une galerie d'amenée d'eau. Le lac, qui reçoit l'eau de plusieurs rivières environnantes, possède une réserve de plus de 100 millions de m³, nécessaires à la fourniture d'électricité.

Quittez Peyrat par l'est et la D 13, puis prenez à gauche la D 7, dir. Royère. Après 5 km, tournez à droite pour rejoindre le barrage de Vassivière.

Peu après Auchaise, la splendide **route circumlacustre★**, qui longe la rive ouest du lac de Vassivière par **Auphelle**, offre des vues sympathiques sur le lac et ses îles.

★★ Lac de Vassivière

05 55 69 76 70 - lac-de-vassiviere.stationverte.com et www.lelacdevassiviere.com.

Bateaux-navettes - *05 55 69 76 70 - www.lelacdevassiviere.com - été : horaires, se rens. aux embarcadères - ils sillonnent le lac au dép. des pontons : plage d'Auphelle (rive ouest), plage de Broussas (rive sud-est) et port de Masgrangeas (rive nord-est) pour rejoindre l'île de Vassivière.*

En contrebas du parking de l'île, sur la presqu'île de Pierrefitte *(rive sud)*, un petit train *(05 55 69 20 45)* conduit à l'île de Vassivière.

Le lac de Vassivière s'inscrit dans un cadre préservé de collines boisées de couleur vert sombre. C'est le plus vaste plan d'eau du Limousin. Il offre des paysages magnifiques et des points de vue très variés selon l'endroit où l'on se trouve. Lac artificiel d'une superficie de 1000 ha et possédant 45 km de rivages, il résulte d'une retenue créée par le barrage de Vassivière établi sur la Maulde. Chaque année s'y déroulent d'importantes manifestations nautiques.

Plus de 300 km de sentiers de petite randonnée en périphérie du lac *(rando-fiches disponibles dans les offices de tourisme ou sur le site Internet)*. Le **sentier d'interprétation de la Lande du Puy de la Croix** *(2,3 km ; brochure téléchargeable sur le site Internet du lac)*, au nord-est, intéressera notamment les amateurs d'écosystèmes rares. Un sentier pédestre accessible aux VTT *(28 km ; dép. du parking en face de l'office de tourisme de la Vassivière, à Auphelle, ou de la plage de Broussas)* parcourt les rives du lac. Au programme : franchissement de passerelles sur pilotis, ponton flottant, digue...

Autres activités, voir « Nos adresses ».

★ Île de Vassivière

Rejoignez la presqu'île de Pierrefitte via *la route circumlacustre vers le sud (dir. Beaumont-du-Lac et parking de l'île) et traversez à pied (pont interdit à la circulation). Si vous êtes près d'un embarcadère, embarquez sur un bateau-navette.*

Bien abritée dans la partie ouest du lac, l'île de Vassivière, qui couvre 76 ha, associe les attraits naturels du site au plaisir d'aborder des œuvres d'art, grâce à un aménagement spectaculaire effectué en 1991. Que l'on rejoigne l'île à pied ou par le petit train, la promenade du pont offre des **vues★** étendues sur les deux côtés du lac et les collines environnantes.

Le contraste est saisissant entre le patrimoine ancien et l'art contemporain. Un château néoclassique, dont le parc abrite des sculptures en granit, domine un **jardin des simples**, aménagé en terrasses. La route se poursuit jusqu'au Centre international d'art et du paysage, laissant sur sa droite des sentiers qui irriguent le **Bois de sculptures.**

★ **Centre international d'art et du paysage (CIAP)** – *✆ 05 55 69 27 27 - www.ciapiledevassiviere.com - ♿ - juil.-août : 11h-13h, 14h-18h ; sept.-juin : mar.-vend. 14h-18h, w.-end 11h-13h, 14h-18h - 5 € (-18 ans 3 €). Animations en été, se rens. Aires de pique-nique aménagées et petite restauration au* Pré du Lac, *voir (Voir « Nos adresses »).* L'architecte milanais Aldo Rossi et son homologue français Xavier Fabre ont conçu l'ensemble des bâtiments en brique et en granit, en rapport étroit avec la nature. La **galerie**, grande salle muséale, prend des allures de nef avec sa voûte de bois en forme de berceau écrasé.

À l'intérieur du **phare**, un escalier tournant permet d'accéder à la base du lanternon, où l'acoustique est remarquable et d'où le panorama embrasse le lac. Ces deux édifices accueillent trois ou quatre expositions temporaires d'art contemporain par an. Des artistes, français ou étrangers, sont invités à Vassivière pour y présenter leurs œuvres : Ilia et Emilia Kabakov, Michelangelo Pistoletto, Andy Goldsworthy, Michael Sailstorfer...

Soyez attentif, les prés alentour réservent quelques surprises enfouies au milieu des herbes... comme autant d'interrogations sur les relations de l'art et du paysage.

Le Bois de sculptures – *Accès libre et gratuit.* C'est le complément indispensable du Centre d'art. Un réseau de chemins sillonne le bois situé et les replis de l'île, permettant de partir en quête des multiples œuvres installées *in situ* (dépliant avec liste et localisation disponible au CIAP). Au total, l'île compte près de 65 installations d'artistes internationaux reconnus. Les chemins de l'île constituent aussi une agréable promenade qui ménage échappées et points de vue.

☺ À la **librairie**, une sélection d'ouvrages sur l'art contemporain, l'architecture, le paysage et les jardins. La documentation possède près de 12 000 livres ; le **relais artothèque** dispose d'un fonds permanent de photographies, de dessins et d'estampes ; la vidéothèque, d'une centaine de films.

Rejoignez Beaumont-du-Lac par la D 43, qui ramène à Eymoutiers.

Carnet pratique

S'informer

Office de tourisme Eymoutiers – *17 av. de la Paix - ✆ 05 55 69 27 81 - www.tourisme-portesdevassiviere.fr.*

Pays Monts et Barrages en Limousin – *✆ 05 55 69 57 60 - www.pahmontsetbarrages.fr.*

Lac de Vassivière - *✆ 05 57 17 79 11 - www.lelacdevassiviere.com.*

Agenda

Les 10h de Vassivière – *1 sam. en juil.* Endurance non-stop de paddle.

Paroles de conteurs – *Dern. sem. août, Auphelle et Peyrat-le-Château - www.paroles-conteurs.org.* Balades contées, chansons, chemins buissonniers.

Fête de la Saint-Amour – *Le 9 août, lac de Vassivière.* Animations, vente de produits locaux.

Nos adresses

Restauration

À proximité

Premier prix

L'Encas-local - *Vassiviera - Auphelle, au bord du lac de Vassière - vassiviera.fr/l-encas-local - 10/15 €.* Installé en terrasse au bord du lac dans un paysage idyllique, vous dégusterez une cuisine 100 % bio et locale : burgers (viande limousine), salade gourmande, tartes salées, saucisson de cul noir, etc. Ambiance conviviale, soirées thématiques, concerts (*réserv. conseillée*).

Pré du Lac - *Le Château - Île de Vassivière - Beaumont-du-Lac - 05 55 69 21 23 - juil.-août 11h30-18h, hors saison, se rens. - à partir de 10 €.* L'ancien château de l'île accueille un café-restaurant, où la salle au décor contemporain a conservé sa cheminée du 17e s. L'été, on boit un verre ou on mange sur la terrasse qui surplombe le lac et le Bois de sculptures. Petite restauration : bruschetta, burger de porc confit, frites, sandwichs.

Shopping

À proximité

Boutique de l'Île - *Île de Vassivière - Beaumont-du-Lac - 05 55 69 65 95 - www.tourisme-creuse.com - juil.-août : 9h30-13h, 14h-19h, reste de l'année : 10h30-13h, 14h-18h.* Installée à l'entrée de l'île, cette boutique regorge de spécialités gourmandes, objets artisanaux, livres régionaux.

Activités

À proximité

Les Ânes de Vassivière - *05 55 69 41 43 - www.anes-de-vassiviere.com.* Circuit d'1h30 (23 €), 3h (40 €) ou randonnées itinérantes de 2 à 5 j. autour du lac.

Le Barrage - *vassiviera.fr/le-barrage - 1h30 - bottes fournies - à partir de 10 ans - de 2 à 5 joueurs - 28 € la journée (23 € pour 5 joueurs).* Jeu insolite et immersif inventé par des passionnés et installé dans une ancienne turbine donnée par EDF. Il s'agit de passer d'épreuve en épreuve pour sauver le barrage d'une submersion certaine.

Adi Milles Tour - *Ponton de Broussas - Royère-de-Vassivière - plusieurs formules 2h à 2h30 - 06 36 12 25 41 - bateau 12 pers.* Découverte gustative au fil de l'eau (planches de charcuterie et de fromages locaux) en écoutant les commentaires sur la faune et la flore du lac.

L'Escale - *Rte circumlacustre - Peyrat-le-Château - lieu-dit Auphelle - 17 km au nord-est - 05 55 69 41 35 - www.tourisme-creuse.com - de mi fév. à mi-déc.* Les patrons de ce bar-restaurant organisent en juil.-août des croisières d'une heure *(avr.-juin et sept. : se rens., juil.-août : tlj - 8,50 € ; -12 ans 6 €)* sur le lac de Vassivière.

Hébergement

Premier prix

Chambre d'hôte Les Cerisiers - *14 r. Pierre-et-Marie-Curie - 05 55 69 68 32 - www.lescerisiers87.com - P - 2 ch. 52 € (juil.-août 2 nuits mini.) - 20 € bc (sf dim. soir juil.-août).* Au cœur de la cité, vous serez accueilli par Richard et Tim, les propriétaires français-anglais de cette belle maison de village. Une des chambres peut accueillir jusqu'à 4 pers. *(85 €, idéale pour les familles).* Pour un petit supplément, on vous concoctera un « *english breakfast* » !

3

Crocq

Les silhouettes de deux robustes tours et d'une église dominent la petite cité médiévale aux rues pavées, jadis cernée de remparts, qu'il faut arpenter à pied pour en saisir toute la richesse patrimoniale. Ancienne dépendance de l'Auvergne, Crocq formait, avec Auzances au nord-est et Herment au sud-est, un redoutable triangle de fortifications chargé de contrôler la route Clermont-Limoges. Face à la haute cité de St-Georges-Nigremont, elle serait la première place forte à pouvoir repousser une attaque venue du Limousin.

Se repérer

412 Croquants – Creuse (23)

CARTE P. 192-193 (D1).

À 25 km au sud-est d'Aubusson

À ne pas manquer

Le triptyque de la chapelle N.-D.-de-la-Visitation; le panorama sur les monts Dôme et Dore du haut des tours de l'ancien château.

Organiser son temps

Comptez une demi-journée pour la visite du village et de ses environs.

Nos adresses p. 223

Se promener

4 pl. Georges-Hubert - 05 55 67 49 02.

Chapelle N.-D.-de-la-Visitation

Fondé à la fin du 12e s., ce petit édifice roman a été profondément remanié aux 15e et 16e s., puis restauré au 19e s. Outre son clocher-mur à fronton triangulaire, il est coiffé d'une lanterne des morts du 12e s., utilisée en remploi. À l'intérieur, un remarquable **triptyque★** de bois peint a été installé en 1995 sur le mur nord. Cette œuvre, conçue vers 1530, relate en sept panneaux la vie de saint Éloi, patron des orfèvres. Au revers des volets, on remarque un détail insolite dans la composition de la Cène : la présence d'une fourchette (l'emploi de ce couvert ne fut généralisé qu'au 17e s.). La Vierge à l'Enfant du 12e s. est portée en pèlerinage le 1er dimanche de juillet.

Réplique de Guernica

Pl. Georges-Hubert

Fuyant le franquisme, Francisco Largo Caballero a vécu en 1941 à Crocq. Chef du gouvernement républicain en 1936-1937, en pleine guerre civile, il avait commandé à Pablo Picasso une œuvre pour le pavillon espagnol de l'Exposition internationale de Paris de 1937, *Guernica*. En 2016, une réplique de ce tableau majeur a été installée en contrebas de la chapelle...

Tours de l'ancien château

R. de l'Église - 05 55 67 49 02 - juil.-août : 10h-12h30, 14h30-19h (fermé parfois le lun., se rens.) ; avr.-juin et sept.-oct. : tlj sf lun. 10h30-12h, 14h-18h - 2 € (enf. gratuit).

Reliées par une courtine, les tours sont les seuls vestiges d'un château fort construit dans la seconde moitié du 12e s. et qui tomba en 1356 sous les assauts des troupes du Prince Noir.

Les croquants

De la bourgade serait partie, au 17e s., la révolte paysanne des « croquants ». Personnage mythique né de l'imagination de l'écrivain périgourdin Eugène Le Roy, **Jacquou le Croquant** incarne le paysan pauvre au début du 19e s. dans la région. Le roman du même nom a été publié pour la première fois en 1899, a fait l'objet d'un feuilleton télévisé en 1969, réalisé par Stellio Lorenzi, puis d'un film en 2007.

Un escalier donne accès à la **table d'orientation** de la tour est, d'où s'offre un remarquable **panorama★★** : la Combraille au nord, les monts Dôme d'où émerge le puy de Dôme à l'est, les monts Dore et leur sommet du Sancy au sud-est, le plateau de Millevaches au sud-ouest. En 2021, la tour Est accueillera un espace de reconstitution, pour une immersion totale des visiteurs au temps des chevaliers. Un petit jardin médiéval a été créé au pied des tours.

Maison du patrimoine

05 55 67 49 02 - fermé lors de la mise à jour de ce guide, travaux prévus.
Cette maison du 17e s. se mue en un écomusée axé sur trois thèmes : l'histoire de Crocq, des Gallo-Romains à nos jours ; les châteaux forts (architecture, vie quotidienne), avec des jeux pour les enfants ; l'art religieux, en lien avec les ostensions limousines. Des animations audio et numériques sont prévues.

À proximité

CARTE P. 192-193

Quittez Crocq par le sud en empruntant la D 996. Après avoir longé le stade, prenez sur la gauche en direction des Dimpoux et garez votre voiture à Laval.
Un joli sentier bordé de hêtres et de sapins débouche sur une lande jonchée de fougères. Après 1 km se dresse, sous un petit bois, le **dolmen d'Urbe**, vieux de 4 000 ans, dont le poids est estimé à 12 tonnes. Il supporte une table de 3 m de long. Selon la tradition, les jeunes filles qui grimpaient autrefois sur cette table avant de sauter à terre étaient certaines de trouver un mari dans l'année... Poursuivez le chemin qui, au bout de 250 m, ramène sur la route et à votre véhicule.
En revenant vers la D 996, la route offre une belle **vue** sur Crocq.
Au carrefour, tournez à gauche sur la D 996.
Après 2 km à travers la forêt d'Urbe, une petite route mène, sur la droite, à l'**église du Montel-Guillaume** (13e s.) qui renferme de curieuses statuettes polychromes.
Revenez sur la D 996, puis après 1 km, prenez sur la droite la D 29.
À St-Agnant-près-Crocq, suivez la D 31 qui, rapidement, serpente entre des étangs dont celui de la Motte, niché dans un site bucolique.
À proximité, on aperçoit le **château du Theil** *(ne se visite pas)*, édifice du 15e s.
À Magnat-l'Étrange, prenez au nord sur la D 90.

★ St-Georges-Nigremont C1

Aux confins de la montagne limousine et du plateau de Millevaches, le beau village de St-Georges-Nigremont occupe le sommet d'une butte (le *Nigers Mons* des textes latins), en face de laquelle un oppidum gaulois fut découvert. Sous les dynasties mérovingienne et carolingienne, la cité fut un important centre administratif et religieux. De la terrasse proche de l'église, un vaste **panorama★** *(table d'orientation)* s'étend au nord-est sur Crocq et au-delà sur les collines de Combraille ; au sud-est en direction des monts d'Auvergne.

3

Poursuivez sur la D 90, puis prenez, sur la droite, la D 10. À Pontcharraud, empruntez au sud-est la D 21 sur 7 km, puis prenez sur la gauche la D 28.
La route ramène à Crocq en passant près du hameau du Naberon, qui abrita jadis une commanderie de l'ordre de Malte.

Circuit conseillé

CARTE P. 192-193

★ La montagne limousine BC1

Circuit de 75 km tracé en bleu sur la carte p. 192-193, au départ de Felletin. Quittez Felletin (voir p. 260) par le sud-ouest en empruntant la D 992.
La route serpente agréablement le long de la vallée du Gourbillon, au milieu d'un paysage de prairies et de massifs boisés.

St-Quentin-la-Chabanne C1

Entouré de toutes parts de sommets, ce bourg tire son nom de l'un d'eux, le puy de la Chabanne. Son **église**, du 13e s., possède un portail limousin s'ouvrant en arrière d'un clocher-mur. La nef est voûtée d'ogives à liernes. Sous le chœur, une crypte du 11e s., N.-D.-de-Sousterre, abrite une **Vierge noire**.
Continuez sur la D 992 sur 5 km, puis prenez à droite la D 59A, direction La Nouaille.

Domaine de Banizette C1

05 55 83 28 55 - www.banizette.com - de déb. juil. à fin août, visite guidée mar.-jeu. : 15h, 16h30 - 8 € (9-14 ans 5 €) - visite libre des jardins et de l'arboretum 5 €.
Cette maison seigneuriale du 17e s., dont on visite les dépendances aménagées en **musée de la Vie rurale**, offre l'image d'une exploitation agricole haut-marchoise au début du 20e s., à l'orée de la mécanisation. Un jardin à la française, avec sa fontaine centrale, ouvre sur deux vallons. Riche de 25 essences différentes d'arbres de la région (châtaigniers, hêtres, bouleaux, etc.), l'arboretum offre trois parcours balisés pour les découvrir *(1 km, 1,8 km, 2,7 km)*.
En quittant le manoir, prenez à droite la D 59. À St-Marc-à-Loubaud, tournez à gauche pour emprunter la D 16, direction Gentioux.

★ Site du pont de Sénoueix B1

Le pont romain qui enjambe le Taurion n'a conservé qu'une arche dont les pierres habilement juxtaposées semblent défier le temps. Le murmure de la rivière naissante concourt au charme du site.

Gentioux-Pigerolles B1

Centre creusois de l'émigration des ouvriers maçons dès le 11e s. L'**église** du 13e s. *(s'adresser à la mairie pour y entrer)*, reconstruite au 15e s. par les chevaliers de Malte, est garnie de curieuses sculptures (16e s.), notamment dans le chœur (bas-reliefs, têtes grimaçantes, etc.). Au cimetière, tombeau ouvragé de **Jean Cacaud**, célèbre sculpteur local. Le **monument aux morts** de Gentioux est l'un des rares qui expriment une intention pacifiste : un écolier de bronze en sabots, le béret à la main, tend le poing vers la stèle de pierre où est inscrit : « Maudite soit la guerre. »
Prenez la D 16 vers le sud en dir. de Malsagnes. Environ 1 km avant le hameau du Rat, prenez un petit chemin sur la droite.

★ Site du Rat B1

1,2 km AR (suivez le chemin qui grimpe à gauche). Ombragée par de grands arbres séculaires, la **chapelle St-Roch** en granit (17e s.) se dresse à proximité d'énigmatiques **rochers**, peut-être utilisés à l'époque celtique. Un sentier à gauche de

la croix s'enfonce à travers pins et bruyères jusqu'à des rochers d'où se dégage une **vue** sur les environs.
Poursuivez la route, puis, à Malsagnes, tournez à gauche vers le nord. Après 5 km, prendre à droite la D 8.

Féniers C1

Encore un bel exemple de clocher-mur en peigne surplombant l'église du 12e-15e s. dans ce village à l'architecture rurale typique de la région. Chaque année, fin août, se tient la Foire aux agnelles limousines, très courue.
Prenez à gauche la D 26 vers le nord.
La route, qui longe les gorges de la Gioune, offre de belles échappées sur les puys d'Auvergne.

Gioux C1

Table de granit au village et site gallo-romain (1er et 3e s.) à **Maisonnières** *(1,5 km au nord, accès libre et gratuit - sentier de découverte de 5 km depuis le site)* : des panneaux accompagnent la découverte de cette villa qui a fait l'objet de fouilles ans les années 1990.
La D 35, puis la D 982 ramènent à Felletin.

Nos adresses

Restauration

Premier prix

La Colombe – *9 pl. du Monument - Gentioux-Pigerolles - ✆ 05 55 83 72 42 - en été, mar.-dim. (hors sais. merc.-dim.) - petit-déj. et brunch le dim. - 15 € env.* Dans ce sympathique bar-restaurant, vous dégusterez une savoureuse cuisine à prix doux, avec un plat unique le dim. soir. Bières excellentes, ambiance conviviale.

Budget moyen

Restaurant des Sources – *Le Bourg - Féniers - ✆ 05 55 67 15 27 - du mar. midi au dim. midi - réserv. obligatoire - menu 35 €.* Yvon privilégie les circuits courts et fait son marché à Felletin. Originaire de Bourgogne, ce chef opère en cuisine dans une belle bâtisse située sur le plateau de Millevaches. Plats inventifs et variés. Réservation indispensable.

Activités

Randonnées – *À pied ou à VTT - rando-fiches disponibles à l'office de tourisme.* Au dép. de Crocq : trois balades courtes : Chemin de l'étang d'Urbe, De dolmen en donjon et De pierre et de vallons *(7 km - 2h)*, et une randonnée plus longue : Dolmen d'Urbe *(12 km - 3h30)*.

Hébergement

Pour se faire plaisir

Château de Crocq – *4 Grande-Rue - ✆ 06 11 14 93 22 - www.chateaudecrocq.fr - P - 4 ch. 115/125 € (suites 145/175 €).* Une halte de charme dans ce château médiéval rénové au 19e s. Ses chambres d'hôte spacieuses, dont deux suites pour 4 pers., sont d'un grand confort. Une belle occasion de se ressourcer.

Le château de Villemonteix à Saint-Pardoux-les-Cards.
Ch. Guy/hemis.fr

4

Guéret, Haute et Basse Marches

CARTE MICHELIN DÉPARTEMENTS 325 – CREUSE (23)

Guéret	228
Crozant★★	235
La Souterraine	242
Château de Boussac★	246
Évaux-les-Bains et le pays Combraille	249
Aubusson★	253
Bourganeuf	268

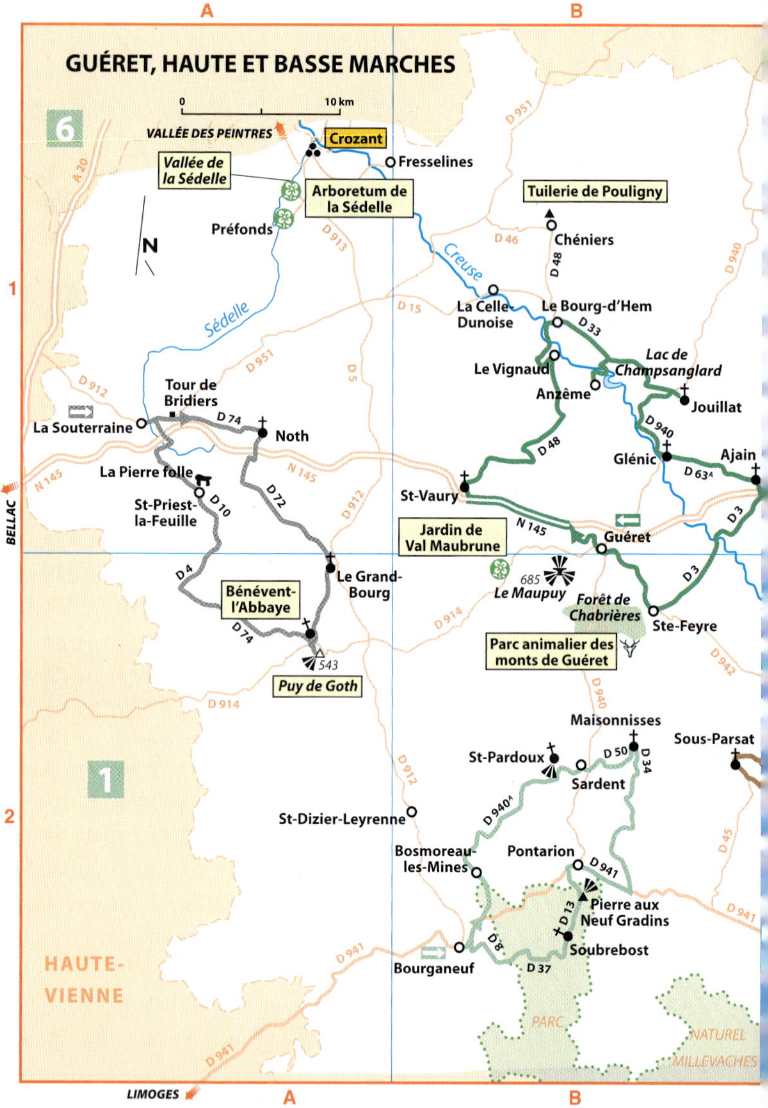
GUÉRET, HAUTE ET BASSE MARCHES
0
10 km
6
VALLÉE DES PEINTRES
Crozant
Fresselines
Vallée de la Sédelle
Arboretum de la Sédelle
Préfonds
Tuilerie de Pouligny
Chéniers
Creuse
Sédelle
La Celle-Dunoise
Le Bourg-d'Hem
Le Vignaud
Anzême
Lac de Champsanglard
Jouillat
Tour de Bridiers
La Souterraine
Noth
Glénic
Ajain
La Pierre folle
St-Priest-la-Feuille
St-Vaury
Jardin de Val Maubrune
Guéret
Le Grand-Bourg
Bénévent-l'Abbaye
685
Le Maupuy
Forêt de Chabrières
Ste-Feyre
Parc animalier des monts de Guéret
543
Puy de Goth
Maisonnisses
Sous-Parsat
St-Pardoux
Sardent
St-Dizier-Leyrenne
Bosmoreau-les-Mines
Pontarion
Pierre aux Neuf Gradins
Soubrebost
Bourganeuf
1
HAUTE-VIENNE
PARC
NATUREL
MILLEVACHES
BELLAC
LIMOGES
A
B
1
2
N
A 20
D 951
D 913
D 46
D 48
D 940
D 15
D 33
D 912
D 5
D 74
D 63A
N 145
D 10
D 72
D 3
D 4
D 914
D 942
D 50
D 34
D 940A
D 941
D 45
D 13
D 8
D 37

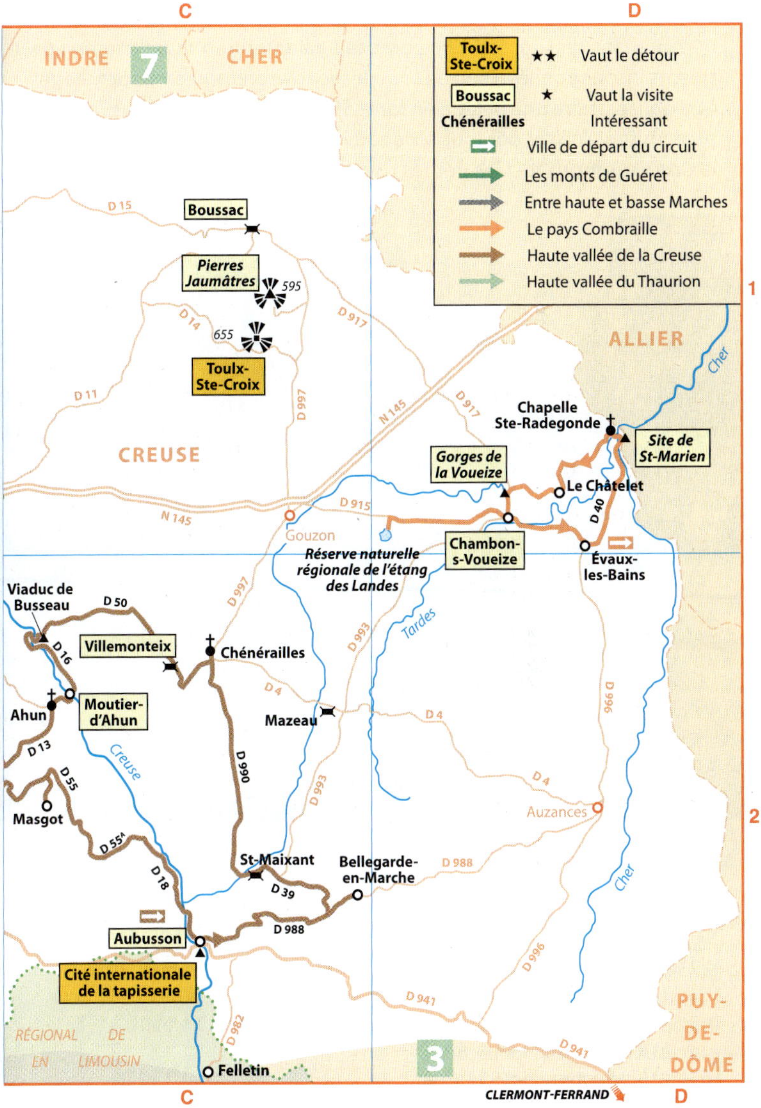
Toulx-Ste-Croix ★★ Vaut le détour
Boussac ★ Vaut la visite
Chénérailles Intéressant
Ville de départ du circuit
Les monts de Guéret
Entre haute et basse Marches
Le pays Combraille
Haute vallée de la Creuse
Haute vallée du Thaurion
INDRE
7
CHER
ALLIER
CREUSE
PUY-DE-DÔME
3
Boussac
Pierres Jaumâtres
595
655
Toulx-Ste-Croix
Chapelle Ste-Radegonde
Site de St-Marien
Gorges de la Voueize
Le Châtelet
Chambon-s-Voueize
Évaux-les-Bains
Gouzon
Réserve naturelle régionale de l'étang des Landes
Viaduc de Busseau
Villemonteix
Chénérailles
Ahun
Moutier-d'Ahun
Mazeau
Masgot
St-Maixant
Bellegarde-en-Marche
Auzances
Aubusson
Cité internationale de la tapisserie
Felletin
RÉGIONAL DE
EN LIMOUSIN
Cher
Creuse
Tardes
D 15
D 14
D 11
D 917
D 997
N 145
D 915
D 40
D 50
D 16
D 13
D 55
D 55A
D 18
D 990
D 993
D 4
D 996
D 39
D 988
D 982
D 941
CLERMONT-FERRAND
C
D
1
2

Guéret

Née autour d'un monastère fondé à la fin du 7e s. par un comte de Limoges, Guéret devint, en 1514, capitale du comté de la Marche. Devenue une station verte nature, cette ville tranquille dispose de nombreuses ressources. Elle compte également un musée rempli de trésors insoupçonnés. Pour découvrir ses environs parsemés de villages et d'églises, faire une balade en forêt afin d'observer le vol des rapaces ou écouter le chant des loups, découvrir l'un des plus beaux jardins de la Creuse, empruntez les petites routes...

Jardin de Val Maubrune.
Office de Tourisme du Grand Guéret

Se repérer

12 734 Guérétois – Creuse (23)

CARTE P. 226-227 (B1).

Préfecture de la Creuse, Guéret est à la croisée des axes Montluçon (65 km)/La Souterraine (35 km) et Limoges (80 km)/La Châtre (65 km).

À ne pas manquer

Le parc animalier des monts de Guéret; les églises fortifiées de Glénic, d'Ajain et de Ste-Feyre.

Organiser son temps

Rendez-vous l'après-midi au parc animalier des monts de Guéret pour assister au repas des loups.

En famille

Les loups de Chabrières; le labyrinthe géant des monts de Guéret.

Carnet pratique p. 233

Nos adresses p. 233

Découvrir Guéret

Guéret présente encore autour de l'église un réseau historique de rues piétonnes, où il est agréable de flâner entre boutiques et maisons aux façades restaurées. La **Grande Rue**, la plus ancienne et la plus commerçante, relie la place Bonnyaud à la place du Marché. C'était autrefois l'axe principal de la cité conduisant d'une porte à l'autre.

Musée d'Art et d'Archéologie

22 av. de la Sénatorerie - ✆ 05 55 52 37 98 - www.ville-gueret.fr/creative/musee-dart-darcheologie - fermé pour travaux, réouverture prévue en 2024.

Installé depuis 1907 dans le bel **hôtel de la Sénatorerie** (18e s.) et entouré d'un **parc** fleuri et arboré, le musée, l'un des plus riches du Limousin, fait peau neuve. Il possède des **collections** variées, dont le cœur historique a été constitué par la société des sciences au 19e s. : **archéologie** (objets gaulois et gallo-romains mis au jour dans la région, dont une riche collection d'urnes en verre) ; art asiatique (bouddha du 14e s., céramiques chinoises, estampes et objets d'art japonais) ; art égyptien (momie d'enfant ptolémaïque) ; arts décoratifs et beaux-arts du Moyen Âge au 20e s. (*Le Baiser* de Rodin et *Buste de Rodin*, bronze de Camille Claudel) ; art océanien ; armes, parmi lesquelles figure un canon de rempart du 15e s.

Il présente par ailleurs un superbe ensemble d'**émaux champlevés★** limousins (12e-15e s.). Parmi les émaux peints (15e-18e s.), plusieurs sont de Léonard Limosin. Quant à la collection de **peinture**, elle compte des œuvres flamandes, hollandaises et françaises des 17e et 18e s., et des toiles françaises des 19e et 20e s. (Guérin, Scheffer, Delaroche, Fantin-Latour, Kisling).

Est naturellement mise à l'honneur, la **vallée de la Creuse** : ses paysages attirèrent **Armand Guillaumin** et des centaines de peintres, photographes et artistes, dont Claude Monet *(voir la page thématique « La vallée des Peintres », p. 236)*.

À terme, le musée présentera également un parcours sur les **donateurs,** qui ont largement contribué à sa richesse et à sa diversité.

Hôtel des Moneyroux

Contemporain du palais Jacques-Cœur à Bourges, ce gracieux édifice, de style gothique finissant, se compose de deux corps de logis en équerre, reliés par une élégante tourelle d'angle coiffée de bardeaux. L'aile droite fut construite après 1447 par Antoine Alard, seigneur de Moneyroux ; son successeur, Pierre Billon, fit élever l'autre aile au début du 16e s. La façade, surmontée de lucarnes ornées de fleurons et de pinacles, est percée de fenêtres à meneaux.

L'édifice abrite aujourd'hui le conseil départemental de la Creuse.

En forêt de Chabrières

CARTE P. 226

Forêt de Chabrières B2

À 6 km au sud par la D 940.

Ce massif forestier, planté de sapins, de chênes, de hêtres et de bouleaux, compte de nombreux circuits pédestres et VTT. L'un d'eux, qui démarre du parc animalier des monts de Guéret *(voir page suivante)*, vous fera découvrir les pierres à légendes de la forêt.

Non loin, sur la colline de Maupuy, les traces de l'exploitation intense du granit, en particulier durant la première moitié du 20e s., sont encore très visibles, comme en témoignent les nombreuses carrières abandonnées.

★ Les Loups de Chabrières - parc animalier des monts de Guéret B2

À 6 km au sud par la D 33, sur la route de Bourganeuf. Lieu-dit Badant.
05 55 81 23 23 - www.loups-chabrieres.com - juil.-août : 10h-19h ; mai-juin 10h-18h ; reste de l'année 13h30-18h ; vac. scol. Noël 13h30-17h - 12,50 € (4-17 ans 9 €).
En été, soirées « bruits de la nuit » (voir rubrique Agenda).
Dans les sous-bois de la forêt de Chabrières, où évoluent aussi cerfs, chevreuils et renards, un agréable parcours ombragé vous fait pénétrer dans le mystérieux territoire des loups. Du chemin de ronde, superbe **panorama★** sur la vallée de la Creuse, le fanal de Peyrabout, le puy de Dôme et le massif de Sancy. Vous aurez peut-être la chance d'observer plus de 45 loups gris, blancs ou noirs.
Visitez aussi l'espace muséographique consacré à la destruction et à la protection du loup, et à la place que cet animal tient dans notre imaginaire. À voir aussi : des animaux sauvages de la faune locale et une mini-ferme.
Chaque après-midi, dans l'enclos des Roches, a lieu le **repas des loups**. Un moment extraordinaire qui donne l'occasion d'observer le comportement de ces mammifères méconnus et leur relation à l'homme.

Le Maupuy B2

À 3 km à l'ouest par la D 914.
Alt. 683 m. Il est, avec le proche **puy de Gaudy** (alt. 651 m), un écran naturel pour la ville de Guéret. Au sommet, couronné par une antenne de télécommunications, le panorama offre des paysages contrastés : plantations de conifères et carrières de granit bleu, fermées pour la plupart. Dans la première moitié du 20e s., ce matériau réputé pour sa robustesse était utilisé pour paver les trottoirs parisiens...

★ Jardin de Val Maubrune B1-2

À 7 km à l'ouest par la D 914 et la D 4
Le Petit Mas 23000 La Brionne - 05 55 80 16 47 - www.tourisme-creuse.com - juil.-août vend.-lun. 14h30-19h, avr.-juin et sept.-oct. vend.-dim. 14h30-19h - 6 €, visite guidée 7 € (-de 12 ans gratuit).
En arrivant au jardin de Val Maubrune, une longue dame vous accueille. Thérèse Thibault-Lemeignan a été élève aux Beaux-Arts avant d'entamer un diplôme d'horticulture. Durant des années, elle a façonné, avec l'aide de son mari, ce vallon à sa guise, et le résultat est à la hauteur des longues années de travail.
Le jardin de Val Maubrune compose un paysage poétique, qui se découvre au fur et à mesure de la promenade. Les essences aux couleurs plutôt douces sont parfaitement en harmonie avec le paysage creusois. Les persicaires et les mousses voisinent avec les fougères, les saules et les bouleaux dessinent des perspectives inattendues. Une visite à ne manquer sous aucun prétexte.

Circuit conseillé

CARTE P. 231

★ Les monts de Guéret- B1-2

Circuit de 86 km tracé en vert sur la carte ci-contre et sur la carte p. 226. Quittez Guéret par l'ouest en empruntant la N 145, dir. La Souterraine.
Les monts de Guéret, qui culminent à 689 m d'altitude, se prêtent à merveille à la randonnée *(voir « Nos adresses », rubrique Activités).*

On vous emmène au jardin de Val Maubrune

Règle numéro 1 : se munir de bonnes chaussures. Règle numéro 2 : emporter un livre. Car dans ce jardin au parcours accidenté, des bancs, des troncs d'arbre ou des sculptures métalliques, où l'on peut prendre place, invitent à une halte bienvenue. À l'écart du monde, comme englouti dans un univers de fougères, d'aulnes et de saules, ou d'hortensias paniculés, on se laisse gagner par la poésie de ce foisonnement de nature. Puis on se lance dans une exploration méthodique des cartons indiquant le nom des plantes – elles sont soigneusement étiquetées par la maîtresse des lieux qui veille sur ce petit paradis à longueur d'année. Le chat nous a suivi, il nous entraîne au fond du vallon où chante une source, apportant de la fraîcheur. Plus loin, sur les hauteurs, un belvédère ombragé attend le visiteur, une invitation à rêver, ou à entamer un petit somme…

Église St-Julien de St-Vaury

Elle se distingue par son curieux clocher construit en ciment armé par les frères Perret en 1924. À l'intérieur, derrière l'autel, un bas-relief en calcaire (15e s.) représentant des scènes de la Passion et, dans une niche, deux châsses reliquaires ornées d'émaux (13e s.).

Quittez St-Vaury par le nord-est en empruntant la D 48. Environ 3 km après Longechaud, la D 48 bifurque à gauche.

Le Vignaud

1h30. Au lieu-dit Courtille, partez en balade vers les gorges de la Creuse. Un parcours fléché conduit au **méandre de Jupille**, où vous aurez peut-être la chance d'observer un faucon pèlerin tourner autour des rochers escarpés, à la recherche de quelque proie *(jumelles recommandées)*.

Poursuivez sur la D 48.

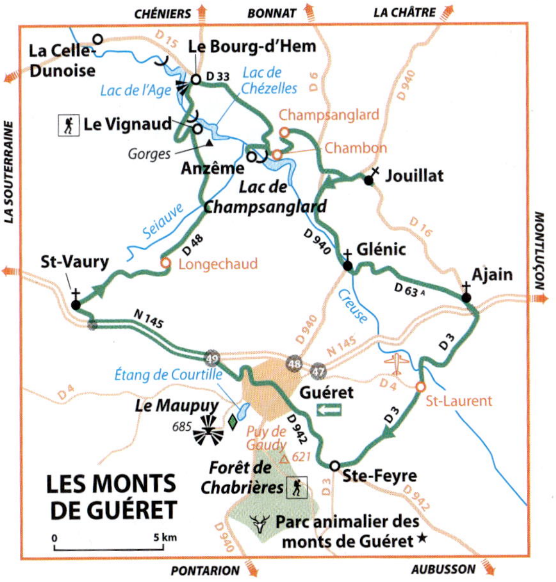

Le Bourg-d'Hem

À proximité des **gorges d'Anzême**, taillées par la Creuse, ce village sur une butte domine la vallée : joli **panorama** depuis la place derrière l'église.

Une stèle rend hommage à Pierre Maillaud (1909-1948), alias **Pierre Bourdan**, qui fut pendant quatre ans la voix du célèbre « Les Français parlent aux Français ».

Deux lacs *(plage, randonnée, pêche)* cernent Le Bourg-d'Hem : la retenue de l'**Age** (38 ha) en aval et le barrage des **Chézelles** (23 ha) en amont.

De Bourg-d'Hem, vous pouvez rejoindre facilement La Celle-Dunoise, 9 km à l'est, et Chéniers, 8 km au nord (voir p. 240).

Poursuivez sur la D 48 et prenez la D 15 vers l'ouest.

Anzême

Sympathique petit village d'où émerge un clocher habillé de bardeaux de châtaignier. De la place de l'église, belle **vue** sur les gorges de la Creuse, qui abritent le **pont du Diable** (et sa légende maintes fois entendue).

Faites demi-tour, puis prenez à droite après le pont.

Lac de Champsanglard

C'est le plus étendu (55 ha) des trois lacs installés sur la Creuse. Près du barrage, activités nautiques à Chambon.

Gagnez Champsanglard, suivez la D 14 qui rejoint la D 6. Après 1 km, prenez à gauche.

Jouillat

Son **église** (12e-13e s.) à nef unique se termine par une abside à cinq arcades. Une **fresque** du 13e s. représentant le Christ recouvre la voûte du chœur.

À l'extérieur, côté sud, sarcophage carolingien et lion accroupi en granit. Sous la corniche du toit, 80 figures sont sculptées sur les modillons Le **château** (13e s.), de forme carrée, est flanqué d'une tour à chaque angle.

Revenez vers la D 940, direction Guéret.

Église de Glénic

Bâtie sur une falaise dominant la vallée de la Creuse, cette église romane fut fortifiée pendant la guerre de Cent Ans. Son chevet est flanqué de tours, et les autres angles, de tourelles en encorbellement. Au 15e s., la nef fut allongée et voûtée d'ogives. Le portail du 12e s., en tracé brisé à boudins et colonnettes, est surmonté d'une niche où trône une Vierge romane. À l'intérieur, face à l'entrée, une fresque du 14e s. représente la chute d'Adam et Ève.

Quittez Glénic par l'est en empruntant la D 63A.

Église d'Ajain

Édifice fortifié du 13e s. avec un chemin de ronde sur mâchicoulis et des échauguettes soutenues par des contreforts. Dans la nef voûtée d'ogives, une corniche court le long des murs au-dessus de mascarons très expressifs.

Quittez Ajain par le sud en empruntant la D 3.

Ste-Feyre

Construite au 13e s. et fortifiée au 14e s., l'**église St-Symphorien** s'ouvre à l'ouest par un élégant portail limousin. La nef de quatre travées, dont la dernière forme le chœur, est flanquée d'un bas-côté sud (16e s.) et de trois chapelles au nord (15e s.).

Dans l'une d'elles, un groupe en pierre polychrome du 15e s. : sainte Anne, la Vierge et l'Enfant.

L'imposant **château** de Ste-Feyre, sur la route d'Aubusson, fut construit en 1758-1762 d'après les plans de l'architecte Brousseau, et sur les vestiges d'un château médiéval. Dans les années 1920, il fut transformé en HLM pour une vingtaine de familles. On visite l'étage noble et la cuisine *(de mi-juil. à fin août - ✆ 06 10 14 76 92 - visite guidée à 15h merc.-jeu. - 6,50 €, - 8 ans 3,50 €).*

Prenez la D 942, qui ramène à Guéret.

Carnet pratique

S'informer

Office de tourisme – *1 r. Eugène-France - ✆ 05 55 52 14 29 - www.gueret-tourisme.fr.*

Visit' Guéret – Application disponible sur les stores avec témoignages, 3D, images, jeux, itinéraire dans la ville.

Agenda

Les Sortilèges de la pleine lune – *De mi-juil. à mi-août - www.gueret-tourisme.fr.* Festival de contes : le mardi, balades contées nocturnes au milieu des loups de Chabrières ; le jeudi, animations en divers lieux des monts de Guéret.

Bruits de la nuit – *Merc. et vend. (20h30) en juil.-août - www.loups-chabrieres.fr.* Animation au parc animalier des monts de Guéret pour observer les loups et écouter les bruits de la nature. *Sur réserv.*

Rencontres de Chaminadour – *Mi-sept. - www.chaminadour.com.* Événement culturel réunissant écrivains, philosophes, poètes, universitaires, traducteurs, critiques, éditeurs, libraires, bibliothécaires, lecteurs, comédiens et plasticiens...

Le Trail du Loup Blanc – *W.-end en déc. - trailduloupblanc.fr.* Course réunissant 2 000 participants sur des parcours de trail au cœur de la forêt de Chabrières (15, 23, 30 km).

4

Nos adresses

Restauration

Premier prix

Le Cabas creusois – *41 pl. Bonnyaud - ✆ 05 55 62 39 75 - 10h30-14h30, 17h-20h - fermé dim.-lun. - plats 9,50/16,50 €.* Outre ses produits du terroir à emporter (safran, miels, confitures, charcuterie, fromages, etc), cette épicerie fine propose un espace collation avec soupes, salades maison, tartes fines du jour et plats gourmands. Une adresse à retenir.

Budget moyen

Le Coq en Pâte – *2 r. de Pommeil - ✆ 05 55 41 43 43 - www.restaurant-lecoqenpate.com - ♿ - fermé dim. soir et lun. soir et mar. soir - menu déj. sem. 20 €, plats 18/30 €, menus soir 29/67 €.* Dans cette maison bourgeoise du 19e s. ou, aux beaux jours, installé sur la terrasse, on savoure une cuisine actuelle généreuse et soignée, entre terre, région limousine oblige, et mer – le chef est d'origine bretonne.

À proximité

Budget moyen

Le Fil du temps – *1 pl. de la Mairie - Ste-Feyre - ✆ 05 55 62 44 08 - www.lefildutemps.com - fermé dim. soir et lun. - menu déj. sem. 18,90 €, menu 28,90 €.* Une cuisine bistronomique faite maison, avec viandes et poissons. Salades et burgers de viande limousine également au menu. Concerts gratuits tous les vendredis en été en extérieur.

Petite pause

Villechalane-Sionneau – *1 pl. Bonnyaud - ✆ 05 55 52 53 31 - www.villechalane-sionneau-patisserie-gueret.fr - tlj sf lun. 6h45-19h15, dim. 7h-12h30 - fermé 3 sem. juil.* Ce boulanger-pâtissier-chocolatier propose des spécialités locales comme le creusois, un gâteau à base de noisettes, du pain cuit au feu de bois, ou encore un excellent pâté de pommes de terre.

Shopping

Microbrasserie la Kreuze - *2 Forges - Anzême - ✆ 06 50 14 01 48 - www.brasserielakreuze.fr - vente merc.-vend. 17h-19h, sam. 10h-12h, brewpub (conso sur place) vend. 17-22h. Visite guidée sur RV.* Un nom fort bien trouvé pour cette brasserie atypique où le houblon est cultivé sur place. Passionné par l'histoire de la bière dans le monde, Toni vous en racontera tous les secrets. Pour la dégustation, bières éphémères ou persistantes, à vous de choisir !

Activités

Parc Aventure de Chabrières – *✆ 05 55 52 14 29 - www.loups-chabrieres.fr/parc-aventure-de-chabrieres - billetterie à l'entrée du parc animalier des monts du Guéret - 10-16 € selon parcours (filet 3-7 ans gratuit) - billet couplé parc animalier 16-22 €.* Trois parcours acrobatiques adaptés à tous les niveaux et un filet pour les jeunes enfants.

Labyrinthe géant des monts de Guéret – *Rte de Bourganeuf - ✆ 05 55 41 01 97 - www.labyrinthe-gueret.fr - juil.-août : 10h-20h (0h lun. et jeu.) ; reste de l'année : se rens. - 7 € (4-11 ans 5 €).* Ce vaste dédale de verdure est le plus grand labyrinthe végétal permanent au monde *(4,5 km sur 2,2 ha)*. Jardin pour les tout-petits, aquagliss, parcours de jeux d'adresse, jeu de piste et toboggans géants, *escape game (24-32 € - escapegame-gueret.fr - ✆ 09 54 67 99 87).*

Randonnées – *www.tourisme-creuse.com/monts-de-gueret.* 38 circuits VTT (5 à 180 km), balisés et labellisés FFC, 29 randonnées pédestres (3 à 15 km) et 2 boucles GRP de 48 et 76 km.

Station Sports Nature des monts de Guéret – *www.tourisme-creuse.com/monts-de-gueret/bouger.* Dès 4 ans, activités variées : VVT, escalade, canoé-kayak, randonnée, parapente. Parc Aventure de Chabrières, Glénic'Grimpe (escalade sur le viaduc de Glénic), tyrolienne géante au-dessus de la Creuse, espaces trail et triathlon.

Espace trail des monts de Guéret – 10 circuits de 6 à 66 km pour les coureurs débutants ou avertis.

Hébergement

À proximité

Budget moyen

Domaine de la Jarrige – *5 La Jarrige - 23320 St-Vaury - ✆ 05 55 41 05 81 - www.domainedelajarrige.fr - - 4 ch. 94/134 €, 1 suite 124 € - - 2 gîtes et 1 loft - espace bien-être : 25 € (45mn) - sur réserv. 30 € bc.* Un grand jardin avec piscine constitue le domaine de la Jarrige. Chaque chambre a une déco originale. Le repas se prend au jardin ou dans la salle à manger accueillante. Petit-déjeuner copieux.

Crozant ★★

Sensible à l'étrange beauté des lieux, George Sand décrivait Crozant comme un « vieux château bâti par les Wisigoths sur des rochers affreux au confluent de la Creuse et de la Sédelle ». Sa position défensive, sur un éperon long et étroit à l'arête aiguë, lui valut d'ailleurs le surnom de « clé du Limousin ». Les ruines, émergeant d'une végétation généreuse, se dressent au cœur d'une région solitaire qui fascinait Claude Monet. Les peintres de la vallée de la Creuse, qui avaient posé ici leur chevalet, séjournaient à l'auberge Lépinat, transformée en Centre d'interprétation pour leur rendre hommage.

Se repérer

439 Crozantais - Creuse (23)

CARTE P. 226-227 (A1).

À 30 km d'Argenton-sur-Creuse.

À ne pas manquer

La vue du rocher de la Fileuse ; l'hôtel Lépinat ; la vallée de la Sédelle ; la balade jusqu'au confluent des deux Creuse, à Fresseline.

Organiser son temps

Prévoyez une bonne demi-journée pour visiter Crozant et ses environs.

Carnet pratique p. 241

Nos adresses p. 241

Visiter

En arrivant d'Argenton-sur-Creuse par la rive est de la Creuse, la **vue★** est spectaculaire.

Forteresse médiévale

Rte Isabelle-d'Angoulême - ☏ 05 55 89 09 05 - juil.-août : 10h15-12h, 13h34-18h15 ; reste de l'année : se rens. - fermé nov.-fév. - 4 € (8-18 ans 3 €).

Au confluent des deux rivières, la Creuse et la Sédelle, se dressent les vestiges de la forteresse, perchée sur un éperon granitique. À l'origine, après avoir franchi la **porterie** précédée d'un pont-levis et d'une barbacane, on pénétrait dans une première cour. La seconde cour a gardé son **donjon carré** du 12ᵉ s., dépourvu de contreforts. Transformé aux 13ᵉ et 15ᵉ s., cet édifice de 13 m de côté servait de logis seigneurial. Il se composait de trois étages et était entouré d'une enceinte de courtines. Une pente assez raide mène à la troisième cour, édifiée par Hugues X de Lusignan. Sur l'arête rocheuse fut aménagée une **place d'armes** de 18 m sur 120. Du donjon d'Isabelle d'Angoulême, qui se dressait sur une éminence de 5 m de haut, ne reste que la base. D'autres tours occupent le promontoire.

L'escalier à vis de la **tour du Renard** (13ᵉ s.), mène aux étages supérieurs ; jolie **vue★** sur la vallée de la Creuse.

À l'extrémité nord du promontoire seul subsiste le rez-de-chaussée de la tour Colin (13ᵉ s.). La forteresse de Crozant était également pourvue d'une **tour de l'eau** qui permettait, en cas de siège, de puiser l'eau de la rivière tout en restant à couvert.

Pour mieux apprécier le site de Crozant dans son ensemble, revenez vers le **bourg** et rejoignez l'église St-Étienne (13ᵉ-16ᵉ s.). Derrière celle-ci, le **point de vue de la Chopeline** offre une vue panoramique très romantique sur la vallée et les

4

La vallée des Peintres

Une vallée impressionniste

Au carrefour des contreforts du Massif central et des plaines du Bassin parisien, du Berry et du Limousin, la **vallée de la Creuse** attira un grand nombre d'artistes, notamment impressionnistes. Au cœur de paysages sauvages, minéraux et ouverts, ils cherchaient des motifs pittoresques : moulins, promontoires, ruines... L'impressionnisme brutal et les couleurs violentes d'**Armand Guillaumin** incarnèrent l'authenticité de ce pays rude et coloré. Les variations inattendues de lumière, au creux des coteaux abrupts, donnèrent à **Claude Monet** le prétexte de sa première grande série. Les versants, autrefois de landes rases et multicolores, composent aujourd'hui un camaïeu de verts. Un site Internet est dédié à la vallée : **www.valleedespeintres.com**

Les villages des peintres

Déjà fréquenté par les peintres de Barbizon comme les frères Dupré et Théodore Rousseau ainsi que Corot, **Gargilesse** fut le premier village de la vallée à connaître l'engouement des « peintres de la Creuse » *(voir p. 468)*, tentés par la technique nouvelle du « plein air ». À la recherche de sites authentiques pour leurs études sur « le motif », certains fréquentèrent Gargilesse de façon épisodique ; d'autres, y trouvant leur principale source d'inspiration, y élurent domicile, tel Léon Detroy qui résida à **Crozant** et **Fresselines**, les deux autres communes emblématiques de la vallée. Armand Guillaumin s'établit également dans le village, qui donna son nom à « l'**école de Crozant** ». Claude Monet séjourna à Fresselines.

Une école de la nature

L'**école de Crozant** réunit de nombreux artistes, **peintres** pour la plupart mais aussi **photographes** et **poètes**, parmi lesquels Maurice Rollinat, Francis Picabia, Paul Madeline, Eugène Alluaud, Paul-Burty Haviland, et plus tard Emile-Othon Friesz, Allan et Anders Osterlind, Henri Jamet... Inspirés par le charme bucolique des rives de la petite Gargilesse, de la Sédelle et des deux Creuse, ils constituèrent, de 1830 à 1930, une véritable école de la nature rassemblés dans le même amour d'une vallée toute en couleurs.

Quels lieux d'exposition ?

Dans les musées du Limousin et du Berry, voici quelques sites à retenir : à **Châteauroux**, le musée-hôtel Bertrand ; à **St Amand-Montrond**, le musée St-Vic ; à **La Châtre**, le musée George-Sand et de la Vallée Noire *(actuellement fermé pour rénovation)* ; à **Guéret**, le musée d'Art et d'Archéologie ; à **Limoges**, le musée des Beaux-Arts et à **Éguzon**, le musée de la Vallée de la Creuse.

Repères chronologiques

1864 : Première mention de « l'école de Crozant » au salon de Paris.
1889 : Claude Monet réalise 24 tableaux de la vallée de la Creuse à Fresselines.
1997 : 1re exposition sur les « maîtres de la Creuse ».
2013 : Itinérances artistiques : 1re exposition-parcours des peintres de la Creuse dans quatre musées du Berry et du Limousin.

Crozant, le château sur son éperon rocheux.
F. Leroy/hemis.fr

ruines du château. Admirez aussi la tête en bronze du peintre Armand Guillaumin réalisée en 1909 par P. Paulin.
Cependant, c'est du **rocher de la Fileuse★★** que le point de vue est le plus spectaculaire : face à la citadelle médiévale, c'est l'un des plus beaux paysages de la région.

★ Hôtel Lépinat

5 r. Armand-Guillaumin - ✆ 05 55 63 01 90 - www.hotel-lepinat.com - ♿ - juil.-août : 10h30-12h30, 13h45-18h30 ; avr.-juin : 13h45-18h15 ; sept.-nov. : 13h45-18h15 - 6 € (8-18 ans 4 €).
Un centre d'interprétation s'est installé entre les murs de l'auberge que fréquentèrent les peintres installés à Crozant. Son objectif est de conserver l'histoire de cette « vallée de création », et de l'expliquer. En 1901, Albert Geoffroy est invité par des amis aquarellistes à Crozant. Grâce au chemin de fer, il ne faut « que » sept heures pour rallier la Creuse à partir de Paris. Geoffroy tirera de son séjour un récit, *Huit jours à Crozant*, qui évoque l'hôtel Lépinat, les paysages qu'il découvre et les artistes qu'il croise. Près de 400 peintres vont séjourner à Crozant, 4 500 toiles y seront réalisées entre 1830 et 1930 ! Ces artistes font chaque année en juillet-août l'objet d'une exposition avec des toiles provenant de prêts de musées ou de collections privées. En tout, 60 tableaux sont présentés. L'histoire de la vallée de la Creuse de 1850 à 1950 est également évoquée par des unes de journaux, l'espace du wagon de chemin de fer, ou des lettres originales d'artistes ayant séjourné à Crozant, comme Guillaumin. Un zoom sur un peintre familier de la vallée de la Creuse est enfin proposé lors de l'exposition temporaire.
Le sentier des peintres - *4 km AR - 1h - dép. de l'hôtel Lépinat.* De difficulté moyenne, ce sentier est jalonné de mobilier et de panneaux, notamment des tableaux reproduits sur des « marque-pages », indiquant les sites qu'appréciaient les peintres de l'école de Crozant.

Révolte, conflit et trahison

Dès la fin du 10e s., un document écrit mentionne l'existence d'un certain **Gérald de Crozant**, seigneur de Bridiers, mais, le site de Crozant n'a révélé aucun vestige des constructions en bois de l'époque. Le premier ouvrage en pierre apparut sans doute au cours du 12e s. Au 13e s., le comte de la Marche, **Hugues X de Lusignan**, époux d'Isabelle d'Angoulême, en fit une énorme forteresse de 450 m de long sur 80 m de large, dotée de remparts hérissés de dix tours massives, six du côté de la Creuse et quatre du côté de la Sédelle. Fort de sa position, Hugues X se révolta contre Blanche de Castille, puis contre Saint Louis. Crozant tomba finalement aux mains des troupes royales, tandis que le comte de Lusignan et son beau-père et allié, Henri III d'Angleterre, étaient vaincus à Saintes en 1242. En 1310, Philippe le Bel prit possession du château pour huit ans ; à charge pour Hugues X d'en assumer les frais de garde et d'entretien. Un millier d'hommes ou plus pouvaient tenir garnison dans cette citadelle qui, en 1356, résista aux assauts du Prince Noir. En 1436, elle passa des Bourbons aux Armagnacs. Charles VII aménagea le donjon rectangulaire en demeure seigneuriale. Puis Louis XI confisqua le château et le comté, pour le céder de nouveau aux Bourbons. La trahison du connétable entraîna, en 1527, une confiscation définitive de Crozant. La violence des guerres de Religion et le tremblement de terre de 1606 ébranlèrent sérieusement la forteresse, si bien qu'en 1640, lorsque Louis XIII la vendit à Henri de Saint-Germain, il n'en restait que des ruines.

★ Vallée de la Sédelle et pont Charraud A1

À partir de Crozant, on peut longer les rives de la Sédelle à pied en suivant le sentier situé derrière l'église. En chemin, on pourra voir des moulins restaurés, dans un site bucolique à souhait : on comprend qu'il ait inspiré tant d'artistes ! En voiture, on franchit la Sédelle par la D 913 au pont Charraud, un ouvrage en pierre du 17e s. Une légende raconte que le maçon qui avait remporté le chantier à un prix trop bas établit un marché avec le Diable, qui lui proposa de construire l'ouvrage en un jour contre le premier fagot qu'il aurait lié...

À proximité

CARTE P. 226

★ Arboretum de la Sédelle A1

À Villejoint, 4,5 km au sud de Crozant par la D 913, en dir. de Dun-le-Palestel ; à Maisons, prenez à droite. 05 55 89 83 16 - www.arboretumsedelle.com - mai-oct. jeu.-lun. : 14h-18h - 6 € (-15 ans gratuit).

Plus de 400 espèces d'arbres originaires d'Europe, d'Asie ou d'Amérique constituent ce **bel ensemble de 12 ha** et s'intègrent parfaitement au paysage d'origine. Aux acéracées s'ajoutent des chênes imposants, des tilleuls, des cornouillers, des liquidambars, des cerisiers, de splendides massifs de rhododendrons, etc. Patiemment constituée par le propriétaire, Philippe Wanty, l'arboretum abrite une **riche collection d'érables**. Le jardin comprend neuf espaces différents : la prairie des chênes, la vallée des charmes et l'amphithéâtre de verdure ; le jardin formel, aux plates-bandes cernées de buis, s'ouvre sur la mare ; celle-ci précède le jardin des cornouillers, que suivent ceux de Léone et de la rivière. La **Sédelle** marque la limite de cet ensemble paisible. En repartant, on traverse la lande à bruyère. Ce parc, vert l'été, enchante au printemps par la couleur de ses fleurs (en particulier les rhododendrons) et en automne, par les tons roux de ses feuillages.

Jardins clos du Préfons A1

À Villejoint, 4,5 km au sud de Crozant, à côté de l'arboretum de la Sédelle. 05 55 89 82 59 - www.jardinsclosduprefons.weebly.com - juil.-août : 14h30-17h - 6 € (12-18 ans 3,50 €) - fermé lun.-mar.

Blottis autour de maisons traditionnelles creusoises, ces jardins intimistes composent une agréable succession d'atmosphères variées : clos des charmilles, théâtre de verdure, jardin d'ombre, bassins, passerelles... Dans la prairie marécageuse qui relie les sites entre eux, des spécimens de la flore locale, comme la cardamine, la reine-des-prés, la digitale ou le populage, poussent en relative liberté aux côtés d'espèces plus rares.

4

Fresselines A1

À 8 km au sud-est de Crozant par la petite route qui longe le cimetière.

En 1883, fatigué de la vie parisienne, le poète **Maurice Rollinat** s'installe dans une petite maison de Fresselines. Artiste au talent multiple (acteur, chanteur, musicien et poète), il y attire nombre de ses amis qui, à leur tour, tombent sous le charme des paysages de la Creuse. De nos jours, Fresselines continue d'attirer les artistes en quête d'authenticité. À l'entrée du bourg, un buste du poète en bronze, œuvre de **Paul Surtel** (1939), signale sa maison. Alors que les Allemands le réclamaient pour le fondre, les villageois réussirent à rassembler suffisamment de métaux divers pour les satisfaire, et la statue cachée fut sauvée. À proximité, la reproduction d'un tableau d'Édouard Henry Laurent montre la maison de Rollinat à la fin du 19e s. : elle n'avait alors qu'un étage et la nature l'entourait !

Au dos de l'église, remarquez un **bas-relief** dédié à Maurice Rollinat en marbre blanc, exécuté par Rodin. Des esquisses en plâtre et en marbre de cette œuvre, appelée *Dernière Vision*, sont conservées au musée Rodin à Paris.

Espace Monet-Rollinat – *Allée Fernand-Maillaud - ✆ 05 55 89 27 73 - www.espace-monet-rollinat.com - ♿ - juil.-août : 10h30-12h30, 13h45-18h30 ; avr.-juin et sept-nov. : 13h45-18h15 - 5,50 € (8-18 ans 3 €).* Dans une grange restaurée, ce petit musée évoque le patrimoine artistique et culturel de Fresselines et de la vallée de la Creuse. Deux espaces coexistent. L'un est consacré à Claude Monet, icône de l'impressionnisme, qui, en 1889, séjourna trois mois dans cette région, découverte grâce au critique d'art Gustave Geoffroy. Il réalisa 23 toiles aujourd'hui dispersées dans le monde. Le second est dédié à Maurice Rollinat. Autour de ses portraits, ceux de ses amis qui ont habité dans le village : Léon Detroy, Osterlind père et fils, Monet, Maillaud...

Le centre d'art accueille aussi durant l'année des artistes en création. Des expositions temporaires sont régulièrement organisées.

★ **Dans les pas de Monet** – *4 km - 1h. Départ de l'espace Monet-Rollinat.* Le parcours balisé descend jusqu'à la Grande Creuse, puis atteint le **confluent des deux Creuse**. Il remonte ensuite la Petite Creuse jusqu'à la passerelle de Puy Guillon.

La Celle-Dunoise B1

À 21 km au sud-est de Crozant.

Située au bord de la Creuse, la cité est ravissante. Accrochée au flanc de la vallée, émergeant de la verdure, elle a inspiré de nombreux peintres depuis le milieu du 19e s. À l'entrée du village, un tableau d'Eugène Alluaud (1866-1947), un des acteurs marquants de l'**École de Crozant** *(voir vallée des Peintres p. 236)*, s'offre au regard. Le joli pont à quatre arches est d'origine médiévale.

Reprenez la D 15 en sens inverse et tournez à gauche sur la D 48.

Chéniers B1

À 23 km à l'est de Crozant.

Sur cette petite commune subsistent les vestiges d'anciennes tuileries, témoins d'une activité locale autrefois importante.

★ **Écomusée Tuilerie de Pouligny** – *Chemin des Tuiliers - ✆ 05 55 62 19 61 - www.tuilerie-pouligny.com - ♿ - juil.-août : 13h45-18h15 ; 9 mai-30 juin et 1er sept.-21 oct. : w.-end 13h45-18h15, reste de l'année : se rens. - 5,50 € (8-18 ans 4 €).* Créée en 1830, la tuilerie de Pouligny connut une véritable prospérité économique au début du 20e s. Elle se modernisa en passant du moulage manuel à la fabrication mécanisée, et fonctionna jusqu'en 1962. Le site, composé de bâtiments industriels réhabilités, abrite un écomusée des arts et des métiers de la terre et du feu. Dans l'**atelier de poterie,** vous découvrirez les familles de tuiliers à travers des témoignages vidéo, le travail de la terre et une maquette du site. À proximité, visite des fosses où l'on travaillait l'argile, présentation des machines et des outils, et de la zone de séchage. On pénètre ensuite sous un auvent qui abrite le **grand four,** en partie rempli d'éléments prêts à cuire, puis l'ancien sentier des tuiliers dévoile les **fosses d'extraction** de la terre et le lavoir. Dans la **halle des fours** ont été reconstitués des fours (japonais, canadien, coréen, gallo-romain...) illustrant différentes techniques de cuisson. Vous finirez par la forge et l'atelier du charron.

La tuilerie de Pouligny propose aussi des expositions temporaires, des stages d'initiation (modelage, tournage, cuisson, émaillage) et accueille des céramistes et potiers en résidence. Nombreuses animations en été.

Revenez au Bourg-d'Hem ; là, prenez la D 33.

Carnet pratique

S'informer

Office de tourisme – *81 Grande-Rue - 23800 Dun-le-Palestel - ✆ 05 55 89 24 61 - www.tourisme-valleedespeintres-creuse.com.*

Se garer

Parking au pied des ruines (D 30).

Agenda

Crozant - La Médiévale – *1er jeu. d'août.* Animations autour du Moyen Âge au pied des ruines.

Fresselines - Art'n Blues – *Déb. août.* Festival de blues.

Pouligny (Chéniers) - Marché de potiers – *Un w.-end mi-juil.*

Pouligny (Chéniers) - Fête des vieux métiers – *1er dim. d'août.*

Nos adresses

Restauration

Budget moyen

Auberge de la Vallée – *14 r. Guillaumin - ✆ 05 55 89 80 03 - www.laubergedelavallee.fr - fermé lun. et le soir de dim. à merc. - plats 18/35 €.* Viandes d'éleveurs locaux (agneau, veau, bœuf), fromages de la région (chèvre, surtout !) et légumes de son grand potager... Le chef aime les produits du terroir : il en tire une délicieuse cuisine dans l'air du temps, que l'on apprécie dans un joli décor rustique.

À proximité

Premier prix

L'Auberge des Pêcheurs – *2 r. des Pradelles - La Celle-Dunoise - ✆ 05 55 89 02 45 - fermé lun. et soir de dim. à jeu. - formule déj. 13,50 €, menu 22 €.* Dans un cadre convivial au bord de la Creuse, on déguste une cuisine traditionnelle, mais aussi des burgers maison et des *fish and chips*. Terrasse aux beaux jours, animations régulières.

Petite pause

Art & Thé Vous ! – *42 Gde Rue - Dun-le-Palestel - ✆ 06 52 04 12 78 - 14h-19h, dim. 15h-18h - fermé jeu.* La Creuse sait créer des lieux conviviaux, à l'image de ce café-salon de thé où l'on peut aussi chiner les jolis objets proposés. Ambiance détendue, accueil charmant. Certains jours, une conteuse s'invite sur place.

Activités

Promenade en vedette – *Hôtel du Lac (voir ci-dessous) - 1h10, sur réserv., mini 15 pers. - tlj sf lun. avr.-sept. 14h30 et 16h - 13 € (- 12 ans 6 €).* Des excursions sur la retenue du barrage d'Éguzon permettent d'avoir un autre regard sur la vallée de la Creuse et sur les ruines de Crozant. Location de canoë-kayak *(7/12 €/h, location à la demi-journée ou à la journée. Rens. sur www.hoteldulac-crozant.com).*

Hébergement

Premier prix

Hôtel du Lac – *Pont de Crozant - 1 km à l'est - ✆ 05 55 89 81 96 - www.hoteldulac-crozant.com - P - fermé de mi-oct. à mars - 7 ch. 70/75 € - ☕ 9 € - ✕ plats 14/18 €.* Le point fort de cet établissement, situé dans un cadre superbe aux confins des départements de la Creuse et de l'Indre, est son panorama sur le lac et les ruines de Crozant. Les chambres sont simples mais agréables. De l'hôtel, promenade en vedette sur le lac et randonnée vers le rocher de la Fileuse.

La Souterraine

Située dans un bassin verdoyant des monts de la Marche, La Souterraine fut bâtie à l'emplacement de la « villa Sosterranea », une villa gallo-romaine. Étape de l'une des principales routes du pèlerinage de St-Jacques-de-Compostelle, elle a conservé plusieurs vestiges de ses fortifications médiévales et de jolies ruelles bordées de vieilles demeures.

Se repérer

4982 Sostraniens - Creuse (23)

CARTE P. 226-227 (A1).

À 30 km à l'ouest de Guéret. À 10 km à l'ouest, l'A 20 (échangeur 23) relie Châteauroux (80 km) à Limoges (45 km).

À ne pas manquer

L'église Notre-Dame et sa façade mozarabe; la vue sur les monts d'Auvergne du sommet du puy de Goth; une promenade au dolmen de la Pierre folle.

Organiser son temps

Comptez une demi-journée pour découvrir la ville et ses alentours.

Carnet pratique p. 245

Nos adresses p. 245

Visiter

★ Église Notre-Dame

La **porte St-Jean**, qu'on appelle aussi porte de Breith ou porte Notre-Dame, se dresse près de l'église Notre-Dame; elle fut édifiée aux 13e et 15e s. et se signale par ses deux tourelles en encorbellement, ses créneaux et ses mâchicoulis.

L'**église**, auquel le granit confère un aspect sévère, fut bâtie aux 12e et 13e s. Sa façade, avec son portail polylobé en arc brisé que flanquent deux lanternons, témoigne d'une influence mozarabe attribuée aux pèlerins de St-Jacques-de-Compostelle, La Souterraine se situant sur l'une des routes du pèlerinage. Le tympan du portail latéral sud s'orne d'une Vierge romane de style typiquement limousin, de même que les contreforts épaulant le transept. Le clocher (13e s.) fut pourvu d'un beffroi au 19e s. On peut suivre l'évolution de l'architecture, depuis le roman (voûte en berceau de la deuxième travée) jusqu'au gothique (transept et chœur). La nef, harmonieuse, est décorée d'intéressants chapiteaux. Le transept double constitue la partie la plus originale de l'édifice. Une coupole ovale sur pendentifs, construite sur un plan trapézoïdal, surmonte la croisée de la première travée. Dans le chœur gothique, remarquez la table d'autel en pierre, du 12e s.

Crypte - *Juil.-août : tlj sf lun. 15h-19h.* Elle fut construite sur les ruines de l'église primitive par les moines de l'abbaye St-Martial de Limoges vers 1020, et servit de sépulture au donateur Géraud de Crozant, fondateur de l'abbaye. On y voit les vestiges d'un sanctuaire gallo-romain (colonnes et inscriptions).

Micro-Folie

Chapelle du Sauveur - r. Lavaud - ✆ 05 19 96 20 10 - merc.-sam. 14h-18h.

Lieu de vie culturel convivial, la **Micro-Folie** permet, grâce à son **Musée numérique**, de découvrir plusieurs centaines de chefs-d'œuvre appartenant à des institutions et des musées nationaux. Dans des espaces dédiés – le FabLab, l'Espace scénique, l'Epace de réalité virtuelle –, le visiteur peut développer sa créativité.

Circuit conseillé

CARTE P. 226

Entre haute et basse Marches A1-2

Circuit de 50 km tracé en gris sur la carte p. 226. Quittez La Souterraine par l'est (D 951).

Tour de Bridiers A1

05 55 63 97 80 (mairie) - juil.-août : tlj sf lun. 15h-19h.

Cet imposant donjon restauré est le seul vestige, avec sa cour, d'un ancien château fort du 13e s. Ne manquez pas de gravir l'escalier à vis qui dessert le donjon pour accéder à la terrasse : le **panorama** vaut le coup d'œil.

En contrebas, un **jardin médiéval** regroupe un potager, des plantes médicinales et tinctoriales, et des herbes aromatiques cultivées dans des plates-bandes surélevées. Le site de 5 ha est utilisé chaque été en août pour les quatre représentations de la « Fresque de Bridiers », le plus grand spectacle historique du Limousin animé par 600 bénévoles.

Rejoignez la D 74.

Noth A1

Cette petite **église** du 13e s. fut fortifiée au siècle suivant. Son chevet reçut une bretèche en bois, puis une courtine crénelée au 16e s. et un chemin de ronde encadré par deux tourelles d'angle. Face au portail sud se dresse une croix de pierre érigée sur un cippe (une stèle) gallo-romain.

Une randonnée audioguidée, **Autour des étangs de la Cazine** *(9 km)*, vous entraînera à la découverte d'une faune et d'une flore exceptionnelles, dans un magnifique paysage *(application disponible gratuitement sur www.izi.travel - Service tourisme du pays sostranien - 05 55 89 23 07).*

Quittez Noth par le sud et franchissez la N 145. Après Lizières, prenez à gauche la D 72.

Le Grand-Bourg A2

En 776, il existait au Grand-Bourg une église aujourd'hui disparue, consacrée à l'ermite saint Léobon, mort en 529. Elle dépendait, tout comme le village, de la seigneurie de Salagnac. Cette église fut remplacée entre 1150 et 1200 par une nouvelle chapelle (toujours dédiée au saint) attenante à une église dédiée à la Vierge Marie qui seule demeura en place, car la chapelle fut détruite à son tour. L'**église** consacrée (comme l'attestent les croix rouges gravées et peintes sur les murs) a des ouvertures très étroites et des piliers en granit. La clé de voûte du chœur figure saint Léobon. Les vitraux datent du 19e s. Remarquez, dans le chœur, une Vierge à l'Enfant en granit du 12e s. dont l'attitude rappelle celle des Vierges auvergnates. Dans le transept nord repose le gisant du curé Gérald, bâtisseur de la seconde chapelle de saint Léobon. Dans la chapelle de la Vierge du 15e s., deux statues anciennes. Le clocher-tour, flanqué de puissants contreforts, date des 16e-17e s. Les chapiteaux du portail nord sont ornés de petits personnages.

Quittez Le Grand-Bourg par le sud en empruntant la D 912A.

Bénévent-l'Abbaye A2

2 r. de la Fontaine - 05 55 62 68 35 - www.inspirez-vos-vacances-en-creuse.fr.

Le charmant village qui domine la plaine mérite une halte. Outre son église au cœur d'une vaste esplanade et ses maisons anciennes, le site de Bénévent propose

4

désormais une visite d'un genre particulier, le Scénovision, qui relate la vie du bourg du 19e au début 20e s.
★ **Église** – Fondée au 11e s. sur la route de St-Jacques-de-Compostelle, une première église recueille en 1028 les reliques de saint Barthélemy ramenées de Bénévent (Italie), d'où le nom du site et son rapide essor. L'église actuelle est construite d'un seul jet au 12e s. dans un style roman de transition. À hauteur du chevet, l'un des bâtiments de l'ancienne abbaye a conservé une porte sculptée de style Renaissance. La façade s'ouvre par un portail polylobé à cinq voussures, de style mozarabe comme dans la collégiale du Dorat. Les colonnettes du portail ont des chapiteaux sculptés ; parmi ceux-ci, on reconnaît l'Annonciation et la Visitation. À l'intérieur, 38 **chapiteaux sculptés**★ d'images symboliques (griffons, palmettes, rinceaux, monstres) courent le long du chœur en cul-de-four et de la nef voûtée en berceau brisé. Dans le croisillon nord, une pierre tombale, un gisant et une dalle portant des signes gravés (croix, méga, pentalphe). Le retable en bois aux colonnes torsadées couvertes de pampres de vigne marquant l'entrée de l'église date de 1673. Il provient de l'ancienne chapelle des Mortemart, aujourd'hui détruite. N'hésitez pas à faire le tour de l'édifice pour apercevoir les très nombreux modillons à têtes grimaçantes.
Scénovision – *18 r. de l'Oiseau - ☏ 05 55 62 31 43 - www.benevent-scenovision.fr - ♿ - de mi-juin à mi-sept. : mar.-sam. 9h45-12h30, 13h45-18h30, dim. 13h45-18h30 ; reste de l'année : se rens. - 10 € (8-18 ans 7 €) - dép. ttes les 30mn.* Une projection en 3D, des films à partir d'archives et des sons et lumières vous plongent dans la Creuse du 19e s. à travers l'histoire de Marion et de ses fils, racontée à la manière des veillées d'antan. Est évoquée aussi la bénéventine, une liqueur au goût incomparable *(durée 1h40)*. Prêtés par les gens du village ou chinés en brocante, les objets et le mobilier donnent leur authenticité à ces moments de vie pleins de nostalgie. La visite se termine par la « boutique 1900 » (vente de produits locaux, dont la bénéventine, désormais distillée à Limoges).
De l'église de Bénévent, prenez la direction de Marsac, puis tournez à gauche dans la rue Auguste-Faure (gendarmerie).

★ Puy de Goth A2

Laissez votre voiture au carrefour des trois sentiers et suivez celui de gauche.
30mn AR. Du sommet (546 m), on découvre une belle **vue** demi-circulaire, au sud-ouest sur les monts de la Marche et du Limousin, au sud-est sur les monts d'Auvergne où se distinguent, par temps clair, le puy de Dôme et le puy de Sancy.
Quittez Bénévent par l'ouest en empruntant la D 10, puis, après 1 km, prenez à gauche sur la D 74. Suivez la D 4 en dir. du Grand-Bourg, puis tournez à gauche sur la D 56. Après 2 km, prenez sur la gauche la D 10, dir. St-Priest-la-Feuille.

St-Priest-la-Feuille A1

Accès par la D 74. 15mn AR. Une promenade bucolique mène au **dolmen de la Pierre folle** où, dit la légende, il est préférable de ne pas s'aventurer la nuit tombée. Si d'étranges danseuses, virevoltant autour du dolmen, tentent de vous embrasser... fuyez !
Poursuivez sur la D 10 qui ramène à La Souterraine.

Carnet pratique

S'informer

Service tourisme – *2 pl. de la Gare - ✆ 05 55 89 23 07 - www.tourisme-creuse.com/pays-sostranien.* Visite guidée théâtralisée par une guide en costume d'époque qui livre les secrets de la vieille ville jusqu'à la tour de Bridiers.

Agenda

À Bridiers – Fresque historique – *Déb. août - www.fresque.bridiers.fr.* Fresque historique en plein air, un rendez-vous incontournable...

Nos adresses

Restauration

Premier prix

La Terre du milieu – *8 pl. St-Jacques - ✆ 05 55 63 03 08 - ouv. tlj - menus 12,50/19,50 €.* Vous voici ici en terre limousine, qui revendique fièrement son identité. Cuisine régionale, bières artisanales et convivialité sont au rendez-vous.

Budget moyen

Le Passe-Muraille – *18 pl. du Dr-E.-Parrain - ✆ 05 55 63 29 34 - www.le-passe-muraille.com - ♿ - fermé dim.-lun. - menus déj. sem. 22 €, 32 € - 9 ch. 72/75 € - ☕ 9 €.* Terrasse joliment aménagée et, à l'intérieur, granit, poutres et belle cheminée. Cuisine traditionnelle. Excellent accueil, chambres simples, toutes différentes.

À proximité

Budget moyen

Nougier – *2 pl. de l'Église - Fursac - 12 km au sud de La Souterraine - ✆ 05 55 63 60 56 - www.hotelnougier.fr - de mi-mars à fin nov. - fermé dim. soir-mar. midi sf juil.-août - formule déj. sem. 20 €, menus 35/45/55/65 € - 10 ch. 98/115 €.* Depuis trois générations, on cultive ici l'art du bon accueil et du bien manger. Cuisine gourmande et soignée, chambres spacieuses et confortables, piscine.

Petite pause

Christaline – *30 r. de Bessereix - ✆ 05 55 63 62 25 - www.christalinedeco.com - mar.-jeu. et sam. 10h-19h, vend. 10h-22h.* Installé dans une ancienne écurie, dont les box sont toujours en place, Christaline fait à la fois salon de thé, bar à vin, petite restauration et apéros gourmands *(vend. soir)*. Également boutique déco et épicerie fine, qui privilégie les produits du terroir.

Activités

Étang du Cheix – Aux portes du bourg : pêche, circuits de randonnée, jeux pour les enfants.

Hébergement

Budget moyen

Hôtel Sas à La Porte St-Jean – *2 r. des Bains - ✆ 05 55 63 90 00 - www.hotel-restaurant-alaportesaintjean.com - P sur réserv. - ♿ - 36 ch. 59/85 € - ☕ 10,50 € - ✕ plats 17,50/33 €.* Chambres fonctionnelles. Cuisine classique. À l'entrée, le bénitier mérite un coup d'œil !

Maison Volière – *20-22 chemin des Pentes - ✆ 06 59 52 98 09 - www.maisonvoliere.fr - P - 4 ch., dont une suite - 57/117 € ☕ - table d'hôte sur réserv. 23 €.* Cette grande bâtisse du 19e s. propose des chambres accueillantes et claires, joliment décorées. On prend le petit-déjeuner face au jardin, dans un cadre reposant.

4

Château de Boussac

★

Amoureux de belles pierres, de littérature, de paysages de landes et de rochers, venez découvrir Boussac... Cette ancienne ville fortifiée occupe un promontoire à l'extrémité duquel se dresse un château du 12e s. qui abrite de belles collections, d'un goût exquis, rassemblées pendant des décennies par les propriétaires des lieux. George Sand y séjourna à plusieurs reprises. Un château qui mérite la visite!

Se repérer

Creuse (23)

CARTE P. 226-227 (C1). Boussac se trouve à 40 km au nord-est de Guéret.

À ne pas manquer

Le site des Pierres Jaumâtres et le panorama du haut de la tour d'observation de Toulx-Ste-Croix.

Organiser son temps

Comptez une demi-journée pour la visite du château et la promenade dans les landes environnantes.

Nos adresses p. 248

Visiter

★ Château

05 55 65 07 62 - www.chateaudeboussac.com - visite guidée (entre 1h et 2h) Pâques à la Toussaint: 9h-12h, 14h-18h, w.-end 11h-12h, 14h-18h; reste de l'année: sur RV au 06 08 43 38 36 - 12 € (enf. 5 €).

En été, expositions de tapisseries d'Aubusson organisées dans l'enceinte du château et visites théâtralisées.

Érigé au 12e s., partiellement détruit durant la guerre de Cent Ans, le château de Boussac présente, du côté de la Petite Creuse, une façade austère, avec son revêtement de pierres brunes et son plan rectangulaire cantonné de tours massives. Seigneur de Boussac, maréchal de France et compagnon de Jeanne d'Arc, Jean Ier de Brosse, dont les armes figurent au-dessus du portail, fit reconstruire le château vers 1400 : des fenêtres à meneaux et des tourelles ornées de blasons et d'écussons vinrent égayer la rigueur du corps de logis. Au 18e s., les étages furent aménagés : salons revêtus de boiseries, meubles d'époque et tapisseries anciennes. Abandonné durant des décennies, le château fut restauré à partir de 1965 par les **Blondeau**, qui consacrèrent leur vie à dénicher des objets rares pour rassembler des collections d'une grande cohérence et d'une richesse exceptionnelle. Il est toujours meublé et habité. Si vous avez la chance d'effectuer la visite guidée par la propriétaire, elle vous régalera d'anecdotes savoureuses.

Au rez-de-chaussée, qui a conservé ses cheminées monumentales et ses dallages d'origine, la **salle des gardes** du château, établie sur un piton rocheux à 40 m du sol, est dotée de cheminées armoriées. Le château abrita, de 1660 à 1882, la célèbre série de tapisseries de *La Dame à la licorne*, aujourd'hui exposées au musée national du Moyen Âge à Paris. Découvertes par Prosper Mérimée puis par George Sand au château, elles furent finalement vendues par la ville de Boussac

Château de Boussac.
H. Lenain/hemis.fr

à l'État en 1882. Le produit de la vente aurait servi à paver le champ de foire et à ériger, dans le square qui porte son nom, la statue de **Pierre Leroux** (1797-1871), philosophe et humaniste saint-simonien, ami de George Sand, qui lança *La Revue sociale.* Au premier étage, la **chambre de George Sand** se visite (son premier roman champêtre, *Jeanne,* se déroule au château et dans les environs). Le **Salon vert** conserve des tapisseries d'Aubusson et des boiseries Louis XV classées. Parmi les **collections★** : 350 cannes à pommeau, boîtes à épingles, étuis de voyage, objets de cuisine originaux (moulin à farine du 13e s., écrémeuse du 18e s.),assiettes en faïence de la manufacture des Islettes à Verdun, pigeons de faîtage de Nevers. Depuis 2018, la visite s'est enrichie de l'ouverture de deux nouvelles salles, la **bibliothèque** et une pièce contemporaine. La première abrite notamment le cabinet de l'amateur, avec des pastels du 18e s. d'une grande finesse. La seconde est un résumé du style des années 1970.
Peuplé de marronniers et de sculptures, le **jardin** se parcourt librement.

4

À proximité

★ Pierres Jaumâtres C1

À 6 km au sud de Boussac. Prenez la D 917, et après 2 km, tournez à droite vers St-Silvain-Bas-le-Roc.

30mn AR. Au sommet du mont Barlot qu'entoure une lande couverte de bruyères se dresse à 602 m d'altitude un curieux amoncellement de blocs de granit, « tables monstrueuses... autels effroyables », que George Sand a décrit dans son roman *Jeanne.* Issus de l'ère primaire à la suite d'un tremblement de terre ou d'une éruption volcanique, ces blocs sont devenus pierres de légende... De là se dégage une belle **vue★** au nord sur le Berry et le Bourbonnais, au sud sur les monts de la Marche et du Limousin.

Toulx-Ste-Croix C1

À 11 km au sud de Boussac. Prenez la D 917, après 2 km, tournez à droite vers St-Silvain-Bas-le-Roc. Au Pradeau, poursuivez sur la D 67.

Bâti sur une colline granitique à 655 m d'altitude, le village occupe le site d'un oppidum gaulois qui était entouré d'une triple muraille. La cité gallo-romaine qui lui succéda, *Tullum*, a laissé quelques vestiges dans le secteur du cimetière qui a fait l'objet de fouilles.

Église – La curieuse construction romane en granit des 11e et 12e s. était reliée à l'origine à son clocher (remanié) par des travées aujourd'hui disparues. Dans ce clocher sont exposés des sarcophages et des vases funéraires paléochrétiens ; dans le mur sud, bas-relief gallo-romain. Devant l'église, des lions de pierre, qui étaient utilisés jadis pour marquer les limites d'une juridiction ou d'un cimetière.

★★ **Panorama de la Tour d'observation** – *À 200 m de l'église.* De la plate-forme *(74 marches)*, on embrasse un vaste panorama : la vue se porte sur le Berry et le Bourbonnais au nord, les monts de la Marche et du Limousin à l'ouest et au sud, et les monts de la Madeleine, du Forez, Dôme et Dore vers le sud-est. Au premier plan, des blocs de granit disséminés émergent des fougères et des bruyères.

Nos adresses

Restauration

À proximité

Budget moyen

Le Chalet des Pierres Jaumâtres – *2 Les Pierres Jaumâtres, Toulx-Ste-Croix - ✆ 05 55 65 43 11 - lespierresjaumatres.fr - fermé janv. - menu 26 €, plats 12/23 €.* Une immense terrasse au milieu des bois vous attend. Vous y dégusterez une excellente viande limousine accompagnée de frites maison, ou un fondu creusois. Grand choix de bières artisanales locales, lémovices et auvergnates. Parc de loisirs pour les enfants.

La Bonne Auberge – *1 r. des Lilas - Nouzerines - 11 km à l'ouest de Boussac - ✆ 05 55 82 01 18 - www.la-bonne-auberge.net - fermé de dim. soir à mar. midi - menus 26/48 € - 5 ch. 67/90 €, 1 suite 132 € - ☕ 10 €.* Dans la salle à manger lumineuse, on déguste une cuisine terroir teintée d'exotisme. Grande terrasse sur le jardin.

Hébergement

Premier prix

Le Central – *4 r. du 11-Novembre - ✆ 05 55 65 00 11 - hotelcentral-creuse.com - P - 9 ch. 65/90 € - ☕ 10 € - ✕ fermé lun., mar. soir et dim.soir - plats 16/30 €.* Cet ancien relais de poste rénové propose une cuisine traditionnelle et familiale de qualité. Accueil charmant : une étape à retenir.

Une folie

La Creuzette – *17 av. d'Auvergne - www.lacreuzette.fr - ouv. avr.-oct. - 5 ch. 160 € dont 1 suite 220 € - table d'hôte à partir de 4 pers. 65 € bc.* Vous voici transporté dans une ancienne propriété du 19e s. entourée d'un parc arboré, et ce, en pleine ville. Des chambres d'hôte à la déco raffinée vous y attendent, sans oublier le somptueux petit-déjeuner. Table d'hôte de qualité, accueil adorable.

À proximité

Budget moyen

La Maison de Fleurat – *Domeyrot - ✆ 06 98 00 29 25 - www.maison-de-fleurat.com - 5 ch. 95/110 € ☕.* Cette belle maison d'hôte donne sur les montagnes à perte de vue... Déco soignée, table à base de produits de la ferme et du jardin (on dîne dehors aux beaux jours). Bain nordique, stages équestres et de yoga.

Évaux-les-Bains et le pays Combraille

Les charmes de la cure, en Limousin, ce n'est pas si fréquent ! Les eaux d'Évaux, aux propriétés radioactives, étaient déjà utilisées par les Romains, comme en témoignent des vestiges de thermes. Même si vous ne séjournez pas dans la ville à des fins thérapeutiques, vous y apprécierez le grand air et l'environnement agréable, propice au repos.

Le pont médieval de Chambon-sur-Voueize.
C. GUY/imageBROKER/age fotostock

Se repérer

1328 Évahoniens – Creuse (23)

CARTE P 226-227 (D1).

Évaux-les-Bains se trouve à 5 km à l'est de Chambon-sur-Voueize.

Organiser son temps

Comptez une demi-journée pour visiter la ville et ses environs.

Nos adresses p. 252

Découvrir Évaux-les-Bains

1 pl. Serge-Cléret - 05 55 65 50 90 - www.tourisme-creuse.com/creuse-confluence.

Les thermes, le Grand Hôtel et le centre de bien-être étaient en pleine restructuratin en 2022. Rendez-vous courant 2023 pour profiter au mieux de ces établissements qui font la réputation de la station. C'est la seule station thermale du Limousin. Les eaux d'Évaux, faiblement minéralisées de type sulfaté sodique, possèdent des propriétés radioactives. Elles sont efficaces contre les affections rhumatismales (principale spécialité de la station), veineuses et gynécologiques.

Église St-Pierre-et-St-Paul

Rebâtie dans le style gothique après un incendie au 16e s., elle conserve un intéressant clocher-porche de style roman, dont le dernier étage octogonal, construit au 13e s., est surmonté d'une flèche couverte de bardeaux de châtaigniers. Sa simplicité extérieure met en valeur la beauté de la pierre, tirant sur l'ocre et le roux. Située à gauche du chœur, la **châsse reliquaire de saint Marien**, en bois sculpté et doré, date du 17e s. Marien était un ermite qui mourut en 520. Évaux-les-Bains et Chambon-sur-Voueize se sont longtemps disputé sa châsse. Pour les départager, les reliques furent placées sur une charrette tirée par des bœufs et dépourvue de conducteur... le trésor est revenu à la commune où l'attelage fit halte !
Allez faire un tour dans le charmant jardin qui entoure l'église, puis prenez le temps de déambuler dans Évaux.

Circuit conseillé

CARTE P. 227

★ Le pays Combraille D1

Circuit de 42 km tracé en orange sur la carte p. 227. Quittez Évaux-les-Bains par le nord-est en empruntant la D 915 vers Marcillat. Après 1 km, prenez à gauche la D 40, puis une petite route à gauche vers Entraigues.

★ Site de St-Marien D1

20mn AR. Un chemin en sous-bois descend vers un promontoire qui, avec sa chapelle *(pèlerinage en octobre)*, domine le confluent de la Tardes et du Cher.

Chapelle Ste-Radegonde D1

À 300 m de la route (prenez le chemin qui s'élève). Un **pont suspendu** permet d'atteindre la rive gauche de la Tardes et sa petite chapelle du 13e s.
À la sortie de Budelière, prenez sur la gauche la D 996, dir. Évaux-les-Bains. À 1 km après le pont de la voie ferrée, empruntez à droite la D 41A.
Au **Châtelet**, un surprenant décor masque l'entrée du village : ce sont les anciennes installations d'une mine d'or, dont l'exploitation a commencé en 1907. Une rue à gauche offre une vue dégagée sur le **viaduc de la Tardes**, conçu en 1890 par Gustave Eiffel. Long de 275 m, il surplombe la vallée de près de 100 m.
Après le Châtelet, prenez à droite la D 993, pour retrouver, à gauche, la D 41A, puis la D 41, dir. Lépaud. Au carrefour, tournez à gauche dans la D 917.

Le pays Combraille

Ce territoire, dont les frontières ont fluctué au cours des siècles, au gré des luttes d'influence entre les provinces d'Auvergne, du Limousin et du Bourbonnais, possède des origines très anciennes. Il remonterait à l'époque des **Cambovices**, petite tribu gauloise prise entre ses puissantes voisines arvernes et lémovices, qui s'était établie à la confluence de la **Voueize**, de la **Tardes** et du **Cher**. La partie limousine du pays Combraille (sans « s » dans la Creuse), qui s'étend aussi sur le département voisin du Puy-de-Dôme, est parcourue par de jolies rivières, et compte de pittoresques villages rompant, ici et là, la monotonie des paysages de prés bocagers : on citera outre Évaux-les-Bains, Auzances et Crocq.

★ Gorges de la Voueize D1

La route, en corniche, domine la rivière qui court parmi les rochers escarpés, couverts d'arbres, de fougères et de bruyères.

Un sentier longe la rive gauche de la Voueize *(accès à l'entrée de Chambon par le moulin Girardy)*. Drôle de sensation lorsque l'on se trouve au fond de ces profondes gorges ! Le vertige passé, découvrez le gour de Leyrat et les ruines d'un château appelé localement « Barbe-Bleue ».

★ Chambon-sur-Voueize D1

Au cœur du pays de Combraille, Chambon-sur-Voueize occupe un site vallonné et verdoyant. Son église à deux clochers, son pont médiéval et ses gorges spectaculaires sont trois bonnes raisons de venir découvrir cette jolie ville fortifiée étageant ses maisons au confluent de la Voueize et de la Tardes.

★ **Église Ste-Valérie** – *Pl. Massy*. Elle est l'une des plus importantes et des plus intéressantes églises de style roman limousin. Après la fondation par l'abbaye de St-Martial de Limoges d'un prieuré destiné à conserver les reliques de sainte Valérie, la construction de l'église démarre à la fin du 11e s. ou au début du 12e s. Pillé et mutilé aux 15e et 16e s., l'édifice est remanié vers 1850, et sa nef couverte d'une voûte d'arêtes masquant la charpente du 15e s. qui existe toujours. Bâtie en granit, l'église a des dimensions imposantes. Le porche, voûté d'ogives, est surmonté d'un clocher quadrangulaire du 13e s., appelé **tour des Bourgeois**. Le grand clocher oriental est posé sur les voûtes, et la grosse tour d'angle servait de lieu de rangement des chartes et des manuscrits du monastère, d'où son nom de **tour du Chartrier**. Le chevet présente cinq absidioles aux baies ornées de torsades.

L'intérieur frappe par l'harmonie de ses proportions. Le chœur, avec son arc triomphal à chapiteaux ornés de rinceaux et d'entrelacs, en est la partie la plus intéressante. Les boiseries sont d'une grande finesse. L'oratoire, aménagé dans la seconde absidiole du croisillon sud *(à droite du chœur)*, abrite une pietà du début du 16e s. De là, on accède à la salle du **trésor**. Hormis le buste reliquaire en argent du 15e s., orné d'une couronne de pierres précieuses, et la pyxide du 13e s., remarquez aussi une *Mort de la Vierge* de l'école de Rubens, un *David et Goliath* attribué à Piazzetta (18e s.), et un élément d'un triptyque du 15e s., *La Décollation de sainte Valérie*, attribué au maître de Moulins.

Du chevet de l'église Ste-Valérie, rattrapez, à gauche, la **Grande Rue du Puy.** C'est le meilleur endroit pour découvrir les maisons aux toits de tuiles brunes regroupées autour de l'église d'où émergent les deux clochers. Ce quartier a été décrit par George Sand dans *Le Marquis de Villemer*. Empruntez ensuite la **rue Cueille** qui descend vers la Voueize. À l'angle de la route de Lépaud, la **rue des Forts** offre une jolie perspective sur l'imposante tour des Bourgeois. Face au no 3 de la **rue de la Brèche,** franchissez la porte cochère pour découvrir une tour des anciens remparts.

Le **vieux pont★** du 14e s. équipé d'avant-becs enjambe la Voueize, qui se jette un peu plus loin dans la Tardes.

Réserve naturelle de l'étang des Landes D1

À **Lussat** *(9 km à l'ouest de Chambon-sur-Voueize)*, l'étang des Landes, qui couvre plus de 100 ha, est le seul plan d'eau du Limousin d'origine naturelle. Il abrite 450 espèces végétales et 950 espèces animales. On peut parcourir la réserve à pied *(6 km)* ou à vélo *(✆ 05 87 80 90 60 - www.etang-des-landes.creuse.fr)*.

4

Nos adresses

Restauration

Voir aussi Hébergement.

À proximité

Budget moyen

Le Coq d'Or – *7 pl. du Champ-de-Foire - Chénérailles - 29 km au sud-ouest d'Évaux-les-Bains - ✆ 05 55 62 30 83 - www.restaurant-coqdor-23.com - fermé dim. soir, lun.-mar. - formule déj. sem. 18 €, menus 27/57 €.* Décor soigné et coloré pour cet établissement où Christine Rullière concocte une cuisine goûteuse et réputée : pâté en croûte maison, ballottine de pintade, tataki de bœuf limousin, filet et côtes d'agneau... Accueil aimable.

En soirée

Casino – *7 pl. St-Bonnet - ✆ 05 55 65 67 33 - casino-evaux.partouche.com - dim.-jeu. 10h-1h, vend., sam. et veille j. fériés 10h-3h.* Une fois les soins achevés, place à la fièvre du jeu : machines à sous, roulette anglaise, black-jack ou poker. Bars, restaurants et spectacles offrent des respirations bienvenues entre les parties.

Shopping

Marché du Terroir – *1er merc. août - pl. Delamarre - Chambon-sur-Voueize - 8h-12h.* Produits régionaux et gastronomie locale.

Activités

Thermes d'Évaux-les-Bains – *✆ 05 55 65 50 01 - www.evauxthermes.com - de mi-mars à déb. nov.* Pourquoi ne pas opter pour un séjour de remise en forme combinant calme et détente ? Plusieurs formules au choix.

Centre de bien-être Evahona – *Lotissement du Parc des Thermes - ✆ 05 55 65 89 48 - www.evahonabienetre.com.* Un centre de bien-être avec institut de beauté, sauna, jacuzzi, etc. Une structure idéale pour se faire plaisir...

Randonnées – *✆ 05 55 65 50 90.* 7 sentiers balisés, à pied ou à VTT, dont celui de 12 km *(3h30)* situé à la confluence des deux principales rivières aux eaux vives du territoire, la Tardes et la Voueize.

Hébergement

Premier prix

Le Petit Manoir – *17 r. des Thermes - ✆ 06 69 23 80 52 - 1 ch. d'hôte 65 €/nuit, tarif dégressif - ☕ 8 € ; location d'1 studio et d'appartements, à la nuitée ou à la sem. selon disponibilités.* Cette belle maison d'hôte Art déco propose aussi une restauration tous les midis *(sf jeu.-vend.)* à base de produits locaux *(menu unique 15 €, réserv. conseillée).* Idéal aussi pour une petite pause, le salon de thé est ouvert les mercredi et samedi après-midi.

Évaux Grand Hôtel – *Les Thermes - ✆ 05 55 82 46 00 - www.evauxthermes.com - ♿ - 🅿 - fermé nov.-mi-mars - 55 ch.* Ce grand hôtel réputé est installé dans l'enceinte de la station thermale au sein d'un parc arboré. Il doit rouvrir en 2023 après un vaste chantier de rénovation.

Aubusson ★

Il faut absolument prévoir de consacrer du temps à la capitale de la tapisserie et à son fleuron, la Cité internationale de la tapisserie. La situation de la ville, à la confluence de la Creuse et de quatre de ses affluents, a décidé de sa vocation : les tanneurs, puis les tapissiers, utilisaient l'eau pure de la rivière. Le long des ruelles du centre historique, bordées de maisons en granit, d'édifices ornés de tours rondes et de tourelles, plusieurs cafés et restaurants ont vu le jour, apportant une animation bienvenue. Les manufactures constituent un complément indispensable à l'histoire de la tapisserie.

La Famille dans la joyeuse verdure, Leo Chiachio et Daniel Giannone.
Nicolas Roger/© Cité internationale de la tapisserie

Se repérer

3248 Aubussonnais – Creuse (23)

CARTE P. 226-227 (C2), PLAN DE VILLE P. 259.

Aubusson se trouve à 40 km au sud-est de Guéret, et à 86 km à l'est de Limoges.

À ne pas manquer

La Cité internationale de la tapisserie; l'atelier-musée des Cartons de Tapisserie; la Manufacture royale St-Jean; les boiseries de l'église abbatiale de Moutier d'Ahun.

Organiser son temps

Comptez une journée pour Aubusson, voire deux pour une découverte plus complète des sites de la tapisserie et des environs.

En famille

La Maison du tapissier; les stages de sculpture à Masgot.

Carnet pratique p. 265

Nos adresses p. 265

Visiter Aubusson

PLAN DE VILLE P. 259

Parcours Tapisserie

Pour une découverte complète de l'univers de la tapisserie, après la visite des musées et ateliers d'Aubusson, vous pouvez vous rendre dans la ville voisine de **Felletin** *(voir p. 260)*.

★★ Cité internationale de la tapisserie A2

R. des Arts - 05 55 66 66 66 - www.cite-tapisserie.fr - tlj sf mar. 9h30-12h, 14h-18h (sf juil.-août : 10h-18h, mar. 14h-18h) - fermé de déb. à mi-janv. - 8 € (tarif réduit 5,50 €).

Si vous arrivez à Aubusson par le nord, après avoir traversé la ville ancienne et le Pont-Neuf, vous apercevez sur la droite sa façade colorée : des bandes de textile multicolores habillent les façades, évoquant les fils de laine des lissiers et leur métier à tisser. La **Cité internationale de la tapisserie** s'est installée en 2016 dans le bâtiment de l'ancienne école des arts décoratifs, construit en 1969 et réhabilité sous la direction de l'agence d'architecture Terreneuve. La Cité a repris la collection du musée de la Tapisserie dans un espace qui a triplé (1200 m^2 de surface) et propose un parcours d'exposition inédit.

Commencez votre visite par le **1er étage** avec une présentation des **tapisseries du monde** : des textiles venus d'Amérique, du Maghreb, du Proche-Orient ou d'Asie, prêtés par différents musées.

La deuxième section, **« les mains d'Aubusson »**, explore les **savoir-faire** des tapissiers, à travers des outils, des matériaux, des échantillons de tissage, un magasin de laine comme il en existe dans les manufactures. C'est une passionnante initiation à la complexité des métiers et au processus, qui passe du dessin au carton, puis à la tapisserie. On y voit un métier de haute-lisse et un autre de basse lisse, la spécialité d'Aubusson. Plus loin, la plateforme de **création contemporaine** expose des tapisseries, réalisées grâce aux appels à projet de la Cité et tissés à Aubusson ou à Felletin. Depuis 2020, cet espace est consacré à un projet exceptionnel, une transcription en tapisseries de cinq dessins tirées des films d'animation du cinéaste **Hayao Miyazaki**. Monumentale, la première tapisserie, une scène extraite de *Princesse Mononoké*, a été dévoilée en 2022 ; la deuxième (*Le voyage de Chihiro*) est tombée de métier en janvier 2023, et deux autres devraient être achevées en 2023.

À cet étage sont aussi exposées quelques œuvres déjà réalisées du projet **« Aubusson tisse Tolkien »** – qui doit compter à terme 14 tapisseries murales et 2 tapis – d'après des illustrations originales du célèbre écrivain anglais.

La visite se poursuit au rez-de-chaussée dans le plus bel espace de la Cité : la **Nef des tentures★★**. Dans un parcours chronologique, du 15e au 20e s., une magnifique sélection de tapisseries, toutes tissées à Aubusson, est superbement mise en scène : des décors de théâtre ont été fabriqués autour de chacune, créant différents espaces pour replacer la tapisserie dans l'univers qui était le sien (château, salon, hôtel particulier, etc.). Les pièces présentées sont très diverses : tapisseries à personnages illustrant des scènes mythologiques, bibliques, historiques ou littéraires ; tapisseries de verdure, décorées de paysages fantaisistes où dominent les tons verts, etc. La muséographie ne fait que les mettre d'autant plus en valeur. L'accrochage est renouvelé chaque année.

Les œuvres du 20e s., brillante période de renouveau dont Jean Lurçat fut l'âme, sont bien représentées, avec à la fois les peintres cartonniers et les **tapisseries d'artistes**. Ainsi, on retrouve des créations de Lurçat, mais aussi de Gromaire, Saint-Saëns, Picart le Doux, Tourlière, Jullien, etc.

Aubusson et la tapisserie

Depuis 2009, la tapisserie d'Aubusson est inscrite au Patrimoine immatériel de l'Unesco, qui honore ainsi l'art des lissiers transmis de génération en génération, et plus de cinq siècles de création *(voir « Arts décoratifs » p. 472)*.
On assiste aujourd'hui à un renouveau de la tapisserie, la création contemporaine étant vivement encouragée, notamment dans le domaine du luxe, de la mode et du design.

La nouvelle Cité internationale de la tapisserie

Forte de son niveau d'excellence et de sa réputation mondiale, l'ancienne Manufacture royale d'Aubusson, créée par Colbert, s'est lancée dans un projet ambitieux : la réalisation d'une Cité internationale de la tapisserie, inaugurée en juillet 2016.

Faire le lien entre le passé et l'avenir

L'objectif de la Cité est à la fois de valoriser un patrimoine vivant et d'assurer la transmission d'un savoir-faire d'exception, autour du fil et du tissage. Il s'agit d'encourager les vocations et de former de nouveaux artisans. Pour ce faire, elle a mis en place une formation de lissier et un nouveau brevet des métiers d'art qui englobe toute la filière de la réalisation d'une tapisserie, de la teinture à la restauration des textiles d'art. Un espace pour la formation des lissiers est installé dans le bâtiment de la Cité. Tous les savoir-faire nécessaires pour accompagner les futurs professionnels sont encore présents à Aubusson et la Cité aide à développer cette filière : filature, teinturerie, cartonnier, lissier et restaurateur.
Pour les amateurs, de nombreux stages de formation et séminaires étudiants sont proposés.

Le bolduc

Cousu au dos d'une tapisserie d'Aubusson, ce certificat est sa carte d'identité : il comporte le nom de l'atelier de fabrication, celui du peintre cartonnier ainsi que sa signature, la date de réalisation de l'œuvre tissée, son format, son titre et son numéro.

Soutenir la création contemporaine

La Cité a également pour mission de lancer des projets pour la création de tapisseries contemporaines qui prendront place au sein du musée. La plateforme de création accueille des artistes en résidence dont le travail est ensuite exposé.
La Cité internationale de la tapisserie n'est donc pas seulement un musée, mais aussi un espace de formation, de création et un centre de documentation qui tend à faire vivre et dialoguer la tapisserie d'Aubusson et la création contemporaine.

Les métiers de la tapisserie

Filateur de laine – Il transforme la laine de mouton en un fil de laine résistant.
Peintre cartonnier – Il crée le motif de la tapisserie sous forme d'un carton réalisé aux dimensions de la tenture finale.
Maître lissier – Il détermine, avec le peintre cartonnier, le choix des matières et des coloris et la grosseur des fils de chaîne.
Teinturier – Il crée les couleurs de la laine et les fixe.
Lissier – Il tisse la tapisserie en suivant le modèle du carton.

★ Atelier-musée des Cartons de Tapisserie A1

Pont de la Terrade - ✆ 06 88 25 35 07 - atelier-musee.wix.com/amcarta - ♿ - visite guidée (1h) mar.-sam. 11h et 14h30 - 8,50 € (12-18 ans 3 €) ; reste de l'année : sur réserv. 10 €.

Pour exécuter une tapisserie, le lissier se sert d'un modèle appelé carton de tapisserie qui peut être un tableau à l'huile, à la gouache ou autres peintures, un calque, etc. qu'il place sous son métier. Restauratrice et antiquaire, Chantal Chirac a restauré des centaines de cartons de tapisserie, acquis dans les ventes publiques lorsque les ateliers de tapisserie ont commencé à disparaître à partir des années 1980. La visite évoque l'histoire de la tapisserie, son évolution et expose des cartons anciens. Reconstitution d'un atelier traditionnel, démonstration, visite de l'atelier de restauration, unique en France. L'atelier-musée est installé dans trois maisons anciennes situées sur l'îlot de l'Abreuvoir.

Maison du tapissier B1

63 r. Vieille - ✆ 05 55 66 32 12 - www.tourisme-creuse.com/offres/maison-du-tapissier-aubusson-fr - juil.-août : tlj sf dim. 10h-13h, 14h-18h ; sept.-juin : mar.-vend. 10h-12h - reste de l'année : se rens. - 5 € (-16 ans gratuit) - livret-jeux enf.

Cette maison bourgeoise du 16ᵉ s. appartenait à une famille de maîtres lissiers, les Corneille. Elle se composait d'une échoppe au rez-de-chaussée, d'appartements privés à l'étage et d'un atelier de tissage sous les combles. Meubles et objets évoquent la vie aubussonnaise d'autrefois, étroitement liée à la tapisserie. L'ambiance d'un bureau de marchand tapissier y a été recréée, ainsi que celle d'un atelier de peintre cartonnier et, surtout, d'un **atelier de tissage**. Dans cette salle, un artisan crée une œuvre sous vos yeux.

★ Manufacture royale St-Jean B2

4, av. des Lissiers et 3 r. St-Jean - ✆ 05 55 66 10 08 - manufactureroyalesaintjeandaubusson.com - visite guidée uniquement - 10h-12h, 14h-17h sf w.-end nov.-avr. - 10 € (enf. 5 €). Stages d'initiation à la restauration de tapisseries anciennes (mars-oct.).

Occupant les bâtiments de la première manufacture de tapis et de tapisserie créée par les Sallandrouze de Lamornaix, elle perpétue la nouvelle organisation du travail instaurée dès 1819 par ces entrepreneurs éclairés. Ceux-ci rivalisèrent avec les manufactures des Gobelins ou de la Savonnerie pour la qualité de leur production.

Dès la première salle, on assiste à une **fête des couleurs** : des centaines de laines et de soies de tissage, rassemblées sur des étagères qui courent jusqu'au plafond. Cet échantillonnage était nécessaire pour vérifier l'intensité des teintes par rapport au résultat final. Toute la chaîne de fabrication est détaillée : le recours au carton, les instruments utilisés, etc. Les métiers de basse lisse étaient réservés aux hommes, ceux de haute-lisse pour les femmes. La visite se poursuit par une **démonstration de tapisserie** ; on peut rencontrer des artisans lissiers à l'ouvrage puisque la manufacture est encore en activité.

Est aussi abordée l'histoire de la tapisserie : au 17ᵉ s., le cadre bleu signifie que la pièce était fabriquée à Aubusson, le cadre brun à Felletin. Une salle est conçue spécialement pour exposer les commandes et les restaurations en cours. On apprend ainsi que, pour savoir tisser un visage, il faut dix ans de savoir-faire... et un mois pour tisser 1 m² de tapisserie...

Manufacture Robert-Four HORS PLAN PAR A1

7 r. Madeleine - ✆ 05 55 66 15 70 - www.aubusson-manufacture.com - visite guidée (1h15) 9h30 et 13h30 - fermé w.-end et août - gratuit.

Daniel Rousselot/TERRENEUVE architectes

La Cité Internationale de la Tapisserie, réalisée par Terreneuve Architectes.

Ch. Guy/hemis.fr

Felletin, berceau de la tapisserie, les Ateliers Pinton.

G. Nimatallah/De Agostini Editore/age fotostock

François Boucher, Tapisserie d'Aubusson, Hôtel de Rohan, Paris.

La tapisserie : une technique complexe

La réalisation d'une tapisserie se déroule en deux temps. On confectionne d'abord un modèle peint sur **carton**, œuvre d'un peintre cartonnier. Ensuite, un relevé graphique, le **calque**, en est tiré. Pour une lecture plus rapide de ce dernier, les couleurs sont numérotées : chaque nuance du carton porte un numéro qui renvoie à une gamme de couleurs précises, propre à chaque peintre. Le tissage peut commencer.

La tapisserie résulte de l'entrecroisement manuel de la **chaîne**, qui est une nappe de fils de coton ou de laine tendue, et de la **trame**, qui se compose de fils de laine enroulés sur de petites navettes appelées **flûtes**. Des bouclettes de coton, les **lisses**, entourent chaque fil de chaîne et permettent de séparer les fils pairs et impairs, puis de passer les flûtes.

Le **lissier** (ouvrier tapissier) dispose de deux sortes de métiers : le métier de **haute lisse** se distingue du métier de **basse lisse** par la position de la chaîne : verticale dans le premier cas, horizontale dans le second. Ce dernier est le plus couramment utilisé à Aubusson et à Felletin : avec ses pieds, le lissier actionne des pédales pour commander les lisses et ouvrir la chaîne ; avec ses mains, il conduit la flûte à travers les fils en effectuant des passées. Un grattoir métallique permet de mettre en place le tissu obtenu, fortement serré par un peigne en bois. Le tissage est réalisé à l'envers, dans le sens opposé à la vision : un miroir placé sous la chaîne aide au bon déroulement du travail. Il faut compter environ **un mois par mètre carré.**

Le tapis au point noué, appelé **savonnerie**, est réalisé sur un métier de haute lisse.

Les ateliers de l'ancienne manufacture royale se sont installés depuis 1962 dans un moulin pour bénéficier de la pureté de l'eau qui rend les laines plus éclatantes. Cette **manufacture familiale** perpétue la tradition artisanale de ce savoir-faire séculaire et honore les commandes de particuliers autant que les commandes d'exception pour des palaces du monde entier, des familles royales ou encore des œuvres d'artistes.

La visite guidée est l'occasion de **voir les artisans** à l'ouvrage et leur poser des questions, sur l'ensemble des métiers réunis, comme le teinturier, le designer, le cartonnier, le fluteur, le monteur de chaîne, les velouteurs et les lissiers. Comme tout est fabriqué sur commande, vous aurez peut-être la chance d'admirer une tapisserie d'un artiste contemporain ou la reproduction d'une verdure ancienne. Vous pourrez observer des réalisations rares comme un tapis noué-main dit « façon de Savonnerie » que la manufacture Robert-Four est l'une des seules en France à savoir fabriquer, ou un tapis piqué-main ou tufté-main – technique semi-artisanale qui permet de réaliser un tapis de 10 m² en moins de deux mois – ou encore la préparation d'un canevas avec ses fils teints sur place.

Centre historique PLAN DE VILLE

La ville ancienne s'étend de part et d'autre de la **Grande-Rue**, très commerçante, où plusieurs galeries privées exposent les productions des ateliers de tapisserie locaux.

Rue Vieille AB1

La rue piétonne, dont les vieilles demeures rénovées abritent des boutiques d'artisanat ou d'antiquités, fut l'artère principale de la ville jusqu'au 18e s. Des enseignes du 19e s. sont encore conservées.

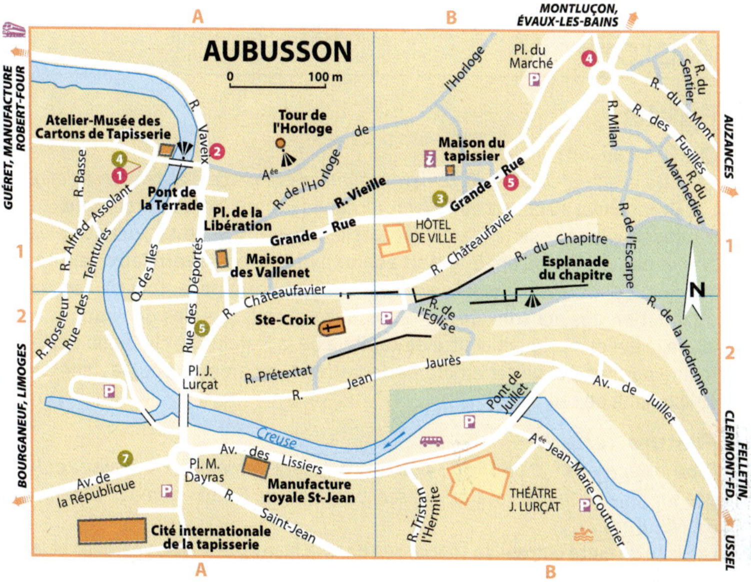

SE RESTAURER

- À la Terrade 1
- Chez Armand 2
- Le Lion d'Or 4
- Le Lissier 5

SE LOGER

- Hôtel de Colbert 3
- Les Maisons du Pont 4
- Hôtel Le France 5
- Hôtel La Beauze 7

Tour de l'Horloge A1

Ne se visite pas. Jadis intégrée aux fortifications, l'ancienne tour de guet domine la ville. Au pied de la tour, **superbe panorama★** sur Aubusson.

Pont de la Terrade A1

Intéressant ouvrage du 16e s. pourvu d'avant-becs aigus. À l'origine en bois, il fut reconstruit au 17e s. avec les pierres de l'ancien château. De là, **vue** sur les maisons étagées de la rive gauche de la Creuse, au pied de rochers imposants. Flâner dans l'ancien quartier des tapissiers de la Terrade permet d'apercevoir quelques maisons à tourelles, notamment rue Basse-Terrade.

Place de la Libération A1

Une maison à tourelle, dite **maison des Vallenet** (fin du 15e au 17e s.), forme avec sa fontaine (1718) un pittoresque tableau. En partie construite avec les pierres du château et des fenêtres du 15e s. réemployées, elle fut remaniée à plusieurs reprises comme le démontre le balcon en ferronnerie du 19e s.

Église Ste-Croix A2

Trapue (13e s.), perchée sur les hauteurs de la ville, elle fut très remaniée au 19e s. À l'intérieur, voyez la tapisserie intitulée *Le Retour de Tobie* et les orgues.

Esplanade du Chapitre B1-2

De la terrasse de l'église Ste-Croix, un petit sentier pentu conduit à cette esplanade où subsistent les ruines du **château** des vicomtes d'Aubusson (11e-13e s.), détruit sur ordre de Richelieu en 1632. De là, vous aurez une **vue** d'ensemble de la ville.

4

À proximité

CARTE P. 227

Felletin C2

À 10 km au sud par la D 982.
Pl. Quinault - 05 55 66 32 12 - www.tourisme-creuse.com/aubusson-felletin.
Randonnées au départ de Felletin. Fiches en vente à l'office de tourisme.
Berceau de la tapisserie marchoise, cette cité industrielle est une des plus anciennes du Limousin. Elle doit son activité à son **savoir-faire textile,** renommé depuis le Moyen Âge. Sa ville basse regroupe, autour de l'église du Moutier, des maisons des 15e et 16e s. en granit, témoins de l'époque à laquelle Felletin briguait le titre de capitale de la Marche. Le circuit du patrimoine permet d'explorer en profondeur la cité, renommée pour la richesse et la qualité de son bâti.

Filature Terrade

R. de la Papeterie - 05 55 66 54 60 - www.felletinpatrimoine.com - visite guidée sur réserv. (1h) mai-oct. et vac. scol. : mar. et jeu. 15h30 - fermé 1er-21 août - 6 € (12-18 ans 2 €).
La visite de cette entreprise spécialisée dans la filature des laines cardées et la teinture des fils vous familiarisera avec les procédés de transformation de la toison en fil. La filature conserve une spectaculaire cardeuse, fleuron du patrimoine industriel, l'une des dernières en fonctionnement en France.

Église Ste-Valérie, dite du Moutier

Construite au début du 12e s. par les moines de Chambon-sur-Voueize, elle est consacrée à sainte Valérie. De cette époque, il ne reste que le chœur, avec sa voûte en berceau et le transept sud. En 1451, l'église s'effondre presque entièrement. Elle est rebâtie dès 1477 dans un style gothique rayonnant. Le clocher qui domine toute la ville date de cette époque : une haute **tour carrée** à trois étages, épaulée par des contreforts couronnés de toits à pignons. Au-dessus d'un portail gothique se superposent à chaque étage des baies flamboyantes. Le troisième niveau, orné de gargouilles et de statues, est surmonté d'une balustrade ajourée et coiffé d'une toiture à lanternon.
Dans la nef voûtée d'ogives (15e s.), les arcs reposent sur des culots sculptés qui figurent à l'est des diablotins, au centre des marchands et soldats, à l'ouest des êtres jeunes, illustrant respectivement l'enfer, la société et le monde céleste. Les clés de voûte du transept figurent saint Jean-Baptiste *(sud)* et le Christ bénissant *(nord)*. Les belles **fresques★** de la nef montrent le supplice de saint Laurent et saint Martin donnant la moitié de son manteau. Les fonts baptismaux en pierre sont du 16e s. Au 17e s., l'église est dotée de retables, d'autels, de tabernacles et de statues. L'orgue, les stalles, certaines statues et la peinture murale de la chapelle des lissiers datent du 19e s.

Église N.-D.-du-Château

13 r. du Château - 05 55 66 54 60 - www.felletinpatrimoine.com - juil.-août : 10h-12h30, 14h-18h ; avr.-sept. 14h-17h30 et oct. pdt les Journées de la laine - démonstrations de tissage, se rens. - 3,50 € (-18 ans gratuit) - 8,50 € billet combiné avec la Cité internationale de la tapisserie.
L'église date de la fin du 15e s. Sa particularité provient de son style gothique languedocien, peu courant dans la région, dû à son commanditaire, le comte de la Marche, qui était aussi comte de Castres. Les vitraux contemporains sont du

Felletin, berceau de la tapisserie

En 1689, Felletin devient **manufacture royale**. La tapisserie s'organise et la concurrence est vive avec Aubusson. Distantes d'une dizaine de kilomètres, les deux villes connurent des querelles de clocher à propos de la tapisserie. Aussi a-t-on attribué à chacune des deux cités une couleur de **lisière** : brun pour Felletin et bleu pour Aubusson. Les rivales d'autrefois participent aujourd'hui ensemble au renouveau de la tapisserie, la Cité de la tapisserie d'Aubusson organisant chaque année une exposition de certaines de ses œuvres à l'église N.-D.-du-Château de Felletin.
La première mention de la tapisserie marchoise remonte à 1456, et concerne précisément un tapissier de Felletin, nommé Jacques Bonnyn. D'autre part, en 1473, les consuls de Riom en Auvergne reçoivent un autre tapissier de Felletin, Jehan Beranhe. En 1514, nouvelle mention, dans l'inventaire des biens de Charlotte d'Albret, veuve de Charles Borgia, de 75 pièces de Felletin « à champ doré, à feuillages et bêtes... à menus feuillages sur bandes rouges, blanches et vertes ».
Felletin a tissé la plus grande pièce jamais réalisée (22 m sur 12 m), qui se trouve dans la cathédrale de **Coventry** en Angleterre. Sorties des ateliers Pinton, citons les tapisseries monumentales de Victor Vasarely, exposée dans sa fondation à Aix-en-Provence, ou encore la tapisserie « Unesco » de Le Corbusier, accrochée au siège de l'institution internationale à Paris.

Toulousain Henri Guérin. L'église sert de cadre à des expositions temporaires sur la tapisserie.

Coopérative diamantaire

R. de la Diamanterie - ✆ 05 55 66 54 60 - www.felletinpatrimoine.com - fermée pour restauration.
Dans cet atelier, des diamantaires associés en coopérative taillèrent depuis la fin du 19e s. le diamant pour la joaillerie, puis pour l'industrie. Le développement de cette pratique à Felletin était dû à deux facteurs majeurs : la force motrice de l'eau ; le savoir-faire en tapisserie qui pouvait être transposé à la minutie de la taille du diamant, augmentant la possibilité de main-d'œuvre qualifiée. Le site a fermé en 1982.

4

★ Ateliers de tapisserie Pinton

9 r. Préville - ✆ 05 55 66 55 42 - www.tourisme-creuse.com - visite guidée sur réserv. (1h) juin-sept. et vac. scol. : mar. et jeu. 10h30 ; reste de l'année : se rens. - 6 € (-18 ans 2 €).
Les Pinton constituent une des plus anciennes familles de tapissiers attestées à Aubusson et Felletin depuis le 16e s. L'édifice qui abrite les ateliers a été construit en 1973 sur les plans de Jean Willerval (1924-1996). Ce grand architecte français a signé ici un bâtiment expressément adapté au tissage de la tapisserie tant du point de vue de sa fonctionnalité que de la qualité de la lumière.
La visite fait découvrir les différentes étapes de la fabrication des tapisseries, de la conception du carton au tissage. Les ateliers Pinton, comme les Tabard ou Picaud à Aubusson, ont tissé pour de célèbres artistes du 20e s. (Vasarely, Calder, Picasso, Sonia Delaunay, etc.). L'entreprise continue aujourd'hui à diffuser dans le monde entier sa production, souvent issue d'œuvres d'artistes contemporains.

Circuits conseillés

CARTE P. 227

★ La montagne limousine

Située au pied du plateau de Millevaches, Felletin constitue un point de départ vers la montagne limousine. *Voir p. 222.*

Haute vallée de la Creuse C2

Circuit de 110 km tracé en marron sur la carte p. 227. Quittez Aubusson par l'est en empruntant la D 988 en dir. d'Auzances.

Bellegarde-en-Marche

La grande rue du village possède quelques beaux édifices du 17e s. : une tour-horloge surmontée d'un clocher, couverte en bardeaux de châtaignier ; plusieurs belles maisons dont certaines avec tourelles.

Revenez en dir. d'Aubusson en empruntant la D 39 qui passe par La Chaussade.

St-Maixant

Sur la place du village, petite église et puissant **château** de la fin du 14e s.

Prenez la D 39 qui rejoint la D 990.

Église de Chénérailles

Construite au 13e s., elle renferme un **haut-relief★** du début du 14e s., apposé en souvenir de Barthélemy de La Place, fondateur de l'église. Sculpté dans un calcaire blanc très dur, ce « tombeau », d'une facture fine et expressive, comprend trois registres superposés *(lire de bas en haut)* : la scène des funérailles, la Vierge et l'Enfant avec, à leur droite, saint Aignan et saint Barthélemy – Barthélemy de la Place figure également dans la scène, représenté en prière ; la Crucifixion.

Suivez la D 55 en dir. d'Ahun, puis tournez à droite.

★ Château de Villemonteix

05 55 62 33 92 - visite guidée (1h15) juil.-août : 10h-12h, 14h-19h ; Pâques-oct. : 14h-19h ; reste de l'année : sur demande préalable - 7 € (8-15 ans 3 €).

Au milieu des prés occupés jadis par une série d'étangs qui le protégeaient de l'artillerie ennemie, le château de Villemonteix (prononcez Villemonté) a été remarquablement restauré. Construit au 15e s., au temps de Louis XI, il est niché dans les vestiges d'un château du 13e s. et servait à défendre l'accès vers Ahun.

Défendre la ligne des crêtes

Au 13e s., **Villemonteix** (de *villa montis*, la ferme sur la colline), simplement doté d'un donjon et d'une enceinte avec tours d'angle et chemin de ronde, défendait la ligne des crêtes et la ville d'Ahun, qu'elle prévenait en cas de danger au moyen de pigeons voyageurs. Le château s'agrandit au 15e s. pour devenir ce qu'il est aujourd'hui : un vaste édifice rectangulaire agrémenté de plusieurs tours. Dans la cour se trouvaient jadis les bâtiments des cuisines, de la forge et des écuries ; détruits, ils furent remplacés au 18e s. par un logis en L perpendiculaire au château qui englobe l'une des deux tours d'angle conservées de l'enceinte. Après la Révolution, Villemonteix servit comme bâtiment agricole et se dégrada rapidement. Dans un triste état (toitures et sols en partie défoncés), il fut finalement racheté en 1982 par un particulier qui depuis, le fait revivre et le restaure avec goût.

Il a subi des aménagements au 18e s. pour en faire un château de plaisance. Son architecture admirable, ses appartements au **mobilier** d'époque (meubles de Boulle, notamment), ses somptueuses **tapisseries** et sa porcelaine de Sèvres en font un lieu à découvrir. La visite est commentée par le propriétaire, qui captive son auditoire grâce à de délicieuses anecdotes. Édifié au bord d'un étang, Villemonteix possédait jadis un pont-levis, des fossés et un boulevard d'artillerie. Le **chemin de ronde** du donjon en pierre de taille, restauré, supporté par des corbeaux et orné de gargouilles, se termine par des échauguettes. Côté ouest, deux imposantes tours encadrent l'arrière de l'édifice. À droite dans l'entrée de la cour, remarquez la tour de défense reconvertie en **pigeonnier**, classé en 2010. Dans les pièces réparties sur quatre niveaux sont exposées des porcelaines de Limoges et de Sèvres, des **tapisseries d'Aubusson, Felletin, Ferrare, Audenarde, Beauvais et Gobelins** du 16e au 18e s. En 2012, le propriétaire a acquis une tapisserie de Beauvais du 17e s. représentant la ménagerie de Versailles, une commande de la cour de Suède. Les peintures murales de la fin du Moyen Âge se cachent derrière les cloisons du 18e s. Dans le salon, c'est une chapelle destinée aux pèlerins que l'on découvre dissimulée ainsi (elle a conservé des pigments rouges du 15e s.). Dans la chambre d'apparat, **deux tableaux** évoquent les personnages célèbres de la région. Le premier illustre la rencontre de Pierre d'Aubusson et du prince Zizim *(voir p. 269)*, le second François d'Aubusson devant Candi (1850). À l'accueil, une rareté, le Pleyel double de Béatrice de Camondo, issue de l'illustre famille de Camondo et disparue à Auschwitz en 1945.
En sortant du château, prenez à gauche et rejoignez la D 53. À Cressat, suivez à gauche la D 50. En juil.août, lorsqu'il est ouvert, vous pouvez reprendre la D4 et faire un détour jusqu'au château du Mazeau.

Viaduc de Busseau

Bel exemple de viaduc métallique qui enjambe la Creuse sur 300 m.
Après avoir passé le viaduc, suivez à gauche la D 16.

★ Moutier-d'Ahun

Un pont ancien hérissé de becs en amande enjambe la Creuse... Vous êtes au village de Moutier-d'Ahun, lové au pied de son église dans un charmant décor de collines boisées et de prairies coupées de haies vives, à découvrir à pied.

Église – *Visite guidée juil.-août : mar. 14h30 - 4,50 € (enf. 1,50 €) (réserv. à l'office de tourisme d'Ahun : ✆ 05 55 62 55 93).* Fondée en 997 par le comte de la Marche, reconstruite au 12e s., l'abbaye de moutier d'Ahun a été en partie détruite durant les guerres de religion *(voir encadré page suivante)*. Sur l'esplanade, scellées dans le sol, six dates résument son histoire. Dans son état actuel, l'église comprend une partie romane – carré du transept, clocher et chœur – et une partie gothique, le portail ouest (15e s.). On pénétrait dans l'édifice par un beau **portail** en granit de style flamboyant du 15e s. Abrité sous un gâble élancé, il est orné de six voussures garnies de petits personnages : prophètes, anges, jongleurs, musiciens, danseurs. Au-delà du porche, deux rangées de tilleuls évoquent le souvenir des travées de la nef disparue lors des guerres de Religion. Une stèle funéraire gallo-romaine à personnages et portant une inscription est encastrée dans la façade. Les **boiseries★★** *(voir ABC d'architecture p. 465)*, célèbres dans toute la région, et les stalles décorent entièrement les murs de l'abside et du chœur. Toutes ces sculptures furent exécutées, de 1673 à 1681, par Simon Bouer, maître sculpteur établi en Auvergne, à la demande des moines de Moutier-d'Ahun. Les personnages, motifs et animaux créent un ensemble remarquable.

Heurs et malheurs de l'abbaye de Moutier-d'Ahun

Peu avant l'an 1000, Boson, comte de la Marche, fait don à l'abbaye d'Uzerche d'une église dédiée à Notre-Dame qu'il possédait sur les bords de la Creuse, afin d'y fonder un monastère soumis à la règle de saint Benoît. Bientôt indépendant de l'abbaye mère, le « moûtier », qui prend le nom de Moutier-d'Ahun, joue un rôle considérable : les moines remplacent au 12e s. l'église de Boson par un édifice plus important.
La guerre de Cent Ans met fin à cette longue période de prospérité : détruite par les Anglais, l'église abbatiale est relevée de ses ruines, mais un siècle plus tard, au cours des guerres de Religion, la grande nef est dévastée et incendiée. En 1610, le calme revenu, les moines font déblayer les décombres et murer les ouvertures laissées par la destruction de la nef et des bras du transept. C'est à cette époque que furent exécutées les boiseries destinées à décorer le chœur. Après le départ des moines bénédictins, lors de la Révolution, les boiseries furent recouvertes d'un enduit au lait de chaux. Une patiente restauration, réalisée par le curé de Moutier-d'Ahun, l'**abbé Malapert**, leur a rendu tout leur éclat.

De part et d'autre du maître-autel, recouvert de cuir de Cordoue du 17e s., se dressent les deux panneaux d'un vaste retable encadrés par des colonnes torses très ouvragées soutenant un important fronton brisé. La petite chapelle Ste-Catherine, à droite du chœur, abrite un très beau Christ en buis, du 17e s.
Le chemin qui mène au pont est celui emprunté chaque année le 16 août par le pélerinage de Saint-Roch.
Pont roman – Composé de huit arches formant un pittoresque ensemble de 100 m de long typiquement limousin, il fut construit au 12e s. pour enjamber la Creuse en contrebas du village. Il offre un magnifique panorama sur le village.
Prenez la D 13.

Ahun

ⓘ 12 pl. Alphonse-Defumade - 23150 Ahun - ✆ 05 55 62 55 93 - www.tourisme-creuse.com/creuse-sud-ouest.
Importante cité gallo-romaine, ville d'étape, Ahun fut l'une des premières localités évangélisées par saint Martial.
Église St-Sylvain – Entre les baies du chevet de l'église, voyez les beaux chapiteaux ornés d'animaux, d'oiseaux et de palmettes. À l'intérieur, de remarquables **boiseries★** (fin du 17e s.) décorent le chœur sous forme de panneaux et de colonnes. Un retable en bois doré, une cuve baptismale du 12e s. taillée dans le granit et une pietà en pierre polychrome du 15e s. complètent ce mobilier.
La **crypte** préromane *(accès par un escalier extérieur)* se termine par deux salles en hémicycle : la première est divisée en trois nefs et abrite un tombeau-reliquaire.
Suivez la D 13 en direction de Pontarion.

Église de Sous-Parsat

Les **fresques★** contemporaines sont dues aux pinceaux de **Gabriel Chabrat**. Celui-ci joue sur le contraste de deux couleurs symboles : le jaune (la joie) et le bleu (le songe). Sur toutes les parois, il illustre différentes scènes de la Bible. La Genèse représentée au fond du chœur fait face à une flamboyante Apocalypse. La lumière, qui filtre à travers les vitraux dessinés par l'artiste, accentue l'atmosphère singulière de ce lieu.
Rejoignez Le Sec par la D 45, puis gagnez Chamberaud par une route secondaire. De là, prenez la D 16 vers le sud en dir. de St-Sulpice-les-Champs.

Village de Masgot

05 55 66 98 88 - www.masgot.fr - ♿ - juil.-sept : 11h-19h ; avr.-juin et sept. 10h-18h, mi-fév. à déb. mar.s : 13h-17h.

À l'écart de la route et accroché sur une éminence, le hameau semble un îlot perdu dans le paysage creusois. Masgot peut se prévaloir de conserver des habitations typiques aux finitions remarquables. Celles-ci sont dues à la dextérité des hommes du village, qui étaient tous, au 19e s., tailleurs de pierre et maçons. L'un d'entre eux, **François Michaud** (1810-1890), a orné le village d'énigmatiques sculptures naïves aux formes généreuses et variées, une Marianne, Napoléon côtoyant une femme nue, des animaux fantastiques, etc. Un petit **espace scénographique** lui est d'ailleurs consacré.

Des stages et ateliers sont organisés pendant les vacances scolaires pour initier enfants et adultes à la taille et la sculpture de la pierre.

De Masgot, balade *(30mn)*, bordée de murets en pierre sèche, au fil de laquelle vous apercevrez une chanvrière restaurée, une carrière, une cabane de berger.

Carnet pratique

S'informer

Office de tourisme – *63 r. Vieille - Aubusson - 05 55 66 32 12 - www.tourisme-creuse.com/aubusson-felletin.*

Se garer

Deux vastes parkings gratuits jouxtent le théâtre Jean-Lurçat.

Agenda

Musique au cœur de la tapisserie – *De mi-juil. à déb. août - www.orgue-aubusson.org.* Orgue et de musique de chambre.

Moutier-d'Ahun – Procession de St-Roch – *16 août - www.tourisme-creuse-sudouest.com.* Messe en plein air et procession.

Felletin – Journées de la laine – *Oct. - journeesdelalaine.wixsite.com/felletin.* Visites d'ateliers de tapisseries, salon de créateurs, stages, ateliers enfants, expositions...

4

Nos adresses

Restauration

Budget moyen

4 **Le Lion d'Or** – B1 - *11 pl. du Gén. d'Espagne - 05 55 66 65 71 - fermé 2 sem. janv., dernière sem. juin, dim. soir et lun. hors sais. - plats 16/18 €.* Dans un cadre ravissant, une cuisine traditionnelle mais inventive, où le champignon accompagne à merveille le bœuf limousin et le veau sous la mère. Bar à tapas le soir. Excellent rapport qualité-prix.

2 **Chez Armand** – A1 - *26 r. Vaveix - 09 72 64 48 58 - fermé dim. - plats 12/18 €, à la carte 30 € env.* Au bord de la Creuse, on déguste, dans cette petite salle à l'ambiance décontractée, une excellente cuisine de bistrot. Pensez à réserver, l'endroit est très couru.

5 **Le Lissier** - B1 - *84 Grande-Rue - 05 55 66 14 18 - fermé*

merc.-jeu. - plats 11/18 €, à la carte 25/30 €. Dans la rue principale d'Aubusson, un établissement qui met viandes et fromages à l'honneur : fondu creusois, burger, faux filet... Des classiques bien réalisés, à base de bons produits. Frites et sauces maison.

Pour se faire plaisir

1 **À La Terrade** – A1 - *3 r. Alfred-Assolant - 05 55 67 72 20 - fermé dim. soir, lun.-mar. - plats 17/34 €, menus 34/44 €.* Les propriétaires des Maisons du Pont *(voir Hébergement)* ont ouvert ce restaurant gastronomique dans le quartier ancien de la Terrade. On y déjeune ou dîne en terrasse au bord de la Creuse. Site agréable et assiette de qualité. Choix de produits locaux.

À proximité

Premier prix

Le Mange-Cailloux – *Masgot - Fransèches - 05 55 66 98 88 - avr.-sept. - fermé le soir - plats 14/18 €.* Plats locavores, bières creusoises et glaces artisanales. Un restaurant sympathique.

Budget moyen

Les Fougères – *9 pl. Coutaud - Felletin - 05 55 67 03 25 - fermé midi et dim.-mar. - menus 24/30 €.* Une très bonne surprise que ce restaurant au centre de la cité, qui allie cuisine française et saveurs asiatiques! Ici tout est fait maison et le chef privilégie les circuits courts.

Le Viaduc – *9 Busseau-Gare - Ahun - 28 km au nord-ouest d'Aubusson - 05 55 62 57 20 - www.restaurant-leviaduc.com - fermé lun., jeu. soir et dim. soir - formule midi sem. 14,50 €, menus 24/47 € - 5 ch. 50/65 € - 7 €.* La salle à manger rustique et la terrasse offrent une belle vue sur le viaduc de 1863 qui enjambe la Creuse. Cuisine traditionnelle et généreuse, dont les produits varient au fil des saisons. À l'étage, chambres bien tenues.

Petite pause

La Cave – *7 r. des Îles - 05 87 04 37 33 - 10h-20h (vend.-sam. 21h) - fermé dim.-lun.* Cette belle cave à vin est située dans le quartier de la Terrade, devenu très tendance depuis quelques années. Ici, on privilégie les circuits très courts. Planche de charcuterie et de fromage, large choix de vins, avec options bio et véganes.

Le Café du commerce – *R. Grande - 09 72 50 41 86 - 11h-19h30.* Cet établissement à la déco très contemporaine ne désemplit pas. Installé dans un bel immeuble de 1825, pourvu d'une vaste terrasse, il propose un large choix de snackings, vins régionaux et thés l'après-midi.

Activités

Centre Aquatique – *Allée Jean-Marie Couturier - 05 55 67 71 01 - creuse-grand-sud.fr/sports/sports-aquatiques.* Pour se détendre en ville : bassin de natation, zone ludique, toboggan, espace bien-être.

Shopping

Marché – *Sam. matin.* L'un des plus importants du département.

Foire aux fromages et aux produits régionaux – *Sam.*

Galerie La Tapisserie au point – *46 Grande-Rue - 05 55 66 87 76 - www.point-contrepoint.com - été : 9h30-12h30, 14h-19h (lun. 14h-19h); hors saison, se rens.*Vous pourrez acquérir tout le matériel nécessaire à la confection de tapisseries : canevas, cadres, aiguilles, écheveaux de laine, épingles, etc. Cours découverte.

Boutique de l'Office du tourisme – *63 r. Vieille - 05 55 66 32 12 - www.tourisme-creuse.com/aubusson-felletin - mar.-sam. 10h-12h; en été tlj 10h-13h, 14h-18h.* La boutique propose des tapisseries, des créations originales issues d'ateliers d'artisans d'art creusois, sans oublier des produits du terroir : chocolats, conserves, miel, confitures, bières, etc

Espace Histoire de laines - *6 rte d'Aubusson - Felletin - ✆ 05 55 67 57 27 - www.felletinpatrimoine.com - mar.-jeu. 10h-12h, 14h-17h (18h juil.-août), vend. 9h30-12h30, 14h-16h (17h juil.-août).* Grand choix de laines en écheveaux ou pelotes des filatures de la Creuse, tricotin, laines à feutrer, tapisseries au point. L'été, ateliers d'initiation au feutre de laine et ateliers enfants.

Hébergement

Budget moyen

7 **Hôtel La Beauze** - A2 - *14 av. de la République - ✆ 05 55 66 46 00 - www.hotellabeauze.fr - P ♿ - 10 ch. 75/95 € - ☕ 9 € - ✕ menu du jour 17,50 €.* Cette maison en pierre cache un intérieur contemporain soigné et cosy. Chambres confortables avec, côté jardin, vue sur un superbe séquoia en bordure de rivière. Petit déjeuner servi en terrasse aux beaux jours.

3 **Hôtel de Colbert** - B1 - *57 Grande-Rue - ✆ 05 55 83 19 92 - 4 ch. dont 2 suites 90/120 € ☕ - ✕ fermé dim. soir et lun. - formules déj. sem. 15/17 €, menu 25 €.* Dans cet ancien hôtel particulier ont été aménagées avec un goût très sûr de belles et confortables chambres d'hôte, avec un salon commun. Aux beaux jours, les tables sont dressées dans le jardin pour une cuisine de saison.

5 **Hôtel Le France** - A2 - *6 r. des Déportés - ✆ 05 55 66 10 22 - www.aubussonlefrance.com - ♿ - fermé de Noël à déb. janv. - 21 ch. 80/115 € - ☕ 11/13 € - ✕ menu déj. sem. 24 €, menus 24/39 €.* Près de l'église Ste-Croix, ancien hôtel de poste du 18e s. aux chambres aménagées avec goût. Petit espace de balnéothérapie. Élégante salle à manger et terrasse dressée dans la cour intérieure ; cuisine traditionnelle de belle tenue.

4 **Les Maisons du Pont** - A1 - *6 r. Alfred-Assolant - ✆ 05 55 67 72 22 - www.lesmaisonsdupont.com - ♿ - 9 appart. 95/115 €.* Dans le quartier historique de la Terrade, au bord de la Creuse, les propriétaires ont rénové plusieurs maisons anciennes pour y installer des appartements confortables et élégants, équipés de kitchenettes. Spa sur réserv.

À proximité

Budget moyen

Hôtel Au Petit Vatel - *30 La Clide - Moutier-Rozeille - 8 km au sud d'Aubusson - ✆ 05 55 66 13 15 - www.aupetitvatel.com - fermé de mi-nov. à Pâques - P 🏊 - 7 ch. 80/89 € - ☕ 10 € - ✕ menu 27 €.* Cet établissement familial a vu le jour il y a plus d'un siècle. Chambres confortables et chaleureuses. Au restaurant, bœuf limousin, foie gras du Périgord voisin et petites pommes cuisinées du Limousin.

Maison d'hôtes Ourdeaux - *2 Ourdeaux - Alleyrat - 6 km au nord d'Aubusson - ✆ 06 87 32 61 14 - www.maisondhotesourdeaux.com - 🏊 - 5 ch. dt une familiale 85/120 € - ✕ 25 € sur réserv.* Les chambres de cette ancienne ferme du 18e s. donne sur la nature environnante et la piscine. À la table d'hôte, produits locaux et légumes du potager.

Bourganeuf

Bourganeuf est bâti sur un éperon dominant la vallée du Thaurion, dans un paysage de collines boisées. Si rien ne paraît troubler cette cité du cœur du Limousin, c'est qu'elle a toujours été en avance sur son temps. Avec la venue du prince Zizim, elle a découvert les raffinements de l'Orient en plein Moyen Âge. Puis, quatre siècles plus tard, elle devint la première ville d'Europe à être éclairée par la fée « Létricité » !

Se repérer

2 478 Bourganiauds – Creuse (23)

CARTE P 226-227 (B2).

Bourganeuf se trouve à 40 km d'Aubusson, à 50 km de Limoges et à 33 km de Guéret.

À ne pas manquer

La tour Zizim, l'église St-Jean, les randonnées dans la haute vallée du Thaurion.

En famille

L'espace Pêche et Nature de Pontarion ; le vélo-rail de Bosmoreau-les-Mines.

Carnet pratique p. 271

Nos adresses p. 271

Découvrir

Tour Zizim

Pl. du Mail - ✆ 05 55 64 12 20 - www.tourisme-creuse-sudouest.com - de juin. à mi-sept. : mar. et jeu.-dim. 14h30-18h30, merc. 10h-12h, 14h30-18h30 ; reste de l'année : se rens. - 2 € (enf. 1 €).

Elle appartenait au château, siège du grand prieuré d'Auvergne des chevaliers hospitaliers de l'ordre de St-Jean-de-Jérusalem, et servit de résidence au prince Djem, fils du sultan ottoman Mehmet II, dit Zizim. 99 marches, en granit et toutes de même taille, permettent l'accès aux étages où sont retracées les aventures de ce prince déchu *(voir encadré ci-contre)*. L'édifice est coiffé d'une superbe **charpente★**.

Église St-Jean-Baptiste

Construite à la fin du 12e s. par les hospitaliers à côté de leur château, elle a été complètement remaniée au 15e s. En témoignent ses voûtes d'ogives et les chapelles latérales. Une coupole octogonale sur pendentifs supporte le clocher, surmonté d'un lanternon en bardeaux de châtaigniers. Dans le chœur, jolie clé de voûte ornée d'un Christ en majesté ; main reliquaire en argent du 15e s. L'orgue remarquable, construit dans les années 1820, est attribué à un facteur d'orgue alsacien, Joseph Callinet.

Pôle des Énergies

19 rte de la Cascade - ✆ 05 55 64 39 29 - www.poledesenergies.fr - été : lun.-merc. 10h-12h, 14h30-18h, jeu.-dim. 14h30-18h - 1re quinz. de sept. : mar. et jeu.-dim. 14h30-18h, merc. 10h-12h, 14h30-18h ; hors saison, se rens. - 6 € (4-17 ans 3 €) - billet couplé avec la tour Zizim 7 €.

En 1886, 60 lanternes brillent dans la nuit de Bourganeuf qui devient une ville pionnière. Une dynamo, animée par une roue à auget, produit un courant continu

Drôle de drame

À l'histoire de Bourganeuf est liée celle du **prince Djem, dit Zizim**. À la mort de son père, Mehmet II, en 1481, le vainqueur de Constantinople, Zizim cherche à s'emparer du trône de son frère aîné Bajazet. Vaincu, il se réfugie à Rhodes auprès de Pierre d'Aubusson, grand maître de l'ordre des hospitaliers de St-Jean-de-Jérusalem. Ce dernier le fait conduire en résidence surveillée sur ses terres creusoises. À son arrivée en 1484, une tour est construite pour l'accueillir. Le chantier dure deux ans. Le prince y vivra deux années, privé de la majorité de ses libertés mais bénéficiant du confort dû à son statut. Cette période faste s'achève en 1488 quand Pierre d'Aubusson remet son hôte au pape. Bajazet, craignant le retour de son frère, offre alors une pension à Alexandre VI, pour qu'il le retienne au château St-Ange à Rome. Quelques années après, le prisonnier pense recouvrer la liberté et réaliser son rêve grâce à l'appui de Charles VIII, vainqueur en Italie, mais il meurt à Capoue en 1495, victime d'un poison oriental versé, dit-on, par les Borgia.

de 110 volts. S'appuyant sur le passé industriel de la ville, cet ancien musée de l'électricité a été transformé depuis 2022 en un espace de démonstration et de réflexion sur le développement des énergies renouvelables.

Le site du Verger

Du musée, un circuit pédestre mène aux pittoresques **gorges du Verger**, où coule la Gasne Molle entre les rochers, premier site naturel classé en Limousin en 1912 *(5 km). Rens. à l'office de tourisme.*

Écomusée du 3e copeau

12 r. du Col.-Coutisson - 06 26 91 24 52 - juil.-août: tlj sf mar. 14h-18h, reste de l'année: sur RV - 5 €.
Sous ce titre énigmatique, se cache un ancien atelier voué au travail du bois qui a abrité trois générations de travailleurs: charpentier-couvreur-zingueur, menuisier-charpentier-ébéniste, et enfin, une tourneuse sur bois depuis les années 2000. C'est elle, Marie-Françoise Mastounin, qui a ouvert ce petit musée didactique. Sur les murs sont exposés tous les outils nécessaires au travail du bois : l'occasion, non seulement de découvrir leur nom, mais aussi leur utilité !

4

St-Dizier-Leyrenne B2

À 12 km au nord de Bourganeuf par la D 912.
Musée de la Résistance – *31 r. du Relais - 05 55 64 45 93 ou 06 81 69 76 31 - visite guidée sur RV - 4 € (- 15 ans 3 €).* On doit à Jean-Pierre Chambraud, passionné d'histoire contemporaine et plus particulièrement de la Résistance, très active en Creuse, ce musée qu'il a constitué au fil des années. Dans une vaste grange, il a rassemblé mannequins, armes, véhicules, drapeaux, cartes, documents divers, une collection qu'il n'a de cesse d'enrichir et qu'il fait visiter avec plaisir.

Circuit conseillé

CARTE P. 226

Haute vallée du Thaurion B2

Circuit de 50 km tracé en vert pâle sur la carte p. 226. Quittez Bourganeuf par le nord en empruntant la D 912, puis la D 61 à droite.

Bosmoreau-les-Mines

Pendant plus d'un siècle et demi, jusqu'en 1958, le charbon et la houille assurèrent la prospérité de ce petit village.

Musée de la Mine – *Pl. de la Mairie - ✆ 05 55 64 20 52 - www.museedelamine.fr - juil.-août : lun.-vend. et vac. scol. Pâques et Toussaint : 14h-18h30 ; reste de l'année : se rens. au 06 08 89 67 11 - 6 € (6-12 ans 3 €).* À travers outils, objets du quotidien, maquettes, il raconte l'histoire de l'exploitation de la houille. Deux salles sont consacrées à la vie du mineur – reconstitution d'une cuisine et d'une salle de classe des années 1930. Les chemins de la mine, piétonniers, proposent des parcours balisés de 2 à 6 km.

Quittez Bosmoreau-les-Mines par l'est en empruntant la D 40 et rejoignez la D 940A.

Sardent

Sardent servit de décor naturel au film *Le Beau Serge*, du réalisateur creusois Claude Chabrol. À l'ouest du village se dresse la **chapelle St-Pardoux**. Agrémenté d'une jolie **vue**, ce lieu de pèlerinage (Pentecôte) détiendrait par l'eau de ses fontaines (deux, en granit, près d'une croix et d'une pierre taillée) diverses vertus.

Quittez Sardent par l'est en empruntant la D 50.

Maisonnisses

Tout près de la Gartempe naissante, le village fut le siège d'une commanderie hospitalière. L'église, du 14e s., abrite un **gisant★**, découvert en 1830 et rétabli dans son enfeu en 1955. Il s'agit sans doute d'un chevalier ou d'un commandeur du 13e s.

Quittez Maisonnisses par le sud en suivant la D 34. Rejoignez St-Hilaire-le-Château, puis prenez la D 941 vers Bourganeuf.

Pontarion

Le **château**, du 15e s., est équipé de tours d'angle et d'un système de mâchicoulis et de créneaux. Du bord du Thaurion, vue sur la façade sud de l'édifice.

Au pied du château, l'**Espace Pêche et Nature** (arboretum, mare, fontaine, digue, pontons, jardin, sentier des découvertes) compose un remarquable aménagement paysager, libre d'accès *(parking)*. Le village, dont le nom signifie « pont du Marché au roi », est en effet le paradis des pêcheurs.

L'**église**, édifiée au 13e s., s'ouvre par un portail limousin décoré de frises et de masques ; à l'intérieur, pierres tombales anciennes de maçons.

Franchissez le Thaurion, puis prenez à gauche la D 13.

Pierre aux Neuf Gradins

Un chemin escarpé grimpe sous les chênes jusqu'au site, 100 m plus haut *(accès plus facile signalé au sud du site)*. D'énormes blocs semblent avoir été jetés là par quelque géant. L'un d'eux, très curieux, est creusé de neuf cuvettes qui ressemblent à des marches taillées. Est-ce une curiosité de la nature ou une création humaine ? Un « mystère archéologique » qui n'est pas près d'être élucidé !

Continuez sur la D 13.

Soubrebost

Ce village a vu grandir **Martin Nadaud** (1815-1898), maçon creusois devenu homme politique, républicain progressiste surnommé le « député en blouse » en raison de ses actions en faveur de la classe ouvrière, et auteur de la célèbre formule : « Quand le bâtiment va, tout va... ». Dans l'église, statuette de **Vierge à l'Enfant** (13e s.) en bois recouverte de cuivre. À voir aussi, la crypte.

Poursuivez sur la D 13 et, à droite, sur la D 37. Puis, la D 8 ramène à Bourganeuf.

Carnet pratique

S'informer

Office de tourisme – *Pl. du Champ-de-Foire - ✆ 05 55 64 12 20 - www.tourisme-creuse-sudouest.com.*

Agenda

L'Enjambée creusoise – *Bourganeuf - un dim. fin mai ou déb. juin.* 5 circuits de 5, 10, 15, 25 ou 45 km au dép. de Bourganeuf. Le même jour, marché Haute Qualité Gastronomique du terroir et de l'artisanat.

Nos adresses

Restauration

À proximité

Budget moyen

Bois tordu – *Les Brutisses - Montboucher - 8 km à l'ouest - ✆ 06 47 13 36 37 - fermé merc. et soir de dim. à jeu. - menu déj. 15 €, menu du w.-end 30 €.* Installé dans une ancienne ferme restaurée, le chef prépare une cuisine savoureuse et inventive en privilégiant les circuits courts. En été, accueillante terrasse entourée de verdure. Dans l'épicerie attenante *(ouv. ts les matins sf merc.)*, vous trouverez des produits locaux de qualité.

Activités

Randonnées – *✆ 05 55 64 12 20.* Nombreuses dans la région *(brochures téléchargeables sur le site de l'office du tourisme).*

Vélo-rail de la Mine – *1 av. de la Gare - Bosmoreau-les-Mines - ✆ 05 55 64 10 91 ou 06 72 24 81 97 - - horaires, se rens. - 25 € - durée 1h30 (4 ou 5 pers.), réserv. obligatoire.* Il longe la vallée du Thaurion sur 10 km AR. Une balade insolite à faire en famille, dont l'arrivée s'effectue devant la tour Zizim à Bourganeuf.

Hébergement

À proximité

Budget moyen

Maison Courbarien – *22 r. du Château - Georges-la-Pouge - ✆ 05 55 67 20 84 - www.maisoncourbarien.com - P - 4 ch. 70/96 € - 24 €. (réserv. 24h av.).* Cabanes dans les arbres, balançoires et jeux attendent les enfants au jardin, avant de s'attabler en famille pour un délicieux dîner. Hôtes charmants.

Pour se faire plaisir

L'Abbaye du Palais – *Le Palais - Thaurion - ✆ 05 55 64 02 64 - www.abbayedupalais.fr - fermé de mi-nov. à mi-mars - P - 3 ch. 120 €, 2 suites 140/170 € - table d'hôte 30 € sur réserv. - 6 gîtes (4, 6 ou 10 pers.) et 3 roulottes.* Dans un domaine de plus de 5 ha, un couple hollandais a aménagé chambres d'hôtes, gîtes et roulottes. Grand parc, piscine extérieure et table d'hôtes conviviale. Possibilité de cours de cuisine, *package* longs séjours.

Vignoble de Sancerre.
quisait/Getty Images Plus

5
Bourges, le Sancerrois et la Sologne berrichonne

CARTE MICHELIN DÉPARTEMENTS 323 – CHER (18)

Bourges★★★	276
Sancerre★ et le Sancerrois★★	299
Aubigny-sur-Nère★	311
Nançay	318
Mehun-sur-Yèvre★	321
Vierzon	327

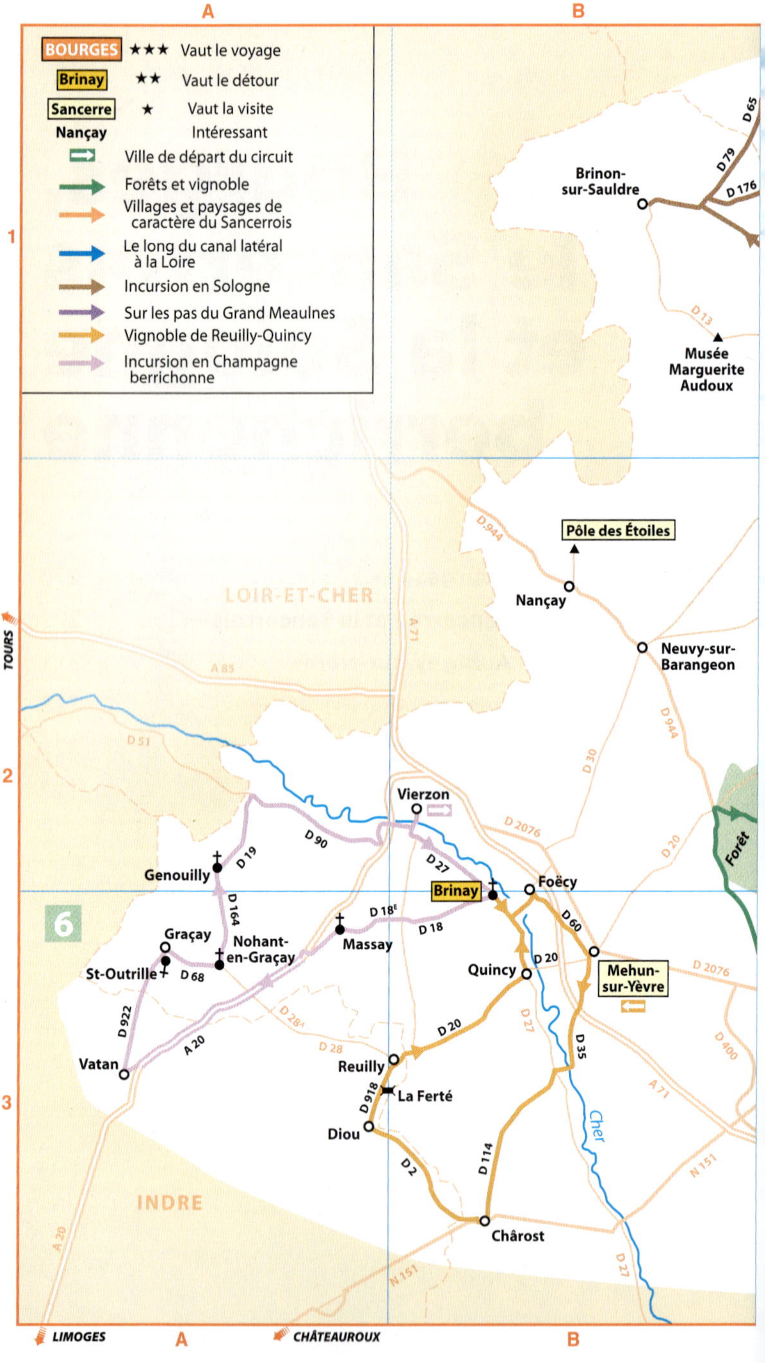

BOURGES ★★★ Vaut le voyage
Brinay ★★ Vaut le détour
Sancerre ★ Vaut la visite
Nançay Intéressant
Ville de départ du circuit
Forêts et vignoble
Villages et paysages de caractère du Sancerrois
Le long du canal latéral à la Loire
Incursion en Sologne
Sur les pas du Grand Meaulnes
Vignoble de Reuilly-Quincy
Incursion en Champagne berrichonne
A
B
1
2
3
6
Brinon-sur-Sauldre
Musée Marguerite Audoux
Pôle des Étoiles
Nançay
Neuvy-sur-Barangeon
LOIR-ET-CHER
TOURS
Vierzon
Brinay
Foëcy
Genouilly
Graçay
Nohant-en-Graçay
Massay
St-Outrille
Quincy
Mehun-sur-Yèvre
Vatan
Reuilly
La Ferté
Diou
Chârost
INDRE
Cher
Forêt
LIMOGES
CHÂTEAUROUX

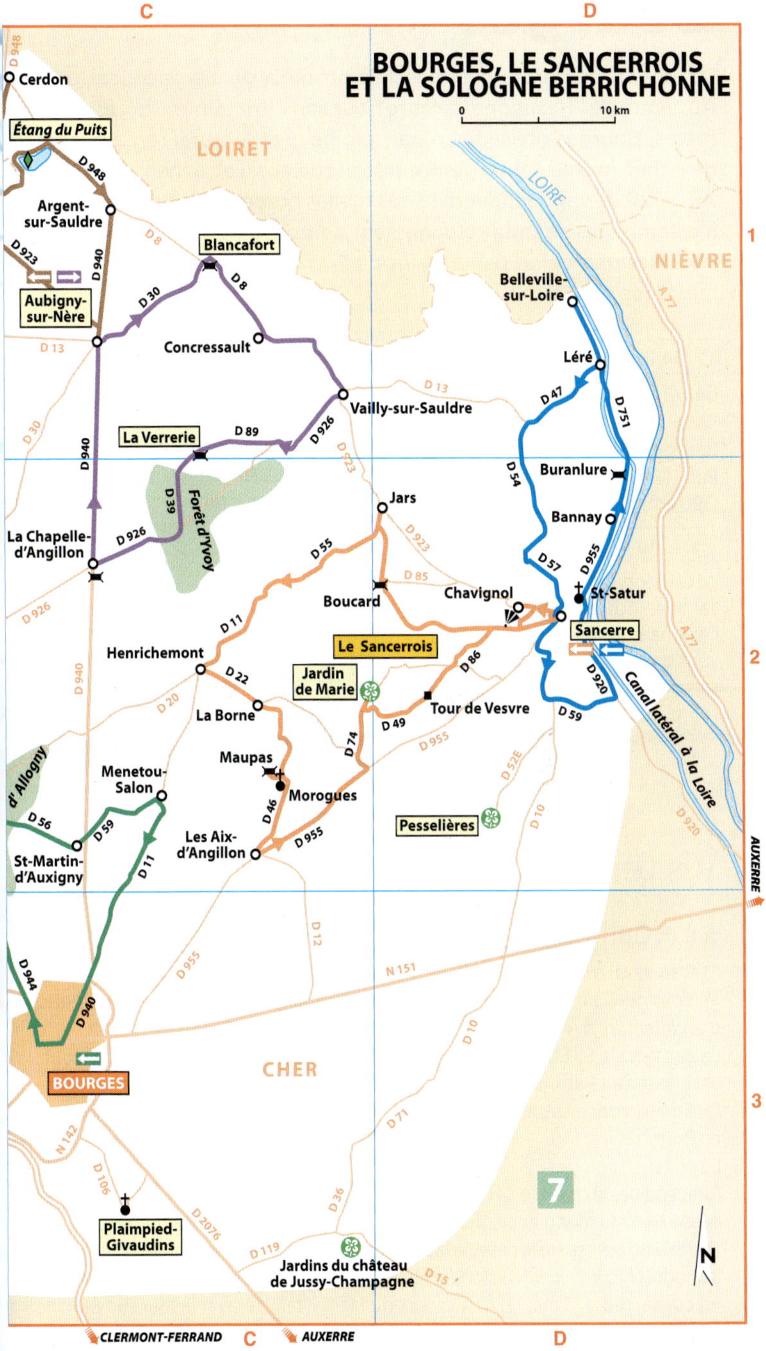

BOURGES, LE SANCERROIS
ET LA SOLOGNE BERRICHONNE
0
10 km
C
D
1
2
3
LOIRET
NIÈVRE
CHER
LOIRE
Cerdon
Étang du Puits
Argent-sur-Sauldre
Aubigny-sur-Nère
Blancafort
Concressault
Vailly-sur-Sauldre
La Verrerie
Forêt d'Yvoy
La Chapelle-d'Angillon
Belleville-sur-Loire
Léré
Buranlure
Bannay
St-Satur
Sancerre
Jars
Boucard
Chavignol
Le Sancerrois
Henrichemont
Jardin de Marie
Tour de Vesvre
La Borne
Maupas
Morogues
Menetou-Salon
Les Aix-d'Angillon
Pesselières
St-Martin-d'Auxigny
Canal latéral à la Loire
BOURGES
Plaimpied-Givaudins
Jardins du château de Jussy-Champagne
AUXERRE
CLERMONT-FERRAND
N
7

Bourges ★★★

Difficile de résister aux charmes de la cité de l'argentier Jacques Cœur! Au centre de l'Hexagone, célèbre pour son « Printemps » qui attire les foules, Bourges possède un patrimoine architectural remarquable, de riches musées et un centre historique aussi attachant qu'animé. Au plaisir de vagabonder dans ses ruelles bordées de vieilles maisons à colombages s'ajoute l'étonnement de trouver, à un jet de pierre de l'une des plus belles cathédrales de France, des marais en forme de mosaïque potagère…

Se repérer

64541 Berruyers – Cher (18)

CARTE P. 274-275 (C3), PLAN DE VILLE P. 282.

Bourges se situe à mi-chemin entre Paris (245 km) et Clermont-Ferrand (190 km).

À ne pas manquer

La cathédrale St-Étienne; le palais Jacques-Cœur; le musée de l'hôtel Lallemant. En fin de journée, allez vous promener dans les marais. En saison, les Nuits Lumières (spectacle son et lumière).

Organiser son temps

Consacrez deux jours à la ville et une autre journée à ses environs. Préférez la fin de matinée à la cathédrale, les vitraux (sud) s'illuminent sous le soleil. En avril, c'est le rendez-vous musical du « Printemps de Bourges ».

En famille

En saison, la roseraie et les bassins des jardins des Prés-Fichaux. Les jeux du Muséum d'histoire naturelle. L'*escape game* de plein air Les Mystères de Bourges.

Carnet pratique p. 294

Nos adresses p. 294

Visiter

★★★ Cathédrale St-Étienne B2

Plan de la cathédrale p. 279.

Pl. Étienne-Dolet - ✆ 02 48 65 49 44 - www.bourges-cathedrale.fr. Voir l'ABC d'architecture p. 464.

La cathédrale St-Étienne, splendide exemple d'architecture de style gothique, est classée au Patrimoine mondial de l'Unesco.

En été, concerts dans la Cathédrale lors des « Très Riches Heures de l'orgue en Berry ».

La construction de la cathédrale se déroula en deux campagnes. De 1195 à 1215 furent édifiés le chevet et le chœur. Le manque de place obligea à construire l'église basse hors du mur d'enceinte. La seconde campagne, qui dura trente-cinq ans (1225-1260), porta sur la nef et la façade, ainsi que sur l'impressionnant programme iconographique : vitraux historiés, sculptures des portails et du jubé. La cathédrale fut consacrée le 13 mai 1324. Au cours du 14e s., il fallut étayer la tour sud par une puissante arcade : le pilier butant. La façade ouest fut remaniée, et le duc Jean

Détail du portail de la cathédrale Saint-Étienne.
AlexandreFagundes/Getty Images Plus

de Berry offrit le « grand housteau » (grande verrière). Le 15e s. vit s'ajouter des chapelles latérales et la sacristie du chapitre, due à la libéralité de Jacques Cœur.

Façade occidentale

Les portails – Sous la verrière du grand housteau apparaissent, abrités par des gâbles, les cinq portails de dimensions très différentes. Le **portail central★★**, illustrant le Jugement dernier, est considéré comme l'un des chefs-d'œuvre de la sculpture gothique du 13e s. À droite, se trouvent le **portail de saint Étienne** (épisodes de la vie et du martyre du patron de la cathédrale) et le **portail de saint Ursin** (histoire du premier évêque de Bourges). À gauche, le **portail de la Vierge** et le portail de **saint Guillaume** (offrandes à l'archevêque de Bourges pour la construction de la cathédrale) ont été reconstruits au 16e s. Entre les deux étages de niches court une frise de bas-reliefs (vie du Christ et scènes de la Genèse).
Les tours – À droite, la **tour Sourde** (nommée ainsi car privée de cloche) est restée inachevée. Elle diffère de sa puissante sœur de gauche, reconstruite après l'effondrement de la précédente tour Nord en 1506. Celle-ci est dite **tour de Beurre** (allusion aux dispenses perçues sur les fidèles autorisés à consommer du beurre et du lait en carême). Elle s'élève à 65 m et présente une décoration flamboyante.

Flanc nord

Dédié à la Vierge, le portail remonte au 12e s. Dans les parties latérales sont représentées : Annonciation et Visitation à droite, Rois à gauche.

Flanc sud

Le tympan du **portail★**, du 13e s., est illustré par un Christ en majesté entouré des symboles des évangélistes. Les colonnes sont richement décorées. Les chapiteaux sont surmontés de dais ajourés symbolisant la Jérusalem céleste.
Pénétrez par le portail sud à l'intérieur du bâtiment.

Nef

Avec 124 m de longueur, 41 m de largeur et une hauteur sous voûte de 37,15 m (piliers de 17 m ; 21,30 m sous clé), St-Étienne est la plus large cathédrale gothique de France, et l'une des plus vastes. L'absence de transept accroît l'unité et la cohérence du vaisseau principal. Avec ses cinq étages, l'élévation est impressionnante. Le grand lustre, quant à lui, pèse presque 600 kg !
Un double déambulatoire fait suite aux doubles bas-côtés du chœur. Cinq petites chapelles rayonnantes, de plan semi-circulaire, s'ouvrent dans l'abside.

★★★ Vitraux

L'ensemble des vitraux anciens du 12e au 17e s. constitue l'une des plus riches collections de France. Les cinq chapelles absidiales sont ornées de magnifiques verrières à découpage orthogonal, et les fenêtres intercalaires de vitraux à médaillons, exécutés pour la plupart de 1215 à 1225. Les œuvres offertes par des **corporations** (bouchers, tanneurs, tonneliers, tailleurs de pierre, maçons, fontainiers… qui n'hésitèrent pas à s'y faire représenter) sont attribuées à trois ateliers adoptant des styles différents.
Les **chapelles latérales** (chapelle du Breuil, chapelle Jacques-Cœur, sur le flanc nord, et chapelle des Tullier, sur le flanc sud) marquent trois périodes de création : le début du 15e s., dominé par l'influence des ateliers travaillant pour le duc de Berry, le milieu du 15e s. et la Renaissance. Dans la **chapelle Jacques-Cœur,** la splendide verrière de l'Annonciation (1451), influencée par la peinture flamande, est considérée comme un chef-d'œuvre du milieu du 15e s. Dans la **chapelle du**

Breuil, la verrière figure St-Jean-Baptiste présentant les donateurs, et un roi mage. La chapelle est ornée de deux fresques datant de la fin des années 1460 : *Crucifixion* et *Résurrection*, redécouvertes entre 1990 et 1995.
Dans la chapelle des Tullier, les beaux vitraux Renaissance de Lesécuyer, les donateurs en prière sont protégés par saint Pierre, saint Jean l'Évangéliste et saint Jacques le Majeur.

★★ Crypte

☏ 02 48 65 49 44 - www.bourges-cathedrale.fr - seult visite guidée (45mn) - été : 10h, 11h15, 14h30, 16h et 17h30, dim. 14h30, 16h et 17h30 ; reste de l'année : se rens. - 8 € (-26 ans gratuit) - 12 € billet combiné avec palais Jacques-Cœur.
Elle a été construite à la fin du 12e s. pour combler le dénivelé du rempart et du fossé gallo-romains. Les **culs-de-lampe** (motifs libertins) de la galerie et les marques au sol laissées au pied d'énormes piliers indiquent que ce lieu servait d'atelier et de logement aux ouvriers bâtisseurs. L'église basse, éclairée par 12 grandes fenêtres (vitraux du 14e s.), abrite le **gisant** en marbre blanc du duc de Berry, seul vestige d'un grandiose mausolée (1422) autrefois placé dans la Ste-Chapelle de

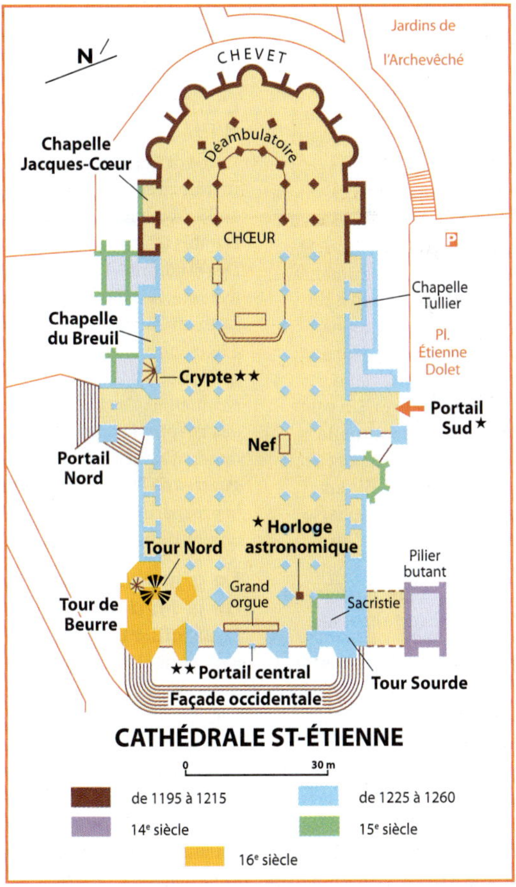

5

Le prestigieux passé de Bourges

À l'époque romaine

Avaricum et les Bituriges

Puissante peuplade celtique, les Bituriges ont donné leur nom à la prospère cité romaine d'*Avaricum*, alors capitale de la province d'Aquitaine. Place forte entourée de murailles que César considérait comme « l'une des plus belles villes de la Gaule », *Avaricum* avait déjà une vocation industrielle, si l'on en juge par les nombreuses découvertes archéologiques attestant l'habileté des artisans à extraire et à travailler **le fer**, la spécialité des Bituriges.
En 52 av. J.-C., lors de la guerre des Gaules, les Bituriges, qui avaient adhéré au mouvement de révolte contre les Romains, sont assiégés par les légions de César. La ville tombe : la population est massacrée. Très vite, *Avaricum* panse ses plaies et s'embellit, au cours des deux premiers siècles, de **nombreux monuments**. La cité déborde des limites du vieil oppidum. Un ensemble monumental du 2e s. (portique et fontaine) a été retrouvé lors de fouilles dans les sous-sols de l'ancien palais ducal (préfecture) : le grand portique s'étendait sur près de 75 m. Un vaste amphithéâtre occupait l'actuelle place de la Nation. Un petit port avait été aménagé au sud de la ville en bordure de l'Auron. À la périphérie de la cité, les nécropoles ont livré un abondant matériel (stèles) qui constitue un magnifique témoignage de la vie à Bourges à cette époque.

Une capitale médiévale

La France de Charles VII (1403-1461)

En pleine guerre de Cent Ans (1337-1453), à la suite de nombreuses crises politiques et conflits de souveraineté, le **dauphin Charles** quitta Paris et se réfugia à Bourges en 1418. Son oncle, le **duc Jean de Berry** (1340-1416), grand seigneur fastueux et mécène, avait fait de Bourges une capitale artistique de premier ordre. Ses goûts, d'un raffinement extrême, avaient attiré les meilleurs artistes de son temps (peintres, sculpteurs...).
Le dauphin, devenu **Charles VII**, symbolisait alors la monarchie française après son sacre à Reims en 1429, où il s'était rendu, escorté par **Jeanne d'Arc**.
La France de Charles VII, c'est aussi celle de **Jacques Cœur**, fils d'un riche marchand. Véritable entrepreneur à la tête d'un empire commercial, il devint pourvoyeur des caisses de l'État puis l'argentier du roi en 1439 et son conseiller en 1442 (*voir p. 285*).

L'université, création d'idées nouvelles

Le fils de Charles VII, **Louis XI**, installa une université à Bourges en 1463. L'enseignement par des maîtres réputés attira de nombreux élèves. Des étudiants allemands apportèrent avec eux la doctrine nouvelle de Luther : **Calvin**, à Bourges, ébaucha à leur contact les grands principes qu'il publia dans son *Institution chrétienne*. Ces idées de réforme firent des adeptes et gagnèrent rapidement du terrain. Les persécutions, puis les guerres de Religion mirent un terme à la prospérité du duché transformé en champ de bataille.

Le grand incendie de la Madeleine

Le **22 juillet 1487**, Bourges s'embrasa ! Un atelier d'artisan prit feu après la St-Jean. L'incendie, transporté par un vent capricieux, se propagea au cœur de la cité, composé essentiellement de maisons en bois... Il fallut longtemps à Bourges pour se remettre de ce terrible incendie qui détruisit plus d'un tiers de la ville, ainsi que ses archives.

Bourges, et des éléments du **jubé** (construction séparant la nef du chœur) détruit au 17e s., qui était conservé au Louvre et qui revint à Bourges en 1994. La **Marmite de l'Enfer** est particulièrement spectaculaire.
Adossé au mur de l'enceinte gallo-romaine, l'ensemble de dix statues sous un baldaquin représente la **Mise au tombeau** (16e s.). Derrière le groupe sculpté, un escalier mène à une petite galerie voûtée en berceau, vestige d'un sanctuaire construit au 11e s.

Grand orgue

Le buffet date de 1663. L'orgue a été restitué en 1985 dans sa conception classique par le facteur Alfred Kern. 3500 tuyaux répartis en 50 jeux sont actionnés par quatre claviers. En juillet-août, les « Très Riches Heures de l'Orgue en Berry » permettent d'écouter des artistes du monde entier *(voir Nos adresses)*.

★ Horloge astronomique

Cette magnifique horloge a été conçue par le chanoine mathématicien et astronome **Jean Fusoris** en 1424, et décorée par **Jean Grangier**. Le cadran inférieur est un ensemble complexe qui indique les cycles lunaires, la hauteur du soleil et les signes du zodiaque. Le cadran du haut indique les heures et les minutes.

Montée à la tour Nord

Pl. Étienne-Dolet - ✆ 02 48 24 79 41 - www.bourges-cathedrale.fr - juin-août : w.-end, j. férié, ponts d'été : 9h45, 10h45, 14h15, 15h15, 16h15, 17h15 ; reste de l'année : se rens. - 6 € (- 26 ans gratuit).
Après l'effondrement survenu en 1506, la reconstruction de la tour fut conduite par l'architecte Guillaume Pelvoysin ; elle permit d'introduire une ornementation nouvelle, de style Renaissance. Un escalier à vis (396 marches) conduit au sommet (65 m), d'où se révèle une **vue★★** panoramique sur l'édifice, la ville, les marais et le lac d'Auron.

Se promener

★★ Centre historique

Circuit tracé sur le plan p. 282. Départ de la cathédrale.
Le quartier ancien, au nord de la cathédrale, est riche de nombreuses **maisons à colombages★** (beaucoup datent des 15e et 16e s.) et de palais.

★ Jardins de l'Archevêché B2

Créés au 17e s., agrandis au siècle suivant, ils sont ornés de magnifiques parterres et d'allées ombragées. Kiosque à musique (début du 20e s)., pièce d'eau et **vases de Cugnot**, sortis des ateliers Christofle, figurant les allégories des saisons, invitent à la détente et à la méditation... sur fond de cathédrale. En effet, les jardins de l'Archevêché offrent une **vue★** sur l'immense nef et le chevet de l'édifice.

Place Étienne-Dolet B2

Remarquez, à gauche, la façade de l'**ancien archevêché,** qui abrite désormais le musée des Meilleurs Ouvriers de France.
Longez la cathédrale en admirant les portails successifs.

Grange des Dîmes B2

Face au portail nord de la cathédrale, au coin de la rue Molière, ce puissant édifice du 13e s. à contreforts et escalier en forme de loggia à colombages servait à abriter les redevances perçues par le chapitre.

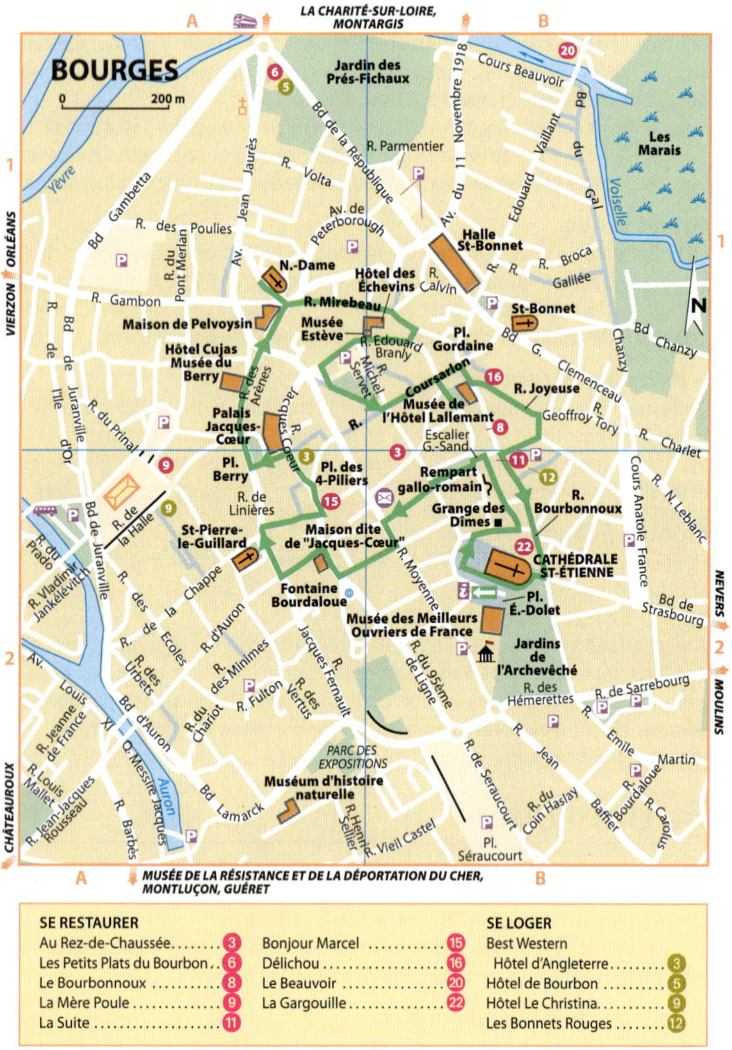

Descendez la rue des Trois-Maillets sur quelques dizaines de mètres, puis tournez à gauche sous un porche d'immeuble.

★ Promenade des remparts B1-2

C'est l'occasion de traverser un quartier insolite et tranquille de Bourges. Édifié vers le 4e s., le **mur d'enceinte** de la ville gallo-romaine d'*Avaricum* n'a pas entièrement disparu, et délimite la ville haute et la ville basse. Dès 1181, Philippe Auguste autorisa les habitants à s'y établir : observez le soubassement des maisons sur votre gauche, et vous en découvrirez des vestiges. Ils ont également servi d'assise aux monuments majeurs de Bourges : cathédrale, palais Jacques-Cœur, hôtel Lallemant. Parmi les édifices privés du 12e au 15e s., remarquez, à l'entrée de la promenade, la façade de la demeure d'un chanoine (fin 12e s.) et, plus loin, un hôtel particulier du 15e s. *Prenez sur la gauche l'escalier George-Sand.*

Cet ancien **passage Casse-Cou** (le nom se justifie les jours de pluie) perce le rempart et monte vers la place dédiée à la plus célèbre des Berrichonnes.
En traversant la **rue Porte-Jaune**, appréciez, sur votre gauche, la puissance des tours de la cathédrale. Ensuite, la rue Michel-de-Bourges débouche sur la principale artère commerçante du centre-ville que borde la Poste, imposant édifice de style néogothique (1926).
Remontez la rue Moyenne et prenez la première rue à droite (rue Mayet-Genetry).
Place de la Préfecture, au-delà de la jolie **fontaine Bourdaloue**, imaginez-vous qu'il s'élevait jadis le palais du duc de Berry et la Ste-Chapelle.
Descendez la rue Jean-François-Deniau.

Maison dite « de Jacques-Cœur » A2

La demeure à colombages et à encorbellement, qualifiée de maison natale (inscription), date seulement du début du 16e s. Elle fut élevée à l'emplacement d'une construction revenue à Jacques Cœur par son mariage.
Descendez la rue d'Auron et prenez la première à droite (rue des Arènes).

Église St-Pierre-le-Guillard A2

R. des-Trois-Bourses.
Contemporaine de la cathédrale, elle arbore un clocher-porche massif. Dans la nef, des voûtes sexpartites reposent sur des colonnettes couronnées de chapiteaux à crochets ou ornés de personnages. La décoration intérieure est intéressante : bas-reliefs, fresques du 16e s. (chapelle du collatéral gauche), culs-de-lampe, peintures...
Poursuivez la rue des Arènes, puis prenez à droite la rue de Linières.

Place des Quatre-Piliers A2

Appréciez l'architecture des hôtels Témoin (ancienne bibliothèque), Bengy et Méloizes; ces belles demeures des 17e et 18e s. font de l'ombre à une fontaine, dernier repère avant le palais Jacques-Cœur.
Empruntez la rue Jacques-Cœur.

★★ Palais Jacques-Cœur A1

10 bis r. Jacques-Cœur - ✆ 02 48 24 79 42 - www.palais-jacques-coeur.fr - juil.-août : 10h-12h45, 14h-18h15 ; mai-juin : 9h30-12h15, 14h-18h15 ; sept. 10h-12h15, 14h-18h ; reste de l'année : 9h30-12h15, 14h-17h15 (sf avr. : 10h-12h15, 14h-18h) - dernier accès 45mn av. fermeture - 8 € (-25 ans gratuit).
Commencée en 1443 pour le célèbre argentier de Charles VII, cette splendide demeure (dont le maître d'œuvre est inconnu) était destinée sans doute à lui servir de dernière retraite. Pratiquement achevée en moins de dix ans, elle

5

Les Nuits Lumières de Bourges

En été, un parcours-spectacle anime les rues du centre historique de la ville, de la tombée de la nuit à minuit, autour de la cathédrale St-Étienne. Guidé par le halo bleuté des lampadaires, le spectateur déambule à travers les rues médiévales, dans une atmosphère mystérieuse et magique. Jalonnant les 2 km du parcours, des scénographies mettent en lumière sept sites : le jardin de l'Archevêché, l'hôtel Lallemant, le musée Estève, le palais Jacques-Cœur, l'ancien Archevêché, l'hôtel des Postes et la façade du magasin Aubrun. À ne pas manquer. *Rens. ✆ 02 48 23 02 60 - www.ville-bourges.fr - de mi à fin juin : vend.-sam. et juil.-août : ts les soir s - gratuit.*

coûta 100 000 écus d'or. Jacques Cœur, tombé en disgrâce en 1451, n'en profita guère. Restitué à ses héritiers dès 1457, le palais, bel exemple d'architecture civile gothique, connut des fortunes diverses. Il appartint à Colbert en 1679 et fut acquis en 1682 par la ville de Bourges avant de devenir propriété d'État en 1923. Deux bémols cependant : la restauration parfois appuyée du 19e s. et l'absence de meubles (les salles du palais sont vides).

Façade orientale – Elle séduit par l'élégance et la richesse de sa décoration : fenêtres à croisillons, toit effilé de la chapelle flanquée d'une gracieuse tourelle d'escalier, balustrade placée à la base des combles, lucarnes ornées d'épis de faîtage. L'image du roi est intimement liée à celle de son argentier : au décor de cœurs et de coquilles, armes du propriétaire, répond la fenêtre de la chapelle dont le remplage arbore une fleur de lys ; de part et d'autre de la loge à festons où se trouvait, jusqu'à la Révolution, une statue équestre de Charles VII, apparaissent, dans l'entrebâillement de fenêtres simulées, le maître et la maîtresse de maison, probablement intervertis, et le regard tourné, à l'origine, vers la figure royale. À gauche du pavillon, à la base de la tourelle d'escalier, est inscrite la devise de Jacques Cœur : « À vaillans (deux cœurs) riens impossible. »

Cour – Trois tours d'escalier en divisent la façade. La tourelle centrale, de forme hexagonale, est décorée d'arbres exotiques – palmiers, orangers, dattiers, évoquant les pays d'Orient où Jacques Cœur avait voyagé – et porte une autre devise du maître de maison : « Dire, faire, taire. » Le tympan de la tourelle d'angle, à droite, indique la destination de la pièce desservie, la cuisine, et représente plusieurs personnages s'affairant à préparer un repas. Dans la même verve réaliste, la préparation d'un office est traitée sur le portail de l'escalier menant à la chapelle, à l'entrée de la cour.

Rez-de-chaussée – Pièce d'apparat, la **salle des festins** est ornée d'une cheminée monumentale (restaurée au 19e s.) et, dans un angle, d'une loggia pour les musiciens. Rare vestige du décor initial, le superbe portail à droite de la cheminée. La **salle de chauffe** et la **salle des étuves** prouvent une grande maîtrise des installations d'eau et un sens développé de l'hygiène… Un système d'escaliers permettait aux habitants du palais d'aller prendre leur bain sans avoir à traverser les communs.

Étages – Partout apparaissent les emblèmes de la famille Cœur (cœurs et coquilles) et celui des Léodepart pour sa femme (étoile à cinq branches).

Dans la **salle d'apparat** a été reconstitué le tombeau ducal avec ses 40 pleurants. Baptisée **salle du Conseil** en souvenir de l'époque où les échevins s'y installèrent (1683), elle contient une maquette du palais dans son état originel. On monte ensuite dans les combles (moulages des portraits sculptés en façade), couverts d'une charpente en carène de navire renversée, qui abritaient les chambres de service. Remarquez la **salle du trésor**, fermée par une épaisse porte de fer munie d'une serrure à secret.

Redescendez au 1er étage.

Le **cabinet des échevins**, orné d'une cheminée portant la devise de Jacques Cœur, est décoré de peintures en grisaille du 17e s. Cette pièce servait de salle de réunion au conseil de la ville au 17e s. La **chambre des galées** conserve le plus ancien vitrail (1440) à sujet profane connu. Le bateau évoque la flotte de Jacques Cœur en Méditerranée. On traverse le **cabinet de travail** pour atteindre les **galeries nord et ouest**, couvertes de plafonds lambrissés, où Jacques Cœur recevait les marchands et donnait des fêtes. À la chapelle, avec ses petits oratoires réservés à Jacques Cœur et à son épouse, Macée de Léodepart, succède la **galerie sud★**.

Jacques Cœur, un génie de la finance

Une réussite fulgurante

Extraordinaire destin que celui de ce fils de marchand de fourrures, né à Bourges vers 1395 qui, par son mariage avec Macée de Léodepart en 1418, fait son entrée dans le monde des monnayeurs – elle était petite-fille d'un maître de monnaies. Étonnamment doué pour le commerce et les affaires, Jacques Cœur acquiert en peu de temps une colossale fortune. Il arme des vaisseaux pour s'approprier les marchés de l'Orient méditerranéen aux dépens des armateurs de Gênes et de Venise ; il installe des comptoirs à Marseille et à Montpellier, achète des maisons, des terres et des mines dans le Forez et le Lyonnais. Pratiquant l'import-export, il achète et vend des épices, du blé, du sel, des chevaux, des fourrures, etc.
Nommé maître des monnaies à Paris en 1436, Jacques Cœur gagne la confiance de Charles VII, qui en fait son argentier en 1439 et son conseiller en 1442. Principal pourvoyeur des caisses de l'État – Jacques Cœur finance la fin de la guerre de Cent Ans –, artisan de nombreuses réformes financières, diplomate habile, il bâtit à Bourges un palais à la mesure de sa fulgurante réussite. Il n'y vivra cependant pas, car il sera bientôt disgracié et condamné pour crime de lèse-majesté.

Abandonné par son suzerain

Détesté par des courtisans jaloux de sa position – qu'il n'hésite pas à poursuivre pour dettes et dont il rachète parfois les seigneuries –, il tombe en disgrâce peu après la mort d'Agnès Sorel, maîtresse du roi et sa fidèle alliée. Ses nombreux ennemis l'accusent de l'avoir empoisonnée et il sera arrêté en juillet 1451. Charles VII se débarrasse de lui lors d'un procès inique qui se termine par une lourde condamnation en 1453 : Jacques Cœur est accusé de malversations, emprisonné, et ses biens sont confisqués. Au cours de l'été 1454, comprenant qu'on ne le libérera jamais, il s'évade de sa prison de Poitiers et s'enfuit de couvent en couvent. Il se réfugie ensuite à Rome auprès du pape, qui lui confie le commandement d'une flotte ; c'est lors d'une croisade pour secourir les chrétiennes de l'archipel grec qu'il meurt de maladie, à Chio, le 25 novembre 1456.

Le palais Jacques-Cœur.
Eric Bascol/Getty Images Plus

C'est sans doute la plus belle pièce du palais avec son élégante voûte en accolade. Les manteaux des cheminées illustrent les loisirs de la noblesse et les jeux de la guerre.

Revenez sur vos pas et empruntez sur votre droite un escalier qui plonge vers la partie basse de la ville.

Place Berry A1-2

Face à vous s'élève la façade occidentale du palais Jacques-Cœur, construite sur les restes de l'enceinte gallo-romaine : elle présente l'aspect d'une forteresse aux tours massives et aux murs sévères.

Suivez la rue des Arènes en direction du palais de justice puis tournez à droite.

★ Hôtel Cujas - Musée du Berry A1

4 r. des Arènes - ✆ 02 48 70 41 92 - www.ville-bourges.fr/site/musees - 10h-12h, 14h-18h - fermé dim. mat. et mar. - 4,10 € (-18 ans gratuit). Fermé au moment de la rédaction de ce guide, se rens.

Le musée est installé dans l'**hôtel Cujas★**, édifié au début du 16e s. pour Durand Salvi, marchand florentin installé à Bourges. Cette élégante demeure, caractéristique de la première Renaissance française, se distingue par ses façades à parements de briques polychromes. Jacques Cujas, célèbre jurisconsulte, racheta cette demeure à la fin du 16e s. et lui laissa son nom.

Acheté par la ville en 1879, l'hôtel particulier accueille, depuis 1891, de belles collections archéologiques et médiévales ainsi que de splendides peintures, du 15e s. au 19e s. Vous découvrirez au rez-de-chaussée, une riche **statuaire funéraire★** composée de stèles, sarcophages et sculptures diverses, principalement d'époque gallo-romaine et de provenance locale : St-Ambroix, Néret ou Avaricum (Bourges). Au premier étage, la section médiévale abrite dix **Pleurants★★** en albâtre, issus du tombeau de Jean de Berry ; ces œuvres exceptionnelles, d'une grande finesse d'exécution, datent de la première moitié du 15e s.

Les statues des **Prophètes**, quant à elles, proviennent de la Sainte-Chapelle de Bourges détruite en 1757. Une maquette de cet édifice, réalisée peu après sa destruction, est exposée dans cette salle. Au même étage, une sélection de peintures rassemble des œuvres d'artistes prestigieux des 17e et 18e s. : Philippe de Champaigne, Simon Vouet, Luca Penni, et le peintre local Jean Boucher. Enfin une salle présente une sélection de pièces en grès du 18e s. à nos jours, réalisées dans le village potier de La Borne.

Le musée du Berry renouvelle régulièrement ses expositions temporaires grâce à ses riches réserves, dont un manuscrit enluminé par Jean Colombe, et à sa large bibliothèque patrimoniale.

Traversez la place Planchat pour rejoindre la rue Pelvoysin.

Maison de Pelvoysin A1

Bâtie en pans de bois sur des fondations en pierre, la maison de l'architecte Pelvoysin jouxte des maisons à colombages. L'étroitesse de la rue à l'époque de la construction et la largeur très réduite de la façade l'ont amené à construire celle-ci de biais afin de la mettre en valeur. Elle a bénéficié d'une restauration d'envergure ces dernières années. À l'intérieur, se dresse encore une belle cheminée. De la rue Cambournac, on peut apercevoir la cour de la maison.

Église Notre-Dame A1

R. Notre-Dame - fermé dim. après-midi.

Lors de sa reconstruction (après l'incendie de 1487), l'église subit de multiples modifications de son plan initial : allongement de la nef, adjonction de bas-côtés,

Les très riches heures d'un mécène

Prince capétien né en 1340 et frère de Charles V, **Jean de Berry** devient duc de Berry en 1360. Homme de goût, il avait entrepris un programme de constructions prestigieuses : palais dans chacune de ses capitales (Bourges, Poitiers et Riom) et demeures princières. Amateur d'art et de musique, de chasse et de soupers, il avait la manie (coûteuse) des collections. Attirant les meilleurs artistes, il fit réaliser des chefs-d'œuvre dont *Les Très Riches Heures du duc de Berry*, livre de prières illustré par les frères Limbourg, finalisé par Jean Colombe et conservé au musée Condé à Chantilly.

construction du clocher par Guillaume Pelvoysin. Une belle statue de la Vierge se détache au niveau de la porte sud. L'intérieur est couvert d'une voûte d'ogives à clés armoriées. Dans le bas-côté droit, à hauteur du portail sud, le **bénitier de marbre blanc** fleurdelisé date du 16e s. Sur le bord de la coupe du bénitier, l'inscription tirée du *Roman de la rose*, long poème du 13e s., « Tout se passe et rien ne dure, ne ferme chose tant sois dure », rappelle aux fidèles la fragilité de la vie humaine.
Traversez la place de la Barre.

Rue Mirebeau AB1

Agréable artère piétonnière dont les commerces occupent souvent le rez-de-chaussée de maisons à pans de bois. Face au très fréquenté **passage Casse-Cou** (encore un) se dresse le portail de l'**ancien couvent des Augustins** (vue sur l'arrière de l'édifice rue Calvin). Osez une incursion dans la cour pour y découvrir un cloître en forme de trapèze.
Prenez le sombre et abrupt passage Casse-Cou (escalier Mirebeau) ; en haut, tournez à droite dans la rue É.-Branly.

★★ Hôtel des Échevins – Musée Estève B1

13 r. Édouard-Branly - ✆ 02 48 24 75 38 - www.ville-bourges.fr/site/musees - ♿ - 10h-12h, 14h-18h - fermé mar. - 4 € (-18 ans gratuit).
Avec ses immenses cheminées et son agencement, **l'hôtel des Échevins★** offre un superbe écrin de pierre aux œuvres de **Maurice Estève** (1904-2001), peintre autodidacte natif de Culan. Cet édifice, siège des quatre échevins et du maire, élus qui représentaient les intérêts de la cité, se divise en deux parties de styles architecturaux contrastés. Le corps de logis, bâti en 1489 dans le style gothique flamboyant, possède en saillie sur la façade une **tour octogonale★★** de trois étages. Des arcs en accolade rassemblent des fenêtres et des baies aveugles, animées par la présence de personnages armés montant la garde. Admirez la finesse de la décoration de crochets de feuillages et la variété des motifs : chardon, chêne, houx, érable... La **galerie** de gauche fut, quant à elle, entreprise en 1629 par l'architecte Jean Le Juge (1589-1650). L'ordonnance classique accuse encore les influences du maniérisme italien : arcades ouvertes à clés pendantes et fenêtres à croisillons alternant avec des niches.
Le musée abrite quelque deux cents compositions (huiles, aquarelles, dessins, collages, lithographies, tapisseries) présentées par roulement. À Paris, Estève subit l'influence des surréalistes et plus tard de Cézanne. La plupart de ses tableaux, comme le magnifique *Skibet* (1979), présentent une combinaison subtile ou une opposition plastique de masses colorées.
Poursuivez la rue É.-Branly, puis de la place Cujas, prenez la rue des Beaux-Arts et tournez à gauche.

Rue Coursarlon B1

La rue piétonne, l'une des plus animées de Bourges avec ses petites boutiques, plonge vers la place Gordaine (surprenante perspective). Une maison d'angle du 15e s. donne le signal pour tourner dans la rue de l'Hôtel-Lallemant *(à droite)*. Après une courte montée, découvrez, derrière une grille, l'élégante cour d'honneur de cet hôtel et admirez la façade.

★ Musée de l'Hôtel Lallemant B1

5 r. de l'Hôtel-Lallemant - ✆ 02 48 70 23 57 - www.ville-bourges.fr/site/musees - 10h-12h, 14h-18h - fermé dim. mat. et lun. - 4,10 € (-18 ans gratuit) - livret-jeux.

L'**hôtel Lallemant★** fut construit à la fin du 15e s. pour les frères Lallemant, échevins et officiers royaux de finances. Au début du 16e s., sans doute à l'occasion de l'entrée de Louis XII et d'Anne de Bretagne à Bourges (1506), un décor italianisant d'une qualité exceptionnelle fut ajouté aux façades de cet édifice.

L'entrée du musée, ouvert au public en 1951, se fait par la rue de l'Hôtel-Lallemant. De là, on accède à la **cour haute** où se trouve le bâtiment de l'accueil, flanqué d'une tourelle d'escalier coiffée d'un belvédère. En face, le corps de logis déploie sa longue façade avec, à gauche, la **loggia** décorée de peintures murales et, à droite, une tourelle en encorbellement supportée par des personnages sculptés. Cette **façade** mêle des éléments de décor issu du bestiaire médiéval à une ornementation italianisante.

L'accès aux salles du musée se fait par un passage voûté incliné conduisant à un escalier en vis dont les écoinçons sont décorés de personnages sculptés.

La **salle à manger d'hiver** est couverte d'un très beau plafond à caissons en bois sculpté. Sur les lattes du plancher, figurent des formes octogonales avec au centre, une **croix de Saint-André**. Le mobilier est composé de cabinets et d'un bureau en marqueterie du 17e s. Cette pièce comporte aussi de grands plats en faïence de la même époque et une tapisserie du 18e s.

La deuxième salle conserve trois tapisseries de l'ancienne collégiale St-Ursin, des années 1500. La salle 3 ou **chambre basse** est équipée d'une cheminée sculptée des représentations imagées de Louis XII et Anne de Bretagne (porc-épic et hermine). Le mobilier, notamment un cabinet en ébène sculpté et gravé, est du 17e s.

L'**oratoire★** est célèbre pour son plafond sculpté de 30 caissons reprenant les éléments décoratifs de la Renaissance. Ce type d'ornementation témoigne du goût de l'élite cultivée de cette période. Des auteurs, comme Fulcanelli, proposent une interprétation alchimique du plafond de cet oratoire.

Les autres espaces sont consacrés à la peinture des 15e et 16e s. et aux arts du feu : émaux peints sur cuivre, faïence, porcelaine et vitraux civils des 15e et 16e s.

Reprenez la rue Coursarlon et continuez à la descendre.

Place Gordaine B1

Au carrefour des rues piétonnes, elle est, grâce aux cafés et restaurants qui la bordent, l'un des lieux les plus animés de la ville. La place conserve la pierre « de crie » où, selon la légende, Calvin se juchait pour prôner la Réforme. Une partie des maisons s'appuie sur le rempart gallo-romain.

Prenez à droite la rue Bourbonnoux, jusqu'à l'autre façade de l'hôtel Lallemant. Puis, prenez la rue face à l'hôtel.

Rue Joyeuse B1

À l'angle de la rue, un poteau de bois sculpté soutient la **maison des Trois-Flûtes.** Remontez cette rue calme bordée d'un chapelet d'hôtels particuliers.

Rejoignez la rue Bourbonnoux par la place Louis-Lacombe.

L'hôtel des Échevins et sa tour octogonale.
Ch. Goupi/age fotostock

Si vous aimez les étroites rues pavées, empruntez la rue Montcenoux, puis, à droite, la rue de la Thaumassière.

★ Rue Bourbonnoux B2

L'ancienne artère principale de Bourges, bordée de maisons à pans de bois, reste l'une des rues les plus pittoresques de la ville et la préférée des Berruyers même si les restaurants y ont souvent remplacé les devantures d'artisans... Elle rejoint le chevet de la cathédrale : vu dans l'axe du boulevard de Strasbourg, l'édifice paraît circulaire.

Musée des Meilleurs Ouvriers de France B2

18 pl. Étienne-Dolet - ✆ 02 48 57 82 45 - www.ville-bourges.fr/site/musees - 10h-12h, 14h-18h - fermé mar. - 4 € (-18 ans gratuit).

Installé dans l'ancien palais archiépiscopal construit par l'architecte parisien **Pierre Bullet** à la fin du 17e s., ce musée fait face au portail sud de la cathédrale. Les objets exposés ont été réalisés par des lauréats du célèbre concours « Un des Meilleurs Ouvriers de France ». Les collections représentent plus de 200 métiers manuels, artisanaux et de l'industrie. Au fil des années, le musée s'est enrichi d'œuvres diverses notamment en tissu, verre, faïence, bois dont certaines étonnantes : statues réalisées en sucre d'art, selon la technique du verre soufflé ; perruques et postiches en cheveux naturels ; manchon en vison travaillé en spirale ; cristal de roche taillé...

Coincé entre les jardins de l'Archevêché et la cathédrale, un petit escalier annonce la fin de la promenade.

★ Muséum d'histoire naturelle A2

Allée René-Ménard (Parc des exposisitons) - ✆ 02 48 65 37 34 - www.museum-bourges.net - ♿ - vac. scol. (zone B) et j. fériés : 10h-12h, 14h-18h, w.-end 14h-18h ; reste de l'année : 14h-18h - 5 € (6-18 ans 3 €).

Les manipulations et les jeux éducatifs animent les divers départements : présentation de la faune et notion d'espèce (belle collection d'animaux naturalisés),

5

iconographie animalière et scientifique, univers du vivant (aquariums et vivariums), cosmos et géographie naturelle du Berry, espace consacré aux chauves-souris. Chaque section met en valeur le rôle de scientifiques originaires de la région, tels que l'abbé Théophile Moreux (1857-1954), astronome, le naturaliste Raymond Rollinat ou le radiologue Robert Herdner (1886-1976).
★ **Musée de l'Homme** – Au sein du Muséum d'histoire naturelle, cette section relate l'histoire de l'évolution de l'homme.

Musée de la Résistance et de la Déportation du Cher HORS PLAN

R. Heurtault-de-Lamerville (Archives départementales) - ✆ 02 48 55 82 60 - www.resistance-deportation18.fr - ♿ - 8h30-12h30 et 13h30-17h30, w.-end et j. fériés 14h-18h - fermé lun. - gratuit.
Ce parcours muséographique agrémenté d'effets et de bornes sonores retrace l'histoire de Bourges et du Cher pendant la Seconde Guerre mondiale. Quelque 200 objets évoquent le quotidien de la population d'un département coupé en deux par la ligne de démarcation, l'action des maquis des forêts et des campagnes berrichonnes, ainsi que l'horreur de la Déportation.

★ Marais

Avant de partir en balade dans les insolites marais, faites une incursion dans l'église érigée sur la place St-Bonnet, dernier monument ancien faisant le lien entre le centre historique de Bourges et le secteur bucolique des marais.

Église St-Bonnet B1

12 pl. St-Bonnet.
Elle fut bâtie à partir de 1510 sur un plan de l'architecte Pelvoysin; adjonction, au 20e s., de deux travées à la partie occidentale et d'une façade de style néo-flamboyant. L'intérieur abrite de beaux **vitraux** de Jean Lécuyer et un tableau de Jean Boucher. Le vitrail de *La Résurrection* représente les saintes femmes coiffées d'un bonnet berrichon.
De la place St-Bonnet, rejoignez l'entrée des marais par la rue Voltaire, puis traversez le boulevard du Général-Chanzy.

★ Marais de Bourges B1

En saison, balades en barques possibles sur réservation minimum 48h à l'avance au ✆ 02 48 48 00 19/23 ou à l'office de tourisme.
Poumon de la ville, cet espace de 135 ha, morcelé en 1500 parcelles à dominante potagère, est devenu aujourd'hui un site classé. Des jardiniers amateurs poursuivent le dur travail de la terre commencé au milieu du 17e s. par les maraîchers (on en comptait une centaine au début du siècle) et contribuent à la sauvegarde de ces marais traversés par un lacis de rivières. Leurs cabanes sont construites de bric et de broc sur un bout de terrain composé de jardins et de vergers qu'arrose la Voiselle, petit affluent de l'Yèvre.
Un portail marque la limite entre la ville et les marais : les **marais du haut** ne sont accessibles qu'en barque, tandis que les **marais du bas** se rejoignent par la terre ferme.
Passé le portail, engagez-vous sur la petite route qui s'échappe à gauche et enjambe plus loin le Faux-Palouet. En bout de route, franchissez une passerelle (sur votre gauche), puis prenez à droite.
Vous voici sur le chemin qui borde la rive gauche de la **Voiselle** et longe les marais de Mariens. Flâneurs, joggeurs et palmipèdes se croisent jusqu'au bord de l'Yèvre.

Le Printemps de Bourges

Créée en 1977, cette manifestation musicale avait à l'origine pour vocation de rassembler des artistes boudés par les ondes nationales ; 15 000 personnes se succédèrent pour écouter, entre autres non conformistes, Béranger, Font et Val, Lavilliers. Deux ans plus tard, fort de son succès, le Printemps étend sa durée à sept jours tout en élargissant ses genres musicaux (rock, folk, jazz). Le public, jeune, plébiscite de nouveaux talents. Consacré par les médias, ce rassemblement musical attire de plus en plus des stars nationales et internationales. Les années 1990 révèlent la *world music*, le rap, puis les musiques électroniques, et mettent l'accent sur les humoristes. Les groupes français toutes tendances confondues rencontrent de vifs succès. Aujourd'hui, le festival se recentre sur sa mission de défricheur de talents. La programmation, nationale et internationale, reste de qualité et toujours aussi pointue. Alors, rendez-vous fin avril autour de la place Séraucourt !
www.printemps-bourges.com

Digue de l'Yèvre – Quelques barques à fond plat mouillent à l'ombre d'un saule ; remarquez les « bourdes » (perches en bois) posées au fond des « plates ».
Revenez sur vos pas et prenez le premier chemin à droite.
Rue de Babylone – Sur la gauche, **vue★** inattendue sur la cathédrale.
À droite, au-delà des marais hauts, l'horizon est coupé par le faubourg nord de Bourges où se devine le couvent des Sœurs de la Charité.
À gauche, prenez l'avenue Marx-Dormoy et après le pont, à droite, le cours Beauvoir.

★ Jardin des Prés-Fichaux AB1

Bd de la République - 02 48 57 82 43 - juin-juil. : 8h-22h (21h mai et août ; 20h avr. et sept. ; 19h mars et oct. ; 18h fév. ; 17h30 janv. et nov.-déc.) - gratuit.
Ces jardins de style Art déco ont été créés dans les années 1930 par l'architecte-paysagiste **Paul Marguerita**. Une allée de platanes majestueux borde un lac paisible qui délimite le parc. À droite, les jardins à la française forment un ensemble où l'harmonie qui se dégage des perspectives (ifs taillés en arceaux) se mêle à la beauté de la décoration florale. Les parterres géométriques, délimités par des haies, conduisent à différents espaces : la roseraie, le théâtre, la grande allée. Quelques sculptures et des bassins agrémentent cette agréable composition.
Revenez vers la place St-Bonnet par le boulevard de la République.
Terminez la promenade par le tour du marché installé sous une **halle** aux structures métalliques type Baltard.

5

À proximité

CARTE P. 275

★ Église de Plaimpied-Givaudins C3

À 12,6 km au sud par la D 2076 puis la D 46.
Pl. Jean-Sautivet.
De l'importante abbaye fondée par Richard II, archevêque de Bourges, subsiste près de l'Auron et de l'ancien canal du Berry l'**église abbatiale St-Martin**. Commencée dès la fin du 11e s., sa construction a duré une centaine d'années. Si la façade et l'élévation latérale sont d'une grande sobriété, le chevet offre une richesse de décoration inattendue. À l'intérieur, bel ensemble de **chapiteaux**. Les plus anciens se trouvent dans le chœur et figurent des monstres et des démons,

témoins de l'influence de l'art oriental. Le pilier séparant la nef du transept, à droite, compte le plus remarquable : la *Tentation du Christ*. À gauche du chœur, un escalier descend dans la belle crypte au plan tréflé dont les voûtes reposent sur quatre colonnes monolithes.

Jardins du château de Jussy-Champagne C3

À 25 km au sud par la D 2076, puis la D 71 et la D15.

Château de Jussy - Jussy-Champagne - ✆ 02 48 25 00 61 - mai-sept. 8h-18h30 - 10 € (enf. 5 €).

Le parc et les jardins de ce château du 17e s. s'étendent sur 60 ha. Conçus au 19e s, d'après les plans du paysagiste Paul de Lavenne, comte de Choulot, passionné par l'art des jardins, ils ont été transformés en un parc romantique « agraire et paysager ». On s'y promène agréablement le long de pelouses parsemées de bosquets, du grand canal et de la coulée bordée d'arbres centenaires, sans oublier les rosiers d'Afghanistan.

Circuit conseillé

CARTE BC2-3

Forêts et vignoble

Circuit de 62 km tracé en vert sur la carte p. 274-275. Quittez Bourges au nord-ouest par la D 944.

Forêt d'Allogny BC2

La D 56, entre Allogny et St-Martin-d'Auxigny, offre un bel aperçu sur ce massif boisé, dont le caractère sombre et mystérieux favorisa l'installation de l'un des premiers maquis de la Résistance. La futaie, serrée, est composée surtout de chênes avec des lots de pins sylvestres, de bouleaux et de hêtres. Ses chemins et routes forestières attirent randonneurs et cyclistes.

Vergers de St-Martin-d'Auxigny C2

La pente qui descend vers la vallée du Moulon offre un contraste saisissant avec le paysage que l'on vient de quitter : les vergers ont remplacé la forêt. Ici débute le pays de la pomme en général et de la golden en particulier. *Plusieurs hangars de récoltants bordent la route (voir « Nos adresses »).*

Quittez St-Martin-d'Auxigny par le nord-est en empruntant la D 59.

Menetou-Salon C2

Fierté du Berry viticole, le **vignoble★** qui tapisse les coteaux de Menetou à Morogues *(10 km à l'est)* était, autrefois, l'un des plus appréciés de France.

À la découverte des vignobles berrichons

La **Route des vignobles en cœur de France** propose un circuit de 170 km au départ de la Loire. Il vous permettra de découvrir les vins d'appellation : sancerre, pouilly-fumé, menetou-salon, quincy, reuilly, coteaux-du-giennois, châteaumeillant. Trois espaces scénographiques vous attendent pour percer les secrets des vignerons, la Maison des Sancerre *(voir p. 301)*.

Pour en savoir plus sur les **vignobles du Centre-Loire**, et obtenir les coordonnées des caves et producteurs de la région, une adresse utile à retenir : www.vins-centre-loire.com.

Le village et le vignoble de Menetou-Salon.
H. Lenain/hemis.fr

L'appellation de menetou est surtout connue pour ses vins blancs (cépage sauvignon), aux arômes d'agrumes et de fleurs blanches, et aux notes épicées, voire légèrement mentholées. Mais, outre quelques vins rosés aux arômes de fruits blancs et de fruits secs, les viticulteurs produisent également des vins rouges (cépage pinot noir), dont la finesse et les arômes (fruits mûrs, type cerise et prune) accompagnent idéalement des gibiers à plumes, perdreaux et faisans. Ces vins sont considérés comme de moyenne garde : les temps de conservation oscillent entre cinq et sept ans.

Le village abrite un **château** dans un cadre forestier majestueux, propice aux balades *(chemins d'accès route d'Henrichemont)*.

Château – *2 r. du Château - ✆ 02 48 64 80 54 - www.chateau-menetou-salon.com - visite guidée : juin-août : tlj sf mar. 10h30, 14h, 15h30, 17h ; mai et sept. : w.-end 10h30, 14h, 15h30, 17h ; reste de l'année : se rens. - 9 € (7-17 ans 7 €).* Ancienne propriété de Jacques Cœur, qui acquit le domaine en 1450, il fut épargné par les ravages de la Terreur et agrandi en 1891 sous l'impulsion du prince Auguste d'Arenberg, englobant dans son ensemble en forme de T la partie ancienne. À l'intérieur, dont la décoration est rehaussée par de belles tapisseries flamandes du 15e s., remarquez plus spécialement le grand salon et deux bibliothèques. Les communs renferment un **musée de l'Automobile**, une collection de voitures anciennes (en particulier Turcat-Méry et Panhard-Levassor de 1899). Une salle adjacente abrite une sellerie complète (collection de harnais).

Quittez Menetou-Salon par le sud en empruntant la D 11 vers Bourges.

5

Carnet pratique

S'informer

Office de tourisme – *21 pl. Simone-Veil - ✆ 02 48 23 02 60 - www.bourgesberrytourisme.com.* L'office de tourisme organise des visites guidées thématiques, animées par des guides-conférenciers.

Se garer

Nombreux parkings au centre-ville ; parkings gratuits à l'extérieur de la vieille ville : pl. Seraucourt, à 50 m du centre historique.

Agenda

Randonnée Bourges-Sancerre – *Fév.* Une course hivernale de 58 km, créée en 1951. Départ à minuit !

Printemps de Bourges – *Mai - www.printemps-bourges.com. Voir encadré p. 291.*

Les Nuits Lumière – *De juil. à sept.* Parcours-spectacle dans la ville. *Voir encadré p. 283.*

Le Bel été de Bourges – *Juin-août - www.ville-bourges.fr.* Concerts gratuits de musique classique, jazz, variétés, dans divers monuments de la ville.

Les Très Riches Heures de l'orgue en Berry – *Juil.-août - www.berryprovince.com.* Concerts d'orgue dans la cathédrale.

Fête des Marais – *W.-end le plus proche du 30 août.* Illuminations nocturnes, promenades en barques, nuit des lucioles, marché flottant... En l'honneur de saint Fiacre, patron des jardiniers et des maraîchers. À ne pas manquer !

Bulleberry – *1er w.-end d'oct. - ✆ 02 48 96 88 41 - www.bulleberry.com.* Festival de bande dessinée, avec rencontres, ateliers et expositions.

Festival Humour et Vin – *1er w.-end de déc. - humourvin.fr.* Spectacles au théâtre Jacques-Cœur et salon des vins au Palais.

Nos adresses

Restauration

Premier prix

La Courcillière – HORS PLAN - *R. de Babylone - Accès av. Marx-Dormoy - ✆ 02 48 24 41 91 - ♿ - 12h-13h15, 19h30-20h30 - fermé lun. soir, mar. soir, merc. et dim. soir - plats 14,50/21 €.* Ici, vous êtes au cœur du marais, ensemble de verdure, de faune et de flore. Gentil restaurant au cadre rustique avec terrasse au bord de l'eau face aux jardins. Table honnête à prix raisonnables. Pour le dépaysement...

9 **La Mère Poule**– A2 - *28 r. des Cordeliers - ✆ 02 48 68 91 82 - www.lamerepoule.fun - fermé dim. - plats 17/24 €.* Décor de « bistro moderne » pour cette nouvelle adresse. Il se fournit en produits locaux, simples mais excellents : œuf mayonnaise, poulet label rouge, bavette, ou encore palette de cochon aux épices douces. Et de belles planches pour l'apéro.

15 **Bonjour Marcel** – A2 - *11 pl. des Quatre-Piliers - ✆ 02 48 16 67 32 - fermé dim.-lun. - plats 13/16 €.* Après avoir ouvert une épicerie fine, le patron, également caviste, décida de faire goûter ses produits. La carte est courte et simple : plat unique, salade, dessert, mais les produits (légumes, crudités, charcuterie, fromages, pâtes, huile d'olive...) sont excellents.
Tapas, tartines et dégustation de vin sont aussi au programme. Il faut réserver car la salle est petite.

16 **Délichou** – B1 - *11 r. Bourbonnoux - ✆ 09 82 27 59 59 - www.delichou.com - fermé dim.-lun. - 12/13/15,50 €.* Dans cette tarterie et espresso bar, la cuisine est simple et goûteuse, à base de produits frais et bio. Soupes en hiver, salades en été, brochettes de viandes et choix de gâteaux. Citronnades maison délicieuses, le tout dans un décor décalé (chaises d'écoles et bancs) et un accueil chaleureux.

Budget moyen

6 **Les Petits Plats du Bourbon** – A1 - *60 av. Jean-Jaurès - Hôtel de Bourbon - ✆ 02 48 70 79 90 - lespetitsplatsdubourbon.com - fermé dim. et lun. midi - menus 32/36 €* Au cœur de l'hôtel de Bourbon, les chefs du restaurant Le Cercle ont installé une brasserie chic dans la chapelle de l'abbaye de St-Ambroix : des volumes exceptionnels, mais rien de solennel ni de guindé. Banquettes rouges, un service rapide, une cuisine traditionnelle et des produits frais (terrine d'andouillette, gelée de lapereau aux herbes).

8 **Le Bourbonnoux** – B1 - *44 r. Bourbonnoux - ✆ 02 48 24 14 76 - www.bourbonnoux.com - fermé dim. soir et lun. - menu déj. sem. 20 €, 30/40 €.* Coloris vifs et colombages composent le plaisant intérieur de ce restaurant situé dans une rue du centre historique. Cuisine classique et savoureuse : foie gras de canard au torchon et confiture d'oignons, pièce de bœuf charolais à la plancha et pommes dauphine, gâteau au chocolat guanaja et crème à la vanille Bourbon, sans oublier le gibier en saison.

22 **La Gargouille** – B2 - *108 r. Bourbonnoux - ✆ 02 48 24 23 59- www.restaurant-lagargouille.fr - fermé dim. - plats 18/28 €.* Au pied de la Cathédrale, un petit jardin calme, et une cuisine française simple et goûteuse : souris d'agneau, blanquette de veau, tomates farcies. Une excellente adresse.

Pour se faire plaisir

20 **Le Beauvoir** – B1 - 1 av. Max-*Dormoy - ✆ 02 48 65 42 44 - www.restaurant-lebeauvoir.com - fermé mar. soir, merc. et dim. soir - menu sem. 22 €, plats 31 €, menus 38/52 €.* Une table élégante et accueillante, avec une terrasse sur la cour à l'arrière. Le chef concocte une appétissante cuisine actuelle. Les spécialités : filet mignon de porc thaï, retour de pêche, tomates à l'anchoïade, soufflé au chocolat, crème anglaise au café, etc.

3 **Au Rez-de-Chaussée** – B1-2 - *8 Porte Jaune - ✆ 02 48 65 99 60 - fermé dim.-lun. et merc. soir - plats env. 20 €.* La bonne petite adresse « bistronomique » de Bourges ! Cuisine généreuse dans un décor atypique. Elle évolue chaque jour au gré du marché. Ambiance vraiment sympathique.

11 **La Suite** – B2 - *50 r. Bourbonnoux - ✆ 02 48 65 96 26 - www.lasuite-bourges.com - fermé dim.-lun. - formule déj. 21,50/27 €, plats 28/31 €.* Un bistrot contemporain chic remplace l'ancien d'Antan Sancerrois avec ses tables en bois brut et son comptoir face à la cuisine ouverte. Évolution aussi du côté de l'assiette avec une cuisine un brin fusion : suprêmes de cailles en yakitori, taboulé de céréales et graines de couscous...

À proximité

Pour se faire plaisir

La Forge – *1 r. de la Brosse - Le Subdray - à 15 km au sud-ouest de Bourges - ✆ 02 48 59 64 31 - laforge.business.site - fermé lun.-mar., merc. soir, sam. midi. et dim. soir - formule déj. 17,50 €, menu soir et w.-end 39/70 € - réserv. conseillée.* Un jeune chef inventif, William Gauriat et son épouse se sont installés dans un ancien corps de ferme, au calme. Chaque jour, un nouveau menu est imaginé en fonction de ce qu'il aura trouvé auprès de ses producteurs. Car ici, tout est fait maison...

Petite pause

Artisane – A2 - *9 pl. des 4-Piliers - ✆ 09 74 97 41 56 - lun.et jeu.-vend. 9h-15h, sam.-dim. 10h-15h - fermé mar.-merc.* Marion vous propose des sandwichs faits maisons, en circuit court, avec des saveurs inattendues: truite fumée, poulet au citron confit, etc. Goûtez également ses pâtisseries et viennoiseries.

Cake Thé – B2 - *74 bis r. Bourbonnoux - promenade des Remparts - ✆ 02 48 24 94 60 - 14h-19h, dim. 15h-19h - fermé lun. et j. fériés (se rens.) - réserv. conseillée.* Une des charmantes adresses de la ville, installée dans un ancien cellier à l'ombre des remparts; aux beaux jours, des tables sont dressées à l'extérieur. Les gâteaux sont délicieux. Chocolat chaud à l'ancienne, carte de thés pratiquement illimitée!

Philomène – A2 - *3 pl. des 4-Piliers - ✆ 06 81 69 39 23 - mar.-sam. 12h-19h.* À la fois salon de thé et boutique de décoration, Philomène est accueillant et cosy, et propose un grand choix de thés. Salades, tartes salées, desserts...

Atout Fruits – *10 r. de Sarrebourg - ✆ 02 48 20 22 45 - mar.-merc. 15h-19h, jeu.-sam. 10h-12h, 15h-19h.* Dans une salle aux couleurs vives, qui donne accès à un patio fleuri, vous dégusterez cocktails, boissons chaudes, jus de fruits pressés sur place et diabolos. La maison vend des sirops Monin, une des spécialités de Bourges, institution qui existe depuis 1912.

Boire un verre

Le 1912 Bar coffee-shop – B2 - *40 r. Moyenne - villamonin.fr - mar.-merc. 12h-22h, jeu.-sam. 12h-23h.* Des boissons originales et innovantes à savourer à la Villa Monin *(voir « Shopping »)*, cocktails colorés avec ou sans alcool à base des célèbres sirops.

Brasserie Bos – *11 allée Napoléon III - ✆ 02 48 65 90 71 - www.brasserie-bos.fr - jeu.-vend. 9h-18h30.* Il s'agit d'une vraie brasserie, qui fabrique une bière artisanale. Mais on peut aussi profiter de l'espace bar et des événements qui y sont organisés : soirées à thèmes, concerts, animations, etc. La brasserie Bos est devenue un incontournable pour les Berruyers.

Levrette Café – *1 r. d'Auron - ✆ 02 48 70 72 88 - à partir de 17h - fermé dim.-lun.* Ce bar occupe une demeure à colombages du 16e s., construite sur l'emplacement de la maison dite natale de Jacques Cœur. La bâtisse est l'une des plus photographiées de Bourges. On y sert 130 sortes de bières, des vins, spiritueux et cocktails maison.

Shopping

Rues commerçantes – Dans le secteur piétonnier du centre-ville : rues **Coursarlon** et **Mirebeau** (enseignes originales de vêtements et idées cadeaux), rues **Bourbonnoux,** et **Moyenne**.

Marchés – *tlj sf lun. 8h-12h30, 15h30-19h, vend.-sam. 8h-12h30, 15h-19h, dim. 8h-13h.* Marché permanent sous la halle St-Bonnet aux structures métalliques type Baltard. Le dimanche matin, la place s'emplit de fripes et de tout un bric-à-brac.

Boutique de l'office de tourisme – *Voir p. 294.* Vaste choix de produits régionaux : sirops Monin, forestines, biscuits, sablés de Nançay, lentilles vertes et vins.

Villa Monin – B2 - *40 r. Moyenne - ✆ 02 45 41 06 07 - villamonin.fr - mar.-sam. 10h-19h.* Ouverte en 2022, spectaculaire boutique conçue dans un écrin de bois et de verre où s'aligne toute la gamme des 150 parfums des sirops Monin. Espace de visite *(gratuit)* sur l'histoire de l'entreprise. Sont également proposés les chocolats de Daniel Mercier, qui effectue de la torréfaction de fèves de cacao sur place. Ateliers culinaires avec cours de cocktails animés par le chef étoilé Thierry Finet.

Arôme du Vieux Bourges – B1 - *11 pl. Gordaine - ✆ 02 48 24 64 25 - aromeduvieuxbourges.fr - lun. 14h30-19h30, mar.-sam. 9h30-19h30 et les soirs des w.-ends des Nuits Lumière.* Dans une maison au décor gothique proliférant, toutes les spécialités du Berry, depuis les lentilles jusqu'aux forestines, en passant par les vins et les sirops Monin. Sans oublier le camembert au chocolat et les palets Jacques-Cœur.

Thé et Café – B1 - *7 pl. Gordaine - ✆ 02 48 68 58 72 - mar.-sam. 10h-12h30, 14h-19h.* Cette épicerie fine, torréfacteur et brûlerie artisanale, propose aussi des thés maison aux mélanges composés. Vous y trouverez également un grand choix de whisky et de rhums arrangés.

Cave à vin Le Tocsin – B1 - *36 r. Édouard-Vailant - ✆ 02 48 65 00 58 - merc.-vend. 11h-12h30, 16h30-19h30, sam. 10h30-12h30, 16h-19h30.* Spécialiste en vins naturels et bio, sans sulfites, le Tocsin propose des crus régionaux comme du reste de l'Hexagone.

À proximité

Verger des coteaux de St-Martin-d'Auxigny – *29 rte de Bourges - St-Georges-sur-Moulon - 13 km au nord - ✆ 02 48 64 53 20 - www.pommesduhautberry.sitew.com - boutique : 9h-19h (19h30 vend.-sam.), dim. et j. fériés 9h30-12h, 14h-19h30.* Ferme arboricole pour acheter les fruits issus des vergers d'Auxigny.

Francis Audiot EARL – *Domaine de Coquin - Menetou-Salon - ✆ 02 48 64 80 46 - www.domainedecoquin.com - fermé dim. et j. fériés.* Francis Audiot perpétue la tradition familiale à l'excellence reconnue en produisant du menetou-salon blanc, proche des sancerres voisins.

En soirée

Maison de la Culture de Bourges – *Pl. André-Malraux - ✆ 02 48 67 74 70/74 - www.mcbourges.com.* Inaugurée le 18 avril 1964 par André Malraux, elle propose des pièces de théâtre, spectacles de danse, concerts de musique classique et de jazz, séances de cinéma et café-restaurant, le tout hors les murs dans des salles différentes, auditorium, théâtre, chapiteau, etc.

Activités

Petit train touristique – *1er avr.-1er Nov. : dép. ttes les h., 45mn - 7,50 € (-12 ans 3,50 €) - rens. à l'office de tourisme.*

Escape Game Les Mystères de Bourges – *www.lesmysteresdebourges.fr - tlj 10h-15h, sur réserv. - à partir de 20 € (8-11 ans 8 €).* Partez à la découverte du patrimoine historique de la ville de Bourges grâce à des énigmes inédites.

Hébergement

Budget moyen

9 **Hôtel Le Christina** – A2 - *5 r. de la Halle - ✆ 02 48 70 56 50 - www.le-christina.com - 64 ch. 85/110 € - 11 €.* Près du centre-ville, face à la jolie halle au blé du 19e s. Les chambres sont fonctionnelles et ont toutes été bien rénovées.

Hôtel Les Tilleuls – HORS PLAN PAR B2 - *7 pl. de la Pyrotechnie - ✆ 02 48 20 49 04 - www.les-tilleuls.com - 38 ch. 67/90 € - 9,50 €.* Établissement plaisamment fleuri aux chambres

5

climatisées, rustiques ou feutrées ; celles de l'annexe sont rénovées.

Inter-hôtel Le Berry – HORS PLAN PAR A1 - *3 pl. du Gén.-Leclerc - 02 48 24 20 87 - www.theoriginalshotels.com/hotels/bourges-le-berry - 7 €/j. - 65 ch. 84/102 € - 10,50 € - 13,90/16,90 €.* Face à la gare, ce grand bâtiment moderne dissimule des chambres aux couleurs vives, boiseries peintes et tableaux africains. Décor exotique et tour du monde des saveurs au restaurant.

12 **Les Bonnets Rouges** – B2 - *3 r. de la Thaumassière - 02 48 65 79 92 - www.bonnetsrouges-bourges.fr - 3 ch. et 2 suites 75/95 €.* Ancien relais de poste, ces chambres d'hôte confortables et pleines de caractère sont situées en plein cœur de Bourges.

Oustal en Berry – HORS PLAN PAR A1 - *7 r. Félix-Chédin - 02 48 70 26 64 - www.oustalenberry.fr - - 4 ch. 92 €.* Une belle maison blanche du 19e s., ourlée de brique, entourée d'un grand jardin coloré à proximité des marais de Bourges, il n'en faut pas plus pour être heureux. Chaque chambre, décorée avec goût, porte le nom d'une femme célèbre : Colette, Coco Chanel, Liane de Pougy et Camille Claudel !

Pour se faire plaisir

Villa C Hôtel – HORS PLAN - *20 av. Henri-Laudier - 02 18 15 04 00 - www.hotelvillac.com - - 12 ch. 115/170 € - 15 €.* Proche de la gare, cet hôtel de luxe est installé dans une belle demeure datant des années 1870. Un bain de sérénité, surtout si l'on opte pour une chambre avec terrasse. Décor raffiné, bar lounge. Excellent petit-déjeuner avec des produits locaux et bio. Accueil attentionné.

5 **Hôtel de Bourbon** – A1 - *Bd de la République - 02 48 70 70 00 - www.hotel-bourbon.fr - - 58 ch. dont 4 suites - 119/164 € - 18 €.* Près du centre-ville, cette ancienne abbaye abrite un hôtel Mercure dont les chambres récemment refaites sont feutrées, élégantes et confortables. Restaurant Les Petits Plats du Bourbon. Bar, salle de fitness.

Une folie

3 **Best Western Hôtel d'Angleterre** – A2 - *1 pl. des Quatre-Piliers - 02 48 24 68 51 - www.bestwestern-angleterre-bourges.com - - 31 ch. 118/164 € - 14 €.* Cet hôtel, qui bénéficie d'un excellent emplacement près du palais Jacques-Cœur, possède un bar lounge et une salle de fitness. Une adresse très agréable et confortable, appréciée des habitués. Il est prudent de réserver.

À proximité

Premier prix

Bell Fourche City – *2 Les Rappereaux - Menetou-Salon - 06 65 29 66 55 - bellfourchecity.fr - ouv. de mai à fin sept. - hébergement en roulotte ou en tipi 60 €/nuitée.* Pour une plongée dans le Far West, prenez la direction de Menetou-Salon, où vous dormirez sous des tipis ou dans une roulotte comme au temps des cowboys ! Conçue en 2022 par un passionné par l'Amérique du Nord du 19e s., cette expérience hors normes ravira les enfants. En sus, intiation au tir à la poudre noire et au maniement du lasso...

Sancerre ★ et le Sancerrois ★★

Juché sur son piton dominant la Loire et ses coteaux couverts de vignes, Sancerre est réputé pour son vin blanc au goût de « pierre à fusil » et ses petits fromages ronds au lait de chèvre, fabriqués notamment à Chavignol. La balade dans les ruelles de cet ancien bastion du protestantisme, est un enchantement. Partez ensuite à la découverte du Sancerrois, mélange des paysages de Loire, de vignobles et de villages de caractère, mais aussi de jardins remarquables...

Le village de Sancerre.
Kloeg008/Getty Images Plus

Se repérer

1349 Sancerrois – Cher (18)

CARTE P 274-275 (D2), PLAN DE VILLE P. 300.

Sur la rive gauche de la Loire, à 42 km au nord-est de Bourges.

À ne pas manquer

La vieille ville et ses remparts ; le circuit dans le vignoble du Sancerrois ; une dégustation de vin ou de crottin... ou les deux la fois !

Organiser son temps

Prévoyez un à deux jours pour visiter Sancerre, le Sancerrois et les bords du canal de la Loire.

En famille

Balade sur la Loire en toue cabanée ; la chèvrerie la Bête Noire Sancerroise *(voir activités)*.

Carnet pratique p. 307

Nos adresses p. 307

★ Vieille ville de Sancerre PLAN DE VILLE

À chaque pas, l'attention est attirée par un pignon, une tourelle, un portail, un motif sculpté. De nombreuses boutiques d'artisanat et de poterie ont investi la Nouvelle-Place. Le fil d'Ariane, fil rouge tracé au sol, vous guide à travers la ville.

Esplanade Porte-César

Elle offre une belle **vue★★** sur le vignoble, St-Satur et son viaduc, St-Thibault et le Val de Loire, puis au-delà sur la Puisaye (région de bois et d'étangs, située entre la Loire et le Loing, au nord-est de Sancerre), tandis qu'à l'horizon apparaissent les premiers contreforts du Morvan.

Tour des Fiefs

Pl. de la Tour - ✆ 02 48 54 08 21 - fermé jusqu'à nouvel ordre pour des raisons de sécurité.

Ce donjon de la fin du 14ᵉ s. est le seul vestige du château des comtes de Sancerre, citadelle huguenote âprement défendue lors du siège de 1573. De 12 m de diamètre, il est hexagonal à l'intérieur. De son sommet, à 30 m de haut, on découvre un **panorama★** sur la vallée de la Loire et les collines du Sancerrois ; par beau temps, on aperçoit même la cathédrale de Bourges.

Place du Beffroi

L'ancien **beffroi** (1509) sert de clocher à l'église Notre-Dame de Sancerre. Juste à côté se dresse la **maison Jacques Cœur** (15ᵉ s.), sans doute la plus ancienne demeure de la ville, qui fut la propriété de l'argentier du roi Charles VII.

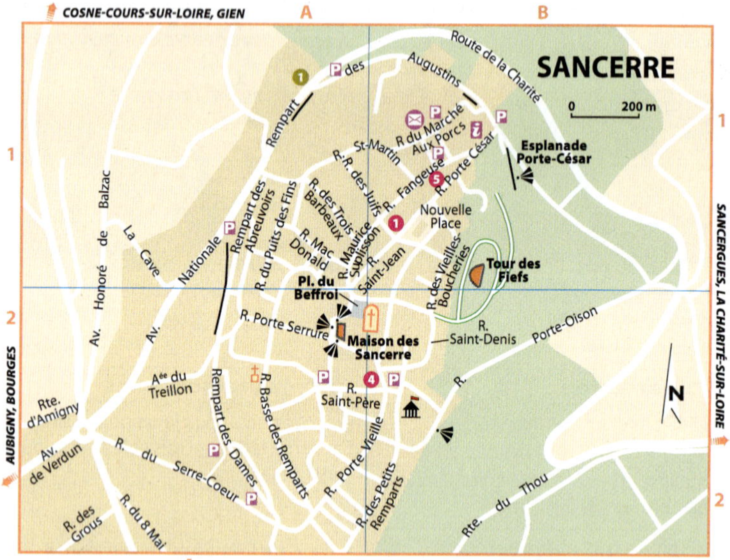

SE RESTAURER		SE LOGER
Auberge Joseph Mellot 1	La Pomme d'Or 4	Le Panoramic 1
	La Tour 5	

Sancerre, une place stratégique

Célèbre dès l'époque romaine pour son oppidum, Sancerre veille depuis toujours sur la **ligne de la Loire**. Peut-être fut-elle au 9e s. la résidence de Robert le Fort, ancêtre des Capétiens. Plus tard, elle joua un rôle capital durant la guerre de Cent Ans comme clé du Berry, face aux Bourguignons et aux Anglais. Charles VII, le « roi de Bourges », y avait rassemblé 20 000 combattants qu'il commanda en personne durant quelque temps.
Ayant embrassé la Réforme dès 1534, Sancerre devint **une des citadelles du protestantisme** sur laquelle échouèrent les forces royales. Le traité de St-Germain (1570) et le massacre de la St-Barthélemy (1572) n'eurent aucun effet sur les tenants de la « religion prétendue réformée », qui persistèrent dans leur détermination. Si bien que, le 3 janvier 1573, le maréchal de La Châtre, accompagné de 7 000 hommes, mit le siège devant la ville. Au terme d'une intense préparation d'artillerie, l'assaut fut donné par trois brèches, mais les Sancerrois restèrent maîtres du terrain. La Châtre décida alors d'affamer la place par un blocus rigoureux. Après avoir mangé de l'ardoise pilée et tout ce que la ville comptait de cuirs et de peaux, les assiégés finirent par capituler, après sept mois de résistance. Les honneurs de la guerre leur furent accordés, avec la liberté de culte.

Maison des Sancerre

3 r. du Méridien - ✆ 02 48 54 11 35 - www.maison-des-sancerre.com - ♿ - avr.-11 Nov. 11h-18h30 (le vend., de juin à août, ouv. des portes jusqu'à 20h30) - 10 € visite + dégustation (5 € la visite slt) - enf. gratuit - pas de vente directe - animations en juil.-août.

Livret jeu, quizz, jeu de l'oie grandeur nature, dégustation de jus de raisin.
À deux pas de l'église, la **maison Farnault** (14e s.), qui servit de tonnellerie au 18e s., abrite un **lieu de découverte du vignoble sancerrois**, à visiter avant de partir vers les caves de la région. 350 vignerons sancerrois ont acheté cette maison pour y présenter l'univers de la vigne et du vin de Sancerre.
Vous découvrirez d'abord, à partir d'une carte en relief commentée, l'histoire géologique de la terre de Sancerre dont les principaux terroirs engendrent des vins différents. La salle suivante présente l'évolution du vignoble sancerrois attesté par des écrits dès 582. Après l'attaque destructrice du phylloxéra, les vignerons ont replanté et se sont mis à produire un vin de grande qualité qui a su s'imposer. Le cinéma 4D vous plongera dans l'atmosphère des vendanges. Témoignages et anecdotes complètent la découverte dans un espace interactif.
Si vous avez pris l'option dégustation, la maison des Sancerre propose de goûter 3 vins différents pour découvrir terroirs et cuvées. Vous ne pourrez pas y acheter du vin, mais les équipes vous guideront pour que vous puissiez vous rendre directement chez les vignerons ou dans les boutiques du centre-ville.
Par ailleurs, tout au long de l'année, des ateliers dégustation sont organisés; initiation, accords mets et vins, musique et vins, dégustation en bord de Loire... Également, parcours dans les vignes, trail (*www.maison-des-sancerre.com/oenotourisme-sancerre*).
Le **panorama★** sur le vignoble depuis la terrasse !

5

À proximité

CARTE P. 275 D2

St-Satur - St-Thibault D2

À 2 km de Sancerre via *la D 955. St-Thibault est de l'autre côté du canal latéral de la Loire, facilement accessible par la D 2 (rue des Ponts).*

R. du Canal de Jonction - 02 48 54 01 30/08 21 - www.saint-satur.fr.

À 2 km de Sancerre, St-Satur et surtout son quartier St-Thibault, situé au bord de la Loire, proposent des activités sportives et de loisirs dont : descente de la Loire en canoë ou promenade sur le fleuve en toue cabanée *(Voir « Nos adresses »).*

St-Thibault, le port de St-Satur, connut une grande activité jusqu'au milieu du 19e s. Aujourd'hui, il accueille un port de plaisance entre la Loire et le canal latéral. Vous y trouverez également une piscine, un golf et un mini-golf.

Vers le milieu du 5e s., le site du Château-Gordon reçut les reliques du martyr africain Satyrus et fut rebaptisé St-Satur. L'**église St-Guinefort** (12e s.), complètement détruite par les Anglais, fut rebâtie en 1362, mais seuls le chœur et l'abside, d'une grande pureté de lignes, furent achevés. Le vignoble connut un essor considérable grâce aux moines de l'abbaye et aux comtes de Sancerre.

★ Jardin du château de Pesselières D2

À Jalognes-en-Sancerrois, à 15 km au sud de Sancerre.

02 48 72 90 49 - www.chateau-pesselieres.com - de déb. mai à fin sept. : merc.-dim. 10h-12h30, 14h-18h - fermé lun.-mar. - 8 € (-12 ans gratuit).

Un château, une rivière et un parc de 7 ha, entouré d'un bois de 15 ha : de quoi se reposer les yeux et l'esprit. Un beau parcours est proposé, nourri de contrastes entre les prairies et le jardin clos, l'arboretum, les quelques arbres centenaires surnommés « les vénérables » et l'allée de buis tricentenaires. Quand les iris sont en fleur, l'effet est merveilleux.

Dans le village, allez voir le **Moulin de Pesselières** *(7 route des Margots - 02 48 72 90 12/06 87 30 68 46 - www.moulin-a-huile-de-pesselieres.com - jeu.-sam. 15h-19h)*, un authentique moulin à huile qui produit de l'huile de noix et de noisette.

Circuits conseillés

CARTE CI-CONTRE

★★ Villages et paysages de caractère du Sancerrois CD2

Circuit de 95 km tracé en orange sur la carte ci-contre et sur la carte de région p. 275.

Quittez Sancerre par le sud-ouest en empruntant la D 955, dir. Bourges. Peu après, prenez sur la droite la D 955 vers St-Satur puis à gauche la D 183.

Visiter les caves du Sancerrois

Pas moins de 14 communes, réparties sur près de 3 000 ha produisent les vins d'Appellation d'origine contrôlée (AOC) Sancerre. 350 vignerons sont répertoriés, et vendent en AOC Sancerre blanc, rouge et rosé. 34 d'entre eux ont adhéré à la charte d'accueil touristique et proposent un accueil privilégié dans leurs caves. Procurez-vous les guides des caves disponibles à l'office de tourisme et à la Maison des Sancerre. Ils recensent tous les domaines de sancerre et des vignobles du Centre-Loire : Menetou-Salon, Pouilly-Fumé, Quincy, Reuilly, Coteaux du Giennois, Châteaumeillant, Pouilly-sur-Loire.

La route traverse une mer de vignes, puis s'élève vers les hautes collines argilo-calcaires appelées terres blanches, dont le vignoble produit des vins corsés. Au cours du circuit, les paysages, variés, sont un véritable enchantement.

Chavignol D2

Niché au creux d'une cuvette aux flancs tapissés de vignes, le village a donné son nom à l'un des crus les plus réputés du vignoble sancerrois et au fameux **crottin de Chavignol**, petit fromage rond au lait de chèvre (mou, sec, bleu ou repassé, selon l'affinage), bien connu des gastronomes.

Peu après la sortie du village, prenez une petite route sur la droite menant au village d'Amigny.

Sur la route de Sens-Beaujeu (D 7), vers le croisement avec la D 85, une **vue★** agréable s'offre à gauche sur le village viticole de Bué et les collines du Sancerrois.

Château de Boucard D2

✆ 02 48 58 72 81 - www.chateaudeboucard.com. Fermé pour travaux lors de la rédaction de ce guide.

Encore entouré de douves et précédé d'un bel ensemble de communs, le château date des 14e et 16e s. Son aile nord, de 1560, donnait jadis sur des jardins à la française encadrés de canaux qui seuls ont traversé les siècles.

Poursuivez sur la D 74 en traversant Le Noyer.

Jars D2

Dominée par un manoir encadré de tours rondes, Jars possède une église (15e-16e s.) en grès rose et calcaire blanc ; précédée par une tour-porche, la nef est couverte de voûtes à liernes et tiercerons. Derrière l'abside, belle **vue** sur le Sancerrois.

Revenez au Noyer et prenez vers le sud-ouest la D 55 puis la D 11.

Henrichemont C2

6 pl. de l'Hôtel-de-Ville - 02 48 26 74 13.

Au début du 17e s., Sully, le ministre d'Henri IV, conçut l'idée de créer une petite principauté en Berry qui pût servir de refuge aux protestants, ses coreligionnaires. Possédant déjà le château de Béthune à La Chapelle-d'Angillon, il décida d'ériger, non loin de là, une ville qu'il nomma Henrichemont pour honorer le roi Henri. Celle-ci ne fut jamais terminée. Ses huit rues convergent vers une place carrée qui a conservé son puits mouluré et quelques **maisons du 17e s.** à portails cintrés. Grâce à la qualité de la terre de la région, de nombreux ateliers de potiers se développèrent à Henrichemont et dans ses environs (notamment à La Borne).

Quittez Henrichemont par l'est en empruntant la D 22.

La Borne C2

La présence de grès et l'abondance du bois de chauffage sont à l'origine de la poterie en Berry *(Voir encadré ci-dessous)*. La Borne en a fait son art. Après une période de déclin au début du 20e s., le site, **haut lieu de la poterie d'hier et d'aujourd'hui,** connaît un nouvel essor. Environ 80 potiers y sont installés, ouvrant leurs ateliers au public. Deux galeries présentent le travail d'artisans et d'artistes internationaux. Les céramistes cuisent toujours au bois, pour faire vivre et transmettre ce savoir-faire ancestral. Chacun choisit son outil de cuisson, un four dont la taille correspond aux pièces qu'il souhaite créer.

Centre céramique contemporaine La Borne – *02 48 26 96 21 - www.laborne.org - ♿ - de déb. juil. à mi-sept. : 11h-19h ; reste de l'année : 11h-18h - fermé janv. - 10 €, stages, séances d'initiation, démonstrations de tournage.* Destiné à promouvoir l'art de la terre, ce vaste centre présente et vend les œuvres de différents potiers locaux. Une exposition temporaire met en valeur l'œuvre d'un artiste qui ne réside pas forcément dans le village. La librairie dispose de nombreux ouvrages sur le sujet.

Musée de la Poterie – *02 48 26 98 31 - www.laborne.org - ♿ - vac. scol. été et printemps : 15h-18h ; de Pâques à la Toussaint (hors vac. scol.) : w.-end 15h-18h - 6 € (-14 ans gratuit).* L'ancienne chapelle de La Borne présente le savoir-faire ancestral des potiers de la région à travers une collection de **pièces traditionnelles** utilitaires ou décoratives (pichets, bouteilles, fontaines, épis de faîtage, etc.).

Le Totem – *Rte de la Chapelotte -letotemdelaborne.com - vac. scol. : jeu.-dim. et j. fériés 15h-18h ; reste de l'année : seult w.-end et j. fériés 15h-18h.*

Ce centre d'art présente les œuvres de Janet Stedman et Pierre Digan, céramistes installés à La Borne entre 1960 et 1970. Il fait également office de galerie avec des expositions temporaires d'artistes contemporains, travaillant autour de la céramique. À la boutique vous trouverez des objets d'artisans de la région.

Le tour de main

Les premiers vestiges de **poteries gallo-romaines** furent retrouvés à Achères, non loin de La Borne. Les objets de grès traditionnels, surtout utilitaires (saloir, pot à lait, à huile, etc.), sont fabriqués à l'aide d'un tour à bâton et cuits au four à bois entre 1 280 et 1 350 °C. Principale ressource économique de la région, la poterie bornoise est en plein renouveau.

Cette activité regroupe aujourd'hui les potiers de La Borne et des environs (Henrichemont, Morogues, Boisbelle, Crézancy, Humbligny, Parassy, Menetou, etc.), réunis pour la plupart en associations, qui exposent leurs créations au **Centre céramique contemporaine La Borne**.

LaBo 24 - *24 Route d'Henrichemont - www.labo24.fr - tte l'année w.-end et j. fériés 11h-18h.* Cette galerie présente des œuvres d'artistes venant d'horizons très divers : peintures, luminaires, objets en verre, mobilier... Artistes permanents et invités cohabitent.
Quittez La Borne par le sud-est en empruntant la D 46.

Église de Morogues C2

L'édifice roman du 13e s., précédé par un clocher-porche octogonal en pierre rousse, abrite un magnifique dais en bois provenant de la Ste-Chapelle de Bourges. Les trois pinacles à jour, d'une surprenante finesse, surmontaient les sièges des officiants. De chaque côté du chœur sont placées deux statues en pierre polychrome (14e s.) : saint Jean-Baptiste et saint Symphorien, d'une facture remarquable. À gauche du chœur, belle Vierge à l'Enfant.
Quittez Morogues par l'ouest en empruntant la D 59.

Château de Maupas C2

☎ 02 48 64 41 71 - www.chateaudemaupas.fr - fermé lors de la rédaction de ce guide.
Entourée d'un parc aux arbres séculaires, l'élégante demeure à l'allure élancée est précédée d'un pigeonnier. Du 13e s. a été conservé un beau corps de logis central flanqué de deux tours : l'une octogonale, l'autre ronde et couronnée d'un mâchicoulis à créneaux. Les deux ailes aux fenêtres à croisillons sont reliées par les deux tours médiévales : l'une donne sur les parterres à la française et au-delà sur l'étang. Le château prit de l'importance aux 18e-19e s. lorsque la famille de Maupas se distingua auprès de Louis XV, puis de Napoléon. Il subit d'importantes restaurations au 19e s. **L'intérieur** abrite une petite rareté, un **portrait de Charles X** en costume de sacre.
Au rez-de-chaussée, remarquez le beau mobilier des trois salons et de la salle à manger. À l'étage, impressionnante **collection d'assiettes★** des 17e, 18e et 19e s. : en tout 880 pièces provenant de manufactures célèbres. Précédant l'entrée de l'oratoire, une tenture en soie italienne, cadeau du comte de Chambord, figure un combat entre un lion et un taureau. De belles **tapisseries** (Aubusson, Flandres, Beauvais, Gobelins) décorent la chambre de la duchesse de Berry.
Revenez à Morogues et prenez au sud la D 46.

Les Aix-d'Angillon C2

Le bourg est situé en bordure de la vaste plaine de la Champagne berrichonne, au pied des collines du Sancerrois. Il possède un quartier ancien avec une vieille porte et une **église romane** comportant une haute croisée du transept encadrée de « passages berrichons » (étroites ouvertures reliant les bras du transept à la nef) et surmontée d'une coupole sur trompes.
Suivez la D 955 puis la D 44 jusqu'à la motte d'Humbligny (431 m), point culminant du Sancerrois. Quittez Humbligny par le nord-est en empruntant la D 74.
La route longe la verdoyante et magnifique vallée de la Grande Sauldre jusqu'à Neuilly-en-Sancerre.

★ Jardin de Marie (Neuilly-en-Sancerre) CD2

336 chemin de l'Avoinerie - Neuilly-en-Sancerre - ☎ 06 71 62 26 60 - www.lejardindemarie.com - mai-oct. : tlj sf mar. 11h-18h - 8 € (-12 ans gratuit).
Situé dans un cadre magnifique qui domine le paysage environnant, ce jardin paysager de 2 ha, entièrement dédié à la culture biologique, offre un sentiment d'harmonie sans pareil. Au printemps, ce sont plus de 500 variétés de roses qui éclosent, certaines très odorantes, sans oublier les iris, pivoines et glycines de

5

Chine et du Japon. En été, place aux agapanthes, graminées et hydrangéas, avant de découvrir les asters, dahlias et autres anémones du Japon en automne. Le visiteur chemine à travers les jardins à sa guise, passe du verger au potager, en permaculture, peut s'asseoir au bord des bassins ou méditer sous la roseraie... Une visite à ne manquer sous aucun prétexte.
À Neuilly-en-Sancerre, prenez la D 196 en dir. de Neuvy-Deux-Clochers.

Tour de Vesvre D2

Hameau de la Tour - 18250 Neuvy-Deux-Clochers - ✆ 02 48 79 22 90 - www.latour-devesvre.fr - mi-juil.-mi-août tlj 14h30-18h30 - reste de l'année : w.-end et j. fériés 14h30-18h30 - fermé de déb. nov. à Pâques - 4 € - en été, jeux de piste en famille, j. et horaires sur le site.
Dans un fond de vallée, dominant le paysage alentour, cette imposante maison-forte du 12e s. a maintes fois été remaniée, en particulier au 15e s., lorsque le premier niveau fut subdivisé pour créer de « fausses caves ». Au 1er étage, beaux plafonds à la française. Le dernier étage est couvert d'une magnifique charpente en carène de bateau renversée. Cette couverture est une adjonction du 15e s., destinée à mettre le **chemin de ronde** à l'abri des intempéries. Le site regroupe également une motte castrale du 10e s. et une ferme du 14e s.
Rejoignez la D 86 puis la D 207 qui monte au cœur des vignes. Tournez à droite et continuez sur la D 7.
Au carrefour avec la D 923 se révèle une **vue★★** remarquable sur le site de Sancerre perché sur sa butte, les vignobles, St-Satur et, au-delà, sur la vallée de la Loire *(tables de pique-nique à disposition).*
Continuez sur la D 7 jusqu'à Sancerre.

Le long du canal latéral à la Loire

Circuit de 66 km tracé en bleu sur la carte du Sancerrois p. 303 et sur la carte p. 275. Quittez Sancerre par le sud-ouest en empruntant la D 955, puis à gauche, la D 10 en dir. de Baugy.
Après avoir traversé le village viticole de Vinon, on rejoint St-Bouize pour accéder à la route qui longe de près le **canal latéral à la Loire**. Parsemé d'écluses, il double le fleuve, depuis 1836, de Roanne à Briare.

St-Satur – St-Thibault D2

(Voir p. 302)
Poursuivez sur la D 955.

Bannay D2

Enclavé entre la partie nord des bois de Charnes et le canal, ce village viticole possède une curieuse église coiffée de deux toits en poivrière.
Poursuivez sur la D 955.
Face à la route menant à Cosne-sur-Loire, on aperçoit le **château de Buranlure** (15e s.), niché dans un écrin de verdure.
La route emprunte ensuite la rive droite du canal, sur 5 km, jusqu'à l'écluse du hameau des Houards.

Léré D1

Situé aux confins du Pays Fort et du Val de Loire, ce bourg fut jadis fortifié, comme en témoignent les restes de tours rondes et le tracé incurvé de la rue des Remparts. Profondément remaniée après le 16e s., la **collégiale St-Martin** conserve une abside romane jouxtant un chœur du 15e s. ; remarquez au tympan du portail gothique les restes d'une sculpture en haut-relief qui représente saint Martin partageant

son manteau. Sous le sanctuaire s'étend une **crypte** dont la partie centrale, en hémicycle, est divisée en trois nefs voûtées d'arêtes.
Quittez Léré par le sud-ouest en empruntant la D 47.
En suivant la vallée de la Judelle jusqu'à Savigny, la route traverse l'est du **Pays Fort**, paysage de verdure composé de prairies et de « bouchétures » (haies). Par la D 54, on retrouve le vignoble au sud du village viticole de Ste-Gemme.
Poursuivez sur la D 951.

Belleville-sur-Loire D1

Rte de Sancerre - 02 48 72 54 96.
Trottoirs impeccables, fleurissement soigné, équipements urbains luxueux, et même centre aquatique dernier cri *(voir Nos adresses)* : l'opulence de la petite localité est liée à la présence de la centrale nucléaire toute proche.
Maison de Loire du Cher - *Rte de la Loire - 02 48 72 57 32 - www.maisondeloire18.fr - horaires, se rens.* Située tout près de la centrale, elle propose d'innombrables activités : balades-découvertes à pied, à vélo ou en bateau, séjours nature pour enfants, etc. Service de location de vélos.
Revenez à Léré, puis prenez la D 47 vers Savigny-en-Sancerre, et la D 54 et la D 57, qui vous reconduiront à Sancerre.

Carnet pratique

S'informer

Office de tourisme - *Espl. Porte-César - 02 48 54 08 21 - www.tourisme-sancerre.com.*

Agenda

Minérale & végétale - *Un dim. en mai.* Balade à la découverte des cours et jardins cachés de Sancerre. Des propriétaires ouvrent leurs portes.
Foire aux vins de Sancerre - *ville-sancerre.com.* W.-end de la Pentecôte : un choix renversant de vins, la foire rassemblant l'ensemble des viticulteurs de l'appellation sancerre dans les caves de la Mignonne *(www.berryprovince.com/seminaire/caves-de-la-mignonne-sancerre).*
Crime au château - *D'avr. à oct. - 02 48 65 31 55 - route-jacques-coeur.com.* Dans plusieurs sites de la route Jacques-Cœur, et notamment au château de Presselières, se déroulent des visites théâtralisées où vous enquêtez sur un crime. Scénario adapté à l'histoire du lieu *(réserv. obligatoire en ligne - 20 € ; détenteurs Pass privilège Jacques Cœur 16 €).*
Les Grands Feux de La Borne - *www.laborne.org - dern. sem. d'oct.* Enfournements et cuissons dans 18 fours à La Borne et alentours.

5

Nos adresses

Restauration

Premier prix

1 **Auberge Joseph Mellot** - B1 - *16 Nouvelle-Place - 02 48 54 20 53 - www.aubergejosephmellot.com - fermé de fin nov. à mi-janv., dim. soir, mar. soir et merc. - menus 20/30 €.* Le plus ancien restaurant de Sancerre, tenu par une famille de vignerons, au beau milieu de la ville. Un cadre rustique à souhait, un accueil sans

chichis et une efficace cuisine du terroir, complétée par des vins du domaine. Terrasse aux beaux jours.

Budget moyen

4 **La Pomme d'Or** – B2 - *1 r. de la Panneterie - ✆ 02 48 54 13 30 - lapommedor-sancerre.fr - fermé dim. soir et lun.-mar. - menu déj. sem. 25 €, menu soir 35 €, menu dégustation 65 €.* Une table très prisée, située à deux pas de la mairie. Une fresque évoquant les collines du Sancerrois égaie la petite salle de cet ancien relais de poste. Goûteuse cuisine traditionnelle et belle carte des vins.

Pour se faire plaisir

5 **La Tour** – B1 - *31 Nouvelle-Place - ✆ 02 48 54 00 81 - latoursancerre.fr - fermé 2 sem. janv., dim.-lun. et mar. midi - menu déj. sem. 30/37 €, menus 64/74 €.* Saveurs et simplicité : cuisine classique plutôt fine dans cette maison surmontée d'une tour du 14e s., avec vue sur les vignes de la salle de l'étage. Beau choix de sancerres.

À proximité

Premier prix

Le Kilomètre – *La Borne d'en bas - Henrichemont - ✆ 02 48 26 18 08 - fermé lun.-mar. - 20/30 €.* Une déco épurée pour ce bar-restaurant sympathique, qui propose une cuisine à l'ardoise à base de viande et de poissons.

Budget moyen

Hôtel-restaurant Famille Bourgeois – *Pl. de l'Orme - Chavignol - 4 km à l'ouest par D 183 - ✆ 02 48 54 01 72 - www.hotel-restaurant-chavignol.fr - ♿ - fermé lun., mar. midi et dim. soir - plats 22/27 €, menu 39 € - 12 ch. 85/95, suites 114/129 € - ☕ 14 €.* Salle à manger cossue pour déguster une généreuse cuisine régionale, une étape gastronomique bien connue dans la région. On peut également opter pour les menus du bistrot attenant. L'hôtel propose de belles chambres à la déco contemporaine.

L'Épicerie – *Chemin des Usages - La Borne - ✆ 02 48 59 57 50 - fermé dim. soir, lun.-mar. et merc. soir - menus 30/42 € - épicerie : merc.-dim. 9h30-12h, 16h-19h.* Un restaurant qui fait épicerie ? Une épicerie qui fait restaurant ? Ou les deux ? On y passe en tout cas un excellent moment. Cuisine de saison déclinée par Mathieu (salé) et Clémentine (desserts), carte courte et produits locaux : on comprend pourquoi cette Épicerie recueille tous les suffrages...

L'Auberge de Saint-Thibault – *37 r. du Capitaine-Jacques-Combe - St-Satur - ✆ 02 48 78 04 10 - www.hotel-restaurant-saintsatur.fr - fermé (sf hôtel) merc.-jeu. - formule déj. 28 € - menus 49/74 €.* Une auberge traditionnelle, mais quelle surprise dans l'assiette ! Une cuisine créative, moderne, à base de produits de saison. Tenu par un jeune couple sympathique qui a à cœur la satisfaction de ses hôtes.

Le Laurier – *29 r. du Commerce - St-Satur - 3 km au nord-est de Sancerre - ✆ 02 48 54 17 20 - www.lelaurier-sancerre.fr - juil.-août. : seult le soir ; sept.-juin : du mar. au dim. midi - fermé de mi-déc. à mi-janv. - formule déj. sem. 28 €, plats 18/29,50 € - 7 ch. 75 € - ☕ 14 €.* L'ancien relais de poste attire le regard avec sa façade tapissée de vigne vierge et ses volets bleus. L'intérieur, rustique, est tout aussi séduisant. À table, plats emblématiques du Berry. Chambres refaites, meublées à l'ancienne.

Pour se faire plaisir

Le Momento – *5 r. de la Cure - Bué - 4,5 km au sud-ouest de Sancerre - ✆ 02 48 78 07 99 - www.momentosancerre.com - fermé. dim. soir et lun.-mar. - menus déj. sem. 32 €, menus 65/75 €.*

Un grand moment qu'un repas dans ce beau restaurant où l'on déguste la quintessence de la cuisine. Saveurs subtiles et originales concoctées par la cheffe Mariana, qui a fait ses armes chez les plus grands.

Au P'tit Goûter – *Chavignol - Le Bourg - ☎ 02 48 54 01 66 - fermé lun. et dim. soir - menus 23/29,50 €.* À Chavignol, chez Gilles et Jérémy Dubois, vous pouvez goûter au jambon Pata Negra, à l'andouillette, à l'onglet de veau, mais surtout y déguster un crottin de chavignol (AOC) – la spécialité : l'œuf cocotte au chavignol – avec d'excellents vins locaux. Une adresse de qualité.

Auberge Ferme des Pellets – *Lieu-dit Les Pellets - Morogues - 5 km au nord du château de Maupas - ☎ 02 48 26 90 68 - www.auberge-des-pellets.fr - - fermé lun.-merc. nov.-janv., mar. fév.-juin et w.-end sf janv. - menus 17/23,50 € - 1 ch. 40 €* . Étape idéale pour apprécier le crottin de Chavignol, fromage de chèvre servi sous toutes ses formes dans une salle à manger décorée de vieux outils agricoles.

Shopping

Vue sur vignes – *22 r. des Juifs - ☎ 09 82 57 46 68 - www.vuesurvignes.fr - ouv. Pâques à déc. 11h-19h tlj pdt vac. scol., en basse saison vend.-lun.* Une vinothèque écoresponsable où l'on déguste uniquement des vins locaux, produits dans une démarche bio. Raphaël, le maître des lieux, est intarissable et son enthousiasme est contagieux. Initiation à la dégustation.

Aux Trésors de Bacchus – *25 Nouvelle-Place - ☎ 02 48 54 17 45 - tresorsdebacchus.com - 10h-18h30 (19h en été).* Cave tenue par un vigneron – domaine Fournier Père et fils. Outre ses propres bouteilles, il met en avant les sancerre, pouilly-fumé et coteau-du-giennois, tous issus de vignobles de propriétaires et choisis avec soin. Belle sélection de bourgognes, bordeaux, champagnes et vins de Loire.

À proximité

Romain Dubois Fromager affineur – *1262 r. Champs - St-Satur - www.romainduboisaffineur.com - lun.-vend. 8h30-12h, 14h-18h30, w.-end 9h-12h, 15h-18h30.* Héritier d'une famille de cinq générations d'affineur, Romain Dubois est un fromager respectueux du savoir-faire traditionnel. Spécialiste du crottin de chavignol (AOC), il propose six affinages différents.

La Ferme des Chapotons – *Le Bourg - Ménetou-Ratel - ☎ 02 48 79 36 38 - www.lafermedeschapotons.com - tlj 9h-12h, 14h-18h30.* Aux Chapotons, vous découvrirez comment se produit le célèbre crottin de Chavignol : on y élève 200 chèvres pour la production et la vente en direct. Sélection de crottins, de dix jours d'affinage à plusieurs mois, et autres fromages de chèvre. On peut assister à la traite des chèvres *(tlj sf dim. 16h).* Vente de Sancerre, de miel et de gâteaux.

Activités

Balade sur la Loire - Le Raboliot – *St-Thibault - au pied de Sancerre - ☎ 06 70 75 67 97 - www.le-raboliot.com.* Sylvain Trével, pêcheur professionnel, connaît la Loire comme sa poche et fait partager sa passion du fleuve, sa faune, sa flore, l'histoire de sa marine. À bord d'une toue cabannée, Le Raboliot, il organise des balades d'1h ou plus, à la demande *(15 €/1h ; -12 ans 10 € - balade avec dégustation 20 €).* Promenades à thème, gourmandes, ou découvertes, musicales, festives. Sylvain vend aussi ses verrines à base de poissons qu'il pêche lui-même...

5

Randonnée – *☎ 02 48 54 08 21 - www.berryprovince.com.* Au départ de Belleville-sur-Loire, la belle boucle cycliste « Entre Loire et Canal » *(15 km - 1h20)* suit le cours du fleuve pour atteindre Beaulieu-sur-Loire, avant de revenir à son point de départ par l'intérieur des terres. Brochure téléchargeable sur www.pays-sancerre-sologne.com.

La Loire à vélo – *☎ 02 48 54 08 21 - www.loireavelo.fr.* La véloroute « La Loire à vélo » (800 km, de Cuffy, près de Nevers, à St-Brévins-les-Pins) dessert 21 communes du Cher, dont Apremont-sur-Allier, Sancerre et Belleville-sur-Loire.

La Bête Noire Sancerroise – *Le Guenetin - Thauvenay - ☎ 02 48 79 97 17 - www.crottins dechavignol.com - 10h-12h, 14h-19h.* Une chèvrerie pédagogique, à 5mn de Sancerre. Élevage de 200 chèvres, 80 chevreaux et 15 boucs. On peut la visiter, et acheter des crottins de chavignol, ainsi que des produits du terroir. Traite des chèvres à partir de 17h. Pique-nique possible.

Centre aquatique des Presles – *R. de Wittelsheim - Belleville-sur-Loire - ☎ 02 48 72 64 57 - horaires, se rens. - 6,50 € (balnéo) ; 4,30 € (piscine) ; 8,60 € (piscine + balnéo).* Balnéo et piscine, avec quatre bassins dont un pour les activités ludiques, aquagym, soins du corps et du visage...

Hébergement

Pour se faire plaisir

1 Le Panoramic – *113, rempart des Augustins - ☎ 02 48 54 22 44 - www.panoramic-hotel.fr - P - 52 ch. à partir de 104 €, 6 suites - 15 €.* Le Panoramic a fait peau neuve ! Il offre toujours le plus beau point de vue du Sancerrois sur les vignes. Chambres modernes et confortables, décorées sur le thème du vin. Bar à vins, boutique et belle piscine.

À proximité

Premier prix

Hôtel Le Floroine – *42 rte du Canal - Ménétréol-sous-Sancerre - près du canal latéral à la Loire - 4 km au sud-est par D 920 - ☎ 02 48 54 02 74 - www.le-floroine.com - fermé dim. et 2 sem. en mars - 5 ch. 48 € - 7 € - formule déj. sem. 14 €, plats 15/17 €.* Ce petit établissement familial posté en face du canal respire la simplicité dans ses chambres comme dans sa salle à manger, où l'on savourera une cuisine traditionnelle. Accueil chaleureux et prix doux.

Budget moyen

Hôtel de la Loire – *2 quai de Loire - St-Satur - ☎ 02 48 78 22 22 - www.hotel-de-la-loire.com - P - 11 ch. 88/98 € - 11 €.* En bord de Loire, cet hôtel original, où le créateur de Maigret écrivit un de ses romans, propose des chambres confortables et décorées sur le thème du voyage.

La Maison des Passerelles – *10 chemin des Passerelles-Récy - Vinon - www.lamaisondespasserelles.fr - à 8,5 km au sud-est par la D 10 et la D 59 - ☎ 06 63 32 34 22 - P - 3 ch. 75/85 €.* Dans cette ferme restaurée, chambres calmes en plein pays sancerrois. Les charmants propriétaires pourront vous donner de bons conseils sur les vins de la région, car ils sont eux-mêmes producteurs.

Pour se faire plaisir

Le Jardin de Marie – *336 chemin de l'Avoinerie - Neuilly-en-Sancerre - ☎ 06 71 62 26 60 - www.lejardindemarie.com - fermé mi-janv. à mi-mars - 1 ch. 120 €, 1 suite 200 €, 1 gîte pour 6 pers. 270 €/nuitée, mini. 2 nuits.* Nichée en pleine campagne, une adresse de charme dans le cadre d'un jardin remarquable, célèbre dans toute la région *(voir p. 305)*.

Aubigny-sur-Nère ★

Un vent venu d'Écosse a soufflé autrefois sur Aubigny, située aux confins de la Sologne et du Berry. Offerte aux Stuarts par le roi de France Charles VII, la bourgade fleurie, traversée par la Nère au cours en partie souterrain, doit une bonne part de son animation et de son dynamisme à la présence d'industries de pointe et à la séduction qu'elle exerce auprès de Parisiens fortunés. Ses maisons à colombages et son château des Stuarts témoignent de son riche passé.

Se repérer

5 502 Albiniens – Cher (18)

CARTE P. 274-275 (C1).

Aubigny se trouve à 45 km de Bourges.

À ne pas manquer

Les maisons à pans de bois d'Aubigny ; le château en briques roses de Blancafort, la grange pyramidale de Vailly-sur-Sauldre et le château de la Verrerie « du Grand Meaulnes ».

Organiser son temps

Prévoyez 2h pour la visite de la ville et le restant de la journée pour les circuits en Sologne ou en Pays Fort.

En famille

Le château de la Verrerie ; la base de loisirs de l'étang du Puits ; la balade sur le canal de la Sauldre et les fêtes franco-écossaises vers le 14 Juil.

Carnet pratique p. 316

Nos adresses p. 316

Se promener

★ Maisons anciennes

Nombre de maisons à pans de bois du début du 16e s. subsistent le long de la **rue du Prieuré**, prolongée par la **rue des Dames**, artères pittoresques et commerçantes qui alignent leurs enseignes de l'hôtel de ville à l'église, rue du Charbon et place Adrien-Arnoux. Au **n° 10** de la rue du Pont-aux-Foulons, la maison du 15e s. est la seule qui ait survécu à l'incendie de 1512. Remarquez aussi, dans la rue du Bourg-Coutant, la **maison du Bailli★** aux poteaux sculptés et, presque en face, la maison St-Jean ; enfin, à l'angle de la rue du Bourg-Coutant et de la rue de l'Église, la jolie **maison François-Ier**. Square des Dames, la **maison Victorine** abrite des expositions temporaires (*✆ 02 48 81 50 06 - mai à sept. : 15h-18h30*).

Remparts

Le tracé des rues délimitant le centre-ville et les deux tours rondes près du mail sur le boulevard de la République témoignent de la vieille enceinte élevée sous Philippe Auguste (1165-1223).

Ancien château des Stuarts

Pl. de la Résistance - ✆ 02 48 81 50 00 - ne se visite pas.

Construite au 16e s. par Robert Stuart, puis remaniée au 18e s. par Louise de Kéroualle, favorite de Charles II d'Angleterre, l'imposante structure abrite aujourd'hui **l'hôtel de ville** et un Centre d'interprétation. Le châtelet d'entrée

5

Le festival franco-écossais d'Aubigny-sur-Nère.
P. Michel/age fotostock

est encadré de gracieuses échauguettes de brique, et la clé de voûte est timbrée du blason des Stuarts.
Passez le portail pour voir la cour intérieure, charmante par son irrégularité, avec ses fenêtres à meneaux et ses tourelles d'escalier rondes ou polygonales.

Centre d'interprétation de l'Auld Alliance

Château des Stuarts - ✆ 06 79 94 32 00 - www.aubigny.net - ♿ - 10h-12h45, 14h-18h - fermé lun. et mar. en mars et oct.-nov. - 5 € (12-18 ans 3 €; -12 ans gratuit).
L'Auld Alliance, c'est-à-dire la Vieille (*old*) Alliance est celle qui fut signée entre les rois de France et d'Ecosse, Philippe Le Bel et John Balliol, le 23 octobre 1295. Il s'agissait de s'unir contre l'ennemi commun, l'Angleterre, et de s'engager à venir se battre au côté de l'allié, si nécessaire.
Le Centre, logé au rez-de-chaussée du château, retrace l'histoire de cette alliance dans la région.

La cité des Stuarts

Comment cette sympathique petite ville du Cher peut-elle revendiquer un héritage écossais aussi fort ? La présence inattendue des **Stuarts** en cette terre au 15e s. explique bien des choses...
En 1423, Charles VII offre Aubigny à un Écossais, **Jean Stuart**, son allié contre les Anglais. Son successeur, **Béraud Stuart**, réconcilie Louis XI avec son cousin, le futur Louis XII. Quant à **Robert Stuart**, maréchal d'Aubigny, il commande l'armée d'Italie pour François Ier.
Venus d'Écosse, des gentilshommes et des artisans font souche. Ils installent verreries et tissages, utilisant la laine blanche de Sologne. Jusqu'au 19e s., la draperie est une source majeure d'activité ; elle acquiert une telle importance que la ville est alors surnommée « Aubigny-les-Cardeux ». La rue des Foulons rappelle aujourd'hui encore cette activité : les artisans apprêtaient jadis le drap en le foulant dans les eaux de la rivière.

Église St-Martin

L'évêque de Tours, **saint Martin** (316-397), fut l'un des évangélisateurs de la Gaule ; son geste de charité qui consista à donner une partie de son manteau à un pauvre est entré dans la légende.
De style gothique, cette église qui porte son nom traduit les influences d'Île-de-France parvenues en Berry. À l'entrée du chœur, on remarque deux statues polychromes du 17e s., une charmante Vierge à l'Enfant et un dramatique **Christ aux outrages** ; dans le chœur, un vitrail du 16e s. conte la **vie de saint Martin**. Dans la troisième chapelle à droite, une belle pietà en bois du 17e s.

À proximité

CARTE P. 274-275

Musée Marguerite-Audoux B1

À Ste-Montaine, à 8 km d'Aubigny-sur-Nère par la D 13.
24 r. Principale - ✆ 02 48 58 26 12 - mer.-dim. 14h-18h - fermé lun.-mar., dim. en nov.-mars et janv. - 5 € (10-15 ans 3 € ; -10 ans gratuit) - animations pour enf.
Une grande collection de livres, meubles, photos et effets personnels évoque le destin exceptionnel de Marguerite Audoux (1863-1937). Amie de l'écrivain Alain-Fournier, cette native de Sancoins est une orpheline, bergère puis servante dans une ferme de la région avant de gagner Paris où elle devint couturière puis écrivain. Elle réussit en effet à connaître le succès littéraire avec son roman *Marie-Claire*, qui remporta le prix Femina-Vie heureuse en 1910. Elle y évoque notamment sa vie en Sologne.

Circuits conseillés

CARTE P. 274-275

Incursion en Sologne BC1

Circuit de 46 km tracé en marron sur la carte p. 274-275. Quittez Aubigny par le nord-ouest, en empruntant la D 923.

Brinon-sur-Sauldre B1

Vous êtes ici au pays de Raboliot ! C'est en effet un habitant de ce village solognot qui inspira à **Maurice Genevoix** le personnage de son célèbre roman, publié en 1925. Bel exemple d'église à **caquetoire** (galerie extérieure s'appuyant contre la façade sud de l'édifice). Joli coup d'œil sur la Sauldre, où l'on remarque un lavoir.
Quittez Brinon en rebroussant chemin sur la D 923. À Clémont, suivre la D 79 vers le nord-est.

5

Cerdon C1

Belle **vue** sur ce village soigné depuis le pont sur la Grande Sauldre *(aire de pique-nique)*. À voir dans l'église du 15e s. : tableaux et vitraux du chœur.
Revenez à Clémont ; là, prenez la D 176, puis la D 176E.

★ Étang du Puits C1

Le plus ancien plan d'eau de Sologne occupe 180 ha au cœur de bois de chênes ou de pins. Creusé sous Napoléon III, il permettait de réguler les eaux du canal de la Sauldre, aménagé pour acheminer les marnes destinées à amender les terres marécageuses. L'étang du Puits, paradis des pêcheurs, est très poissonneux : carpes, brèmes et brochets, dont certains atteignent le poids respectable de 15 livres ! Ses rives abritent une colonie de hérons cendrés.

Une promenade agréable *(à pied ou à VTT; terrain parfois boueux)* court le long du **canal de la Sauldre**. Elle peut mener jusqu'à Argent-sur-Sauldre *(7 km)* ou au début du canal, à 2 km au sud de Blancafort *(env. 15 km)*.
La route *(D 765)* contournant l'étang du Puits offre de belles échappées sur le site où s'est établie une base de loisirs *(voir Nos adresses)*.
En bout de route (D 765), prenez à droite sur la D 948.

Argent-sur-Sauldre C1

Étape de la route historique Jacques-Cœur, cette cité solognote se distingue par son **château**, dont la plus belle image vous est révélée en venant du nord par la route de Gien. Construit en bordure de la Grande Sauldre au 13e s. par les seigneurs de Sully, puis remanié aux 15e et 18e s., il abrite un musée.
Musée des Métiers d'antan – *02 48 81 50 60 (mairie) ou 02 48 73 33 10 - de mi-avr. à déb. sept. : mer.-dim. 13h-18h - 4,50 € (-15 ans gratuit)*. Des scènes de la vie quotidienne rurale aux 18e et 19e s. sont évoquées dans ce musée sur trois niveaux à travers une riche collection de quelque 3 000 outils et 2 000 objets divers. Vous découvrirez notamment un métier de passementier du 18e s. et des presses à fromage, un intérieur solognot, un potager, un meuble d'apothicaire, une série de vêtements religieux, des collections d'oiseaux et de papillons. Des métiers traditionnels (sabotier, potier, ferronnier, charron, etc.) sont présentés à travers leurs ateliers reconstitués. Un espace est consacré à l'abbé Moreux, astronome solognot. La visite se termine avec les salles de classe et de cinéma.
Église St-André – L'ancienne chapelle du château est précédée par un puissant clocher-porche (16e s.) coiffé d'une flèche refaite au 17e s. La chapelle des fonts baptismaux abrite une étonnante représentation de La Trinité, du 16e s.
Poursuivez sur la D 940, qui ramène à Aubigny.

Sur les pas du grand Meaulnes C1-2

Circuit de 55 km tracé en violet sur la carte p. 275. Quittez Aubigny par le nord-est en empruntant la D 30.

★ Château de Blancafort C1

18 bis r. Pierre-Juglar - 02 48 58 60 11 - chateaublancafort.com - - visite guidée uniquement (40mn) juil.-sept. : 10h-19h; mai-juin : tlj sf mar. 10h-12h, 14h-18h30 - 9,50 € (enf. 7,50 €) billet donnant accès au parc et aux jardins; 7,50 € parc et jardins seulement.
Dans la fraîcheur ombragée du canal de la Sauldre se cache une superbe **maison forte du 15e s.** dont la façade austère est rehaussée de briques roses. La cour d'honneur, flanquée de deux pavillons, fut ajoutée au 17e s. Le château est privé, et toujours habité. Chaque pièce étant associée à une fragrance spécifique, il est appelé aussi « château des senteurs »...
Au cours de la visite, admirez l'ancienne salle des gardes, transformée en salon Louis XIII, puis pénétrez par une porte secrète dans la chambre bleue, décorée d'un portrait de Marie Leszczynska. Au beau milieu de la **salle à manger** trône une table de monastère en noyer massif, dressée à la française; remarquez au passage les murs tendus de cuir des Flandres repoussé, peint et doré. Passez dans le **grand salon**, aux murs garnis d'une magnifique tapisserie des Gobelins du 18e s. figurant Renaud dans les jardins d'Armide, puis dans l'entrée actuelle, décorée d'une armure de type espagnol du 16e s., avant de finir par la **bibliothèque Régence**, tout en bois de châtaignier.

Et surtout, n'hésitez pas à vous promener dans le **parc du château**, riche d'un vénérable cèdre du Liban, vieux de 300 ans. Il propose 5 ha de volutes et broderies de buis, de pelouses et de massifs, et même un sentier en sous-bois longeant la rivière.

Quittez Blancafort par la D 8, dir. Vailly-sur-Sauldre.

La D 8 qui grimpe vers Barlieu offre une belle vue sur la vallée de la Grande Sauldre.

Vailly-sur-Sauldre C1

2 rte de Concressault - ✆ 02 48 73 87 57.

Sa situation sur la rivière fait de ce charmant village un lieu particulièrement apprécié des pêcheurs. Sa curieuse **grange pyramidale★** *(sur la D 11, juste avant la sortie du village ; fléché)* est une vaste construction rurale typique du **Pays Fort** dont Vailly est la capitale. Elle se distingue par sa hauteur (plus de 10 m), sa base carrée et surtout par son faîtage acéré. Son fenil étagé, son cochonnier, sa mangeoire et sa bergerie répartis autour de l'aire principale de battage assuraient un logement rationnel pour les récoltes et les bêtes.

Quittez Vailly par l'ouest en empruntant la D 926, dir. La Chapelle-d'Angillon. Environ 1 km après Villegenon, prenez à droite la D 89.

La D 39 traverse la **forêt d'Ivoy**, aux essences variées (résineux, feuillus). Riche en gibier, cette forêt attire, en saison, de nombreux chasseurs.

★ Château de la Verrerie C1

À Oizon - ✆ 02 48 73 67 06 - www.chateaudelaverrerie.com - de mi-juin à fin août : 10h30-12h30, 14h-18h, visite guidée (45mn) 11h, 14h30, 15h30, 16h30, 17h30 ; vac. de Pâques à mi-juin et sept.-oct. w.-end 14h-18h - 9 € (7-16 ans 6 €) - visite du parc en accès libre, participation de 2 € - concerts, promenades champêtres et poétiques, rens. sur le site.

Cette demeure, isolée dans un écrin de verdure au bord d'un lac, est vraiment féerique. Séduit, **Alain-Fournier** la prit pour cadre de la fête dans son roman (paru en 1913) *Le Grand Meaulnes*. Aujourd'hui, le visiteur en quête d'émotions peut se promener dans le parc. Le nom du château vient d'une petite fabrique de verre qui était installée près du lac et fut détruite en 1815.

En 1422, Charles VII offre la terre de la Verrerie à Jean Stuart pour services rendus. Revenu à la Couronne en 1672, le château est donné un an après, par Louis XIV, à la duchesse de Portsmouth, favorite de Charles II d'Angleterre.

Au cours de la visite guidée, vous pourrez admirer la **galerie Renaissance** de Robert Stuart (1525), le grand salon, la bibliothèque de l'archéologue-diplomate Melchior de Vogüé, la salle de billard où sont conservées quatre remarquables copies de **pleurants★** en albâtre (15e s.) et la chapelle du 15e s., décorée de fresques du 16e s.

La Chapelle-d'Angillon C2

Ce petit bourg est groupé autour d'une ancienne forteresse bâtie au 11e s. par un certain Gillon de Seuly, et qui servit longtemps de résidence aux seigneurs de Boisbelle, principauté restée indépendante jusqu'au 18e s. Duc de Sully et ministre du roi Henri IV, **Maximilien de Béthune** devint seigneur de La Chapelle-d'Angillon en 1605 et donna son nom au château. Ses descendants le cédèrent à Louis XV. Le 5 octobre 1886, La Chapelle-d'Angillon vit naître Henri Alban Fournier, plus connu sous son nom de plume, **Alain-Fournier**. Signalée par une plaque, la **maison natale** du célèbre auteur du *Grand Meaulnes*, au n° 35, ouvre ses volets blancs sur l'avenue qui porte son nom.

Château de La Chapelle-d'Angillon – *✆ 02 48 73 41 10 - www.chateau-angillon.fr - visite guidée (1h) 9h-12h, 14h-18h, dim. 14h-18h - 10 € (7-12 ans 5 €; -7 ans gratuit) - à la fin de chaque visite, dégustation de vin des pèlerins (hypocras) et de sablés de Nançay - fête médiévale en sept.* Dominée par le donjon primitif (11e s.), la cour intérieure du château est bordée d'un logis remanié aux 15e et 16e s. et adouci par l'ouverture de mansardes, de fenêtres à meneaux et par l'ajout de tourelles d'escalier en brique à chaînage de pierre. Près du puits, une gracieuse **galerie Renaissance**, dite du « jeu de paume », est percée de sept arcades supportées par des colonnes à double redondance et surmontées de chapiteaux décorés de feuillages. À l'intérieur, on découvre notamment un escalier à vis du 15e s., la **chambre du Roi** (en souvenir du passage de Louis XIV en 1651), la salle des gardes aux voûtes d'arêtes, une terrasse du 17e s. offrant une jolie vue sur l'étang dans lequel se reflète le château. Dans la chapelle du 15e s se trouve une belle madone en émail du florentin Andrea della Robbia (15e s). Le petit **musée Alain-Fournier** retrace la vie et l'œuvre de l'écrivain à travers des documents : livres, lettres, photographies, maquettes.

La **Fondation royale albanaise** conserve des souvenirs albanais des 18e et 19e s. rapportés par le bey Frasheri : costumes en velours brodés d'or, armes anciennes, documents et photographies concernant la famille royale albanaise. Deux belles tentures de Felletin du 17e s. sont accrochées aux murs.

La D 940 ramène à Aubigny.

Carnet pratique

S'informer

Office de tourisme – *1 r. de l'Église - ✆ 02 48 58 40 20 - www.aubigny-sologne.com.* Organise des visites guidées.

Agenda

Fêtes franco-écossaises – *W.-end autour du 14 Juil. - ✆ 02 48 81 50 07.* Reconstitution historique et spectacle son et lumière pour célébrer l'Auld Alliance.

Nos adresses

Restauration

Premier prix

Le Bien Aller – *3 r. des Dames - ✆ 02 48 58 03 92 - fermé mar.-merc. sf juil.-août - formule déj. sem 20 €, menu 25/32 €.* Deux salles, l'une de style bistrot, une autre de style colonial. Dans tous les cas, de bons petits plats à choisir sur l'ardoise. Ici, on privilégie une cuisine bistronomique, à tendance bio et locavore.

L'Entrepot'es – *1 r. des Dames - ✆ 02 48 58 86 30 - entrepotes-restaurant.fr - à la carte 13/17 €.* Du bon, du simple, et du local. Planches de charcuterie, de fromages, jambon de Sancerre, côte de bœuf : ici, tout est fait maison. À l'Épicerie, beau choix de vins et de tisanes, du domaine de Saint-Gilles, au packaging très chic.

À proximité

Budget moyen

Les Rives de l'Oizenotte – *Nohant-Oizon - 6 km à l'est - ✆ 02 48 58*

06 20 - www.lesrivesdeloizenotte.net - fermé dim. soir et lun.-jeu. - menus 33/50 €. Au bord d'un étang, table régionale relookée et pourvue d'une jolie terrasse près de l'eau. Salles modernes décorées sur le thème de la pêche.

Shopping

Marché – *Sam. matin.* Pl. Adrien-Arnoux.

Activités

Base de loisirs de l'étang du Puits – *Cerdon - 20 km au nord d'Aubigny - ✆ 06 64 72 31 27 - baignade surveillée juil.-août : 14h-18h.* Voile, planche à voile, ski nautique, pédalo et baignade dans le plus grand étang de Sologne, qui s'étend sur 180 ha.

Balade au fil de l'eau – *Lieu-dit La Marine - Argent-sur-Sauldre - 8 km au nord d'Aubigny - ✆ 06 42 60 84 25 - www.sauldre-sologne.fr - juil.-août.* Pour l'expérience rare et amusante de naviguer sur le canal de la Sauldre sur un bateau électrique *(10 €/h ; 40 €/j).*

Randonnées équestres – Nombreuses possibilités dans la région d'Aubigny-sur-Nère. *Demandez la liste des centres équestres à l'office de tourisme.*

Hébergement

Budget moyen

La Grange des Cardeux – *6 av. du Parc-des-Sports - ✆ 02 48 58 23 36 - lagrangedescardeux.cleasite.fr - 3 ch. 90 € ☕.* Des chambres d'hôte décorées avec le plus grand raffinement, aménagées dans une ancienne écurie située à 50 m du château. Un charme fou et un délicieux jardin pour paresser.

Villa Stuart – *12 av. de Paris - ✆ 02 48 58 93 30 - www.villastuart.com - P - 5 ch. (dont 1 suite 114 €) 93 € ☕ - ✕ 36 € bc.* Belle demeure bourgeoise offrant des chambres spacieuses, décorées toutes différemment. Excellent repas à base de produits du cru, mitonnés par un propriétaire qui propose également des ateliers de cuisine.

Hôtel La Chaumière – *2 r. Paul-Lasnier - ✆ 02 48 58 04 01 - www.hotel-restaurant-la-chaumiere.com - P 10 €/j. - - fermé de mi-fév. à mi-mars, dim. soir et lun. (sf juil.-août) - 19 ch. 98/165 € - ☕ 13/16 € - ✕ plats 25,50/35 €.* Un ancien relais de poste avec de confortables chambres personnalisées (pierre et bois) et deux jolies salles rustiques. Vous y dégusterez une cuisine de qualité, où les produits du marché et de saison sont de rigueur.

À proximité

Pour se faire plaisir

Château des Bouffards – *Lieu-dit Les Bouffards - Brinon-sur-Sauldre - 18 km au nord-ouest d'Aubigny - ✆ 02 48 58 59 88 - www.bouffards.fr - P - 5 ch. 110/132 € ☕, dont 1 suite 160 € - ✕ 35 € bc.* Maison familiale pour un séjour au calme au cœur d'un joli parc avec piscine. Chambres d'hôte spacieuses et confortables.

5

Nançay

Paradoxe de la tradition et de la modernité, ce village solognot qui compte de nombreux ateliers d'artistes accueille l'un des plus modernes observatoires astronomiques d'Europe... Artistes et astronomes, après tout, n'ont-ils pas les yeux tournés vers les étoiles ?

Se repérer

820 Nançayais - Cher (18)

CARTE P. 274-275 (B2)

À 20 km au nord-est de Vierzon, Nançay est situé au cœur de la forêt solognote.

À ne pas manquer

Le Pôle des étoiles de Nancay.

Organiser son temps

Prévoyez 4h pour découvrir le Pôle des étoiles.

En famille

Le planétarium avec ses expériences éducatives. Réservez !

Nos adresses p. 320

Visiter

5 r. du Château - 02 48 53 06 14 - www.berrysolognetourisme.com.
Ce village solognot possède bien du charme. Il fait partie des lieux qui ont puissamment inspiré Alain-Fournier. Dans **l'église Saint-Laurian**, découvrez dans le chœur un immense Christ en bois d'inspiration africaine et, dans la chapelle attenante, les peintures murales de l'artiste contemporaine Montaine Fleurier, où l'on reconnaît des influences italiennes.
Face à l'église, a été reconstituée la **boutique de l'oncle** de l'écrivain, qui apparaît dans *Le Grand Meaulnes* sous le nom de Florentin. Les **jardins du château de Nançay**, fortifié au 15e s., se visitent *(06 73 78 02 63 - dern. sem. d'août à fin sept. 8h-14h - entrée libre)*. Avec ses murs en brique rose, l'édifice a fière allure.

★ Pôle des étoiles B2

À 2 km au nord par la D 29, dir. Souesmes.
Rte de Souesmes - 02 48 51 18 16 - www.poledesetoiles.fr - ♿ - juil.-août : 9h30-12h30, 13h30-18h30 ; reste de l'année : 9h30-12h30, 13h30-17h30 - fermé du dernier jour des vac. de Noël au 31 janv. inclus - 6 à 15 € (-16 ans 4,50 à 11,50 €) selon formule choisie - réserv. conseillée.
Nombreuses animations : soirées d'observation, balades au clair de lune, nuits étoilées, planétarium pour les petits.
Ce musée consacré à l'astronomie et aux sciences de l'univers abrite la parfaite panoplie de l'apprenti astronome. Son espace interactif propose une exposition offrant un panorama de la recherche en physique et donne maintes occasions de simuler des problèmes et faire des expériences.
Planétarium – Tout ce que vous avez toujours voulu savoir sur la localisation des étoiles dans l'univers sans jamais oser le demander... Puis, sur le **Chemin des étoiles**, tentez l'immersion en réalité virtuelle et l'atterrissage sur la planète Mars *(sur réserv., places limitées)*.
Station de radioastronomie de Nançay– *Rens. au Pôle des étoiles - À 1,7 km au nord du Pôle des Étoiles (fléchage) - ♿ - visites guidées 12 € (-16 ans 8,50 €)*. Ce centre de recherche et observatoire astronomique fait découvrir les instruments

Visite de la Station de radioastronomie.
Station de radioastronomie, Pôle des étoiles.

grâce auxquels des scientifiques étudient les ondes radio naturellement émises par les astres. Ils comptent parmi les plus grands au monde et servent, entre autres, à l'étude du Soleil, de Jupiter et de la couronne solaire.

Galerie Capazza

1 r. des Faubourgs - ✆ 02 48 51 80 22 - www.galerie-capazza.com - de fin mars à déb. déc. : w.-end et j. fériés 10h-12h30, 14h30-19h ; reste de l'année : sur réserv. - 6 € (-18 ans 4 € et gratuit -7ans).
Installée dans les magnifiques **anciennes écuries★** restaurées du château de Nançay, la **galerie Capazza** se consacre à l'art contemporain. Elle expose peintures, sculptures, estampes, photographies, céramiques, orfèvrerie, bijoux créés par 90 artistes et organise également des expositions temporaires de grande qualité. En 2020, l'exposition Rodin/Jeanclos, en partenariat avec le musée Rodin, mettait en regard des œuvres des deux sculpteurs. L'une des salles de la galerie, le **musée imaginaire du Grand Meaulnes**, renferme différents souvenirs d'Alain-Fournier. Agréable salon de thé dans le jardin et librairie bien achalandée.

5

À proximité

Neuvy-sur-Barangeon B2

À 6 km au sud-est de Nançay par la D 944.
Maison de l'eau – *Rte de Bourges - ✆ 02 48 51 66 65 - ♿ - www.lamaisondeleau.org - juil.-août : tlj 10h-12h30, 13h30-17h30 ; reste de l'année : tlj sf lun. 10h-12h30, 13h30-17h30 - fermé janv. - 6 € (-6 ans 3,50 €).* Le **moulin de la Biodiversité** (15e s.) est consacré aux systèmes hydrographiques, aux milieux aquatiques, à l'histoire de Neuvy et de ses meuniers. Au bord de **l'étang de M. Gentil**, on peut pêcher, pique-niquer dans le parc ou se balader. Vous attend ensuite la **tourbière de la Guette**, espace naturel sensible que l'on traverse sur un caillebottis *(sorties-découvertes 1h/1h30 - gratuit)*. Site particulièrement adapté aux enfants, à visée pédagogique réussie, avec abondance de jeux.

Nos adresses

Hébergement/restauration

À proximité

Budget moyen

Hôtel Le Parc – *8 av. d'Orléans - Salbris - 14 km au nord-ouest - ☏ 02 54 97 18 53 - www.hotelleparcsologne.com - P 7 €/j. - 26 ch. 115/130 € - ☕ 13 € - ✕ menu 28 €.* Demeure bourgeoise entourée d'un jardin arboré. La décoration des chambres est sobre. Salons agréables. Le chef mitonne une cuisine maison fleurant bon la tradition *(rest. ouvert le soir).*

Domaine de Valaudran – *Av. de Romorantin-Lanthenay - Salbris - 1,5 km au sud-ouest - ☏ 02 54 97 20 00 - www.hotelvalaudran.com - ♿ - P 🏊 - fermé sem. de Noël - 31 ch. 90/130 € - ☕ 13 € - ✕ menus 27/31 €.* Laissez-vous charmer par cette gentilhommière du 19e s., son vaste parc et sa piscine, propices au farniente. Chambres fraîches (certaines mansardées). Au restaurant, L'Orangeraie, les spécialités portent les couleurs de la Sologne et honorent les produits du potager.

Shopping

Les Sablés de Nançay– *Chemin de Champs-d'Hyver - ☏ 02 48 51 81 19 - www.lessablesdenancay.com - 9h-12h, 13h30-19h, w.-end et j. fériés 10h-12h30, 14h-19h.* Le fameux sablé de Nançay est né dans cette petite boulangerie, en 1953, suite à une erreur de préparation de la pâte... Les patrons fabriquent toujours ce biscuit suivant la recette d'origine gardée secrète, à la grande joie des gourmands.

Activités

Randonnées – *www.berrysolognetourisme.com.* Plusieurs promenades ont été aménagées dans et autour du village de Nançay. Elles permettent de se familiariser avec les paysages de la Sologne : sous-bois de bouleaux, de chênes ou de châtaigniers, chemins bordés de bruyères et de genêts, nombreux étangs. Vous verrez des fermes à colombages et de petites maisons en brique, témoins d'un riche passé rural. Les forêts avoisinantes offrent de multiples possibilités aux promeneurs.

Aventure Parc de Nançay – *Domaine Samord - ☏ 02 48 53 11 47 - accrobranchenancay.fr - juil.-août 10h30-18h30, hors sais. se rens. - fermé oct.-mars - 10/22 €.* Parc de loisirs offrant de nombreux parcours d'Accrobranche, de catapulte et de paintball pour tous publics. Jardin de Lilou *(5 €)* pour les tout-petits.

Mehun-sur-Yèvre ★

Les vestiges du prestigieux château de Jean de Berry, où Charles VII reçut Jeanne d'Arc, lui donnent un charme indéniable. Mais l'histoire n'est pas seule à régner à Mehun-sur-Yèvre. La tradition porcelainière, reconnue depuis le 19e s., y est toujours active.

Se repérer

6555 Mehunois – Cher (18)

CARTE P. 274-275 (B3)

À 15 km au nord-ouest de Bourges, Mehun-sur-Yèvre s'appuie sur le canal de Berry.

À ne pas manquer

Le Pôle de la Porcelaine ; Chârost et Brinay pour leurs églises romanes ; le vignoble de Reuilly-Quincy.

Organiser son temps

Comptez une journée pour la ville (marché le mercredi matin) et la route du vignoble de Reuilly-Quincy.

Carnet pratique p. 326

Nos adresses p. 326

Se promener

Porte de l'Horloge

Elle date du début du 13e s. Restaurée, elle ouvre sur la rue Jeanne-d'Arc.

Rue Jeanne-d'Arc

Elle descend vers l'Yèvre entre des demeures anciennes, parfois précédées de puits. Au **n° 87**, la maison où Jeanne d'Arc aurait logé présente d'élégantes baies géminées à trilobes. À gauche, esplanade vers le château.

Jardins du Duc-Jean-de-Berry

Traversés par les bras de l'Yèvre et de l'Annain composant des lots, ils offrent une promenade et des perspectives sur des lavoirs et sur un moulin du 13e s. Une allée ombragée longe le canal de Berry : **vues** sur le château et l'église.

Pôle de la Porcelaine

R. des Grands-Moulins - ✆ 02 48 57 06 19 - www.ville-mehun-sur-yevre.fr - ♿ - juil.-août : 10h30-12h30, 14h30-18h30 ; mai-juin et sept. : tlj sf lun. 14h30-18h ; reste de l'année : se rens. - 3 € (-12 ans gratuit) - 6 € billet combiné avec le musée Charles-VII.

À l'ombre des tours du château, dans les jardins du duc de Berry, une construction de verre relie l'ensemble des Grands Moulins. L'espace présente plus de 800 pièces de collection du 19e s., aussi diverses qu'insolites (vaisselle fine, fontaine, guéridon, plaque funéraire, etc.). Certaines furent réalisées pour les Expositions universelles. Un **spectacle** son et lumière *(12mn)* dévoile les secrets de la fabrication de la porcelaine.

5

Château - Musée Charles-VII

Pl. du Gén.-Leclerc - ✆ 02 48 57 00 71 - www.ville-mehun-sur-yevre.fr - juil.-août : 10h30-12h30 ,14h30-18h30 ; mai-juin et sept. : tlj sf lun. 14h30-18h ; mars-avr. et oct. : w.-end et j. fériés 14h30-18h - fermé de déb. nov. à mi-mars - 6 € (-10 ans gratuit) - billet combiné avec le Pôle de la porcelaine.

Les grandes heures

Troisième fils de Jean II le Bon, roi de France, **Jean de Berry** (1340-1416), mécène fastueux et grand amateur d'enluminures, fit reconstruire le château de Mehun. Là, au milieu d'une cour brillante, il accueillit des écrivains, des miniaturistes comme les frères de Limbourg et André Beauneveu ; ce dernier, qui était aussi sculpteur et architecte, travailla longuement au château. Le duc s'entretenait familièrement avec eux et les emmenait visiter sa ménagerie ou son luxueux pavillon des bains. Jean de Berry légua Mehun à son petit-neveu **Charles VII**, qui y reçut **Jeanne d'Arc**.

Visite guidée du donjon obligatoire. Elle comprend les quatre salles de la tour jusqu'à la terrasse *(160 marches env.)*.
Édifié au 12e s., le château fut repris en 1360 par Jean de Berry qui fit transformer l'ancienne forteresse entre 1367 et 1390 : l'architecte **Guy Dammartin**, maître général des œuvres du duc, en fit un château gothique flamboyant. Une **miniature** des *Très Riches Heures du duc de Berry* (œuvre des frères de Limbourg), dont l'original se trouve au musée Condé à Chantilly, montre le château tel qu'il était au 15e s. À la mort du duc, son neveu Charles VII s'y installa après avoir fui Paris et y fut proclamé roi de France en 1422. Il y mourut en 1461.
Démantelé au 17e s., le château tomba peu à peu en ruines. Des fouilles ont permis de conclure que plus de dix châteaux avaient été construits, du 10e au 15e s., sur le site. Aujourd'hui, on devine encore le plan de l'édifice : vous remarquerez ainsi l'emplacement du bastion qui s'avançait en éperon sur la rivière.
Le **musée Charles-VII** est installé dans une tour du château. Il retrace l'histoire du site à travers ses collections d'archéologie médiévale.

Collégiale Notre-Dame

Le monument de style roman (à l'exception d'une chapelle ajoutée au 15e s.) fut commencé par le **chœur** (11e s.), édifié sur plan en fer à cheval. La façade est

Château de Jean-de-Berry et musée Charles-VII, Mehun-sur-Yèvre.
T. et B. Morandi/hemis.fr

précédée d'un clocher-porche orné, sur la face nord, d'une croix grecque à entrelacs avec agneau pascal au centre.
Dans la nef à gauche, Crucifixion peinte par Jean Boucher de Bourges, maître de Mignard. Chemin de croix moderne en grès de La Borne, un des plus importants villages potiers du Berry *(voir p. 304)*.

Manufacture de porcelaine Pillivuyt

R. de la Manufacture - ✆ 02 48 57 35 51.
Fondée en 1818 à Foëcy par Louis Richard Pillivuyt, une usine de porcelaine s'installe en 1853 à Mehun, hors du centre ancien, de l'autre côté de l'Yèvre. Depuis lors, devenue une marque prestigieuse, elle produit des pièces destinées aux hôtels et restaurants *(magasin de vente, voir Shopping dans « Nos adresses »)*.

Circuit conseillé

CARTE P. 274

Vignoble de Reuilly-Quincy AB3

Circuit de 75 km tracé en orange sur la carte p. 274. Quittez Mehun au sud par la D 35. À Ste-Thorette, prenez à droite la D 23 puis la D 114 à gauche en dir. de Plou.

Chârost B3

Durant l'Antiquité et le Moyen Âge, Chârost connut une période faste dont témoignent les vestiges de son château féodal, de son enceinte et de son **église St-Michel** (12e s.), construite en calcaire ferrugineux. Une large nef, charpentée au 19e s., débouche sur un sanctuaire en hémicycle ; le transept et les absidioles ont disparu. À l'extérieur, au-dessus du portail d'entrée, une grande croix grecque à entrelacs porte en son centre un agneau pascal. Remarquez l'arche étroite et haute en plein cintre joignant le chœur à la nef (côté nord) : il s'agit d'un « passage berrichon » caractéristique.
Contournez l'édifice et entrez dans le **cimetière**. On découvre l'abside et sa riche décoration sculptée, ainsi que les traces d'un croisillon et d'une absidiole (beaux chapiteaux dont l'un représente une Harpie portant sur son aile une roue à six branches).
Quittez Chârost par l'ouest en empruntant la D 2.

Diou A3

Dans ce joli village fleuri, près de l'église St-Clément (13e s.), une pelouse descend vers la Théols, qu'enjambe un moulin flanqué d'un pigeonnier.
Quittez Diou par le nord en empruntant la D 918 en direction de Mehun.

Château de La Ferté AB3

Ne se visite pas. Belle demeure classique (1659), dotée de quatre tours d'angle, construite par un cousin de François Mansart.

Reuilly B3

Le **vignoble de Reuilly**, dont ce village fait partie, englobe six autres communes : Diou, Lazenay, Cherylury, Cerbois et Preuilly. Il s'étend sur près de 186 ha, des rives de l'Auron aux bords du Cher.
Prenez la D 20 à l'est vers Mehun.

Quincy B3

Sur les rives du Cher, les **vignobles de Quincy et de Brinay** couvrent près de 224 ha.
Villa Quincy - *R. du Poinçon - ✆ 02 48 51 72 34 - www.quincy18.fr - ♿ - avr.-déc. :*

merc.-vend. 14h-18h, w.-end 10h15-13h, 14h-17h15 - gratuite - visite suivie d'une dégustation. Dans ce quartier de Quincy vivait autrefois un vigneron qui possédait deux modestes maisons dans lesquelles il faisait déguster son vin. Aujourd'hui, ces bâtiments s'intègrent dans un ensemble qui forme un espace scénographique dédié à **l'odyssée du Sauvignon**. La présentation, à la fois scientifique et ludique, mêle photographies, films et bandes sonores. Après avoir découvert l'histoire du vignoble de Quincy, on emprunte un pan incliné qui conduit à une cave où sont tout d'abord présentés les différents terroirs de la région. Puis ce sont les vins qui sont expliqués : les vignes, les vendanges, la vinification, le cépage sauvignon et sa diffusion dans le monde entier.

Dans la boutique qui clôt la visite, vous trouverez la majorité des productions des vignerons de Quincy et divers produits locaux.

Empruntez la D 27, direction Vierzon.

★★ Fresques de l'église de Brinay B3

Charmant petit village calme et ombragé reposant sur la rive gauche du Cher. Le chœur de l'**église St-Aignan** recèle l'une des plus belles séries de **fresques romanes★★** du Berry, du 12e s. *(voir aussi celles de Vic p. 410)*. L'arc faisant communiquer la nef et le chœur évoque les travaux des mois. Dans le chœur lui-même, les peintures forment un cycle consacré à la vie du Christ : Annonciation, Adoration des Mages, Massacre des Innocents, Fuite en Égypte. Sur le côté sud sont illustrés les débuts de la vie publique du Christ : Baptême, Tentation au désert et Noces de Cana. La beauté des couleurs, l'élégance du dessin et l'expressivité des scènes font preuve d'un sens affirmé de la décoration.

Quittez Brinay en empruntant la D 27 direction Quincy puis tourner à gauche sur D30.

Foëcy B2-3

Au cours des 19e et 20e s., plusieurs fabriques de porcelaine s'installèrent à Couleuvres, Noirlac, Mehun, Vierzon et Foëcy. Bordée par les rives du Cher et de l'Yèvre, cette commune abrite un musée créé par la famille **Deshoulières**, porcelainiers et céramistes depuis près de deux siècles.

Musée de la Porcelaine du Berry – *39 r. Louis-Grandjean - ✆ 02 48 53 04 55 - www.berrysolognetourisme.com - mar.-sam. 10h-12h30, 13h30-18h - 4 € (- 12 ans 2 €).* Rouvert en mai 2022 après avoir été restauré, ce musée fait cheminer le visiteur dans l'histoire de la porcelaine des origines à nos jours. De nombreuses pièces de **Louis Lourioux** (1874-1930), un céramiste très actif à l'époque à Foëcy, sont exposées. Vous pourrez aussi admirer des **collections limitées Deshoulières**, dont la plus grande assiette du monde, créée à l'occasion du 50e anniversaire du Festival de Cannes en 1995. Vous découvrirez également les différents procédés pour décorer une pièce de porcelaine et les machines utilisées pour le faire.

Prenez la D 60 vers Mehun.

La tentation du Christ dans le désert, 12e s., mur sud de l'église de Saint-Aignan.

DEA/G DAGLI ORTI/De Agostini Editore/age fotostock

Le canal de Berry à Mehun-sur-Yèvre.

L. Maisant/hemis.fr

L'entreprise de céramiques et arts de la table Pillivuyt à Mehun-sur-Yèvre.

L. Maisant/hemis.fr

Carnet pratique

S'informer

Office de tourisme – *Pl. du 14-Juillet - ✆ 02 48 57 35 51 - www.ville-mehun-sur-yevre.fr.*

Agenda

Marché médiéval - *1er w.-end juil. - années impaires.*

Jardins en fête - *Dim. août à 17h.* Concerts gratuits dans les jardins du Duc de Berry.

Foire de la St-André – *Dernier w.-end nov.* Foire du saint patron du duc de Berry, depuis 600 ans.

Nos adresses

Restauration

À proximité

Budget moyen

Le Firmament – *Rte de Vierzon - Quincy (4 km à l'ouest) - ✆ 02 48 51 30 35 - fermé dim. soir, merc. soir et lun. - formules déj. sem. 12/16 €, menus 22,40/42 €.* Ambiance conviviale dans un environnement paisible, terrasse accueillante, cuisine traditionnelle d'un bon rapport qualité-prix, ce Firmament installé dans une jolie demeure solognote remporte tous les suffrages. Nombreuses animations, concerts.

Shopping

Magasin de vente Pillivuyt – *Allée de la Manufacture - ✆ 02 48 67 31 00 - www.pillivuyt.fr - 10h-12h, 14h-18h30, lun. 14h-18h30 - fermé dim.* Services et pièces de porcelaine culinaire, blanche ou décorée. Vente au poids pour ce spécialiste de la porcelaine à feu.

À proximité

Domaine Bernard Aujard – *2 r. du Bas-Bourg - 18120 Lazenay - 4 km au sud de Reuilly - ✆ 02 48 51 73 69 - lun.-sam. 8h30-12h, 13h30-19h.* Outre son fromage de chèvre d'appellation, la commune de Lazenay s'est vue accorder, en 1937, l'AOC Reuilly pour ses vins. Vous les trouverez au domaine de Bernard Aujard, dont le fils Damien a repris la production en 2013.

Domaine Claude Lafond – *8 rte de St-Pierre-de-Jards - Reuilly - Le Bois-Saint-Denis - ✆ 02 54 49 22 17 - claudelafond.com - lun.-vend. 10h-12h30, 13h30-17h30, sam. 10h-12h, 14h-17h.* Nathalie, la fille de Claude Lafond, gère à présent les 35 ha en AOC Reuilly et les 3 ha en AOC Valençay, plantés en sauvignon, pinot noir et pinot gris. En été, balades vigneronnes, dégustations de vins et visites des chais.

Activités

Randonnées – *✆ 02 48 57 35 51 -* Pédestres et VTT. Un circuit longe l'Annain et ses lavoirs jusqu'à l'étang de la Touche, au nord-est (circuit Paradis-Barmont) ; un autre sillonne les environs du canal du Berry, au sud-est (circuit Beauvoir-Somme - 15 km).

Vierzon

Ville-pont au confluent de l'Yèvre et du Cher, Vierzon est un carrefour de routes et un important nœud ferroviaire à l'intersection des lignes Paris-Toulouse et Nantes-Lyon. La deuxième ville du département du Cher, marquée par son passé industriel, est la porte d'accès à la Sologne, annoncée au nord-est par les forêts de Vierzon et de Vouzeron.

Se repérer

25464 Vierzonnais - Cher (18)

CARTE P. 274-275 (B2)

Vierzon se trouve à 40 km au nord-ouest de Bourges.

À ne pas manquer

Le square Lucien-Beaufrère et le Musée de Vierzon.

Organiser son temps

Prévoyez une journée pour découvrir Vierzon et ses alentours. Marché le samedi matin.

En famille

Le musée de Vierzon avec ses maquettes de locomotives à vapeur et, à Vatan, le musée du Cirque.

Carnet pratique p. 331

Nos adresses p. 331

Se promener

Quartier piétonnier

Il faut suivre ses rues tortueuses aux **maisons anciennes** à pans de bois (14e et 15e s.) se serrant sur une butte que domine le **beffroi** (ancienne porte gothique). Au pied du beffroi, se trouve le **musée des Fours banaux** *(7 r. du Château - ☎ 02 48 53 09 32 - visite commentée 2 sem. fin août-déb. sept., mar.-vend. 15h-17h30 - 3 €, enf. 2 €).* Ce musée a été aménagé autour de deux fours à pain du 15e s., unique dans la région. La salle présente également une maquette de la ville de Vierzon telle qu'elle était au 13e s., les horloges du beffroi ainsi que des statues polychromes des Saints évangélistes (15e s.).

Église Notre-Dame

R. Paul Lafargue.

Construite au 12e s., agrandie et remaniée au 15e s. par l'adjonction de bas-côtés, elle s'ouvre par un clocher-porche et un portail en anse de panier.

À l'intérieur, **belle voûte** restaurée en carène de navire et vitrail Renaissance représentant une Crucifixion dans le mur sud de la chapelle Ste-Perpétue. La **pierre scellée**, à l'entrée du chœur, porte une longue inscription en lettres gothiques qui en rappelle la fondation, datée de 1409. Dans le transept, tableau montrant saint Jean-Baptiste, par Jean Boucher.

★ Square Lucien-Beaufrère

Accès par la pl. Fernand-Micouraud.

Ce curieux ensemble Art déco, classé Monument historique, fut conçu par **Eugène-Henry Karcher** entre 1932 et 1935. Il se trouve au cœur du **jardin de l'Abbaye**, entre l'Yèvre et le canal de Berry, à l'emplacement des jardins fruitiers et potagers de l'ancienne abbaye St-Pierre, dont les bâtiments restants abritent aujourd'hui la mairie. Plusieurs éléments d'architecture méritent d'être mentionnés : l'**auditorium**, mi-kiosque à musique, mi-lavoir, orné de carreaux de grès émaillés de fabrication locale ; le **monument aux morts**, décoré de bas-reliefs représentant les métiers exercés à Vierzon ; et de part et d'autre d'un bassin, les **grilles de la paix**, reconnaissables à leurs flammes rouges du souvenir et leurs colombes. Depuis les bords de l'Yèvre, **vue** sur la vieille ville. Le reste du jardin abrite des arbres centenaires offrant une halte agréable où l'on peut pique-niquer.

Musée de Vierzon

11 r. de la Société-Française - ✆ 02 48 71 10 94 - www.ville-vierzon.fr - ♿ - mai-sept. : 14h-18h (17h30 reste de l'année), sam. 10h-12h, 14h-18h (17h30 reste de l'année) - fermé lun., et de mi-déc. au 1er mars - gratuit.

Vous serez surpris en arrivant sur l'ancien et vaste **site industriel** de 7 ha où est installé le musée de Vierzon, face à la façade des anciennes halles de fonderie, en brique, fer et céramique, datant du début du 20e s. et restaurées en 2006. C'est ici qu'étaient fabriqués les engins agricoles et les machines de travaux publics entre 1848 et 1994. Le musée présente l'histoire industrielle et cheminote à Vierzon ; il est divisé en trois secteurs : la porcelaine et la confection, le machinisme agricole et l'histoire du chemin de fer.

Raymond Laumônier, ancien chef du dépôt de Vierzon, a constitué puis fait don de sa riche collection de maquettes, photos, dessins, affiches, lanternes... qui retrace plus de cent cinquante ans d'histoire du chemin de fer.

Parmi les maquettes, vous remarquerez **Eugénie**, superbe prototype de locomotive et son mécanisme, réalisé en 1840 par un élève de l'école de maistrance des ports maritimes de Rochefort ; et un modèle au 1/11 de la **Mikado 141 R. 1208**, à vapeur. Vous découvrirez aussi la maquette d'une **estacade** (aire de chargement du charbon) et celle d'une **rotonde** (aire d'entretien et de réparation des

Une aventure industrielle

Aux **forges** créées en 1779 par le comte d'Artois, frère de Louis XVI, ont succédé des ateliers offrant une gamme étendue de produits industriels. La première manufacture de **porcelaine** ouvre en 1816. Au tournant du siècle, la ville compte une dizaine d'usines qui la placent au second rang après Limoges ; c'est toujours le centre porcelainier le plus important du Berry. En 1847, un menuisier du nom de **Célestin Gérard** (1821-1885) s'installe à Vierzon et ouvre, face à la toute nouvelle gare, un atelier de réparation de matériel agricole. Inventeur talentueux, il conçoit la première batteuse mobile et la première locomobile. Réussite professionnelle incontestable... Lorsque Gérard vend son usine en 1879, celle-ci compte déjà 500 ouvriers. Reprise par la famille Arbel, l'entreprise, dénommée la **Société française de matériel agricole et industriel** (puis, plus tard, Case-Poclain), devient une très importante fabrique de machines agricoles.
De ses murs sortiront locomobiles, batteuses et « Vierzon », célèbres tracteurs deux temps. Quatre autres usines : la « Française », Merlin, Brouhot et la « Vierzonnaise », reprendront par la suite le flambeau, produisant jusqu'à 70 % du matériel de battage français entre 1920 et 1950. Lorsque **Case-Poclain** annonce en 1994 la fermeture de son usine, l'aventure prend fin. Restent de splendides bâtiments industriels qui connurent jusqu'à 2 000 salariés. Le bâtiment B3, où l'on fabriquait les fameux tracteurs, abrite aujourd'hui un pôle numérique.

L'auditorium du square Lucien Beaufrère, conçu par Eugène Henry Karcher.
N. Thibaut/Photononstop

machines à vapeur). Plusieurs machines agricoles sont également présentées. La visite se termine en mettant en avant la **mémoire industrielle locale** par des entretiens filmés, intéressants témoignages d'anciens ouvriers de Vierzon, sur leurs savoir-faire et leurs métiers.

Circuit conseillé

CARTE P. 274

Incursion en Champagne berrichonne AB2-3

Circuit de 75 km tracé en rose sur la carte p. 274. Quittez Vierzon par le sud-est en empruntant la D 27, dir. Quincy.

★★ Fresques de l'église de Brinay B3

(Voir. p. 324)

Quittez Brinay par le sud-ouest en empruntant la D 18ᴱ, dir. Méreau.

Massay A3

Reconstruite du 14e au 16e s. et précédée d'un majestueux clocher-porche carré, l'**église St-Paxent** appartenait à une abbaye bénédictine fondée au 8e s., St-Martin de Massay. Des bâtiments abbatiaux subsistent, en particulier la salle capitulaire, des parties des dortoirs (13e s.), des celliers (12e s.) et des granges dîmières. La chapelle de l'Abbé (ou St-Loup), du 12e s., se dressait au centre du petit cloître. Le logis de l'Abbé date du 17e s.

Quittez Massay par le sud-ouest en empruntant l'A 20, dir. Châteauroux.

Vatan A3

Église St-Laurian – Restaurée, elle possède un chœur du 16e s. avec vitrail de la même époque (histoire de saint Laurian), et renferme quelques tableaux du 18e s. et des vantaux sculptés (1498).

Musée du Cirque – *1 pl. de la Liberté - ✆ 02 54 49 77 78 - www.musee-du-cirque.com - ♿ - 10h-12h, 14h-18h, mar. 14h-18h - fermé lun. - 5 € (4-12 ans 3 €).*

5

Cette insolite collection consacrée au monde du cirque présente ses différentes disciplines à travers de nombreux accessoires et costumes. Plusieurs maquettes illustrent l'évolution du cirque et de la ménagerie au 20e s. Et surtout de magnifiques affiches d'Antonin Magne et de Gustave Soury. Des documents et journaux d'époque... complètent cette exposition pleine d'émotion.
Quittez Vatan par le nord en empruntant la D 922.

St-Outrille A3

Sa **collégiale**, édifice mi-roman, mi-gothique, possède une nef datant du 15e s. Le chœur, les absidioles (sauf une) et le transept furent édifiés dans la première moitié du 12e s. Le chevet (remarquez les pilastres à entrelacs de l'arcature aveugle) est surmonté d'un curieux clocher tordu couvert de bardeaux.
D'après la légende, le diable pourchassé par les villageois se réfugia un jour sur le clocher. En sautant dans le verger voisin, sa queue se prit dans la flèche et la tordit de telle façon que, de nos jours, elle demeure vrillée...
Dans le chœur, des chapiteaux à feuilles d'acanthe de facture simple sont posés sur des colonnes monolithes légèrement galbées. Le portail de la façade occidentale date du 14e s.

Graçay A3

Séparée de St-Outrille par le Fouzon, cette cité médiévale a conservé quelques vestiges de remparts.
Musée de la Photographie Lucien Prévost – *2 pl. du Marché - ☎ 02 48 51 41 80 - www.museephoto.com - avr.-oct. : mar.-sam. 10h-12h, 14h-18h, dim. 10h-12h, 15h-18h ; resté de l'année : se rens. - 5 € (-12 ans 3 €).* Ses collections, riches de quelque 3000 appareils, accessoires et documents photographiques divers, comprennent des souvenirs de **Lucien Prévost** (1875-1911), natif de St-Outrille et créateur de machines pour le cinématographe, et d'étonnantes photos, comme ce portrait de Victor Hugo par **Nadar** (1884) ou celui de Ferdinand de Lesseps par **René Dragon** (1880), photographe inventeur du télémètre. Vous découvrirez aussi la reconstitution d'un atelier de photographe de 1920 et celle d'un labo photo, ainsi que des vitrines thématiques (visée, format, flash, etc.).
Quittez Graçay par l'est en empruntant la D 68.

Nohant-en-Graçay A3

Les colonnes supportant la voûte de la tour centrale de l'**église St-Martin** sont surmontées de remarquables chapiteaux (12e s.). Curieux clocher à flèche en spirale comme à St-Outrille-en-Graçay.
Quittez Nohant par le nord en empruntant la D 164.

Genouilly A2

L'**église St-Symphorien**, du 12e s., précédée par un beau porche, possède des vitraux de 1536. Le chœur est recouvert d'une voûte angevine du 13e s., exceptionnelle dans le Berry, et qui repose sur des colonnettes aux chapiteaux romans ornés de feuilles d'acanthe, de rinceaux et d'entrelacs, au milieu de quelques visages et têtes d'animaux. Sur le chapiteau du pilier de droite, à l'entrée du chœur, acrobate en équilibre sur les mains, accompagné de deux animaux fantastiques qui lui retiennent les pieds. Dans la chapelle sud, mausolée de la famille de La Châtre de la fin du 16e s. et du début du 17e s.
Quittez Genouilly par l'est en empruntant la D 19. Prenez à droite la D 90 qui ramène à Vierzon en longeant la rive gauche du Cher.

Carnet pratique

S'informer

Office de tourisme de Vierzon – *5 bis pl. Foch - ✆ 02 48 53 06 14 - www.berrysolognetourisme.com*
Office de tourisme de Garçay – *4 pl. du Marché - ✆ 02 48 51 22 83 - www.berrysolognetourisme.com.*

Agenda

Rendez-vous aux jardins – *W.-end déb. juin.* Visite des jardins fleuris ou potagers de la ville.

À proximité

Vatan – Fête de la lentille verte – *2e w.-end sept. - ✆ 07 50 80 15 62.* Défilé de chars, élection de miss Lentille et de ses dauphines, marché fermier et dégustation.

Nos adresses

Restauration

Premier prix

L'intrigue – *8 pl. Vaillant-Couturier - ✆ 09 86 35 63 77 - fermé lun. midi et dim. - plats 14/20 €.* Depuis plusieurs années, ce restaurant régale les Vierzonnais. Belle déco de pierres apparentes et service efficace. Produits frais et de saison, et mention aux burgers (pain du boulanger et frites maison). Ne sert pas d'alcool.

Budget moyen

Les Petits Plats de Célestin – *20 av. P.-Sémard - ✆ 02 48 83 01 63 - www.lespetitsplatsdecelestin.com - fermé dim.-lun. - formule déj. sem. 23/24 €, menus 31/35 €.* Cette maison de maître du 19e s. dissimule un bel intérieur façon loft. Véranda et terrasse s'ouvrent sur un jardin public. Cuisine inventive au goût du jour, belle carte des vins.

À proximité

Les Saisons gourmandes – *Pl. des Tilleuls - St-Pierre-des-Jards - ✆ 02 54 49 37 67 - www.lessaisonsgourmandes.fr - ♿ - fermé lun. et le soir de dim. à merc. - plats 17/29 €.* Cuisine gastronomique à base de produits du terroir dans un décor 100 % berrichon. Terrasse fleurie, au calme d'un petit village de campagne : adresse de charme.

Activités

Randonnée – Sentier de la Salamandre, en forêt de Vierzon *(dép. carrefour D 926 et D 29 - 2,3 km AR)*, ponctué de bancs et de pupitres sensoriels. Unique dans le Cher, il est labellisé Tourisme et Handicap. Circuit téléchargeable sur www.onf.fr.

Hébergement

Premier prix

Hôtel Le Chalet de la Forêt – *143 av. É.-Vaillant - ✆ 02 48 75 35 84 - www.lechaletdelaforet.com - ✕ fermé en hiver dim. soir et lun. midi - ▤ P ♒ ♿ - 10 ch. à l'hôtel et 20 ch. réparties dans 5 chalets, 80/85 € - ☕ 13,50 € - menus 22/42 €.* À l'entrée nord de Vierzon, cet hôtel est une étape pratique. Chambres installées dans la demeure principale et dans des maisonnettes en bois. À table, vous dégusterez une cuisine solide classique.

Budget moyen

Chambre d'hôte de l'Hôtel particulier des Francières – *17 r. de l'étape - ✆ 06 62 63 15 10 - lesfrancieres-vierzon.fr - P ⊠ - 2 ch. 90/110 € ☕.* Cette élégante demeure dispose de deux chambres confortables, avec vue sur le jardin. Située en centre ville, elle est proche des restaurants.

5

Le château du Bouchet.
H. Lenain/hemis.fr

6

Valençay, la Brenne et la vallée de la Creuse

CARTE MICHELIN DÉPARTEMENTS 323 – INDRE (36)

Château de Valençay★★★	336
Pays de Valençay★	341
Parc naturel régional de la Brenne★★	348
Le Blanc	358
Saint-Benoît-du-Sault	363
Saint-Marcel et Argentomagus★	367
Vallée de la Creuse★	371
Gargilesse-Dampierre★	380

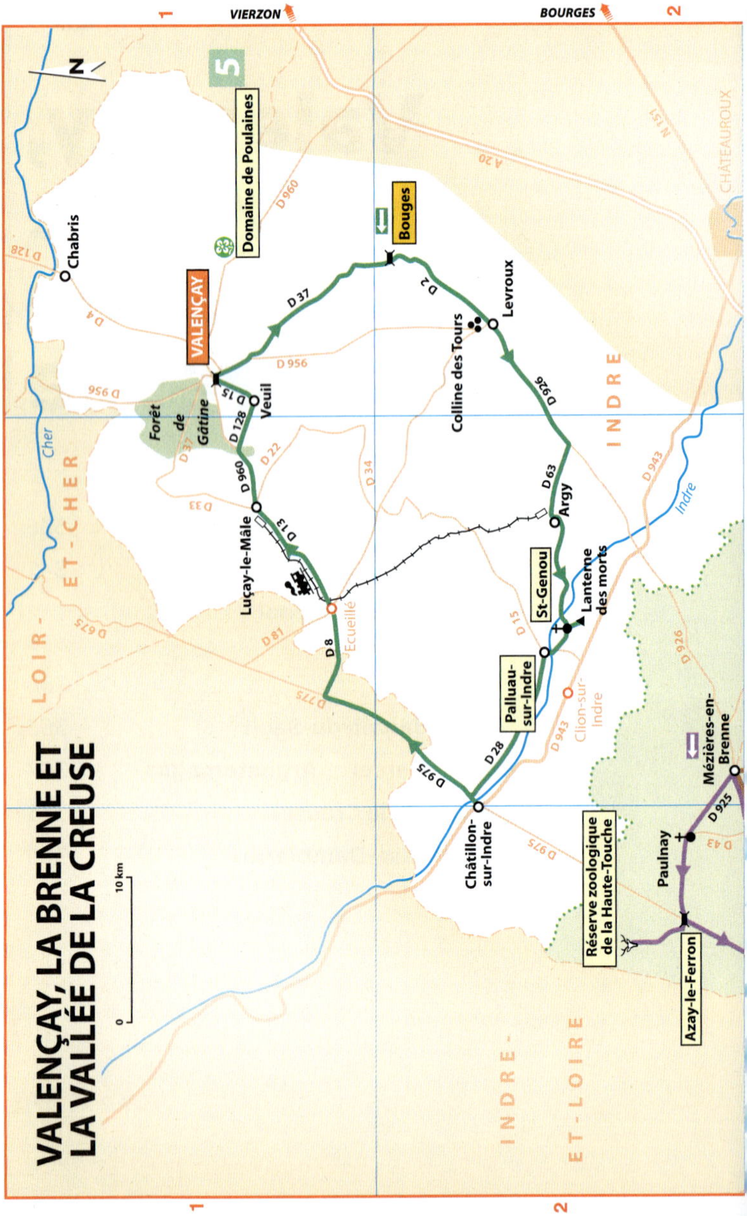
VALENÇAY, LA BRENNE ET LA VALLÉE DE LA CREUSE
0
10 km
N
VIERZON
BOURGES
CHÂTEAUROUX
5
Domaine de Poulaines
VALENÇAY
Chabris
Bouges
Levroux
Colline des Tours
Veuil
Forêt de Gâtine
Luçay-le-Mâle
Ecueillé
Argy
St-Genou
Lanterne des morts
Palluau-sur-Indre
Clion-sur-Indre
Châtillon-sur-Indre
Mézières-en-Brenne
Paulnay
Réserve zoologique de la Haute-Touche
Azay-le-Ferron
Cher
Indre
LOIR-ET-CHER
INDRE
INDRE-ET-LOIRE
D 128
D 4
D 956
D 960
D 37
D 2
A 20
N 151
D 926
D 15
D 128
D 22
D 33
D 34
D 63
D 13
D 675
D 81
D 8
D 775
D 975
D 28
D 943
D 925
D 43
A
B
C
1
2

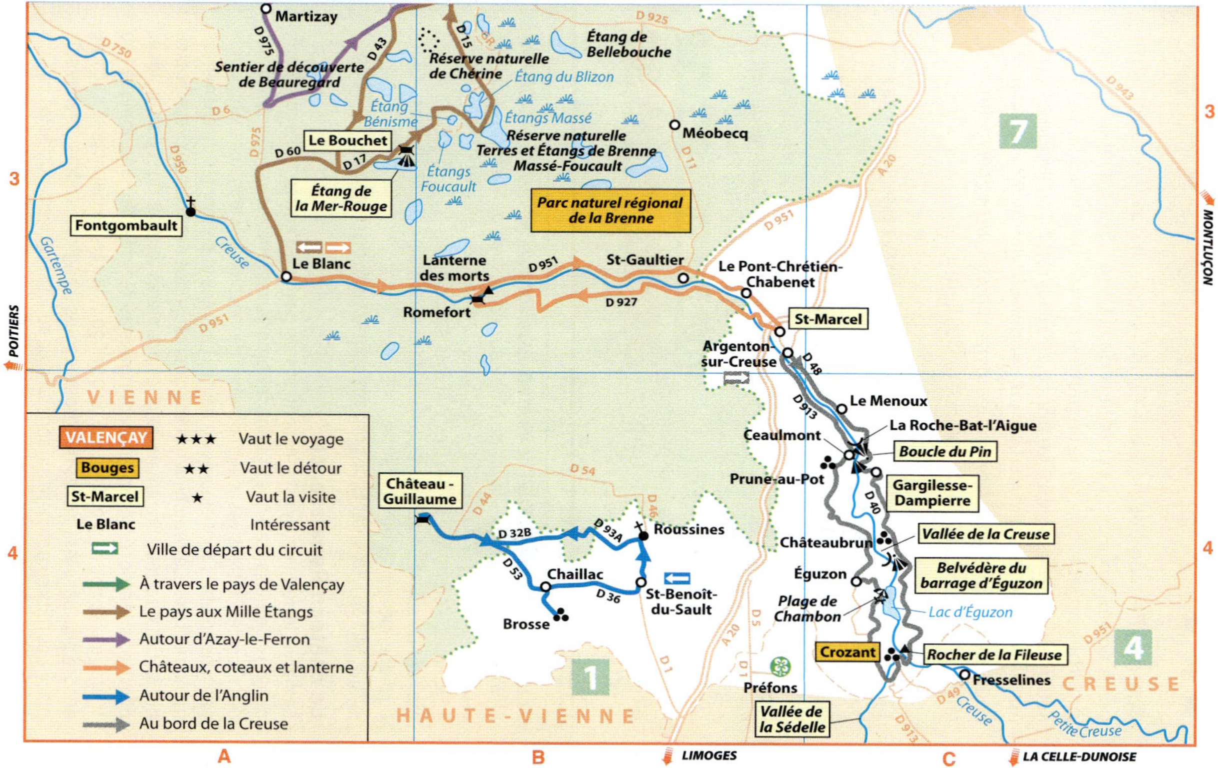
MONTLUÇON
POITIERS
LIMOGES
LA CELLE-DUNOISE
Martizay
Sentier de découverte de Beauregard
Réserve naturelle de Chérine
Étang de Bellebouche
Étang du Blizon
Étang Bénisme
Étangs Massé
Réserve naturelle Terres et Étangs de Brenne Massé-Foucault
Méobecq
Le Bouchet
Étang de la Mer-Rouge
Étangs Foucault
Parc naturel régional de la Brenne
Fontgombault
Creuse
Gartempe
Le Blanc
Lanterne des morts
Romefort
St-Gaultier
Le Pont-Chrétien-Chabenet
St-Marcel
Argenton-sur-Creuse
Le Menoux
La Roche-Bat-l'Aigue
Ceaulmont
Boucle du Pin
Prune-au-Pot
Gargilesse-Dampierre
Vallée de la Creuse
Châteaubrun
Belvédère du barrage d'Éguzon
Éguzon
Plage de Chambon
Lac d'Éguzon
Crozant
Rocher de la Fileuse
Fresselines
Petite Creuse
Préfons
Vallée de la Sédelle
Château-Guillaume
Roussines
Chaillac
St-Benoît-du-Sault
Brosse
VIENNE
HAUTE-VIENNE
CREUSE
D 750
D 975
D 43
D 15
D 925
D 6
D 60
D 17
D 950
D 11
D 951
D 927
A 20
D 943
D 48
D 913
D 40
D 54
D 44
D 32B
D 93A
D 46
D 53
D 36
D 5
D 1
D 49
7
4
1
3
A
B
C
VALENÇAY
Bouges
★★★ Vaut le voyage
★★ Vaut le détour
★ Vaut la visite
Le Blanc Intéressant
Ville de départ du circuit
À travers le pays de Valençay
Le pays aux Mille Étangs
Autour d'Azay-le-Ferron
Châteaux, coteaux et lanterne
Autour de l'Anglin
Au bord de la Creuse

Château de Valençay

★★★

Construit à la même époque que Chambord, le château de Valençay n'a rien à envier aux proches châteaux de la Loire... Son architecture aux superbes proportions, dans un parc aux tracés harmonieux, en fait un lieu unique et prestigieux. Le prince de Talleyrand l'avait bien compris lorsqu'au 19e s., il avait fait de ses réceptions et de ses fêtes à Valençay l'outil de sa diplomatie. Comme les invités choisis du politicien de génie, laissez-vous séduire par la splendeur des lieux...

Se repérer

Indre (36)

CARTE P. 334-335 (C1)

Valençay se trouve à 56 km au sud de Blois, à 1h15 de Tours et à 3h de Paris *via* Orléans.

Organiser son temps

Prévoyez 3 à 4h de visite pour profiter pleinement du château et de son parc. Vous pouvez y passer la journée en famille.

En famille

Le grand labyrinthe de Napoléon, l'aire de jeux, la petite ferme, le parc aux daims, la forêt des Princes.

Carnet pratique p. 340

Nos adresses p. 340

Découvrir le château

2 r. de Blois - ☎ 02 54 00 10 66 - www.chateau-valencay.fr - ♿ - mars-sept. : 10h-18h - reste de l'année : se rens. - fermé du 14 nov. au déb. des vac. de Noël et de déb. janv. à mi-fév. - 14,50 € (-17 ans 11,50 €) - 18 € billet combiné avec musée de l'Automobile.

Le parc s'étend sur 53 ha. Des voitures électriques *(4 pl. - 15 €/45mn)* permettent de suivre un parcours de 4 km dans le domaine (forêt, grottes...). Aire de pique-nique près du labyrinthe.

Carnets de jeux enfants disponibles pour la visite du château.

Le château Renaissance

La merveille de Valençay est sans conteste son **pavillon d'entrée**, traité comme un donjon « de plaisance » que trouent de nombreuses fenêtres et qu'agrémentent des tourelles inoffensives et une couronne de mâchicoulis soigneusement ouvragée. Les combles sont ajourés de hautes lucarnes et surmontés de cheminées monumentales. Cette architecture est caractéristique des châteaux Renaissance du Val de Loire, mais on remarque ici les premières touches du style classique : pilastres superposés, chapiteaux doriques au rez-de-chaussée, ioniques au 1er étage et corinthiens au 2e étage du pavillon d'entrée. Le classicisme s'accuse encore plus dans les toitures des grosses tours d'angle : les dômes prennent la place des toits en poivrière qui sont la règle au 16e s. sur les bords de la Loire.

Par le donjon, on accède, au 1er étage, à la **salle Renaissance**, l'une des réalisations de Jacques Ier d'Estampes et de son épouse, Jeanne Bernard, dont les portraits ornent le dessus de cheminée. Les fenêtres à meneaux, la grande cheminée, le parquet en bois et les plafonds à la française témoignent du luxe de cette pièce. La **galerie d'Estampes** accueille des expositions temporaires.

Le château de Valencay.
C. Ehlers/Stock Connection/age fotostock

Aile ouest – Elle fut ajoutée au 17e s. puis remaniée au 18e s. comme l'atteste son toit à la Mansart où alternent mansardes et œils-de-bœuf. À l'intérieur, les appartements de la famille Talleyrand et de ses « invités » contiennent objets d'art et meubles Empire. Après le Grand Vestibule, vous entrez dans la **galerie des Portraits de famille**. Dans le **Salon bleu**, où fut signé, en 1813, le traité de Valençay qui reconnaissait Ferdinand comme roi d'Espagne, un bureau Louis XVI, un meuble Boulle, un paravent importé de Chine, voisinent avec le portrait de Frédéric-Auguste Ier. Le **Grand Salon**, quant à lui, est doté d'un somptueux mobilier Empire dont la table dite « du Congrès de Vienne ».
À l'étage, après le cabinet de travail de Talleyrand, on parcourt les **appartements** qu'occupa, de 1808 à 1814, Ferdinand, prince des Asturies puis roi d'Espagne, et ceux de Mme de Bénévent, épouse de Talleyrand, et de la duchesse de Dino. Puis s'ouvre la **grande galerie**, longue de 70 m. Dans la **salle des Trésors d'apparat** sont exposés des objets ayant appartenu à Talleyrand, tels sont portefeuille diplomatique ou la chaussure orthopédique du célèbre « diable boiteux ».
Enfin, l'**escalier d'honneur**, orné d'une tapisserie de la manufacture des Gobelins, ramène au rez-de-chaussée, à la **salle à manger** et sa magnifique table d'acajou qui pouvait accueillir jusqu'à 36 convives. La visite se termine par la grande cave à vin et les **cuisines** au sous-sol. Elles permettent d'imaginer le faste des réceptions offertes par Talleyrand et orchestrées par son chef de bouche, **Antonin Carême**. Sous la cour d'honneur se cache une grande salle basse datant du 13e s., voûtée en berceau brisé, seul vestige de l'ancien château fort *(en visite guidée uniquement)*.

Théâtre

02 54 00 10 66 - www.chateau-valencay.fr - ♿ - visite guidée sur demande préalable (30mn) merc. et w.-end. de mi-mars. à mi-nov. : 16h - 4,90 €.
Joyau de style Empire, orné de nombreuses fresques, il a été aménagé en 1809 dans les communs à la demande de Napoléon Ier, afin de divertir les infants d'Espagne exilés à Valençay. Ce petit théâtre à l'italienne a conservé une partie de

sa machinerie et de ses **décors d'origine** et peut accueillir 90 personnes (des spectacles y sont donnés régulièrement). Tombé dans l'oubli au début du 20e s., il n'a été redécouvert qu'en 1980 et n'a rouvert au public que depuis une dizaine d'années, après d'importants travaux. Les **statues lampadophores** du parterre, récemment restaurées, qui représentent la tragédie et la comédie, remontent à la construction du théâtre.

Parc et jardins

Le beau jardin à la française, dessiné par Édouard André, précède le château. Sur le parterre de l'aile ouest, la paysagiste Noémie Malet s'est inspirée d'un dessin du 18e s., premier document iconographique représentant le parc, pour créer en 2016 un nouvel espace, la **Grande Perspective**.

Dans le parc du château qui s'étend sur 53 ha, plusieurs activités sont destinées aux enfants : le **grand labyrinthe de Napoléon**, véritable jeu de pistes, une aire de jeu, une mini-ferme ainsi que le parc aux daims et la forêt des Princes.

À voir aussi

Chapelle Notre-Dame

6 r. de Talleyrand (à côté de la Mairie).

Autrefois dans la crypte, le tombeau en marbre noir de Talleyrand a été remonté en 2010 dans cette chapelle édifiée en 1818, puis reconstruite à la fin des années 1950.

Musée de l'Automobile

12 av. de la Résistance - rte de Blois - 36600 Valençay - 02 54 00 07 74 - www.musee-auto-valencay.fr - - juil.-août : 10h-12h30, 14h-18h30 ; avr. et sept : 10h-12h30, 14h-18h - mai-juin et oct. : jeu.-dim. 10h-12h30, 14h-18h - 7 € (7-17 ans 5 €).

La collection des frères Guignard, petits-fils d'un carrossier de l'Indre, regroupe plus de **60 voitures anciennes**, dont la doyenne date de 1898. Toutes sont parfaitement entretenues et en état de marche. Vous découvrirez un authentique taxi de la Marne, une Bugati de 1936, des Panhard, des Delage, des cartes routières de tous âges et même des Guides Michelin d'avant 1914 ! Des véhicules

Finance et diplomatie : un beau mariage

Valençay émerge des brumes de l'histoire à l'époque gallo-romaine. Autour de l'an mille, un simple donjon s'y dresse jusqu'à ce qu'en 1220 un seigneur de Valençay y construise, semble-t-il, un premier château féodal. Au 16e s. son nouveau propriétaire, Jacques d'Estampes, enrichi par son mariage, décide de le remplacer par une demeure digne de sa nouvelle fortune ; ce sera l'actuel château de Valençay. Son histoire comptera, parmi les propriétaires successifs, le fameux banquier écossais John Law (1671-1729) et surtout **Charles Maurice de Talleyrand-Périgord** (1754-1838), qui l'acquiert en 1803. Napoléon, qui n'aime guère recevoir, charge son ministre des Relations extérieures d'y organiser de nombreuses réceptions princières et d'en faire la cage dorée, solidement gardée, du prince déchu Ferdinand VII d'Espagne, de son frère Carlos et de son oncle Antoine. En 1813, le traité de Valençay rend à Ferdinand VII sa liberté et son trône, tandis que Napoléon est destitué. Talleyrand, toujours aux affaires, séjourne à Paris l'hiver, au château l'été. Maire de Valençay, puis conseiller général de l'Indre, il s'éteint à Paris en 1838. Son corps repose dans la chapelle de Valençay.

Château de Valençay, le théâtre.
A. Chicurel/hemis.fr

d'exception, dont certains très populaires dans les années 1950, pour une visite qui passionnera petits et grands.

À proximité

Forêt de Gâtine BC1

S'étendant sur 2000 ha à la sortie nord-ouest de Valençay, cette belle **forêt** cache deux étangs. Nombreux chemins forestiers.

Chabris C1

14 km au nord-est par la D 4.

D'origine romaine, Chabris, sur les pentes de la rive gauche du Cher, produit des vins et des fromages de chèvre estimés.

Église Saint-Phalier – Dédiée à saint Phalier, solitaire du 5e s. qui mourut à Chabris, cette église est l'objet d'une dévotion fort ancienne *(pèlerinage le 3e dim. de sept.)*. Le pèlerin le plus célèbre fut Louis XI... Contournez son chevet pour voir les curieuses sculptures primitives d'animaux fantastiques, de l'Annonciation, et les sections en appareil losangé qui proviennent d'une église plus ancienne. Celle-ci fut reconstruite au 15e s. : derrière le porche à double arcade et à tribune : vous pouvez admirer son portail gothique aux vantaux sculptés. La **crypte** (10e-11e s.) est en forme de « confession », avec un passage et des ouvertures pour vénérer les reliques : elle renferme le sarcophage du saint.

6

★ Domaine de Poulaines C1

8,5 km à l'est par la D 960.

R. du Château - ✆ 06 73 01 15 23 - www.domaine-poulaines.com - juil.-août : tlj 11h-19h, mai-juin et déb. à mi-juin : vend.-dim. 11h-18h, reste de l'année : se rens. - 10 € (6-12 ans 4 €).

Dans un domaine de 25 ha, des jardins à thèmes – certains historiques, d'autres de création contemporaine – s'étendent sur près de 5 ha, autour d'arbres centenaires et de bâtiments anciens (manoir Renaissance et communs 17e-19e s.). Poulaines surprend par sa diversité et ses couleurs. Vous pénétrez dans un univers unique et poétique : ruisseau, parc à l'anglaise, roseraie, arboretum (300 arbres). Une visite magique ! Le domaine de Poulaines appartient également à la Route éphémère des iris, qui regroupe 7 parcs et jardins de la région Centre-Val de Loire *(www.routedesiris.com)*. Les iris qui fleurissent au mois de mai composent de magnifiques tableaux de couleurs et de senteurs.

Veuil *(p. 346)*
À 6 km au sud-ouest de Valençay.

★★ **Château de Bouges** *(p. 341)*
À 17 km au sud par la D 956, puis D 37.

Carnet pratique

S'informer

Office de tourisme – *2, av. de la Résistance - 02 54 00 04 42 - www.valencay-tourisme.fr.*

Agenda

Grande chasse aux œufs de Pâques – *Mars-avr.* Une belle occasion pour une visite gourmande du château tout en s'amusant !

Saison culturelle – Concerts et spectacles toute l'année.

Jazz aux écuries – *3 j. en juil. au château.*

Soirée aux chandelles – *1er merc. d'août à Veuil - 02 54 40 32 71.* Animations et théâtre de rue.

Marché nocturne – *1er sam. d'août dans la Cour des ronds au château.*

Festival Talleyrand – *En sept. au château.* Concerts de musique ancienne par des artistes internationaux.

Nos adresses

Voir aussi nos adresses dans le Pays de Valençay p. 347.

Hébergement

À proximité

Pour se faire plaisir

Domaine de Poulaines – *Poulaines - 06 73 01 15 23 - www.domaine-poulaines.com - - gîte pour 2 à 4 pers. 1090 €/sem.* À 8 km de Valençay, dans les beaux jardins de Poulaines, une petite maison confortable *(45 m²)*, complètement équipée (cuisine, sdb, télévision) vous promet un séjour magique et serein, entourée d'arbres et de fleurs.

Pays de Valençay ★

Le Pays de Valençay vous fera découvrir châteaux et églises romanes chargés d'histoire. Vous longerez les bords de l'Indre, traverserez des forêts silencieuses sur d'étroites routes de campagne. Ce sera l'occasion de rechercher des producteurs de vin de Valençay, des fromages de chèvre, sans oublier le pâté berrichon et la galette de pomme de terre.

Palluau-sur-Indre.
H. Lenain/hemis.fr

Se repérer

Indre (36)

CARTE P. 334-335 (BC1-2).

À ne pas manquer

Au château de Bouges, les jardins à la française et le parc de 80 ha ; la collégiale St-Sylvain et ses stalles à Levroux ; les chapiteaux de l'abbatiale de St-Genou ; les fresques du prieuré St-Laurent à Palluau-sur-Indre.

Organiser son temps

Le château et les jardins de Bouges sont fermés à l'heure du déjeuner.

En famille

Une promenade à bord du train du Bas-Berry.

Carnet pratique p. 346

Nos adresses p. 346

Circuit conseillé

CARTE P. 334

À travers le pays de Valençay BC1-2

Circuit de 110 km tracé en vert sur la carte p. 334. Quittez Valençay par le sud en suivant la D 956, puis, à droite, la D 37.

★★ Château de Bouges C2

15 r. du Château - 02 54 35 88 26 - www.chateau-bouges.fr - visite guidée à 10h15 et 14h15 sur réserv. (45mn) juil.-août : 10h-12h30, 14h-18h45 ; avr.-juin et sept.-oct. : tlj sf mar. 10h-12h, 14h-18h ; mars et nov. : w.-end 10h-12h, 14h-17h - 8 € (-18 ans gratuit) - parc et jardins 5 €. jeux de piste en famille ts les merc. d'août. Voir l'ABC d'architecture p. 467.

Location de vélos à la boutique du château de juin à oct.

Cette élégante demeure, inattendue car perdue dans la campagne, ne peut que surprendre, après la traversée de la forêt de Levroux. Par l'ordonnance de ses frontons et de ses façades, elle rappelle étrangement le Petit Trianon. **Bouges,** avec ses jardins à la française, son mobilier précieux et sa gracieuse architecture, invite à un voyage au cœur du 18e s.

En 1759, le comte **Charles Le Blanc de Marnaval**, maître des forges de Clavières et directeur de la Manufacture royale de draps de Châteauroux, acquiert les terres de Bouges, rase la maison forte féodale et lance vers 1765 la construction de cette demeure Louis XV. Parce que cet édifice évoque le Petit Trianon, sa construction fut attribuée à Ange-Jacques Gabriel, attribution démentie aujourd'hui. L'ascension de Marnaval suscite des jalousies et, bientôt accusé de détournement de fonds, ruiné, il doit vendre Bouges en 1779. Le château passera ensuite entre de nombreuses mains, dont celles de l'illustre **Talleyrand,** qui en sera propriétaire de 1818 à 1826. Le domaine traversera la Révolution et les guerres sans dommages. Henri Dufour en hérite en 1870 et pendant plus de 40 ans, remanie et aménage la demeure. Il fait appel aux paysagistes **Henri Duchêne** et à son fils Achille qui restructurent le parc à l'anglaise et créent de nouveaux jardins. À la mort d'Henri Dufour, une succession difficile entraîne l'enlèvement de tout son décor d'origine, tapisseries, dessus de porte et mobilier.

Si le château possède aujourd'hui un ravissant **mobilier★** reconstitué dans l'esprit du 18e s., et portant de célèbres estampilles, c'est grâce aux efforts soutenus d'**Henri Viguier**, directeur du Bazar de l'Hôtel-de-Ville, à Paris, qui l'acquit en 1917. Avec son épouse **Renée**, ce couple d'amateurs éclairés va acheter plus de 1600 pièces pour redonner vie au château. Renée Viguier apporte une attention particulière aux tissus et réemploie des étoffes anciennes, en interprétant les inventaires du mobilier du 18e s.

Dans le château, vous admirerez notamment le **hall d'honneur**, décoré en trompe-l'œil ; le bureau, revêtu de boiseries de chêne Régence ; le boudoir et sa vue sur les jardins ; la bibliothèque, aux murs décorés de chinoiseries ; le **grand salon**, avec sa cheminée de marbre et sa pendule astronomique ; la salle de jeux ; la salle à manger, dont la table pouvait recevoir jusqu'à 30 convives. Eclairée par un puits de lumière, la cage d'escalier mène à l'étage où vous découvrirez d'autres pièces, dont la chambre de Madame et celle de Monsieur. N'oubliez pas les sous-sols, qui abritent la cuisine et les caves. En 1967, Henri Viguier lègue le château et ses dépendances à la Caisse nationale des Monuments historiques.

Dépendances – Les bâtiments aux toits à la Mansart regroupent l'**écurie** et deux **selleries**. L'aile en retour d'angle abrite une collection de voitures hippomobiles du début du 20e s.

La duchesse de Dino

Qui était donc cette duchesse ? Née en 1793 à Berlin sous le nom de Dorothée, princesse de Courlande, cette riche héritière est mariée à l'âge de 16 ans à Edmond de Périgord, neveu de **Charles Maurice de Talleyrand-Périgord**, ministre des Relations extérieures de Napoléon. Le mari négligeant sa jolie épouse, Talleyrand a l'occasion d'apprécier les qualités de cette femme d'esprit qui sait briller en société tant par son intelligence que par son charme. Voyant le parti qu'il pourra tirer de sa nièce, le fin diplomate lui demande de l'accompagner en 1814 au congrès de Vienne où les vainqueurs de Napoléon vont décider du sort de la France. Elle s'y révèle une précieuse alliée et, dès lors, Talleyrand la sollicite pour qu'elle l'accompagne dans les missions les plus délicates. Une complicité s'installe entre eux, malgré un écart d'âge de 39 ans, si bien que Talleyrand est considéré comme le père de sa troisième fille, Pauline. Cadeau princier de ce dernier, Bouges ne fut guère apprécié par sa jeune propriétaire, habituée aux fastes des cours d'Europe. La duchesse de Dino, qui s'y sentait à l'étroit, y séjourna peu et ne l'évoque même pas dans sa *Notice sur Valençay*. Bouges fut remis en vente dès 1826.

★ **Parc et Jardins** – Devant le château s'étendent les **jardins à la française★** – parterres soulignés de bordures de buis et d'ifs taillés en cône, entourés de rangs de lauriers. Derrière les écuries se trouve le **jardin bouquetier**, destiné au fleurissement du château, ainsi qu'une serre exotique. La promenade peut se poursuivre dans le très beau **parc à l'anglaise★** (80 ha), agrémenté d'un étang.
Prenez la D 2 en direction de Levroux.

Levroux C2

Aujourd'hui quelque peu délaissée, Levroux offre d'intéressants témoignages architecturaux de son riche passé. Née à l'époque gallo-romaine, cette ancienne cité s'est développée au Moyen Âge autour de son château et de sa superbe collégiale St-Sylvain. De nombreux lépreux venaient prier saint Sylvain, censé guérir les maladies de peau ; et Levroux comptait une léproserie. La ville s'est enrichie grâce à son i**ndustrie du parchemin et à ses mégisseries**, activités que trahit encore la présence de séchoirs à persiennes de bois sur certaines de ses maisons les plus anciennes. Le travail du cuir continue aujourd'hui, pour l'industrie du luxe.
★ **Collégiale St-Sylvain** – *5 r. de la Marne.* Au début du 11e s., **Eudes de Déols** fonde un chapitre collégial à Levroux et cède aux chanoines une partie du bourg. L'église fut construite en deux phases entre 1202 et 1280. La crypte, l'abside et le grand clocher précédèrent le voûtement de la nef et la construction d'un porche, vers 1263. L'édifice se termine au chevet par une abside heptagonale flanquée d'un clocher carré. Le portail méridional, orné de 21 figurines, accueillait les lépreux. Le portail principal porte un tympan très mutilé, sculpté d'une Résurrection des morts et d'un Jugement dernier.
La **nef de trois étages** impressionne par sa hauteur : 18 m sur 55 m de longueur. Le chœur a été bâti dans un style de transition roman-gothique ; observez la clé de voûte du sanctuaire représentant un Christ bénissant. La couverture de l'abside, soutenue par des nervures rayonnantes retombant sur des statues-colonnes, est très harmonieuse. Les **stalles★** (fin 15e s.) forment un bel ensemble. Dans la chapelle des fonts baptismaux, un bois polychrome (15e s.) représente la sainte Trinité. Le **buffet d'orgue★** *(voir l'ABC d'architecture p. 465)* se détache devant la fenêtre de la façade. Il date lui aussi de la fin du 15e s. ; il comporte 1800 tuyaux

et fut monté en tribune en 1780 (il était auparavant dans le chœur). C'est l'un des trois exemplaires subsistant en France de l'époque gothique.

Maison de bois ou maison St-Jacques – Située dans une rue qui débouche devant la façade de St-Sylvain. Construite entre 1536 et 1547, elle est décorée de culs-de-lampe à figures d'anges, et arbore les blasons de François Ier et d'Henri de Valois, futur Henri II. Remarquez un **homme sauvage★** vêtu de feuilles d'arbre. Cette maison servait de halte sur le chemin de St-Jacques-de-Compostelle.

Porte de Champagne – Élevée au début du 16e s., elle est la dernière survivante des sept portes de ville percées dans les remparts dressés pendant la guerre de Cent Ans. Elle fut transformée en prison au début du 19e s.

Colline des Tours C2

À 1 km au nord par la D 956 (carrefour D 2) ; accès par un chemin en montée.

Sur l'oppidum ont été retrouvés quantité de vestiges archéologiques, dont un **rempart** du type *murus gallicus*, fortification gauloise dont les murs aux pierres non maçonnées sont renforcés d'un chaînage de poutres entrecroisées. Du château, construit au 14e s. par Bertrand de La Tour d'Auvergne, restent une entrée encadrée de deux grosses tours rondes et un corps de bâtiment (porte gothique). Vous apprécierez aussi la belle **vue** sur Levroux.

Quittez Levroux en empruntant la D926 puis prenez la D 63.

À **Argy**, l'imposant **château** des 15e-16e s. qui a appartenu, ainsi que la ferme fortifiée et le parc de 40 ha, au Club du Vieux Manoir, est à présent fermé à la visite.

Quittez Argy par l'ouest en empruntant la D 63.

★ Ancienne abbaye de St-Genou B2

Elle faisait jadis partie d'une abbaye bénédictine, fondée en 828 au lieu-dit Strata (actuel village d'Estrées). L'église, commencée en 994, fut consacrée en 1066. Seuls le transept et le chœur, de style roman berrichon, témoignent de son passé car sa nef fut détruite au 17e s. Au-delà d'un arc triomphal s'ouvre le vaste chœur terminé en cul-de-four. Ses colonnes monumentales comportent des **chapiteaux★** remarquables où figurent des animaux fantastiques, des scènes bibliques et des épisodes de la vie de saint Genou. La « Vie » de saint Genou rapporte que, envoyé par le pape Sixte II pour évangéliser la Gaule, il fut sacré évêque de Cahors et mourut non loin d'Estrées. Le reliquaire en bois contenant les ossements du saint est placé dans l'absidiole sud, son tombeau est situé sous le maître-autel.

Quittez St-Genou par le sud en empruntant la D 63B jusqu'au hameau d'Estrées.

Lanterne des morts B2

Sur le coteau se dresse une **lanterne funéraire** du 12e s. (longtemps appelée lanterne des moines), sorte de haute cheminée au sommet de laquelle était placé un fanal allumé, symbole de la vie éternelle des âmes.

Revenez à St-Genou prenez la D 63A.

★ Palluau-sur-Indre B2

ⓘ 9 pl. Frontenac - ✆ 02 54 37 98 09 - berry-touraine-valdeloire.com.

Le village est fièrement dominé par un château de style gothique (13e s.), encadré de puissantes tours qui témoignent de son passé défensif *(ne se visite pas)*. L'un de ses propriétaires fut **Louis de Frontenac**, comte de Palluau, gouverneur de la Nouvelle France (Québec) sous Louis XIV.

Ancienne collégiale – L'église St-Sulpice (12e-16e s.), ancienne collégiale Ste-Menehould, est un bel édifice à nef unique couvert d'ogives flamboyantes.

Autour du chœur (stalles du 15e s.), des statues de pierre polychrome des 15e et 16e s. : à droite, saint Jacques en pèlerin, à gauche, saint Roch. Les boiseries du jubé (1622) sont au Louvre. Des vestiges de carrelage émaillé du 15e s. sont visibles dans la chapelle seigneuriale, construite en 1514 dans le bas-côté gauche ; la chapelle sud contient une *Présentation au Temple* attribuée à Mignard (1612-1695).
Fresques de l'ancien prieuré St-Laurent – *R. Basse - s'adresser à la mairie au ✆ 02 54 38 45 55 ou 06 68 77 72 31.* Transformé en habitations, l'ancien prieuré St-Laurent renferme des fresques romanes qui comptent parmi les plus remarquables du Berry avec celles de Brinay et de Vic. Dans l'abside, au pourtour de trois fenêtres, se tenaient de saints personnages dont il reste : un évêque ou un abbé tenant une crosse, les visages de Marie et d'Élisabeth et les vestiges d'une Visitation que côtoyait une Annonciation. La principale fresque, au cul-de-four, présente une magnifique **Vierge en majesté★**, placée entre deux saints tenant des palmes. La Vierge est assise sur un trône dont les bras se terminent par des têtes de dragon. La partie droite du chœur est ornée à la voûte d'un **Christ en gloire**, entouré des 24 vieillards de l'Apocalypse.
Quittez Palluau-sur-Indre par la D 28 vers l'ouest jusqu'à Châtillon-sur-Indre.

Châtillon-sur-Indre AB2

Aux confins de la Touraine, du Berry et du Poitou, l'ancienne *Castellionum* s'est développée sur les bords de l'Indre. La charmante bourgade se distingue par ses rues tortueuses et ses escaliers bordés de maisons anciennes aux vieux toits. L'ensemble castral formé par le **donjon**, le bâtiment dit « **des prisons** » (aujourd'hui bureau de tourisme !), et le **château** est progressivement restauré.
Donjon - *Pl. du Château - ✆ 02 54 38 74 19 - www.chatillon-sur-indre.fr - juil.-août : tlj 9h30-12h, 14h-18h ; reste de l'année : se rens. - 2 € (-12 ans gratuit).* Au centre du bourg, cet imposant donjon du 12e s. est encore entouré de son enceinte. C'est l'un des plus anciens donjons cylindriques voûtés en France. Il fut transformé en château d'eau en 1927. Du sommet, **panorama** sur la ville et la vallée de l'Indre.
Château – *L'intérieur ne se visite pas.* Construit par Pierre de La Brosse au 13e s., il désigne le bâtiment de 60 m de long, situé à l'est de la place. Il est appelé *logis royal*, car lorsque son constructeur fut disgrâcié, le château rejoignit le domaine royal et put servir de résidence ou de halte aux rois de France (Philippe III Le Hardi, Philippe IV Le Bel...). Il appuie sur une **terrasse** achevée en 1285. La chapelle seigneuriale, avec son abside à cinq pans, remonte elle aussi au 13e s.
★ **Église Notre-Dame** – L'ancienne collégiale St-Outrille fut fondée au 11e s. par Guy, seigneur de Châtillon, pour accueillir les reliques de **saint Outrille** (également appelé saint Austrégésile) archevêque de Bourges au 7e s. L'édifice fut construit dans la première moitié du 12e s., mais certains éléments (la base de l'abside) datent de la fin du 11e s. La **façade** est percée d'un portail à quatre voussures, dont l'une est ornée de palmettes et les autres de fleurons. Les chapiteaux des colonnes constituent un ensemble remarquable : animaux fantastiques, homme luttant avec des monstres, Adam et Ève au paradis... Le pignon sud est orné de trois reliefs encastrés. À l'intérieur, admirez l'élévation de la **nef** et le formidable élan des piliers romans soutenant la voûte en berceau. Les **chapiteaux** de la nef sont ornés de motifs végétaux et de masques ; ceux du transept sont historiés. On reconnaît, de droite à gauche en partant de la nef : l'avare, un épisode de la vie de saint Outrille, Daniel dans la fosse aux lions, les saintes femmes au tombeau. La croisée du transept, en forme de quadrilatère irrégulier, est couverte d'une **voûte angevine** du 13e s. Remarquez, dans le croisillon sud, un christ mutilé du 15e s. et une Vierge à l'Enfant du 17e s. Dans le chœur, les stalles et les chapiteaux mêlent

les feuillages superposés aux masques humains et aux monstres affrontés. La chapelle des fonts baptismaux date du 15e s.

Rejoignez Luçay-le-Mâle via la D 975, la D 8c après Villedômain, puis la D 13.

Luçay-le-Mâle B1

Le village de Luçay-le-Mâle a longtemps contribué à l'importante production locale de **pierre à fusil**, tirée d'un banc de silex de grande qualité. La localité est desservie par le train touristique du Bas-Berry.

Train du Bas-Berry – *96 bis av. de la Gare - Gare d'Écueillé - ✆ 02 54 40 23 22 ou office de tourisme de Velançay 02 54 00 04 42 - www.traintouristiquedubasberry.com - les merc. en juil.-août, les dim. de juil.à sept. - de 10 à 19 € selon le train ou le trajet (4-12 ans de 7 à 11 €).* Abandonnée pendant des années, la ligne de chemin de fer à voie métrique Le Blanc-Argent, née peu après 1900, a partiellement repris du service. Grâce à l'action d'une association de bénévoles, différents trains anciens (diesel, autorail et à vapeur) traversent la campagne berrichonne sur environ 40 km. Les trains partent de la gare d'Ecueillé, en direction d'Argy ou Valençay, selon les parcours.

Quittez Luçay par l'est en empruntant la D 960 et prenez la D 128 à droite vers Veuil.

Veuil C1

C'est l'un des plus ravissants villages fleuris de l'Indre. Allez admirer le **lavoir** et la **fontaine**, alimentés par la Rouère. Veuil est dominé par les ruines majestueuses du **château** (12e-16e s.). L'église Saint-Pierre, romane, fut agrandie et modifiée à la Renaissance.

Regagnez Valençay par la D 15.

Carnet pratique

S'informer

Office de tourisme – *2 av. de la Résistance - ✆ 02 54 00 04 42 - www.valencay-tourisme.fr.*

Agenda

Bouges – **Folie des Plantes et des fleurs** – *Mi-avr.* Marché aux plantes dans la cour du château.

Levroux – **Fête aux pâtés de Pâques, aux fromages de chèvre et à la galette de pomme de terre** – *Lun. de Pâques - www.ville-levroux.fr.* Fête avec confection d'un pâté berrichon géant.

Nos adresses

Restauration

Premier prix

Auberge de la Tour – *2 rte du Blanc - 36700 Châtillon-sur-Indre - ✆ 02 54 38 44 20 - fermé dim. soir, lun. et mar. - plats 19/27 €.* Le chef a travaillé dans de grandes maisons avant de s'établir ici, où il fait partager les saveurs de son enfance aux gourmets de passage. Excellent rapport qualité-prix.

Le P'tit Veuil – *4 r. de la Fontaine - 36600 Veuil - ✆ 02 54 00 08 12 -*

www.restaurant-leptitveuil.com - fermé lun. et dim. soir - formules déj. sem. 19 €, menus 30/35 €. Ce petit restaurant chaleureux propose un menu « ouvrier » le midi, et une formule plus élaborée le soir. Cuisine française traditionnelle, avec les produits et les vins de la région. Il vaut mieux réserver.

Budget moyen

Auberge St-Fiacre – *5 r. de la Fontaine - Veuil - ✆ 02 54 40 32 78 - www.aubergesaintfiacre.com - fermé dim. soir et lun.-mar. - menu déj. sem. 35 €, plats 21,50/24,50 €.* Maison du 17e s. avec terrasse sous les marronniers bercées par le murmure d'un ruisseau. Bel intérieur rustique et cuisine maison avec des produits travaillés avec un grand art.

Shopping

Huilerie Vigean – *11 r. des Varennes - Clion-sur-Indre - 7,5 km au sud-est de Châtillon-sur-Indre - ✆ 02 54 38 64 49 - www.huilerievigean.com - tlj sf dim. 8h-12h, 13h30-18h30 (sam. 17h30).* Dans la boutique de ce maître huilier d'exception, huiles à l'ancienne, condiments et rayon bien-être.

Activités

St-Genou - Plan d'eau – *RD 63 - ✆ 02 54 26 91 11.* Sur 36 ha, aire de jeux, baignade surveillée l'été *(sf mar.)*.

Sur les pas de Benjamin Rabier – Sentier découverte/randonnée *(90 km)*. Il passe par Valençay, Vicq-sur-Nahon, Langé, Luçay-le-Mâle, Faverolles-en-Berry *(cc-ecueille-valencay.fr - pour télécharger la carte et les informations pratiques, application disponible sur www.valencay-tourisme.fr)*.

Hébergement

Pour se faire plaisir

Chambre d'hôte La Poignardière – *La Poignardière - Châtillon-sur-Indre - 42 km à l'ouest - ✆ 02 54 38 78 14 - www.lapoignardiere.fr - P - fermé sem. entre Noël et 1er janv. - 12 ch. 140/150 € - 1 gîte 8 pers. et 1 chalet 8 pers.* D'un romantisme fou et sans la moindre faute de goût! Chambres aux tonalités reposantes dans une demeure 1900, avec parc planté de vieux arbres et délicieux jardin d'hiver pour prendre le petit-déjeuner.

Manoir de la Foulquetière – *Luçay-le-Mâle - ✆ 02 54 00 29 56 - www.manoirfoulquetiere.com - - 5 ch. 115/130 €.* Des chambres très chics dans un manoir du 15e s.: voici un lieu de séjour idéal. Vous y serez accueilli par la souriante Rosemary qui, comme son nom l'indique, est anglaise. Le soir, vous vous délasserez au bord de la piscine.

6

Parc naturel régional de la Brenne ★★

Le Parc naturel régional de la Brenne, à la frontière du Berry, de la Touraine, du Poitou et du Limousin, s'étend sur quelque 183 000 ha. Il forme une mosaïque de paysages sauvages et préservés. Caractérisé par une juxtaposition peu commune d'étangs et de forêts, de landes, de grottes et de vallées, ce parc regroupe 51 communes dont le patrimoine naturel vous enchantera.

Se repérer

Indre (36)

CARTE P. 334-335 (AB2-3-4).

Situé à 40 km au sud-ouest de Châteauroux, le Parc est facilement accessible depuis Le Blanc ou Argenton-sur-Creuse.

À ne pas manquer

La découverte de la faune et de la flore; un des 12 itinéraires vélo ou la voie verte aménagés; l'étang de Bellebouche; l'imposant château d'Azay-le-Ferron.

Organiser son temps

En une journée, parcourez le circuit du pays aux Mille Étangs à partir du Blanc, déjeunez à la Maison du Parc, puis visitez la Maison de la nature, avant d'aller observer des oiseaux à la réserve naturelle de Chérine.

En famille

Guetter les oiseaux du haut d'un observatoire du Parc; la base de loisirs de l'étang de Bellebouche; la réserve zoologique de la Haute-Touche.

Carnet pratique p. 356

Nos adresses p. 356

Circuits conseillés

CARTE P. 335 ET CI-CONTRE

Le pays aux Mille Étangs AB2-3

Circuit de 80 km tracé en marron sur la carte ci-contre et sur la carte p. 335. Quittez Le Blanc par le nord en empruntant la D 975, puis après avoir passé la voie ferrée, tournez à droite.

Privilégiez les périodes de migration pour pouvoir observer les oiseaux : le printemps et l'automne!

La Brenne est l'une des plus importantes zones humides françaises. Sa faune et sa flore attirent des spécialistes et des amoureux de la nature du monde entier. Vous les croiserez, équipés de jumelles et d'appareils photos. Suivez leur exemple et munissez-vous absolument de jumelles (location ou achat à la Maison de la nature et de la réserve) et partez vers les 10 observatoires en accès libre, qui permettent d'approcher silencieusement le grèbe à cou noir ou le héron pourpré...

Maison du Parc naturel régional de la Brenne

Le Bouchet - 36300 Rosnay - ☏ 02 54 28 12 13 - www.parc-naturel-brenne.fr - juil.-août : tlj 9h30-18h30 ; de mi-avr. à fin oct. : 9h30-18h ; reste de l'année : 10h-17h30.

Point de départ des promenades, des sentiers de randonnée pédestre ou cycliste, la Maison du Parc est un véritable espace de découverte de la Brenne. Vous y trouverez des fiches promenades, une sélection des plus beaux circuits du parc et des animations autour de la découverte de la nature. Elle accueille les visiteurs dans des bâtiments caractéristiques de l'architecture rurale de la région. En plus d'un lieu d'informations touristiques, vous y trouverez une salle d'exposition, une boutique de vente de produits du terroir et un espace de dégustation *(réserv. pour déjeuner)*.

Dans le parc, vous remarquerez de temps à autre des panneaux routiers ornés d'une tortue, et indiquant « cistudes ». Il s'agit d'attirer l'attention sur les déplacements de ces petites tortues lors de la ponte, entre mai et juillet...

★ Château du Bouchet

Le Bouchet - ✆ 07 85 17 37 69 - www.chateau-bouchet.com - de mai à mi-sept. : tlj 14h-18h ; avr. et de fin sept. à fin oct. : tlj 14h-17h ; reste de l'année : se rens. - visite libre 7 € (6-18 ans 3,50 €).

Bâtie sur une assise de rochers rouges, cette imposante **forteresse médiévale**, occupée par les Anglais pendant la guerre de Cent Ans, fut restaurée aux 15e et 17e s. À l'intérieur, on découvre les salle à manger, cuisine d'apparat (collection de plus de 1000 cuivres), grand salon, chambres, bibliothèque... Dans la galerie du comte de Maure, une exposition permanente retrace le destin des sœurs

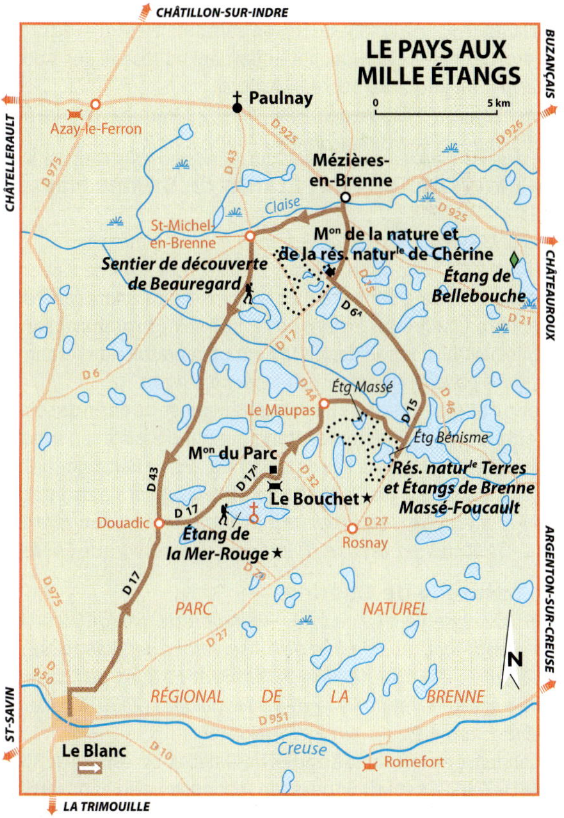

6

Rochechouart de Mortemart *(voir village de Mortemart p. 86)*. Maîtresse de Louis XIV, Madame de Montespan, née Françoise de Rochechouart de Mortemart, séjourna régulièrement dans ce château qui appartenait à sa famille. Une partie de la collection du musée du Blanc et de ses animaux naturalisés est présentée dans une salle. Le plus impressionnant est la **vue★** magnifique sur la Brenne et sur l'étang de la mer Rouge depuis la terrasse, sans doute le panorama le plus spectaculaire de la Brenne. On accède au donjon médiéval par un escalier dont la dernière marche est plus haute que les autres, afin de ralentir l'entrée d'éventuels assaillants. Il mène à la salle du trésor, qui abritait les titres de propriété, de noblesse, etc. Le château du Bouchet appartient au réseau des Audacieux du Patrimoine, membre de la Demeure Historique.

Au croisement avec la D 44, prenez à gauche et, au Maupas, à droite (D 17^{A}). Une aire de stationnement se trouve à droite un peu plus loin.

Réserve naturelle Terres et Étangs de Brenne Massé-Foucault

✆ 02 54 28 12 13 - www.parc-naturel-brenne.fr - accès libre.

Cette réserve de 319 ha compte 12 étangs. Trois observatoires sont accessibles.

Observatoires de l'étang Bénisme – Vous pourrez surprendre canards siffleurs, balbuzards, hérons, aigrettes, milans noirs... le matin, du **grand observatoire** de l'**étang Bénisme** (♿) et le soir depuis le **petit observatoire** de l'**étang Bénisme**.

Peu après, sur la gauche, commence le sentier du Blizon.

Observatoire de l'étang Massé – En début de matinée ou en fin de soirée de préférence, l'observatoire qui domine l'étang permet d'assister au spectacle d'un coin de nature parmi les plus riches de la Brenne, avec le héron garde-bœuf ou le héron cendré, le bihoreau gris, l'aigrette garzette ou encore la cistude d'Europe...

Faites demi-tour et suivez la D 15 puis la D 6^{A} en dir. de la Maison de la nature. Elle est à 3 km de St-Michel-en-Brenne, à l'intérieur de la réserve de Chérine.

Réserve naturelle de Chérine

✆ 02 54 28 11 02 - reserve-cherine.fr - ♿ - visite libre de l'étang Cistude, de l'observatoire de l'étang Ricot, du chemin et de l'observatoire de l'étang des Essarts, des Terres de Picardon, de l'observatoire de l'étang de La Sous, de l'observatoire de l'étang Purais et des Terres de Renard - visites guidées (2h30) à certaines dates, se rens. 9 € (8-15 ans 4 €).

Véritable condensé de la Brenne à portée de jumelles, cet espace de 370 ha compris entre la D 17, la D 44 et la D 6^{A} possède sept observatoires ouverts au public.

Vue depuis l'observatoire de l'étang Foucault, Parc naturel regional de la Brenne.
T. & B. Morandi/hemis.fr

Il abrite également l'une des dernières **roselières** de la région. Adaptés aux pâturages humides, des moutons solognots, des vaches ariégeoises et des chevaux camarguais assurent l'entretien naturel de ces espaces très fréquentés par une riche variété d'oiseaux (héron pourpré, guifette noire, butor étoilé, vanneau huppé, échasse blanche, mouette rieuse, grèbe à cou noir...) et de plantes (orchidées, hottonie des marais, scirpe mucroné...).

Maison de la nature et de la réserve

Chérine - ✆ 02 54 28 11 00/02 54 28 12 13 - www.maison-nature-brenne.fr - juil.-sept. : 10h-12h30, 14h-18h ; avr.-juin : 10h-12h30, 14h-17h (18h en w.-end) ; reste de l'année : se rens - fermé mar. - librairie, cartes, vente et location de matériel optique, nombreuses animations - 3 € (-10 ans gratuit).

Situé au bord de l'**étang de Cistude** (12 ha), ce centre d'interprétation propose des expositions thématiques sur le milieu naturel de la Brenne et sert de point de départ à des découvertes nature accompagnées. Il propose également des animations pour les enfants. Du centre, un sentier mène à deux **observatoires**. Le **grand observatoire** (♿), bâtiment en bois d'où vous pourrez suivre en toute discrétion les mouvements de toute une faune colorée, est en accès libre ou accompagné selon la saison. Le **petit** est en accès libre aux jours et heures d'ouverture de la Maison de la nature.

Six autres espaces, pourvus d'une aire de stationnement, ont été aménagés pour vous permettre d'observer la faune sans pour autant la perturber : l'observatoire des **Essarts** *(de la D 17, prenez la D 44 vers St-Michel-en-Brenne, puis le chemin rural)* ; celui de l'**étang Ricot** *(sur la D 17, entre Douadic et Mézières-en-Brenne)*, fréquenté en été par des tortues aquatiques : les cistudes d'Europe ; l'observatoire des **Terres de Picadon** *(accès par la D 6^A)*, ceux de **l'étang de La Sous** et celui des **Terres de Renard** *(accès de la D 17, prenez la D 44 vers St Michel-en-Brenne)* et de **l'étang Purais** *(de Lingé, prenez la D 32 en dir. de Rosnay). Suivez la D 15 jusqu'à Mézières-en-Brenne.*

6

Mézières-en-Brenne

6 pl. Jean-Moulin - ✆ 02 54 28 20 28.

Bâtie sur les bords de la Claise, dont le cours est souligné par une haie de peupliers, Mézières est la localité la plus importante de la Brenne. Flanqué de deux clochetons en pierre, le clocher de **l'ancienne collégiale Ste-Marie-Madeleine** arbore un porche orné de sculptures. Remarquez à droite du chœur, une chapelle Renaissance, la chapelle d'Anjou. L'église est renommée pour ses vitraux

La Brenne, un territoire à protéger

La Brenne à l'origine

Les 3 000 étangs de la Brenne, tous artificiels, furent créés par l'homme pour l'élevage de la carpe, et devinrent une zone humide d'importance internationale. Des études ont montré que la Brenne était certainement couverte d'une grande **forêt** il y a 2 000 ans. Les vestiges archéologiques ont prouvé l'implantation ancienne de l'homme dont la principale activité semble avoir été la **métallurgie**, grâce à la présence du **minerai de fer**. La forêt aurait en grande partie disparu car le bois servait de combustible pour la réduction du fer. Par ailleurs, l'émergence de l'agro-pastoralisme entraîna la mise à nu des terres argilo gréseuses **imperméables** où l'eau stagnait naturellement.
Les moines de St-Cyran, de Méobecq et de Fontgombault et d'autres propriétaires terriens créèrent des étangs pour disposer de réserves de nourriture maigre lors des périodes de carême. Du 14e au 16e s., dans cette région inadaptée à la culture céréalière, l'aménagement d'étangs de pisciculture se multiplia pour l'élevage rentable de la **carpe**. Plus tard, au 19e s., frappée par le paludisme, la région fut assainie, des routes tracées, les marécages drainés, les landes défrichées cultivées. La Brenne ressemble aujourd'hui à une mosaïque de prairies, de cultures, de landes et d'étangs...

Un parc au riche patrimoine

Le **Parc naturel régional de la Brenne**, destiné à sauvegarder un patrimoine aussi riche que fragile, a vu le jour en 1989. Son logo représente une bonde (utilisée pour réguler l'eau des étangs), un oiseau et des roseaux. Nés d'une conjonction étroite entre la nature géologique du terrain (dépôts sableux consolidés en grès) et l'action de l'homme, les étangs confèrent une étonnante richesse biologique et un visage particulier à cette région. Établis par un simple barrage d'une dépression naturelle à l'aide d'une digue de terre, ils ont une faible profondeur et sont peuplés de carpes, gardons, tanches, brochets, perches et anguilles. La diversité des habitats, la quantité importante de nourriture disponible, en harmonie avec l'utilisation humaine de l'environnement, font de la Brenne un lieu privilégié pour la reproduction des oiseaux, mais aussi une halte de migration et d'hivernage. Une simple traversée en voiture permet d'apercevoir nombre d'oiseaux...
On en recense 267 espèces, dont 150 nicheuses, sans parler d'une quarantaine d'espèces d'orchidées et de libellules.
Véritable mosaïque de milieux naturels imbriqués les uns dans les autres, la Grande Brenne couvre 58 000 ha abritant un grand nombre d'espèces tant pour la faune que pour la flore. Elle compte, en outre, une **Zone de protection spéciale** (ZPS) relative à la conservation des oiseaux sauvages, et pour toutes ces raisons, fait partie du réseau écologique européen Natura 2000.
Les 8 autres sites Natura 2000 de l'Indre sont sur : www.natura2000.fr.

du 14e et du 16e s. (chœur et chapelle). Les stalles proviennent de l'abbaye de St-Cyran, édifiée dès le 11e s. (et aujourd'hui reconstruite) à Mézières-en-Brenne. La nef est voûtée de chêne avec des traverses et des montants peints aux couleurs et armes de la fondatrice et de ses alliances. Au fil d'une balade dans le village, remarquez les tours de l'ancien château des 13e-15e s., ainsi qu'une bonde à pilon (1865), système traditionnel de vidage des étangs.
Dirigez-vous vers l'étang de Beauregard, ou l'étang de Bellebouche (hors circuit).

Étang de Bellebouche B3

À 10 km à l'est de Mézières-en-Brenne par la D 925. ✆ 02 54 38 28 28 - accès libre. Chiens interdits sur le site. Animations régulièrement programmées.
La plage de sable fin de la base de loisirs de Bellebouche, qui s'étire sur 900 m, vous attend au bord d'un étang de 120 ha *(baignade non surveillée)*. Le domaine, lui, s'étend sur 300 ha. C'est le plus beau, et le plus agréable du parc de la Brenne. Boisé et ombragé, il se prête parfaitement à la détente et connaît une fréquentation accrue dès les beaux jours.
Plusieurs circuits à pied, à VTT ou à cheval et un sentier de découverte *(tour de l'étang : 7,5 km - 3h)* se déroulent autour de l'étang. Une boucle vélo de 20 km, part de Bellebouche et longe étangs, prairies, bois et landes. Bellebouche compte cinq observatoires (dont un réservé aux phtographes animaliers). Celui situé au sud-est de l'étang est recommandé le matin, les deux autres, à l'ouest et au sud-ouest, plutôt l'après-midi. De là, on peut admirer une nature particulièrement riche et la plus belle héronnière de la région des hérons pourprés, reconnaissables à leur plumage roux-orangé, venus d'Afrique. Un **parcours accrobranches** s'ajoute à ces diverses activités.
Deux dates à ne pas manquer : au printemps, la floraison des orchidées ; à la Toussaint, les pêches d'étangs *(voir encadré ci-dessous)*, auxquelles le public est invité, suivies d'une foire aux poissons !
À partir de Mézières-en-Brenne, prenez la D 6 vers St Michel-en-Brenne puis la D 43 vers Le Blanc.

Sentier de découverte de Beauregard

4 km AR. Accessible tte l'année. De St-Michel-en-Brenne, prenez la D 43 en dir. du Blanc, stationnement à 3 km sur la gauche. ✆ 02 54 28 12 13.
Sur un large chemin de terre, au cœur d'un paysage de brandes et d'étang, vous traversez l'un des plus beaux sites de la Brenne. Le sentier est ponctué de panneaux d'interprétation. Près de l'**étang de Beauregard**, vous pourrez observer le grèbe à cou noir, la mouette rieuse ou le busard des roseaux.
Retournez vers la Maison du Parc, par la D 43, puis D 17 et D 17A.

Les pêches d'étangs

C'est une activité pratiquée depuis des siècles. Chaque année, d'octobre à mars, les étangs sont vidés... lentement, pour permettre aux poissons de se rassembler près de la bonde créée à cet effet dans la zone plus profonde. Les pêcheurs descendent ensuite dans l'étang et ramassent les poissons à l'aide d'une épuisette spécifique à La Brenne, une **filanche**. Certains secteurs organisent ce jour-là une « foire aux poissons » au cours de laquelle on peut acheter carpes, gardons, tanches, brochets, perches ou sandres. Les étangs, organisés en 5 chaînes, sont vidés les uns après les autres. On commence par celui en aval, qui se remplira ensuite par la vidange de celui situé en amont, jusqu'au dernier de la chaîne. L'eau s'écoule par des canaux d'évacuation jusqu'à la Creuse ou la Claise.

★ Étang de la Mer-Rouge

Cet étang devrait son nom au seigneur du Bouchet, **Aimery Sénébaud**, qui s'était rendu en Terre sainte lors de la septième croisade (1248-1254) et avait été retenu prisonnier près de la mer Rouge. Avec ses 160 ha, il s'agit du plus grand étang de la Brenne. Il faut environ un mois pour le vider. On peut alors y pêcher 15 à20 t de poissons.

Vous pourrez le longer sur 800 m grâce au **chemin communal**

La D 17 vous ramène au Blanc.

Autour d'Azay-le-Ferron AB2-3

Circuit de 50 km au départ de Mézières-en-Brenne tracé en violet sur la carte p. 334-335. Poursuivez par la D 925 en direction du nord-ouest.

Église de Paulnay

Des 12e et 13e s., elle s'ouvre par un intéressant **portail★** roman : une triple rangée de voussures finement sculptées est supportée par d'élégants chapiteaux. À l'intérieur, le cul-de-four du chœur et l'étroite travée portent plusieurs belles **fresques★**, dont une du 13e s. représente les activités de l'année correspondant au calendrier (seuls les neuf premiers mois sont visibles). On reconnaît ainsi un apiculteur en avril, un seigneur partant à la chasse avec son faucon en juin, un vigneron en septembre…

★ Château d'Azay-le-Ferron A2

31-33 r. Hersent-Luzarche - ✆ 02 54 39 20 06 - www.chateau-azay-le-ferron.com - visite guidée (45mn) ; visite libre du parc et des jardins - juil.-août : 10h-18h30 ; avr.-juin et sept. : 10h-18h ; oct.-mi-nov. : 10h-17h30 - fermé de mi-nov. à fin mars - 10 € (6-17 ans 5 €) - 4 € jardins seuls (6-17 ans 2 €). Boutique, salle de pique-nique.

Le bureau d'informations touristiques propose des vélos à louer. Un espace pique-nique est aménagé dans le jardin.

Animations pour enfants et familles : visites théâtralisées, ateliers enfants au château, circuit dans le parc avec un **parcours végétal** en forme de labyrinthe, des jeux en bois et un sentier des traces.

Aux confins de la Touraine et du Berry, en bordure de la Brenne et de la forêt de Preuilly, Azay-le-Ferron est dominé par la silhouette de son château composé de quatre corps de bâtiments (15e-17e s.), dont le pavillon François-Ier, au centre. À l'intérieur : meubles, objets d'art et tapisseries (15e-19e s.). **Quinze pièces** se visitent, dans lesquelles vivait la famille Hersent-Luzarche, propriétaire depuis 1852 mais qui a légué Azay-le-Ferron à la ville de Tours en 1951 : salons, chambres, salle à manger, cuisine, bibliothèque.

Le **parc** et les **jardins**, s'étendent sur 26 ha. Dans le **jardin à la française**, les broderies de buis et les topiaires d'ifs évoquent les pièces d'un jeu d'échec. Un jardin de fleurs, une roseraie (qui contient plus de 300 rosiers) et un jardin des senteurs le prolongent latéralement. Dans le **parc**, vous découvrirez également un verger conservatoire, essentiellement constitué de pommiers et de poiriers et une multitude d'essences d'arbres.

D'Azay-le-Ferron, prenez la D 14 sur 5 km vers le nord.

★Réserve zoologique de la Haute-Touche A2

✆ 02 54 02 20 40 - www.zoodelahautetouche.fr - ♿ - juil.-août : 9h-19h ; avr.-juin et sept. : 10h-18h, dim. et j. fériés 10h-19h ; d'oct. à mi-nov. : merc., w.-end, j. fériés et vac. de la Toussaint 10h-17h - 14 € (-12 ans 11 €) - nombreuses animations. Boutique, petite restauration, la Brasserie de la Haute-Touche (✆ 02 54 39 24 15).

Location de vélos et voiturettes électriques à l'entrée du parc.

Château d'Azay-le-Ferron.
C. Gibot/age fotostock

Le massif forestier de Preuilly forme un cadre idéal pour cette réserve du Muséum national d'histoire naturelle qui constitue le plus grand parc zoologique de France. Sur 436 ha autour de 1500 animaux, appartenant à 130 espèces, évoluent en semi-liberté dans de vastes enclos boisés (notamment des chênes) et bordés d'étangs. À bord de votre voiture, partez d'abord pour un safari de 4 km parmi la faune européenne (loups, bouquetins, cervidés...). Ensuite, des circuits sont proposés à pied ou à vélo à la découverte de la réserve et des animaux des cinq continents. Dans une zone d'élevage et de recherche, on œuvre à la sauvegarde des espèces menacées comme le pélican frisé, le tigre de Sumatra, le cerf du père David, ou encore l'outarde canepetière. Des scientifiques travaillent à améliorer leur reproduction au sein du PEEC : programme d'élevage en captivité. Dans un bâtiment près de l'entrée, ne manquez pas la **nurserie** et les **bassins d'élevage de cistudes**, une des rares tortues d'eau douce française. Élevées dans ce milieu protégé durant 2 ans, elles rejoignent ensuite des territoires humides : le lac du Bourget en Savoie, et la Petite Camargue alsacienne.
Rejoignez Azay-le-Ferron puis prenez la D 975 vers Le Blanc.

Musée archéologique de Martizay A2-3

14 pl. de l'Église - 36220 Martizay - ✆ 02 54 38 94 50 - ♿ - juil.-août : w.-end et merc. 15h-18h ; de Pâques à la Toussaint : dim. 15h-17h30 - 3 € (1,50 €). Activités pédagogiques pour les enfants.

Ce petit musée, installé dans une maison du 15e s., présente une intéressante collection, issue de fouilles lancées par un instituteur à partir de 1946, sur la commune même de Martizay. Les objets exposés vont du paléolithique aux mérovingien, en passant par l'époque gallo-romaine. Reconstitution d'un décor à fond rouge d'une villa gallo-romaine mise au jour dans les environs.
Rejoignez Mézières-en-Brenne par St-Michel-en-Brenne, via la D 78, puis la D 6c et la D 6.

Méobecq B3

À 20 km au sud-est de Mézières-en-Brenne par la D 21 et la D 11.

Au débouché de la forêt de Lancosme, ce bourg possède les vestiges d'une abbaye du 11e s. Dans l'**église**, la nef béante ne fut fermée qu'en 1658 par une façade classique. Remarquez les chapiteaux à feuillages et animaux. Dans les **fresques** situées au niveau des fenêtres, les noms des divers personnages sont encore lisibles. Observez notamment le cavalier blanc *(à gauche de la fenêtre gauche)* et Jésus ressuscité.

Carnet pratique

S'informer

Maison du Parc naturel régional de la Brenne – *Le Bouchet - 36300 Rosnay - ✆ 02 54 28 12 13 - www.parc-naturel-brenne.fr.*

Agenda

Randonnée de la Brenne – *Déb. août.* Grande randonnée à pied, à cheval, en VTT ou en attelage, à travers le Parc naturel régional de la Brenne. Nombreuses animations *(sur inscription : www.randonnee-de-la-brenne.fr).*

Pêches d'étangs – *W.-end de la Toussaint.* Pour assister à la pêche, suivi d'une foire aux poissons.

Nos adresses

Restauration

À Rosnay

Premier prix

Espace dégustation de la Boutique du Parc – *Hameau du Bouchet - ✆ 02 54 28 53 02 - réserv. recommandée - 10h-17h30 (18h en juil.-août).* Dans l'ancienne ferme du château ou sur la belle terrasse avec vue sur l'étang sont servies des assiettes copieuses à prix doux, composées des spécialités régionales : frites de carpes *(de 12h à 15h)*, tartines de carpe fumée, de Pouligny-St-Pierre, de rillettes de poule et autres produits locaux... Et des crêpes.

À Mézières-en-Brenne

Premier prix

Bar de la place – *1 pl. du Gén.-de-Gaulle - ✆ 02 54 38 72 44 - fermé lun. - menus 15/20 €.* Attablé en terrasse sur la place sous les parasols, savourez une cuisine traditionnelle, simple mais goûtue, servie avec le sourire... Goûtez à l'andouillette, délicieuse.

À La Gabrière

Budget moyen

Auberge de La Gabrière – *2 La Gabrière - Linge - 9 km au sud de Mézières - ✆ 02 54 37 80 97 - www.aubergedelagabriere.com - fermé mar. soir et merc. - menu du jour déj. sem. 14 € - plats 17/25 € - 6 ch. 71 € - ☕ 7,50 €.* Cette grande salle de restaurant d'esprit rustique se trouve face à l'étang de La Gabrière. Au menu : bon choix de poissons de rivière et gibier en saison. Le week-end, la maison est très fréquentée. Chambres simples.

Shopping

La Maison du Parc – *Le Bouchet - Rosnay - juil.-août : 9h30-18h30; reste de l'année : 9h30-18h,* *nov.-déc. 10h-17h30.* Produits du terroir et artisanat.

Activités

Sentiers de découverte, réserves à visiter, animations guidées pour découvrir la flore et la faune, etc. Vous pouvez louer des vélos et des jumelles à l'office du tourisme de Mézières-en-Brenne *(p. 351)*, qui propose également des randonnées dans le Parc.

Petite pause

Le Bellebouche – *Base de loisirs de Bellebouche - 9 km à l'est de Mézières - 02 54 37 74 40 - www.lebellebouche.com - - tlj avr.-août - en sept., fermé lun.-mar.* À l'ombre de chênes centenaires, la grande terrasse offre une vue imprenable sur la plage et le lac. Idéal pour boire un verre ou déguster une glace.

Hébergement

À Rosnay

Budget moyen

Domaine de la Crapaudine – *13 r. St-André - 07 86 87 18 50 - www.domaine-de-la-crapaudine.fr - P - 5 ch. 95/110 € - 1 gîte pour 6 pers. 530 €/sem. - 1 carré d'étoiles 105 € - table d'hôte 35 € sur réserv. - accueil équestre possible sur demande.* En plein cœur de la Brenne, voici l'endroit idéal pour découvrir le Parc régional, la Maison du Parc étant toute proche. Max, le propriétaire, reçoit ses hôtes avec générosité. Cuisine excellente, réalisée avec des produits de saison. Cette adresse est fréquentée par des amoureux de la nature, qui deviennent des habitués. L'hectare de jardin riche en oiseaux (refuge LPO) ne gâte rien.

À Mézières-en-Brenne

Premier prix

Le Sanglier Hirsute – *11 r. de l'Ouest - 06 13 38 57 81 - www.lesanglierhirsute.fr - 4 ch. 70 € - table d'hôte (25 €).* Valérie Boisson a ouvert cette maison d'hôte (qui n'a rien d'hirsute et est même plutôt sympathique !) dans le village, mais surtout elle y a installé une école de cuisine. Forte de son expérience au centre de formation d'Alain Ducasse, elle s'est orientée vers le végétal et le durable, plante son propre potager, privilégie une cuisine saine et simple. Si vous n'êtes pas d'humeur à cuisiner, ne vous privez pas du plaisir de sa table d'hôte : un délice !

Le Blanc

Principale localité du Parc naturel régional de la Brenne, Le Blanc offre un visage séduisant avec sa ville haute en terrasses et ses maisons alignées au bord de la Creuse. La ville basse, née dès le Moyen Âge sur la rive droite autour de l'église St-Génitour, s'est étendue au 19e s. avec l'arrivée du chemin de fer. Celui-ci a laissé au Blanc son monument emblématique : le viaduc dominant la rivière à 38 m de hauteur, aujourd'hui transformé en voie verte.

Se repérer

6 250 Blancois - Indre (36)

CARTE P. 334-335 (A3)

Le Blanc est situé sur les rives de la Creuse, à 40 km d'Argenton-sur-Creuse et à 60 km de Poitiers.

À ne pas manquer

L'écomusée de la Brenne et sa collection d'oiseaux naturalisés.

Carnet pratique p. 361

Nos adresses p. 362

Se promener

Ville haute

De la place de la Palisse, située à 100 m en amont du pont, remontez la Grande-Rue.

Grande-Rue

Elle conserve de belles demeures du 15e s.

Maison des amis du Blanc - *11 Grande-Rue - ☎ 02 54 37 05 13 - lesamisdublanc.wixsite.com - juil.-août : 14h30-18h30 ; reste de l'année : sur RV.* Logé dans une maison du 15e s., ce petit **musée des arts et traditions populaires** présente une intéressante collection de coiffes et costumes, d'outils, de vélocipèdes, de meubles et autres objets de la vie quotidienne illustrant la vie au Blanc au 19e s. et au début du 20e s. Par de vieux escaliers, on gagne une **esplanade** attenante à la petite église romane de St-Cyran. La vue se déploie sur la ville basse, les rives boisées de la rivière et le viaduc, à l'extrême gauche.

Château Naillac

Deux donjons féodaux (selon les dernières études, seule la tour est était défensive), réunis par un corps de bâtiment au 18e s., contrôlaient jadis le gué sur la Creuse. De la fin du 12e s. au début du 16e s., le château fut la propriété des sires de Naillac, seigneurs du Blanc, qui lui laissèrent leur nom. Il abrite, depuis 1986, le siège de l'écomusée de la Brenne.

Écomusée de la Brenne - *☎ 02 54 37 25 20 - www.parc-naturel-brenne.fr - juil.-août : 10h-12h30, 14h-18h ; reste de l'année : se rens. - fermé de mi-nov. à deb. avr. - 4,50 € (7-17 ans 3 €).* L'écomusée est consacré au patrimoine du pays de la Brenne. La reconstitution du cabinet de travail de l'ornithologue Jean Mercier-Génétoux, à qui l'on doit une superbe collection d'**oiseaux naturalisés** (héron cendré, pygargue à queue blanche et autres spécimens), dévoile la variété de la faune du « pays aux Mille Étangs ». Un **plan-relief** lumineux représente ce maillage complexe de plans d'eau qui font l'objet d'explications sur leur création, leur entretien (vidage) et sur les pêches. Des fossiles et outils de l'époque aurignacienne illustrent la façon dont ce territoire très particulier s'est formé et comment l'homme l'a investi, tandis que des maquettes présentent le bâti traditionnel local et ses matériaux de construction (grès rouge, calcaire, bauge). Une évocation de la tradition métallurgique régionale (forges), une maquette de la ville du Blanc et divers témoignages audio d'habitants viennent compléter la visite.

Rue St-Étienne

Au nº 9, la **maison Chasseron** (16e s.) rappelle le passé viticole du Blanc : « chasseron » (nom du propriétaire d'alors) est aussi un terme local désignant un piquet de vigne. La cave, creusée à la fin du 13e s., composée de six travées d'ogives, aurait servi de taverne.

Continuez sur la rue St-Étienne, puis tournez à droite, à l'angle du boulevard, et prenez la rue du Donjon.

Église St-Étienne

Elle remplace, depuis la Révolution, le couvent des Récollets, fondé en 1619, et conserve les reliques des saints Messaire, Tridore et Principin. Ces derniers, frères de saint Génitour et martyrs connus sous le nom de « bons saints du Blanc », sont invoqués comme protecteurs de l'enfance *(pèlerinage 1er dim. de sept.)*.

Ville basse

Église St-Génitour

Construite à partir d'un prieuré, elle possède un beau clocher roman et une nef gothique (13e s.) dont les colonnes sont ornées de chapiteaux. On notera que le chœur (12e s.) n'est pas dans l'axe de la nef. Un **trou**, pratiqué dans le vantail gauche de la porte de l'église, commémore un prodige de saint Génitour et posséderait la vertu miraculeuse de guérir les maladies des yeux, mais également de rendre les femmes fertiles. Selon la légende, Génitour, qui faisait partie des « bons saints », fut, comme ses frères, décapité au temps des wisigoths. Portant sa tête, il se rendit dans une petite église mais le gardien, aveugle, refusa de lui ouvrir. Genetou, passant alors son doigt ensanglanté à travers un trou de la porte, toucha les yeux de l'homme et lui permit de recouvrer la vue...

Voie verte

L'ancienne voie ferrée, transformée en **voie verte** sécurisée *(70 km, point de dép. ancienne gare ou au pied du viaduc, à 200 m)*, longe la Creuse, de Tournon-Saint Martin jusqu'à Argenton-sur-Creuse, à travers la Brenne *(location de vélo à l'OT du Blanc)*. C'est aussi en suivant la voie verte que vous pourrez rejoindre le viaduc et profiter de la splendide vue au-dessus de la rivière.

Le circuit 8 de « La Brenne à Vélo » entre Le Blanc à Ruffec (26 km) passe par le viaduc du Blanc.

À proximité

CARTE P. 335

★ Abbaye de Fontgombault A3

À 8,5 km au nord-ouest par la D 950.

Sur la rive droite de la Creuse, au nord-ouest du village du même nom, l'élégante abbaye de Fontgombault s'intègre parfaitement au paysage berrichon. C'est le seul vestige d'un puissant monastère bénédictin, créé en 1091 et dont les abbés contribuèrent au développement de la pisciculture en Brenne. Florissante aux 12e et 13e s., l'abbaye fonda une vingtaine de prieurés.

Église abbatiale – *2 r. de l'Abbaye - 9h-13h, 14h-19h - grand messe en chant grégorien tous les jours à 10h.* Ruinée en 1569, la nef primitive de cet édifice roman fut restaurée à la fin du 19e s. Le transept et le chœur à cinq chapelles sont parfaitement conservés. Le vaisseau, de nobles proportions, est flanqué de collatéraux voûtés d'arêtes. Le **chœur★★**, majestueux, est entouré d'un élégant triforium à colonnettes jumelées. Une grille clôture l'espace réservé aux moines. La croisée du transept est surmontée d'une vaste coupole sur trompes. Dans la nef, remarquez le gisant de Pierre de l'Étoile (1114), et dans le bas-côté droit, une statue de pierre de N.-D.-du-Bien-Mourir (12e s.).

Circuit conseillé

CARTE P. 335

Châteaux, coteaux et lanterne AB3

Circuit de 50 km tracé en orange sur la carte p. 335. Quittez Le Blanc par la D 951. Traversez la Creuse en empruntant la D 44.

Château de Romefort

Ne se visite pas. Il se dresse sur une plate-forme rocheuse dominant la rive gauche de la rivière. **Vue** depuis le pont sur la Creuse. L'édifice principal du 14e s. est encadré de deux tours ; il est flanqué d'un important donjon carré du 12e s.
Retournez sur la D 951

Lanterne des morts de Ciron

Lanterne funéraire du 12e s. coiffée d'un toit conique couvert d'écailles, qui culmine à 5 m de haut. C'est l'un des rares exemples de ce type de monument dans le Berry. Par l'ouverture située en bas de la colonne, on introduisait un fanal qui était hissé jusqu'au sommet à l'aide de poulies.

Entre Rivarennes et Thenay, on découvre une jolie vue de **St-Gaultier**, dont les toits s'étagent au-dessus de la rivière qu'enjambe un beau pont de pierre.

St-Gaultier

33 r. Grande - ✆ 02 54 47 14 36.

Dominant la rive droite de la Creuse, le village est entouré de coteaux boisés et de rochers calcaires qui ont permis l'établissement de nombreux fours à chaux. L'ancienne **église** du prieuré voisin (12e s.) s'ouvre par un portail orné de voussures et encadré de colonnettes. Une tour carrée à deux étages d'arcatures surmonte la croisée du transept. À l'intérieur, le chœur est décoré de chapiteaux romans de facture archaïque.

Un petit chemin en forte descente longe l'ancien prieuré et conduit au bord de la rivière, d'où l'on a une **vue** sur la vallée de la Creuse, sur le site de la ville ainsi que sur le viaduc.

Le long du coteau, un autre chemin permet d'accéder au sommet du viaduc.
Prenez la D 927 vers Argenton-sur-Creuse.

Le Pont-Chrétien-Chabenet

Dans le bourg, le château du Broutet (15e s.) a été transformé en mairie. L'imposant château de Chabenet *(ne se visite pas)* domine le coteau calcaire de la vallée de la Bouzanne (seul l'extérieur, restauré au 19e s., se devine derrière un mur d'enceinte).

Abbaye bénédictine Notre-Dame de Fontgombault.
H. Lenain/hemis.fr

En suivant la route touristique, passant près de l'église, sur environ 3 km, vous atteindrez un **pont de bois couvert★** qui enjambe la Bouzanne. Cet unique exemplaire conservé en France a été construit en 1847, lors de la mise en place de la ligne de chemin de fer Paris-Toulouse.
Continuez sur la D 927 jusqu'à St Marcel.

★ St-Marcel et le site archéologique d'Argentomagus

(p. 367)
Prenez la D 48 puis la D 927 sur l'autre versant de la Creuse pour revenir au château de Romefort, puis à Le Blanc.

Carnet pratique

S'informer

Office de tourisme – *22 pl. de la Libération - ✆ 02 54 37 05 13 - www.parc-naturel-brenne.fr/destination-brenne.*

Nos adresses

Restauration

Budget moyen

Le Cygne – *8 av. Gambetta - 02 54 28 71 63 - www.lecygneleblanc.fr - fermé dim. soir, lun. et mar. - plats 18/32 €, menus 29,90/50 € - réserv. conseillée.* Non loin de l'église réputée pour ses guérisons miraculeuses, agréable restaurant aux tables soigneusement dressées. Cuisine au gré du marché.

Shopping

Marché – *Merc. et sam. matin.* Pl. Ganier et marché couvert.

Maison des Abeilles – *La Vallée - Ingrandes - rte de Concremiers - 02 54 28 68 63 - www.maisondesabeilles.com - vac. scol. sem. 14h-18h - matin, w. et j. fériés, se rens. - gratuit.* L'association Terre d'Abeilles propose toute l'année des animations (ouverture de ruche commentée, extraction, etc.). Intéressante boutique (miels, pains d'épice, bien-être...), dégustation.

Maison du fromage – *Pouligny-St-Pierre - 6 km au nord - 06 07 13 76 40 - maisondufromage.fr - 9h-12h30, 15h30-18h30 - fermé dim. et lun. matin.* La renommée du fromage de chèvre de Pouligny-St-Pierre, en forme de pyramide, et qui fut le premier fromage de chèvre à bénéficier d'une AOP, n'est plus à faire. Vous le trouverez dans cette Maison, qui propose de nombreux autres produits locaux.

Activités

Location de VTC et de vélos électriques – *Pl. de la Libération - office de tourisme - 02 54 37 05 13 - www.parc-naturel-brenne.fr/destination-brenne - 9h30-12h30, 14h-18h - fermé dim.et j. fériés.* Pour parcourir la voie verte ou les circuits vélo du parc de la Brenne, l'office de tourisme propose la location de VTC, vélos enfants, vélos à assistance électrique d'1/2 journée *(7/15 €)* à 1 sem. *(40 €)*.

Cycle et sports – *4 r. Pierre Collin de Souvigny - 02 54 38 83 58 - fermé dim.-lun.* Location de vélos électriques *(1/2 journée 15 € et 1 journée, 20 €, remorque enf. 10 €)*.

Hébergement

À proximité

Pour se faire plaisir

Saint-Victor la Grand'Maison – *Ingrandes - 9 km au sud-ouest - 06 03 81 51 37/02 54 37 46 55 - saintvictorlagrandmaison.com - - 5 ch. et 4 gîtes indépendants 280/530 €/w.-end ou 485/960 €/sem. - 10 € - table d'hôte 30 €.* Marie Rouet a entièrement rénové, avec beaucoup de goût, ce ravissant manoir du 16e s. et ses dépendances. Situé au-dessus de l'Anglin, dans un parc enchanteur, vous pourrez vous y ressourcer au calme.

Saint-Benoît-du-Sault

Sur un promontoire rocheux dominant la vallée encaissée du Portefeuille, St-Benoît-du-Sault, qui doit son nom à un prieuré fondé par des moines bénédictins à la fin du 10e s., devint une place importante à la fin du Moyen Âge. Elle séduira d'autant plus les amateurs de petites cités médiévales qu'elle reste, en dépit de son charme, étrangement peu touristique.

Saint-Benoît-du-Sault.
H. Lenain/hemis.fr

Se repérer

Indre (36)

CARTE P. 334-335 (B4), PLAN DE VILLE P. 365.

Situé à 20 km au sud-ouest d'Argenton-sur-Creuse.

Organiser son temps

Comptez une demi-journée pour profiter de la ville et de ses environs.

Nos adresses p. 366

Se promener

Vieille ville

Pl. des Augustins - ✆ 02 54 47 67 95 - www.saint-benoit-du-sault.fr.
Circuit tracé en vert sur le plan de la ville p. suivante. Partez de la place des Augustins et suivez le sentier qui contourne la ville par le sud-est.
La partie la plus ancienne de la ville (le Fort), accolée à l'église, est entourée par de solides remparts et fermée par une porte fortifiée proche d'un beffroi. Le tracé des rues a bien peu changé depuis le Moyen Âge. Au-delà du Fort, la ville commerçante s'est développée au 15e s. Elle était entourée par une seconde enceinte, moins élevée, dont subsistent des murs, un chemin de ronde et la tour Grimard. En vous baladant au gré des ruelles de la ville ancienne, remarquez des dizaines de tours d'escaliers des 14e-15e s. et des fenêtres à meneaux (16e s.). Le chemin dominant les rives du Portefeuille offre des **vues** sur la vallée et le château de Montgarnaud.
Après le quartier du Portugal, empruntez le chemin de ronde qui conduit à l'église.

Église

Commencée au 11e s., elle est en partie romane. Sa nef est couverte d'une belle charpente de bois en carène de bateau renversé. La tour du clocher (14e s.) abrite une cuve baptismale d'époque carolingienne en granit.

★ Terrasse de l'ancien prieuré

Vue sur la vallée du Portefeuille et le plan du barrage. Sur la droite, remarquez l'étagement des terrasses et des maisons aux toits de tuiles. Vers le portail, empruntez la rue Sous-le-Mur, la rue de la Demi-Lune et la ruelle couverte du Four-Banal.

Rue de la Roche

Remarquez un ensemble de demeures anciennes dont la **maison de l'Argentier** (15e s.), ornée d'une porte à clous que surmonte un linteau sculpté.

Circuit conseillé

CARTE P. 335

Autour de l'Anglin B4

Circuit de 55 km tracé en bleu sur la carte p. 335. Quittez St-Benoît par le nord en empruntant la D 10, puis après 400 m, prenez la D 46 vers St-Civran.

Église Saint-Sulpice de Roussines

L'édifice abrite une série de remarquables **fresques★** du 14e s., mises au jour en 2010. Dans la travée du chœur, le Christ est entouré des évangélistes et d'anges jouant de divers instruments. Dans la troisième travée, sont représentés les sept péchés capitaux : l'orgueil (jeune noble monté sur un cheval blanc et tenant un paon sur le poing) ; l'avarice (homme à dos de lion serrant de sa main droite une bourse et de sa main gauche un vase rempli d'or) ; la luxure (personnage à cheval sur un bouc blanc et tenant une épée) ; la gourmandise (manant chevauchant un mulet et tenant un vase rempli de vin à sa main gauche et une fiole de l'autre) ; la colère (personnage monté sur un porc et se poignardant) ; la paresse (vilain à dos d'âne brandissant un bâton noueux) ; l'envie (personnage monté sur un lévrier et appuyant sa main droite sur une escarcelle vide).
Poursuivez la D 46 jusqu'à St-Civran. À l'église, prenez sur la gauche la D 54.

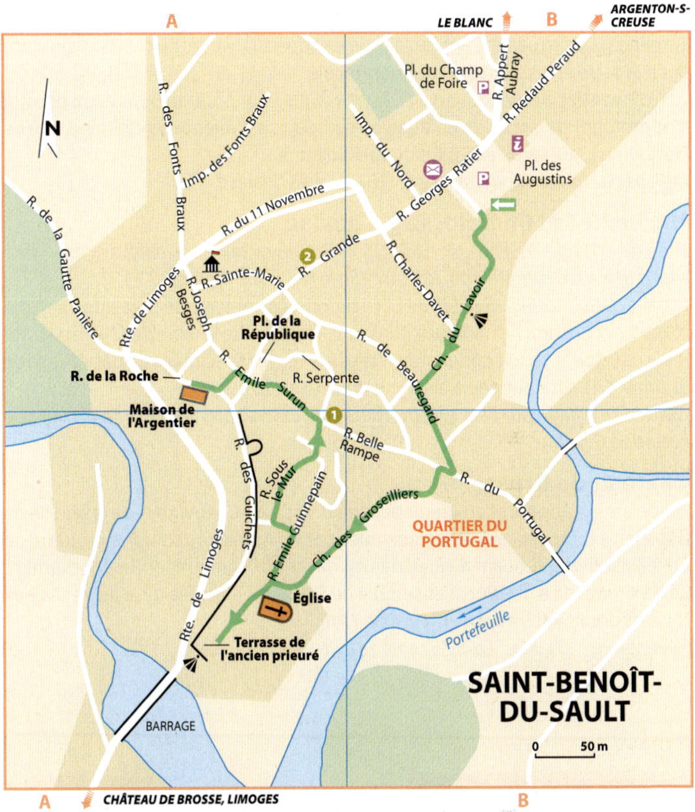

SE LOGER
Chambre d'hôte Le Portail 1
La Treille aux roses.......................... 2

Prenez à droite la D 55 qui longe plus loin l'étang de la Roche-Chevreux et rejoint la D 44. À Lignac, prenez sur la droite la D 53.

★ Château-Guillaume

☏ 02 54 25 62 81 - juin-sept. : 14h30-18h - fermé lun. - 8 € (-7 ans 4 €) - 3 € parc seul.
Un imposant donjon roman couronné de mâchicoulis, entouré de quatre tours et de remparts, témoigne du passé défensif de ce château. Démantelé sous Richelieu, il fut remanié au 19e s. par un disciple de Viollet-le-Duc.

Propriété de **Guillaume X**, duc d'Aquitaine et comte de Poitiers au 11e s., fit édifier cette forteresse en un point stratégique de son territoire. Fief de la famille de La Trémoille du 13e au 16e s., elle perdit peu à peu son rôle militaire et subit les assauts du temps. Maintes fois modifiée, elle frappe par l'adjonction d'un bâtiment néo-gothique dont l'intérieur conserve meubles et décorations (cathèdre aux armes du Berry, médaillons brodés de la fin du 16e s. représentant saint Ignace de Loyola et saint François Xavier, souvenirs de la famille de Beauchamp, propriétaire de ce château toujours habité).

Dans le bâtiment du 15e s., visitez la **salle des gardes**, immense pièce de 23 m de long, dédiée aux Beauchamp : de nombreux souvenirs y sont exposés.

6

Terminez la visite par une agréable promenade dans le **parc** du château. On visite aussi la serre et le jardin potager permacole.

Un **sentier de découverte** *(1,7 km - 45mn)* ponctué de panneaux permet d'approfondir l'histoire du château en compagnie d'Aliénor d'Aquitaine, fille de Guillaume X qui serait née à Château-Guillaume.

Revenez à Lignac et poursuivez la D 53 jusqu'à Chaillac.

Musée de la Minéralogie à Chaillac

2 rue de la Haute Touche - ✆ 02 54 25 74 26 - www.minerauxchaillac.com - mai-sept. : tlj sf mar. 10h-12h, 14h-18h ouv. 15h le jeu.) - 4 € (enfants 2 €).

Installé dans une ancienne ferme berrichonne, ce petit musée présente une intéressante collection de minéraux, ainsi que l'histoire de la mine de Chaillac. Cette mine a surtout produit des cristaux de cérusite, des spécimens de barytine et de fluorine. Elle a fonctionné à ciel ouvert jusqu'en 2006.

Quittez ce village par l'est en empruntant la D 36 et prenez à droite la route de l'usine La Barytine.

Château de Brosse

La forteresse appartint aux seigneurs de Brosse, de Chauvigny et à la famille de Bourbon-Montpensier. Elle fut incendiée par les Anglais au cours de la guerre de Cent Ans. En descendant au pied des murailles du château et en les contournant par la droite, on a une vue d'ensemble de l'enceinte fortifiée qui s'accroche aux rochers dominant un petit affluent de l'Anglin.

Revenez vers Chaillac. La D 36 ramène à St-Benoît-du-Sault.

Nos adresses

Hébergement

Budget moyen

2 La Treille aux roses - A1 - *5 r. Grande - ✆ 02 54 26 90 47 - P - 2 ch et 1 suite 95 €.* Des chambres sobres et élégantes, dans une maison médiévale.

Pour se faire plaisir

1 Chambre d'hôte Le Portail - AB2 - *18 r. Émile-Surun - ✆ 02 54 47 57 20 - www.leportailstbenoit.fr - P - 3 ch. 125 €.* Cette bâtisse des 14e et 15e s. est située dans la cité médiévale. Chambres aménagées dans l'ancienne porte fortifiée flanquée d'un beffroi, bel escalier à vis. Accueil charmant.

À proximité

Pour se faire plaisir

Château Le Breuil - *Le Logis du Breuil - Chaillac - ✆ 06 73 91 86 09 - www.chateaulebreuil.com - 2 ch. 115/135 €, 1 suite 5 pers. 250 €.* Dans cette ancienne maison forte du 16e s., qui s'élève au milieu d'un grand domaine bordé d'un étang, vous serez assuré de passer un séjour paisible. Chambres très spacieuses, décorées avec goût. Salon à la disposition des hôtes. Table d'hôte. Nombreuses animations dont des cours d'art floral.

Saint-Marcel et Argentomagus ★

La voisine d'Argenton-sur-Creuse, au cachet médiéval séduisant, mérite une visite en raison de son patrimoine archéologique. Des gisements préhistoriques vieux de 14000 ans ont révélé l'ancienneté de son occupation humaine. Le site accueillit ensuite la cité gallo-romaine d'Argentomagus, dont subsistent les vestiges d'un grand théâtre. Les fouilles ont mis au jour des merveilles présentées dans un musée archéologique d'une qualité remarquable.

Se repérer

1506 Pitolats – Indre (36)

CARTE P. 334-335 (B3).

St-Marcel est à 2 km au nord d'Argenton-sur-Creuse.

À ne pas manquer

La crypte du musée archéologique d'*Argentomagus* et son spectaculaire ensemble architectural; le village médiéval de St-Marcel.

Organiser son temps

Une journée entière.

En famille

Argentomagus et son musée directement bâti au-dessus de la ville antique.

Nos adresses p. 370

Visiter

Site archéologique d'Argentomagus

Il est particulièrement bien conservé. À l'abandon d'*Argentomagus* vers la seconde moitié du 4e s., le site demeura vierge de toute occupation et devint une zone de cultures, ses vestiges reposant sous une terre de vignobles.

Les Mersans

Protégé par des vallées naturelles, ce plateau de 27 ha, dominant la Creuse, constitue le noyau urbain initial. Fouillé depuis 1962, il comprend la **maison de Quintus Sergius Macrinus,** demeure privée d'un riche notable, ainsi qu'une fontaine monumentale reliée par deux voies à une aire cultuelle. Au-delà de cette aire, en direction de l'est, gisent encore sous terre **le forum et d'autres monuments**.

De la maison de Quintus Sergius Macrinus, dont le nom apparaît sur certaines inscriptions, ne subsistent que quatre pièces. L'une d'entre elles était chauffée par hypocauste.

En revanche, l'aire cultuelle a révélé un temple à pronaos de tradition gréco-latine et **trois temples** de tradition celtique : le *fanum* dont l'architecture emboîte deux carrés ouverts à l'est. Le carré central *(cella)* abrite les statues des divinités; autour, une galerie de circulation sert de déambulatoire. D'après des sources littéraires anciennes, les processions se déroulaient dans le sens de la marche du soleil. Comme la plus grande partie de la ville elle-même, ces temples furent détruits lors des invasions barbares au 3e s. de notre ère. Leurs fouilles ont mis au jour

6

de **splendides statuettes** qui témoignent de la combinaison de différents panthéons : celtique, romain et oriental. Une remarquable statuette en bronze de Mercure côtoyait ainsi une représentation de Sérapis et des personnages sculptés assis en tailleur.
Le sanctuaire a livré par ailleurs une quarantaine de **fosses et de puits sacrificiels**. Dans l'un d'eux se trouvaient une tête de truie fendue et de nombreux ossements de porc ; un grand coutelas y était également déposé. Près du grand temple, un anneau fixé sur une dalle servait à attacher les animaux.
Fortuitement découverte en 1967, la **fontaine monumentale** comprenait deux larges escaliers descendant vers un bassin carré de 6 m de côté dont les eaux étaient évacuées par un égout, en parfait état, dégagé sur 90 m. La fonction de cette fontaine (la plus vaste actuellement connue en Gaule) demeure un mystère ; sans doute avait-elle une vocation cultuelle avant d'être comblée par les bronziers, les forgerons et les orfèvres après 276.
Les fouilles ont également mis au jour plusieurs nécropoles, dont celles des Ripottes (près du musée) et de la rue du Champ-de-l'image (dans le village).

★ Musée et crypte archéologiques d'Argentomagus

☏ 02 54 24 47 31 - www.argentomagus.fr - juil.-août : 9h30-12h, 14h-18h ; reste de l'année : tlj sf mar. 9h30-12h, 14h-18h - fermé du 23 déc. au 1er fév. - 5 € (-6 ans gratuit) - 7 € billet combiné avec musée de la Chemiserie et de l'Élégance masculine (valable 3 mois, voir p. 373).

On y accède par une rampe extérieure offrant une très belle **vue** panoramique au-dessus du site. Sa visite en forme de cheminement à travers les époques s'achève dans la **crypte archéologique**, au sous-sol, véritable clou du musée.

La destinée d'Argentomagus

Point de rencontre de plusieurs routes terrestres, St-Marcel occupe une région charnière entre les terres froides de la haute vallée de la Creuse et les marécages de la Brenne, en un endroit où la rivière régularise son cours et devient navigable.
Le développement des échanges, l'abondance du gibier, la présence de l'eau, de forêts et de nombreux gisements de minerai de fer expliquent l'ancienneté du peuplement local et la pérennité de son implantation : grottes occupées par les chasseurs de rennes du Magdalénien (14000-8000 av. J.-C.), oppidum gaulois et sa cité gallo-romaine.
À partir de la conquête romaine (50 av. J.-C.), **Argentomagus** (de *argentum*, « argent » en latin, ou *Argentos*, nom gaulois masculin, et *magus*, « marché ») connaît un essor démographique et économique important, lié au développement du commerce, de l'artisanat et surtout de la métallurgie, grande spécialité des Bituriges *(voir p. 280)*. Mentionnée sur la table de Peutinger (célèbre copie d'un schéma routier du Bas-Empire romain, réalisée au 15e s. par l'humaniste Karl Peutinger), *Argentomagus* était, d'après un texte du 4e s., une des plus importantes fabriques d'armes en Gaule au Bas-Empire.
Durant les deux premiers siècles, la ville ne cesse de s'étendre en débordant du vieil oppidum des Mersans devenu le cœur de la cité ; mais elle reste une agglomération secondaire, ne dépassant pas 70 ha pour une population d'environ 5 000 habitants.

Collections préhistoriques

Présentées chronologiquement, elles comprennent un impressionnant matériel provenant de la vallée de la Creuse, notamment de la grotte de la Garenne, représentative du Magdalénien (14 000 av. J.-C.) : aiguilles, grattoirs, lampes, sagaies, parures, dont une splendide « pendeloque aux danseuses », où six silhouettes féminines stylisées se donnent la main et un bâton percé en bois de renne représentant un personnage appelé « Baptiste » par son inventeur.

Collections gallo-romaines

Déployées de façon thématique, elles abordent des sujets aussi divers que la ville et ses monuments, la Gaule des artisans et des commerçants, les rites funéraires et les pratiques religieuses. Ces dernières révèlent, à travers un ensemble de sculptures, la coexistence, dans la civilisation gauloise, de divinités d'origines diverses. Les bronzes, de petite dimension, sont remarquables : le fameux **Mercure**, du 1er s. apr. J.-C., dieu des Commerçants et des Voleurs, très honoré à *Argentomagus* et dans toute la Gaule, témoigne d'une grande maîtrise technique. D'autres statues sont exposées avec le vase du Vergobret (magistrat de la Gaule indépendante) et la stèle de dédicace pour la construction d'un temple.

★★ Crypte archéologique

On y découvre les imposants vestiges du fossé nord (mur de 20 m de long et 5 m de hauteur, massifs à fruits), d'une zone artisanale et de caves. Prenez le temps d'admirer les vitrines comportant de superbes figurines miniatures découvertes sur place ou des éléments de décor. Et ne manquez pas le **remarquable pan de mur** du milieu du 2e s., portant encore son enduit rouge d'origine, décoré de bandes noires et ocre jaune. La visite se termine devant un rare **autel domestique**, laissé sur le lieu même de sa découverte, en 1986.

Jardin romain

Situé à l'arrière du musée, il présente environ 150 espèces cultivées, réparties en 4 thèmes : les plantes aromatiques et condimentaires, les plantes ornementales, les médicinales, le monde du tissu, avec les plantes tinctoriales, textiles et le monde de la vannerie. À l'avant du musée, sont cultivées des plantes mellifères.

Village médiéval

★ Église Saint-Marcel

L'aspect sévère de sa massive tour-clocher (14e s.), qui servit de donjon, la différencie des autres églises de la région. Le chevet, du 12e s., forme un ensemble harmonieux. Le portail comprend deux arcs en plein cintre, surmontés d'une archivolte en pointes de diamant.

L'entrée s'effectue par la porte latérale, au-dessus de laquelle se trouve la **fresque N.-D.-de-Pitié** (15e s. ou début 16e s.), montrant Saint Louis en manteau d'hermine présentant un prêtre à la Vierge qui tient dans ses bras l'Enfant Jésus. Certaines parties du mur de la nef sont percées de petits trous noirs, orifices de **vases acoustiques** installés au 14e s. et permettant d'accroître la résonance des chants religieux. Œuvres d'Antoine Barbaud (prieur de St-Marcel de 1484 à 1522), les **stalles** marquent la transition entre l'art gothique et la Renaissance. Certaines d'entre elles, surprenantes, sont liées à la symbolique de la conversion intérieure. Le **trésor** renferme plusieurs croix de procession (13e s.), une châsse en bois sculpté du 15e s. sur laquelle est représenté le martyre des saints Marcel et Anastase (qu'ils auraient subi, non loin de l'emplacement de l'église, au 3e s., sous l'empereur

Decius), une autre châsse en cuivre doré du 13e s. ornée d'émaux limousins, le bras de saint Marcel et son buste reliquaire du 14e s.
Une fois sorti de l'église, empruntez les ruelles médiévales de St-Marcel : vestiges des **fortifications** du 15e s. ; nombreuses portes d'entrée surmontées d'un linteau en accolade, parfois avec un tympan armorié.
Le village a conservé quelques **maisons vigneronnes** identifiables à leurs galeries réalisées au 18e s. Remarquez celle située rue de la Treille, à côté de la mairie, ou celle dans la rue dite du Parlement.

★ Théâtre du Virou

À env. 2 km du centre urbain, accès libre. Grimpez la route de St-Gautier-Buzançais, puis prenez à gauche vers St-Martin avant l'Intermarché. Le théâtre se trouve en lisière du lotissement (fléchage).
La partie du mur circulaire extérieur fut, jusqu'en 1966, le seul témoin visible du monument enfoui. L'édifice, entièrement fouillé, a connu deux états successifs : le premier, rustique, remonte au 1er s. ; le second, plus sophistiqué, date du 2e s.
La superposition des deux états est d'un grand intérêt archéologique : le **premier théâtre**, d'une faible acoustique, adopte le plan typique des théâtres gallo-romains : forme en fer à cheval, scène exiguë, ampleur de l'orchestre ; le choix des spectacles, privilégiant le mime et la danse plus que les jeux de scène, et une influence hellénique sont peut-être responsables de cette disposition inhabituelle. Les gradins, creusés dans le roc, sont très bas et excluent la position assise, les spectateurs conservant la coutume gauloise de s'asseoir en tailleur.
La **seconde construction** rattache le Virou au schéma des théâtres romains classiques et adopte une forme circulaire de 84 m de diamètre pouvant contenir 6 000 spectateurs.

Pont romain

1 r. Basse, au sud du théâtre.
Long de 110 m, large de 5, il comportait 5 piles maçonnées, dotées vers l'amont d'un éperon brise-lames long de 6 m. La face aval, quant à elle, était plane et perpendiculaire au courant. Le pont fut utilisé jusqu'en 1530, date de sa destruction par une crue.

Nos adresses

Restauration

Budget moyen

Le Prieuré – *44 rte de Rio - ✆ 02 54 24 05 19 - www.restaurant-leprieure.com - ♿ - fermé lun., mar. et merc. midi - formule déj. sem. 25/32 €, menus 38/55 € - 15 ch. 95 €.* Cuisine traditionnelle de qualité : foie gras, ris de veau, rognons... Aux beaux jours, il est agréable d'avoir une table en terrasse ou dans le jardin ombragé attenant. L'établissement fait aussi hôtel : chambres lumineuses et confortables.

Kayak à Argenton-sur-Creuse.
Leday L/Getty Images Plus

Vallée de la Creuse ★

Au 19e s., lorsque les peintres sortirent de leurs ateliers, avides de « plein air », un grand nombre d'entre eux choisit la vallée de la Creuse, entre La Celle-Dunoise et Argenton-sur-Creuse, pour ses paysages sauvages et ses motifs pittoresques. Dans cette charmante vallée un peu aux nombreux méandres, vous pouvez partir sur les traces des peintres de l'école de Crozant ou randonner autour du lac d'Éguzon, à la recherche de sites naturels splendides et protégés.

Se repérer

Indre (36), Creuse (23)

CARTE P. 334-335 (C4), PLAN DE VILLE P. 373

Argenton-sur-Creuse se trouve à 15 km au sud de Châteauroux par l'A 20. La Vallée de la Creuse s'étend du Berry au Limousin et traverse Argenton, Crozant et Dun-le-Palestel.

À ne pas manquer

Le musée de la Chemiserie et de l'Élégance masculine à Argenton-sur-Creuse ; la boucle du Pin, le coucher de soleil sur la Creuse et la quiétude des bords de Creuse ; les vanneries du musée de la Vallée de la Creuse.

Organiser son temps

Comptez une journée.

En famille

Le lac d'Éguzon et ses loisirs nautiques ; le musée de la Vallée de la Creuse, avec ses reconstitutions d'ateliers.

Carnet pratique p. 378

Nos adresses p. 378

Argenton-sur-Creuse

PLAN DE VILLE P. CI-CONTRE

Circuit tracé sur le plan de la ville page ci-contre.

La ville d'Argenton-sur-Creuse s'est substituée à la cité gallo-romaine d'*Argentomagus (voir encadré p. 368),* qui s'étendait à 2 km au nord, sur la colline de St-Marcel. Porte d'entrée de la vallée, la ville s'étire au bord du fleuve, entourée de collines et de falaises. Découvrez son petit centre commerçant et ses ruelles médiévales.

Église St-Sauveur

Sa fondation remonterait aux origines de la ville basse (13e s.). L'édifice actuel, du 15e s., fut restauré au 19e s. Son clocher-porche néogothique, surmonté d'une flèche ajourée, atteint 50 m. La nef possède une belle voûte d'arêtes armoriées. Le chemin de croix en céramique est dû à l'artiste bolivien Jorge Carrasco (1919-2006), qui s'était installé au Menoux en 1967 (*voir p. 374*).

En sortant de l'église, tournez à gauche dans la rue Grande.

Impasse de Villers

Remarquez le bel **hôtel de Scévole** (17e-18e s.), bâti par un noble Argentonnais. La tour de l'aile gauche, avec son escalier à vis, se prolonge par une petite galerie en façade. Le parc à la française (aujourd'hui disparu) fut dessiné par Le Nôtre.

Tournez à droite au bout de la rue Grande.

Vieux pont

Datant du 17e s., mais reconstruit au 19e s., le vieux pont offre une très jolie **vue★** sur la Creuse, les quartiers anciens et la ville haute.

En amont, la rivière s'étale en un beau plan d'eau, avec un double déversoir alimentant des moulins. Des **maisons à loggias, à balustrades et à galeries de bois** coiffées d'ardoises surplombent la rivière ; d'autres s'étagent le long de la falaise envahie par la végétation.

Dominant la chapelle N.-D.-des-Bancs, se dresse la statue dorée de **N.-D.-d'Argenton**, qui protège la cité. À droite, la flèche de pierre de l'église St-Sauveur, et à l'horizon, le clocher de l'église de St-Marcel.

Au-delà du pont, on remarque une **maison bourgeoise** des 15e et 16e s., avec une porte de style gothique flamboyant ornée de pinacles et de feuilles de chou. À droite, une arcade donnait jadis accès à une boutique.

Rue Raspail

De style Renaissance (fin 15e s.), l'**ancien collège** est couronné d'une tourelle à clocheton qui abrite un escalier à vis. Servant provisoirement de prison, d'où son nom « vieille prison » (souvenir de 1782), le bâtiment abrite aujourd'hui l'école de musique.

Chapelle St-Benoît

Cette ancienne collégiale gothique des 15e et 16e s., commandée par le prieur Antoine Barbault et le seigneur d'Argenton, fut rendue au culte après avoir servi d'entrepôt à grains pendant la Révolution. La chapelle fut restaurée en 1873 ; le clocher actuel date de 1965. À l'angle gauche, dans un *montjoie* (niche), se tient une **Vierge à l'Enfant** en pierre de 1485 (il s'agit d'une copie, l'original étant conservé à la mairie). Le clocher est couvert en bardeaux de châtaignier.

Traversez la rue Victor-Hugo et prenez la rue escarpée, r. de la Coursière.

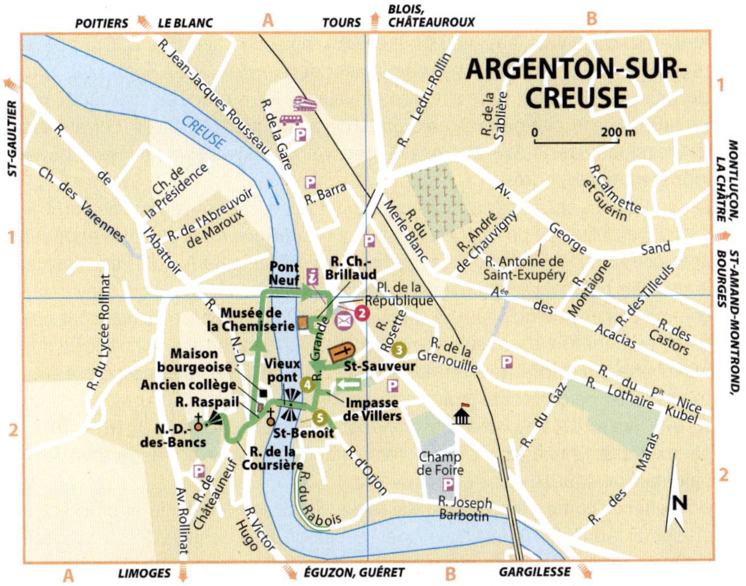

SE RESTAURER
Café de la Place 2

SE LOGER
Hôtel Le Cheval Noir 3
Les Vieilles Maisons du Pont. 4
Hôtel Manoir de Boisvillers 5

Chapelle N.-D.-des-Bancs

Seul vestige du château fort démantelé sur ordre de Richelieu en 1632, elle fut construite par un membre de la maison de Chauvigny au 15e s. Depuis la peste de 1632, qui ravagea Argenton, la chapelle N.-D.-des-Bancs est devenue un lieu de pèlerinage.

La jolie petite statue de la Vierge (15e s.) qui se trouve au-dessus du maître-autel est vénérée sous le vocable de **Bonne Dame d'Argenton**. En 1899 fut inaugurée la gigantesque statue de la Vierge (6,50 m de haut), en cuivre doré à la feuille. De l'esplanade de la chapelle, la **vue★** s'étend des quais aux maisons à pignons et à tourelles, coiffées de toits d'ardoises ou de tuiles brunes, tandis que se dessine le tracé de la vallée de la Creuse, enserrant la ville dans un cadre agréable de collines.

Rejoignez la rue Notre-Dame, puis tournez à gauche dans la rue Victor-Hugo.

Pont Neuf

Grâce au recul, ce deuxième pont offre une vision panoramique de la ville. Les ruelles perpendiculaires à la rue Grande, donnant sur la Creuse (rue des Tanneurs), sont appelées des « aribouts ».

Musée de la Chemiserie et de l'Élégance masculine

R. Charles-Brillaud - ✆ 02 54 24 34 69 - www.museedelachemiserie.fr - ♿ - juil.-août : 10h-12h30, 14h-18h30 sf lun. ; reste de l'année : tlj sf lun. 9h30-12h, 14h-18h - fermé du 24 déc. à mi-fév. - 5 € (6-18 ans 2,50 €) - 7 € billet combiné avec le musée archéologique d'Argentomagus (valable 3 mois).

Le premier atelier mécanique de lingerie, créé à Argenton par Charles Brillaud en 1860, a été réhabilité en un musée très instructif des techniques et de la mode masculine : c'est le seul de ce type en France. Il témoigne du **patrimoine**

6

industriel de la ville, haut lieu de la chemiserie en France au 19e s. Dans cette région, les ateliers de blanchisserie étaient déjà implantés en nombre le long de la Creuse. Les ballots de chemise arrivaient à Paris grâce au **chemin de fer.** En 1908, l'électricité permit une production à plus grande échelle. Les ateliers de mécanique destinés à réparer et à concevoir de nouvelles machines se développèrent dans l'Indre.
Les collections anciennes et contemporaines du musée concernent en partie la mode masculine. Le premier étage retrace l'**historique de la chemise** et de ses accessoires. Au Moyen Âge, elle se cache sous les vêtements. Avec la Renaissance, le col et les poignets en dentelle se montrent. Jusqu'au 18e s., elle est considérée comme une deuxième peau. La chemise de jour et la chemise de nuit sont restées très longtemps une seule et même pièce ; au 19e s., on ajoutait un col et des manchettes amovibles que l'on retirait la nuit... Au 20e s., la chemise s'expose avec toutes sortes d'accessoires (cravates, boutons de manchettes). On passe aussi du sur-mesure au prêt-à-porter. L'hygiène est également évoquée : du 16e au 18e s., par exemple, l'eau est considérée comme dangereuse. Avec l'apparition de la baignoire vers 1900, les pratiques évoluent.
Un **atelier de confection**, reconstitué au deuxième étage, détaille les différentes étapes de fabrication d'une chemise et l'évolution des machines (fers à repasser, lessiveuses, machines à coudre), mais aussi le lavage, le repassage et le séchage. Enfin, un petit film raconte l'histoire de la chemiserie et la vie des ouvrières d'Argenton. Chaque année, en janvier, les collections présentées sont renouvelées, ceci pour des raisons de préservation.
À l'extérieur du musée, un **jardin textile** recense l'ensemble des plantes sauvages ou cultivées utilisées pour la fabrication des fibres textiles.
Rejoignez l'église St-Sauveur par la rue Grande.

Circuit conseillé

CARTE P. 375

Au bord de la Creuse B3

Circuit de 80 km tracé en gris sur la carte p. 375 et sur la carte p. 335. Quittez Argenton par le sud-est (D 48) direction Gargilesse-Dampierre.

On vous emmène à la boucle du Pin

Un « fer à cheval » formé par la rivière, c'est ainsi que George Sand, habituée des lieux, décrivait cette boucle du Pin. Le site est spectaculaire, car la Creuse est aujourd'hui bien plus large qu'au 19e s. Qui se douterait que, sous ses eaux dormantes, des arbres, des maisons, des moulins ont été ensevelis lors de la construction successive de trois barrages au début du 20e s. ?
Longue de 7 km, la promenade commence à l'église de Badecon-le-Pin. Entre montagne et campagne, on emprunte un sentier un peu raide au milieu des buis et des fougères. Au fond de la vallée, les talus couverts de primevères, jacinthes des bois et géraniums herbe à Robert explosent de couleurs au printemps. Aucun bruit ne trouble le silence, à part le chant d'un merle.
Une descente abrupte, et nous voilà au-dessus du barrage de la Roche-Bat-l'Aigue. Un peu plus bas, on écoutera la cascade au printemps... Une belle balade !
À télécharger sur : www.visorando.com/randonnee-des-hauteurs-de-badecon-le-pin-aux-bords/.

Le Menoux

Le village dominant la Creuse était jadis connu pour ses vins, comme en témoignent les demeures de vignerons et les entrées de caves.

L'intérieur de **l'église** comporte de surprenantes **fresques**★ du peintre bolivien Jorge Carrasco (20e s.) : 450 m² de peintures aux couleurs vives, réalisées de 1968 à 1976 par ce peintre et sculpteur, qui fut l'ami de Matisse et de Picasso. Il y exprime les forces de la nature, le chaos cosmique, la création de l'homme et de l'univers. Pour prolonger cette vision, rendez-vous dans l'insolite **maison de l'artiste** *(8 r. Jorge Carrasco - ✆ 06 14 46 25 89 et 02 54 47 88 20 - tél. pour prendre RV)*, située à quelques pas de là. Une importante et belle œuvre sculptée y est exposée.

Rejoignez la D 48.

Barrage de La Roche-Bat-l'Aigue

Ne se visite pas. Au cours d'une montée sinueuse, prenez à droite une agréable route étroite qui suit de très près la Creuse. Un petit barrage, un déversoir et un plan d'eau s'inscrivent dans la vallée, à cet endroit encaissé entre des rochers et des hauts versants boisés. Créé en 1907, le barrage a été rehaussé en 1977, engloutissant à jamais les moulins et les maisons établies au bord de la Creuse.

Revenez sur la D 48. À Badecon-le-Pin, empruntez la D 40.

★ La boucle du Pin

À la sortie des Chocats, on découvre une belle **vue** sur ce large méandre décrit par la Creuse dans un cirque de collines et de rochers ; en face, perchée sur un promontoire, se dresse l'église romane de Ceaulmont. La boucle du Pin marque la jonction entre les terres sédimentaires du Bassin parisien et les roches cristallines du Massif central : le lit de la Creuse, large au niveau d'Argenton, tend à se rétrécir ensuite, encaissé dans un paysage plus montagneux.

★ Gargilesse-Dampierre

(☞ p. 380)

Poursuivez sur la D 40. Après Cuzion, prenez à droite la D 45 en dir. d'Éguzon, puis, 2 km plus loin, tournez à droite vers le moulin de Châteaubrun.

Site de Châteaubrun

Dans un site sauvage dominant la vallée se dressent les puissantes tours de Châteaubrun *(visite uniquement lors des Journées du patrimoine)*, forteresse construite au 12ᵉ s. par Hugues de Lusignan, dit le Brun. Elle fut convertie en carrière de pierre en 1817, puis une restauration abusive, à la fin du siècle dernier, ajouta des mâchicoulis. Le donjon date du 13ᵉ s.

George Sand s'est inspirée du cadre farouche de Châteaubrun pour écrire deux de ses romans : *Le Péché de M. Antoine* et *Mauprat*.

Avant le Pont-des-Piles, prenez à gauche la D 45A.

★ Belvédère du barrage d'Éguzon

En amont du barrage, découvrez une très jolie **vue** sur le site. La retenue (lac d'Éguzon) s'inscrit dans un cadre de collines et de rochers, tandis qu'en aval resurgit la vallée de la Creuse.

Rejoignez la D 40, puis tournez à droite dans la D 40A.

★★ Crozant

(☞ p. 235)

Au pied des ruines, une petite route plonge vers le lac.

Continuez vers le sud sur la route qui longe le lac, ou descendez le long de la Creuse, et rejoignez le circuit « Les monts de Guéret » p. 230.

Éguzon

ℹ 3 r. George-Sand - ☎ 02 54 47 43 69 - lavalleedelacreuse.fr/tourisme.

Cette station verte est renommée pour son lac et ses activités sportives (notamment nautiques). Elle possède un musée des arts et traditions populaires, qui

Lac d'Éguzon.
Agence d'attractivité de l'Indre

met en scène, à travers ses objets exposés, la vie quotidienne rurale et les vieux métiers de la région.

Lac d'Éguzon – Le plus grand lac de la région, qui s'étend sur 315 ha et 17 km de long, s'est formé en 1926 à la suite de la mise en eau du barrage. Plusieurs plages sont accessibles et certaines proposent des sports nautiques.

La plage de **Chambon** *(pavillon bleu, baignade surveillée en juil.-août 14h-19h)*, la plus grande, exploite son large plan d'eau, avec voile, canoë, kayak... *(voir « Nos adresses »)*. En saison, un bac *(gratuit)* dessert la **plage de Fougères**. Celle de **Montcocu** avait paraît-il les faveurs de George Sand qui allait y pêcher. 23 itinéraires de promenades, de 3 à 22 km, ont été balisés autour du lac et de la vallée *(se rens. à l'office de tourisme d'Éguzon)*.

Barrage d'Éguzon – *Uniquement sur réserv. Informations et inscriptions au ✆ 05 34 39 88 70 - visites.edf.eguzon@manatour.fr - visite guidée les merc. et jeu. hors j. fériés, durée 1h - RV au pied du barrage.* Ce barrage, qui fut le plus puissant d'Europe lors de sa mise en eau en 1926, et son usine hydroélectrique sont ouverts à la visite depuis 2016. Il a une puissance totale de 70,6 MW.

Musée de la Vallée de la Creuse – *2 r. de la Gare - ✆ 02 54 47 47 75 - www.musee-vallee-de-la-creuse.fr - ♿ - 10h-12h, 14h-18h, w.-end et j. fériés 14h-18h - fermé lun. et de nov. à mars - 3 € (-18 ans 1,50 €).* Installé dans les anciennes écuries du château d'Éguzon, ce musée comprend deux parties : d'abord, des collections permanentes sur deux étages, consacrées aux **anciens métiers**. Au rez-de-chaussée sont présentés divers ateliers qui appartenaient à des artisans de la région : tonnellerie, menuiserie... Chacun de ces ateliers, installé par son ancien propriétaire, a gardé son âme. Ensuite les **maçons de la Creuse** sont racontés à travers leurs différents métiers : taille de pierre, maçonnerie, charpente... Pour passer à l'étage, on traverse la **salle commune** qui servait de cuisine, de chambre et de salle à trois générations en même temps. L'étage est réservé à une magnifique **collection de vanneries★** anciennes, l'une des plus belles de France : vannerie du Sud, de Champagne, du Limousin. Remarquez une très belle collection de moules en bois qui permettaient de réaliser des vanneries selon des gabarits bien définis. La visite se termine par la **salle de classe** dont l'ambiance d'autrefois est bien reproduite. La deuxième partie du musée s'intéresse plutôt à l'histoire de la vallée de la Creuse et aux arts plastiques contemporains, en lien avec le paysage. Un programme d'**expositions temporaires** très diversifié se déroule chaque année. Le musée accueille aussi régulièrement des artistes en résidence.

Poursuivez sur la D 45. Au Pont-des-Piles, prenez à gauche la D 72, puis la D 913.

Ruines du château de la Prune-au-Pot

Propriété de la famille Pot de 1300 à 1484, le château accueillit Henri IV en 1589 lors du siège d'Argenton. Du haut du talus, la vue sur les tours reliées par des lambeaux de murs est romantique.

Ceaulmont

Le village doit son nom à sa position dominante. À droite de la route, dans un pré, la petite **église romane** St-Saturnin est construite au bord d'un éperon. Belle **vue★** sur une boucle de la Creuse et, au loin, sur les plateaux de la Marche et de Combraille.

Revenez sur la D 913 qui ramène à Argenton-sur-Creuse.

Carnet pratique

S'informer

Office de tourisme – *13 pl. de la République - 36200 Argenton-sur-Creuse - ✆ 02 54 24 05 30 - lavalleedelacreuse.fr/tourisme.*

Agenda

À Argenton-sur-Creuse

Marché de potiers – *Dernier dim. de juin - ✆ 02 54 24 05 30.* Une quarantaine de potiers de toute la France présentent leurs créations.

Les Intemporel-les – *Fin juil. - les-intemporel-les.com.* Festival de musique classique et instrumentale.

À Éguzon

Fête du lac - *Fin juil. - ✆ 02 54 47 43 69.* Animations nautiques et jeux inter-plages.

Fête de la châtaigne - *Toussaint - ✆ 02 54 47 43 04 - www.fete-chataigne-eguzon.com.* Trois jours de randonnées (à cheval, à pied et à VTT) et 2 jours de fête pour découvrir tout ce qui se cuisine ou se fabrique avec le fruit et le bois ; concerts, expositions, veillées... En tout, 80 exposants, plus d'1,5 tonne de marrons grillés et 15 tonnes de pommes pressées sur place pour fabriquer du cidre doux !

Nos adresses

Restauration

À Argenton-sur-Creuse

Premier prix

(2) **Café de la Place** – A2 - *Pl. de la République - ✆ 02 54 24 12 91 - www.hotel-argenton.com - formules déj. sem. 12/15 €, carte 15/20 € - ch. 8 ch. 44 € - ☕ 6 €.* Une pause repas dans cette brasserie qui sert une cuisine bistro vous permettra de profiter de la ville depuis la terrasse. Excellent rapport qualité-prix, service rapide.

Au Menoux

Premier prix

Le Petit Roy – HORS PLAN - *Rte de Gargilesse - Le Bourgoin - 6 km au sud-est - ✆ 02 54 47 17 70 - www.restaurant-lepetitroy.com - fermé dim. soir, lun. et mar. soir - formule déj. sem. 14,50 €, plats 15 €.* Un restaurant bien connu dans la région et très apprécié. Un cadre enchanteur, devant la Creuse, avec terrasse et salle décorée avec une belle sobriété. Les plats traditionnels varient au gré des marchés. Excellent rapport qualité-prix. Concerts de jazz en été le soir sur la terrasse. Service efficace et souriant.

À Éguzon

Premier prix

La Table d'Angèle – *Rte du Pont des Piles - ✆ 06 22 84 16 89 - fermé dim.-lun., 1re sem. de janv. - menus 19,90/26,90 €.* Une cuisine servie en généreuses portions, avec une carte qui fait la part belle aux produits locaux. Une halte sympathique dans cet établissement pourvu d'une grande terrasse pour les beaux jours.

Shopping

À Argenton-sur-Creuse

Marché – *Sam. matin.* Marché de producteurs dans la halle du marché couvert.

Activités

À Éguzon

Base de plein air d'Éguzon – *Lac d'Éguzon - 7 chemin Côte à L'laume, Chambon - ✆ 02 54 47 46 13 -*

www.bpa-laceguzon.fr - avr.-oct. Le plus grand lac de la région (315 ha) se prête à la baignade (plages aménagées) et aux sports nautiques (canoé-kayak, paddle, bateaux à pédales, planche à voile, voile dériveurs). Également circuit d'orientation, falaise de schiste pour l'escalade, parcours VTT et tir à l'arc. *Tarifs sur le site Internet.*

Aqualudic – *Juil.-août 10h30-19h - plage de Chambon.* Parc de sculptures gonflables sur l'eau, catapulte, toboggans.

Randonnées – *lavalleedelacreuse.fr/tourisme.* 23 itinéraires pédestres et 300 km de sentiers balisés autour du lac et de la vallée *(fiches disponibles à l'office de tourisme).*

Hébergement

À Argenton-sur-Creuse

3 **Hôtel Le Cheval Noir** – B2 - *27 r. Auclert-Descottes - 02 54 24 00 06 - www.le-chevalnoir.fr - 19 ch. 90/100 € - 10 € - formules midi sem. 15/18 €, menu 35 €.* Ancien relais de poste, géré de père en fils depuis plus d'un siècle. Chambres sobres, de styles et de tailles variés. Piscine chauffée. Salle à manger contemporaine et terrasse dans une cour fleurie. Cuisine réputée, appréciée des gourmets.

Budget moyen

5 **Hôtel Manoir de Boisvillers** – A2 - *11 r. Moulin-de-Bord - 02 54 24 13 88 - www.manoirdeboisvillers.com/fr - 16 ch. 70/126 € - 12 €.* Belle demeure bourgeoise du 18e s. posée sur une rive de la Creuse. Chambres de style, ethniques ou rustiques, salon contemporain et agréable jardin autour de la piscine.

4 **Les Vieilles Maisons du pont** – A2 - *64 r. Grande - 02 54 27 15 84 - www.lesvieillesmaisonsdupont.com - 3 ch. d'hôte 90/110 € , 1 gîte avec 2 ch. mini. 2 nuits 300 €.* Vous serez séduit par cet agencement de maisons anciennes qui donnent sur la Creuse. D'emblée, vous êtes reçu « comme à la maison ». Somptueux petit-déjeuner, belle déco 1930 chinée dans les brocantes de la région. Ici tout est à disposition : livres, disques, boissons. Une adresse très sympathique, chaleureuse et décontractée.

À Éguzon

Budget moyen

La Maison du Lac – *29 rte du Barrage - Fressignes - 06 76 46 33 26 - www.maison-du-lac.fr - 4 ch. 120/145 € 12 € - plats 11/16 €.* À Fressignes, à quelques minutes du lac d'Éguzon, un café-épicerie entièrement rénové propose des chambres d'hôte confortables avec de grandes salles de bains. Petit-déjeuner copieux fait maison. Dîner sur réservation à la Table du Lac, avec des produits locaux. Jardin et piscine pour se détendre aux beaux jours.

Gargilesse-Dampierre ★

Accroché sur un rocher dominant les eaux de la Gargilesse, le village surgit au détour d'un virage. Artistes, peintres et écrivains, George Sand en tête, ont été séduits par son cadre enchanteur où la nature se mêle à la pierre. Gargilesse mérite que l'on s'y attarde, tant pour ses ruelles pittoresques, ses maisons anciennes, son château, que pour la beauté des fresques de son église romane.

Se repérer

280 Gargilessois – Indre (36)

CARTE P. 334-335 (C4).

Elle se trouve à 13 km d'Argenton-sur-Creuse.

À ne pas manquer

Les chapiteaux historiés et les fresques de l'église ; Algira, le refuge de George Sand ; la 3e semaine d'août, concert dans l'église, dans le cadre du festival musical de harpe.

Organiser son temps

Comptez 2h pour faire le tour des curiosités du village.

Carnet pratique p. 383

Nos adresses p. 383

Visiter

★ Église Notre-Dame de Gargilesse

Pl. Alexandre-Manceau - ✆ 02 54 47 85 06 ou 02 54 25 53 46.

Au début du 12e s., chapelle de l'ancien château médiéval, elle était enclavée dans son enceinte, et fut sans doute fondée par les Naillac, seigneurs de Gargilesse. L'édifice possède une **tour-clocher** qui, bien que massive, ne manque pas d'élégance. La sobriété de l'ensemble est soulignée à l'extérieur, dans la partie supérieure des murs, par des têtes d'hommes ou d'animaux.

De proportions harmonieuses, l'église se compose d'une courte nef, d'un transept et d'un chœur entouré de deux petites chapelles. Son chevet a sept pans coupés, ce qui est extrêmement rare en France. L'église possède d'intéressants **chapiteaux historiés★** (près de 120) qui forment l'un des plus beaux ensembles sculptés du Berry. Les thèmes évoqués sont soigneusement ordonnancés : en bas, l'Évangile ; en haut, l'Ancien Testament. Les 24 vieillards de l'Apocalypse, à la croisée du transept, trônent sous des arcades à colonnes torses. Sur la voûte du chœur, le Christ en majesté encadré par deux anges est en présence de la Vierge.

Deux escaliers conduisent à la grande **crypte romane,** comprenant une chapelle principale et deux secondaires. Remarquez le gisant de Guillaume de Naillac, seigneur de Gargilesse qui prit part aux croisades et à qui l'on doit sans doute les magnifiques **fresques★** de la crypte. De style romano-byzantin, elles furent exécutées au 13e s., achevées au 15e s., puis cachées sous une peinture à l'époque de François Ier. Elles ont été découvertes seulement en 1961, d'où la fraîcheur de leurs tonalités rouge orangé sur fond blanc. Au centre, dans une mandorle, le Christ de Passion. Devant, des scènes de la vie du Christ et des Évangiles :

Gargilesse-Dampierre.
Ph. Michel/age fotostock

l'Annonciation, la Visitation, le songe de Joseph, la fuite en Égypte, les Rois mages devant Jésus. Les scènes suivantes évoquent l'Ancien et le Nouveau Testament.

Château

Pl. du Château - ✆ 02 54 47 76 16 - juil.-août : 15h-19h ; mai-juin : sur RV, w.-end et j. de fêtes 15h-19h - fermé mar. - 5 € (-12 ans gratuit). Rencontres littéraires et musicales en été.

« Nul château n'a une situation plus étrangement mystérieuse et romantique » (George Sand). C'est par une poterne du 12e s., flanquée de deux tours aux toits coniques, que l'on entre dans l'ancien château des Naillac, seigneurs de Gargilesse. Brûlé en 1650 au moment de la Fronde, le château fut reconstruit au 18e s.

Il abrite désormais une **galerie d'art**, où sont exposés des tableaux de l'école de Crozant et de Gargilesse, ainsi que des œuvres d'Annick Thévenin, propriétaire des lieux. Le parc sert aussi de cadre à des expositions artistiques.

Du le parc, mais aussi de la route en contrebas, belle **vue★** sur les remparts, la demeure seigneuriale et l'église.

Maison de George Sand « Villa Algira »

✆ 02 54 47 84 14 - www.maisondegeorgesand-gargilesse.fr - fermé mar. - juil.-août : 10h-12h, 14h30-19h ; avr.-juin et sept. : 14h30-18h - 5 €.

Au cœur du village, en contrebas du château, se cache la maison dans laquelle George Sand vécut également. Elle choisit ce village pour cadre de plusieurs de ses romans : *Le Péché de M. Antoine, Les Beaux Messieurs de Bois-Doré.* Elle y écrivit aussi *Les Légendes rustiques* et *Promenades autour d'un village.*

La « Villa Algira » est le nom d'un papillon africain découvert à Gargilesse lors d'une promenade. Dans les quatre pièces meublées, sont rassemblés des souvenirs de la romancière, de son fils Maurice et de sa petite-fille Aurore. La visite commence par la **salle à manger**. Sur les murs, des tableaux, des dessins et des photos de l'écrivain. Quelques dessins et quelques peintures sont de sa main, car outre l'écriture, George Sand excellait dans les arts manuels. Sur le lit de la **chambre**, sa robe, son chapeau, son ombrelle et son sac semblent l'attendre. À côté, une malle ouverte et la boîte à chapeau de Chopin.

La **chambre des garçons** évoque davantage son fils Maurice aux multiples facettes : entomologiste et géologue, il collectionnait insectes et minéraux. Créateur de théâtre de marionnettes, illustrateur, graveur, il a laissé des affiches, de nombreux dessins dont plus de 450 figures de la *commedia dell'arte.* Sa mère cousait les vêtements de ses marionnettes et leur confectionnait des coiffures et des moustaches avec les cheveux donnés par ses invités !

Photographies et dessins évoquent les hommes qui ont marqué la vie de George Sand. Une fois passée la petite cuisine, on descend dans la pièce du four. Divers objets rendent hommage à Aurore, petite-fille de l'écrivain, mariée au portraitiste Frédéric Lauth.

L'Encadrerie - Galerie de l'atelier Léon-Detroy

✆ 02 54 47 86 79 - www.arthelie.fr - w.-end et j. fériés 15h-19h ; autres jours sur RV.

Catherine Liénard, encadreuse et restauratrice de tableaux, s'est installée dans la maison-atelier où vécut **Léon Detroy**, peintre de l'école de Crozant et y a ouvert une galerie. Le lieu est charmant. Des expositions organisées conjointement dans les salons du château et la maison de Léon Detroy sont organisées par l'association Arthélie.

Carnet pratique

S'informer

Office de tourisme – *Le Bourg - ✆ 02 54 47 85 06/06 31 86 47 94 - www.gargilesse.fr. En juil.-août 2e bureau le Pigeonnier.*

Agenda

Festival d'été de Gargilesse – *2 sem. en août - ✆ 02 54 47 85 06 - festivalgargilesse.fr.* Concerts de harpe dans l'église Notre-Dame de Gargilesse et dans d'autres lieux de l'Indre *(17 €, -15 ans gratuit).*

Journées du livre – *Un w.-end de sept - ✆ 06 31 86 47 94.*

Nos adresses

Restauration

Premier prix

Auberge de la Chaumerette – *4 rte de la Roche au Moine - 1,4 km au sud-ouest - ✆ 02 54 60 16 54 - tlj sf dim. soir et lun. - à la carte 15/20 €, tapas et planches à partir de 7,50 €.* Dans cette auberge riante installée au bord de la Creuse, vous serez accueilli par Angela et Willem, dans une ambiance décontractée et familiale. À la carte, viandes de bœuf, magret de canard, *fish and chips*. Produits locaux privilégiés.

Petite pause

Ô Gargilesse – *3 rte du Pin - ✆ 06 74 21 58 31 - mi-juin à mi-sept. : dim.-jeu. 9h-23h, vend.-sam. 9h-2h - mi-sept. à mi-juin : lun.-jeu. 9h-14h, 17h-21h, vend. 9h-14h, 17h-0h, sam. 9h-0h, dim. 9h-21h, fermé mar. soir.* Une maison aux volets bleus qui n'est autre que l'ancienne poste du village... On y vient chercher son pain ou son journal, faire ses provisions, prendre un verre ou assister à l'un des nombreux concerts organisés toute l'année. Ambiance très conviviale. De la terrasse, vue imprenable sur l'église et le château.

Hebergement

Premier prix

Camping La Chaumerette – *Le Moulin - 1,4 km au sud-ouest - ✆ 02 54 47 84 22 - gargilesse.fr - mars-nov. - 57 empl. (5 + 3,20 €/pers. (- 6 ans gratuit) et 8 chalets (nuitée 40/60 €) - location également à la sem.* Situé sur les bords de la Creuse, le camping bien ombragé propose des emplacements verdoyants et des chalets bien équipés. Sur place, en saison, un bar-restaurant *(voir ci-contre, rubrique Restauration).*

Cloître de l'abbaye de Noirlac.
Alain36/Getty Images Plus

7

La Champagne berrichonne et le Boischaut Sud

CARTE MICHELIN DÉPARTEMENTS 323 – CHER (18) ET INDRE (36)

Châteauroux	388
Issoudun	398
Nohant et le pays de George Sand★	406
Châteaumeillant	417
Château d'Ainay-le-Vieil★★	420
Saint-Amand-Montrond	423
Château de Meillant★★	431
Abbaye de Noirlac★★	434
Parc floral d'Apremont-sur-Allier★★	438

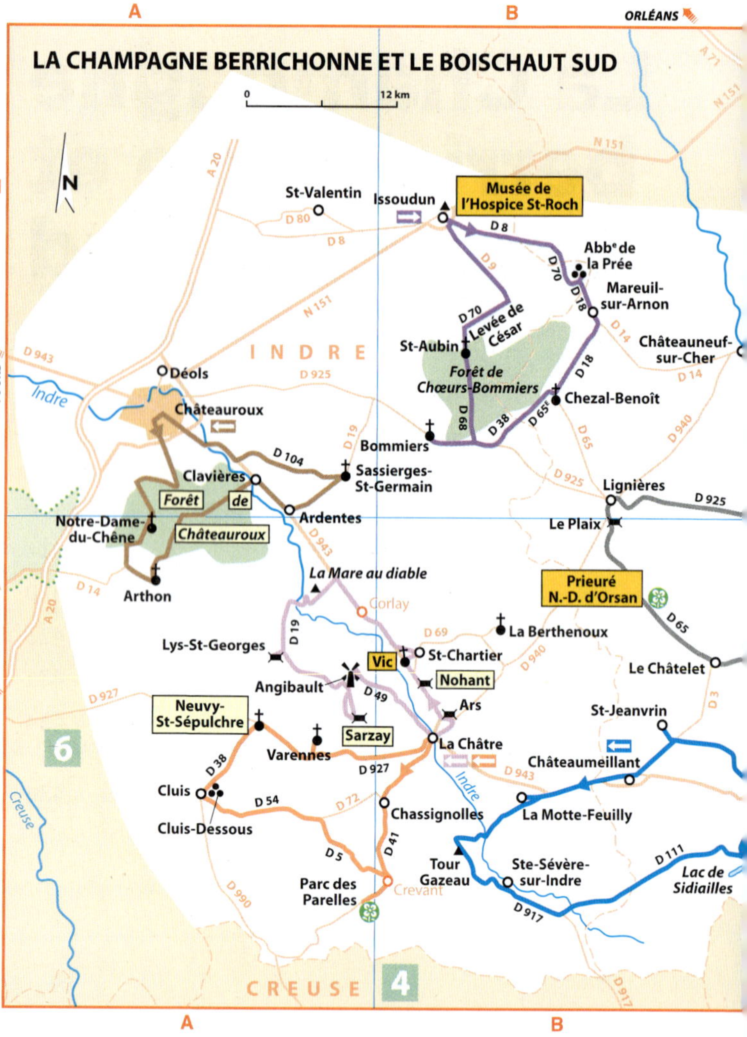

LA CHAMPAGNE BERRICHONNE ET LE BOISCHAUT SUD
0
12 km
N
A
B
1
2
ORLÉANS
TOURS
POITIERS
LIMOGES
INDRE
CREUSE
6
4
Musée de l'Hospice St-Roch
St-Valentin
Issoudun
Abbe de la Prée
Mareuil-sur-Arnon
Châteauneuf-sur-Cher
Levée de César
St-Aubin
Forêt de Chœurs-Bommiers
Chezal-Benoît
Bommiers
Déols
Châteauroux
Indre
Clavières
Sassierges-St-Germain
Forêt de Châteauroux
Ardentes
Notre-Dame-du-Chêne
Arthon
Lignières
Le Plaix
Prieuré N.-D. d'Orsan
La Mare au diable
Corlay
La Berthenoux
Le Châtelet
Lys-St-Georges
Vic
St-Chartier
Nohant
Angibault
Sarzay
Ars
St-Jeanvrin
Neuvy-St-Sépulchre
Varennes
La Châtre
Châteaumeillant
Cluis
Cluis-Dessous
Chassignolles
La Motte-Feuilly
Tour Gazeau
Ste-Sévère-sur-Indre
Lac de Sidiailles
Parc des Parelles
Crevant
Creuse
A 20
A 71
N 151
D 943
D 80
D 8
D 9
D 70
D 18
D 14
D 925
D 19
D 104
D 68
D 38
D 65
D 940
D 69
D 49
D 927
D 72
D 54
D 5
D 41
D 990
D 917
D 111
D 3

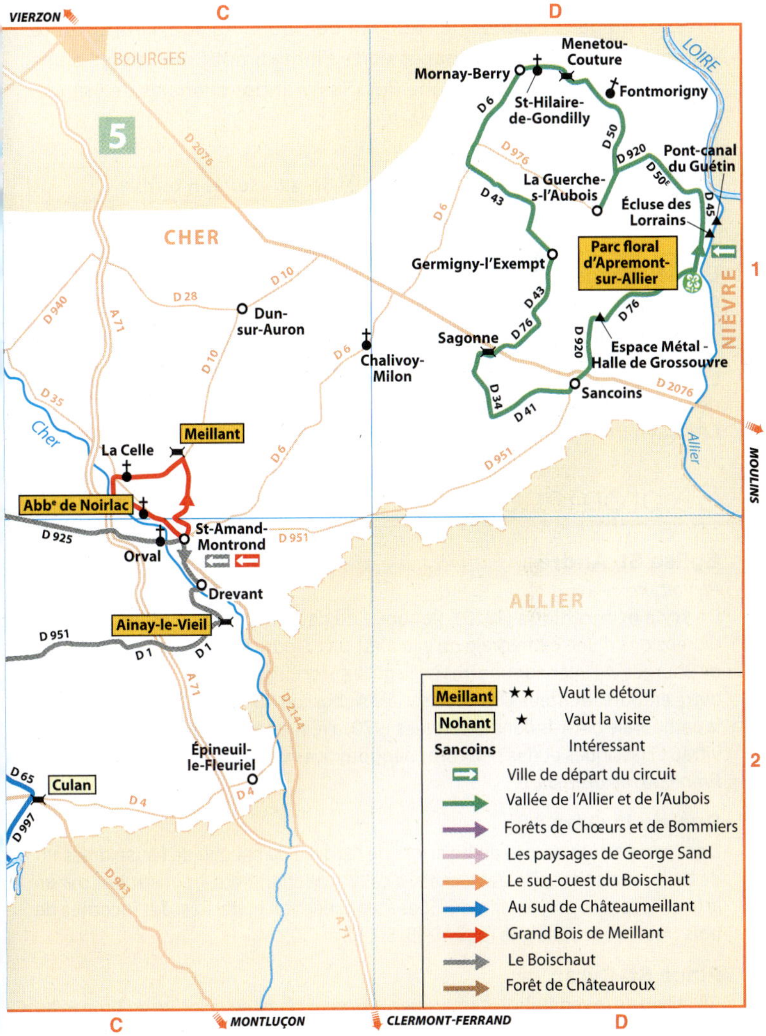
VIERZON
C
D
BOURGES
5
CHER
Menetou-Couture
Mornay-Berry
St-Hilaire-de-Gondilly
Fontmorigny
LOIRE
Pont-canal du Guétin
La Guerche-s-l'Aubois
Écluse des Lorrains
Parc floral d'Apremont-sur-Allier
Germigny-l'Exempt
Dun-sur-Auron
Chalivoy-Milon
Sagonne
Espace Métal - Halle de Grossouvre
Sancoins
NIÈVRE
1
MOULINS
Allier
Cher
La Celle
Meillant
Abbe de Noirlac
Orval
St-Amand-Montrond
Drevant
Ainay-le-Vieil
ALLIER
Épineuil-le-Fleuriel
Culan
2
MONTLUÇON
CLERMONT-FERRAND
Meillant ★★ Vaut le détour
Nohant ★ Vaut la visite
Sancoins Intéressant
Ville de départ du circuit
Vallée de l'Allier et de l'Aubois
Forêts de Chœurs et de Bommiers
Les paysages de George Sand
Le sud-ouest du Boischaut
Au sud de Châteaumeillant
Grand Bois de Meillant
Le Boischaut
Forêt de Châteauroux

Châteauroux

La sympathique capitale du Bas-Berry fait figure de métropole au cœur d'une région intensément cultivée. Du pont Neuf enjambant l'Indre se dévoilent la prairie St-Gildas, le château et le vieux Châteauroux, qui a conservé son tracé médiéval. Au nord, sur l'autre rive de l'Indre, se dresse l'élégant clocher de l'abbaye de Déols. Au sud, l'importante agglomération aérée d'espaces verts s'interrompt pour laisser place à la forêt de Châteauroux, l'une des plus grandes chênaies de France, propice à d'agréables promenades.

Se repérer

46478 Castelroussins – Indre (36)

CARTE P. 386-387 (A1), PLAN DE VILLE P. 390.

La préfecture de l'Indre est à 120 km de Limoges et à 70 km de Bourges.

À ne pas manquer

Le musée-hôtel Bertrand ; les vestiges de l'abbaye de Déols ; la forêt de Châteauroux.

Organiser son temps

Prévoyez une journée pour visiter Châteauroux et ses alentours.

En famille

La base de loisirs de Belle-Isle.

Carnet pratique p. 395

Nos adresses p. 396

Se promener

PLAN DE VILLE P. 390

Église St-André B1

Pl. Voltaire.

De **style néogothique** (1876), flanquée de deux clochers de 60 m, elle a les dimensions d'une cathédrale qu'elle n'est pas, l'Indre faisant partie du diocèse de Bourges. À l'intérieur, une très belle grille en fer forgé ferme la nef, tandis qu'une autre entoure le chœur. Une tapisserie d'Aubusson (19e s.), installée par erreur à la cathédrale d'Arras dans les années 1970, a réintégré le chœur de l'église. Des vitraux classiques et des peintures néogothiques ornent les chapelles.

Prenez la rue de la Gare.

Rue de la Gare B1-2

Dans cette artère percée au 19e s. lors de l'arrivée du chemin de fer, se dressent de **belles maisons** appelées « chefs-d'œuvre de charpente », construites par un artisan local, Hippolyte Moreau. Elles sont ornées de guitardes, des **lucarnes de bois** très reconnaissables (aux nos 16, 50, 52 et 72).

Place St-Cyran AB1

Au milieu de la végétation, remarquez le *Berger couché*, sculpture en bronze du Berrichon Ernest Nivet.

Dirigez-vous vers la droite et coupez la rue Latouche.

Place Gambetta B1

À son extrémité ouest, le *Monument aux morts* de 1870 s'est inspiré de *La Petite Fadette*, de George Sand.

Remontez entièrement la place La Fayette (sur votre gauche).

Châteauroux, le château Raoul sur les bords de l'Indre.
H. Lenain/hemis.fr

Place Ste-Hélène B1

Une statue du général Henri Bertrand (1773-1844) par le sculpteur Rude s'y dresse. Aide de camp de Bonaparte, fidèle entre les fidèles puisqu'il le suivit jusqu'à Sainte-Hélène, cet officier possédait, à Châteauroux, un hôtel particulier devenu musée. La statue représente Bertrand apportant à la France le testament de Napoléon et l'épée d'Austerlitz.
Revenez sur vos pas et prenez à droite au rond-point J.-F.-Cazala.

Rue Grande AB1

C'était autrefois l'un des axes majeurs de la ville, d'où la présence de nombreux hôtels particuliers du 18e s.

Église St-Martial B1

Ne se visite pas. Mentionnée dans une bulle du pape Innocent III de 1212, c'est la seule église ancienne de la ville avec le couvent des Cordeliers. L'élément le plus intéressant est le **clocher-porche** (35 m), fin 15e s. Les contreforts d'angle, le portail aux voussures prismatiques, la large fenêtre centrale à meneaux et les ouvertures doubles munies de colonnes torsadées forment une composition harmonieuse. De petites figures mi-homme mi-animal soutiennent les fines colonnettes de la façade. Le plafond de l'église, en bois, reprend la forme d'une coque de navire.

Couvent des Cordeliers B1

4 r. Alain-Fournier - ✆ 02 54 61 12 30 - 10h-12h, 14h-18h (seult pdt les expositions, se rens.) - fermé lun. - gratuit.
Édifié en 1214 par Guillaume Ier de Chauvigny et son frère Jean, à leur retour de croisade, ce couvent aurait été fondé par un compagnon de saint François d'Assise. Entièrement restauré en 1976, il est bâti sur un plan rectangulaire très dépouillé (nef sans collatéraux), caractéristique des églises des ordres mendiants. À l'intérieur, fragments de vitraux du 13e s. (scène de l'Évangile et grande rose du Jugement dernier) et peinture murale de la même époque dans la salle capitulaire.

Centre culturel actif, le couvent des Cordeliers prête son cadre à des expositions de qualité mettant en valeur des œuvres de grand format.
Faites le tour du couvent pour apprécier son architecture extérieure. Sur sa gauche, un passage couvert mène à des **jardins en terrasses** très agréables embrassant un beau panorama sur la **Vallée verte** *(voir encadré ci-contre)*.

★ Musée-hôtel Bertrand AB1

2 r. Descente-des-Cordeliers - ✆ 02 54 61 12 30 - juin-sept. : 10h-12h, 14h-18h, w.-end 10h-12h30, 14h-18h ; reste de l'année : 14h-18h - fermé lun., janv. - gratuit.
Installé dans l'**hôtel Bertrand**, construit en 1769 par Martin Boucher, premier ingénieur du roi et grand-père du grand maréchal Bertrand (statue dans la cour par Marochetti).
Napoléon et son époque – Les salles du rez-de-chaussée abritent de nombreux objets personnels ayant appartenu au général Bertrand, à l'Empereur et à son entourage. Des bronzes montrent l'Empereur à cheval (Gérome, Meissonier), assis dans son fauteuil (Vela), et des tableaux évoquent l'épopée napoléonienne (Girodet, Vernet, Gérard). La magnifique **volière**★ de l'Empereur orne la rotonde de l'hôtel. Le **salon chinois** tendu de soie, avec son buffet et son étonnant brûle-parfum, exalte le goût de l'exotisme de l'époque, tout comme les nombreux objets et meubles égyptisants évoquant la célèbre expédition d'Égypte.
Le Berry traditionnel – Une cuisine reconstituée avec ses objets de la vie quotidienne raconte la vie rurale berrichonne.
Peintures et sculptures – Les écoles flamande et hollandaise des 16e, 17e et 18e s. sont représentées par une intéressante copie de la *Tentation de St-Antoine* de

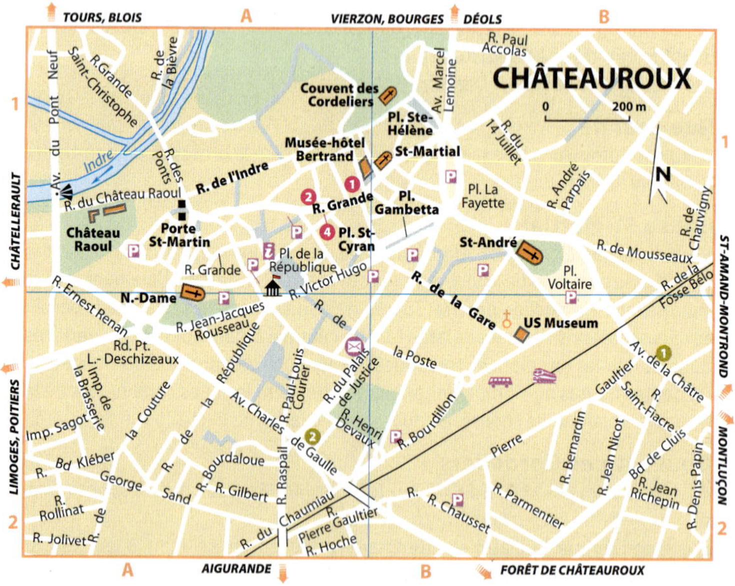

SE RESTAURER
Jeux 2 Goûts 1
Le Nulle Part Ailleurs 2
Le P'tit Bouchon 4

SE LOGER
Best Western Hôtel Colbert 1
Hôtel le Continental 2

Des manufactures aux espaces verts

Après la réhabilitation de la vieille ville, qui a doté le centre ancien d'espaces piétonniers aérés, et la construction du bâtiment **Équinoxe**, scène nationale, Châteauroux s'est tournée vers ses friches industrielles, avec l'objectif de les transformer en espace de vie. L'ancienne **manufacture des tabacs**, la Seita, réhabilitée entre 2001 et 2008, est ainsi devenue un centre d'affaires, le centre Colbert *(av. de la Châtre)*.
Les anciennes **usines de textile Balsan**, auparavant manufacture royale de draps à partir de Louis XV, font à leur tour l'objet d'un programme de réaménagement, dans le quartier Balsan. Dans ces usines qui fabriquèrent le drap bleu horizon des soldats de la Première Guerre mondiale, des ateliers ont été transformés en école d'enseignement supérieur et d'autres projets sont en cours, orientés vers la création d'espaces culturels et de loisirs pour les Castelroussins. Un écoquartier s'aménage, au bord de l'Indre et de la **Vallée verte** où 100 ha de verdure s'étendent sur une promenade de 10 km.

Jérôme Bosch, par Nicolas Claesz *(Scène de Sabbat)* ou encore par l'univers intimiste de Gérard Dou. La peinture française rassemble surtout des œuvres du 18e-19e s. avec un remarquable *Pêcheurs au clair de lune de* Joseph Vernet. Ne manquez pas, au centre d'une salle consacrée au sculpteur berrichon **Ernest Nivet**, le *Sakountala* de **Camille Claudel**, grand plâtre offert en 1895 par l'artiste à la ville de Châteauroux. Inspirée du récit d'un poète hindou, l'œuvre illustre les bouleversantes retrouvailles, après des années de séparation, de Sakountala et de son époux au nirvana. D'autres salles accueillent des expositions temporaires.
Cabinet d'égyptologie – Situé au 2e étage, il comprend une riche collection de figurines en forme de sarcophages et une **momie copte** (5e-6e s.) exhumée dans la vallée d'Antinoé, en Égypte.
Archéologie – Le riche département d'archéologie romaine et médiévale occupe le rez-de-chaussée dans l'aile sur cour. Des époques gauloise et gallo-romaine : tête d'homme provenant du site d'*Argentomagus,* importante collection de stèles et d'urnes funéraires. De l'époque médiévale, une salle s'intéresse à **l'iconographie rabelaisienne** (chaire dite de Rabelais provenant de l'église St-Genou – *voir p. 344* – avec la représentation d'un arbre de Jessé).

Rue de l'Indre A1

Le long de cette ancienne rue des tisserands, des artisans drapiers et des tanneurs, certaines maisons gardent encore les **lucarnes à poulie des « cardeux »**. Au milieu du 16e s., 120 fabriques de laine employaient, dans la rue de l'Indre, près de 3 000 ouvriers. L'activité a perduré jusqu'au milieu du 19e s.

Porte St-Martin A1

R. Petite-du-Palan.
C'est un vestige (12e-15e s.) des remparts qui enserraient le coteau calcaire sur lequel est bâti le château Raoul.
De la place de la Victoire-et-des-Alliés, **perspective** sur la préfecture, les vestiges de l'église St-Martin (encadrement de portail et cadran solaire), le monument aux morts (œuvre d'Ernest Nivet) et le château Raoul.

Château Raoul A1

R. du Château-Raoul. L'office de tourisme organise des visites guidées, se rens.
Il fut édifié au 15e s. par Guillaume III de Chauvigny, à l'emplacement d'une forteresse des 12e et 13e s. Restauré à partir de 1880, il évoque plus un **élégant hôtel**

Au temps des Américains

En 1951, pendant la guerre froide, une importante base américaine de l'**OTAN** s'installe à Châteauroux, à la Martinerie et sur le site de l'aérodrome de Déols. La délégation militaire comptera jusqu'à 10 000 personnes qui pratiquent l'*American way of life*... Très vite, des bâtiments sont construits et une voie ferrée est créée, reliant les deux sites. Des avions décollent et atterrissent continuellement. La population de Châteauroux explose, passant de 38 000 à plus de 50 000 habitants. Les grosses cylindrées américaines de couleur vive, qui font l'admiration des jeunes, côtoient les modestes 2CV et solex... Partout des cités sortent de terre, ainsi que des lotissements pour les cadres, et les salaires grimpent. Une tour de treize étages, toujours appelée le *Building*, est édifiée en centre-ville pour les généraux de l'OTAN. Le soir s'animent les bars et les boîtes de nuit où se retrouvent les GI's. Près de 5 000 enfants américains naîtront à Châteauroux. Cette époque florissante prend fin en 1967, après la sortie de la France de l'OTAN l'année précédente. Créée en 2014 par des passionnés qui ont connu le temps des Américains, l'association « Châteauroux c'était l'Amérique » assure la gestion de l'**US Museum** (*1 pl. de la Gare - ✆ 06 68 77 16 30 - merc., vend. et sam. 14h-17h30 - fermé janv.-fév. - gratuit*). Ouvert en 2021, ce musée rend hommage à ces années, à travers une riche collection de témoignages, dont un très grand nombre envoyé d'Outre-Atlantique par les Américains eux-mêmes : objets usuels, matériel militaire, photos, reconstitutions, film.

seigneurial qu'un ouvrage défensif. La tourelle octogonale, au centre, avec sa porte gothique finement sculptée, ses fenêtres à meneaux et à balustrade, donne une unité au monument. Il a été rénové en 2012.

Église Notre-Dame A1-2

23 r. Ribourt.

Néoromane, elle fut achevée en 1882. Le clocher s'élève à 50 m, et le dôme porte une statue de la Vierge en cuivre doré.

À proximité

CARTE P. 386 A1

Déols A1

Tout de suite au nord de Châteauroux, après un pont sur l'Indre.

6 r. de l'Abbaye - ✆ 02 54 34 10 74 - www.chateauroux-tourisme.com.

Possibilité de monter en haut du clocher (3 €, -12 ans gratuit) ; location tablette numérique avec vue en 3D (5 €).

Située au nord de Châteauroux, la ville de Déols lui est très antérieure. Cité gallo-romaine, elle fut, selon Grégoire de Tours au 6e s., l'un des premiers foyers chrétiens du Berry. D'après la tradition locale, au 4e s., une personnalité la dominait : le sénateur **Léocade**, protecteur de l'église de Bourges. Avec son fils Ludre, ils furent canonisés et leurs tombeaux devinrent l'objet d'une grande vénération.

Abbaye Notre-Dame de Déols et musée

De fin juin à mi-sept : lun.-sam. 9h30-12h30, 13h30-18h30, fermé dim. et j. fériés ; d'avr. à fin juin et de mi-sept. à fin oct. : mar.-sam. 10h-12h30, 14h-18h, fermé dim.-lun. et j. fériés - de nov. à fin mars : mar.-sam. 10h-12h, 14h-17h30 - gratuit.

L'un des princes de Déols, **Ebbes le Noble**, fonda le 2 septembre 917 une abbaye bénédictine dépendant directement du pape. La grande église (12e s.) regroupait plus d'une centaine de moines vêtus de noir, d'où leur surnom de « moines noirs ». Prospère (on la surnommait « la mamelle de St-Pierre »), elle ne se releva jamais vraiment du régime de la Commende instauré au début du 16e s. et des guerres de Religion. Sécularisée en 1622 à la demande du Prince Henri II de Bourbon-Condé, elle lui servit de carrière de pierre.

L'ensemble abbatial s'étendait jadis sur 2 ha. L'église romane, 113 m de long sur 29 de large, comptait sept clochers, une nef avec transept et déambulatoire, et sept chapelles. Seul le magnifique **clocher★** en pierre calcaire d'Ambrault, qui servit de repère pour la construction de la route Issoudun-Déols, a survécu. Décoré de trois étages d'arcatures, coiffé d'une flèche accostée de quatre clochetons, il se rattache à l'école romane d'Aquitaine. À sa base, le mur sud du narthex conserve quelques **chapiteaux historiés**, parmi lesquels un remarquable *Daniel dans la fosse aux lions*.

Des **bâtiments du monastère**, on peut encore voir quelques arcades, ultimes vestiges de la salle capitulaire (14e s.), une salle d'accueil ornée de visages – dont deux rares car entièrement recouverts de feuillages –, une ancienne prison de moines, et des salles voûtées. Il est possible de visiter une autre salle voûtée peinte où était conservé le « Trésor » de l'abbaye – les documents fonciers et les reliques – ainsi qu'un **musée lapidaire**. Une visite virtuelle en 3D restitue l'intérieur de l'abbaye au Moyen Âge.

Le **jardin médiéval** est composé de trois parties : le jardin des simples, le jardin d'amour et le jardin céleste.

Portes de la ville

En 1439, les Déolois obtiennent de Charles VII l'autorisation de parfaire les fortifications de la ville. Le 28 septembre 1453, Guy III de Chauvigny, le seigneur de Châteauroux, donne son accord aux habitants.

La **porte de l'Horloge**, flanquée de deux tours rondes à mâchicoulis, est un vestige de l'enceinte du 15e s. Dans son prolongement en direction de la porte du Pont-Perrin se trouvait l'hôtel-dieu St-Crépin qui accueillait les pèlerins de St-Jacques-de-Compostelle venus de la route de Bourges. La porte de l'Horloge était surmontée d'une cloche de 600 kg, qui a rythmé la vie des Déolois depuis 1523. Remarquez l'ouverture destinée au passage de la herse. Les tours servirent de prison jusqu'à une époque récente.

La **porte du Pont-Perrin** date de la même époque que celle de l'Horloge, mais a perdu son aspect défensif. Elle était dotée à l'origine de quatre tours et d'un passage couvert qui subsiste encore. Elle s'ouvrait sur l'Indre et l'ancien pont Perrin, qui s'effondra en 1640 et fut remplacé par le pont actuel achevé vers 1757.

Église St-Étienne de Déols

Au nord de la rue de l'Horloge.

C'est l'un des plus anciens sanctuaires chrétiens du Berry, situé sur l'emplacement d'une basilique préromane (église St Ludre), abritant dans deux cryptes les tombeaux de **saint Léocade**, et de son fils, **saint Ludre**. En hauteur, à droite de l'entrée, remarquez une baie romane peinte (fresques d'ange). À l'intérieur de la crypte de gauche se trouve le sarcophage attribué à saint Léocade. Reconstitué au 19e s., ce sarcophage en calcaire d'Ambrault, il pourrait dater de la fin du 3e s. À l'intérieur de la crypte de droite se trouve le magnifique sarcophage attribué à **saint Ludre**. Il est en marbre blanc et repose sur un support en calcaire d'Ambrault.

Sa cuve, probablement de la fin du 3e s. et présentant les mêmes caractéristiques que les productions des ateliers d'Arles, évoque de gauche à droite une scène de chasse au sanglier, une scène de chasse au loup ou à l'ours, une scène de chasse au lion avec un cavalier et une scène de capture de cerf. Le couvercle comporte de part et d'autre deux amours tenant un cartouche sans inscription ; à gauche un repas funéraire et à droite une scène de chasse au cerf appelant. À gauche du chœur, remarquez quatre tableaux du 18e s. illustrant le miracle ayant eu lieu devant le portail de l'abbaye Notre-Dame de Déols le 30 mai 1187.

Vallée d'Ebbes

Au bord de l'Indre, la vallée d'Ebbes offre 10 km de promenade, de Déols à St-Maur, en passant par Châteauroux. On y traverse une succession de parcs et de jardins et tout d'abord l'**Écoparc des Chènevières**, à Déols, un espace naturel original et préservé dans un parc de 21 ha. Vous y verrez des chevaux de Camargue et un jardin de plantes médicinales.
En traversant le fleuve, on accède à la **base nautique de Belle-Isle** *(voir « Nos adresses »)*.

Circuit conseillé

CARTE P. 386

★ Forêt de Châteauroux A1-2

Circuit de 60 km tracé en marron sur la carte p. 386. Quittez Châteauroux par le sud en empruntant la D 990. À la sortie de Poinçonnet, prenez sur la droite la D 67.
D'une superficie de 5 207 ha, cette remarquable **chênaie** marque la frontière entre les plaines céréalières de Champagne et le bocage du Boischaut. Son histoire est liée à celle des princes de Déols et de la seigneurie de Châteauroux. Propriété des Chauvigny, des Bourbon-Condé, du roi Louis XV, apanage du comte d'Artois, elle fut conservée et agrandie comme bien national à la Révolution.
La route suit la limite nord de la forêt, où dominent les chênes rouvres.
Prenez la rte forestière des Orangeons. Au carrefour des Druides, suivez la rte de Beauregard.
Au carrefour des Orangeons, une route forestière *(sans issue)* donne accès au sentier botanique, au parcours sportif et à l'aire de pique-nique du carrefour Bertrand.

Chapelle N.-D.-du-Chêne A2

Isolée au milieu d'une clairière, d'origine très ancienne, elle fut reconstruite en 1862.
Poursuivez sur la rte de Beauregard ; au rond-point du Pin, rejoignez la D 40.
La route s'engage dans la riante **vallée de la Bouzanne,** dont le tortueux cours d'eau est parsemé d'anciens moulins.
Prenez sur la gauche la D 14.

Église d'Arthon A2

Les murs de cette église du 12e s., dédiée à saint Martin, sont décorés de fresques réalisées vers 1945 par le peintre Malespine.
Prenez la D 45 jusqu'au carrefour du Riau-de-la-Motte ; puis à droite la rte d'Artois.
Le parcours traverse le cœur de la forêt domaniale.
Au carrefour Picard, prenez vers le nord-est la rte de Clavières.
Cet itinéraire donne accès à l'**étang de Berthommiers** *(carrefour Chandaire)* ; un parcours pédestre permet d'en faire le tour *(1 km)*.
Après avoir franchi l'Indre, prenez la petite route à droite.

Clavières A1

Les forges, renommées dès le 16e s., se sont éteintes en 1875. En remontant la rive droite de l'Indre, on découvre un petit château au bout d'un joli lieu de promenade.
Rejoignez la D 943 en dir. de La Châtre.

Ardentes A1

L'**église St-Martin** remonte à 1117, date à laquelle sa possession fut confirmée à l'abbaye de Déols. De plan cruciforme ou « bénédictin », fréquent dans tout le Berry, la couverture en berceau brisé de la nef a masqué la croisée d'origine. Le chœur possède d'intéressants chapiteaux (personnages et végétaux formant volutes d'angle). À l'extérieur, beaux portails occidental et surtout nord : la clé de la voussure supérieure porte la signature, sous forme d'alexandrin entourant un agneau nimbé, d'un certain Hernaud, auteur du portail.
Du 12e s., l'**église St-Vincent** a été remaniée au 15e s. Le clocher-porche est une adjonction du 19e s.
Quittez Ardentes par le nord-est en empruntant la D 19.

Église de Sassierges-St-Germain A1

Cet édifice roman à nef unique (12e s.) possède une abside polygonale du 13e s. et un clocher carré couvert de tavaillons. Les quatre chapiteaux sculptés du portail principal, à l'ouest, sont apparentés au style de l'abbaye de Déols.
Suivez la D 104 jusqu'à Étrechet, puis la D 943, qui ramène à Châteauroux.

Carnet pratique

S'informer

Office de tourisme – *2 pl. de la République - ✆ 02 54 34 10 74 - www.chateauroux-tourisme.com.* L'office de tourisme organise des visites guidées thématiques.

Agenda

Festival de la voix – *3 j. en mai - festivaldelavoix-chateauroux.fr.* Concerts plutôt axés musique contemporaine, et ateliers.

Festival DARC – *En août - www.danses-darc.com.* L'événement castelroussin. Concerts de musiques actuelles sous un grand chapiteau et en divers lieux du département. En parallèle se déroule un stage de danse international qui réunit plus de 600 stagiaires dans 24 disciplines.

Lisztomanias – *En oct. - www.lisztomanias.fr.* Conférences, concerts et spectacles autour de Liszt en différents lieux de la ville.

Nos adresses

Restauration

Premier prix

2 Le Nulle Part Ailleurs – A1 - *78 r. Grande - ✆ 02 54 27 21 81 - fermé dim. - plats 12/20 €.* Burgers, salades, bruschettas, tapas... Cette adresse est aussi un bar à cocktails fréquenté par la jeunesse locale. Aux beaux jours, sa cour en partie couverte est très prisée. Dîner jusqu'à minuit en fin de semaine.

Budget moyen

1 Jeux 2 Goûts – A1 - *42 r. Grande - ✆ 02 54 27 66 28 - www.jeux2gouts.fr - fermé vac. de fév., 2 sem. en août et dim.-lun. - formules déj. sem. 21 €, plats 16/25 €, menu 31 €.* Un cadre élégant, mêlant l'ancien et le moderne. Le chef, « agitateur de goût », élabore des recettes aussi originales que réussies.

4 Le P'tit Bouchon – A1 - *64 r. Grande - ✆ 02 54 61 50 40 - www.leptitbouchon.fr - fermé 3 sem. en août, dim.-lun. et j. fériés - menu déj. sem. 15,50/22 €, plats 14/18 €.* Ambiance familiale dans ce bistrot « canaille » de la vieille ville. Bons crus et nombreuses animations, dont les apéros du dimanche matin.

L'écrin des Saveurs – HORS PLAN - *133 av. Marcel-Lemoine - ✆ 02 54 22 08 20 - fermé dim.-lun. - menus 16/29 €.* Cette adresse à Châteauroux fait depuis son ouverture l'unanimité : une excellente cuisine familiale, avec des produits frais et locaux. Spécialités berrichonnes : terrine de lentilles, œufs au vin, andouillette au Reuilly. Un accueil chaleureux, dans une ambiance à la fois cosy et contemporaine.

Shopping

Marché – *Sam. matin - pl. des Halles, au nord de la pl. de la République.* Produits du cru.

Caves Raffault – *12 r. de la Poste - ✆ 02 54 27 18 75 - www.caves-raffault.com - mar.-vend. 9h30-12h30, 14h30-19h, sam. 9h30-13h, 15-19h.* Éric Raffault, installé à Châteauroux et à la Châtre, présente ici 800 références de vins, du petit vin au grand cru. Organisation de dégustations.

L'Atelier en Ville – *5 r. Jean-Jacques-Rousseau - ✆ 02 54 22 70 30 - croquetdecharost.com - mar.-merc. 10h-12h15, 15h-19h, jeu.-vend. 10h-12h15, 14h-19h, sam. 9h30-12h30, 14h-19h - fermé dim.-lun. et 2 sem. en août.* Croquants à souhait, les croquets de Charost sont une spécialité régionale. En vente dans ce lieu avec une sélection de produits de qualité artisanale.

En soirée

Équinoxe Scène nationale – *Av. Charles-de-Gaulle - ✆ 02 54 08 34 34 - www.equinoxe-chateauroux.fr - mar. et jeu. 14-18h, merc. et vend. 13-18h, sam. 10-13h.* Belle salle à l'architecture moderne accueillant de nombreux spectacles tout au long de l'année : théâtre, ballets, musique classique...

Activités

Base nautique de Belle-Isle – *Parc Daniel-Bernardet - au nord de la ville, près du camping - ✆ 02 54 35 00 00 ou 06 12 60 05 81 - juil.-août : 10h-19h.* Baignade aménagée et surveillée l'été, mais aussi canoë-kayak, planche à voile, stand-up paddle, optimist, pédalos pour évoluer sur le lac. À proximité, piscine à vagues équipée d'un toboggan *(4,90 €, -4 ans gratuit).*

Hébergement

Budget moyen

(2) **Hôtel le Continental** – A2 - *1 r. Cantrelle - ✆ 02 54 34 36 12 - www.hotel-continental36.com - 18 ch. 71/97 € - ☕ 11 € - brasserie : menu du j. 13,50/15,50 € ; rest.(fermé vend. soir, sam.-dim.) : plats 16/25 €.* En plein centre-ville, ce logis-hôtel propose des chambres confortables et lumineuses. Côté table, vous aurez le choix entre la brasserie et le restaurant proposant une cuisine traditionnelle revisitée.

Pour se faire plaisir

(1) **Best Western Hôtel Colbert** – B2 - *3 av. de La Châtre - ✆ 02 54 35 70 00 - www.lecolbert36.fr - ✕ ♿ P - 74 ch. dont 19 suites - 89/190 € - ☕ 15 €.* L'ancien bâtiment de la manufacture des tabacs abrite cet établissement rehaussé de touches design. Quelques chambres en duplex. Son restaurant **La Manufacture** vous accueille à l'angle de la rue *(4 r. Alfred-Dauvergne - ✆ 02 54 35 22 93 - tlj sf sam. - menu du j. 15 €, carte 25/35 €).*

À proximité

Premier prix

Chambre d'hôte Le Priouzé – *Rte de Villers - Chezelles - 16 km au nord-ouest de Châteauroux - ✆ 02 54 36 66 28 - P ⊭ - 4 ch. 70 € ☕:* En patois berrichon « priouzé » signifie prieuré. Chambres bourgeoises garnies d'un mobilier de caractère. Agréable parc (1 ha) le long d'une rivière.

Budget moyen

Hôtel L'Hermitage – *1 chemin de Vilaine - Buzançais - 19 km à l'ouest de Châteauroux - ✆ 02 54 84 03 90 - www.lhermitagehotel.com - P - 10 ch. 87/98 € - ✕ menu déj. sem. 20 €, plats 25/36 €.* Propriété accueillante agrémentée d'un jardin arboré où se glisse l'Indre. Les chambres de style rustique, bien équipées, profitent presque toutes de cette vue apaisante. Aux beaux jours, repas servis sous une pergola.

La ferme d'Aigurolles – *St-Maur - à 10mn de Châteauroux - ✆ 06 77 17 42 09 - www.lafermedaigurolles.fr - P ⊭ - 2 ch. 85/95 € ☕.*Caroline et Ludovic promettent calme et sérénité dans leur ferme, et le pari est tenu. Les chambres sont reposantes et décorées avec soin. Vous pourrez vous promener dans le jardin, le long de la rivière ou vous reposer au bord de la piscine.

Issoudun

Au cœur de la Champagne berrichonne, Issoudun n'a plus grand-chose à voir avec la paisible ville de garnison évoquée par Balzac dans « La Rabouilleuse ». La deuxième ville du Berry au Moyen Âge, réputée pour ses foires et ses vins, tire désormais sa prospérité d'une industrie diversifiée, allant de la maroquinerie de luxe (Vuitton) aux biens d'équipement aéronautiques. D'où une débauche d'équipements sportifs et culturels dont le musée, installé dans l'ancien hospice, est incontestablement le fleuron.

Se repérer

11 477 Issoldunois – Indre (36)

CARTE P. 386-387 (B1), PLAN DE VILLE P. 401

Issoudun est situé à 38 km de Bourges et à 25 km deChâteauroux.

À ne pas manquer

Le musée de l'Hospice St-Roch avec en particulier l'arbre de Jessé; la tour Blanche.

Organiser son temps

Comptez une demi-journée pour la visite de la ville et 3h pour la forêt de Chœurs-Bommiers.

En famille

La base de loisirs de Mareuil-sur-Arnon.

Carnet pratique p. 404

Nos adresses p. 404

Visiter

PLAN DE VILLE P. 401

★★ Musée de l'Hospice St-Roch B2

R. de l'Hospice-St-Roch - 02 54 21 01 76 - www.museeissoudun.tv - mai-sept. 10h-12h (12h30 juil.-août), 14h-18h, lun.-mar. 14h-18h; reste de l'année : fermé lun.-mar. - fermé janv. - gratuit. Belle librairie-boutique.

Étonnant musée, installé dans l'ancien hospice saint Roch, qui réunit sculpture médiévale, apothicairerie, art contemporain et océanien. Construit au 12e s., puis agrandi du 15e au 18e s., l'**hospice** accueillait malades, vieillards et enfants abandonnés. Il devint un **hôpital** au milieu du 17es. Lorsqu'il est transformé en **musée** en 1966, il est alors centré sur l'archéologie et les sculptures médiévales. En 1977, le musée s'ouvre à **l'art contemporain**, augmente ses collections et reçoit, en l'an 2000, deux importantes **donations**. Pour pouvoir les présenter, il va peu à peu s'agrandir avec trois autres bâtiments. Il s'agit d'abord de la donation des **missionnaires du Sacré-Cœur,** plus de 1000 objets rapportés de **Papouasie-Nouvelle-Guinée**. Ensuite deux artistes contemporains, **Fred Deux et Cécile Reims**, donnent leurs œuvres respectives : dessins, sculptures et gravures – Cécile Reims était la graveuse d'Hans Bellmer – dont une partie est exposée, ainsi que leur propre collection d'objets d'art extra-européen. D'autres donations suivent : en 2008, le salon de **Leonor Fini**, avec les 150 objets qui le meublaient rejoint Issoudun. Enfin, en 2015, le musée reçoit l'intégralité de la collection personnelle du peintre et graveur **Zao Wou-Ki** qui comprend 90 œuvres d'artistes du 20e s. Une sélection est régulièrement présentée lors d'expositions temporaires.

L'Arbre des prophètes dans la chapelle, musée de l'Hospice Saint-Roch.
Photo J. Bernard/Musée de l'Hospice Saint-Roch, Issoudun

La collection d'art contemporain du musée de l'Hospice Saint-Roch, marquée par le surréalisme, continue de se développer avec de nouvelles acquisitions et de grandes expositions chaque année.
Parc de sculptures – Inauguré en février 2020, il s'inscrit dans un parc paysager de 5000 m² autour de l'aile contemporaine. Il compte 27 œuvres, signées par 18 artistes du 20e s. et du 21e s. *(jusqu'en déc. 2023).*
Parcours du patrimoine et apothicairerie – Évoluant dans la partie ancienne, il comprend une section d'archéologie évoquant l'histoire d'Issoudun (fragments lapidaires et statues du 8e au 15e s.) et l'hospice, avec ses salles de malades, sa chapelle et son apothicairerie.
La **salle des Hommes**, unique salle des malades jusqu'au 18e s., en impose par sa hauteur et son sol en carreaux de terre cuite. Jadis remplie de lits, elle conserve désormais quelques beaux sarcophages en pierre. Une fenêtre ouverte sur la chapelle adjacente permettait aux malades de suivre la messe.
La **chapelle** de l'hôtel-Dieu, construite vers 1500, doit sa beauté aux deux magnifiques sculptures qui ornent ses murs sur toute leur hauteur et représentent l'**arbre de Jessé★★**. Uniques en Europe, elles furent exécutées à la fin du 15e s. Elles illustrent la double généalogie du Christ : prophètes et rois. Délicatement taillées dans une pierre de la région qui durcit à l'air, ces riches sculptures (de 3 m sur 6) étaient polychromes, comme toute la chapelle. Remarquez deux vitraux flamboyants représentant Louis IX et Charlemagne et un ensemble de bâtons de corporation, que les confréries portaient en tête de leurs processions.
La **salle des Femmes** abrite une remarquable collection d'instruments anciens de médecine, de chirurgie, de dentisterie et de gynécologie.
L'**officine** (18e s.) conserve son potager (fourneau d'époque), ses vaisseliers, ses mortiers et ses pilons destinés à préparer les mélanges d'herbes et ses tisanières pour servir les breuvages aux malades. L'**apothicairerie★** (17e-18e s.) présente un ensemble pharmaceutique de grande valeur, avec son mobilier, sa collection de pots de faïence bleue de Nevers et sa série de « silènes » (boîtes en bois peint

Une ville royale

Issoudun était une place forte convoitée au Moyen Âge et l'enjeu de nombreux conflits, tel celui qui opposa Philippe Auguste à Richard Cœur de Lion. Vendue en 1240 par Blanche de Castille à son fils Louis IX, elle devint ville royale et siège d'un vaste bailliage qui s'étendait sur plus de la moitié du Berry. Elle prospéra rapidement grâce à la qualité de sa vigne, de sa production artisanale et de ses foires. Étape sur le chemin de St-Jacques-de-Compostelle, elle accueillait les pèlerins dans ses hospices. Assiégée plusieurs fois, incendiée par les troupes du Prince Noir en 1356, elle resta attachée aux rois de France lors des guerres de Religion et pendant la Fronde. En 1685, la révocation de l'édit de Nantes précipita son déclin.

disposées en haut des meubles pour conserver les plantes séchées). À l'étage, trois salles mettent l'accent sur l'âge d'or d'Issoudun, au 17e s. (peintures et mobilier). Le **clavecin de 1648**, signé Jean Denis et remarquablement décoré, est l'un des plus anciens exemples de facture française connue.

Parcours de l'Océanie et de l'Afrique-Art contemporain – Les objets d'art premier proviennent de la donation de la congrégation des missionnaires du Sacré-Cœur et de la donation du couple d'artistes Fred Deux et Cécile Reims. On verra ici des armes, des boucliers, des masques de singes, des statues du Nigeria ou du Mali, ou encore des pirogues de Micronésie ou de Mélanésie. Les œuvres de la donation Deux, provenant des cinq continents, comprennent un **masque** ayant appartenu à André Breton (masque Kipang). Sans transition apparaît le **salon de Léonor Fini**, décoré de tableaux de l'artiste proche des surréalistes et meublé dans le style Art nouveau. La collection d'art contemporain est présentée au-delà par roulement, sous forme d'expositions temporaires ou de rétrospectives. Par exemple autour de *L'Atelier Pons et l'École de Paris*, ou d'artistes tels que *Abdallah Benanteur, Bram van Velde, André Masson, Jean Le Moal.*

Se promener

Plan de ville ci-contre. Partez de la pl. St-Cyr.

Les rues du **Boucher-Gris**, des **Champs-d'Amour**, de l'**Âne-Vert**, sans oublier bien sûr le beffroi, évoquent le passé médiéval d'Issoudun.

Église St-Cyr A1-2

R. de la République

Charlemagne, qui vénérait saint Cyr, aurait fondé au 8e s. cette collégiale desservie par des chanoines. L'église reconstruite à la fin du 12e s. dans le style roman a été très remaniée, notamment son chœur (15e-19e s.). Les deux tours, dont une seule fut achevée, datent du 19e s. ; le clocher est un ajout de 1934.

Une très belle **verrière**, des 14e et 15e s. (12 m de haut sur 6 m de large), divisée en cinq registres verticaux, illumine la nef et illustre, de part et d'autre d'une Crucifixion, des épisodes de la vie de saint Cyr et de sainte Juliette, sa mère, martyrisés au 4e s. sous Dioclétien. Au-dessus, des **médaillons** portent les armes d'Issoudun, de Charles de France et de Jean Cœur, fils de Jacques Cœur. Dans la nef *(à droite en entrant)*, un vitrail montre Charlemagne et Saint Louis.

Le splendide **maître-autel en marbre**, garni d'un grand tabernacle, est surmonté d'une croix avec un christ sur les deux faces, et de six chandeliers en bois doré, le tout offert par Louis XIV. Des stalles en bois sculpté sont visibles dans le chœur et

dans la chapelle N.-D.-du-Rosaire *(5e travée sud)* dont la statue date du 17e s. et le décor du 18e s. ; le buffet d'orgue est du 18e s. Au-dessus de la porte principale, *Descente de Croix* de 1625 par Jean Boucher, peintre de Bourges.
De l'église St-Cyr, remontez vers la place du 10-Juin, passez sous le beffroi.

Beffroi A1

Flanqué de deux tours rondes inégales, il s'agit d'une **ancienne porte de ville** (12e s.) vestige de l'enceinte du château. Démantelée pendant les guerres de Religion, elle fut restaurée dans le style Renaissance et servit de prison jusqu'en 1914.
L'horloge, appelée L'Grous, sonne encore « à heure perfecte ». La cloche porte le nom de Bonne Aventure.
Au-delà du beffroi s'élevait l'abbaye Notre-Dame (12e s.) ; sa petite église romane et tous ses bâtiments conventuels ont été démolis à partir de la Révolution.
Rendez-vous place du Dr-Guilpin.

Place des Miroirs A2

Elle occupe le parvis de l'**hôtel de ville**, opposé à la tour Blanche, et accueille une œuvre contemporaine (1994) de Marin Kasimir : huit volumes vitrés entourent de nombreuses marches et de petites pièces d'eau où l'artiste a recomposé les lettres formant le nom de la ville.

La tour Blanche A2

Billet à retirer à l'office de tourisme. 150 marches. Accès de la cour de l'hôtel de ville. Pl. du Dr-Guilpin - 02 54 21 74 02 - www.tourblanche-issoudun.org - juil.-août : 14h-18h ; juin et sept. : tlj sf lun. 14h-18h ; avr.-mai : w.-end et j. fériés 14h-18h - fermé oct.-mars - 3 € (12-18 ans 2 €, -12 ans gratuit).

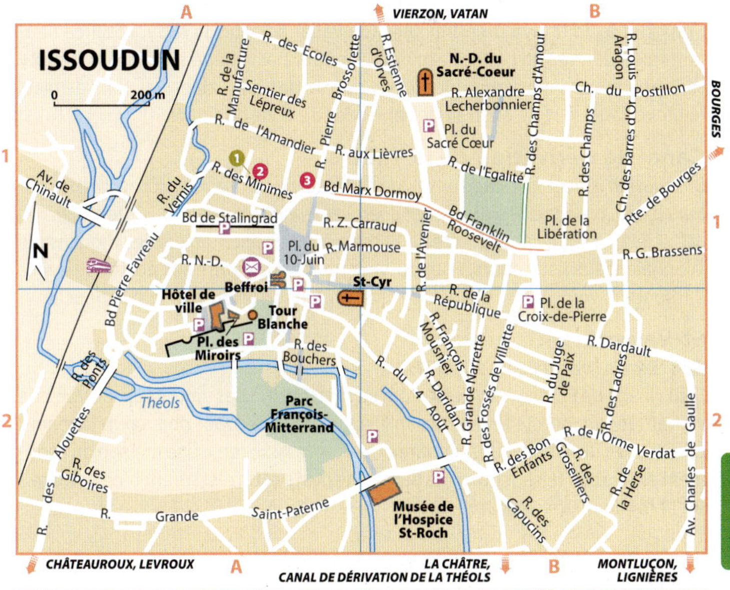

SE RESTAURER
La Cognette 2
Les Trois Rois 3

SE LOGER
La Cognette 1

Édifiée sur une butte artificielle en 1195 par Richard Cœur de Lion, cette tour de 27 m symbolise l'affrontement entre les rois de France et d'Angleterre, Issoudun marquant alors la limite nord du duché d'Aquitaine, territoire Plantagenêt. Sous Louis IX, elle est utilisée comme **prison** : de nombreux **graffitis** gravés sur les murs en témoignent, comme celui d'un chevalier terrassant un dragon. Les murs atteignent 3,50 m d'épaisseur à la base ; au nord-est, le côté le plus facile à attaquer a été renforcé d'un angle saillant qui donne à l'ensemble la forme d'une goutte d'eau. La tour (18 m de diamètre), dégradée sous Louis XIV, est restaurée au 19e s. Plusieurs niveaux se superposent. La scénographie contemporaine (effets de miroirs, ambiances sonores), due à l'artiste Giovanna Piraina, est destinée à mettre en valeur l'édifice. Au rez-de-chaussée, une projection vidéo sur la pierre évoque l'histoire de Blanche de Castille et de son époque. On traverse ensuite l'ancienne salle d'honneur (consacrée à l'héraldique des hommes ayant participé à la guerre de Cent Ans), couverte d'une très belle voûte octogonale, l'appartement seigneurial et la salle des gardes, pour atteindre le toit et sa **terrasse panoramique**. Une maquette montre la ville d'Issoudun au 17e s.
Les jardins de l'**hôtel de ville** A (façade de 1731) offrent une vue dégagée sur la masse cylindrique de ce magnifique ouvrage. Vous pouvez aussi flâner du côté des **anciens remparts** du château pour apprécier le panorama sur la vallée de la Théols et le parc François-Mitterrand.
Descendez vers le parc François-Mitterrand, suivez la rue de la Triperie qui longe la rivière et vous conduit au musée de l'Hospice St-Roch.

Parc François-Mitterrand A2

Point de convergence des quartiers de la ville, cet espace aux multiples plantations est aménagé le long des berges de la Théols.

Basilique N.-D.-du-Sacré-Cœur B1

Construit à l'initiative du père Jules Chevalier à partir de 1869, l'édifice néogothique fut érigé en basilique mineure en 1874 par le pape Pie IX. Les **vitraux★** sont particulièrement remarquables. Ceux du bas-côté, dans des tons de bleu, relatent dans un style abstrait des épisodes de la vie du Christ.

Canal de dérivation de la Théols

D'Issoudun, suivez la rocade en dir. de Châteauroux-Bourges. Juste avant le château d'eau, prenez à droite un petit chemin menant au moulin du Colombier.
6,5 km AR. Ce canal fut créé au 18e s. pour alimenter en eau les moulins qui jalonnaient alors son cours. Pour qui veut goûter à la nature aux portes de la ville d'Issoudun, voici une petite balade sans prétention le long de sa rive gauche.

St-Valentin A1

À 12 km à l'ouest par la D 8 et la D 12.
Seul village de France à porter le nom du saint patron des amoureux, St-Valentin voit affluer chaque 14 février des milliers de couples, pour beaucoup japonais. On y trouve un kiosque des amoureux, un arbre aux vœux, une maison du sentiment amoureux faisant office de bureau de poste et un restaurant bien nommé... Au 14 février *(voir « Nos adresses »).*

Forêt de Chœurs-Bommiers

CARTE P. 386

Circuit de 56 km tracé en violet sur la carte p. 386. Quittez Issoudun par l'est en empruntant la D 8 en dir. de St-Ambroix. Au hameau de St-Hilaire, suivez la D 84E.

Situé sur les départements de l'Indre et du Cher, ce bel ensemble forestier couvre plus de 7500 ha dont 75 % sont peuplés de chênes. Bordée par le **bois de Luc**, la route longe la vallée de l'Arnon.
Installée sur la rive droite, l'**abbaye de la Prée,** fondée au 12e s. *(concerts pdt sem. de l'Ascension - www.musiquealapree.fr),* accueille des artistes en résidence. Elle conserve les vestiges de son cloître et une salle capitulaire romane.
Rejoindre la D 18 sur la gauche.

Mareuil-sur-Arnon B1

A 18 km d'Issoudun.
Enclavé par une succession de petits bois, le village fut l'un des centres métallurgiques de la haute vallée de l'Arnon. Seul vestige des forges, une **haute cheminée de briques** domine l'ancien lac qui alimentait la fonderie en eau.
Bordant le sud-ouest de Mareuil, ce plan d'eau de 3 ha a été aménagé en **base de loisirs** (jeux gonflables).
À la sortie de Mareuil, prenez sur la droite la D 18.

Abbaye de Chezal-Benoît B1

Fondé en 1093 par le moine André de Vallombreuse, l'ancien monastère bénédictin n'a conservé que la nef de l'église du 12e s. et les bâtiments conventuels, occupés aujourd'hui par un hôpital psychiatrique.
La façade de l'église est ornée de **beaux chapiteaux romans** à motifs végétaux et de pilastres cannelés inspirés de l'antique, ornementation rare en Berry qui trahit une influence bourbonnaise. L'intérieur est d'un style roman très pur : la nef aveugle est éclairée indirectement par les collatéraux. La modification des structures de support et l'évolution du décor sculpté indiquent que la construction s'est étalée sur la seconde moitié du 12e s. Le décor des chapiteaux est composé de feuillages dont les volutes annoncent déjà le chapiteau gothique à crochet.
Quittez Chezal par le sud-ouest en empruntant la D 65E.
La route longe le sud de la **forêt de Chœurs-Bommiers,** où de nombreuses routes et sentiers forestiers convergent vers le carrefour de la Croix-Blanche.
À Pruniers, prenez sur la droite la D 925.

Bommiers B1

Du 12e s., l'**église St-Pierre** est représentative des églises du Bas-Berry par la clarté de son plan bénédictin (notez les rares *secretaria* ou **passages berrichons**, sortes de réduits voûtés permettant de limiter la croisée du transept et de la couvrir d'une coupole sur trompes). Découvrez à cet endroit une très belle série de **chapiteaux du 12e s.** : le Christ remet les clés à saint Pierre et la Loi à saint Paul; les silhouettes sont étirées, dansantes, l'expression est renforcée par les prunelles garnies de plomb. D'autres chapiteaux mêlent un décor de feuillages aux personnages et aux animaux fantastiques. Les 48 magnifiques **stalles★** (1511-1515) proviennent de la chapelle du couvent des Minimes de Bommiers. Au-dessus de la porte d'entrée, statue de la Vierge, en bois, du 15e s.
Entre Bommiers et Ambrault, **trois sentiers de découverte** – balisés et d'environ 2 km chacun – ont été aménagés dans un *espace naturel sensible* de 43 ha composé de bois et prairies. L'un d'entre eux mène aux sources de la Theols où, jusqu'en 1950, les lavandières lavaient leur linge. Une promenade facile et ombragée.
Prenez la D 925 en dir. de Lignières. Environ 1 km avant Pruniers, prenez sur la gauche la D 68.

La route qui ramène à Issoudun traverse la **forêt de Chœurs-Bommiers** jusqu'à **St-Aubin,** dont l'église abrite un groupe sculpté : sainte Anne, la Vierge et l'Enfant Jésus, de la fin du 15e s. Après avoir franchi le Cousseron, la route traverse la **Levée de César**, ancienne voie romaine qui reliait *Argentomagus* à Bourges.

Carnet pratique

S'informer

Office de tourisme – *Pl. St-Cyr - ☏ 02 54 21 74 02 - www.pays-issoudun-tourisme.org. Il propose une brochure, « Clés de la ville », pour découvrir la vieille ville.*

Agenda

Fêtes de la tour Blanche – *W.-end de l'Ascension - www.ftb.issoudun.fr.* Festival d'art de la rue.

Musique à la Prée – *Sem. Ascension - ☏ 02 54 21 34 68 - musiquealapree.fr.* Concerts et événements culturels également tte l'année à l'abbaye et alentour.

Foire du tout et de la curiosité – *1er dim. de sept. - ☏ 02 54 21 74 02.* Grande brocante et dégustations.

Festival de la guitare – *Fin oct.-déb. nov. - www.issoudun-guitare.com.* Concerts, master-classes et salon de la lutherie.

Marché aux truffes et lentilles vertes du Berry – *En déc. - ☏ 02 54 21 74 02.* Vente, animations, démonstrations et gastronomie.

À proximité

St-Valentin – Fête des amoureux – *14 fév. - www.village-saint-valentin.com.* Des cœurs partout et une affluence record d'amoureux. Le village de l'Indre fête bien sûr aussi la St-Amour *(9 août)* !

Nos adresses

Restauration

Budget moyen

③ **Les Trois Rois** – A1 - *3 r. Pierre-Brossolette - ☏ 02 54 21 00 65 - www.les3rois.fr - P ♿ - fermé dim. soir et lun. - formule déj. sem. 23/28 €, 38/48 € - 13 ch. 102 € ☕ 11 €.* Cuisine de terroir solide et de bonne tenue, à déguster dans un cadre classique, ou sur la terrasse. Chambres confortables, à la décoration thématisée.

Pour se faire plaisir

② **La Cognette** – A1 - *Bd Stalingrad - ☏ 02 54 03 59 59 - www.la-cognette.com - fermé dim. soir et lun. - plats 30/45 € - également hôtel de 16 ch. (110/150 €, suite 200/250 € - ☕ 15 €).* Balzac est à l'honneur dans ce restaurant qu'il décrivit en détail dans « La Rabouilleuse ». Cuisine raffinée qui célèbre les plats du terroir. Menu Instant, improvisé chaque jour au gré du marché.

À proximité

Budget moyen

L'Aubergeade – *Rte d'Issoudun - Diou - 12 km au nord d'Issoudun - ☏ 02 54 49 22 28 - www.aubergeade-36.com - fermé dim. soir et merc. soir - menu déj. sem. 26/36 €, 36/48 € - réserv. obligatoire.* En plus du fameux reuilly régional, la carte des vins propose un séduisant petit tour du monde viticole. Viandes locales et produits du jardin rehaussés d'influences orientales. Terrasse face au jardin.

Pour se faire plaisir

Les 3 Cépages – *17 r. de la Gare - Reuilly - ✆ 02 54 03 23 13 - www.les-3-cepages.com - fermé du dim. soir au mar. soir - menus 36/50 € - 6 ch. 65 € - ☕ 8,50 €.* Les 3 cépages, ce sont le rouge, le blanc et le gris de Reuilly, mis en valeur à la carte de ce restaurant tenu par un couple japonais. Cuisine traditionnelle française fine et savoureuse, concoctée avec des produits locaux : agneau de Baudres, cochon noir de Lignerolles, bœuf du Limousin, tout comme les légumes et... le vin !

Au 14 février – *2 r. du Portail - St-Valentin - 11 km à l'ouest d'Issoudun - ✆ 02 54 03 04 96 - www.sv-au14fevrier.com - fermé du dim. soir au jeu. midi - menus 45/98 €.* L'occasion de découvrir le village des amoureux de St-Valentin et l'étonnante cuisine de Jun Kanaya, qui jongle avec les saisons, mêlant traditions française et japonaise. 1 étoile au Guide Michelin 2022.

Shopping

La Pyramide de Sens - La Cognette – *6 bd de Stalingrad - boutique.la-cognette.fr - mar.-sam. 10h-19h.* Attenante au restaurant, la jolie boutique vend des produits régionaux dont le fameux massepain, du vin, des liqueurs, des objets artisanaux...

Activités

Randonnées

Forêt domaniale de Bommiers – Au sud d'Issoudun, cet espace de nature préservée est parcouru par de nombreux sentiers balisés.

Le bois du Roi – *Aux Bordes - à 3 km au nord-ouest d'Issoudun par D 16. Peu avant la sortie du bourg, dir. Paudy, prenez à gauche une rue indiquant le stade.* De là, suivez le chemin prolongeant la route goudronnée pour une agréable balade de 5 km. Flore diversifiée, dont des orchidées (ne pas cueillir).

Marais de la Presle et coteau de Roussy – *Du village, suivez jusqu'au bout la rue de la Vallée en dir. du camping, tournez ensuite à gauche, longez les chalets et, au transformateur, prenez à gauche ; parking en bout d'allée.* Promenade de 3,5 km. Marais, tourbière, rivière et pelouses sèches abritent une grande variété d'espèces animales (hérons cendrés, chevreuils...) et végétales (saules, chênes pubescents, nénuphars...).

Hébergement

Premier prix

Le Relais Issoldunois – HORS PLAN - *8 rte de Bourges - ✆ 02 54 03 04 05 - P ♿ - fermé 3 sem. en août - 16 ch. 43 € - ☕ 6,20 € - ✕ menu 14,30 €.* Cet imposant bâtiment abrite un hôtel-restaurant tout simple. Les chambres, très sobrement décorées, sont pourvues de sanitaires de qualité. Les routiers et autres employés des alentours s'y attablent sans chichis à l'heure du déjeuner. Un ensemble bien tenu à prix doux.

Pour se faire plaisir

1 **La Cognette** – *Voir adresse Restauration page précédente.*

Nohant et le pays de George Sand ★

C'est dans son domaine de Nohant, auquel elle était très attachée, que George Sand passa son enfance et s'éteignit. Ses livres sont nourris de la vie traditionnelle paysanne en Berry et des personnages rencontrés ou aimés, du chant des oiseaux et des cris des laboureurs. Une promenade dans le village de La Châtre et ses alentours ressemblera à une immersion dans l'univers d'une écrivaine résolument moderne, qui s'engagea politiquement et s'opposa aux conventions de son temps.

Se repérer

Indre (36)

CARTE P. 386-387 (B2).

Nohant se situe à 6 km au nord de La Châtre qui se trouve à 35 km au sud-est de Châteauroux.

À ne pas manquer

La maison de George Sand, les fresques du 12e s. de l'église St-Martin de Vic.

Organiser son temps

Prévoyez au moins 2h pour visiter la demeure de George Sand et le parc. Une journée pour retrouver, aux alentours, les lieux qui ont inspiré son œuvre et environ 4h pour visiter le sud-ouest du Boischaut.

En famille

Animations estivales au moulin d'Angibault.

Carnet pratique p. 415

Nos adresses p. 415

Visiter Nohant

★ Maison de George Sand

02 54 31 06 04 - www.maison-george-sand.fr - visite guidée (1h) juil.-août. : 9h30-13h, 14h-18h30 ; avr.-juin et sept. : 10h-12h30, 14h-18h ; reste de l'année : se rens. - 8 € (-18 ans gratuit).

Édifiée en 1770 à l'emplacement d'un ancien château, la demeure devient en 1793 la propriété de la grand-mère de George Sand, Mme Dupin de Francueil. Fuyant Paris et les tourmentes de la Révolution, elle se réfugie dans ce domaine provincial de 250 ha et y recueille sa petite-fille *(voir p. 409)*. Après ses premiers succès littéraires parisiens, celle qui se fait désormais appeler George Sand revient s'installer à Nohant, dans la demeure de son enfance, et y reçoit de nombreuses personnalités de l'époque.

Intérieur

Transformée en musée, la maison a conservé d'innombrables souvenirs de George Sand et de ses hôtes, Chopin et Liszt, Balzac et Flaubert, Delacroix et Tourgueniev... Les deux petites-filles de l'écrivaine ont tenté de préserver ce lieu qu'elles aimaient tant. Certaines pièces n'ont pas changé depuis le 19e s., d'autres ont été réaménagées à l'identique.

Maison de George Sand à Nohant, chambre à coucher.
DEA/G DAGLI ORTI/De Agostini Editore/age fotostock

La visite guidée mène du rez-de-chaussée, dédié notamment aux pièces de service et de réception, à l'étage, où se trouvaient des chambres. Lorsque George Sand s'installe à Nohant en 1836, elle modernise sa demeure et l'équipe des dernières innovations techniques : chauffage, eau chaude, et des fourneaux à la hauteur des réceptions qu'elle organise. Dans la **salle à manger**, la table dressée attend d'ailleurs d'illustres convives. Il est facile d'imaginer l'ambiance qui régnait durant les soirées de Nohant, entre discussions littéraires, artistiques et politiques, jeux, danse et musique – en témoigne l'élégant **salon de musique**. Certains invités feront de brefs passages à Nohant, d'autres y reviendront des années durant – comme Chopin, pour qui George Sand avait aménagé un appartement à l'étage de la demeure, où il composait sur le piano Pleyel qui lui était livré depuis Paris.
La visite permet également de mieux connaître l'écrivaine, dont la carrière fut prolifique : on ne lui doit pas moins de 80 romans, une impressionnante correspondance de près de 20 000 lettres, des articles – qui témoignent de son engagement politique socialiste et républicain –, des essais, des contes et des pièces ou saynètes qu'elle testait auprès de ses invités dans le petit **théâtre** créé dans la maison. Elle aimait écrire la nuit, dans sa demeure redevenue silencieuse. À l'étage, seules quelques pièces se visitent. La **chambre Bleue** de la romancière n'a pas changé. Elle mourut dans cette pièce le 8 juin 1876. Dernière propriétaire du domaine, **Aurore Lauth-Sand**, la petite-fille de George Sand, fit entièrement décorer une chambre à la mode chinoise. Elle vécut à Nohant jusqu'à sa mort, en 1961, avant de léguer le domaine à l'État.

Exposition de marionnettes

Au 1er étage de la billetterie et de la librairie-boutique est présentée une collection de marionnettes. Elles ont été réalisées par Maurice, le fils de George Sand, aux multiples talents. Beaucoup d'entre elles sont des caricatures de la société et de personnages de l'époque. Dotées de vrais cheveux et de vraies barbes, elles servaient à des représentations données au théâtre du château.

Jardin

Le jardin, que George Sand aimait tant, fut un lieu d'inspiration pour de nombreux artistes et pour l'écrivaine elle-même. D'une superficie de 6 ha, il comprend une roseraie, un potager, un verger planté de pommiers, un petit bois. Le jardin des cèdres se trouve au sud, derrière la maison. George Sand repose dans le **cimetière familial**, en lisière du parc, inhumée parmi les siens : sa tombe, en lave de Volvic, se trouve au centre.

À proximité

CARTE P. 386-387

La Châtre B2

À 16 km au sud de Nohant par la D 943.

Dépliant disponible à l'office de tourisme permettant de faire le tour de la ville à pied. Suivez la rue Nationale qui monte jusqu'à la mairie.

Ancienne ville royale au 18e s., siège de nombreuses juridictions favorable au développement d'une bourgeoisie de robe, La Châtre connaît au siècle suivant une vie artistique et culturelle intense, à laquelle la présence de George Sand à Nohant n'est pas étrangère. Le théâtre de la ville reçoit des artistes célèbres et des journaux se créent.

Le centre ancien présente d'intéressants bâtiments : la maison du Chevalier d'Ars *(à droite),* puis la **« maison rouge »**, belle demeure à pans de bois du 16e s. décrite dans le roman *André* (1835) de George Sand et qui borde la place Laisnel-de-La-Salle.

Dans le prolongement de cette place, la **rue de Bellefond** aligne les portails classiques de ses hôtels particuliers. Revenez rue Nationale et longez l'ancienne église du couvent des Carmes avec sa porte sculptée en ogive du 14e s.

Vous apercevez à gauche l'**église St-Germain,** reconstruite au 19e s. après que le porche et la tour se furent écroulés en 1896, emportant avec eux la nef du 12e s. À l'intérieur, piliers et chapiteaux romans ont été reconstitués. Remarquez la pietà du 14e s. provenant du couvent des Carmes et le tableau de la Pentecôte attribué à Jean Boucher (16e s.).

Plus haut dans la rue Nationale se dresse le bel **hôtel de Villaines** du 18e s. qui abrite la bibliothèque municipale. Sur la place Notre-Dame *(à gauche)*, une **statue** gothique de la Vierge provient d'une porte fortifiée qui s'élevait à cet endroit.

Depuis la place de l'Abbaye, qui forme une terrasse-belvédère au-dessus de l'Indre, descendez par les escaliers agrémentés de parterres pour atteindre le **pont aux Laies**. Ce vieux pont en dos d'âne jeté sur l'Indre offre une vue charmante sur le paysage d'eaux courantes entourant des îles et les anciennes **tanneries** à auvents et à balcons de bois bordant les rives.

En revenant sur vos pas, rejoignez la place du Marché et de là, la rue Venôse et le donjon.

Donjon

« Cette prison de La Châtre, ancienne forteresse des seigneurs de la province, ne consistait plus alors qu'en une formidable tour carrée, noircie par les siècles et plantée sur le roc au revers d'un ravin d'où l'Indre forme un vallon étroit, sinueux, riche de la plus belle végétation... » (George Sand, *Mauprat*, 1837). Érigé au 15e s. par Guillaume III de Chauvigny, transformé en prison de 1734 à 1934, l'ancien château seigneurial de La Châtre abrite un musée.

George Sand et Nohant

Une vie passionnée

Petite-fille d'un fermier général et d'une fille de Maurice de Saxe, la jeune Aurore Dupin, alias **George Sand** (1804-1876), est, après la mort accidentelle de son père, recueillie par sa grand-mère à Nohant, où elle passera presque toute son enfance et son adolescence. Mariée toute jeune au baron Dudevant, Aurore se sépara de lui après que deux enfants, Maurice et Solange, furent nés de cette union.
En 1831, elle décide de s'installer à Paris avec l'écrivain Jules Sandeau rencontré près de La Châtre ; sa vie est fort libre, ses façons étonnent – elle se fait couper les cheveux, porte une redingote et un chapeau haut de forme. Elle écrit avec Sandeau *Rose et Blanche*, signé Jules Sand : le pseudonyme qu'elle gardera toute sa vie est trouvé. Avide d'indépendance économique et poussée par la nécessité, George Sand publie en 1832 son premier roman, *Indiana*. Elle a alors 28 ans. Le succès est tel que, désormais, elle ne s'arrêtera plus d'écrire.

Le romantisme comme toile de fond

Sa liaison orageuse avec **Alfred de Musset**, en 1833, et leur voyage à Venise correspondent à la période romantique de sa vie. Dans ses romans, *Lélia*, *Mauprat*, éclatent ses cris de révolte contre les entraves de la société. En 1836, elle demande et finit par obtenir le divorce, non sans peine. Elle récupère alors son domaine de Nohant qui lui assure, en plus de ses livres, des revenus confortables, et s'y installe, mais continue d'effectuer de fréquents séjours à Paris. Nohant devient alors un haut lieu du romantisme européen.

Retour aux sources

Franz Liszt y séjourne plusieurs fois ainsi que Marie d'Agoult et **Honoré de Balzac**. George Sand subit ensuite l'influence des philosophes humanitaires, compose de nombreux romans ayant pour cadre villages et châteaux de la Vallée Noire et pour personnages les paysans du Berry : *Le Meunier d'Angibault*, *La Mare au diable*, *Le Péché de M. Antoine*, *La Petite Fadette*, *François le Champi*, *Les Maîtres sonneurs*.
Sa liaison avec **Chopin** dure neuf ans. Les années 1850-1876 sont celles de la sagesse. Son prestige est grand. Théophile Gautier, Alexandre Dumas fils, Gustave Flaubert, Tourgueniev lui rendent visite. Son amour de la nature se retrouve dans ses mémoires (*Histoire de ma vie*, 1854), dans ses contes, ses romans (*Les Beaux Messieurs de Bois-Doré*, 1857). C'est à Nohant qu'elle termine ses jours en 1876, auréolée d'une sorte de légende, justifiant par ses bienfaits ce surnom de « bonne dame de Nohant ». Elle exerçait même les fonctions de médecin de village, ayant étudié avec son premier précepteur, le docteur Deschartres, l'anatomie et les remèdes à base de plantes.

Sur les pas de George Sand à Nohant

Une **randonnée** autour du village de Nohant (*3,5 km - 1h10*) entraîne à la découverte des chemins et des paysages qu'affectionnait George Sand. D'autres innombrables randonnées sont balisées à travers le bocage, de la simple promenade au GRP « George Sand, sur les pas des Maîtres Sonneurs » *(185 km)*, en passant par le *géocaching* (rallye et course d'orientation) ou le « Randoland » pour enfants.
www.pays-george-sand.com

Musée George-Sand et de la Vallée Noire

Square Raymonde-Vincent - ✆ 02 54 48 36 79 - juil.-août : 10h30-12h, 14h-18h ; mai-juin, sept.-oct. : tlj sf mar. 14h-18h ; reste de l'année, se rens. - fermé de fin déc. à déb. mars - 3,50 €, - 18 ans gratuit.

En attendant l'ouverture du futur musée consacré à la romancière, l'**hôtel de Villaines** accueille un musée « de poche » , où l'on peut voir une partie des collections. En plus d'un parcours de visite sur George Sand et la Vallée Noire, il présente de l'artisanat d'art et une exposition temporaire.

Église de la Berthenoux B2

À 12 km au nord-est par la D 940 et la D 68 à gauche à Thevet-St-Julien.

Le vaste édifice du 12e s. est dominé par un puissant clocher carré surmontant une belle coupole sur trompes. À la croisée du transept, remarquez les chapiteaux ornés de personnages, d'animaux ou de feuillages.

Circuits conseillés

CARTE P. 386-387

Les paysages de George Sand AB2

Circuit de 60 km, au départ de La Châtre, tracé en rose sur la carte p. 386.

Ce circuit traverse les paysages qui servirent de toiles de fond à certains romans de George Sand. Vous découvrirez « les horizons mélancoliques et profonds » qu'elle s'est plu à dépeindre. La plupart des châteaux du circuit ne se visitent pas.

Quittez La Châtre par le nord-est en empruntant la D 940, dir. Bourges. Après avoir longé le circuit automobile régional de La Châtre, tournez à gauche.

Château d'Ars B2

Ne se visite pas.

Entouré d'un vaste parc, cet édifice du 16e s. est l'un des sites du roman *Les Beaux Messieurs de Bois-Doré*. Le château et son parc s'ouvrent en saison à la faveur d'expositions temporaires de grande qualité et lors du rassemblement international de luthiers.

Rejoignez la D 943 (dir. Châteauroux).

★ Nohant - Maison de George Sand

(*p. 406*)

Reprenez la D 943.

★★ Fresques de l'église St-Martin de Vic B2

L'**église St-Martin** de Vic est décorée de fresques du 12e s., découvertes en 1849 par l'abbé Périgaud, curé de Nohant-Vic, et aussitôt signalées par George Sand à Prosper Mérimée. Les peintures murales, dissimulées sous plusieurs enduits superposés, furent protégées depuis la fin du Moyen Âge. Prosper Mérimée fit classer l'église Monument historique dès 1850.

De l'extérieur, rien ne laisse deviner que cette modeste église romane renferme des **fresques exceptionnelles**, à la fois par leur bon état de conservation et par l'ampleur du programme iconographique. Le « maître de Vic », dont l'identité est inconnue, a laissé ici l'un des rares exemples en France de cycle complet de peintures murales. Celles-ci se démarquent pour leur valeur historique et artistique, l'expressivité des figures, la virtuosité des mouvements des personnages et des tissus. L'habileté de la composition, la recherche du détail caractérisent l'art pictural et sculptural du Limousin et du Sud-Ouest. La palette chromatique se compose de carmin, ocre rouge, ocre jaune, blanc de céruse, noir et gris bleuté.

Fresques de l'église Saint-Martin de Vic, l'entrée de Jésus dans Jérusalem.
G DAGLI ORTI/De Agostini Editore/age fotostock

Les fresques ornent les deux faces du mur séparant le chœur de la nef, ainsi que le chœur lui-même et l'abside.
Parmi les scènes représentées, la **Rédemption** apparaît comme le thème principal. Sur le mur de la nef, face à l'entrée, admirez le *Christ en majesté* avec *l'Agneau* à ses pieds dans un médaillon, et à droite la *Descente de croix* où figurent la lune et le soleil. Au-dessus, à droite de l'arc, plusieurs scènes de la vie de la Vierge se lisent de droite à gauche : *l'Annonciation*, les *Reproches de Joseph* puis, à gauche de l'arc, la *Chevauchée des rois mages* et l'*Adoration des mages.* En-dessous, toujours à gauche de l'arc, la *Présentation de Jésus au temple.* Dans le chœur, les symboles des évangélistes entourant un autre Christ en majesté décorent la voûte de l'abside. Dans l'avant-chœur, sur le mur de gauche au-dessus du *Lavement des pieds*, du *Baiser de Judas* dans le panneau central et du *Portement de croix par Simon*, sont tracés deux épisodes de la vie de saint Martin ; sur le mur de droite, l'*Entrée de Jésus à Jérusalem*, enfin, au-dessus de l'arche, face à l'autel, la *Cène.*
Les fresques ont été entièrement reproduites, à la taille des originaux, au musée des Monuments français (Cité de l'architecture et du patrimoine, à Paris).
Les Fresques de l'église Saint-Martin de Vic d'Emmanuelle Polack, 2013.
Traversez la D 943 (petite route face à la rue de l'Église).

St-Chartier B2

Le village possède une intéressante petite église ainsi qu'un château *(ne se visite pas)*, qui servit de cadre au roman *Les Maîtres sonneurs.*
Rejoignez la D 943 par la D 69. 5 km après Corlay, tournez à gauche dans la D 38.

La Mare au diable A2

La mare qui aurait donné son nom au roman le plus connu de George Sand se situerait ici, dans la clairière du bois de Chanteloube. Une promenade permet d'aller confronter ses souvenirs littéraires à la réalité *(site interdit les jours de chasse).*
La D 19, sur la gauche, traverse un charmant paysage de bocage.

Château de Lys-St-Georges A2

Ne se visite pas. L'édifice, dont les tours baignent dans des douves, joint à l'aspect sévère d'une forteresse médiévale le charme de la Renaissance. De la terrasse, la vue se porte sur la façade du 15e s. et la vallée du Gourdon.
Revenez sur la D 19. 3 km après Tranzault, prenez à gauche la D 19D puis la D 51.

★ Château de Sarzay A2

Le Château - ✆ 02 54 31 32 25 - sarzay.net - été : 10h-12h, 14h-19h ; reste de l'année : 10h-12h, 14h-18h - 7 € (-14 ans 5 €).
Sous le nom de château de Blanchemont, George Sand, dans son roman *Le Meunier d'Angibault*, le décrit comme « un castel assez élégant, un carré long renfermant à tous les étages une seule grande pièce, avec quatre tours contenant de plus petites chambres aux angles ».
La demeure féodale était une importante place forte vouée à la lutte contre les Anglais. Bâti à la fin du 14e s. par Jehan de Barbançois, le **donjon**, composé d'un corps de logis rectangulaire couronné de tours d'angle cylindriques (25 m de hauteur), était protégé par deux murailles d'enceinte bordées de douves et jalonnées par 38 tours de défense. À l'est, une tour abrite un escalier à vis donnant accès aux deux étages et aux combles du château dont on peut admirer la haute charpente. Chaque étage est constitué de deux vastes pièces : salle commune et chambre. Seules les pièces du rez-de-chaussée ont été restaurées et meublées.
Une chapelle seigneuriale occupe le rez-de-chaussée d'une petite tour de 6 m de diamètre dont les parties supérieures abritaient le chapelain et les gardes.
Quittez Sarzay par le nord en empruntant la D 41.

Moulin d'Angibault A2

✆ 02 54 31 11 46 - moulin-angibault.jimdo.com - juin-août : 13h-19h ; de Pâques à fin mai et sept.-oct. : 13h-18h - fermé lun. - 3,50 € (-12 ans gratuit).
Stop, pour une fois ne pensez plus à la dame de Nohant... Laissez-vous charmer par la Vauvre qui actionne la roue à aubes du moulin. Pique-niques, fêtes et veillées animent en été le moulin d'Angibault.
Rejoignez la D 49, qui ramène à La Châtre.

Le sud-ouest du Boischaut AB2

Circuit de 50 km tracé en orange sur la carte p. 386. Quittez La Châtre par le sud-ouest en empruntant la D 73 en dir. du Magny.

Chassignolles B2

La Maison des traditions – *Le Bourg - ✆ 02 54 48 00 57 - www.lamaisondestraditions.org - ♿ - de mi-juil. à mi-août : 14h-18h ; reste de l'année : tlj sf lun. 14h-18h - fermé de déb. nov. au w.-end de Pâques - 5 € (6-12 ans 1,50 €).* La reconstitution d'une maison du Boischaut, des ateliers du tonnelier, du forgeron ou du sabotier vous dévoileront la vie quotidienne des paysans berrichons de 1850 à 1950. Certaines machines agricoles exposées dans le hangar sont très spectaculaires, à commencer par cette moto-scie construite en 1940 à l'aide d'éléments de récupération.
Église – Coiffée d'un important clocher-tour, elle possède un petit portail Renaissance à fronton armorié.
Poursuivez votre route sur la D 41.

Crevant B2

Parc des Parelles – *✆ 02 54 30 17 17 - www.parcdesparelles.fr - horaires, se rens. - 2 € (-12 ans 1 €).* Ancienne carrière de granit, ce site est à présent classé Espace

naturel sensible. En vous promenant dans ce parc de 24 ha, vous pourrez admirer des blocs de granit géants recouverts de mousse. Ce paysage a inspiré George Sand pour son roman *Nanon* : « Une oasis de granit et de verdure, un labyrinthe où tout était refuge et mystère. » L'été, des spectacles contés et musicaux sont organisés.
Poursuivez votre route sur la D 54.

Cluis A2

L'**église** (13e s.) se termine par un chœur à deux absides (remarquez les chapiteaux). Dans la chapelle de la quatrième travée se trouve une magnifique **Vierge à l'Enfant★** du 14e s. en marbre blanc de Paros.
À voir également : la **halle** (17e s.), à la charpente élaborée et surmontée d'un clocheton ; l'**hôtel de ville** (16e s.), qui abrite des tapisseries d'Aubusson.
Quittez Cluis par le nord-est en empruntant la D 38.

Cluis-Dessous A2

Les **ruines** féodales du château (dites « les Demoiselles de Montpensier ») se dressent fièrement. Remarquez les restes d'une enceinte, une porte d'entrée et ses deux tours, un corps de logis. Non loin s'élève une charmante chapelle gothique.
Poursuivez sur la D 38, dir. Mouhers.

★ Basilique St Etienne de Neuvy-St-Sépulchre A2

Neuvy doit son appellation à une église construite sur le modèle du St-Sépulcre de Jérusalem, classée au Patrimoine mondial par l'Unesco au titre des chemins de St-Jacques-de-Compostelle.
L'édifice actuel est double : une surface rectangulaire jointe à une surface circulaire. Le bâtiment droit, achevé en 1049, est dédié à saint Jacques le Majeur. Un groupe d'obscurs pèlerins prit l'initiative de fonder à Neuvy un édifice à l'image du St-Sépulcre de Jérusalem, aidé par **Eudes de Déols,** qui avait fait le pèlerinage de Terre sainte. Cette réplique du St-Sépulcre était conçue pour être substituée à l'église rectangulaire. Pour lui faire place, on aurait donc abattu le clocher-porche, ne conservant le reste que pendant le temps nécessaire à l'achèvement. Selon une hypothèse, de nouveaux pèlerins auraient rapporté entre-temps, qu'à Jérusalem on venait d'ajouter à la rotonde un édifice rectangulaire ! Alors, pour garder la ressemblance avec le modèle, on aurait décidé de maintenir ce

On vous emmène à la Vallée aux oiseaux

À **Tranzault**, à 6 km au nord-est de Neuvy St-Sépulcre, il existe un lieu où les oiseaux sont rois. « Il y a des heures où je m'échappe de moi, où je vis dans une plante, où je me sens herbe, oiseau, cime d'arbre, nuage, eau courante, horizon, couleur, forme et sensations changeantes, mobiles, indéfinies. », note George Sand dans *Histoire de ma vie* (1855). Au fil d'un parcours bucolique à souhait, qui part de la place du village, les amateurs reconnaîtront le rouge-queue noir et la bergeronnette grise, le chardonneret et le moineau, ou encore le verdier d'Europe. On chemine sur le sentier bordé de frênes et de chênes, puis on suit la rive droite du Gourdon, où s'épanouissent les aulnes. Bientôt, le chant du coucou troue le silence, et là, n'est-ce pas une corneille qui donne de la voix ? Sur les talus, le bleu vif de la véronique et le mauve des campanules composent une palette harmonieuse.
Circuit de 5,5 km à télécharger sur www.berryprovince.com (n° 8).

La rotonde de la basilique Saint-Étienne à Neuvy-Saint-Sépulchre.
Ch. Guy/hemis.fr

qui restait de l'édifice antérieurement condamné et de le raccorder vaille que vaille avec l'autre...
On peut admirer aujourd'hui une vaste **rotonde★** de 22 m de diamètre ; sept absidioles sont creusées dans l'épaisseur du mur. Les 11 colonnes cylindriques entourant le sanctuaire sont surmontées d'intéressants chapiteaux représentant des motifs floraux, des figures humaines ou divers animaux. La partie supérieure de la rotonde a été restaurée par un élève de **Viollet-le-Duc** au 19e s.
Quittez Neuvy par l'est en empruntant la D 927.

Abbaye de Varennes A2

6 rte de Varennes - ✆ 02 54 31 30 59 - abbayedevarennes.free.fr - juil.-août : 13h-19h - gratuit.
L'abbaye, fondée en 1148, se situe au bord de la route D 19, au milieu d'une dépression bocagère. On peut visiter les bâtiments conventuels du 13e s. L'église (12e s.) est remarquable pour la pureté de son architecture cistercienne. George Sand situe à Varennes quelques épisodes de son roman *Les Beaux Messieurs de Bois-Doré* (1857).
Revenez sur la D 927, qui ramène à La Châtre.

Carnet pratique

S'informer

Offices de tourisme – *134 r. Nationale - 36400 La Châtre - ✆ 02 54 48 22 64 - www.pays-george-sand.fr ; 2e bureau - 3 pl. Ste-Anne - 36400 Nohant - ✆ 02 54 06 97 06.*

Agenda

Nohant Festival Chopin – *juin-juil. - festivalnohant.com.* Des musiciens classiques reconnus et de jeunes talents se produisent dans l'auditorium. Également des causeries et des concerts littéraires avec récitants et comédiens invités.

Ars - Nuit Chopin – *Mi-oct. - ✆ 02 54 48 46 60.* Au château d'Ars, spectacles littéraires et musicaux célèbrent le compositeur.

Neuvy-St-Sépulchre - Pèlerinage du précieux sang – *Lun. de Pâques - ✆ 02 54 30 92 39.* Procession à travers les rues de la ville, une tradition qui remonte au Moyen Âge.

Cluis - Fête du Luma – *Autour du 1er Mai - www.cluis.fr.* Dégustation d'escargots, cavalcade, saut à l'élastique, foire et fête foraine.

Ars - Le son continu – *Juil. - www.lesoncontinu.fr.* Rassemblement des instruments et musiques populaires. Salon de lutherie, parquets de danse, bals et animations dans le cadre du château d'Ars.

Vallée Noire - Festival Pentecôte en Berry – *Août-sept. - ✆ 02 54 48 36 86 - www.la-grange-aux-pianos.com.* Concerts de musique classique dans la « Grange aux pianos ».

Nos adresses

Restauration

À La Châtre

Premier prix

Le Lion d'Argent – *2 av. du Lion d'Argent - ✆ 02 54 48 11 69 - www.leliondargent.com - menu bistrot 19/21 €, 29 € - 34 ch - 73/86 € - ☕ 11 €.* Une auberge traditionnelle qui propose des plats du Berry : pâté aux pommes de terre, poule noire, fromages de chèvre, mais aussi un excellent filet de bœuf. Bonne carte des vins et bon accueil.

Budget moyen

L'Auberge à l'Escargot – *21 r. Beaufort - ✆ 02 54 48 03 85 - www.auberge-escargot.com - fermé 2 sem. fin fév. et fin août, dim. soir, lun. (et jeu. hors sais.) - formule 18/28 €, 36/41 € (réserv. conseillée).* Au centre du village, face à la place du Marché, cette petite maison avec son toit en ardoise abrite un restaurant qui propose une cuisine traditionnelle. Une adresse devenue presque une institution.

Restaurant La Val Verre – *Rte de Briantes - ✆ 02 54 30 13 51/06 73 16 11 55 - www.restaurantlevalverre.com - de juin à sept. tlj sf dim. soir et lun. midi - le reste de l'année du vend. midi au dim. midi - fermé janv.-fév. - formule déj. sem. 16/21 €, menus 23/30 €.* Il faut essayer sans tarder cet endroit idyllique, situé à l'entrée du camping Val Vert du Berry *(voir « Hébergement » page suivante).* Sur la terrasse aux beaux jours ou dans la grande salle lumineuse, vous dégusterez des plats de saison originaux, élaborés avec les produits du terroir, dans des combinaisons de saveurs qui ne vous laisseront pas indifférent. Excellent rapport qualité-prix, service rapide et efficace.

À proximité

Budget moyen

Ferme-auberge de Poumoué – *Poumoué - Le Magny - 7 km au sud-ouest - 02 54 48 22 95 - sam. soir, dim. midi et j. fériés sur réserv. - fermé de mi-déc. à mi-janv. - 19/24 €.* Cette ferme du 18e s. est un lieu d'élevage de chèvres. À table, dans l'ancienne étable, la production fromagère est accommodée de multiples façons, la charcuterie artisanale est aussi à base de chèvre. L'hiver, la soupe est cuite au chaudron dans la cheminée.

Auberge La Forge – *7 r. du Château - Lys-Saint-Georges - 23 km au nord-ouest - 02 54 30 81 68 - www.restaurantlaforge.com - fermé 2 sem. janv., 2 sem. oct., dim. soir et lun. (sf juil.-août), mar. - menu déj. sem. 22 €, 33/52 €.* Jolie auberge de campagne pour déguster une délicieuse cuisine de terroir, avec les produits locaux à l'honneur. Une très bonne adresse réputée dans la région.

La Berriaude – *1, rte de la Vallée noire, Bourg de Vic - Nohant-Vic - 06 63 70 84 84 et 09 71 45 39 67 - laberriaude.fr - fermé lun. soir et mar. - menu déj. sem. 14 €, carte 23/33 €.* Cette institution sert une cusine traditionnelle. Bon rapport qualité-prix, surtout pour le menu du déjeuner, et accueil sympathique.

Shopping

La cité est réputée pour ses poteries de la Vallée Noire, que l'on trouvera dans le village de St-Chartier.

Marché – À La Châtre. *Sam. matin - pl. du marché.*

Marché à la volaille – À St-Août. *Mar. matin - pl. Jean-Gaillat.*

Activités

Sensas'Parc - Base de loisirs de Ligny - *Pouligny-Notre-Dame - 02 54 06 94 30 - www.pouligny-notre-dame.fr.* Au sud de La Châtre, un plan d'eau de 3 ha qui propose du téléski nautique *(16 €/h, -16 ans 14 €)*, des jeux divers et une plage aménagée.

Hébergement

À La Châtre

Camping du Val Vert du Berry – *Rte de Briantes - 02 54 30 13 51 - www.campingvalvertenberry.com - ouv tte l'année - - 60 emplacements 18/22 €, 4 cabanes 2/4 pers. 85/100 €, 2 tentes lodges de plein air 40/50 €.* À quelques minutes de La Châtre, dans un environnement calme et verdoyant, un endroit idéal pour se ressourcer.

À proximité

Premier prix

La Croix Verte – *12 r. des Maîtres-Sonneurs - 36400 St-Chartier - 02 54 31 02 71 - www.maisonlacroixverte.com - 3 ch. 72 € - table d'hôte sur réserv. 27 € bc* La Croix Verte est un ancien relais de poste, confortablement restauré et aménagé par les propriétaires, bons connaisseurs de la région. C'est une base idéale et charmante pour découvrir la région, Nohant, les fresques de Vic, les paysages de George Sand... Les chambres sont décorées avec goût et authenticité. Par la fenêtre, vous apercevez le château, les toits du bourg ou le jardin. La table d'hôte est un régal : à partir des légumes disponibles dans son jardin, Élisabeth élabore sa recette du jour, en utilisant des produits locaux. Cuisine légère, naturelle et savoureuse.

Châteaumeillant

La terre de Châteaumeillant fut souvent disputée, comme aujourd'hui ses coteaux voisins, qui produisent des vins gris réputés. Ancien oppidum gaulois, siège d'un atelier monétaire au Moyen Âge, le village a conservé de son passé de beaux monuments, tels les vestiges de l'église du Chapitre, le château du 16e s. et surtout l'église St-Genès.

Se repérer

1751 Castelmeillantais - Cher (18)

CARTE P. 386-387 (B2).

Aux confins du Cher, de l'Indre, de la Creuse et de l'Allier, ce bourg est situé à 17 km à l'est de La Châtre.

À ne pas manquer

Maison de Jour de fête à Ste-Sévère, hommage ludique et vibrant rendu au cinéaste Jacques Tati; l'excellent vin gris produit dans la région.

En famille

Le lac de Sidiailles et sa plage.

Carnet pratique p. 419

Nos adresses p. 419

Visiter

Église St-Genès

Voir l'ABC d'architecture p. 462. En pierres grises et roses provenant des carrières de Saulzais-le-Potier *(25 km à l'est)*, l'église doit son nom à **saint Genès**, évangélisateur et martyr de la cité au 3e s. Elle s'ouvre par une façade très harmonieuse, de type berrichon, dont les colonnettes sont surmontées de chapiteaux sculptés. À l'intérieur, notez la hauteur de la nef romane, dont une voûte de bois a remplacé la voûte en berceau. Le **chœur★** est encadré par six absidioles, dont quatre communiquent avec lui par des arcades jumelées en plein cintre. Attardez-vous sur la lecture des **chapiteaux historiés** : on peut y voir la création d'Adam, la tentation, l'abandon du paradis, Caïn tuant Abel, etc.

Musée archéologique Émile-Chénon

10-12 r. de la Victoire - ☏ 02 48 61 49 24 - musees.regioncentre.fr - juil.-août : 10h-12h, 14h-18h (17h reste de l'année sf dim., j. fériés et mar.) - fermé de mi-déc. à fin janv. - 4,50 € (10-18 ans 3 €).

Installé dans **l'hôtel de Marcillac** (14e-16e s.), il présente une importante collection gallo-romaine et médiévale issue de fouilles effectuées dans la cité. En 2012, furent mis au jour 5600 objets, dont quatre belles pièces exposées au musée, Remarquez le lion en bronze aux yeux incrustés d'argent et le bec verseur à tête de cheval.

Circuit conseillé

CARTE P. 386-387

Au sud de Châteaumeillant BC2

Circuit de 75 km tracé en bleu sur la carte p. 386-387. Quittez Châteaumeillant par l'ouest et la D 943, dir. La Châtre. À Champillet, prenez à gauche la D 36.

Château de La Motte-Feuilly B2

☏ 02 54 31 42 20 ou 07 61 58 60 48 - visite sur réserv. - 5 € (4-12 ans 3 €).

Ce château (15e s.), qui a appartenu à d'illustres familles, est décrit par George Sand dans son roman *Les Beaux Messieurs de Bois-Doré.* La chapelle, le jardin et le parc à l'anglaise (5 ha) sont ouverts à la visite. Remarquez les tours imposantes de la forteresse et le donjon élevé en 1410. L'église de la commune abrite le tombeau mutilé de Charlotte d'Albret, épouse de César Borgia.
Poursuivez sur la D 36. À Pouligny-St-Martin, prenez à gauche la D 54B.
La route emprunte la vallée de l'Indre et passe à proximité de la **tour Gazeau**, donjon du 13e s. qui inspira George Sand pour son roman *Mauprat.*
Continuez sur la D 36, puis prenez la D 917 à gauche.

Ste-Sévère-sur-Indre B2

Le village est joliment installé dans un site dominant la vallée de l'Indre. La place du Marché conserve une porte fortifiée du 15e s., une croix de pierre du 16e s. et une halle du 17e s. En 1947, le cinéaste **Jacques Tati** plante ici sa caméra pour tourner *Jour de fête*, une aventure mythique dans l'histoire du village. Au cours de votre balade, admirez les maisons anciennes portant des tourelles. Le **parc** offre d'agréables promenades autour d'un château du 18e s. et des restes d'un donjon du 12e s., repris aux Anglais par Du Guesclin en 1372.
Maison de Jour de fête – *Pl. du Marché - ✆ 02 54 30 21 78 - www.maisondejourdefete.com - ♿ - juil.-août : merc. et dim. 10h-12h30, 14h-19h, jeu.-sam. 14h-19h ; reste de l'année : se rens. - fermé janv. - 8 € (6-18 ans 6 €).* Voici l'un des endroits les plus originaux de l'Indre. Dans une grange a été reconstitué un bureau de poste des années 1940, comme celui du facteur François, héros du film de Tati. Dans la salle du « **cinéma en plein air** », une scénographie vivante raconte le tournage du film. La visite se termine dans le **studio de cinéma** avec les décors du bistrot et de la boucherie. De nombreux extraits commentés vous plongeront tout au long de votre parcours dans les coulisses du film.
Quittez Ste-Sévère par le sud-est en suivant la D 917 vers Boussac. Au Genet, tournez à gauche sur la D 71, puis à Pérassay, prenez la D 71D et la D 111 en dir. de Culan.

Lac de Sidiailles BC2

La retenue d'eau (90 ha) a été créée en 1976, dans la vallée de l'Arnon, pour alimenter le sud du Cher en eau potable. Une **base nautique** *(voir Nos adresses)* et sa **plage** ont été aménagées à la pointe du Carroir dans un site agréable.
Un sentier *(14 km)* permet de faire le tour du lac (environnement préservé).
Quittez Sidiailles par le nord en empruntant la D 997.

★ Château de Culan C2

Espl. du Château - fermé au moment de la rédaction de ce guide.
Le premier château fut une simple tour en bois prise par le Capétien Philippe Auguste aux Plantagenêts. En 1188, une nouvelle forteresse prend sa place. Trois tours ponctuent la façade, reliées entre elles par des bâtiments au 12e *(aile gauche)* et au 15e s. *(aile droite)*. Au 13e s., le seigneur de Culan élève à l'arrière un donjon. Les différents éléments de ce joyau du Cher, bien visible depuis la route, sont reliés par des murs d'enceinte et un châtelet avec pont-levis ferme l'ensemble. Le domaine fut acheté en 1582 par Sully, qui le revendit à Henri II de Bourbon.
Quittez Culan par le nord-ouest en empruntant la D 65, dir. Le Châtelet. À St-Maur, prenez la route vers Privet.

St-Jeanvrin B2

Restaurée, l'**église St-Georges**, petit édifice du 12e s., bénéficie d'un environnement sympathique. Si la porte est ouverte, entrez admirer les **fresques** du 16e s.
Face à l'église, une petite route ramène à Châteaumeillant par Sept-Fonds.

Carnet pratique

S'informer

Office de tourisme – *69 r. de la Libération - ✆ 02 48 61 39 89 - www.chateaumeillant-tourisme.fr.*

Agenda

Fête de la St-Vincent – *2 j. autour du 22 janv. - ✆ 02 48 61 39 89.*

Foire aux vins – *Pâques.* Nombreux producteurs de la région.

Nos adresses

Restauration

Budget moyen

La Goutte Noire – *21 r. du Château - ✆ 02 48 96 98 87 - www.la-goutte-noire.fr - fermé lun. et dim. soir - menu dej. sem. 14,50 €, menus 27/50 € - 7 ch. 85 € - ☕ 10,50 €.* Une grande véranda, une cuisine qui explore le terroir avec goût et générosité (bons vins et fromages régionaux) et un accueil charmant.

Shopping

Bituriges Vins – *Rte de Culan - ✆ 02 48 61 33 55 - www.biturigesvins.fr - tlj sf dim. (sf juil.-août) 9h30-18h.* Regroupement d'une trentaine de viticulteurs qui élaborent des vins de pays du Cher.

Liqueurs du Berry – *Feusines - ✆ 07 88 18 95 60 - www.liqueursduberry.com - visite et boutique sur RV.* Cette distillerie traditionnelle fabrique des liqueurs que vous pourrez goûter. Goutte de fleurs de sureau, ratafia du Berry, mais aussi vin d'épine noire, etc.

Activités

Base Nature Aventure Lac de Sidiailles – *Pointe du Carroir - 13 km au sud-est - ✆ 06 60 15 27 91 ou 06 58 34 62 55 - www.brancheaventure-lacdesidiailles.com - juil.-août : 9h-20h ; de mi-avr. à juin et de sept. à fin oct. : w.-end et j. fériés 14h-18h.* Baignade surveillée *(juil.-août)*, pédalo, canoë, kayak, barque, accrobranche *(réserv. conseillée haute sais.)*.

Hébergement

Premier prix

Camping de L'Étang Merlin – *Rte de Vicq-Exemplet - ✆ 02 48 61 31 38 - camping-etangmerlin.e-monsite.com - ♿ - réserv. conseillée - mobile home 40 €, 6 chalets 57 €/nuitée.* Ce camping, doté d'un accès direct à l'étang, loue des chalets confortables.

À proximité

Budget moyen

L'École du facteur – *18 av. d'Auvergne - Ste-Sévère-sur-Indre - ✆ 06 10 21 68 45 - 4 ch. dont 1 suite 75/85 € ☕ - ✕ 22 €.* Vous avez aimé l'école ? Vous adorerez l'École du facteur, des chambres d'hôte situées au cœur de Ste-Sévère. Chaque chambre est un clin d'œil à l'histoire du Berry : Tati, George Sand, Chopin, etc. À la table d'hôte, cuisine du terroir.

Château d'Ainay-le-Vieil ★★

Les souvenirs de la campagne d'Égypte et le parfum des roses planent sur ce château de caractère, ancienne propriété de Jacques Cœur où l'empreinte du Moyen Âge et celle de la Renaissance se marient avec bonheur. Surnommée le « petit Carcassonne » en raison de sa poterne et de ses remparts, cette forteresse, à l'image de sa grande sœur du Midi, paraît imprenable.

Se repérer

Cher (18)

CARTE P. 386-387 (C2).

Le château d'Ainay-le-Vieil se trouve dans la vallée du Cher, à 11 km au sud-ouest de St-Amand-Montrond.

À ne pas manquer

La roseraie et les magnifiques jardins.

Organiser son temps

Comptez au moins 1h30 pour le château et la roseraie; préférez juin, période optimale de floraison.

En famille

Le musée des arts et traditions populaires. Concerts, animations pour enfants.

Nos adresses p. 422

Découvrir le château

7 r. du Château - ✆ 02 48 63 02 88 - www.chateau-ainaylevieil.fr - mai-août : 10h-19h ; reste de l'année : tlj sf mar. 10h-12h, 14h-18h, w.-end et j. fériés 10h-18h - fermé oct.-mars - visite guidée château (1h15) + jardins : 9,50 € (12-18 ans 7 €) ; jardins seuls 8 € (- 18 ans 6 €).

Escape game au château - ✆ 09 71 46 01 83 (25 €/pers., -15 ans 15 €).

Ainay changea très souvent de propriétaires au cours du Moyen Âge : après les sires de Bourbon, des Barres, de Seuly, les Culant le vendirent en 1445 à Jacques Cœur pour le racheter huit ans plus tard et le céder à nouveau, en 1467, à **Charles de Bigny**, ministre de Louis XI dont la descendance habite toujours le château. L'édifice appartient aujourd'hui au réseau des Audacieux du Patrimoine, membre de la Demeure Historique.

★ Château

Flanquée de neuf tours, **l'enceinte octogonale** (12e-14e s.) du château d'Ainay-le-Vieil s'inscrit dans un charmant paysage d'eaux vives et de verdure. La poterne franchie, le contraste est frappant entre le gracieux corps de logis gothique flamboyant, à la chaude patine ocre, et le dispositif fortifié. La tour hexagonale (début du 16e s.), ornée de colonnes torsadées, rappelle le style de Meillant.

Musique et peinture au château

De juin à août se succèdent au château : Rendez-vous aux jardins, le Festival international de peinture en plein air, le Salon des curiosités, brocante et décoration, et les Rencontres musicales au château, festival créé en 2022. (*Voir site Internet du château*).

Jardins du chateau d'Ainay-le-Vieil.
H. Lenain/hemis.fr

Par le corps de garde, on gagne le chemin de ronde, d'où une **vue** agréable s'étend sur les douves remplies de nénuphars et les remparts crénelés.
À l'intérieur, le visiteur est saisi par la **beauté de son décor** : au plafond à poutrelles et à la cheminée sculptée de la salle à manger succède l'imposante cheminée du grand salon, décorée aux armes de Louis XII et d'Anne de Bretagne. Dans l'**oratoire**, au superbe plafond à caissons Renaissance, admirez les **vitraux de Lescuyer** (16e s.) et les murs ornés de scènes de l'enfance du Christ, auxquelles le célèbre peintre François Boucher apporta sa touche. La **chambre du roi** contient quant à elle nombre de souvenirs des familles Colbert et Villefranche, se rapportant à la captivité de Marie-Antoinette et à la campagne d'Égypte de Bonaparte.

★★ Jardins

Dans le **parc à l'anglaise** (7 ha) se dressent des arbres centenaires dont certains exceptionnels : cyprès chauve aux racines résurgentes, catalpa bicentenaire d'Amérique, etc. Un système hydraulique savant permet d'alimenter en eau les canaux et les douves du château. Des bambous forment un rideau entre le parc et les jardins à thème.
La **roseraie** rassemble quelque 180 variétés de roses botaniques (roses qui existaient à l'état sauvage) et de roses anciennes (créées dès le 15e s. à partir de sélections de roses botaniques). Aux parfums entêtants se mêlent l'éclat des couleurs et la célébrité des noms de certaines fleurs comme la Rose Colbert.
Par un pont de pierre, on rejoint l'Isle entourée de canaux et on découvre le **jardin de l'Isle** à l'emplacement de l'ancien potager.
Les **Chartreuses** datent du 17e s. Situées sur une terrasse qui surplombe les canaux, elles se composent de cinq espaces clos par de hauts murs qui ménagent des microclimats. Ils reflètent, à travers leur thème, l'évolution des jardins de France. Le **Jardin bouquetier**, au bord du canal, regroupe des plantes vivaces dont la floraison se renouvelle au fil des saisons. Dans le **Verger sculpté**, les arbres palissés adoptent des formes voulues, taillés en espalier ou contre-espalier. D'autres sont libres et occupent l'espace selon leur envie. Le **Jardin de méditation** est un lieu

serein où l'eau, symbole de vie, s'écoule d'une fontaine. Une cabane en if, des parterres de buis et une fresque de saint François d'Assise parlant aux oiseaux (d'après Giotto) invitent à la méditation. Dans le **Cloître des simples**, des plantes médicinales, tinctoriales ou condimentaires sont cultivées dans quatre carrés, tandis qu'une allée de tilleuls aménagée dans l'esprit Renaissance suggère une agréable promenade. Des topiaires réalisées à partir de pommiers sont en forme de roues ou de plateaux. Les **Parterres de broderies**, enfin, évoquent les jardins à la française chers à Le Nôtre (17e s.). Des bordures de buis forment des fleurs de lys ou des volutes tandis que des treillages ornent les murs de façon théâtrale.

Musée des Arts et Traditions populaires

Installé dans une grange du château recouverte d'une belle charpente apparente, ce musée retrace la vie au village d'Ainay-le-Vieil à la veille de la guerre de 1914 à travers les savoir-faire de ses artisans.

Église St-Martin

Édifiée au 13e s., elle s'ouvre par un massif clocher-porche. Au 16e s., la chapelle seigneuriale des Bigny (pierres tombales) fut ajoutée ; le retable en bois doré date du 18e s.

À proximité

CARTE P. 386-387

Épineuil-le-Fleuriel C2

À 13 km au sud par la D 118.

Alain-Fournier passa son enfance (1891-1898) dans ce village situé à la limite du Bourbonnais. L'écrivain – Henri Alban Fournier de son vrai nom – décrivit Épineuil-le-Fleuriel sous le nom de Ste-Agathe dans son unique roman paru en 1913 : *Le Grand Meaulnes.*

École du Grand Meaulnes – *8 r. Alain-Fournier - ✆ 02 48 63 04 82 - www.le-grand-meaulnes.fr - juil.-août : 10h-12h, 14h-18h ; avr.-juin et sept.-oct. : tlj sf lun.-mar. 10h-12h, 14h-18h (17h vac. de Toussaint) - 7 € (8-15 ans 4 €).* L'univers d'Alain Fournier se découvre au travers de la mairie du village, attenante à l'école, des deux classes et du logement de fonction de ses parents. L'école, reconstituée dans ses moindres détails, plonge le visiteur au cœur du *Grand Meaulnes*. L'un des greniers, aménagé en salle d'exposition, retrace la vie de l'écrivain.

Nos adresses

Hébergement/restauration

Pour se faire plaisir

Château d'Ainay-le-Vieil – *7 r. du Château - ✆ 02 48 63 02 88 - www.chateau-ainaylevieil.fr - 5 ch. dont 1 suite 150/180 € et 4 gîtes - ✕ 16/25 € - fermé lun.-mar.* Séjourner au cœur de l'Histoire, quoi de plus fascinant ? La chambre des Remparts est située dans une des tours, les autres, dans le logis Renaissance. Raffinement et matériaux nobles sont de mise. Le château propose aussi des gîtes. Le **restaurant La Volière** *(merc.-dim. midi et soir, réserv. recommandée pour le dîner)* sert une cuisine traditionnelle, à déguster aux beaux jours sous la volière couverte de rosiers ou à l'intérieur dans l'ancien lavoir. Service accueillant.

Saint-Amand-Montrond

Capitale de la région bocagère du val de Germigny, la cité s'est développée autour d'un monastère fondé au 7e s. par saint Amand. Elle offre aujourd'hui le visage d'une petite ville active et commerçante, troisième pôle français de l'or, après Paris et Lyon. L'importance de l'orfèvrerie et de la bijouterie dans l'économie locale lui a valu l'octroi du label « ville et métiers d'art ». Située à quelques kilomètres de l'abbaye de Noirlac, des châteaux de Meillant et d'Ainay-le-Vieil, et d'un merveilleux jardin, Saint-Amand-Montrond est une excellente base pour découvrir ces sites.

Se repérer

9 488 Saint-Amandois - Cher (18)

CARTE P. 386-387 (C2).

St-Amand se trouve à 40 km au sud de Bourges.

À ne pas manquer

La façade sculptée de l'église St-Blaise de La Celle et les vestiges gallo-romains de Drevant.

Organiser son temps

Comptez deux jours pour la ville, le Grand Bois de Meillant et la région du Boischaut.

En famille

Pôle du Cheval et de l'Âne à Lignières.

Carnet pratique p. 429

Nos adresses p. 430

Visiter

Église St-Amand

Édifiée au 12e s. sur un plan « bénédictin », elle s'ouvre par un portail en plein cintre à deux baies polylobées. La nef à collatéraux, voûtée en berceau brisé, ne reçoit que peu de lumière. La croisée a reçu une voûte d'ogives qui a certainement remplacé une coupole. Au 15e s., on ajouta des chapelles latérales. Les chapiteaux de la nef sont les plus intéressants. Notez, dans le bas-côté droit, un Christ aux outrages, en pierre de Charly, de la fin du 16e s. et, en face, un saint Roch, en pierre, du début du 16e s.

Forteresse de Montrond

10 allée du Prince-de-Condé - ✆ 02 48 96 42 76 ou 06 78 89 91 83 - juil.-août : mar.-dim. visite guidée seult à 10h, 14h, 15h et 16h - fermé lun. - 3,50 € - parc en accès libre.

C'est la **seule fortification bastionnée** construite dans le centre de la France. L'édifice a été élevé au 13e s. sur une colline calcaire dominant un confluent. Il a été ensuite agrandi et aménagé par le duc de Sully au 17e s. Son système de fortifications est l'œuvre de Jean Sarrazin pour le prince Henri II de Bourbon-Condé. Prise durant la Fronde par les troupes de Louis XIV, la forteresse a été abandonnée. Au 18e s., elle est devenue une carrière avant d'être recouverte par un jardin public au siècle suivant. Depuis quelques années, une association travaille à faire resurgir ses vestiges et valoriser ce patrimoine architectural militaire. Pour y accéder, on emprunte un sentier botanique constitué de vint-trois arbres remarquables.

Musée St-Vic

Cours Manuel - ✆ 02 48 96 55 20 - www.ville-saint-amand-montrond.fr - merc.-vend. 10h-12h, 14h-18h (17h oct.-mars), dim. et j. fériés 14h-18h (17h oct.-mars) - fermé lun.-mar. - gratuit.

Cette belle demeure du 16e s., ancienne maison de ville des abbés commendataires de Noirlac, tour à tour convertie en couvent de femmes, puis en prison, est nichée au fond d'un jardin en centre-ville. Le musée abrite des **collections d'histoire régionale et d'art** de la préhistoire à aujourd'hui. Le parcours chronologique s'attarde particulièrement sur le **site archéologique de Drevant** et sur la **forteresse de Montrond**, démantelée au 17e s. sur ordre de Mazarin.

Remarquez la statue de sainte Marguerite d'Antioche, jadis placée à l'angle d'une maison rurale d'Ainay-le-Vieil. Admirez aussi les passionnantes **collections d'ethnographie berrichonne** (mobilier, céramiques traditionnelles, coiffes...), les œuvres de potiers de La Borne et du sabotier Louis Touzet, et les paysages de la région peints par Brielman, Cals, Delavaux, Detroy, Osterlind (école de Crozant).

À proximité

CARTE P. 386-387

Dun-sur-Auron C1

À 21 km au nord par la D 10.

Bordée par l'Auron et le canal du Berry, la ville fortifiée de Dun a perdu son caractère militaire. Toutefois, un beau beffroi du 16e s. (flanqué de tourelles coiffées de hourds qui se terminent en clocher), des restes de remparts et de vieilles maisons contribuent à remémorer ce riche passé.

Église St-Étienne – Bâtie aux 12e et 13e s., la collégiale a été remaniée au 15e s. Le chevet roman présente deux chapelles rayonnantes épaulées par des faisceaux de colonnettes, surmontées de chapiteaux décorés d'entrelacs, de feuillages ou de rinceaux. L'emploi de calcaire berrichon et de grès rouge ferrugineux apporte à l'édifice un élément décoratif supplémentaire.

Musée du Canal de Berry – *Pl. du Châtelet - fermé au moment de la rédaction de ce guide.* Installé dans l'ancienne prison royale, il retrace l'historique de cette voie navigable de 261 km qui relie Montluçon à Vierzon. Inauguré en 1843 le canal de Berry demeura un vecteur important pour l'économie locale jusqu'à son déclassement en 1955. Des salles évoquent le tracé du canal, les écluses, la vie des mariniers sur leurs étroites péniches.

Chalivoy-Milon CD1

À 24 km au nord-est par la D 6.

La belle **église St-Éloi★** *(pl. de l'Église)* date de la première moitié du 12e s. Les **fresques** qui décorent le chœur furent découvertes en 1868. Remarquez les chapiteaux sculptés des colonnes à l'entrée du chœur, ainsi que les vitraux et, dans la nef, la belle charpente du 16e s. en forme de coque de bateau renversée. À l'extérieur, prenez le temps d'observer la corniche à modillons sculptés qui ceinture le chœur et l'avant-chœur.

Châteauneuf-sur-Cher B1

À 22 km au nord-ouest par la D 2144, puis D 35.

La ville étage ses maisons sur la rive droite du Cher au pied du **château**, puissante forteresse du 11e s., reconstruite en 1581 et remaniée aux 17e et 18e s.

La **basilique Notre-Dame**, de la fin du 19e s., fut érigée à l'aide d'une souscription originale. En effet, en 1865, l'abbé Ducros demanda aux enfants de France de lui

Saint-Amand-Montrond, musée Saint-Vic.
Ch. Guy/hemis.fr

envoyer « deux sous » en échange d'une prière à la Vierge Marie. Deux mille ex-voto de marbre ornent les murs de la blanche basilique.

Circuits conseillés

CARTE P. 386-387

Grand Bois de Meillant C1

Circuit de 25 km tracé en rouge sur la carte page suivante et sur la carte p. 387. Quittez St-Amand-Montrond par le nord en empruntant la D 10, dir. Dun-sur-Auron.
La route traverse le **Grand Bois de Meillant**.

★★ Château de Meillant

(p. 431)
Quittez Meillant par le sud-ouest en empruntant la D 92.

La Celle

La localité occupe un territoire gagné sur le bois de Meillant.
Église St-Blaise – Construit au 12e s. selon un plan d'inspiration bénédictine, la **façade** de cet édifice roman présente un **curieux décor sculpté** de facture archaïque. Deux reliefs montrent des personnages grossiers qui semblent lutter l'un contre l'autre : sous le relief de gauche, un taureau marche sur une boule ; de part et d'autre apparaissent en haut relief des têtes de bovidés qui se retrouvent aussi sur certains modillons.
En faisant le tour de l'église, découvrez d'autres remplois : une stèle mérovingienne portant une croix à six branches et une stèle gallo-romaine très abîmée. Le décor des chapiteaux du sanctuaire, de style corinthien, est varié : monstres affrontés ou adossés se mordant la queue, oiseaux aux longs cous, têtes barbues, faces monstrueuses aux oreilles pointues, lions, masques...
Outre des vestiges de fresques et de statues (Vierges en bois, saint Sylvestre décapité), admirez le **mausolée** (15e s.) de saint Sylvain.
La D 35 suit alors de très près la vallée du Cher, semée de prairies.

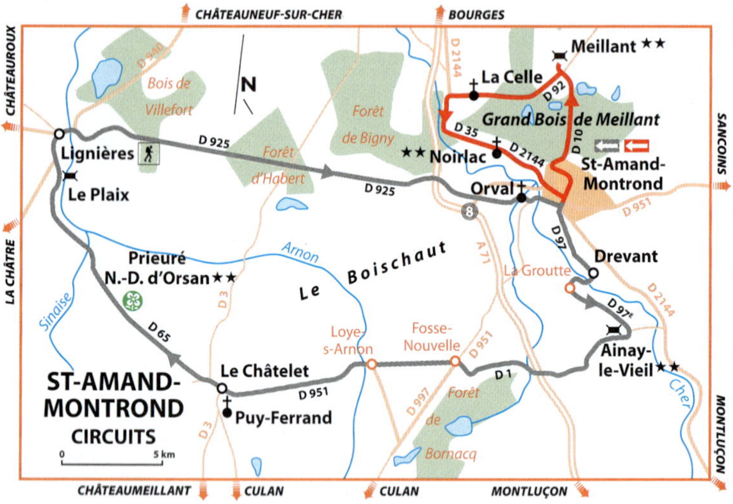

★★ Abbaye de Noirlac

(p. 434)

Rejoignez la D 2144 qui ramène à St-Amand-Montrond.

Le Boischaut

CARTE P. 386-387 BC1-2

Circuit de 75 km tracé en gris sur la carte ci-dessus et sur la carte p. 386-387. Quittez St-Amand-Montrond par le sud (D 97).

Drevant C2

Accueil mairie Drevant - 2, pl. de l'Église - 02 48 96 34 20 - www.drevant.net.

Située à proximité de la voie antique de Bourges à Néris-les-Bains, l'agglomération gallo-romaine dont on a découvert les vestiges à Drevant couvrait environ 25 ha. Si la présence de thermes, d'aqueducs et de quartiers d'habitat a bien été attestée, seules sont actuellement visibles les deux structures suivantes :

Théâtre amphithéâtre – Monument le plus impressionnant de l'ensemble, cet édifice polyvalent, doté d'une acoustique exceptionnelle, pouvait accueillir quelque 5 000 spectateurs. Remarquez la *cavea* (les gradins) et surtout l'*orchestra* (où prenait place le chœur), affectant la forme d'un arc outrepassé, tandis que la scène se réduit à une petite plate-forme rectangulaire surélevée d'à peine 17 m de longueur.

Sanctuaire – Il formait une enceinte carrée d'environ 90 m de côté, ceinturée par une galerie couverte à portique, et contient encore, à l'intérieur du périmètre, les fondations d'un petit *fanum* vraisemblablement édifié à la place d'un temple gaulois.

Aux alentours du village de Drevant, le tertre du Colombier *(au nord)* et le camp de La Groutte *(au sud)* témoignent d'une occupation humaine encore plus ancienne.

Prieuré – *1 pl. de l'Église à Drevant.* Vendu à la Révolution comme bien national et aujourd'hui propriété privée, le prieuré de Drevant fait partie de la Fédération européenne des sites clunisiens.

Quittez Drevant par le sud et franchissez le Cher. À La Groutte, prenez à gauche.

★★ Château d'Ainay-le-Vieil *(p. 420)*

Quittez Ainay par l'ouest en empruntant la D 1. Rejoignez Loye-sur-Arnon, où vous suivez la D 951 à gauche.

Le Châtelet B2

Juchée sur une colline verdoyante dominant Le Châtelet, l'**abbatiale romane de Puy-Ferrand** présente une façade ornée de baies, de chapiteaux sculptés et de motifs géométriques. Côté sud, une église ajoutée au 13e s. était destinée aux paroissiens. Stalles sculptées du 17e s.

Dans le **village des Archers** *(sur la commune du Châtelet)*, il suffit de regarder les épis de faîtage en céramique et les nombreux ateliers pour saisir combien la poterie est ici une tradition. Remontant au 17e s., l'activité se poursuit et plusieurs potiers installés au village vous ouvrent leurs portes.

Musée de la Poterie des Archers – *02 48 56 39 75 - museepoterielechatelet.fr - - mar.-merc. 10h-12h (sf vac. scol) et 14h-18h, w.-end 10h-12h, 14h-18h - 4 € (-12 ans gratuit).* Il occupe la maison d'un ancien potier. Vous verrez les pièces à vivre meublées et toutes sortes de vaisselles utilitaires dont la couleur brune est caractéristique de la région. Dans l'atelier, tout est demeuré tel quel. L'artisan travaillait sur un tour à bâton, mettait ses poteries à sécher sur des étagères, conservait dans un coin ses marques de potier et ses moules. En sortant, vous découvrirez, dans la grange, le four du 19e s. en partie rempli de poteries à cuire et, sur des étagères, les poteries finies destinées à la vente.

Quittez Le Châtelet par le nord-ouest (D 951), puis prenez à droite la D 65.

★★ Jardins du prieuré Notre-Dame d'Orsan B2

À Maisonnais - 02 48 56 27 50 - www.prieuredorsan.com - - de Pâques à fin sept. : lun.-vend. 11h-18h, w.-end 10h-19h - fermé mar. - 10 € (enf. 5-17 ans 5 €).

On retrouve à Orsan le concept du « jardin mystique ». Compris dans l'espace délimité par les bâtiments monastiques et par une allée d'arbres, son tracé fonctionnel permettait aux moines de répondre à leurs besoins terrestres (potager, verger) et spirituels (espaces de verdure et de méditation).

Les jardins s'organisent autour du **cloître des Charmilles**, centre symbolique du monastère où quatre allées, représentant les quatre fleuves du paradis, se croisent autour d'une fontaine entourée de carrés de vignes. Ce cloître de verdure dessert

Renaissance d'un jardin monastique médiéval

Moine fondateur de l'abbaye de Fontevraud et du puissant ordre fontevriste, **Robert d'Arbrissel** est à l'origine du **prieuré Notre-Dame d'Orsan**, bâti au 12e s. Il mourut à Orsan en 1116, et sa dépouille finit par regagner l'abbatiale de Fontevraud. Pillé et détruit en 1569, l'ensemble monastique d'Orsan fut reconstruit aux 16e et 17e s., mais la Révolution mit un terme définitif à sa vocation religieuse, et l'endroit fut converti en ferme, perdant peu à peu de son identité d'origine. En 1990, deux architectes, **Patrice Taravella** et **Sonia Lesot**, acquièrent les vestiges de l'ancien prieuré tombé à l'abandon, et conçoivent l'idée d'un jardin monastique médiéval.

La réalisation de ce projet, qui nécessita deux années de recherche sur l'histoire d'Orsan, et de façon plus générale, sur les jardins médiévaux, est confiée au jardinier **Gilles Guillot**. Efforts couronnés de succès, puisque depuis 1995, le site d'Orsan connaît un second souffle de vie et voit revivre avec succès l'art médiéval du jardinage.

les nombreux jardins attenants, séparés les uns des autres par des clôtures tressées, des haies taillées et des arbres palissés. Vous remarquerez la présence de trois éléments incontournables pour tout jardin de monastère : la vigne, le blé et l'olivier, symbolisant le vin, le pain et l'huile sainte.
Notez le **Jardin des simples**, dont la vocation était d'approvisionner l'infirmerie en plantes médicinales (verveine, calaminthe, digitale, bourrache) ; le **Potager aromatique**, avec ses plessis de châtaignier et sa collection de cucurbitacées ; les roses, lis et violettes des **jardins de Marie** ; une superbe **pergola** entourée de part et d'autre de **Jardins d'oliviers** ; et bien sûr, le **Labyrinthe**, symbole du difficile cheminement vers le Salut, où vous vous perdrez parmi des haies réalisées en prunier palissé.
Ne manquez pas non plus le **Carré des blés**, planté selon la saison de choux, de fèves, de poireaux ou de radis ; le **Clos des trois vergers**, avec ses beaux cerisiers, ses pommiers et ses cormiers ; le **Verger de pommiers**, tracé en quinconce ; et l'**Allée des petits fruits**, où mûrissent des framboises, des mûres, des groseilles et des cassis. Partout, les dallages en traverses de chêne, les liens en sarments de vignes, les bancs, nichoirs, clôtures et portillons en bois de châtaignier viennent ajouter au charme des lieux.
Outre les jardins clos, le domaine d'Orsan s'étend sur environ 14 ha. Une agréable **promenade** *(3 km)* le long du **Pré fleuri** permet de franchir la clôture pour partir à la découverte des paysages de bocage du Boischaut Sud.
Les propriétaires ont ouvert un restaurant *(formule déj. 14 € avec cake salé et salade, pâtisserie, café ou thé - réserv. conseillée au ✆ 02 48 56 27 50)* et un salon de thé.
Poursuivez sur la D 65 direction Lignières.

Château du Plaix B2

✆ 02 48 60 22 14 - www.thiaulins.com - visite guidée déb. mai à mi-sept. : w.-end et j. fériés 14h-18h, sem. sur réserv. - 6 € (-12 ans gratuit).
Il abrite un **musée des Arts et Traditions populaires**. Des expositions temporaires ont lieu tous les trois ans sur divers thèmes : la cuisine, les jouets... Juste à côté, on visite une maison berrichonne avec son intérieur de 1850 : lit clos à quenouilles dans la salle commune, boulangerie, souillarde.

Lignières B1

Lignières est une agréable petite ville située au cœur d'un pays d'élevage et de prairies. Elle fut un important centre du calvinisme, à l'époque où Calvin, étudiant à l'université de Bourges, prêchait la Réforme.
Église – Bâtie au 12e s. près de l'Arnon, elle a gardé un portail décoré de chapiteaux romans et, dans le chœur, l'oratoire où se retirait sainte Jeanne de France, fille de Louis XI, qui vécut quinze ans à Lignières. À voir à l'intérieur : la chaire, œuvre de **Michel Morin** (1677), le retable de la chapelle St-François-de-Paule, et une Vierge allaitant, également du 17e s.
Pôle du Cheval et de l'Âne – *Rte de la Celle-Condé - ✆ 02 48 60 28 12 - www.polechevaletane.fr - juil.-août : 10h-12h30, 13h30-18h ; reste de l'année : se rens. - 6 € (-4 ans gratuit) ; divers pass incluant promenade en attelage, promenade en âne noir du Berry, visite guidée Histoires d'ânes, se rens. - pdt vac. scol. : événements (courses hippiques, sauts d'obstacles, attelage à l'hippodrome), ateliers, animations et location de vélos.* Outre ses nombreuses attractions, le parc de nature et de loisirs qui s'étend sur 140 ha présente, dans l'ancienne grange, une petite exposition ludique autour de l'âne, où le grand noir du Berry tient évidemment la vedette.

Le prieuré d'Orsan à Maisonnais.
F. Schmitt/hemis.fr

Vous verrez un spécimen de ce robuste animal, en compagnie d'autres races originaires de diverses régions de France, en allant à l'enclos des ânes situé à l'extrémité du parc. Le Pôle du Cheval dispose désormais d'un musée des Ânes de France, le musée Sitazin, qui présente, à travers une scénographie amusante, l'univers des ânes dans l'histoire, la littérature, l'agriculture et la chanson...
Quittez Lignières par l'est en empruntant la D 925.

Église d'Orval C2

Elle abrite une croix-reliquaire en vermeil du 13e s., dont les quatre extrémités se terminent en fleurons sertis d'émaux.

Carnet pratique

S'informer

Office de tourisme – *Pl. de la République - ✆ 02 48 96 16 86 - www.tourisme-coeurdefrance.com.*

Agenda

Rencontres folkloriques des affouages – *1er w.-end août - www.lesaffouages.fr.* Festival d'art et de traditions populaires; défilés et spectacles folkloriques avec nation invitée.

À proximité

Lignières - Festival l'Air du temps – *Mi-mai - www.bainsdouches-lignieres.fr.* Concerts de jeunes talents.

Lignières - Foire aux ânes et aux mules – *Lun. Pentecôte - www.lignieresenberry-tourisme.fr.* Avec l'âne grand noir du Berry, dont Lignières est le berceau.

Château du Plaix - Fête des « Thiaulins » – *Juil.-août - www.thiaulins.com - ✆ 02 48 60 22 14.* Concerts folkloriques et bal en costumes traditionnels. Cycle de conférences et causeries en été.

Nos adresses

Hébergement/restauration

Premier prix

Hôtel de l'Écu – *9 r. de l'Écu - ✆ 02 48 96 32 65 - 7 ch. 59 € - 5,90 €.* En plein centre de St-Amand et dans un splendide bâtiment classé, vous serez logé dans des chambres rénovées et meublées de style Louis XV. N'hésitez pas à vous rendre au bar ou sur la petite terrasse pour siroter un verre.

Budget moyen

Hôtel Le Noirlac – *215 rte de Bourges - ✆ 02 48 82 22 00 - www.hotel-lenoirlac.fr - 43 ch. 97 € - 12 € - formules 19/22 €, plats env. 20 €.* Cet hôtel doté de bons équipements de loisirs (piscine, tennis, practice de golf...) propose des chambres insonorisées, fonctionnelles et bien équipées. Au restaurant, plusieurs menus traditionnels assortis d'une carte gril, servie au bord de la piscine.

À proximité

Premier prix

Chambre d'hôte La Trolière – *4 km à l'ouest, dir. Châteauroux, puis 500 m apr. le dernier rd-pt à droite - ✆ 02 48 96 47 45 - P - 4 ch. 75/95 € - 30 € bc.* Cette grande demeure bourgeoise familiale propose des chambres confortables égayées de tons pastel, de gravures et de porcelaines. Vous serez séduit par le charme et la quiétude qui règnent dans cet environnement campagnard. La table d'hôte *(sf mar. soir - sur réserv.)* est excellente : produits de qualité pour une cuisine de tradition et raffinée. Une halte de charme où l'on a envie de séjourner.

Budget moyen

Chez Fabryce – *21 pl. du Champ-de-foire - Dun-sur-Auron - 21 km au nord - ✆ 06 58 19 70 47 - chezfabryce.fr - P - 2 ch. 79/89 € - table d'hôtes 27 €.* Chambres tout confort situées dans le petit village de Dun-sur-Auron. Espace bien-être et massages détente sont proposés.

Activités

Complexe des Eaux-Vives – *R. de l'Île - Châteauneuf-sur-Cher - Camping municipal - 22 km au nord-ouest - ✆ 02 48 60 84 40 - chateauneufeauxvives.com - de Pâques à la Toussaint : 9h-19h (nocturnes jeu. et sam. en été) - 6 €/h (8 € en nocturne).* Stade d'eaux vives offrant toutes sortes de pratiques : air boat, raft, tubing, nage en eaux vives...

Le château de Meillant.
P. Michel/age fotostock

Château de Meillant

★★

Le château de Meillant ne dévoile que progressivement les beautés de son architecture. L'austère façade, baignée de douves, accentue par contraste la richesse de la façade orientale, où les grâces du gothique finissant se parent d'italianisme. Toujours habité, le château a conservé son magnifique mobilier. Son parc et ses attractions font le bonheur des enfants.

Se repérer

Cher (18)

CARTE P. 386-387 (C1).

Situé à 7 km au nord de St-Amand-Montrond, le château de Meillant est une étape de la route Jacques-Cœur.

À ne pas manquer

La tour du Lion; le Grand Salon; la chambre d'honneur et son mobilier flamand; le surprenant parcours des miniatures.

Organiser son temps

Prévoyez une bonne heure pour effectuer la visite guidée du château.

En famille

Parcours ludiques dans le parc et visites en costumes d'époque. Également les calèches et les voitures anciennes, la collection de maquettes, les maisons de poupée.

Visiter

1 r. d'Uzay-le-Venon - ✆ 02 48 63 32 05 - www.chateaudemeillant.fr - juil.-août : 10h-12h30, 14h-19h (18h30 mai-juin, 18h avr.) ; reste de l'année : se rens. - visite guidée uniquement (50mn, horaires, se rens.) - fermé de mi-nov. à fin fév. - 9 € (-13 ans 6 €). Intérieurs du château fermés pour travaux au moment de la rédaction de ce guide ; se rens.

Extérieur

Voir l'ABC d'architecture p. 466. Le caractère féodal de l'ancienne forteresse apparaît sur la façade sud baignée de douves : privées de leur chemin de ronde, les tours ont conservé d'étroites archères. La façade orientale, très différente, s'apparente aux châteaux de la Loire par la **richesse de sa décoration** : deux tourelles d'escalier font saillie sur le corps de logis et semblent concentrer sur elles l'exubérance du « style gothique fleuri » qui jette là ses derniers feux : la balustrade ajourée placée à la base des combles, les lucarnes sculptées, les cheminées ornées de balustrades à décor flamboyant sont éclipsées par la décoration extraordinairement fouillée de la **tour du Lion,** dont l'auteur est Giocondo, un collaborateur de Michel-Ange.

Cette tour frappe par la **juxtaposition d'éléments sculptés** : colonnettes torsadées, entrelacs en forme de cœurs, chiffres et emblèmes où l'on reconnaît des C entrelacés, initiales de Charles d'Amboise, et des monts enflammés, armes de la famille de Chaumont d'Amboise (chaud mont), personnages apparaissant à des fenêtres simulées, comme au palais Jacques-Cœur, à Bourges. La seconde tour, plus ancienne mais également gothique, est plus sobre. Un joli puits du 16e s. et une élégante **chapelle** de même époque, aux contreforts surmontés de pinacles, complètent cet harmonieux ensemble. Ses vitraux du 16e s. relatent la passion du Christ. Sur les murs, de magnifiques boiseries sculptées.

Dans le chœur, l'autel est surmonté d'un retable de l'école rhénane, en bois peint et doré, représentant les scènes de la Passion.

Intérieur

Le château habité a conservé son **mobilier d'époque** et son aspect d'antan. La visite concerne une dizaine de pièces richement décorées et meublées. Après être passé dans la salle du « lit de justice », où le châtelain réglait les affaires courantes, vous traversez la « galerie des Césars », qui doit son nom aux médaillons rapportés d'Italie, figurant des empereurs romains. Vous entrez ensuite dans une chambre au lit fermé par de grandes tentures. Devant, un large baquet servait pour les ablutions de toute la maisonnée.

Dans la **Grande Salle à manger**, aux murs tapissés de cuir de Cordoue et au plafond à caissons Renaissance, la table est dressée avec sa vaisselle somptueuse, ses étains et ses chaises Louis XIV. Admirez en passant la cheminée entièrement peinte. Le Grand Salon possède une cheminée du 16e s. surmontée d'une loggia destinée aux musiciens ; aux murs, des tapisseries de Bruges (17e s.) figurent des scènes de la Bible ; le portrait de Charles VII, longtemps attribué à Clouet, voisine avec celui de la Montespan (1640-1707).

La bibliothèque, aux murs couverts de cuir de Cordoue, offre un espace plus intime. Remplie d'ouvrages rares, elle offre une jolie vue sur le puits et la chapelle. On pénètre ensuite dans la **chambre du cardinal d'Amboise** : admirez un splendide meuble flamand du 17e s. en écaille de tortue teintée, incrusté d'ivoire. Une étonnante **statue en bois**, œuvre allemande protestante datée de 1568, représente

La famille d'Amboise

Pierre d'Amboise, seigneur de Chaumont, acquiert par mariage la terre de Meillant en 1453. Son fils Charles Ier veut mettre au goût du jour le château, édifié au début du 14e s. par **Étienne de Sancerre**, qui offre l'aspect d'une massive construction flanquée de hautes tours. Mais sa mort survient et son fils **Charles II** reprend le chantier. Grâce à la protection de son oncle, le cardinal Georges d'Amboise, il devient grand maître de la maison royale de Louis XII, maréchal et amiral de France. Gouverneur de Milan, Charles II réalise en Italie des profits importants (« Milan a fait Meillant ») qui lui permettent de faire exécuter les travaux envisagés.
Habité au 18e s. par la famille Béthune-Chârost, le château échappe aux foudres révolutionnaires grâce à la popularité du **duc de Chârost** (à l'origine du canal de Berry). En effet, attentif au bien-être de ses gens, il assurait aux enfants une véritable instruction. Le duc fut arrêté pendant la Révolution, mais le village se mobilisa et obtint sa libération.
Le château passa au 19e s. à la famille Rochechouart de Mortemart. Parmi les ancêtres de ces derniers, **Gabriel de Rochechouart**, duc de Mortemart, gouverneur de Paris en 1669, eut un fils et trois filles dont deux furent célèbres au 17e s. : Marie-Madeleine, **abbesse de Fontevrault**, et Françoise Athénaïs, **marquise de Montespan** et favorite de Louis XIV, auquel elle donna huit enfants. Le château fut entièrement restauré en 1842.

Dieu le Père tenant dans ses bras son Fils. Risquant le bûcher pour hérésie, l'artiste avait fait en sorte que le Christ se détache de la statue pour qu'on puisse la présenter simplement comme une œuvre représentant Dieu. Cette statue tout à fait originale n'est pas sans rappeler le séjour de **Calvin** au château en 1529.
La visite s'achève par la salle Louis XII et par la salle des gardes ; au fond de la pièce, remarquez le gisant de François de Rochechouart-Mortemart.

Parc

Avec ses arbres centenaires, ses étangs et son pont aux carpes, il invite à la promenade. Au fond du parc, la **glacière** est toujours en parfait état.
Dans les bâtiments annexes, collection de **calèches** et de **voitures anciennes**. Ne manquez pas **le parcours des miniatures**, une surprenante collection de **maquettes** illustrant la vie d'autrefois, du Moyen Âge à nos jours. Vous y verrez une histoire de l'art et de l'urbanisme en miniature, complétée par une exposition de **jouets anciens** et de **maisons de poupée**.

Abbaye de Noirlac ★★

Construite en belle pierre blanche du pays dans un site isolé, conformément à l'esprit de l'ordre de Cîteaux, l'abbaye de Noirlac (12e-14e s.), constitue l'un des ensembles monastiques les mieux conservés et les plus complets de France. Attardez-vous dans les spectaculaires bâtiments intérieurs avant de vous perdre dans les jardins, qui ont été redessinés par le célèbre paysagiste Gilles Clément. Et laissez-vous happer par la paix qui règne ici...

Se repérer

Cher (18)

CARTE P. 386-387 (C1).

L'abbaye est située à 4 km au nord-ouest de St-Amand-Montrond.

Organiser son temps

Prévoyez au minimum 2h pour vous imprégner de la sérénité du lieu.

Nos adresses p. 437

Visiter

02 48 62 01 01 - www.abbayedenoirlac.fr - avr.-nov. : 10h-18h30 ; reste de l'année : 14h-17h ; dernier accès 30mn av. fermeture - fermé 24 déc.-31 janv. - 7 € (12-25 ans 4,50 € ; -12 ans gratuit).

En été, visites ludiques et sensorielles pour les enf. visites crépusculaires du bocage alentour pour observer la vie des animaux, nuit internationale de la chauve-souris dernier w.-end d'août, etc. L'abbaye affiche aussi une riche saison artistique faite de concerts, conférences et rencontres. En particulier **Les Traversées** *(sam. de fin juin à fin juil.)*, concerts de musique classique dans l'abbatiale).

Bâtiments conventuels

Ils sont rassemblés selon la disposition des abbayes cisterciennes : le quartier des convers à l'ouest du cloître, le dortoir à l'étage, le cellier, la cuisine et le réfectoire au rez-de-chaussée. Ils ont été édifiés en plusieurs étapes : fin du 12e s. (aile orientale et bâtiment des convers), première moitié du 13e s. (réfectoire), seconde moitié du 13e et du 14e s. (galeries du cloître). Des aménagements sont intervenus au 18e s. : **escalier à rampe de fer forgé** du réfectoire, chambres du dortoir.

Cellier – Du 12e-début 13e s., c'était le centre économique du monastère. La vaste salle est divisée en deux nefs par une rangée de quatre piliers supportant les ogives de dix travées. Les murs sont très épais, et les fenêtres étroites étaient jadis fermées avec du papier huilé. À l'origine, le sol était en terre battue. Les convers conservaient, dans cette vaste salle, les denrées telles que le grain, les pois, les fèves, les fruits, le vin. L'abbaye possédait un peu plus de 3000 ha de terres.

Cloître – *Voir l'ABC d'architecture p. 464.* De forme rectangulaire, il a sans doute remplacé un cloître carré plus ancien. Cœur de l'abbaye, il en dessert toutes les parties. Il était strictement **réservé aux religieux**, qui n'en pouvaient sortir qu'avec l'autorisation de l'abbé. Il fut construit en plusieurs étapes. D'abord, les galeries nord et ouest avec des arcades surmontées d'oculi et des chapiteaux décorés de feuilles de vigne et de chêne. Sur certains chapiteaux, on remarque de petits moines sculptés. Les galeries les plus fouillées sont celles de l'est et du sud. Elles sont couvertes de belles voûtes d'ogives de style gothique épanoui et arborent une riche ornementation qui tranche avec la sobriété de l'église : tympans évidés

Cloître de l'abbaye de Noirlac.
Alain36/Getty Images Plus

de roses, **chapiteaux avec têtes humaines**. Des culs-de-lampe décorent la retombée des arcs. Dans la galerie sud, un *armarium* contenait les livres pieux. Dans la galerie est, une sépulture découverte au 19e s. renfermait le corps d'un moine, sans doute l'abbé Robert, qui dirigea un temps l'abbaye.

Salle capitulaire ou salle du chapitre – Les moines de l'abbaye s'y réunissaient après les offices de primes. Ils venaient écouter la lecture d'un chapitre de la Règle et entendre le père abbé sanctionner ceux qui s'accusaient de leurs fautes devant la communauté réunie. L'architecture de cette salle du 13e s. s'inspire du style bourguignon, avec son arcade centrale flanquée d'arcades géminées sur bahut. Les six travées de la salle capitulaire reposent sur des colonnes polygonales.

Salle des moines – Située au sud de l'abbaye, elle servait aux activités manuelles comme la copie de manuscrits : il fallait un an à douze personnes pour recopier une Bible. Le chauffoir est voûté d'arêtes surbaissées ; à l'est, la grande cheminée est ornée de deux crosses d'abbé accolées, emblème de l'ordre des cisterciens.

Réfectoire – C'est une haute salle (9 m) couverte de huit voûtes ogivales avec des arcs retombant en palmier sur trois colonnes. Elle est éclairée par quatre fenêtres surmontées de deux roses polylobées. Les vitraux contemporains, de Jean-Pierre Raynaud, contribuent à la luminosité du lieu. Les repas étaient frugaux et pris en silence, ponctués par la lecture d'un extrait de la Bible ou de la Règle. Au 18e s., le réfectoire coupé à mi-hauteur servait d'appartement aux hôtes. La cuisine médiévale qui jouxtait le réfectoire fut rasée à cette époque.

Dortoir des moines – Il était vaste et communautaire. Les moines dormaient sur un bat-flanc, lit de planches recouvert d'une paillasse. Au 18e s., les six religieux qui demeuraient seuls dans l'abbaye s'installèrent de confortables chambres avec lit en alcôve, table, chaises et coffre. Le prieur possédait un appartement côté sud.

Dortoir des convers – On y accède en passant par la terrasse qui jouxte le dortoir des moines et surplombe le cloître. Très vaste, il fut converti en grenier à grains dès le 13e s. Sa magnifique charpente est plus tardive. Le dortoir sert aujourd'hui de salle de concert.

Noirlac, abbaye cistercienne

La Fondation

En 1136, une douzaine de moines suivent l'abbé **Robert de Clairvaux**, proche parent de saint Bernard, et fondent une communauté à La Maison-Dieu-sur-Cher, au milieu des marécages. La construction de l'abbaye commence en 1150 grâce aux dons des seigneurs de Charenton. Elle s'inspire du **modèle architectural cistercien** particulièrement austère. Les débuts sont difficiles, les moines endurent de nombreuses privations. En 1149, Bernard intervient auprès de Suger, conseiller de Louis VII, pour leur faire attribuer une dotation en blé. Ebbes V de Charenton consent l'année suivante une importante donation qui permet à la communauté d'assurer la pérennité de l'abbaye. Les moines ne tardent pas à mettre en valeur leur patrimoine en le faisant prospérer. En l'espace d'une cinquantaine d'années, le monastère possède un vaste domaine. En 1290, l'abbaye prend le nom de Noirlac.

Le fonctionnement de l'abbaye

Noirlac, comme toute abbaye cistercienne, regroupe des **moines** et des **convers** (laïcs qui mènent également une vie religieuse). Il s'agit souvent d'artisans et de paysans pauvres qui se vouent à Dieu. En échange du gîte et du couvert, ils assurent l'autosuffisance de l'abbaye, administrent les domaines agricoles et s'occupent des hôtes de passage. L'abbaye de Noirlac est dirigée par un **père abbé** secondé par un **prieur**. Un **sacristain** surveille l'entrée et veille aux aumônes et un **cellérier** dirige l'approvisionnement et la gestion économique des domaines. L'abbaye abrite également des **copistes**. L'oisiveté a peu de place chez les cisterciens, qui maîtrisent les techniques de construction, l'hydraulique et la sidérurgie. Ils exploitent intensément les ressources qui sont à leur portée (bois, eau, terre). Les moines de Noirlac, comme tous les cisterciens, portent une tunique blanche et une chasuble noire, d'où leur nom de « moines blancs ».

Destruction et résurrection

Après l'élan des 12e et 13e s., Noirlac voit son recrutement se tarir au 14e s., tandis que l'exploitation directe du domaine est peu à peu abandonnée. En 1423, l'abbaye se fortifie avec un donjon et des douves (dans le prolongement du cellier) pour résister aux bandits qui dévastent la région. Après les troubles de la guerre de Cent Ans, l'abbaye reçoit un mauvais coup en 1530 : elle est mise en **commende**. L'abbé, désormais nommé par le roi, n'est plus qu'un lointain percepteur. Puis les guerres de Religion amènent leur lot de destructions. Les bâtiments endommagés sont remis en état dès 1730. À la veille de la Révolution, il ne reste plus que six moines : ils étaient cinquante au 12e s. Déclarée Bien national, l'abbaye est vendue en 1791 et en 1820, ses bâtiments sont modifiés pour abriter une manufacture de porcelaine.
Prosper Mérimée découvre l'abbaye en 1838, mais elle est acquise par le département du Cher seulement en 1909. En 1918, elle abrite le Corps expéditionnaire américain puis, en 1936, les réfugiés républicains espagnols. Sa restauration dure de 1950 à 1980. Depuis 2007, Noirlac accueille un **Centre culturel de rencontre** qui organise divers événements : « Matinales » (petit-déjeuner conférence, suivi d'une manifestation artistique), installations contemporaines ou expositions d'artistes dans les murs de l'abbaye...

Église

Au nord, l'église abbatiale est le centre de la vie spirituelle. Bâtie à partir de 1150, elle illustre **le passage de l'art roman à l'art gothique**. Les travaux commencèrent par le sanctuaire et se terminèrent par la nef et les collatéraux. L'ensemble est d'une grande austérité : la simplicité des lignes s'ajoute à la blancheur de la pierre pour mettre en valeur la beauté de l'architecture et la sérénité du lieu. Conformément à l'esprit de Cîteaux, tout décor sculpté est banni : les chapiteaux sont nus et les vitraux sont gris : contemporains, ils ont été réalisés par Jean-Pierre Raynaud. Les arcs doubleaux retombent sur des colonnes engagées.
Le chœur, bien moins élevé que le transept, est la partie la plus ancienne. Son plan en croix latine et son chevet plat sont caractéristiques des édifices cisterciens.

Jardins

Créés par Gilles Clément à partir de 2019, ces jardins ne cessent d'évoluer. Ils se composent aujourd'hui de l'**avant-cour**, du **jardin des roses changeantes** et, au cœur de l'abbaye, du **jardin du cloître** où croisent des plantes médicinales et condimentaires. La couleur dominante est le bleu, comme le reflet du ciel. Dans le **bocage** attenant, déjà travaillé par les moines au 13e s., on trouve plus de 400 espèces (visites proposées d'avril à octobre).

Nos adresses

Se restaurer

Auberge de l'Abbaye de Noirlac – *Bruère-Allichamps - St-Amand-Montrond - 3 km au nord-ouest - ✆ 02 48 96 22 58 - aubergedenoirlac.eatbu.com - fermé lun.-mar., et le soir merc. et jeu. - menus 27/36 €.* Cette petite auberge sise dans une chapelle de voyageurs du 12e s. a été reprise en 2020 par le chef William Urbansky et son épouse Stéphanie. Cuisine de terroir de qualité et terrasse tournée vers l'abbaye.

Petite pause

Salon de thé Les Cistels – *✆ 02 48 62 00 24 - sur la gauche en entrant - 11h30-18h - juil.-août : tlj ; mai-juin et sept. : merc.-dim. ; hors saison, se rens. - 10/15 €.* Après la visite de l'abbaye, une halte s'impose. En terrasse en été ou à l'intérieur, tartes salées, cocottes, planches gourmandes, préparées avec des produits locaux ou ceux des jardins de l'abbaye. Également salon de thé.

Shopping

Boutique de l'Abbaye – *Avr.-nov. : 10h-18h30 ; reste de l'année : 14h-17h.* Vous y trouverez un choix très riche d'ouvrages d'art, d'histoire, d'architecture, des jardins, des livres pour enfants, ou encore des CD des artistes se produisant à l'abbaye. Également produits gourmands, vins et bières, matériel de calligraphie et produits locaux, comme le miel issu des ruches de Noirlac.

Parc floral d'Apremont-sur-Allier ★★

Le parc d'Apremont est un enchantement. Entouré de cascades, d'étangs, de belvédères et de glycines, on y est hors du temps. La magie se poursuit dans le petit village. Ses belles maisons en pierre, entourées de jardins aux haies soigneusement taillées, bordent les rives encore sauvages du fleuve. La mise en valeur du site est due avant tout à un industriel, Eugène Schneider, maître de forges au Creusot en 1830. Son petit-fils, Gilles de Brissac, créa le parc floral 140 ans plus tard.

Se repérer

Cher (18)

CARTE P. 386-387 (D1).

Apremont-sur-Allier se trouve à 60 km à l'est de Bourges.

Organiser son temps

Réservez une journée à la visite du Parc floral, du musée des Calèches et d'Apremont.

En famille

Musée des Calèches, Espace Métal à Grossouvre.

Carnet pratique p. 443

Nos adresses p. 443

Découvrir

★★ Parc floral

02 48 77 55 06 - www.apremont-sur-allier.com - avr.-sept. : 10h30-12h30, 14h-18h30 - 10 € (7-12 ans 6 €) - billet donnant accès au musée des Calèches et aux écuries du château. Visite nocturne et pique-nique à la bougie le dernier samedi d'août.

En 1894, **Eugène Schneider** (1868-1942), héritier de la dynastie de métallurgistes installée au Creusot, épouse Antoinette de Rafélis St-Sauveur, dont la famille possède le château d'Apremont depuis 1722. Ébloui par la beauté de ce domaine, Schneider le rachète à sa belle-famille. Aidé d'un architecte, M. de Galéa, il entreprend un minutieux travail de réhabilitation du château et du hameau, allant jusqu'à faire raser des maisons qui n'étaient pas en harmonie avec le site pour les reconstruire dans un style médiéval berrichon. Bien des années plus tard, en 1970, un de ses petits-fils, **Gilles de Brissac**, poursuit l'œuvre de son grand-père en lançant les premiers travaux de création d'un parc floral. Ouvert au public en 1976, il apporte à l'ensemble une touche de perfection.

Pour créer de toutes pièces ce **merveilleux jardin de 5 ha**, il a fallu barrer une vallée afin de constituer des plans d'eau, transformer une ancienne carrière de pierre en cascade, aménager d'anciens prés en pelouses et massifs arborés, et faire venir des bulldozers afin de planter de nombreux arbres et des arbustes... Le résultat est tout bonnement éblouissant. Conçu dans l'esprit d'un jardin à l'anglaise du 18e s. teinté de quelques touches d'exotisme, le **parc floral d'Apremont** offre un cadre serein aux différentes essences qu'il accueille : conifères

Le pont-pagode dans le parc floral d'Apremont-sur-Allier.
H. Lenain/hemis.fr

(cèdres pleureurs, thuyas dorés, cryptomeria du Japon...); arbres caducs (hêtres pourpres, tulipiers, ginkgos biloba, pommiers d'ornement...); arbustes à fleurs (rhododendrons, azalées, lilas, rosiers arbustes...); plantes vivaces en tout genre (notamment celles à fleurs blanches et à feuillages argentés inspirées du « Jardin blanc » de Sissinghurst dans le Kent), qui s'étendent devant un groupe de maisons médiévales plein de charme.
Lors de votre promenade dans le parc, vous serez séduit par la **pergola**, composée de fleurs à grappes; le **jardin d'eau**, révélant des conifères rampants et des plantes de rocaille dans l'entassement des pierres de la cascade; le petit **pont chinois** rouge vif (1985) qui enjambe gracieusement l'un des étangs du parc; le **pavillon turc** (1994), construit sur pilotis, et dont les murs sont ornés de scènes représentant les quatre saisons et les âges de la vie; enfin, le **belvédère** (1997), de style néoclassique russe, et sa superbe série de fresques en faïence de Nevers figurant des voyages imaginaires autour du monde.

Village

Tout droit sorti d'un vieux livre d'images, il se compose de maisons de pays soigneusement restaurées ou reconstruites sous l'impulsion d'Eugène Schneider. Blotties le long de l'unique rue principale, les **maisons à colombages** aux tons ocre rosé, coiffées de toits d'ardoises et de tuiles, révèlent à chaque détour des murs tapissés de verdure, des haies structurées, de charmantes terrasses florales. Les épaisses frondaisons qui parent les rives de l'Allier et le bruit de l'eau vive ajoutent au charme des vieilles pierres. En flânant, remarquez le puits fleuri près de l'église, la Brasserie du Lavoir, la Conciergerie et la **Maison des mariniers** (15e s.), devant l'ancien port d'embarquement d'Apremont.

Château

Ne se visite pas. Au 14e s., le château d'Apremont est une formidable **forteresse** qui sert de prison d'État aux ducs de Bourgogne, alors alliés aux Anglais. Au cours des 16e et 17e s., il change plusieurs fois de propriétaires. En 1722, les Roffignac le vendent à Louis de Béthune. En 1894, la fille de la maîtresse des lieux épouse Eugène Schneider, maître de forges au Creusot. Il se prend de passion pour cette magnifique demeure qu'il ne cesse d'embellir. Sa famille perpétue son œuvre. Le château ne se visite plus, mais vous pouvez monter sur les **remparts**, d'où la **vue** sur le village et la vallée de l'Allier est particulièrement belle. Par temps dégagé, vous apercevrez les contreforts du Morvan.

Écuries et musée des Calèches

02 48 77 55 00 - www.apremont-sur-allier.com - ♿ - avr.-sept. : 10h-12h30, 14h-18h30 - 10 € (7-12 ans 6 €) - billet donnant accès au parc floral.

Installé dans les écuries du château, le musée abrite une **collection de calèches** du 19e s. Les **écuries**, de la seconde moitié du 19e s., sont construites à l'emplacement d'une ancienne verrerie, les stalles en bois marquées aux noms des chevaux. Les calèches sont remarquablement conservées. Vous pouvez admirer un coupé de ville à huit ressorts, un poney-cart à deux places, un break de chasse très haut sur roues, un char à banc, une berline de voyage qui servait pour le transport de la paye des ouvriers du Creusot, une charrette anglaise, un omnibus de maître, un tonneau avec ses sièges de côté, un sociable ou vis-à-vis, deux bicyclettes et un landau conçu pour deux enfants ainsi que la calèche du prince impérial, fils de Napoléon III et de l'impératrice Eugénie. Le musée présente également la réplique de la statue d'Eugène Schneider qui se dresse au Creusot.
En sortant, on traverse la salle du four, qui servait à préparer la nourriture des chevaux. Parmi les harnachements, remarquez la selle d'amazone.
Les stalles et jardins attenants aux écuries accueillent des **expositions temporaires**.

Circuit conseillé

CARTE P. 387

Vallée de l'Allier et de l'Aubois D1

Circuit de 108 km tracé en vert sur la carte p. 387. Quittez Apremont par le nord en empruntant la D 45, en dir. de Cuffy.

Écluse des Lorrains

Installée sur l'Allier, cette curieuse prise d'eau circulaire alimente le bief inférieur du pont-canal du Guétin.
Poursuivez sur la D 45, puis prenez, à droite, la D 976.

Pont-canal du Guétin

Ouvrage de 1838, permettant au canal latéral à la Loire de franchir l'Allier par un pont de 343 m (18 arches) muni d'un système d'écluses à sas.
Faites demi-tour, puis prenez à droite la D 45. À Cuffy, tournez à gauche dans la D 50E, en direction de Torteron. Après Malnoue, prenez à gauche la D 920.

La Guerche-sur-l'Aubois

Mairie - 02 48 74 23 93 - www.mairielaguercheaubois.fr.

★ **La Tuilerie** – *27 r. du Lieutenant-Petit - 02 48 74 23 93 - www.ciap-latuilerie.fr. - juil. août merc.-dim. 10h-13h, 14h-18h ; avr.-juin, sept., vac. Toussaint et J. du patrimoine : mar.-sam. 10h-13h, 14h-18h - 3 € (- 18 ans gratuit) - ateliers enfants - boutique.* Désireuse d'exploiter son passé industriel, La Guerche-sur-l'Aubois a aménagé un Centre d'interprétation de l'architecture et du patrimoine (CIAP) dans l'ancienne usine Sauvard, la plus ancienne tuilerie mécanique de la région : le parcours est conçu à l'intérieur d'un **four Hoffmann**

du 19e s., autrefois destiné à la cuisson des tuiles. Un endroit spectaculaire, composé de deux galeries parallèles de 32 m de long, et qui évoque l'activité des tuiliers du Val d'Arbois. Le circuit est ponctué de maquettes animées et de témoignages sonores.
Au fil du temps, la Tuilerie était devenue un havre de paix pour les chauves-souris. Lors de la réhabilitation du site, il a été décidé de veiller à leur préservation, en liaison avec le Muséum d'histoire naturelle de Bourges.
On fabrique encore dans la région les tuiles destinées aux Monuments historiques.
Pour la détente, faites un tour à l'**étang de Robinson** (baignade et loisirs sportifs).
Quittez La Guerche par le nord en empruntant la D 920, puis à gauche la D 50. À Torteron, prenez la D 26 puis à droite la D 189.

Abbaye de Fontmorigny

02 48 76 12 33/06 62 13 09 56 - www.abbayedefontmorigny.com - mai-août tlj sf lun. : 10h-18h ; reste de l'année : sur RV - 6 € (-18 ans gratuit) - festival de musique classique.
Située dans un site isolé, cette **abbaye cistercienne** connut un important essor au Moyen Âge, puis subit les vicissitudes de l'histoire. Elle se releva au 18e s. avant d'être vendue à la Révolution et d'être transformée en ferme et habitat pour les ouvriers de la métallurgie jusqu'au début du 20e s. où elle tomba en ruine. Les propriétaires font revivre peu à peu ce lieu au riche passé : pose d'une rosace dans l'église du 12e s., restauration du pont proche du grand vivier et de la cour du bâtiment des convers, etc.
Le jardin recréé dans l'esprit du 17e s. a déjà belle allure. Les bâtiments de l'abbaye sont utilisés pour des réceptions et des concerts *(voir Agenda dans Carnet pratique).*
Reprenez à gauche la D 189 puis la D 12 vers Menetou-Couture.

Château de Menetou-Couture

Pl. du Donjon - 02 48 80 25 08 ou 06 81 89 00 65 - donjonmenetoucouture.net - visite guidée (45mn) du donjon et de la boulangerie ; visite libre du parc - w.-end de Pâques, Ascension, Pentecôte, juil.-août (sf lun. et sam.), w-end de sept. : 14h-18h - 6 € (-12 ans gratuit).
De l'habitation seigneuriale militaire subsiste l'impressionnant donjon du 15e s., qui domine les maisons du village de 38 m de hauteur. À l'intérieur, outre d'imposantes cheminées et une remarquable **charpente**, on admirera la vue sur la campagne environnante. Expositions de peintures et de sculptures en été.
Poursuivez sur la D 12.

Église de St-Hilaire-de-Gondilly

Très jolie église dont l'origine n'est pas clairement connue mais probablement romane. Elle forme un ensemble charmant sur un terre-plein herbeux planté de grands arbres, fort bien éclairé la nuit.

Mornay-Berry

Château la Grand'Cour – *Rte de Nevers (D 12) - 02 48 80 24 45 - www.lagrand-cour.fr - visite guidée (45mn) juil.-août : 15h-20h ; reste de l'année : sur RV - fermé lun., de mi-déc. à mi-janv. - 6 € (-12 ans gratuit) - billet donnant accès aux jardins.*
Rare modèle militaire du 13e s. avec sa muraille polygonale sans tour à 17 pans, son fossé toujours en eau, le château était le berceau de la famille des Mornay.

Trois petits **jardins** d'inspiration médiévale entourent l'édifice. Le jardin clos avec ses roses anciennes, son labyrinthe de charmes et sa grande mare offre une jolie vue sur le château.
À Mornay-Berry, prenez la D 6 jusqu'à Nérondes, puis la D 43.

Germigny-l'Exempt

Au pays de l'élevage de charolais, remarquez le beau clocher de l'**église romane** et le charmant **lavoir** à 12 piliers qui invite à la promenade *(petit circuit balisé).*
À la sortie de Germigny, suivez la D 43, puis, peu après Vereaux, prenez à droite la D 76.

Château de Sagonne

Pl. du Château - 02 48 80 01 27 - www.chateausagonne.com - juin-sept. : 10h-12h, 14h-18h ; du w.-end de Pâques à fin mai et de 1er oct. au 1er nov. : dim. 14h-18h - fermé de déb. nov. au w.-end de Pâques - visite guidée (30mn) - 8 € (6-14 ans 6 €, -6 ans gratuit) - 4 € musée Mansart et parc.
L'imposante forteresse des 12e et 14e s., dont l'enceinte conserve une partie de ses défenses, fut la propriété de l'architecte Jules Hardouin-Mansart, qui devint comte de Sagonne. Un puissant **donjon** renferme notamment une **chapelle** décorée en trompe-l'œil et une **chambre à décors peints**. Portraits, documents, armes et meubles anciens évoquent le souvenir de Gabrielle d'Estrées et de Mansart.
Rejoignez la D 34 à Givardon, puis 2 km après Nérondes, tournez à gauche sur la D 41, qui ramène à Sancoins en longeant le donjon de Jouy.

Sancoins

Située aux confins du Bourbonnais, du Berry et du Nivernais, Sancoins est au cœur d'une région d'élevage des bœufs charolais. Très vite, la ville s'est imposée, devenant un centre européen du marché des bestiaux. Chaque mercredi à partir de 5h30 ont lieu, au **marché aux bestiaux** du parc des Grivelles, des transactions entre petits éleveurs, coopératives et négociants. Ce marché, l'un des plus grands de France, réalise à lui seul environ 10 % des exportations françaises du marché « en vif ». Il occupe un terrain triangulaire de 17 ha, situé à 1,5 km de Sancoins. En forme d'étoile à trois branches, le marché se compose de trois pavillons couverts, entièrement équipés, capables de recevoir quelque 2000 veaux, 5000 « broutards », 3000 bovins adultes et 7000 moutons.
Sancoins est aussi une étape idéale pour visiter les nombreux châteaux et jardins environnants et se balader dans les vallées de l'Allier et de l'Aubois.

Espace Métal - Halle de Grossouvre

2 rte de Vereaux - 02 48 77 06 38 - www.espacemetal.com - - ouv. fév. et de déb. avr. à déb. nov. : merc.-dim. 10h-12h30, 14h-17h (18h juil.-août) - 6 € (6-16 ans 4 €).- boutique-librairie - ateliers, jeu numérique, animations, apéro-conférences.
La halle construite en 1844 est désormais le seul témoin de ce que furent les **grandes usines de métallurgie** de Grossouvre. Destinée jadis à abriter le combustible nécessaire pour alimenter les fours des usines, elle est devenue un lieu d'accueil qui rend hommage à la métallurgie dans le Cher. En sortant d'ici, vous saurez tout sur le fer, la fonte et l'acier, sur l'extraction du minerai et sa transformation, sur l'évolution du fer et son utilisation. En compagnie du maître de forges Georges Dufaud et de Jamy, animateur d'émissions scientifiques (*C'est pas sorcier*), vous voyagerez de façon ludique au 19e et au 20e s. pour découvrir la fascinante **révolution industrielle du fer**. Et pour terminer, vous tenterez vous-même quelques expériences particulièrement instructives ! Une visite originale dans un lieu qui ne l'est pas moins.
Prenez à droite (face au château) la D 76.

Carnet pratique

Agenda

Grande chasse aux œufs – *Le dim. de Pâques dans le parc floral.*
Fête des plantes – *Un w.-end en mai au village d'Apremont.*
Festival de musique classique – *Abbaye de Fontmorigny - Pentecôte, août et Toussaint - ✆ 02 48 76 12 33/06 62 13 09 56 - www.abbayedefontmorigny.com.* Piano, musique de chambre, musique ancienne et musique du monde entre les murs de l'abbaye.

Nos adresses

Restauration

À proximité

Premier prix

Auberge du Pont-Canal – *37 r. des Écluses, Le Guétin - Cuffy - 6 km au nord d'Apremont-sur-Allier et 10 km au sud-ouest de Nevers - ✆ 02 48 80 40 76 - www.auberge-du-pont-canal.fr - fermé lun. soir - formule déj. sem. (sf j. fériés) 15,90 €, plats 18/27 €.* Auberge familiale jouxtant le pont de l'Allier. Salle principale et véranda ouverte sur la campagne. Cuisine traditionnelle; friture pêchée à l'ancienne.

Hébergement

Pour se faire plaisir

La maison d'Apremont – *Le Bourg - ✆ 02 48 77 55 00 - lamaisondapremont.com - P - 2 ch. et 1 suite 98/138 €* ☕. Situé en plein cœur du village d'Apremont, une maison d'hôtes pleine de charme et de caractère. Les nuits que vous y passerez vous permettront d'apprécier le calme, la nuit, et la beauté, le jour, de ce petit village.

À proximité

Premier prix

Hôtel du Parc – *8 r. Marguerite-Audoux - Sancoins - ✆ 02 48 74 56 60 - www.hotel-du-parc-sancoins.com - P - 7 ch. 64/84 € - ☕ 8 €.* Très belle bâtisse du 19e s. entourée d'un parc agréable. Les boiseries, tapisseries d'époque et objets de décoration sur le thème de la chasse donnent à l'établissement un caractère authentique.

Le St-Joseph – *Pl. de la Libération - Sancoins - 17 km au sud-ouest - ✆ 02 48 74 61 21 - www.hotel-stjoseph.com - P ♿ - fermé 2 sem. en mars et en oct. - 16 ch. 60/80 € - ☕ 9 € - ✕ menus 29/36 € (vend. soir et dim. soir réservé aux clients de l'hôtel uniquement).* Sur la place principale du village, cette grande maison propose des chambres confortables et rénovées. Au restaurant, cuisine traditionnelle à base de produits locaux, galettes ou salades *(à partir de 14 €).*

7

Détail du portail central, façade occidentale de la cathédrale Saint-Étienne de Bourges.
T. et B. Morandi/hemis.fr

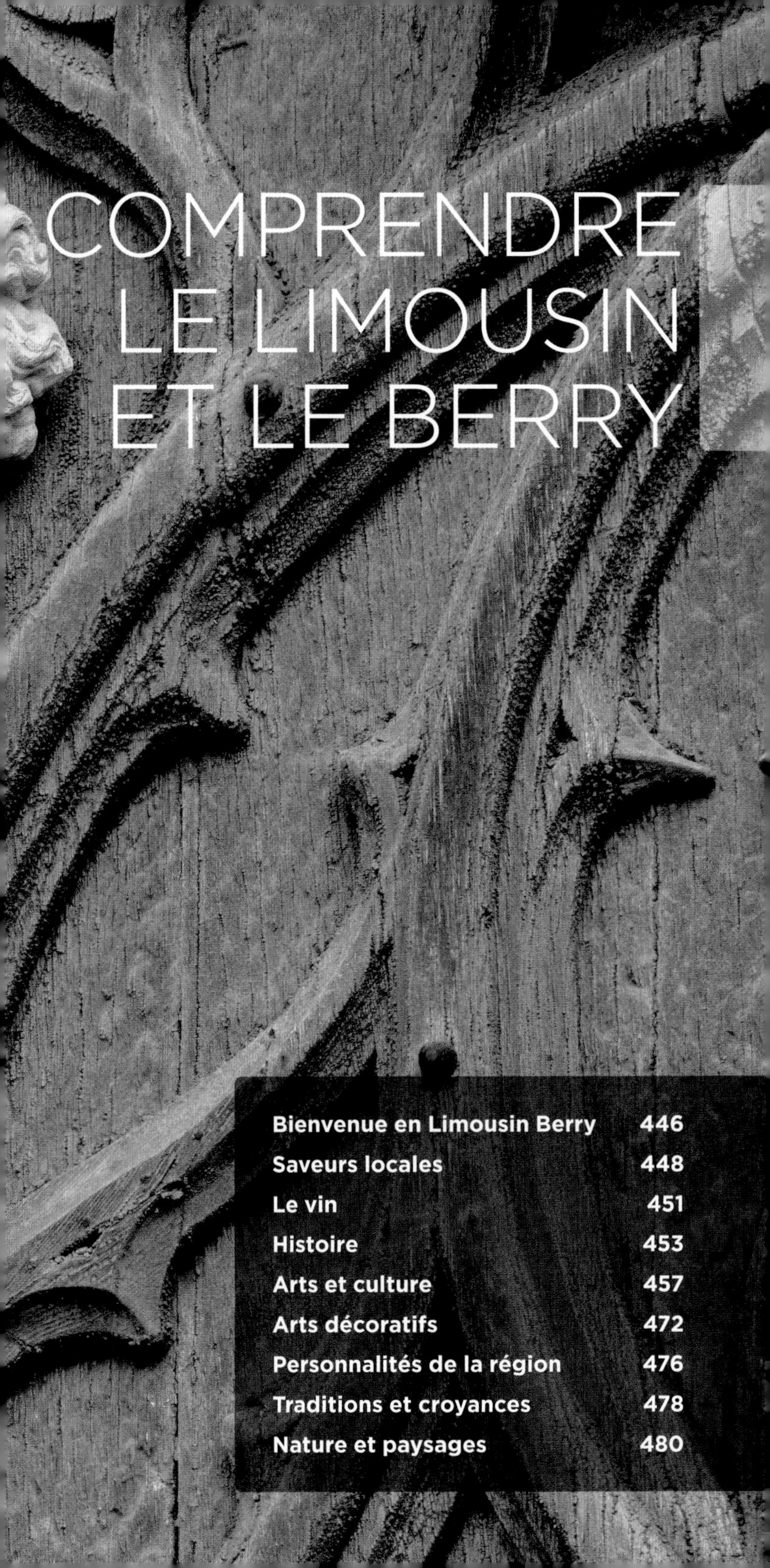

COMPRENDRE LE LIMOUSIN ET LE BERRY

Bienvenue en Limousin Berry	446
Saveurs locales	448
Le vin	451
Histoire	453
Arts et culture	457
Arts décoratifs	472
Personnalités de la région	476
Traditions et croyances	478
Nature et paysages	480

Bienvenue en Limousin Berry

Des paysages sauvages d'une grande variété, des vallées profondes et des milliers de cours d'eau, en passant par des reliefs bien plus doux dans le Berry, font le charme d'une région où il faut prendre son temps. Ne serait-ce que pour se familiariser avec la porcelaine ou la tapisserie, et découvrir Bourges et Limoges, deux villes attachantes.

Un pays authentique

Le Berry et le Limousin offrent une grande variété de paysages préservés par la faible urbanisation et l'absence de véritables bassins industriels. Ils constituent des contrées idéales pour tous les amoureux de la nature, soucieux d'authenticité. Randonneurs et promeneurs pourront ainsi admirer la faune et la flore de la Tourbière des Dauges en Haute-Vienne, ou observer avec attention les quelque 240 espèces d'oiseaux de l'étang des Landes dans la Creuse.

Le tourisme vert

Et si le dynamisme économique des régions Berry et Limousin venait de la richesse de leur patrimoine naturel ? Loin du tourisme de masse, ces régions font valoir une **nature préservée**. La création de parcs naturels régionaux s'inscrit dans cette logique de valorisation de l'environnement : des paysages d'eau, de forêt, de monts et de bocages, paisibles et non pollués. Le Limousin, à forte empreinte rurale, est la région de France qui bénéficie de la meilleure qualité d'air, et ses eaux de rivière sont très pures. Ce tourisme vert peut se limiter à la seule découverte de la nature, comme en Brenne, qui présente de formidables richesses écologiques, une grande diversité de la flore et de la faune, du côté du plateau de Millevaches ou du spectaculaire lac de Vassivière. Il est aussi synonyme de **loisirs de plein air**. Avec leurs nombreux plans d'eau, leur dense réseau de sentiers pédestres, équestres et cyclotouristiques, bien cartographié et commenté dans les topoguides, le Berry et le Limousin sont des paradis pour les amateurs de sport et de nature préservée.

Des richesses uniques

Dans le domaine artistique, la région a développé des savoir-faire qui remontent à la nuit des temps. Porcelaine de Limoges, tapisserie d'Aubusson et de Felletin, dentelle de Tulle, émaux du Limousin attirent de plus en plus de visiteurs. Des centres d'art contemporain ont éclos, de Vassivière à Rochechouart, quand en Corrèze, les châteaux médiévaux racontent leur histoire. Le 19e s. a vu naître l'école de Crozant sur les pas de Monet et de Guillaumin. Et George Sand a laissé son empreinte dans le Berry, assurant la notoriété de la région.

8 CHOSES À SAVOIR

DÉPARTEMENTS

Au nord, Indre et Cher (l'ancienne province royale du Berry) dépendent de la région Centre-Val de Loire. Au sud, Creuse, Corrèze, Haute-Vienne (l'ancien Limousin) font partie de la région Nouvelle-Aquitaine. Le Berry compte 525 000 habitants et le Limousin 734 000 (chiffres 2021).

LIMOGES

La ville la plus peuplée de la région était la capitale historique de la province du Limousin et le chef-lieu de l'ancienne région administrative du même nom avant 2016.

Porcelaine ET TAPISSERIE

Héritières d'un savoir-faire immémorial, la porcelaine et la tapisserie ont forgé l'identité de la région. En Haute-Vienne, de nombreux lieux de visite célèbrent la porcelaine. Dans la Creuse, la Cité internationale de la tapisserie à Aubusson constitue le fleuron de cet art.

7 ans

C'est le délai qui s'écoule entre deux ostentions limousines, classées au patrimoine immatériel de l'Unesco. Les processions, où l'on expose les reliques des saints, ont lieu dans une vingtaine de communes de la Haute-Vienne entre mars et octobre.

UNESCO

1 SITE INSCRIT AU PATRIMOINE MONDIAL

Chef-d'œuvre de l'art gothique, la cathédrale de Bourges est le seul site distingué par l'Unesco dans la région.

13 900 KILOMÈTRES

de sentiers de randonnées sillonnent la région : 4 000 km en Haute-Vienne, 3 278 km en Corrèze, 3 260 km dans la Creuse, 1 436 km dans l'Indre et 1 919 km dans le Cher !

3 parcs naturels régionaux

Située dans l'Indre, la Brenne est l'une des plus importantes zones humides de l'Hexagone. Forêts, landes, bruyères et tourbières font le charme de Millevaches en Limousin. À cheval sur la Haute-Vienne et la Dordogne, le Périgord-Limousin alterne plateaux, bocage, forêts et vallées profondes.

Nohant ET CROZANT

Deux lieux emblématiques ont marqué l'histoire des arts au 19e s. dans la région. Dans son domaine de Nohant, dédié à la musique, la littérature et la peinture, George Sand reçoit les célébrités de l'époque. En découvrant Crozant et la vallée de Creuse, des centaines d'artistes peintres se sont laissés séduire par ces sites authentiques.

Saveurs locales

Des rives du Cher à celles de la Dordogne, la gastronomie est toujours à l'honneur. Des plats simples et goûteux, qui fleurent bon le terroir, mettent en valeur le tempérament de chaque province et contribuent à en maintenir la réputation.

Lentilles vertes du Berry

La lentille verte est le premier légume sec à obtenir un Label Rouge garanti « Qualité Supérieure » en 1996, puis une IGP en 1998, qui reconnaît la qualité du produit à la spécificité de son origine géographique. Semée en mars et récoltée en juillet, on la retrouve sur les marchés du Berry. Quatre fois plus riche en fibres que le riz, les pâtes ou les pommes de terre, sept fois plus riche en fer que les épinards, la lentille verte du Berry présente des vertus remarquables, qui n'ont pas échappé aux grands chefs de la région...

Pomme de terre

Elle entre dans la fabrication de plusieurs plats. En Corrèze, la **farcidure** est composée de boules de pommes de terre râpées qui se font cuire dans un bouillon de petit salé et d'andouille. Le **millassou** est une galette de pommes de terre qui se déguste avec une salade ou des betteraves rouges. Dans la Creuse, place au pâté de pommes terres, enfermé dans de la pâte feuilletée avec de petits morceaux de lard. La galette de pommes de terre, à base de purée et dans laquelle on ajoute de la faisselle, est aussi une spécialité du Berry.

Soupes

La **mique** est une boule de pâte levée, pochée dans un bouillon dans lequel on aura ajouté des légumes. Elle se mange avec du petit salé et de l'andouille. On la retrouve sur les tables de la Corrèze mais aussi du Berry, tout comme la **soupe au pain**, mijotée pendant une heure dans une marmite en terre et arrosée de crème, plat régional par excellence en Berry. La soupe typique limousine est la **bréjaude**, au lard (le bréjou est la couenne du lard), au chou et au pain de seigle.

Bœuf limousin

Animal à courte encolure, il se caractérise par son pelage roux sans tache dit « froment vif ». Destinée à la boucherie, sa viande est garantie

Top 5 des fêtes gastronomiques

- **Fête de la framboise** à Concèze en juillet.
- **Fête de la lentille verte** en septembre à Vatan.
- **Frairie des Petits Ventres** à Limoges, en octobre.
- **Fête de la Châtaigne** à Éguzon en novembre.
- **Les foires grasses de Brive-la-Gaillarde** de novembre à mars.

Crottin de Chavignol.
asab974/Getty Images Plus

par le Label Rouge. Nourri à l'herbe des pâturages, c'est la viande rouge par excellence. Possédant un herd-book (livre généalogique) de 1866, la race limousine a pu s'acclimater en Europe (Angleterre, Espagne, Italie, Hongrie) et à travers le monde (Amérique du Nord et du Sud, Nouvelle-Zélande, Russie). La région a développé la pratique du veau fermier sous la mère ou « veau de lait », nourri exclusivement au lait maternel, ce qui donne une viande blanche légèrement rosée.

Poissons de rivière

Les quelque 2500 étangs de la Brenne voient se perpétuer une tradition de pisciculture dont l'ancrage remonte au Moyen Âge et la **carpe** de Brenne est une spécialité à découvrir. La Corrèze, avec ses 5000 km de ruisseaux et rivières et ses eaux très pures, est le pays de la truite et de bien d'autres poissons: brochets, sandres, carpes. L'omble chevalier, au cœur des lacs, fait le bonheur des gastronomes. Il en découle beaucoup de recettes: le soufflé de truite ou les queues d'écrevisse à la crème et aux girolles vous laisseront un souvenir impérissable...

Fromages

Le Berry est un terroir de fromages: le fameux **crottin de Chavignol** est un fromage de chèvre fin qui accompagne à merveille les vins de Sancerre. Le **valençay**, en forme de pyramide tronquée, et le **pouligny-st-pierre**, plus pointu, sont des fromages de chèvre à la pâte fine et ferme. Fleurons de la gastronomie berrichonne, tous trois sont d'appellation contrôlée.
En Corrèze, les brebis laitières permettent de produire la **feuille du Limousin**, fromage de chèvre fermier au lait cru, et la **fôte des bergères**, à pâte molle et croûte fleurie. Dans la Creuse, le **gouzon**, un fromage de vache, entre dans la composition du fameux fondu creusois, spécialité ancestrale de ces campagnes.

Châtaigne

Dans un pays couvert de châtaigniers, beaucoup de paysans limousins tiraient de ses fruits une bonne part de leur nourriture hivernale –

Recette du gâteau creusois

5 blancs d'œufs - 150 g de sucre en poudre - 60 g de farine - 80 g de poudre de noisette - 100 g de beurre fondu.

Écraser les noisettes fraîches (ou mélanger la poudre de noisette) avec le sucre. Mélanger l'ensemble avec les blancs d'œufs montés en neige et la farine. Ajouter 100 g de beurre fondu et bien remuer le tout. Mettre au four 30mn à température moyenne (150/180 °C).

la farine de châtaigne servait à faire le « pain du pauvre ». De nos jours, la châtaigne, blanchie puis bouillie ou grillée, accompagne, en terrine ou en purée, la dinde et l'oie, le ragoût de veau et de porc, la carpe et les pièces de venaison. Elle entre également dans la composition du boudin, des gâteaux et, bien sûr, de liqueurs et gourmandises. Sous forme de farine, elle sert à l'élaboration de nombreuses pâtisseries: crêpes, flans, beignets et la fameuse galette corrézienne. La Corrèze est le deuxième département de France (après l'Ardèche) pour sa production, avec 1500 tonnes par an!

Fruits rouges

Du pays de Brive au plateau de Millevaches, on trouve en Corrèze une grande diversité de climats et de sols propices à toutes sortes de variétés de fruits rouges: **fraises** de Beaulieu-sur-Dordogne, c'est la fameuse gariguette, dont la saveur et la richesse de goût sont aujourd'hui appréciées dans toute la France, mais aussi la mara des bois; la **framboise** de Concèze et la **myrtille** de Monédières.

La pomme d'altitude

La rudesse du climat et les fraîches nuits d'automne donnent à cette **golden du Limousin**, croquante et juteuse, produite entre 300 et 500 m d'altitude, sa couleur rosée et son goût particulier. Elle est aussi bonne crue que cuite. C'est la première **pomme AOC** en France. Sa production, soit 80 000 tonnes récoltées à la main à l'automne, représente 5 % du marché national.

Les noix

Issue aujourd'hui de vergers, la noix est largement utilisée dans la cuisine limousine: en accompagnement de plats, sur les fromages, en dessert, comme huile ou enfin comme liqueur très renommée. Elle bénéficie désormais d'une appellation contrôlée: **noix du Périgord**. La route de la noix AOP du Périgord s'étend aux confins de la Corrèze, de la Dordogne et du Lot.

Spécialités sucrées

Côté sucré, la région n'est pas en reste. En Haute-Vienne, il existe plusieurs spécialités. Le **massepain**, petit biscuit doré à base d'amande, de farine et de sucre se décline à Saint-Léonard de Noblat. L'**arena** *(p. 64)* était le cadeau offert par les gantiers de Saint-Junien à leurs clients parisiens. Le **macaron** du Dorat adopte une forme de rocher, et la **madeleine de Saint-Yrieix** est une véritable institution. Dans le Cher, le **sablé nançais** est né d'une erreur de recette d'un apprenti boulanger en 1953. Il a séduit bien des palais depuis... À Bourges, les **forestines** sont des bonbons fourrés de praliné fait de noisettes et d'amandes. Quant au **gâteau creusois** *(encadré ci-dessus)*, moelleux à souhait, sa recette passe pour avoir été découverte sur un parchemin au 15e s. par des moines de la Creuse. En Corrèze, la **flognarde** est une sorte de pâte à crêpes cuite au four accompagnée de pommes.

Le vin

Les vignobles du Berry qui, pour certains, étaient déjà plantés depuis l'Antiquité, symbolisent une terre riche en vins, et notamment le Cher, qui compte 5 AOC, dont le célèbre sancerre, à la réputation internationale. En Corrèze, le vin de paille et le vin des coteaux de la Vézère étaient cultivés dès le Moyen Âge.

Les vins du Berry

Le Berry est une terre de tradition viticole, récompensée par le classement en AOC des vins de Sancerre, Reuilly, Valençay, Quincy, Menetou-Salon et Châteaumeillant. Le sauvignon, cépage de prédilection de la plupart des blancs de la région, a notamment fait la réputation des vins de Sancerre. Des rouges et des rosés sont également produits dans les différentes appellations, notamment les reuillys. Ces vins sont en général assez légers et de moyenne garde.

L'essentiel sur les sancerres

Le vignoble du Sancerrois s'étend sur près de 3000 ha. Il compte près de 350 exploitations et 25 négociants-producteurs. Les vins de Sancerre, classés AOC pour le blanc dès 1936 et depuis 1959 pour les rouges-rosés, ont acquis une renommée mondiale. Ils se boivent globalement tous jeunes (entre un et trois ans), même si quelques millésimes ont des potentiels de garde étonnants.

Travaillant sur des sols de calcaire, d'argile et de silex, les viticulteurs sancerrois produisent de fameux blancs, issus du cépage **sauvignon**, aux arômes de fleurs blanches et d'agrumes et à la force minérale évidente. Si les vignes sont plantées sur des sols de silex, les caractéristiques locales rejaillissent quand le vin vieillit: un goût marqué de « pierre à fusil » et des touches de fumé. Le sauvignon local a servi de modèle au reste du monde pour la production de grands vins blancs, notamment en Nouvelle-Zélande.

Les vins rouges ne sont pas à négliger (cépage pinot noir, comme pour les rosés de l'appellation): exhalant des parfums de griotte et de fleurs blanches, ils développent des notes plus animales en vieillissant.

Vignoble de Châteaumeillant

Dès l'époque gallo-romaine, *Mediolanum* est un prospère carrefour de négoce des vins d'Italie, comme l'attestent les très nombreuses amphores trouvées dans la région. Mais il faudra attendre le 6e s. pour que Grégoire de Tours fasse référence, dans ses écrits, au vignoble.

Planté sur des sols siliceux à dominante sablo-argileuse et sableuse, celui-ci couvre aujourd'hui un peu moins de 100 ha et s'étend sur huit communes réparties sur deux départements: le Cher (Châteaumeillant, St-Maur, Reigny, Vesdun) et l'Indre (Champouillet, Urciers, Feusines, Néret). Les vins sont produits à partir de trois cépages: le **gamay noir**, le **pinot noir**

et le **pinot gris**. Châteaumeillant a bâti sa réputation sur son fameux **vin « gris »** (rosé), aux arômes de fruits blancs et pêches de vigne, issu du pressurage immédiat des raisins de gamay. S'il demeure la référence œnologique, le rouge (présentant des arômes de fruits rouges bien mûrs et des épices) et le blanc pointent le bout du bouchon sur la table des connaisseurs.
L'AOC, obtenue en juin 2010, offre aujourd'hui aux viticulteurs de Châteaumeillant, outre une reconnaissance de leur travail, de nouveaux débouchés commerciaux.

Quincy et Reuilly

Dans l'appellation **quincy**, le sol est recouvert par les dépôts de graviers et de sable alluviaux déposés par le Cher. Les viticulteurs y développent un vin blanc très sec, frais sans verdeur (de robe plus claire que ceux du voisin sancerrois et au bouquet aromatique plus discret), et de degré assez élevé, qu'il est préférable de boire dans les deux premières années.
Si les blancs de **Reuilly** offrent à peu de chose près les mêmes caractéristiques, le vignoble produit également des vins rouges légers aux arômes de cerise et de mûre et des rosés très pâles, accompagnant idéalement une cuisine exotique, issus des cépages pinot noir (rouge) et pinot gris (rosé).

Menetou-Salon

Situé aux abords de Bourges, entre le Pays Fort sancerrois et la Champagne berrichonne, le vignoble de Menetou-Salon couvre 10 communes sur environ 627 ha. Il a obtenu son AOC en 1959. À l'ère secondaire, la mer recouvrait complètement la région, où se sont formés des sédiments calcaires très riches en coquillages. Une homogénéité de sols favorable à l'épanouissement du sauvignon blanc et du pinot noir. C'est Jacques Cœur en personne, argentier de Charles VII, qui fera connaître au roi les charmes de ce vin...

Les vins de Corrèze

Depuis 1988, le vignoble de **Branceilles** (au sud-est de Collonges-la-Rouge) renaît, après être tombé dans l'oubli, victime du phylloxéra. Le vin « des mille et une pierres », nommé ainsi en souvenir de l'ingratitude du sol, est commercialisé par la cave viticole de Branceilles. Il bénéficie de l'appellation « vin de pays de la Corrèze ».
Le **vin de paille**, issu d'une tradition corrézienne ancienne, est obtenu à partir de cépages cabernet sauvignon et cabernet franc. Après séchage sur un lit de paille de seigle, les raisins sont pressés à l'approche de Noël. Élevé pendant deux ans minimum avant d'être mis en bouteille, ce vin a une concentration en sucre qui amène son titre en alcool à environ 14°. Il est produit dans la région de Queyssac-les-Vignes, et vous en trouverez à Beaulieu-sur-Dordogne et sur le marché de Meyssac. En raison de sa douceur et de sa couleur, on l'appelle aussi le « miel des muses ».
Issu de vignobles plantés sur les coteaux de la Vézère, le vin de **Saillant**, qui était déjà servi à la table des moines de l'abbaye de Cluny, bénéficie d'un terroir exceptionnel, à dominante de schiste ardoisier, exposé du sud-est au sud-ouest. Des cépages chenin, sauvignon gris et chardonnay produisent des blancs, le merlot et le cabernet franc, des rouges et des rosés. Les plantations ont commencé en 2003, le premier millésime a eu lieu en 2008 et aujourd'hui, le vignoble couvre 23 ha bio, que se partagent une dizaine de producteurs sous la houlette de René Maury.

Histoire

Comté indépendant sous les Carolingiens, le Berry retourne à la Couronne au 13e s., puis constitue le noyau de la reconquête du royaume par Charles VII, grâce au soutien de Jeanne d'Arc et de Jacques Cœur, avant que son histoire ne se fonde dans celle du pays. Le Limousin, longtemps fief anglo-angevin, défendu par de nombreux châteaux forts, est quant à lui rattaché au domaine royal en 1607. Il ne renouera qu'à la fin du 19e s. avec sa tradition d'indépendance et de radicalisme, qui sera vivace au 20e s., comme l'attestent les activités de Résistance en 1941-1944.

Préhistoire et Antiquité

- **1000000 ans** – Campement préhistorique de Lavaud, près d'Éguzon.
- **45000 ans** – L'homme néandertalien de La Chapelle-aux-Saints est le plus ancien exemple de rite funéraire en France.
- **7500-2500 ans** – Peuplement régional du néolithique: le nombre de sites éparpillés entre la Loire et la Vienne montrent que l'homme a commencé à s'enraciner et à défricher. Premiers « monuments », mégalithes et *tumuli*.
- **Fin du 2e s. av. J.-C.** – Les **Gaulois** campent sur des hauteurs fortifiées, les *oppida*: Levroux, Dun-sur-Auron, Toulx-Ste-Croix, Roche-de-Vic sont parmi les mieux défendus. Hormis **Avaricum** (Bourges), entouré de fortes murailles, il n'existe pas encore de villes.
- **52 av. J.-C.** – César soumet la Gaule. Avaricum, assiégé, est pris et détruit.
- **276** – **Invasions** des Alamans et des Francs. De nombreux sites sont détruits, notamment celui d'Argentomagus. Les villes s'enferment derrière des remparts.
- **Fin du 3e s.** – L'empereur Dioclétien partage le territoire des Gaules en deux diocèses. Berry et Limousin sont incorporés dans l'Aquitaine.
- **470** – La **bataille de Déols** livre l'Aquitaine à Euric, roi des Wisigoths.

De Clovis à Louis XI: incertitudes politiques

- **507** – **Bataille de Vouillé**: l'Aquitaine tombe aux mains des Francs. En battant Alaric, roi des Wisigoths, Clovis, roi des Francs, devient le maître de la Gaule.
- **511** – À la mort de Clovis, le royaume est partagé entre ses quatre fils. Clodomir hérite de Bourges et du royaume d'Orléans.
- **631** – Orfèvre réputé de Limoges, **saint Éloi**, conseiller du roi Dagobert, fonde l'abbaye de Solignac.
- **732** – Défaite d'une incursion arabe autour de **Poitiers**.
- **9e s.** – **Invasions normandes**. Situation anarchique dont les comtes de Poitiers tirent profit en étendant leur autorité entre Loire et Garonne.
- **11e s.** – Le Limousin est partagé en plusieurs grands fiefs.
- **1021-1031** – Apogée de l'abbaye **Saint-Martial** à Limoges.

La guerre de Cent Ans

Partagé entre les aspirations territoriales de la France et de l'Angleterre, le Limousin est durant la guerre de Cent Ans le théâtre de conquêtes et de reconquêtes d'une grande violence. Plus tard, c'est à Bourges que se réfugie le dauphin Charles avant de prendre le titre de roi de France à Mehun-sur-Yèvre, en 1422.

Une région stratégique

Une longue période de **troubles et de guerres** (1337 à 1443), entrecoupée de trêves, verra s'opposer les rois de France et d'Angleterre. Elle affectera profondément le Limousin, devenu en effet un enjeu d'une grande importance entre la France et l'Angleterre, car cette terre était passée sous souveraineté anglaise en 1162 par le mariage d'Aliénor d'Aquitaine avec Henri II Plantagenêt.

Le Limousin en proie à la terreur

Autour des querelles dynastiques naissent des **rivalités locales**, compliquées par des jeux d'alliances. La population subira les conséquences de cette longue guerre. Saccages et massacres y sont perpétrés par les soldats des deux camps et par de nombreuses bandes armées comme celles du Prince Noir. Les bandes profitent du conflit pour se livrer à des **pillages** et à des **violences** insoutenables, notamment à partir de 1346 qui voit Henri de Lancastre, relayé par les hordes d'Édouard Plantagenêt, prince de Galles, dit le Prince Noir, écumer la région avec des **chevauchées** sauvages et meurtrières. Ils tirent profit des divisions locales et de l'absence d'une réelle souveraineté sur l'ensemble des territoires. Incendies et destructions vont ravager le Limousin. En 1360, par le traité de Brétigny, la France accepte de rendre à l'Angleterre de nombreux territoires, dont le Poitou. Jean de Berry, troisième fils du roi Jean le Bon, obtient alors de son père l'Auvergne et le Berry en apanage pour composer cette perte. Monté sur le trône en 1364, le roi Charles V, auquel la noblesse et les villes limousines se sont ralliées, entreprend la reconquête de la province. En représailles, en septembre 1370, a lieu le sac de Limoges par les troupes du Prince Noir suivi, un an plus tard, par le siège d'Ussel. Il faudra attendre 1375 pour que Bertrand du Guesclin, connétable de France, reprenne le Limousin aux Anglais.

Bourges, capitale du royaume de France

C'est à **Bourges** où il s'était réfugié, que le futur **Charles VII** revendiquera la couronne de France dont il avait été dépossédé en 1420 par le traité de Troyes. En 1422, il a pris le titre de roi de France à Mehun-sur-Yèvre. Sept ans plus tard, en 1429, Jeanne d'Arc saura le convaincre de se rendre à Reims pour se faire sacrer roi. Par ce geste, le « roi de Bourges » donne corps aux prémices d'une conscience nationale incarnée par la monarchie. Un homme saura tirer parti de ce contexte troublé : Jacques Cœur. Nommé en 1435 maître de la Monnaie de Bourges, il devient en 1439 argentier du royaume de France. Grâce à ses entreprises commerciales fructueuses, il amasse une fortune considérable qui lui permettra d'aider Charles VII à reconquérir des territoires face aux Anglais. Mais, poursuivi par la jalousie des conseillers du roi, Jacques Cœur est arrêté pour malversation en 1451 et tombe en disgrâce.

- **1101** – Répondant à l'appel du pape Urbain II, le vicomte de Bourges vend sa ville au roi de France Philippe Ier pour la somme de 60 000 sous d'or, pour financer son départ en croisade. Bourges devient ville royale.
- **1152** – Par son remariage avec Henri Plantagenêt, **Aliénor d'Aquitaine** apporte en dot au futur roi d'Angleterre le sud-ouest de la France, dont le Limousin.
- **1195** – Début des travaux de la cathédrale de Bourges.
- **1200** – **Traité du Goulet** : Jean sans Terre, alors en opposition au roi de France, cède à Philippe Auguste ses droits sur le Berry en signe de réconciliation.
- **13e s.** – Les **émaux limousins** se répandent à travers l'Europe.
- **1324** – Consécration de la cathédrale de Bourges.
- **1337-1443** – Guerre de Cent Ans.

GUERRE DE CENT ANS, VOIR P. 454

- **1451** – Procès de **Jacques Cœur** *(voir p. 285)*.
- **Milieu 15e s.** – Premières tapisseries à Felletin, puis à Aubusson.
- **1463** – Fondation de l'université de Bourges par le duc Charles de Berry.
- **1464** – Le maréchal de Brosse décore les murs des salles de son château-forteresse avec les tapisseries de la **Dame à la licorne**.
- **1487** – Grand incendie de Bourges.

Du 16e s. à la Révolution

- **1516** – Épidémie de peste à Bourges.
- **1524** – Des soldats déserteurs, « les 6 000 diables », pillent Bourges.
- **1562-1598** – **Guerres de Religion** : les protestants sont peu nombreux, mais la région est dévastée par les deux camps. Les paysans du Limousin s'arment pour se défendre.
- **1593-1594** – **Révolte des croquants en Limousin**. Refusant de payer la taille, la dîme et les droits féodaux, des paysans armés, surnommés les « croquants », s'insurgent contre ceux qui oppressent le peuple des campagnes. Mais l'armée du gouverneur du Limousin, M. de Chambaret, les massacre près de St-Priest-Ligoure.
- **1607** – Réunion de la vicomté de Limoges à la couronne de France. Elle appartenait jusqu'à présent à Jeanne d'Albret, mère d'Henri IV.
- **1665** – Création de la Manufacture royale de tapisserie à Aubusson, puis à Felletin en 1685.
- **1690** – À Tulle, essor de l'activité métallurgique. La puissante manufacture d'armes, célèbre pour ses « fusils boucaniers », est connue dans toute l'Europe.
- **1699** – Pour tenter d'enrayer la pauvreté dans le Limousin, des ateliers publics emploient des démunis pour l'entretien des routes.

Les maçons creusois en exil

Dès le Moyen Âge, trop nombreux sur des terres trop pauvres, les paysans creusois devaient trouver un revenu d'appoint pour survivre. Des groupes prirent l'habitude de partir à la recherche de chantiers de construction pour se faire embaucher comme tailleurs de pierre, maçons, charpentiers, etc. C'est ainsi qu'ils devinrent bâtisseurs. Précédés par leur bonne réputation, ils partirent sur tous les grands chantiers français à Chartres, Bourges, Lyon, Bordeaux, Versailles. Au 19e s., on estime que près de 45 000 Creusois participèrent aux grands travaux du Paris haussmannien. Initialement temporaire, l'émigration devint définitive : le département perdit la moitié de sa population de 1850 à 1950. Parmi les « hirondelles blanches », comme on les surnommait, certains firent fortune, mais beaucoup d'autres vécurent dans une grande pauvreté.

- **1761-1774** – Nommé intendant du Limousin, **Turgot** s'efforce de développer la région par la construction de routes et de lutter contre les famines par l'introduction de la pomme de terre.
- **1766** – Découverte du kaolin à St-Yrieix-la-Perche *(voir p. 103)*.
- **1771** – Première manufacture de porcelaine à Limoges.
- **1781** – Fondation des forges de Vierzon par le comte d'Artois.

Les temps modernes

- **1819-1843** – Percement du **canal de Berry**.
- **1849** – À Bourges, procès retentissant contre les chefs de la gauche qui ont participé aux insurrections de mai 1848.
- **1852-1870** – Second Empire. Arrivée des chemins de fer et construction des lignes desservant Bourges, Limoges et Brive.
- **1854** – Le choléra sévit à Limoges.
- **1861** – La première machine à faucher arrive dans le Limousin.
- **1864** – Un terrible incendie détruit des quartiers de Limoges. Grève des porcelainiers.
- **1871-1940** – IIIe République. Le Limousin s'affirme comme un bastion des idées avancées. Il élit les premiers députés ouvriers (Nadaud, Desfarges) et fournit de nombreux cadres aux partis de gauche.
- **1889** – Bourganeuf est l'une des premières villes électrifiées de France.
- **1895** – Création de la CGT à Limoges.
- **1935** – Construction du barrage de Marèges sur la Dordogne.
- **1940** – La ligne de démarcation traverse le Cher. Afflux des réfugiés en Limousin.
- **1941-1944** – Intenses activités des maquis *(voir encadré ci-dessous)*.
- **1944** – Massacres de Tulle *(voir p. 122)* et d'Oradour-sur-Glane.
- **1948** – Découverte du premier gisement d'**uranium** français en Haute-Vienne.
- **1977** – Lancement du Printemps de Bourges *(voir encadré p. 291)*.
- **1992** – La cathédrale de Bourges est inscrite au Patrimoine mondial de l'Unesco.
- **2012** – Élection de François Hollande, ancien maire de Tulle et président du conseil général de Corrèze, à la présidence de la République.
- **2016** – La France compte 13 régions: le Limousin est rattaché à la Nouvelle-Aquitaine et le Berry reste dans le Centre-Val de Loire.
- **2017** – L'IGP « Porcelaine de Limoges » est accordée par l'Institut national de la propriété industrielle aux porcelainiers de Limoges et de la Haute-Vienne.

Une terre de résistance

L'ancrage d'une tradition de révoltes fera du Limousin l'un des bastions de la Résistance, au cours de la Seconde Guerre mondiale, et ce, de très bonne heure. C'est à Brive qu'Edmond Michelet diffusera le premier tract refusant la défaite le 17 juin 1940. Le Limousin devient le premier **maquis** de France, fédéré par **Georges Guingouin**, résistant de la première heure et qui livra bataille sur le **Mont Gargan** (17 au 23 juillet 1944). Beaucoup de réfugiés juifs trouvèrent un abri sûr dans le Limousin, notamment à Chavanac, devenu depuis un lieu de mémoire et de commémorations. Cette résistance vaudra le déchaînement de la sinistre division « Das Reich » auteur du **massacre d'Oradour-sur-Glane** le 10 juin 1944.

Voir les musées de la Résistance à Limoges, de la Résistance et de la Déportation du Cher à Bourges ainsi que le musée Edmond-Michelet à Brive-la-Gaillarde.

Arts et culture

L'Antiquité et le haut Moyen Âge ont laissé peu de traces architecturales : quelques structures gallo-romaines, des cryptes, des vestiges épars souvent utilisés en remploi dans les églises… L'art roman en Limousin, caractérisé par une grande diversité de styles régionaux, insuffla un nouvel élan architectural. Aux châteaux forts du Moyen Âge succèdent les châteaux d'agrément des époques suivantes.

Architecture

Art antique

Situés loin des grands axes de circulation, le Limousin et le Berry ne se sont développés que partiellement durant l'Antiquité. À défaut de bâtiments grandioses, quelques monuments témoignent de la qualité de l'art gallo-romain. Les grandes cités d'**Avaricum** (Bourges), **Augustoritum** (Limoges) ou encore **Argentomagus** (St-Marcel) comprenaient tous les édifices typiques des cités romaines : forum, oppidum, théâtre, amphithéâtre, thermes, nécropoles. Détruits ou enfouis sous les villes actuelles, leurs vestiges ne sont malheureusement plus visibles à l'exception de quelques-uns représentatifs de l'art gallo-romain : la fontaine monumentale et la villa de Quintus Sergius Macrinus à *Argentomagus*, l'oppidum de Toulx-Ste-Croix, la villa à vocation agricole de Cujasseix.

Art roman

Le renouveau de la construction se manifeste après l'an 1000. L'âge roman, qui dure environ deux siècles, se caractérise par une grande diversité de styles régionaux qui s'influencent mutuellement.

En Berry

Bien qu'on y retrouve la marque des écoles poitevine et bourguignonne, la plupart des **églises romanes** du Berry observent un plan précis, défini par certaines particularités : chœur à deux travées flanqué quelquefois de bas-côtés avec lesquels il communique par des arcades supportées par des colonnes ornées de chapiteaux, abside en hémicycle, transept dont la croisée est surmontée d'une coupole sur trompes et dont les bras sont voûtés en berceau, simple nef rectangulaire (à l'origine couverte en charpente) plus large que le carré du transept et communiquant avec les croisillons par d'étroites ouvertures appelées **passages berrichons**. Quelques églises étaient parfois flanquées de collatéraux.
La basilique de Neuvy-St-Sépulchre se singularise par son plan en forme de rotonde inspirée du St-Sépulcre de Jérusalem. Quant aux abbatiales, elles adoptent le plan bénédictin, l'ordre de saint Benoît ayant essaimé dans le Berry : à Fontgombault, à Chezal-Benoît et à Châteaumeillant, où l'église St-Genès se distingue avec ses six chapelles parallèles à l'abside. Noirlac est une création

cistercienne, Plaimpied et Puy-Ferrand sont dues aux chanoines de St-Augustin.

La **décoration** ne manque pas non plus d'intérêt. Si les tympans sont nus, les modillons sculptés, les chapiteaux ornés de feuillages ou historiés témoignent de la vitalité de la sculpture berrichonne, notable dans les églises de La Celle, de Châteaumeillant, de Plaimpied.

Plus remarquables sont les **fresques** conservées dans plusieurs édifices. Vraisemblablement l'œuvre de peintres itinérants, elles se caractérisent par des tonalités douces sur fond clair. À Vic, les personnages sont dessinés d'un trait ferme, en brun ou ocre rouge. À Brinay, les tons assourdis sont plus nuancés ; la fresque se déroule comme une tapisserie sur des bandes horizontales vertes, jaunes, marron pâle, blanches. À Palluau-sur-Indre, les couleurs dominent, avec des rouges profonds, des verts et des jaunes destinés à souligner la gloire divine.

En Limousin

Les caractères d'écoles voisines se sont mêlés. **École auvergnate**, dont la spécificité essentielle est la voûte de la nef, contrebutée à l'aide des voûtes en demi-berceau des bas-côtés ou des tribunes, à Beaulieu-sur-Dordogne. **École poitevine**, dont on retrouve certaines influences dans la collégiale St-Pierre du Dorat : nef aveugle voûtée en berceau brisé, collatéraux voûtés d'arêtes. **École périgourdine** : coupoles de l'église de Solignac.

Certains éléments peuvent être considérés comme typiquement limousins : l'emploi du **granit**, que l'on trouve partout dans les terrains primaires et dont la teinte grise tire parfois sur le blond ; la forme particulière de certains **clochers**, comme à St-Léonard de Noblat et Uzerche. La flèche octogonale qui les termine est reliée aux étages carrés servant d'assise par un ou deux étages sur plan octogonal ; les gâbles placés à hauteur du dernier étage sur un plan carré jouent un rôle ornemental et équilibrent la répartition des poussées exercées par les étages supérieurs.

Enfin, les **façades** présentent un type assez uniforme : elles sont constituées par un massif clocher-porche flanqué de deux clochetons, comme au Dorat et à St-Junien, le portail étant souvent encadré d'archivoltes festonnées inspirées de l'art musulman.

Le **plan cruciforme** comporte généralement une nef à collatéraux étroits et une abside en hémicycle ou polygonale avec déambulatoire (parfois) et chapelles rayonnantes. Le **plan rectangulaire** se termine, lui, par un chevet plat. Les petites églises de campagne, trapues, ont souvent un clocher-mur.

La sculpture est rare, le granit n'étant pas un matériau facile à travailler ; peu de chapiteaux ouvragés donc, ni de tympans décorés, hormis celui de Beaulieu-sur-Dordogne.

Typiquement limousins sont les « boudins » qui ornent les fenêtres et les portails et qui entrent dans la composition de la **mouluration limousine**.

Art gothique

Née dans la première moitié du 12e s., en Île-de-France, l'architecture gothique a peu à peu remplacé l'architecture romane.

Art religieux

Cathédrales et églises – En Berry, l'art gothique se manifeste très tôt (fin du 12e s.) à **Noirlac**, dont l'église aux murs romans se voit dotée d'une voûte d'ogives. Mais le monument essentiel est la cathédrale de **Bourges**, pur chef-d'œuvre du 13e s. : sa haute nef couverte de voûtes sexpartites, ses doubles bas-côtés se prolongeant autour du chœur

La nef de la collégiale Saint-Pierre du Dorat.
S. Sonnet/hemis.fr

et l'absence de transept en font un édifice d'une grande originalité.

Le Limousin a subi les influences de l'école languedocienne et des écoles du nord de la France. À **Limoges**, les chantiers de la cathédrale St-Étienne, des églises St-Pierre-du-Queyroix et St-Michel-des-Lions ; à **St-Yrieix**, la collégiale du Moustier ; à **Tulle**, le clocher-porche de la cathédrale Notre-Dame et le cloître témoignent de l'ardeur à construire aux 13e et 14e s.

Sculpture, peinture et vitrail – Érigé en duché vers le milieu du 14e s., le Berry devient, sur l'initiative du duc Jean, un centre intellectuel et artistique de premier ordre. Le duc fait appel à d'excellents artistes, mais la plupart des chefs-d'œuvre réalisés par les **ateliers de Bourges** ont malheureusement disparu : du mausolée du duc Jean ne restent que le gisant abîmé qui se trouve dans la crypte de la cathédrale et quelques fragments exposés au musée du Berry. De cette époque date cependant la majeure partie de la statuaire de la cathédrale. Issoudun conserve, dans l'ancien hospice St-Roch, un bel arbre de Jessé sculpté.

À Limoges, la cathédrale St-Étienne abrite dans le pourtour du chœur deux tombeaux exécutés dans le plus pur style du 14e s. Le village de Reygade, en Corrèze, possède une Mise au tombeau du 15e s.

Les **peintures murales** continuent à orner les murs de plusieurs églises. Mentionnons pour le 13e s. la crypte de l'église de Gargilesse, les voûtes de la collégiale St-Junien aux fresques bien conservées ; pour le 14e s., les fresques de l'église de Roussines ; pour le 15e s., le plafond de la chapelle du palais Jacques-Cœur à Bourges.

Quant à l'art du **vitrail**, il s'épanouit à Bourges avec la réalisation, pour la cathédrale, d'un ensemble de verrières (13e-15e s.), l'un des plus beaux d'Europe.

Architecture militaire et civile

Châteaux forts – Les forteresses féodales édifiées aux 10e et 11e s. n'ont guère résisté aux guerres et aux destructions. Les **donjons**, derniers réduits de la défense, étaient généralement carrés en Limousin au 12e s. Ils ont été percés, au 13e s., de petites ouvertures en plein cintre. Leurs différents étages étaient reliés entre eux par des escaliers pratiqués dans l'épaisseur des murs et coupés de chicanes. On n'y pénétrait que par une petite porte ouverte au premier étage à laquelle conduisait un escalier léger ou une échelle escamotable: Châlus en est un remarquable exemple. La plupart de ces forteresses deviendront châteaux de plaisance, tout en gardant leur aspect défensif qui contraste avec les raffinements apportés par la suite.

En **Limousin**, au 13e s., se dressaient de puissantes forteresses qui se renforcèrent aux 14e et 15e s.: Merle, Ventadour, Curemonte, Châlucet, Montbrun et, dominant la vallée de la Creuse, Crozant, la puissante citadelle des comtes de la Marche.

Des **bourgs fortifiés**, il reste çà et là des portes, des beffrois et, plus rarement, des vestiges d'enceintes comme au Dorat.

Dans le **Berry**, les châteaux forts ne furent pas moins nombreux; beaucoup souffrirent du conflit entre Capétiens et Plantagenêts à la fin du 12e s. Culan, repris par Philippe Auguste en 1188, reconstruit au 13e s., garde sa nudité austère que relèvent ses trois tours arrondies surmontées de hourds en bois. Ainay-le-Vieil est protégé par son enceinte à neuf tours et Meillant dresse encore ses sept tours féodales altières.

Au 15e s. apparaissent des châteaux d'un type nouveau, mi-défensif mi-résidentiel, comme Villemonteix, qui fait transition avec l'architecture civile.

Monastères et églises fortifiées – L'insécurité qui régnait dans le sud-ouest de la France, particulièrement pendant la guerre de Cent Ans, fut à l'origine des fortifications religieuses. Églises et abbayes constituaient alors pour les villageois le refuge le plus sûr contre les violences des bandes qui écumaient le pays. Véritables châteaux forts, elles se hérissaient de tours crénelées, de chemins de ronde et étaient parfois entourées de palissades et de fossés. Les plus remarquables sont celles de Compreignac, de St-Angel et de Glénic.

Architecture civile – L'architecture civile a parfois survécu au temps: quelques maisons ou hôtels particuliers (corps de logis de l'hôtel des Échevins) subsistent à Bourges, Mehun-sur-Yèvre, Limoges, St-Léonard de Noblat, Rochechouart et Ségur-le-Château. Un édifice retient l'attention par son ampleur et sa somptuosité: le **palais Jacques-Cœur**, à Bourges, construit en style gothique finissant. L'hôtel des Moneyroux à Guéret lui est contemporain.

La Renaissance

Au début du 16e s., l'influence de l'Italie amène un renouveau: l'architecture civile prend le pas sur l'architecture religieuse et militaire.

Architecture résidentielle

Le siècle qui suit la fin de la guerre de Cent Ans est une période d'intense reconstruction: la moitié au moins des châteaux du Berry sont reconstruits entre 1430 et 1550, et beaucoup de villes se transforment. Le mouvement architectural nouveau privilégie le **style flamboyant** tout en se laissant pénétrer lentement par le goût italien, que l'on interprète plus qu'on ne copie. À **Bourges**, ravagée en 1487 par un gigantesque incendie, le style Renaissance s'affirme dans les hôtels Cujas et Lallemant.

À **Limoges**, la cathédrale s'enrichit du portail St-Jean et la ville du bel ensemble de la cour du Temple.

À **Tulle**, la maison de Loyac date aussi du 16e s., tout comme la maison des Archiprêtres à **Lubersac**.

Les **châteaux** abandonnent peu à peu leur vocation défensive pour devenir de confortables résidences; beaucoup se dotent d'une galerie « à l'italienne ». En Limousin, Rochechouart, Coussac-Bonneval, Pompadour sont des édifices de transition. Dans le Berry, Meillant, Ainay-le-Vieil, la Verrerie, Argy ou encore Azay-le-Ferron témoignent d'une recherche d'élégance qui culminera à Valençay.

Sculpture et vitraux

La **sculpture** se manifeste à la cathédrale de Limoges avec le magnifique jubé édifié en 1533 et le tombeau de Jean de Langeac.
À Bourges, l'art du **vitrail** se renouvelle avec les verrières de Lécuyer.

Du 17e s. à aujourd'hui

Inspiré de Paris et de Versailles, l'art perd au 17e s. tout caractère régional. Dans le Berry, le gracieux château de Jussy-Champagne clôt la période Renaissance et ouvre l'ère du **classicisme**, avec ses frontons soutenus par des pilastres et ses corps de logis se reflétant dans les plans d'eau au-delà desquels s'étalent des jardins à la française. François Le Vau édifie le château de Lignières dans le style Grand Siècle.
De son côté, le style **baroque** entre dans les églises par l'intermédiaire du mobilier: la chaire de Lignières, le retable monumental de Naves, les boiseries de Moutier-d'Ahun témoignent d'une grande maîtrise de la sculpture sur bois au 17e s.
Sous les intendants du 18e s., le **paysage urbain** se transforme: les anciens remparts disparaissent au profit de grands boulevards et on aménage des jardins et des places à l'ordonnance sévère.
D'imposants bâtiments s'élèvent: le palais archiépiscopal de Bourges, le palais épiscopal de Limoges, etc.
Le **château de Bouges**, dans l'Indre, fut élevé au 18e s.: la pureté de ses lignes, l'harmonie de ses proportions le classent parmi les édifices les plus intéressants de cette époque. Le 19e s. n'apporte guère de nouveautés architecturales; on s'emploie surtout à reconstituer d'anciens monuments.
En revanche, la **peinture** et la **tapisserie** prennent un caractère original. Notamment dans la vallée de la Creuse, où se concentre une colonie d'artistes sur les sites de Gargilesse, Crozant et Fresselines connue sous l'appellation d'« **école de Crozant** ». Claude Monet, par exemple, se passionne pour le site de Fresselines, qui lui inspire en 1889 une vingtaine de toiles.
De nos jours naissent de nouvelles initiatives en matière d'**architecture**, utilisant des matériaux locaux et intégrant avec succès le bâti dans un cadre naturel préservé. Œuvre du célèbre architecte Jean Nouvel, le **pôle de Lanaud** (1994), consacré à la promotion et à la valorisation des produits de la race bovine limousine, marie pin Douglas et verre. Semi-enterré au creux d'un vallon, le Centre de la mémoire d'**Oradour-sur-Glane**, tout en matériaux bruts, semble disparaître au profit du paysage des bords de Glane. Le **Centre international d'art et du paysage de Vassivière** fait écho au lac qui l'environne, avec sa charpente en bois, sa galerie qui évoque une carène de bateau et son phare en brique rouge... Sur un tout autre registre, notons également la Bibliothèque francophone multimédia de **Limoges**. Imaginée par l'architecte Pierre Riboulet, elle est l'une des réalisations les plus originales du Limousin. L'édifice, qui s'étend sur près de 15000 m², mêle harmonieusement le granit et le verre dans ses différentes salles agencées autour d'un atrium pavé d'une mosaïque gallo-romaine.

ABC d'architecture

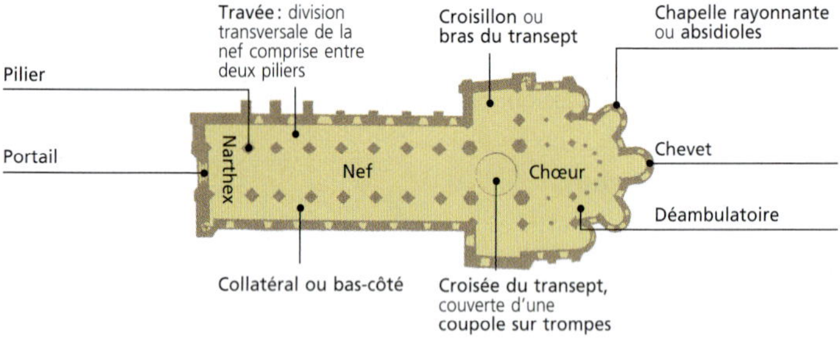

CHÂTEAUMEILLANT – Coupe transversale de l'église St-Genès (première moitié du 12e s.)

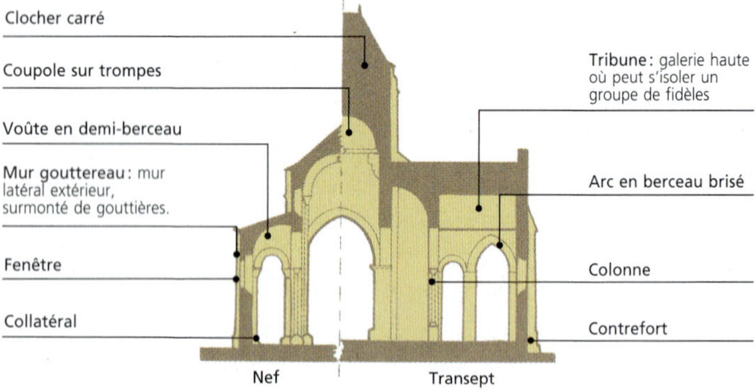

LE DORAT – Portail Ouest de la collégiale St-Pierre (première moitié du 12e s.)

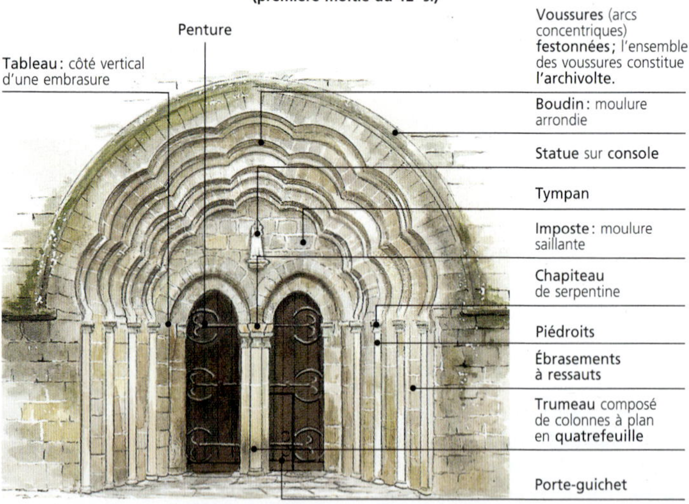

R. Corbel/MICHELIN

ST-LÉONARD-DE-NOBLAT – Clocher de l'église (12e s.)

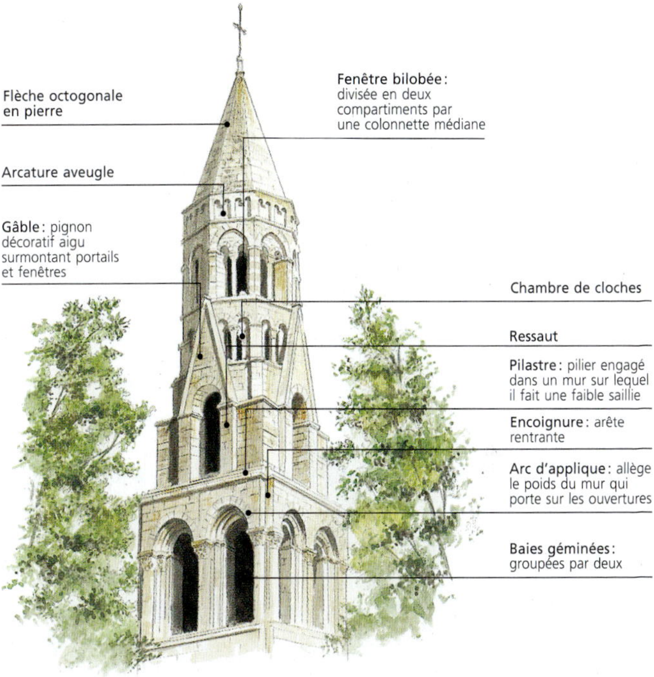

BEAULIEU-SUR-DORDOGNE – Chevet de l'église St-Pierre (début du 12e s.)

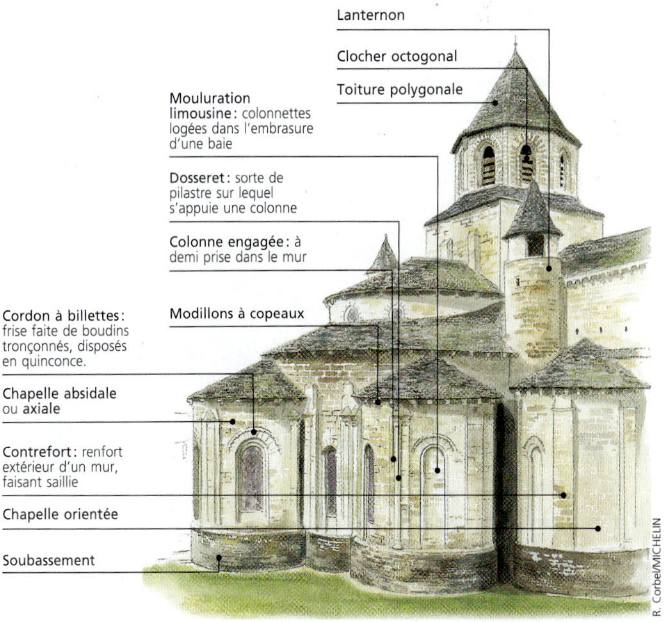

BOURGES – Nef de la cathédrale St-Étienne (fin 12e-début du 13e s.)

L'**élévation** de la nef sur quatre étages (arcades, tribune, triforium, fenêtres hautes) est caractéristique de l'art gothique primitif (seconde moitié du 12e s.).

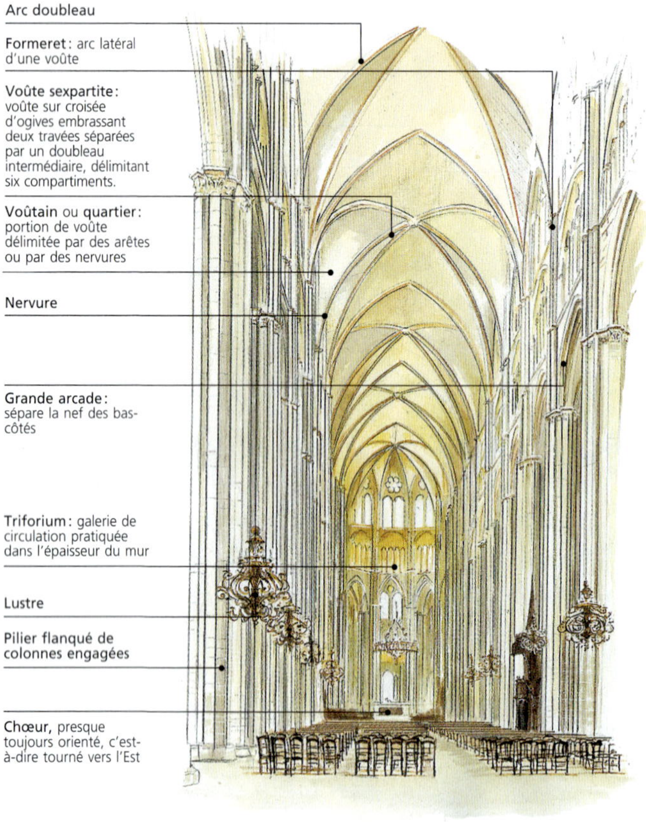

Abbaye de NOIRLAC (Cher) – Aile du cloître (seconde moitié du 13e s.)

Le **cloître** est une allée couverte de quatre côtés délimitant une cour centrale et permettant aux moines de passer des bâtiments conventuels à l'église.

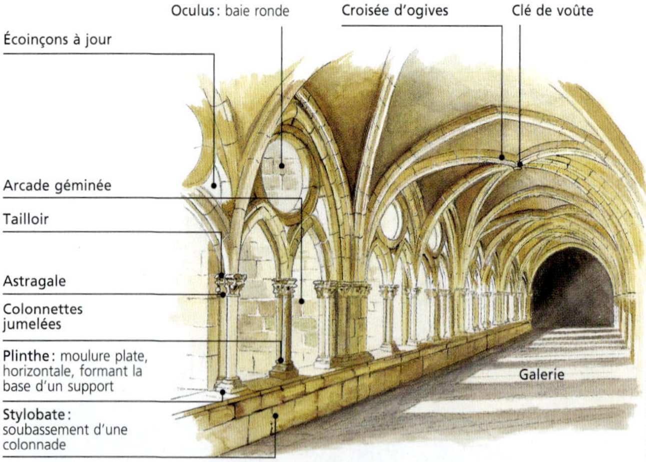

LEVROUX – Orgues de la collégiale St-Sylvain (fin du 15e s.)

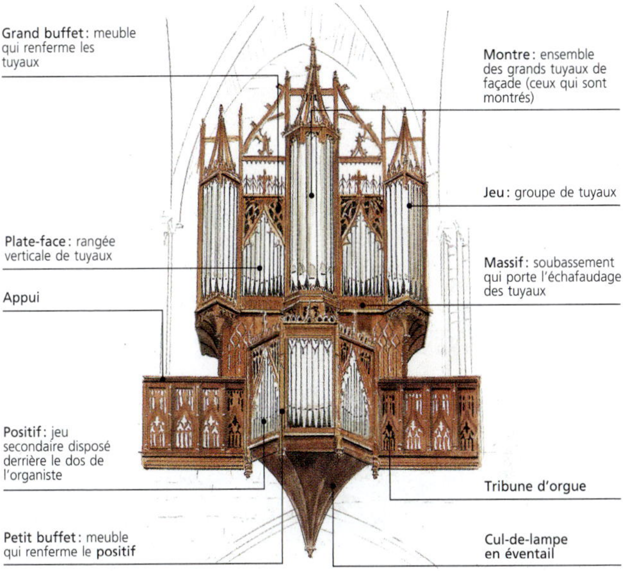

MOUTIER-D'AHUN – Boiseries et stalles Sud de l'église (1673-1681)

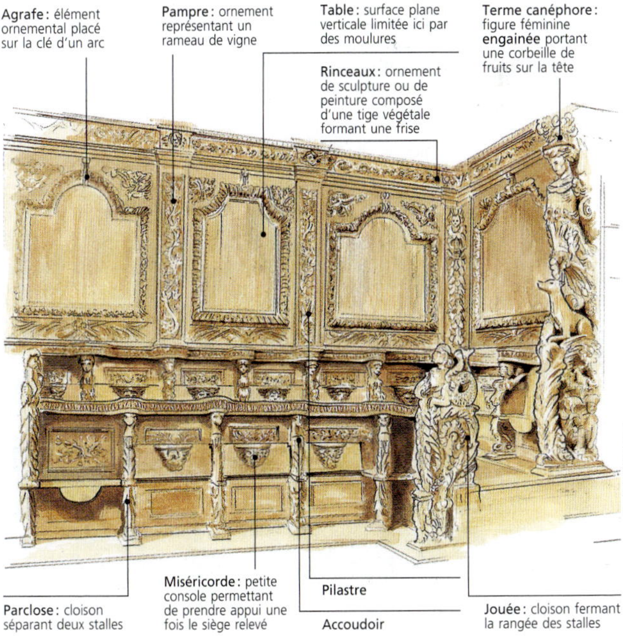

Architecture civile

Château de MONTBRUN (12e et 15e s.)

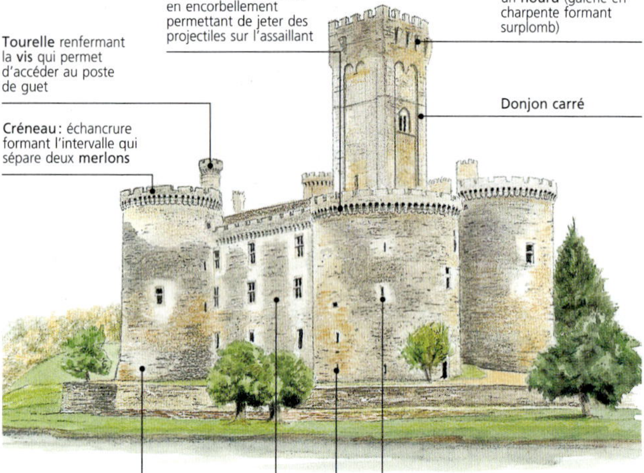

Château de MEILLANT – Façade orientale (début du 14e s.)

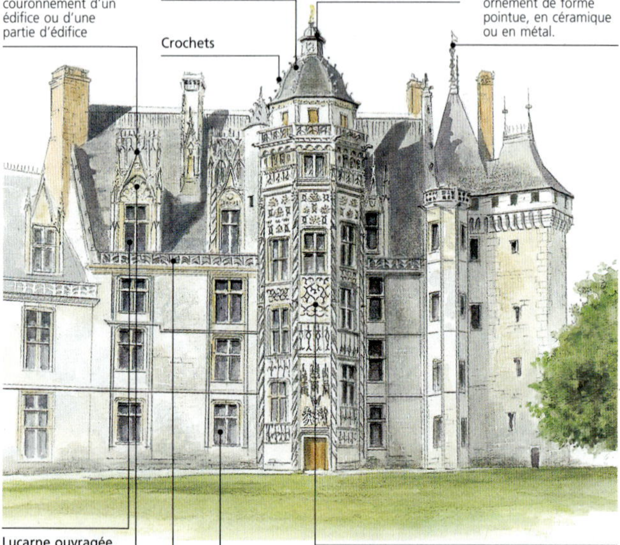

Château de BOUGES – Façade Nord (fin du 18e s.)

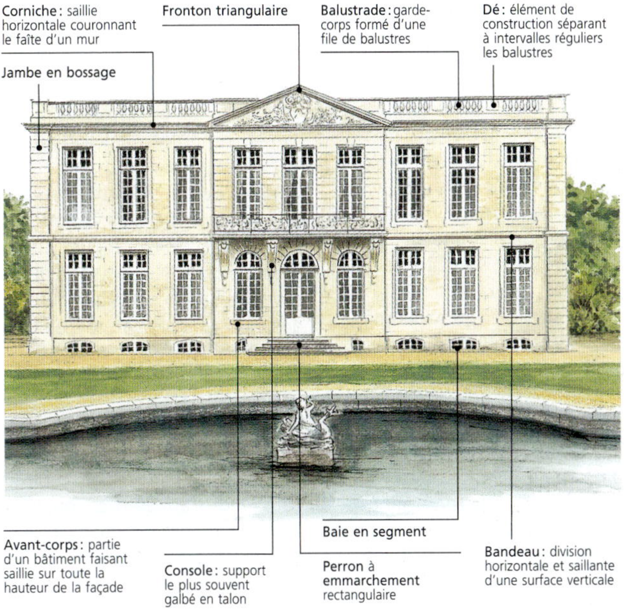

LIMOGES – Gare des Bénédictins (1923-1926)

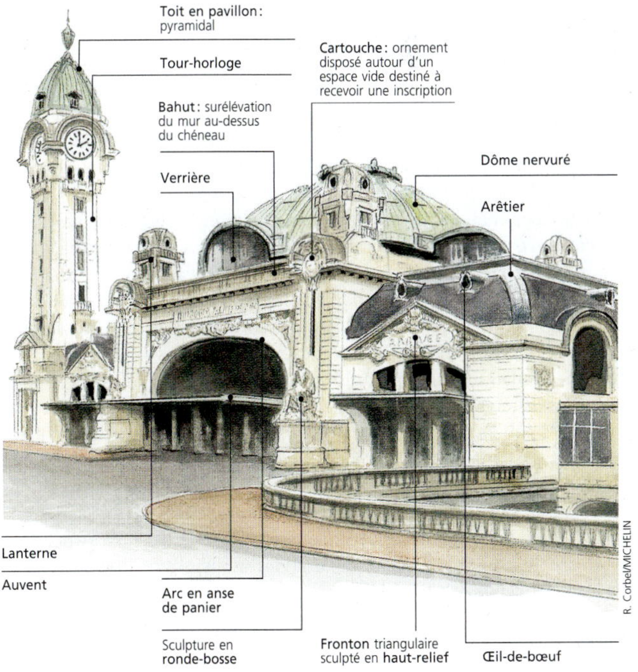

Peinture

L'école de Crozant…

Les magnifiques paysages de la vallée de la Creuse et les ruines romantiques de la forteresse de Crozant ont attiré de nombreux artistes, séduits par les reliefs, les couleurs et l'horizon très haut, au point qu'apparaît l'appellation « école de Crozant » au Salon de Paris de 1864. Arrivé en 1892, le peintre impressionniste **Armand Guillaumin** (1841-1927) renforce la notoriété de cette « école », qui connaît ses heures de gloire de 1880 à 1930. La Creuse lui inspire ses plus belles toiles comme *Neige fondante dans la Creuse* ou *Le Moulin de la Folie*. **Claude Monet**, **Francis Picabia**, **Eugène Alluaud**, **Paul Madeline**, **Fernand Maillaud** ont fréquenté ces mêmes lieux. **Claude Monet** réside trois mois à Fresselines en 1889, le village de son ami le poète Maurice Rollinat, où il s'attache à retranscrire les vibrations de l'atmosphère au fil des heures et des saisons. Il rapporte 24 toiles dont la série des *Eaux semblantes*. D'autres artistes, tels **Léon Detroy**, Osterlind père et fils ou **Henri Jamet**, séjournent au village de Gargilesse, déjà rendu célèbre par George Sand et qui attira plusieurs artistes en Berry, dont **Théodore Rousseau** en 1842. Aujourd'hui ces sites remarquables présentent une programmation artistique autour des musées, sites naturels et ateliers et galeries d'art.

… et d'autres encore

Ernest Nivet, né à Levroux, élève de Rodin, est le sculpteur de Châteauroux. Il puise son inspiration dans l'Indre. Son *Berger couché* montre sa sensibilité du monde paysan. **Hélier-Cosson**, né en 1897 à Châteauroux, fait carrière à Paris comme peintre portraitiste mondain : ses modèles sont des personnalités de la politique et du monde des arts.

L'habitat traditionnel

Aujourd'hui, en Limousin comme en Berry, les lieux de résidence s'éloignent de plus en plus du centre-ville. Comme dans beaucoup de régions de France, des lotissements pavillonnaires fleurissent un peu partout, tandis que des amoureux du passé réhabilitent des habitats anciens traditionnels dont voici quelques caractéristiques :

En Berry – Les châteaux et les belles demeures sont bâtis en grès rose, en calcaire et en granit. Diverses carrières, exploitées aux limites de la Champagne berrichonne ou dans l'Indre près de Crevant, ont fourni la pierre. La maison traditionnelle berrichonne emploie surtout la brique rouge, le torchis et le pisé. La tuile bleue couvre nombre de toits. Autrefois, les maisons d'une même famille étaient souvent accolées les unes aux autres, formant ainsi une sorte de long bâtiment.

En Limousin – Les matériaux employés varient d'une région à l'autre. À l'ouest, les maisons sont en petit appareil de gneiss ou de micaschiste, avec toiture en tuile canal. Dans la Creuse et en Corrèze, on a des constructions en gros blocs de granit gris ou rose et des toits en lauze ou en ardoise. Dans le sud, certains habitats sont en grès rouge, avec des toits en tuile, lauze ou ardoise. Dans le pays de Brive, les maisons en moellons de calcaire ont des toits en ardoise. Les fermes sont soit de style limousin, avec les dépendances dans le prolongement de la maison basse, soit de style auvergnat avec une levée de terre qui conduit au porche de la grange surmonté d'un clocheton, les étables étant au niveau inférieur.

La Roche de l'Écho, Crozant, par le peintre Armand Guillaumin.
Fine Art Images/Heritage Image/age fotostock

Bien qu'ils vivent à Paris, il ne faut pas oublier les peintres **Auguste Renoir**, né à Limoges en 1841, et **Suzanne Valadon**, née en 1865 à Bessines-sur-Gartempe.

Littérature et terroir

Deux provinces pastorales qui fleurent bon la terre... C'est l'image que nous a transmise la littérature berrichonne et limousine, qui a gardé quelque chose d'authentique et d'attachant, où folklore et monde rural ont largement leur place.

Une tradition orale

Nous survolons délibérément le Moyen Âge et les productions poétiques, historiques ou hagiographiques des **moines** de l'abbaye St-Martial à Limoges, ainsi que les troublants **troubadours** Gaucelm Faidit, Gui d'Ussel et Bernard de Ventadour, dont les ballades chantaient l'amour chevaleresque, pour nous intéresser de plus près au petit peuple du Limousin et du Berry, à ceux qui portent encore en eux le germe de la longue tradition des récits de terroir qui se poursuit de nos jours.

Car ici, c'est par la langue que tout s'est transmis, les histoires de tous les jours, comme les légendes peuplées de diables et de fadettes. À cette époque, on parle le berrichon ou le limousin, langues occitanes. Les Berrichons, par exemple, sont les premiers littérateurs régionalistes : ils aiment improviser des « rimouères » sur des airs de danse ; les **maîtres sonneurs** sont doués dans ce genre d'exercice.

George Sand et la naissance du roman régionaliste

La campagne berrichonne inspire de nombreuses plumes, comme **Henri de Latouche**, né à La Châtre, qui favorisa la carrière de Chénier ou de George Sand. Il reste cependant plus connu comme directeur du *Figaro* que pour ses écrits.

Aurore Dupin, née à Paris, et qui fera sa carrière littéraire sous le nom de George Sand, passe son enfance à Nohant, dans le Berry. Elle se marie avec le baron Dudevant (1822-1831), dont elle se sépare rapidement. Dès lors, elle mène une vie très indépendante, devient la maîtresse de Jules Sandeau, qui lui inspire son pseudonyme et avec lequel elle écrit *Rose et Blanche* (1831). Parmi les autres amants de George Sand figurent deux personnalités fort célèbres, Musset et Chopin. Dès 1839, elle revient régulièrement à Nohant et finit par y couler une douce vieillesse. C'est elle qui invente le roman régionaliste en France avec *La Mare au diable* (1846), *François le Champi* (1847-1848), *La Petite Fadette* (1849) et son chef-d'œuvre, *Les Maîtres sonneurs* (1853). Amours juvéniles, travaux des champs et mœurs berrichonnes sont les thèmes de ces romans champêtres qui évoquent la vision romantique de la province au milieu du 19e s.

Né à Châteauroux, le poète **Maurice Rollinat**, filleul de George Sand, passe son adolescence dans le Berry. Il célèbre les paysages berrichons dans ses recueils de poésies *Dans les brandes* (1877) ou *La Nature* (1882). Plus tard, à Paris au cabaret du Chat Noir, il interprète ses propres chansons qui s'inspirent du Berry. Il s'établit ensuite sur les bords de la Creuse à Fresselines, où il accueille des artistes dont Claude Monet.

Une terre d'écrivains

D'autres auteurs et autrices se sont inspirés de leur Berry ou Limousin natal. Parmi eux, il faut compter avec **Marguerite Audoux**, un personnage étonnant. Née à Sancoins, dans le Cher, très tôt orpheline, elle est d'abord placée au couvent, puis envoyée en Sologne pour y garder les moutons et travailler comme servante. Plus tard, Marguerite Audoux « monte » à Paris et devient couturière. Une maladie la pousse à écrire. Son autobiographie romancée sera auréolée de succès : *Marie-Claire* reçoit le prix Femina en 1910. Bien qu'ayant fait carrière à Paris, le dramaturge **Jean Giraudoux** n'oublie pas son Limousin natal (il est né à Bellac), qu'il évoque dans *Siegfried et le Limousin* (1922) et dans l'*Apollon de Bellac*. De son vrai nom **Henri Alban Fournier**, Alain-Fournier voit le jour à La Chapelle-d'Angillon Un seul livre le porte au pinacle de la gloire, *Le Grand Meaulnes*, publié en 1913. Ce récit a pour cadre la Sologne berrichonne qui a bercé l'enfance de l'écrivain avant qu'il ne parte à Paris pour ses études. Le St-Agathe de son roman désigne Épineuil-le-Fleuriel. À travers ses romans, **Marcel Jouhandeau** retrace quant à lui la vie provinciale dans sa ville natale de Guéret et dénonce les travers des habitants dans *Les Pincengrain* (1924) ou *Prudence Hautechaume* (1927).

Le monde rural inspire aussi **Raymonde Vincent, n**ée à Argy (Indre). Elle passe son enfance dans une ferme où elle s'occupe des animaux, mais elle change de destinée en épousant l'universitaire suisse Albert Béguin. Toujours est-il que le milieu dans lequel elle évolue depuis son mariage l'aide sans doute pour écrire son roman d'inspiration rustique, *Campagne*, prix Femina en 1937. Originaire d'une famille de maçons creusois qui se sont jadis unis aux descendants d'un esclave indien, Françoise Chandernagor fait carrière au Conseil d'État. Elle abandonne finalement la magistrature pour se consacrer définitivement à l'écriture. Son roman le plus célèbre est sans conteste *L'Allée du Roi* (1981). **Pierre Michon**, lui, né en 1945 aux Cards dans la Creuse où ses parents étaient instituteurs, est sans doute l'un des auteurs contemporains les plus connus. Dans son ouvrage *Vies minuscules*, il s'inspire de son vécu d'adolescent dans la Creuse.

Best-sellers corréziens

Le roman régionaliste perdure ; bien avant le renouveau apporté par l'école de Brive, **Georges Emmanuel Clancier** remporte un vif succès avec *Le Pain noir* (1956).

Brive-la-Gaillarde, ou l'éclosion de talents

Dans les années 1970 naît à Brive l'idée d'une manifestation autour du livre. La première **Foire du livre** de Brive voit donc le jour en 1973 et se tient au marché aux légumes (actuelle halle Georges-Brassens). Ce lieu confère à la manifestation un esprit particulier : loin du sacro-saint Salon du livre de Paris, cette rencontre se veut un lieu d'échange convivial où le livre redevient vecteur de communication.
Dans l'élan de cette foire, **Jacques Peuchmaurd**, éditeur chez Robert Laffont, rassemble, pour former l'**école de Brive**, plusieurs écrivains de la région parmi lesquels : Michel Peyramaure, Claude Michelet, Christian Signol, Denis Tillinac, Gilbert Bordes, Yves Viollet, Jean-Guy Soumy et Colette Laussac.

Michel Peyramaure, Claude Michelet et Christian Signol ont puisé leur inspiration dans la vie quotidienne d'hier et d'aujourd'hui en Corrèze pour offrir aux lecteurs : *L'Orange de Noël* (1994) de **Michel Peyramaure**, *Des grives aux loups* (1979), *Les palombes ne passeront plus* (1980) et *L'Appel des engoulevents* (1990), trilogie brossée par **Claude Michelet**, *Antonin, paysan du Causse* (1981), *Les Cailloux bleus* (1984) et *Les Menthes sauvages* (1985), trois romans phares de l'œuvre de **Christian Signol**.
« Livres, films et séries » *(voir p. 500).*

Cinéma

Le dessinateur **Benjamin Rabier** (1869-1939) était à la fois illustrateur et publiciste. Il se passionna pour le film d'animation et créa *Gédéon le canard* et *La Vache qui rit*. Il avait ses racines près de Valençay.
C'est en 1947 que le cinéaste **Jacques Tati** tourne *Jour de fête* à Ste-Sévère. Avec humour et poésie, il retrace la réalité quotidienne de la vie paysanne berrichonne. Depuis, d'autres cinéastes sont venus filmer dans la région. Claude Chabrol, Creusois d'adoption, séjourne à Sardent pendant la guerre et tourne *Le Beau Serge* (1959) avec Jean-Claude Brialy. Autres films : *Tous les matins du monde* (1991) d'Alain Corneau, avec **Gérard Depardieu** (né à Châteauroux) ; *Les Destinées sentimentales* (2000) d'Olivier Assayas, avec Emmanuelle Béart ; *L'Enfant des lumières* (2002), de Daniel Vigne, d'après l'œuvre de Françoise Chandernagor, avec Nathalie Baye ; *Un Secret* (2007) de Claude Miller, avec Patrick Bruel ; *La Guerre des boutons* de Yann Samuell (2011).
Et en 2016-2017, des scènes de la série *Un village français* ont été tournées dans la Creuse.
L'authenticité des paysages, la beauté des villages sont des éléments que la région valorise auprès des professionnels de l'audiovisuel. À Limoges a été créé un Bureau d'accueil des tournages, qui permet de mettre en valeur les atouts du Limousin, propres à attirer de nouvelles productions dans la région.
Depuis 2004, Brive accueille un festival de cinéma, les Rencontres internationales du moyen-métrage.
« Films » *(voir p. 500).*

Arts décoratifs

Implantés dès le Moyen Âge, les arts décoratifs - émail, porcelaine et tapisserie - sont l'expression d'un savoir-faire élaboré, qui a su traverser les modes et les crises. L'émaillerie s'est développée à Limoges dès le Moyen Âge, la porcelaine au 18e s. avec la découverte du kaolin à St-Yrieix. Quant à la tapisserie, elle connaît son apogée aux 16e et 17e s. à Aubusson. L'ouverture de la Cité internationale de la tapisserie dans la cité creusoise confirme de façon éclatante l'importance de cet art d'exception.

L'émaillerie

Les abbayes de St-Martial et de Solignac puis, plus tard, l'abbaye de Grandmont furent les principaux foyers des arts mineurs, parmi lesquels l'émaillerie et l'orfèvrerie, qui prirent un essor spécifique en Limousin. **Saint Éloi**, conseiller du roi Dagobert (7e s.), était un orfèvre réputé pour la beauté de ses croix ouvragées et la qualité de ses monnaies, lorsqu'il vivait à Limoges. Dès le 10e s., les moines fabriquaient des objets d'or ou d'argent, souvent ornés de camées et de pierres précieuses et destinés à l'usage liturgique. L'habileté des **orfèvres limousins** et leur technique éprouvée ont sans doute ouvert la voie, un peu plus tard, à l'émaillerie.

D'importantes collections d'émaux enrichissent les musées de la région, notamment le musée des Beaux-Arts de Limoges et le musée de la Sénatorerie à Guéret. Vous pourrez voir aussi le trésor de l'église à Ambazac, l'église de St-Viance à Donzenac, le trésor de l'église St-Pardoux à Gimel-les-Cascades et l'église de Bellac.

L'émail cloisonné et l'émail champlevé

En utilisant des procédés pratiqués dès le 6e s. par les émailleurs byzantins, qui cloisonnaient des plaques d'or mince de rubans d'or fin et, dans les espaces ainsi ménagés, cuisaient des poudres de verre colorées, les ateliers limousins pratiquent d'abord l'émaillerie dite « cloisonnée ».

Mais ce procédé, propre à l'or, s'accommode mal du cuivre. C'est pourquoi les émailleurs limousins s'orientent, au 12e s., vers la fabrication exclusive d'émaux champlevés : une épaisse plaque de cuivre est évidée par endroits, les cavités étant destinées à recevoir l'émail. Vers la fin de l'époque romane, les tons unis tendent à se nuancer, deux à quatre couleurs se juxtaposent dans chaque alvéole. Le creux des plis est volontairement accusé d'un trait clair (blanc, ciel, jaune) cernant des surfaces plus sombres (bleu foncé, vert émeraude). La plupart des œuvres sont inspirées des enluminures, des manuscrits, des ivoires, des tissus d'origine byzantine et orientale.

À partir de 1170, le métal est ciselé de motifs végétaux rappelant les arabesques musulmanes. Ce fond « vermiculé » suggère la représentation des feuillages du paradis. Une faune variée se mêle à des symboles religieux : agneau mystique, figures apocalyptiques des évangélistes (bœuf de saint Luc, lion de saint Marc, homme ailé de saint Matthieu, aigle de saint Jean). De ces compositions souvent naïves se dégage un sens artistique très poussé. Les pièces les plus remarquables sont les châsses reliquaires d'Ambazac, de Gimel-les-Cascades et de Bellac.

L'émail peint

L'émaillerie limousine, après une période d'essoufflement, se transforme au 15e s. en découvrant la technique des émaux peints, sous l'impulsion de maîtres renommés : **Monvaerni** se caractérise par la rudesse de son style, son réalisme et l'emploi de couleurs crues, **Nardon Pénicaud** par la simplicité de son dessin et l'utilisation de teintes vives et très chaudes, rehaussées d'or et de cabochons.
À l'origine de l'émail peint, la technique de la **grisaille** est un procédé typique de l'émaillerie limousine : la plaque support, recouverte d'émail noir, ne reçoit que des couches successives d'un émail de consistance pâteuse appelé « blanc de Limoges » ; après plusieurs cuissons, on obtient une œuvre en camaïeu gris.
À la Renaissance, l'émaillerie connaît une nouvelle faveur incarnée par les dynasties des Pénicaud, des Nouailher, des Laudin, des Limosin. Conséquence des guerres de Religion, les émailleurs délaissent peu à peu, au 17e s., les sujets païens pour aborder l'**iconographie religieuse**, avec la réalisation d'images de piété. Progressivement apparaît, au 18e s., la **miniature peinte** qui est destinée à l'orfèvrerie et met en valeur les coffrets à bijoux et les tabatières.

Le renouveau

Il faudra attendre le Second Empire pour que l'émail trouve un nouvel élan, suscité par l'intérêt du couple impérial pour cet art. Les artistes du 19e s. vont redécouvrir les techniques ancestrales, pour les appliquer à des copies d'œuvres anciennes alors très en vogue, puis à des créations pour de grandes maisons d'orfèvrerie (**Christofle**) et de bijouterie (**Boucheron**).
L'émail est aussi produit de façon **industrielle** : objets religieux, lustres, plaques de rues, etc.
Au début du 20e s., l'émaillerie de Limoges fait un retour remarqué, sous l'impulsion d'artistes comme **Jouhaud**, **Marty** ou **Sarlandie**.
Aujourd'hui, de nombreuses vitrines limougeaudes exposent des bijoux, des vases, des coupes et des sculptures dont certains sont des créations très originales dues à une nouvelle génération d'émailleurs : **Duban**, **Gilbert**, **Lavoute**, **Sham's**.

La porcelaine

Longtemps, l'Occident ne connaît que les porcelaines importées d'Extrême-Orient, puis les porcelaines tendres à la fin du 17e s.
En 1752, à Maupertuis, près d'Alençon, on découvre un premier gisement de kaolin, mais c'est à St-Yrieix en 1766 que l'on met au jour un kaolin d'une grande pureté.
Après des essais encourageants effectués à la Manufacture royale de Sèvres, **Turgot** crée, en 1771, une fabrique de porcelaine dure, sous le patronage du comte d'Artois : une ère de prospérité commence pour la céramique limousine. Après le Premier Empire, l'industrie porcelainière se concentre autour de **Limoges** qui, par la Vienne, reçoit le bois indispensable à l'alimentation des fours. La porcelaine de Limoges

jouit d'une renommée mondiale; elle représente plus de la moitié de la production française.

La porcelaine dure

La pâte de porcelaine est un mélange de kaolin, de feldspath et de quartz. Le **kaolin** est une argile blanche, fine et pure, dont le nom vient de la colline chinoise de Kao-ling, où elle fut découverte. Le **feldspath** est un « fondant » qui permet à la pâte de se vitrifier dans le four. Le kaolin donne la blancheur et le feldspath la translucidité. D'autres minerais sont nécessaires, comme le quartz, la pegmatite, le carbonate de chaux...

D'énormes cylindres tournants contiennent ces divers composants mêlés à des silex qui les broient. Un courant d'eau entraîne la poudre dans des cuves où elle est malaxée en permanence. Le mélange d'eau et de poudre forme une pâte très liquide appelée **barbotine**. Celle-ci peut soit être réduite en poudre, soit transformée en pâte qui sera conditionnée en « galettes », puis après passage dans un désaéreur pour en chasser les bulles d'air, en « boudins » et « camemberts » que l'on moulera. Pour les formes complexes, on procède à un coulage de la barbotine dans un moule conçu en plusieurs morceaux. Ensuite, on démoule et on laisse sécher.

À l'issue des opérations de **calibrage** ou de **coulage**, les pièces présentent un bord épais qu'il faut amincir. Elles subissent ensuite une première cuisson à 980-1000 °C en atmosphère oxydante. Cette cuisson, qui dure de dix à douze heures, s'appelle le **dégourdi** : elle sert à déshydrater et à décarburer la pâte. Blanche, plus résistante, légèrement sonnante, cette dernière est devenue du **biscuit**. Sa porosité va lui permettre de fixer l'émail. À ce stade, les pièces reçoivent le cachet de la fabrique et sont plongées dans un bain d'émail. Pour affronter le **grand feu**, les biscuits émaillés sont enfermés dans des gazettes, boîtiers réfractaires qui les isoleront les uns des autres et les protégeront des fumées. Le four (au gaz) est chauffé à 1400 °C; lorsque les pièces en sortent, elles ont subi un retrait moyen de 14 %.

« Au four la pâte se souvient... » : ce vieil adage signifie que les moindres défauts, passés inaperçus lors des opérations précédentes, réapparaissent après la cuisson. Les pièces qui en sont atteintes sont alors rejetées.

La décoration

Elle utilise plusieurs procédés.

Le décor à la main requiert le talent d'habiles artistes, les **peintres-fleurs**, qui peuvent exécuter un motif original, reproduire des toiles célèbres ou bien dessiner, avec une précision et une régularité surprenantes, des initiales sur tout un service.

On obtient un bleu profond par la technique dite du **bleu de four** : on passe plusieurs couches de bleu de cobalt sur la pièce en effectuant à chaque fois une cuisson.

L'incrustation d'or ou d'argent consiste à déposer le métal précieux (22 carats pour l'or) dans un décor en creux.

Le décor par **tampon** et le recours à la **décalcomanie** sont les deux autres procédés moins nobles. Quel qu'il soit, le décor doit être cuit dans un four à moufle à environ 800 °C.

La tapisserie

La tapisserie aurait été importée des Flandres au 14e s. par Marie de Hainaut, devenue comtesse de la Marche. Dès le siècle suivant, les artistes d'Aubusson accèdent à la renommée dans ce domaine. L'apogée est atteint aux 16e et 17e s. tant pour les « verdures » où plantes et animaux fantastiques apparaissent sur un fond de

Chloé sauvant Daphnis par le son de la flûte, tapisserie d'Aubusson.
Collection du Musée de la Tapisserie, Aubusson

feuillage, que pour les sujets religieux, mythologiques ou historiques.
La tapisserie occupe une place fondamentale dans la décoration du Grand Siècle; Colbert accorde même aux ateliers d'Aubusson (1665) et de Felletin (1689) le titre de **Manufacture royale**. La fameuse *Dame à la licorne,* célèbre tapisserie découverte par George Sand au château de Boussac et conservée au musée de Cluny à Paris, est, dit-on, sortie des mains d'artisans aubussonnais.
Mais la révocation de l'édit de Nantes entraîne la ruine de la production: de nombreux lissiers de confession protestante fuient vers l'Allemagne, emportant avec eux leur savoir-faire. L'industrie se relève au 18e s. et travaille d'après les peintres du temps: Watteau, Lancret, Boucher... Avec les suites de la Révolution et la concurrence des papiers peints, Aubusson connaît une période de déclin. Pourtant, la ville s'enorgueillit de plusieurs ateliers; sa grande spécialité est la tapisserie de basse lisse. En 1884, l'**École nationale des Arts décoratifs** est créée à Aubusson; c'est la troisième école nationale d'Art décoratif de l'époque en France, après Paris et Limoges.
Au début du 20e s., l'inspiration s'essouffle. Une collectionneuse, Mme Cuttoli, est à l'origine, dans les années 1930, de la renaissance de la tapisserie à Aubusson. Elle fait appel aux plus grands peintres pour susciter des créations. À partir de 1937, avec la collaboration de **Gromaire**, **Jean Lurçat** (1892-1966) joua un rôle décisif dans ce renouveau de la tapisserie. Autour d'eux, une nouvelle génération de peintres cartonniers s'affirma avec Prassinos, Tourlière, Saint-Saëns, Picart le Doux, Dom Robert, Wogensky... De nos jours, la Cité de la tapisserie a conservé ce bel élan créateur; en témoignent les cycles Miyazaki et Tolkien en cours de tissage *(voir p. 254)*.

Personnalités de la région

Jean de Berry (1340-1416)

Troisième fils de Jean II le Bon, roi de France, et frère de Charles V, Jean de Berry, fastueux mécène, fit composer l'un des plus beaux manuscrits de l'époque, *Les Très Riches Heures du duc de Berry,* conservé au musée de Chantilly. Il anima une cour brillante au château de Mehun-sur-Yèvre (Cher), qu'il avait fait reconstruire.

p. 287 et 322.

Jacques Cœur (vers 1395-1456)

Fils d'un marchand pelletier de Bourges, Jacques Cœur se lance très tôt dans les affaires: banque, change, mines, épices, métaux précieux. Il est nommé maître des monnaies puis, en 1439, argentier du roi Charles VII, dont il devient l'homme de confiance. Son palais à Bourges témoigne de sa puissance. Mais, victime de jalousies, il est arrêté en 1451, et s'évade trois ans plus tard. Il meurt à Chio, où il commandait une expédition contre les Turcs.

p. 285.

Jeanne Antoinette Poisson, marquise de Pompadour (1721-1764)

Fille d'un financier, Jeanne Poisson épouse un fermier général et brille dans les salons. Remarquée par Louis XV, elle devient sa maîtresse et saura conserver son amitié jusqu'à sa mort. Protectrice des artistes, elle les fait régulièrement travailler, notamment dans ses propres résidences - le roi lui avait ainsi fait don du château d'Arnac.

p. 106.

Louis Joseph Gay-Lussac (1778-1850)

Né à St-Léonard de Noblat dans une famille de notables, Louis-Joseph est envoyé à Paris où il étudie la chimie et la physique. En 1802, il établit la loi de la dilatation des gaz puis, lors d'ascensions en ballon, étudie le magnétisme terrestre. Il découvre le bore et perfectionne les procédés d'affinage des métaux précieux. Un musée lui est dédié à St-Léonard de Noblat.

p. 72-73.

Edmond Michelet (1899-1970)

Né à Paris, Edmond Michelet s'établit à Brive où il devient, comme son père, représentant de commerce. Le 17 juin 1944, il appelle à la Résistance à travers une phrase tirée de l'œuvre de Péguy et devient chef du mouvement Combat en Limousin. Déporté au camp de concentration de Dachau, il sera député, sénateur et plusieurs fois ministre de De Gaulle. Le musée Edmond-Michelet, à Brive-la-Gaillarde, rend dommage à un homme qui reçut le titre de Juste parmi les nations.

p. 141.

George Sand (1804-1876)

Rarement un lieu aura été si fortement associé à une personnalité. À Nohant, dans l'Indre, Aurore Dupin passe son enfance dans la maison familiale, devenue un musée. Après un mariage auquel elle met fin assez rapidement, elle prend son envol, adopte le nom de George Sand et mène une vie très libre pour l'époque. La romancière et dramaturge a laissé également une abondante correspondance et des écrits politiques. Elle est à l'origine du roman régionaliste en France, prenant le Berry pour cadre de ses œuvres.

p. 409.

Alain-Fournier (1886-1914)

De son vrai nom Henri Alban Fournier, le futur écrivain naît dans un village du Cher où ses parents sont instituteurs. Il entreprend des études de lettres à Paris. En 1913, il publie *Le Grand Meaulnes*, son premier roman, où il s'attache à faire revivre la féérie du monde de l'enfance. Son second récit, *Colombe Blanchet,* restera inachevé : Alain-Fournier est tué au combat en septembre 1914, au début de la guerre.

p. 315.

Marguerite Audoux (1863-1937)

Orpheline, Marguerite Audoux a raconté dans *Marie-Claire* (1910), qui obtint le prix Femina, sa vie de bergère et de servante en Sologne. Devenue couturière à Paris, une maladie des yeux l'incita à se tourner vers l'écriture. Mais même si son autobiographie émouvante, suivie d'autres œuvres, connut le succès, l'écrivaine mourut dans la pauvreté, oubliée de tous.

p. 313.

Portrait de George Sand par Nadar en 1864.
CBW/Alamy/hemis.fr

Traditions et croyances

Limousin et Berry ont conservé leur folklore et, au cours de fêtes traditionnelles, vous vous surprendrez peut-être à danser la bourrée au son de la vielle. Vous pourrez aussi assister aux ostensions, au cours desquelles sont exposées les reliques des saints.

Les fêtes traditionnelles

Dans le **Berry**, de nombreuses fêtes champêtres à la manière d'autrefois sont animées par des groupes réputés comme les « Gâs du Berry » ou les « Thiaulins de Lignières ».
La **St-Jean** (24 juin) est l'un de ces grands moments où l'on donne la « jouée » : on danse la **ronde** et la **farandole** autour d'un immense feu que tous les participants se doivent de traverser. La **vielle**, encore fabriquée dans l'Indre, est constituée d'une caisse en bois de noyer ou d'érable, avec six cordes que frotte une roue de bois reliée à une manivelle, les notes étant formées par de petits taquets mobiles actionnés par le joueur.
La **cornemuse**, instrument encore plus typique, est à trois chalumeaux d'ébène ou de buis.

Le folklore limousin a connu une renaissance grâce à des artistes comme **Jean Ségurel**, qui lui ont redonné son lustre passé et l'ont enrichi d'un répertoire nouveau.
La **bourrée** et le **pélélé** se dansent au son de la vielle, de la cabrette, du violon, de l'**accordéon** et de quelques cuivres. Les chants expriment souvent le déracinement, la nostalgie, et célèbrent la beauté des montagnes.

Les croyances

La lanterne des morts

Un passage du *De Miraculis* de **Pierre le Vénérable**, abbé de Cluny de 1122 à 1156, fournit la première référence littéraire concernant les lanternes des morts : un jeune novice de l'abbaye de Charlieu (Loire) voit apparaître son oncle Achard, ancien prieur du monastère décédé quelques années plus tôt. Celui-ci le conduit au cimetière, où, nimbée d'une clarté extraordinaire, une assemblée de religieux est assise en larges cercles concentriques : « Au centre du cimetière se dresse une construction en pierre portant à son sommet une sorte de logette pouvant contenir une lampe qui, toutes les nuits, en l'honneur des fidèles qui reposent ici, éclaire de sa lueur ce lieu sacré. Des marches permettent d'accéder à une plate-forme sur laquelle deux ou trois personnes peuvent se tenir debout ou assises... »
L'édifice ainsi décrit rejoint la définition qu'en donne l'**abbé Lecler**, érudit limougeaud de la fin du 19e s., dans son *Étude sur les lanternes*

des morts (1882). Ces monuments se rencontrent majoritairement sur l'ancien territoire du diocèse de Limoges. Les campagnes de destruction dont elles ont fait l'objet depuis le Moyen Âge ont altéré leur apparence, changé leur site et masqué leur signification. Implantées au cœur des cimetières du 11e au 13e s., à côté de l'église romane, elles furent érigées sur les plans de moines-architectes par des tailleurs de pierre et des maçons itinérants.

L'ornementation est discrète: toit conique de Ciron, arêtes amorties par des colonnettes à La Souterraine et à St-Agnant-de-Versillat. La hauteur, égale à six à huit fois le diamètre, obéit à des canons hérités de l'Antiquité romaine.

Le caractère essentiel est la verticalité: élément de prestige, c'est aussi un témoignage de sécurité, la désignation du monument ne renvoyant jamais à la douleur ou au deuil (les expressions actuelles de « lanterne des morts » ou de « fanal funéraire » datent du 19e s.).

Les spécialistes sont partagés sur l'emploi de la pierre tabulaire: simple support destiné à recevoir un autel portatif ou « pierre des morts » indiquant la direction de l'Orient, de la Jérusalem céleste, et présidant du même coup à l'ordonnance des tombes?

La croix hosannière

Elle se distingue de la lanterne des morts par l'absence de système d'éclairage. Son nom vient de l'acclamation hébraïque « hosanna » qui servit au 14e s. à désigner le dimanche des Rameaux *(Dominica osanna)*. Le buis (ozanne) était déposé au pied de la croix, pratique encore courante en Limousin avant 1914, ou servait lui-même à constituer une croix tressée (Poitou), dite croix hosannière.

Les ostensions limousines

Le Limousin est le pays des saints: saints guérisseurs, saints protecteurs et saints patrons. Pas une bourgade, pas un quartier, pas une corporation qui ne les honore. Tous les sept ans – la prochaine édition aura lieu en 2023 –, la Haute-Vienne et la Creuse vénèrent leurs saints: saint Martial, l'apôtre du Limousin, et sainte Valérie, le « bon saint Éloi », fondateur de l'abbaye de Solignac, saint Étienne de Muret…

Les ermites et les fondateurs de monastères sont également à l'honneur: saint Junien, saint Victurnien, saint Léonard.

La pratique des « **ostensions** », ou expositions solennelles des reliques, remonte au 10e s. Elles sont inscrites sur la liste du Patrimoine culturel immatériel de l'Unesco. L'une des premières eut lieu à Limoges lors d'une terrible épidémie, le « mal des ardents » dû à la moisissure du seigle, contre laquelle on « sortit » saint Martial. Un fléau ou la visite d'un hôte illustre deviennent l'occasion de ces cérémonies, qui se renouvellent ensuite, périodiquement, avec un cérémonial traditionnel.

La bénédiction du drapeau qui est hissé au faîte du clocher marque l'« annonce » de l'ostension.

À partir de l'« ouverture » qui a lieu le dimanche de Quasimodo (premier dimanche après le dimanche de Pâques), les reliques sont présentées à la vénération des fidèles dans leurs châsses. Dans les rues des villages et dans les chemins de campagne, des processions se déroulent, accompagnées de fanfares et de tambours, de bannières et d'insignes de confréries et de corps de métiers, de groupes aux costumes somptueux. À ces manifestations de foi populaire s'unissent les paroisses voisines, parfois très nombreuses.

Nature et paysages

Vous rêvez de vallons paisibles et de vertes prairies, de baignades dans un lac ou de rivières tumultueuses, d'oiseaux rares prenant leur envol au-dessus des étangs? Vous souhaitez croiser dans les pâturages le regard placide des vaches et comparer les charmes de la limousine à ceux de la charolaise? Eh bien, venez ici! Dans le Berry comme dans le Limousin, vous êtes assuré de vous ressourcer: vous vivrez au rythme des saisons, dans une nature aux multiples visages.

Des paysages variés

Le **Berry** forme un espace de transition entre le Bassin parisien et le Massif central. La partie centrale du Cher est occupée par la **Champagne berrichonne**, dont le sous-sol calcaire en fait un bas plateau pierreux sec. Le nord se partage entre la **Sologne** à l'ouest et le **Pays Fort sancerrois**, au caractère marqué, suivi du **Val de Loire** à l'est. Au sud-est, la **vallée de Germigny**, et au sud-ouest, le **Boischaut** et la **Marche**. L'Indre se partage quant à lui en quatre entités: le Boischaut au nord et au sud, la Champagne berrichonne à l'est et la **Brenne** à l'ouest.

Le centre et l'est du **Limousin** sont occupés par un **ensemble montagneux** qui culmine à 984 m avec le mont Bessou en Corrèze. Des **plateaux**, situés entre 300 et 700 m d'altitude, entourent ces montagnes au nord, à l'ouest et au sud-est. Enfin, le **bassin de Brive**, excédant rarement 350 m, occupe le sud-ouest du Limousin.

Préserver l'environnement

Le Berry et le Limousin se sont depuis longtemps attachés à conserver la qualité de ce cadre de vie. De nombreux sites sont classés comme **patrimoine naturel**: le Bec de l'Allier pour la confluence de l'Allier et de la Loire, le marais de Bourges, les orgues basaltiques de Bort-les-Orgues, les cascades de Gimel, les vallées de la Creuse et de la Sédelle à Crozant, etc.

Les réserves naturelles

Les réserves naturelles (nationales et régionales) sont des territoires destinés à protéger un patrimoine naturel remarquable, menacé pour diverses raisons. Elles sont donc des lieux de sensibilisation à la biodiversité de l'environnement, des sites dont la gestion est le résultat de la concertation des acteurs locaux, régionaux et nationaux.

Le Berry possède trois **réserves naturelles nationales**: le Val de Loire, dans le Cher, Chérine et le bois des Roches, dans l'Indre.

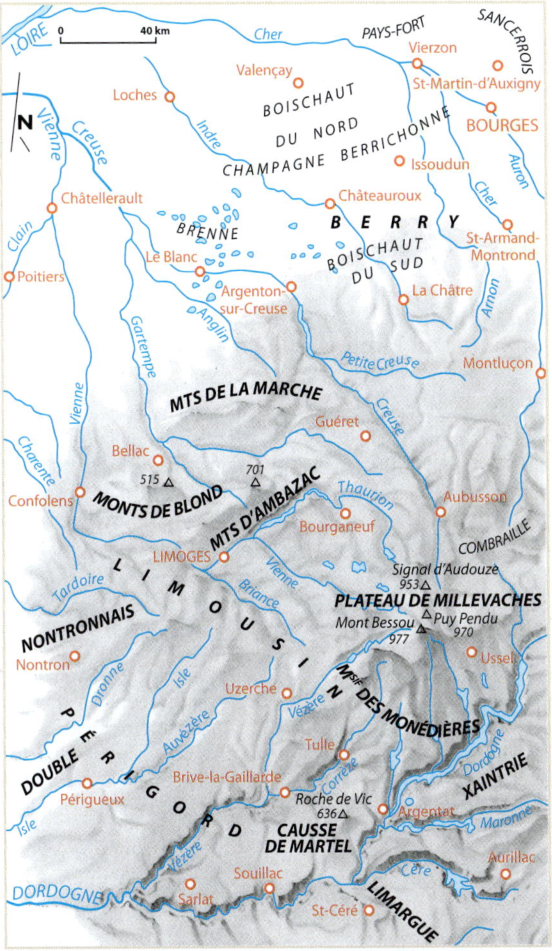

Le Limousin en a également trois : la tourbière des Dauges et l'Astroblème de Rochechouart-Chassenon, en Haute-Vienne, les étangs des Landes dans la Creuse.

Les parcs naturels régionaux

Le Limousin Berry compte trois parcs naturels régionaux, qui visent un espace nettement plus grand que celui des réserves. Ils définissent un large périmètre englobant à la fois un site naturel à préserver, et aussi la population qui occupe ce territoire.

Le Parc naturel régional de la Brenne (Berry)

LE PARC NATUREL RÉGIONAL DE LA BRENNE, VOIR P. 352

Créé en 1989 à la frontière du Berry, du Poitou, du Limousin et de la Touraine, couvre près de 183 000 ha occupés par 51 communes. Le « pays aux Mille Étangs » (en réalité plus de 2 600) un lieu idéal pour l'observation des oiseaux qu'ils soient « terrestres » ou « migrateurs ». Sa faune et sa flore sont d'un intérêt majeur. Des centaines d'oiseaux évoluent au milieu des étangs, pour le plus grand bonheur des ornithologues amateurs ou professionnels. De savants parcours ont été aménagés pour faciliter l'observation de la vie des oiseaux, et différents thèmes de visites guidées sont proposés selon les saisons. De nombreux sentiers de randonnée balisent le parc, bordé par ailleurs de quelques beaux châteaux.

Parc naturel régional de Millevaches en Limousin

LE PARC NATUREL RÉGIONAL DE MILLEVACHES, VOIR P. 200-201

Créé sur les contreforts du Massif Central en 2004, ce parc s'étend sur trois départements (Haute-Vienne, Creuse et Corrèze) et 314 000 ha, englobant 124 communes. Terre de moyenne altitude (de 400 à 1000 m env.), il est en grande partie couvert de forêts, de prairies et de landes et se caractérise par l'abondance d'eau et de milieux humides – rivières, lacs, étangs et tourbières. Il abrite des espèces animales protégées comme les loutres, les linottes et divers papillons rares. Ses paysages préservés et souvent inhabités attirent les amateurs d'oiseaux et de très nombreux randonneurs en quête de nature sauvage. Effet de la constante faiblesse de l'occupation humaine, le patrimoine bâti reste d'importance secondaire comparé à la grande diversité des curiosités naturelles et des écosystèmes que le parc recèle.

Parc naturel régional Limousin-Périgord

Né en 1998 et réparti sur les départements de la Dordogne et de la Haute-Vienne, ce parc couvre une surface de 180 000 ha, (dont 76 036 ha en Haute-Vienne). Il comprend 74 communes (31 en Haute-Vienne) et englobe les monts de Châlus, le bocage limousin et les plateaux du Jumilhacois.

La faune y est variée, de même que la flore. Vous pourrez sillonner les nombreux chemins de randonnée du parc ou, avec le vélo-rail de Bussière-Galant, pédaler sur des voies ferrées désaffectées en empruntant des draisines aménagées à des fins touristiques.

Rivières et étangs

Il suffit de regarder une carte pour s'apercevoir que le Berry et le Limousin sont arrosés de nombreux cours d'eaux qui façonnent la géographie locale.

Les plateaux de la « montagne » limousine constituent un véritable château d'eau d'où descendent de nombreuses **rivières** qui se déploient en demi-cercle. La Creuse, la Gartempe et la Vienne rejoignent le bassin de la Loire, tandis que la Corrèze, la Vézère et la Dordogne s'écoulent vers le bassin de la Garonne. Le Cher, depuis la montagne limousine, traverse la campagne berrichonne pour se jeter dans la Loire, arrosant parfois les terres alentour saturées d'eau.

Une multitude d'**étangs** et de grands **lacs**, naturels ou artificiels, enrichissent encore le visage de ce réseau hydrographique: lac de St-Pardoux (330 ha), lac de Vassivière (1100 ha), lac de Val (1400 ha), lac de la Triouzoune (410 ha), lac d'Éguzon (300 ha), étangs de la Brenne.

L'eau s'est laissé façonner par la main de l'homme, qui a construit de puissants **barrages** sur la Dordogne, la Maulde et le Taurion. En haut des prés, sur les plateaux corréziens de faible altitude (moins de 500 m), ont été aménagés des **étangs d'irrigation**. Ces réserves d'eau sont desservies par les **levades** (rigoles), et les **pêcheries** asséchées tous les deux ou trois ans.

La Dordogne

Elle longe puis traverse la Corrèze, tout au sud du Limousin. Le bassin

Parc naturel régional de Millevaches, étang des Oussines.
Ch. Guy/hemis.fr

de la Dordogne, surnommée « le sourire de la France » en raison du dessin de son parcours, est classé Réserve mondiale de Biosphère par l'Unesco depuis 2012. La Dordogne réserve des paysages somptueux à travers de nombreuses vallées dont l'environnement a été particulièrement bien préservé.

La Vézère

Longue de 211 km, la Vézère est volontiers associée aux nombreux sites préhistoriques et grottes du Périgord noir qui ont valu à sa vallée de figurer sur la prestigieuse liste du Patrimoine mondial de l'Unesco. On en oublierait presque que ce cours d'eau parfois impétueux prend sa source en Corrèze, dans la **tourbière de Longeyroux**, sur le plateau de Millevaches, et se jette dans la **Dordogne** à la hauteur de Limeuil. La Vézère coule vers le sud-ouest en creusant une vallée entrecoupée de petits barrages. Elle passe par des villes comme Bugeat, Treignac, Uzerche, Vigeois ou encore Brive-la-Gaillarde. C'est d'ailleurs dans le bassin de Brive qu'elle reçoit son principal affluent, la **Corrèze**.

La majeure partie de la vallée de la Vézère est incluse aujourd'hui dans le **réseau Natura 2000**. Pour le département de la Corrèze, trois sections de la rivière ont été reconnues d'importance écologique : la partie entre Uzerche et la limite départementale de la Dordogne, les landes et zones humides de la haute Vézère, et des gorges de la Vézère autour de Treignac.

La vallée de la Maronne

Cet autre affluent de la Dordogne dont le cours suit l'ensemble de la vallée offre aux regards des pentes escarpées très sauvages et entièrement boisées. La grande diversité d'espèces végétales ravira tous les passionnés de nature.

Confluence de la Sumène et de la Dordogne, belvédère de Gratte-Bruyère.
Ch. Guy/hemis.fr

ORGANISER SON VOYAGE

Aller en Limousin Berry	486
Avant de partir	488
Sur place de A à Z	492
Agenda	498
Livres, films et séries	500

Aller en Limousin Berry

Par la route

Grands axes

La traversée nord-sud de la région se fait par l'**A 20**. Le tronçon Vierzon-Brive est gratuit.

L'**A 71** (Vierzon-Clermont) permet de rejoindre Bourges, à partir du sud-est. L'**A 77** (axe Paris-Nevers) irrigue tout l'est du Berry, par Cosne-sur-Loire et La Charité-sur-Loire.

L'axe est-ouest est moins aisé. Le doublement de la chaussée de la **N 145** reliant Bellac à Montluçon est effectif de l'**A 20** (à l'ouest de La Souterraine) jusqu'à Gouzon. Les tronçons de l'**A 89** entre Clermont et Bordeaux traversent la Corrèze, en passant par Brive et Ussel.

Information autoroutière - ✆ 3620 (dites « Mon autoroute ») - www.autoroutes.fr.

Cartes Michelin

Cartes Département 323 (Cher, Indre), **325** (Creuse, Haute-Vienne) et **329** (Corrèze, Dordogne).

Cartes Région 518 (Centre) et **522** (Auvergne, Limousin).

Carte National 721 (France).

En ligne : calcul d'itinéraires sur **www.viamichelin.fr.**

En train

Grandes lignes

De Paris-Austerlitz, e TER dessert Bourges (2h), et l'Intercités dessert

Distances en km	Bourges	Brive	Châteauroux	Guéret	Limoges
Bourges	-	285	69	173	196
Bordeaux	419	209	347	313	228
Brive	285	-	211	179	94
Châteauroux	69	211	-	122	124
Clermont-Ferrand	191	187	209	158	237
Dijon	254	460	325	349	436
Guéret	173	179	120	-	90
Lille	466	700	489	609	610
Limoges	196	94	124	90	-
Lyon	307	372	367	336	422
Marseille	650	603	667	636	693
Nantes	360	442	383	381	353
Paris	249	483	272	393	394
Strasbourg	622	759	724	649	735
Toulouse	479	201	408	375	290

Vierzon (1h30), Châteauroux (2h), La Souterraine (2h50), Limoges (3h15) et Brive-la-Gaillarde (4h20). Pour l'accès dans l'est du Berry, Intercités au départ de Paris pour Cosne-sur-Loire, ou Nevers dans la Nièvre voisine.
Informations et réservations – ✆ 3635 (non surtaxé) - www.sncf-connect.com.

Trains express régionaux

Dans la région, les **TER** assurent les liaisons au départ de Bourges, Châteauroux, Limoges, Brive, Ussel, Felletin, vers Issoudun, Argenton-sur-Creuse, Uzerche, Ussel, Guéret, etc.
Carte + – Nominative et valable 1 an *(29 €)*, elle permet de bénéficier, en Nouvelle-Aquitaine, de 25 % de réduction en semaine, et 50 % pendant les week-ends, vac. scol. zone A et jours fériés.
Informations – ✆ 36 35 *(service gratuit + prix d'un appel)* - www.sncf-connect.com/ter.
Tous les **TER** pourvus du pictogramme « cycle » assurent ce service. Le transport du vélo est gratuit - www.sncf.com/fr/offres-voyageurs/avant-apres-la-gare/offre-velo ou www.sncf-connect.com/ter.

En car

Le moyen le moins onéreux pour se déplacer, avec un tarif souvent unique quel que soit le trajet *(2,30 € dans toute la Nouvelle-Aquitaine et 3 € dans le Cher et l'Indre)*. Le maillage est dense, mais fragmenté en réseaux départementaux gérés par les régions ou les conseils généraux. L'autocar est pratique pour se déplacer d'une grande ville à l'autre, beaucoup moins pour rallier des localités de faible importance *(1 à 3 liaisons/j, voire aucune en période de vac. scol.)*.
Rémi (Réseau de mobilité interurbaine) – Dans le **Cher** : ✆ 0 800 10 18 18 *(gratuit d'un poste fixe)* - www.remi-centrevaldeloire.fr/cher; dans l'**Indre** : ✆ 0 800 77 86 21 *(gratuit d'un poste fixe)* - www.remi-centrevaldeloire.fr/indre.
Rrthv (Régie régionale de transports de Haute-Vienne) – ✆ 05 55 10 31 00 - www.rrthv.com. Informations sur le réseau de la Haute-Vienne.

En avion

Aéroports de la région

Aéroport international de Limoges – À 8 km à l'ouest de Limoges - ✆ 05 55 43 30 30 - www.aeroportlimoges.com.
Brive-Vallée de la Dordogne – À 17 km au sud de Brive - ✆ 05 55 22 40 00 - www.aeroport-brive-vallee-dordogne.com.

Avant de partir

Le bon moment pour partir

Printemps – C'est la période qui convient le mieux au Berry : sa nature se pare d'un vert tendre. La pêche est ouverte au pays des Mille Étangs (Brenne), les barrages régulent l'eau des vallées (Corrèze, Dordogne, Vézère), le vin est tiré quand les premières feuilles bourgeonnent sur les pieds de vigne (Châteaumeillant, Reuilly, Menetou-Salon, Quincy, Sancerre).

Été – Pour profiter du soleil, de nombreux plans d'eau (Éguzon, St-Pardoux, Vassivière) sont dotés de plages pour la baignade et de multiples activités nautiques. Côté activités culturelles, l'été est la saison où tous les châteaux sont ouverts à la visite (Berry) et où des expositions sont organisées (Meymac, Rochechouart, Vassivière) au cœur du Limousin. Notez que le Berry présente des nuances locales : aux chaleurs et sécheresses de la Champagne berrichonne s'opposent l'humidité plus marquée du Boischaut ainsi que la fraîcheur des étangs de la Brenne et des hauteurs forestières de la motte d'Humbligny.

Automne – Le Limousin révèle toute sa beauté : les monts d'Ambazac offrent un festival de couleurs, tandis que de belles journées accompagnent les vendanges du vignoble berrichon. Les ramasseurs de châtaignes ou de champignons partiront en balade dans les bois limousins ; mais gare aux chasseurs, car le gibier abonde dans la région.

Hiver – Si ce n'est pas la saison idéale pour découvrir une région très tournée vers le tourisme « nature », les amateurs de ski de fond trouveront sur les hautes terres voisines de l'Auvergne (Millevaches) un manteau neigeux idéal, mais aussi un climat rude et des températures basses accentuées par un vent violent et glacial. Le reste du Limousin est plus favorisé : les hivers y sont moins rigoureux (gelées nocturnes cependant) et les pluies moins abondantes.

Météo France – www.meteofrance.com. Prévisions météo à 15 jours, risques de pluie dans l'heure et bulletins de vigilance météo.

Adresses utiles

Comités régionaux du tourisme

Centre-Val de Loire – 37 av. de Paris - 45000 Orléans - tourisme-pro-centre-valdeloire.fr.

Nouvelle-Aquitaine – 30 cours Gay-Lussac - C.S. 500 95 - 87003 Limoges Cedex 1 - ✆ 05 56 01 70 00 - www.nouvelle-aquitaine-tourisme.com.

Comités départementaux du tourisme

Dans le Berry

Ad2T du Cher – Le Carré - 11 r. Maurice-Roy - 18023 Bourges Cedex - ✆ 02 48 48 00 10 - www.berryprovince.com.

ADT de l'Indre – 1 pl. Eugène-Rolland - Bât I BP 141 - 36003 Châteauroux Cedex - ✆ 02 54 07 36 36 - www.berryprovince.com.

Dans le Limousin

Corrèze Tourisme - Agence de développement touristique – 45 quai Aristide-Briand - 19000 Tulle - ✆ 05 55 29 98 78 - www.tourismecorreze.com.

Creuse Tourisme - Agence de développement et réservation touristiques – 12 av. Pierre-Leroux- BP 243 - 23005 Guéret Cedex - ✆ 05 55 51 93 23 - www.tourisme-creuse.com.

Haute-Vienne Tourisme (cdt87) – 17 bis bd Georges-Périn - 87000 Limoges - ✆ 05 55 79 04 04 - www.tourisme-hautevienne.com.

Maison de province à Paris

Maison de la Nouvelle Aquitaine – 21 rue des Pyramides - 75001 Paris - ✆ 01 55 35 31 42 - www.nouvelle-aquitaine.paris - lun.-vend. 9h-18h30. Informations et documentations touristiques, librairie régionale, boutique et expositions.

Offices de tourisme

Les adresses des offices de tourisme sont repérables dans le guide par le picto ⓘ, notamment dans la rubrique « S'informer » du **Carnet pratique** de chaque ville.

Sites Internet de référence

www.nouvelle-aquitaine.fr – Conseil régional de la Nouvelle-Aquitaine.

www.tourisme-creuse.com/toute-la-creuse/la-creuse-blog-et-actualites – Blog sur le tourisme en Creuse, pour partager expériences et bonnes adresses.

www.centre-valdeloire.fr – Conseil régional du Centre-Val-de-Loire.

www.tourisme-creuse.com/monts-et-rivieres-ouest-creuse – Riche rubrique consacrée aux loisirs verts dans le Pays Ouest Creuse.

Personnes à mobilité réduite

Dans ce guide, les sites et établissements qui peuvent accueillir des personnes à mobilité réduite sont signalés parle symbole ♿.

www.tourisme-handicaps.org – Liste des sites labellisés **Tourisme et Handicaps** et liens Internet utiles.

SNCF Accès Plus – www.sncf-connect.com/accessibilite/preparation-voyage-services.

Parmi l'offre touristique adaptée en Berry Limousin, mentionnons particulièrement :

- le **Parc naturel régional de la Brenne** édite deux brochures (guide pratique et livret pratique) recensant les activités et hébergements adaptés *(www.parc-naturel-brenne.fr)*.
- **Haute Vienne Tourisme** propose des séjours adaptés *(www.tourisme-hautevienne.com)*.
- la **Voie verte des Hauts de Tardoire** a spécifiquement aménagé un sentier de 13 km, entre Châlus et Oradour-sur-Vayres (Haute-Vienne) ; possibilité de louer des équipements adaptés sur place (notamment fauteuil tout terrain à assistance électrique) *(www.voieverte-enlimousin.com)*.
- l'**Espace Hermeline** est une base de loisirs (Bussières-Galant, Haute-Vienne) totalement adaptée et qui propose de nombreuses activités pour les personnes handicapées *(espace-hermeline.com)*.

À Limoges

Vous trouverez tous les renseignements utiles sur www.limoges.fr/fr/pratique/accessibilite-et-handicap : transports, musées et sites touristiques, voirie adaptée, etc.

Hébergement

Notre sélection

Retrouvez notre sélection d'hébergements, classés par catégories de prix *(voir tableau ci-après)*, dans les **Carnets d'adresses** de ce guide.

Nos catégories de prix		
	Hébergement	**Restauration**
Premier prix	jusqu'à 80 €	jusqu'à 20 €
Budget moyen	de 80 à 120 €	de 20 à 40 €
Pour se faire plaisir	de 120 à 160 €	de 40 à 60 €
Une folie	plus de 160 €	plus de 60 €

Les prix indiqués correspondent au tarif minimum et maximum d'une chambre double standard en haute saison.

Services de réservation

Les institutions départementales de tourisme et certains offices de tourisme disposent d'un service de réservation en ligne, et proposent aussi souvent des formules thématiques de courts séjours et des offres promotionnelles.

Fédération des Stations vertes de vacances – www.stationverte.com. Le Limousin compte 24 stations vertes. Le Berry en compte 5.

Bienvenue à la ferme – ✆ 01 53 57 11 50 - www.bienvenue-a-la-ferme.com. Classés par département, des fermes-auberges, campings à la ferme, fermes de séjour.

Les Gîtes Panda – www.gites-de-france.com/fr/nos-sejours-themes/panda-wwf. Le label Panda, accordé par WWF, garantit l'engagement des hôtes à préserver et à faire découvrir la faune et la flore, et à réduire les dépenses d'énergie. Les parcs naturels régionaux proposent ce type de gîte.

Accueil Paysan – www.accueil-paysan.com. Des chambres, des gîtes, des tables et des auberges pour vivre la ruralité au plus près.

www.gites-refuges.com – Référencement des gîtes d'étape pour les randonneurs.

Auberges de jeunesse

Fédération unie des auberges de jeunesse (FUAJ) – 27 r. Pajol - 75018 Paris - ✆ 01 44 89 87 27 - www.hifrance.org. Une auberge à Bourges.

Sur place de A à Z

Pour obtenir de la documentation, adressez-vous aux **comités départementaux de tourisme** *(voir p. 488)*. Pour trouver d'autres prestataires, reportez-vous aux rubriques « Visites » et « Activités » des carnets d'adresses des villes ou sites de ce guide.

Baignade et sports nautiques

Les lieux ne manquent pas pour se baigner, se promener en pédalo, faire de la voile, ou même du ski nautique *(voir le tableau ci-contre)*. Aux innombrables plans d'eau s'ajoutent les possibilités offertes par les **rivières** comme la Creuse, l'Anglin, la Vézère, la Gartempe, sans oublier bien sûr les eaux vives de la Vézère et de la Corrèze, qui font les délices des amateurs de canoë-kayak. Voir la rubrique « Activités » du carnet d'adresses de chaque ville.

En **Corrèze**, les loisirs nautiques sont particulièrement développés ; voir la rubrique « Bouger » sur : www.tourismecorreze.com.

Jardins

Le label **« Jardin remarquable »**, attribué chaque année par le ministère de la Culture, vise à reconnaître et à valoriser la qualité de certains jardins ouverts à la visite, ainsi que les efforts faits pour leur présentation et leur accueil du public. Il y en a 10 dans le Berry, 8 en Limousin.

www.parcsetjardins.fr

Pass touristiques

Passeport Inter-Sites – Dans la Creuse, il permet de bénéficier, pour la personne possédant le passeport et ses accompagnants, de réductions sur le prix d'entrée des 21 sites touristiques et monuments participants. Le passeport s'obtient lors de la première visite de l'un des sites partenaires (tarif plein) puis on le présente sur les autres sites afin de profiter de tarifs réduits.

Pass Privilège Jacques-Cœur – Ce pass *(5 €)* permet de découvrir 40 sites de la route et de ses alentours à prix réduits.

Passeport Visiter Malin – Disponible dans les offices de tourisme ou sur le site Internet, ce passeport offre des réductions dans les 15 sites partenaires du Limousin : aquarium du Limousin à Limoges, Limousine Park à Boisseuil, musée et jardins Cécile Sabourdy à Vicq-sur-Breuilh, etc. (www.visiter-malin.fr).

Parcs de loisirs

Ils sont généralement installés près des plans d'eau et des lacs. Accrobranche et autres parcours aventure sont répandus en Limousin, particulièrement en Corrèze. Le Berry offre également quelques possibilités (Nançay, Sidiailles et Le Blanc).

www.nouvelle-aquitaine-tourisme.com

Pêche

Rivières, ruisseaux et retenues de barrage sont classés en deux catégories. La première regroupe les eaux à salmonidés (truite, omble commun), la seconde, celles à cyprinidés (ablette, barbeau, brème, carpe, gardon, tanche). Étangs et lacs *(voir tableau p. 493)* sont pour la plupart très poissonneux. La pêche y est statique pour taquiner le gardon, la perche, la tanche, mais peut devenir sportive quand on s'attaque au brochet, à la carpe,

PLANS D'EAU	Département	Superficie en ha	Baignade	Base nautique	Pêche
Bessais (étang de Goule)	18	120	🏊	⛵	🐟
Bourges (lac du Val d'Auron)	18	82	-	⛵	2e cat.
Sidiailles (lac)	18	90	🏊	⛵	🐟
Servières-le-Château (lac de Feyt)	19	65	🏊	-	🐟
Aubazine (plan d'eau du Coiroux)	19	24	🏊	-	1re cat.
Bort-les-Orgues (lac de Val)	19	1075	🏊	⛵	2e cat.
Gimel (lac de Ruffaud)	19	24	🏊	-	🐟
Marcillac (barrage de la Valette)	19	230	🏊	⛵	2e cat.
Meymac (lac de Sechemailles)	19	40	🏊	⛵	2e cat.
Neuvic/Liginiac (lac de Triouzoune)	19	410	🏊	⛵	🐟
Seilhac (lac de Bournazel)	19	32	🏊	-	🐟
Treignac (lac de Bariousses)	19	99	🏊	-	2e cat.
Viam (lac)	19	189	🏊	-	2e cat.
Vigeois (lac de Pontcharal)	19	15	🏊	-	1re cat.
Lissac/Chasteaux (lac du Causse)	19	84	🏊	⛵	2e cat.
Guéret (étang de Courtille)	23	50	🏊	⛵	🐟
Vassivière (lac)	87/23	1000	🏊	⛵	2e cat.
Éguzon (lac)	36	312	🏊	⛵	🐟
Compreignac (lac de St-Pardoux)	87	330	🏊	⛵	2e cat.
Bujaleuf (lac de Ste-Hélène)	87	70	🏊	⛵	🐟
Videix (lac), près de Rochechouart	87	40	🏊	⛵	2e cat.

voire à la truite. Les amateurs de grenouilles se dirigeront plutôt vers la Brenne, qui s'en fait une spécialité.

Informations : sites Internet Tourisme Creuse et de l'ADT de l'Indre, www.peche19.fr (corrèze).

Randonnée équestre

Très développée, dans le Berry comme dans le Limousin.
Le site Internet du CRE de Nouvelle-Aquitaine *(www.chevalnouvelleaquitaine.fr/itineraires-de-randonnee-limousin)* recense plus d'une centaine de centres équestres, et Berry Province plusieurs dizaines. Randonnées accompagnées à cheval ou à poney de durées variables pour adultes et enfants, découverte de la montagne limousine, stages et séjours, etc.
La **Corrèze** se distingue avec ses 360 km de pistes « transcorréziennes », ainsi que par la présence d'un haras national à Arnac-Pompadour.

Le label « Centre de tourisme équestre » garantit la qualité des centres équestres et de leurs prestations.

Randonnée pédestre

Dans le Berry

Dans l'**Indre**, 2 chemins de **grande randonnée (GR)**. Le **GR 46**, reliant Tours à Boussac, traverse le département le long de la vallée de l'Indre (190 km). Le **GR 654** (de Vézelay à Roncevaux) passe dans le sud de l'Indre, entre Berry et Limousin (110 km). Le département compte aussi **5 GR de pays** :

- GRP de Valençay, ponctué de châteaux entre les vallées du Cher et de l'Indre (230 km);
- GRP des Maîtres sonneurs (www.sentiermaitressonneurs.com), entre Berry et Bourbonnais, reprend l'itinéraire décrit dans le roman de George Sand (185 km);
- GRP de la Brenne (plus de 250 km; www.parc-naturel-brenne.fr) sillonne le Parc naturel régional de la Brenne;
- GRP Val de Creuse (110 km) s'étend de St-Marcel à Fresselines;
- GRP Champagne berrichonne (150 km) parcourt cette plaine de l'Indre et du Cher.

En outre, un grand nombre de chemins de **petite randonnée** (PR) ponctuent l'Indre.

Le site Internet de Berry Province propose des fiches de randonnées dans le Cher en téléchargement.

En Limousin

La **Creuse** compte près de 5500 km de sentiers de randonnée balisés; la **Haute-Vienne**, plus de 3500 km. Le **GR 4** traverse la Creuse d'est en ouest (environ 150 km).

La **Corrèze** compte 390 km de GR : le **GR 46** (traversée nord-sud de la Corrèze par la vallée de la Vézère), le **GR 440** (Le Grand Tour de la montagne limousine) et le **GR 480** (76 km en Corrèze); mais aussi 480 km de GR de pays : Midi corrézien (118 km), causse corrézien (48 km), gorges de la Vézère (50 km), les Monédières (45 km), la Xaintrie nord (58 km), la Xaintrie du sud (56 km), Millevaches (51 km), Les Gabariers (70 km), Dordogne-Ventadour (100 km).

Autres grands itinéraires : le sentier du Transcorrézien (114 km) et la grande boucle du Pays de Brive (180 km).

Pour des promenades plus paisibles, 400 circuits de **petite randonnée** sillonnent le pays.

www.correzerando.com

Chemin de St-Jacques-de-Compostelle

Le **chemin de Vézelay**, dit *Via Lemovicensis*, permet de découvrir plusieurs sites décrits dans ce guide.

La **Voie de Rocamadour** en Limousin et Haut-Quercy a été balisée de Bénévent-l'Abbaye à Rocamadour en passant par Eymoutiers, Tulle, Collonges-la-Rouge. Elle se poursuit vers Cahors ou jusqu'à La Romieu.

Pour plus de détails : **www.chemins-compostelle.com**, **www.compostelle2000.com** et www.chemin-de-st-jacques-voie-de-rocamadour-limousin-haut-quercy.fr.

Restauration

Notre sélection

Retrouvez notre sélection de restaurants dans « Nos adresses » situées en fin de description des principaux sites. Ces établissements sont classés par catégorie de prix *(voir tableau p. 490)*, sur la base d'un repas complet.

Pour un choix plus large d'adresses et de suggestions, consultez le **Guide Michelin France**.

Bienvenue à la ferme

Dans les fermes-auberges, les menus sont composés à partir de produits du cru. D'autres fermes proposent une visite de l'exploitation agricole suivie d'un goûter ou casse-croûte.
www.bienvenue-a-la-ferme.com

Les Tables gourmandes du Berry

Dix-sept restaurateurs adhérents, qui perpétuent et renouvellent la tradition gastronomique locale : un label synonyme de qualité.
www.tablesgourmandesduberry.fr

Les Toques blanches du Limousin

Trente-et-un chefs dont les établissements sont répartis dans les trois départements limousins, autant de bonnes adresses pour déguster une cuisine gastronomique ou de terroir.
www.toquesblanchesdulimousin.fr

Routes du terroir

Dans le Berry

Route des Vignobles en cœur de France – Essentiellement dans le Cher, le long des coteaux du Sancerrois jusqu'au bocage du Boischaut, sur près de 170 km. Plusieurs centaines de caves, domaines et exploitations familiales vous accueillent sur la route des vignobles AOC de Quincy, Reuilly, Menetou-Salon, Sancerre, Coteaux du Giennois et Châteaumeillant.
www.vins-centre-loire.com

En Limousin

Circuit du Châtaignier – La culture du châtaignier se limite aujourd'hui au sud-ouest de la Haute-Vienne et à la Corrèze. L'Association du marron et du châtaignier limousins organise des journées thématiques.
dournazac.fr
association-du-marron-et-du-chataigier-limousins/

Route de la Pomme – La pomme du Limousin (AOC) est cultivée sur les plateaux du Haut-Limousin. Cette route permet de visiter une coopérative, des exploitants *(juin-août)*, et de participer à des dégustations.
www.pomme-limousin.org

Route de la Noix – Cet itinéraire original fait découvrir l'histoire de la noix et ses différentes variétés cultivées autour de villages de caractère. Visite des distilleries, des ateliers de potiers fabriquant des buires pour l'huile, et dégustation des spécialités du Limousin.
www.noixduperigord.com

Routes touristiques

Dans le Berry

Route historique Jacques-Cœur – 17 étapes, comprenant des villes à caractère historique, des monuments publics et des châteaux privés. Elle relie le château de Gien et Argent-sur-Sauldre au château d'Ainay-le-Vieil en passant entre autres par le château de La Verrerie, Sancerre, Bourges, le palais Jacques-Cœur, le château de Meillant...

En Limousin

Route Richard-Cœur-de-Lion – Elle regroupe, sur 180 km, châteaux, forteresses, abbayes, églises, ces derniers formant une barrière défensive entre la vicomté de Limoges française et le duché d'Aquitaine anglais au temps de Richard Cœur de Lion
www.routerichardcoeurdelion.com

Routes de la porcelaine de Limoges en Haute-Vienne – Elles relient 18 sites représentatifs de l'histoire de la porcelaine : sites historiques, musées, entreprises industrielles et magasins d'usine, collectifs d'artistes...

www.routes-porcelaine-limoges-hautevienne.fr

Route du Haut Limousin – Cet itinéraire situé au nord de la Haute-Vienne serpente à travers des pays aux aspects contrastés : collines d'Ambazac, bocages et plaines de la Basse-Marche, étangs sauvages et lacs aménagés du pays de St-Pardoux, vallées de la Vienne et de la Gartempe.

Ski de fond

Sur le plateau de Millevaches, deux sites permettent de pratiquer le ski de fond.

À **St-Setiers** (alt. 850-950 m), 6 pistes de 3 à 20 km au départ du chalet de la Croix de la Mission. Une piste consacrée aux attelages de chiens de traîneau.

Un deuxième site de ski de fond se situe en Haute-Corrèze, à l'ouest de Meymac, sur la commune de **Bonnefond** (alt. 910 m). Il compte 5 pistes de 3,5 à 18 km au départ du foyer de Chadebec.

Souvenirs

Retrouvez notre sélection de boutiques et d'artisans dans la rubrique « Shopping » de « Nos adresses » dans les carnets d'adresses de ce guide.

Vous pourrez rapporter de la **porcelaine** de Limoges ou du Berry (Mehun-sur-Yèvre), des objets décoratifs comme la **dentelle** de Tulle, des **émaux** de Limoges, des **poteries** de La Borne et des Archers (sur la commune du Châtelet), des **tapisseries** d'Aubusson ou de Felletin. Sont réputés la **ganterie** de St-Junien (Haute-Vienne), ainsi que les artisans **bottiers** de Limoges.

Côté **produits de bouche** : de l'eau de noix de chez Denoix à Brive, de la liqueur de châtaigne limougeaude à Limoges, du vin (Berry), des fromages de chèvre (AOP valençay et pouligny-saint-pierre dans l'Indre, crottin de Chavignol dans le Cher), de la confiture de châtaignes (Limousin), du foie gras ou confits (Brive), et de nombreux gâteaux (forestines de Bourges, massepains d'Issoudun, sablés de Nançay, croquants de Bort-les-Orgues, creusois de Guéret, macarons du Dorat, madeleines de St-Yrieix, etc.).

Stages d'artisanat textile

Différents stages (tapisserie, filage, teinture, etc.) existent autour d'**Aubusson** et de **Felletin**. Vous trouverez informations et adresses sur www.tourisme-creuse.com, rubrique « Stages & Formations ».

Trains touristiques

Train touristique à vapeur en Limousin – *Voir Limoges p. 57.* www.trainvapeur.com

Chemin de fer du Blanc-Argent – 15 gares et haltes entre Salbris (Loir-et-Cher) et Valençay (Indre). keolis-cba.fr

Train du Bas-Berry – *Pays de Valençay, voir p. 346.*

Vélo

Dans le Berry

La province bénéficie d'un relief sage, particulièrement dans la Brenne et en bord de Loire, ce qui rend les balades à vélo très accessibles aux familles.

Parc naturel régional de la Brenne – www.parc-naturel-brenne.fr. Nombreuses promenades à vélo, dont 13 itinéraires (près de 200 km) ont été balisés et jalonnés. Rens. à la Maison du Parc. Par ailleurs, une **voie verte** relie Tournon-St-Martin à Thenay (45 km), *via* Le Blanc.

La Loire à vélo – www.loireavelo.fr. Ce parcours de 900 km se déroule le long du fleuve et du canal latéral. Dans le Cher, le parcours relie Belleville-sur-Loire

à Guerche *via* Apremont-sur-Allier (107 km).
L'Indre à vélo – www.indreavelo.fr. Un itinéraire, qui longe les bords de l'Indre entre Berry et Touraine, complète les circuits qui traversent Azay-le-Rideau, Loches et Chenonceaux. En tout, 250 km.
☺ Le conseil général du Cher a mis en place un réseau de **Berrycyclettes** qui comprend des points de location dans les offices de tourisme et à proximité immédiate des pistes cyclables *(14 €/j ; vélo électrique : 25 €/j - www.berrycyclettes.fr).*

En Limousin

Ses trois départements aux petites routes peu fréquentées se prêtent autant aux balades à vélo en famille qu'aux randonnées d'endurance.
Creuse – Pas moins de 2300 km de routes et sentiers balisés dans le département. À noter aussi, deux **véloroutes** : Ouest Creuse (80 km), adossée à l'itinéraire de Compostelle ; Est Creuse (120 km), entre Berry Combraille et le plateau de Millevaches.
☺ Le site Internet Tourisme Creuse propose, en téléchargement gratuit, de nombreuses fiches-circuits tous publics.
Corrèze – Site internet dédié à toutes les formes de randonnées avec de nombreux circuits et documents en téléchargement (Véloroute Corrèze) : www.correzerando.com.
Haute-Vienne – Site Internet très bien fait (type, durée, distance, territoire, etc.) consacré à la randonnée : www.tourisme-hautevienne.com/randonnee.
Haute-Vienne Tourisme propose une brochure sur la thématique du cyclotourisme, *Circuits de découverte*, téléchargeable sur son site Internet, dans laquelle figurent 5 circuits dans le département.
Les cyclotouristes confirmés emprunteront la **route Richard Cœur de Lion** *(voir p. 495).*

La **voie verte des Hauts de Tardoire**, de Châlus à Oradour-sur-Vayres (13 km), aménagée sur une ancienne voie ferrée, est aussi accessible aux rollers et aux personnes à mobilité réduite.

VTT

Corrèze – Informations sur www.correzerando.com.
Les vététistes disposent de bases labellisées par leur fédération à Argentat, Chamberet et Clergoux.
La station sports nature de Haute-Corrèze (à Ussel) est ouverte toute l'année. Il s'agit du plus grand espace VTT de France avec plus de 1100 km d'itinéraires et 50 circuits sportifs ou familiaux.
Également une base VTT-FFC à Liginiac (14 circuits balisés, de 12 à 70 km).
Haute-Vienne – Bases à monts d'Ambazac, Taurion, Vaulry, Nedde, Cussac.

Villes et pays d'art et d'histoire

Ce réseau (www.vpah.culture.fr) propose des visites conduites par des guides conférenciers. Visites de découverte et ateliers du patrimoine pour les enfants *(merc., sam. et vac. scol.).*
Bourges, Limoges, le pays Vézère et Ardoise (www.vezereardoise.fr), le pays de Loire Val d'Aubois (www.paysloirevaldaubois.com), le PAH Hautes Terres corréziennes et de Ventadour (www.pahcorrezeventadour.com) et le pays Monts et Barrages (www.paysmontsetbarrages.fr) ont reçu cette distinction.

Agenda

Pour plus de détails, consultez les offices de tourisme des localités concernées, et les carnets pratiques de la partie « Découvrir ».

Janvier

Brive-la-Gaillarde – Foire des rois.
Châteaumeillant – Fête de la St-Vincent.

Janvier-février

Limoges – Danse Émoi.
St-Valentin – Fête des amoureux.

Pâques

Châteaumeillant – Foire aux vins.
Neuvy-St-Sépulchre – Pèlerinage du précieux sang.
Reuilly – Foire aux vins.

Avril

Aubazine – Foire aux chèvres.
Bourges – Printemps de Bourges.
Brive-la-Gaillarde – Festival du cinéma de Brive - Rencontres internationales du moyen-métrage.
Limoges – Lire à Limoges.

Mai

Beaulieu-sur-Dordogne – Fête de la fraise.
Cluis – Fête du Luma.
Châteauroux – Festival de la voix.
Le Blanc – Chapitre Nature.
Limousin (et divers lieux du Limousin) – Coquelicontes.
Issoudun – Fêtes de la tour Blanche.
Neuvic – Concours national des coqs de pêche.
Sancerre – Minérale & végétale.

Pentecôte

Lignières – Foire aux ânes et aux mules.
Sancerre – Foire aux vins.

Juin

Argenton-sur-Creuse – Marché de potiers.
Limoges – Urbaka.
Treignac – Championnat du monde de canoë-kayak sur la Vézère.
Tulle – Fête de la St-Jean, procession de la Lunade; Festival des Nuits de nacre
Vierzon – Rendez-vous aux jardins.

Juin-juillet

Nohant – Nohant Festival Chopin.
Noirlac – Les Traversées.

Juin-septembre

Bourges – Un été à Bourges.

Juillet

Château d'Ars – « Le son continu » : rassemblement international de luthiers et maîtres sonneurs.
Argentat-sur-Dordogne – Tous sur le pont.
Argenton-sur-Creuse – Les Intemporelles.
Aubigny-sur-Nère – Fêtes franco-écossaises.
Bellac – Festival national de Bellac.
Brive-la-Gaillarde – Brive-Festival.
La Chapelle-aux-saints – Fête de la préhistoire.
Concèze – Fête de la framboise et foire artisanale.
Pouligny – Marché de potiers.
Rochechouart – Le Labyrinthe de la voix.
Vassivière – Les 10 heures de Vassivière.

Juillet-août

Aubusson – Musique au cœur de la tapisserie.
Bourges – Très riches heures de l'orgue en Berry; le bel été de Bourges.

Brive-la-Gaillarde et environs – Festival de la Vézère.
Clergoux – Festival de musique au château de Sédières.
Collonges-la-Rouge – Théâtrales.
Guéret – Les Sortilèges de la pleine lune et Bruits de la nuit.
Limoges (et divers lieux du Limousin) – Festival 1001 notes.
Neuvic (et divers lieux) – Festival Millesources et Dordogne.
Nexon – Festival Multipistes.
Pays de Guéret – Les Sortilèges de la pleine lune.
St-Léonard de Noblat – Les Léon'arts.
St-Yrieix-la-Perche – Festival musical et Rue des arts.
Voutezac – Festival de la Vézère.

Août

Arnac-Pompadour – Grande Journée du cheval.
Bridiers – Fresque historique.
Bourges – Fête des marais.
Châteauroux – Festival DARC.
Collonges-la-Rouge – Marché d'antan et fête du pain.
Crozant – Fête médiévale.
Flavignac – Les Carrioles.
Fontmorigny (abbaye) – Festival de musique classique.
Fresselines – Art'n Blues.
Gargilesse-Dampierre – Festival d'été.
Moutier-d'Ahun – Procession de St-Roch.
Pouligny – Fête des vieux métiers.
St-Amand-Montrond – Rencontres folkloriques des affouages.
Sarran – Festival de folklore du monde.
Vassivière – Fête de la Saint-Amour.

Septembre

Arnac-Pompadour – Grande semaine de Pompadour.
Beaulieu-sur-Dordogne – Fête votive des Corps saints.
Bourges – Fête des Marais.
Guéret – Rencontres de Chaminadour.
Objat – Randonnée de la pomme.
Reygade – Kenny Festival.
Vatan – Fête de la lentille verte.

Septembre - octobre

Limoges – Les Francophonies en Limousin.
St-Junien – Legend'air.
St-Just-le-Martel – Salon international du dessin de presse et d'humour.

Octobre

Ars – Nuit Chopin.
Beynat – Foire primée de la châtaigne et du marron.
La Borne – Les Grands Feux de La Borne.
Bourges – Bulleberry.
Dournazac – Fête de la châtaigne.
Felletin – Journées de la laine.
Limoges – Frairie des Petits Ventres.

Toussaint

Châteauroux – Lisztomanias.
Éguzon – Fête de la châtaigne.
Tulle – Festival Ô les Chœurs.

Novembre

Brive-la-Gaillarde – Foire du livre.
Méhun-sur-Yèvre – Foire de la Saint-André.
St-Léonard-de-Noblat – Fête de la Quintaine.

Décembre

Bourges – Festival Humour et vin.
Brive-la-Gaillarde – Les foires grasses.
Guéret – Le Trail du Loup Blanc.
Issoudun – Marché aux truffes et lentilles vertes du Berry.

Livres, films et séries

Livres

ALAIN-FOURNIER, **Le Grand Meaulnes** (1913). Ce roman autobiographique, raconté par François Seurel, retrace le destin de son ami Augustin Meaulnes, tombé follement amoureux d'Yvonne de Galais.

AUDOUX, Marguerite, **Marie-Claire** (1910). Cette histoire d'une bergère orpheline de Sologne, devenue couturière à Paris, est celle de l'écrivaine.

BORDES, Gilbert, **Le Porteur de destins** (1992). La vie d'un facteur après la Première Guerre mondiale sur les routes de Corrèze. **La neige fond toujours au printemps** (1998). Tondue en 1944 alors qu'elle était innocente, Virginie la Corrézienne tente de renaître à la vie.

CLANCIER, Georges-Emmanuel, **Le Pain noir** (1956). Des années 1870 à 1950, l'histoire de Catherine, petite paysanne limousine, servante et ouvrière, à qui son petit-fils apprend à lire, est l'image de la littérature populaire.

GIRAUDOUX, Jean, **Siegfried et le Limousin** (1922). Ce Français privé de la mémoire à cause d'une blessure de guerre est rééduqué sous le nom de Siegfried par ceux qui l'ont recueilli dans un pays qui n'est pas le sien, et ramené par des amis à son ancienne vie.

LE ROY, Eugène, **Jacquou le Croquant** (1899). Après la condamnation au bagne et la mort de son père en 1815, Jacquou décide de se venger quinze ans plus tard, entraînant avec lui les paysans du Périgord.

MICHELET, Claude, **Des grives aux loups** (1979). Ce roman le plus célèbre de l'écrivain évoque le destin d'une famille dans un village fictif de la Corrèze, à travers l'apparition du chemin de fer, les deux guerres mondiales et le recul progressif du monde agricole.

PEYRAMAURE, Michel, **L'Orange de Noël** (1982). En 1913, Cécile Brunie, une jeune institutrice, arrive dans un village de la basse Corrèze où un curé fait la loi et la considère comme le diable en personne.

RUFIN, Jean-Christophe, **Le Grand Cœur** (2012). La vie riche et mouvementée de Jacques Cœur, racontée avec virtuosité dans ce roman de cape et d'épée.

SAND, George, **La Mare au diable** (1846), **François le Champi** (1848). Deux romans « champêtres » de l'écrivaine, qui y met en lumière les valeurs des paysans du Berry.

SIGNOL, Christian, **Les Cailloux bleus** (1984), **Les Menthes sauvages** (1985), **Antonin paysan du Causse** (1986), **La Rivière Espérance** (1990). Ces sagas, composées par un écrivain de l'école de Brive, sont consacrées au destin de familles paysannes ou à des bateliers de la Dordogne.

TILLINAC, Denis, **Spleen en Corrèze** (1997). Une sorte de journal intime dans lequel l'auteur évoque la solitude et les longues nuits d'un journaliste de province.

Films

Dans le Berry

ALBICOCCO, Jean-Gabriel, **Le Grand Meaulnes** (1967). Scènes à Bourges, à Épineuil-le-Fleuriel et à la gare de Valençay.

ANGELO, Yves, **Le Colonel Chabert** (1994). L'adaptation du roman de Balzac, tournée en partie à Valençay et au château de Bouges.

DEMY, Jacques, **Parking** (1985). L'adaptation pop du mythe d'Orphée et Eurydice, tournée au château de Buranlure.

FERRAN Pascale, **Lady Chatterley** (2006). La rencontre entre Constance et un garde-chasse, inspirée du roman de T.-H. Lawrence, a pour décor le château de Montméry à Ambazac (Haute-Vienne) et les abords de Marcillac-la-Croisille en Corrèze.

GILOU, Thomas, **Michou d'Auber** (2007). Pendant la guerre d'Algérie, Messaoud, un enfant d'Aubervilliers, est placé dans une famille d'accueil de Germigny-l'Exempt. Il devient Michel, alias Michou d'Auber.

RENOIR, Jean, **La Règle du jeu** (1939). Une « fantaisie dramatique », l'un des grands films dans l'histoire du cinéma, se déroule pour partie en Sologne (Aubigny-sur-Nère et environs de Brinon-sur-Sauldre).

SCOTT, Ridley, **Robin des Bois** (2010). Le film s'ouvre avec la reconstitution de la bataille de Châlus-Chabrol, avec Russell Crowe dans le rôle de Robin.

TATI, Jacques, **Jour de fête** (1948). La folle tournée du facteur François à Ste-Sevère-sur-Indre en fête.

TAVERNIER, Bertrand, **La Princesse de Montpensier** (2010). D'après le roman de Mme de La Fayette. Scènes au palais Jacques-Cœur à Bourges et à l'abbaye de Noirlac.

VANIER, Nicolas, **L'École buissonnière** (2017). Jeune orphelin, Paul, Parisien des années 1920, découvre le monde de la campagne en Sologne, lorsqu'il est emmené chez Célestine, épouse du garde-chasse et femme de chambre du comte de La Fresnay.

WILSON, Georges, **La Vouivre** (1989). D'après le roman de Marcel Aymé, avec St-Benoît-du-Sault en toile de fond et quelques-uns de ses habitants.

En Limousin

BEAUVOIS, Xavier, **Les Gardiennes**, (2017). Un film sur le rôle des femmes dans la Première Guerre mondiale, tourné en partie dans les environs de La Souterraine.

CHABROL, Claude, **Le Beau Serge**, (1958). François retrouve Serge dans un bourg de la Creuse où il a grandi. Chabrol filme Sardent, où il a passé son enfance.

CHÉREAU, Patrick, **Ceux qui m'aiment prendront le train** (1998). Avant de mourir, un peintre avait dit que ceux qui l'aimaient prendraient le train. Ils sont là, à Limoges...

CORNEAU, Alain, **Tous les matins du monde** (1991). La vie de Marin Marais, partagé entre sa fascination pour l'austère Sainte-Colombe et les honneurs de Versailles. Filmé au Moutier-d'Ahun et au château de Bodeau, à Rougnat, dans la Creuse.

DUVIVIER, Julien, **Poil de carotte** (1932). Les malheurs de François Lepic, le mal-aimé, dans le décor tout trouvé de Collonges-la-Rouge.

MAURY Nicolas, **Garçon chiffon** (2020). À Paris, Jérémie, la trentaine, peine à faire décoller sa carrière. Il part se ressourcer dans le Limousin, sa terre natale, entre St-Léonard de Noblat et St-Yrieix-la-Perche.

MILLER, Claude, **Un secret** (2007). Un secret de famille, d'après le roman de Patrick Grimbert. Scènes tournées dans le quartier de la gare de Felletin.

RESNAIS, Alain, **Providence** (1977). Souvenirs imaginaires et réels dans une maison dotée d'un parc planté de grands arbres à Limoges.

Série

Un village français (2009-2017). L'Occupation dans une sous-préfecture fictive du Jura. Le tournage des 7 saisons a eu lieu en grande partie dans des villes et villages de la Creuse (Châtelus-le-Marcheix, La Souterraine, St-Moreil) et de la Haute-Vienne (Châteauponsac, Limoges, Montrol-Sénard, St-Jean-Ligoure et St-Junien, Eymoutiers, St-Léonard de Noblat).

Limoges : villes, curiosités et régions touristiques.
Sand, George : noms historiques ou termes faisant l'objet d'une explication.
Les sites isolés (châteaux, abbayes, grottes...) sont répertoriés à leur propre nom.
Nous indiquons par son numéro, entre parenthèses, le département auquel appartient chaque ville ou site. Pour rappel :

18 : Cher
19 : Corrèze
23 : Creuse
36 : Indre
87 : Haute-Vienne

A

ABC d'architecture 462
Agenda 498
Ahun (23) 264
Aigle, barrage (19) 177
Ainay-le-Vieil, château (18) 420
Les Aix-d'Angillon (18) 305
Aixe-sur-Vienne (87) 49
Ajain, église (23) 232
Ajustants, route (19) 186
Alain-Fournier 315, 422, 477
Aliénor d'Aquitaine 455
Allassac (19) 130
Allier, vallée (18) 440
Allogny, forêt (18) 292
Ambazac (87) 76
Amboise, Pierre d' 433
Angibault, moulin (36) 412
Anzême (23) 232
Apremont-sur-Allier (18) 438
Arboretum de la Sédelle (23) 239
Arbrissel, Robert d' 427
Les Archers (18) 427
Architecture 457
Architecture militaire et civile 459
Ardentes (36) 395
Aredius, villa (87) 100
Argentat, barrage (19) 175
Argentat (19) 172
Argentomagus (36) 367, 368
Argenton-sur-Creuse (36) 372
Argent-sur-Sauldre (18) 314
Arnac, église (19) 108
Arnac-Pompadour (19) 106
Ars, château (36) 410
Art 457
Art et paysage, centre international (87) 210, 218
Arthon, église (36) 394
Arts décoratifs 472
Aubazine (19) 148
Aubazines, belvédère (19) 184
Auberges de jeunesse 490
Aubigny-sur-Nère (18) 311
Aubois, vallée (18) 440
Aubusson (23) 253
Audoux, Marguerite 477
Audouze, plateau (19) 202
Augustoritum 47
Auphelle (87) 217
Auriac (19) 176
Autocars 487
Auvézère, haute vallée (19) 108
Avion 487
Axes routiers 486
Ayen (19) 134
Aynes (19) 177
Azay-le-Ferron, château (36) 354

B

Baignade 492
Banizette, domaine (23) 222
Bannay (18) 306
Bar (19) 125
Bariousses, lac (19) 206
Barrages 175
Basse-Marche (87) 83
Bassignac-le-Haut (19) 176
Beaulieu-sur-Dordogne (19) 165
Beauregard, étang (36) 353
Beauregard, sentier de découverte (36) 353
Bellac (87) 82
Bellebouche, étang (36) 353
Bellegarde-en-Marche (23) 262
Belleville-sur-Loire (18) 307
Bénévent-l'Abbaye (23) 243
Berry, canal (18) 424, 456

Berry, Jean de ... 287, 322, 476
Berthenoux, église (36) ... 410
Berthommiers, étang (36) ... 394
Bessou, mont (19) ... 198
Bialet, cascades (19) ... 114
Bible romane ... 101
Bibliographie ... 500
Bigny, Charles de ... 420
Le Blanc (36) ... 358
Blancafort, château (18) ... 314
Blond (87) ... 85
Blond, monts (87) ... 85
Le Boischaut (18) ... 412, 426
Boisseuil (87) ... 49
Bommiers (36) ... 403
La Borne (18) ... 304
Bort, barrage (19) ... 184
Bort-les-Orgues (19) ... 183
Bos, col (19) ... 208
Bosmoreau-les-Mines (23) ... 270
Boucard, château (18) ... 303
Bouchet, château (36) ... 349
Bouges, château (36) ... 341
Bourganeuf (23) ... 268
Le Bourg-d'Hem (23) ... 232
Bourges (18) ... 276
Cathédrale Saint-Étienne ... 276
Digue de l'Yèvre ... 291
Église Notre-Dame ... 286
Église Saint-Bonnet ... 290
Église Saint-Pierre-le-Guillard ... 283
Fontaine Bourdaloue ... 283
Grange des Dîmes ... 281
Hôtel Cujas ... 286
Hôtel des Échevins ... 287
Hôtel Lallemant ... 288
Jardins de l'Archevêché ... 281
Jardins des Prés-Fichaux ... 291
Maison de Pelvoysin ... 286
Maison Jacques-Cœur ... 283
Marais ... 290
Musée de la Résistance et de la Déportation du Cher ... 290
Musée de l'Hôtel Lallemant ... 288
Musée des Meilleurs Ouvriers de France ... 289
Musée du Berry ... 286
Musée Estève ... 287
Muséum d'histoire naturelle ... 289
Palais Jacques-Cœur ... 283, 284
Passage Casse-Cou ... 283
Place Berry ... 286
Place des Quatre-Piliers ... 283
Place Étienne-Dolet ... 281
Place Gordaine ... 288
Printemps de Bourges ... 291
Promenade des remparts ... 282
Rue Bourbonnoux ... 289
Rue Coursarlon ... 288
Rue de Babylone ... 291
Rue Joyeuse ... 288
Rue Mirebeau ... 287
Rue Porte-Jaune ... 283
Boussac, château (23) ... 246
Bouzanne, vallée (36) ... 394
Bréjaude ... 448
Brenne, parc naturel régional (36) ... 348
Terres et Étangs de Brenne, réserve naturelle (36) ... 350
Bridiers, tour (23) ... 243
Brie, château (87) ... 96
Brinay (18) ... 324
Brinon-sur-Sauldre (18) ... 313
Brive, école ... 141, 471
Brive-la-Gaillarde (19) ... 137
Ancien collège des Doctrinaires ... 140
Chapelle Saint-Libéral ... 138
Collégiale Saint-Martin ... 138
Hôtel Desbruslys ... 139
Hôtel Labenche ... 139
Logis de l'abbesse des Clarisses ... 140
Maison Treilhard ... 141
Musée Edmond-Michelet ... 141
Musée Labenche ... 139
Place Jean-Marie-Dauzier ... 141
Place Latreille ... 138
Tour des Échevins ... 138
Tours Saint-Martin ... 138
Brosse, château (36) ... 366
Bugeat (19) ... 203
Bujaleuf (87) ... 215
Busseau, viaduc (23) ... 263

C

Le Calvaire (19) ... 150
Carpenet, manufacture de porcelaine (87) ... 74
Cars, château (87) ... 93
Cars, vestiges gallo-romains (19) ... 203

Cartes Michelin 486
Causse corrézien (19) 142
Causse, lac (19) 143
Ceaulmont (36) 377
La Celle (18) 425
Cerdon (18) 313
Cère, gorges (19) 168
César, levée (36) 404
Chabannes (87) 79
Chabrières, forêt (23) 229
Chabris (36) 339
Chaillac (36) 366
Le Chalard (87) 101
Chalivoy-Milon (18) 424
Châlucet, château (87) 51
Châlus (87) 92
Châlus-Chabrol, Château (87) 92
Châlus, monts (87) 95
Chamberet (19) 207
Chambon-sur-Voueize (23) 251
Chamboulive (19) 113
Champagne berrichonne (36) 385
Champsanglard, lac (23) 232
La Chapelle-aux-Saints (19) 166
La Chapelle-d'Angillon (18) 315
La Chapeloune (19) 176
Chârost (18) 323
Charraud, pont (23) 239
Chassignolles, église (36) 412
Chastang, barrage (19) 176
Châtaignier 449
Châtaignier, circuit 495
Châteaubrun, forteresse (36) 376
Château-Chervix (87) 104
Château-Guillaume (36) 365
Châteaumeillant (18) 417
Châteaumeillant, vin 451
Châteauneuf-sur-Cher (18) 424
Châteauponsac (87) 83
Châteauroux (36) 388
Châteauroux, forêt (36) 394
Le Châtelet (18) 427
Châtillon-sur-Indre (36) 345
Chaumeil (19) 209
Chavanac, église (19) 199
Chavignol (18) 303
Chénérailles, église (23) 262
Chéniers (23) 240
Chérine, réserve naturelle (36) 350
Cheval et de l'Âne, pôle (18) 428
Chezal-Benoît, abbaye (18) 403
Chirac, Jacques 194, 209
Chœurs-Bommiers, forêt (18, 36) 403
Cinéma 471
Ciron, lanterne des morts (36) 360
Cité internationale de la Tapisserie (23) 254
Clairvaux, Robert de 436
Clavières (36) 395
Clédat (19) 211
Cluis (36) 413
Cluis-Dessous (36) 413
Cœur, Jacques 285, 420, 476
Cognac-la-Forêt (87) 68
Coiroux, lac (19) 124
Colette, Sidonie-Gabrielle Colette dite 142
Collonges-la-Rouge (19) 152
La Combe, chapelle de (19) 168
Comborn, belvédère (19) 131
Comborn, château (19) 131
Combraille, pays (23) 250
Compreignac (87) 78
Cornil (19) 124
Corot, site (87) 64
Corrèze, cité (19) 209
Corrèze, haute vallée (19) 123
Corrèze, rivière 483
La Coste, château (19) 162
Coussac-Bonneval (87) 102
Creuse, haute vallée (23) 262
Creuse, vallée (23, 36) 371
Crevant (36) 412
Crocq (23) 220
La Croix-sous-l'Arbre (19) 209
Crottin de Chavignol 303
Croyances 478
Crozant (23) 235
Crozant, École 468
Cuisine 448
Culan, château (18) 418
Curemonte (19) 168

D

Darnets (19) 211
Dauges, tourbière (87) 80
Déols 392
Dino, duchesse de 343

Diou (36) ... 323
Dognon, pont (87) ... 78
Donzenac (19) ... 128
Dorat, collégiale Saint-Pierre (87) ... 89
Dordogne, gorges (19) ... 174
Dordogne, rives (19) ... 184
Dournazac (87) ... 95
Drevant (18) ... 426
Dun-sur-Auron (18) ... 424

E

Ebbes, vallée (36) ... 394
EDF, espace (19) ... 184
Égletons (19) ... 210
Éguzon (36) ... 376, 377
Éguzon, barrage (36) ... 376, 377
Éloi, saint ... 51
Émaillerie ... 472
Environnement ... 480
Épineuil-le-Fleuriel (18) ... 422
Espargilière, calvaire (19) ... 180
Étang des Landes, réserve naturelle (23) ... 251
Étienne, saint ... 76, 148, 149
Évaux-les-Bains (23) ... 249
Eymoutiers (87) ... 214

F

Fage, gouffre de la (19) ... 161
Farcidure ... 448
Farges, douglaseraie (19) ... 203
Fayat, forêt (87) ... 104
Feeriland (87) ... 64
Felletin ... 260
Féniers (23) ... 223
Fermes du Moyen Âge (19) ... 177
La Ferté, château (36) ... 323
Fêtes ... 478
Feyt, lac (19) ... 176
Filmographie ... 500
Fleix, barrage (87) ... 216
La Flotte (87) ... 104
Foëcy (18) ... 324
Foire du livre de Brive ... 471
Fontgombault, abbaye (36) ... 359
Fontmerle (19) ... 169
Fontmorigny, abbaye (18) ... 441
Foucault, étangs (36) ... 350
Fraisse, château (87) ... 87
Fréaudour (87) ... 79
Fresselines (23) ... 239
Freysselines, cirque (19) ... 208
Fromages ... 449
Frontenac, Louis de ... 344

G

Gabare ... 173
Gargan, mont (87) ... 215
Gargilesse-Dampierre (36) ... 380
Gastronomie ... 448
Gâtine, forêt (36) ... 339
Gay-Lussac, Louis Joseph ... 73, 476
Gazeau, tour (36) ... 418
Géants, col (19) ... 207
Genouilly (18) ... 330
Genou, saint ... 344
Gentioux-Pigerolles (23) ... 222
Gerbassou, mont (87) ... 76
Germigny-l'Exempt (18) ... 442
Gimel-les-Cascades (19) ... 124
Gioux (23) ... 223
Giraudoux, Jean ... 82
Glénic, église (23) ... 232
Glény, chapelle (19) ... 176
Gothique, art ... 458
Goth, puy (23) ... 244
Got, moulin (87) ... 73
Gouffres ... 161
Graçay (18) ... 330
Graçay, musée de la Photo (18) ... 330
Le Grand-Bourg (23) ... 243
Le Grand Meaulnes ... 319, 422
Grandmont, abbaye (87) ... 79
Grandmont, ordre ... 79
Gratte-Bruyère, belvédère (19) ... 186
Grossouvre, halle (18) ... 442
La Guerche-sur-l'Aubois (18) ... 440
Guéret (23) ... 228
Guéret, monts (23) ... 230
Guerre de Cent Ans ... 454
Guétin, pont-canal (18) ... 440
Guillaumin, Armand ... 236
Guingouin, Georges ... 215

H

Habitat traditionnel ... 468
Handicap ... 489
Haras national (19) ... 107

Haute-Touche, réserve zoologique (36)....354
Hébergement....489
Henrichemont (18)....304
Histoire....453
HistoRail (87)....73
Homme de Neandertal, musée (19)....167

I

Informations touristiques....488
Internet....489
Israël, saint....90
Issoudun (36)....398
Ivoy, forêt (18)....315

J

Jacques-Cœur, route historique....495
Jacquou le Croquant....221
Jardins....492
Jardins clos du Préfons (23)....239
Jardins de Colette (19)....141
Jars (18)....303
La Jonchère, arboretum (87)....80
Jouillat (23)....232
Jour de fête, maison (36)....418
Jugeals-Nazareth (19)....162
Juillac (19)....135
Junien, saint....63

K

Kaolin....36, 103, 474

L

La Celle-Dunoise (23)....240
La Châtre (36)....408
Lacoste, château (19)....162
Ladignac-le-Long, église (87)....102
Lande serpentinicole (87)....103
Lanterne des morts....68, 103, 344, 346, 478
Larche (19)....143
La Souterraine (23)....242
Lastours, château (87)....93
La Tour d'Auvergne, famille....161
Lentille verte....448
Léonard, saint....72
Léré (18)....306
Lestards, église (19)....207
Levroux (36)....343
Lignières (18)....428
Limoges (87)....34
Abbaye Saint-Martial....45
Aquarium du Limousin....47
Bibliothèque francophone multimédia....48
Boulevard Louis-Blanc....37
Cathédrale Saint-Étienne....38
Chapelle Saint-Aurélien....46
Cité des métiers et des arts....42
Cour du Temple....45
Crypte Saint-Martial....44
Église Saint-Michel-des-Lions....44
Église Saint-Pierre-du-Queyroix....44
FRAC-Artothèque Nouvelle-Aquitaine....48
Gare de Limoges-Bénédictins....48
Halles centrales....45
Hôtel Maledent....44
Jardins de l'Évêché....42
Maison traditionnelle de la Boucherie....46
Manufacture Bernardaud....37, 74
Musée de la Résistance....42
Musée des Beaux-Arts....39
Musée des Distilleries limougeaudes....48
Musée du Four des Casseaux....37
Musée national Adrien-Dubouché - Cité de la céramique....34
Pavillon du Verdurier....47
Place de la Barreyrrette....46
Place de la Motte....45
Place de la République....44
Place du Présidial....44
Place Fontaine-des-Barres....44
Rives de la Vienne....43
Rue de la Boucherie....45
Rues anciennes....43
Souterrain de la Règle....41
Limousine Park (87)....49
Limousin-Périgord, Parc naturel régional....482
Lissac-sur-Couze (19)....143
Littérature....469
Loire à vélo....496
Longeyroux, tourbière (19)....198

Lorrains, écluse (18) 440
Losmonerie, jardin du château (87) 50
Loups de Chabrières, parc animalier des monts de Guéret (23) 230
Lubersac (19) 108
Luçay-le-Mâle (36) 346
Lys-Saint-Georges, château (36) 412

M

Madic (15) 186
Magnac-Bourg (87) 103
Magnac-Laval (87) 85
Le Maillet (19) 143
Maison de la Nouvelle Aquitaine 489
Maisonnisses (23) 270
Manzagol, puy (19) 185
La Mare au diable (36) 411
Marèges, barrage (19) 175
Marèges, belvédère (19) 185
Mareuil-sur-Arnon (18) 403
Marguerie-Audoux, musée (18) 313
Maronne, vallée (19) 180, 483
Martineix, barrage (87) 216
Martizay (36) 355
Masgot (23) 265
Massay (18) 329
Masseret (19) 103
Maulde, vallée (87) 52, 215
Maupas, château (18) 305
Le Maupuy (23) 230
Mehun-sur-Yèvre (18) 321
Meillant, château (18) 431
Meillant, Grand Bois (18) 425
Menetou-Couture, château (18) 441
Menetou-Salon (18) 292
Menetou-Salon (18), vignoble 452
Le Menoux (36) 375
Méobecq (36) 356
Merle, tours (19) 179
Mer Rouge, étang (36) 354
Messou, puy (19) 207
Météo 488
Météorite, espace (87) 68
Meymac (19) 197
Meyssac (19) 162
Mézières-en-Brenne (36) 351
Michelet, Edmond 141, 476
Mille Étangs, pays (36) 348
Millevaches (19) 202
Millevaches en Limousin, Parc naturel régional (19) 200
Millevaches, plateau (19) 198
Mique 448
Monceaux-la-Virole, barrage (19) 207
Monédières, massif (19) 207
Monet, Claude 236
Monet-Rollinat, espace (23) 240
Montbrun, château (87) 96
Montel-Guillaume, église (23) 221
Montespan, Mme de 86, 433
Mont-Larron, barrage (87) 216
Montrol-Sénard (87) 86
Monts de Guéret, parc animalier (23) 230
Mornay-Berry (18) 441
Morogues, église (18) 305
Mortemart (87) 86
La Motte-Feuilly (36) 417
Moutier-d'Ahun (23) 263
Murel, cascades (19) 180

N

Nadaillac (19) 143
Nançay (18) 318
Nature 480
Naves (19) 125
Nedde (87) 215
Négarioux (19) 202
Neuf Gradins, pierre (23) 270
Neuilly-en-Sancerre, jardin de Marie (18) 305
Neuvic (19) 185
Neuvy-Saint-Sépulchre (36) 413
Neuvy-sur-Barangeon (18) 319
Nexon (87) 94
Nivet, Ernest 391
Noailhac (19) 162
Noailles (19) 142
Nohant (36) 406
Nohant-en-Graçay (18) 330
Noirlac (18) 434
Noix 450
Noix, route 495
Noth (23) 243
Notre-Dame-de-la-Chabanne, chapelle (19) 195
Notre-Dame-du-Chêne, chapelle (36) 394

O

Objat (19)....135
Offices de tourisme....489
Oiseaux, vallée (36)....413
Or....104
Oradour-sur-Glane (87)....59
Orfèvres limousins....472
Orgues de Bort (19)....184
Orgues, plateau (19)....184
Orsan, jardins du prieuré Notre-Dame (18)....427
Orval, église (18)....429
Ostensions....63, 69, 89, 479
OTAN....392
Oussines, étang (19)....199

P

Palluau-sur-Indre (36)....343, 344
Pantout, puy (19)....208
Parc Aventure de Chabrières (23)....234
Parcs de loisirs....492
Parcs naturels régionaux....481
Pass touristiques....492
Pauliat, puy (19)....150
Paulnay, église (36)....354
Pays Fort (18)....307
Pêche....492
Pêches d'étang....353
Peintre, rocher du (19)....169
Peintres, vallée des (23, 36)....236
Peinture....468
Périgord-Limousin, Parc naturel régional (87)....93
Personnalités....476
Pesselières, jardin du château (18)....302
Peyrat-le-Château (87)....216
Peyrelade (87)....86
Peyrelevade (19)....202
Peyrelevade-Gentioux, parc éolien (19)....202
Pierres Jaumâtres....244, 246, 247
Pin, boucle (36)....375
Plaimpied-Givaudins, église (18)....291, 292
Plaix, château (18)....428
Pôle des étoiles de Nancay (18)....318
Pomme....450
Pomme, route....495
Pompadour, marquise de....106, 476
Pont-Rompu, hameau (87)....50
Pontarion (23)....270
Le Pont-Chrétien-Chabenet (36)....360
Pont-de-Noblat (87)....53
Porcelaine....34, 36, 473
Porcelaine, routes de la....495, 496
Poulaines, domaine de (36)....339
Pouligny, tuilerie (23)....240
Prée, abbaye (36)....403
Prune-au-Pot, château (36)....377
Puits, étangs (18)....313
Puy-d'Arnac (19)....168
Puychaud, rocher (87)....85
Puycheny, tuilerie (87)....94
Puyconnieux (87)....96

Q

Queuille, Henri....186
Quincy (18)....323
Quincy, vin....452

R

Ramandes, étang (19)....176
Rancon (87)....83
Randonnée équestre....493
Randonnée pédestre....494
Rat, site (23)....222
Paul-Rebeyrolle, espace....214
Rebeyrolle, Paul....214
Redenat (19)....176
Réserves naturelles....480
Résistance....456
Restauration....494
Reuilly (36)....323
Reuilly-Quincy, vignobles (18, 36)....323
Reuilly, vin....452
Reygade (19)....169
Reynou, Parc Zoo (87)....51
Richard Cœur de Lion, Richard Ier dit....92
Richard Cœur de Lion, route touristique....495
Le Roc (19)....135
La Roche, site (19)....130
La Roche-Bat-l'Aigue, barrage (36)....375
Rochechouart (87)....66

Rocher des Folles (19) 206
Roman, art 457
Romefort, château (36) 360
Roussines,
église Saint-Sulpice (36) 364
Routes du terroir 495
Routes touristiques 495

S

Sablier, barrage 175
Sagonne, château (18) 442
Saillac (19) 163
Le Saillant (19) 131
Saillant, gorges (19) 130
Saint-Amand-Montrond (18) 423
Saint-Angel (19) 195
Saint-Antoine, grottes (19) 142
Saint-Aubin (36) 404
Saint-Benoît-du-Sault (36) 363
Saint-Bonnet-la-Rivière (19) 135
Saint-Chamant, église (19) 180
Saint-Chartier (36) 411
Saint-Dizier-Leyrenne (23) 269
Sainte-Feyre (23) 232
Sainte-Fortunade (19) 124
Sainte-Marguerite, chapelle (19) 131
Sainte-Radegonde,
chapelle (23) 250
Sainte-Sévère-sur-Indre (36) 418
Saint-Étienne-de-Braguse,
église (19) 124
Saint-Gaultier (36) 360
Saint-Genest, chapelle (19) 168
Saint-Genou, abbaye (36) 344
Saint-Georges-Nigremont (23) 221
Saint-Germain-les-Belles (87) 104
Saint-Hilaire-de-Gondilly,
église (18) 441
Saint-Hilaire, église (87) 94
Saint-Jacques-de-Compostelle,
chemin 494
Saint-Jeanvrin (18) 418
Saint-Junien (87) 62
Saint-Léonard de Noblat (87) 70
Saint-Maixant (23) 262
Saint-Marcel (36) 367
Saint-Marien, site (23) 250
Saint-Martin-d'Auxigny,
vergers (18) 292
Saint-Martin-Terressus (87) 78
Saint-Nazaire, site (19) 185
Saint-Outrille (18) 330
Saint-Pardoux, lac (87) 79
Saint-Pierre du Dorat,
collégiale (87) 89
Saint-Priest-la Feuille (23) 244
Saint-Priest-Taurion (87) 53
Saint-Privat (19) 179
Saint-Projet, pont (19) 186
Saint-Quentin-
la-Chabanne (23) 222
Saint-Robert (19) 133
Saint-Satur (18) 302
Saint-Sylvestre (87) 79
Saint-Thibault (18) 302
Saint-Valentin (36) 402
Saint-Vaury, église (23) 231
Saint-Viance (19) 131
Saint-Victurnien, église (87) 64
Saint-Yrieix-la-Perche (87) 99
Salles-Lavauguyon,
église (87) 68
Sancerre (18) 299
Sancerre, vin 302, 451
Sancerrois (18) 273, 299
Sancoins (18) 442
Sand,
George 376, 382, 406, 409, 477
Sangnier, Marc 206
Santrop (87) 79
Sardent (23) 270
Sarran (19) 209
Sarran, puy (19) 210
Sarzay, château (36) 412
Sassierges-Saint-Germain,
église (36) 395
Sauldre, canal (18) 314
Sauvagnac (87) 80
Sechemailles, lac (19) 204
Sédelle, vallée 239
Ségurel, Jean 209, 478
Ségur-le-Château (19) 108
Sénoueix, pont (23) 222
Servières-le-Château (19) 176
Sidiailles, lac (18) 418
Ski de fond 496
Solignac,
église abbatiale (87) 50
Sologne berrichonne (18) 273
Soubrebost (23) 270

Sous-Parsat, église (23) 264
Souvenirs 496
Souvigne, vallée (19) 180
Sports nautiques 492
Stuart, Jean 312
Suc-au-May (19) 208

T

Tables gourmandes du Berry 495
Talleyrand-Périgord, Charles Maurice de 338, 343
Tapisserie 255, 258, 261, 474
Tardes, viaduc de la (23) 250
Tarnac (19) 202
Tati, Jacques 418
Taurion, val (87) 76
Terres et Étangs de Brenne Massé-Foucault, réserve naturelle (36) 350
Thaurion, haute vallée (23) 269
Théobald, saint 90
Tillinac, Denis 176
Toques blanches du Limousin 495
Toulx-Sainte-Croix (23) 247
Tourisme vert 446
Le Tourondel (19) 209
Tours, colline (36) 344
Train 486
Trains touristiques 496
Travassac, pans (19) 129
Treignac (19) 205
Tulle (19) 120
Turenne (19) 158
Turenne, Rodolphe de 167
Turgot 36, 456, 473

U

Urbe, dolmen (23) 221
Ussel (19) 194
Uzerche (19) 110

V

Vailly-sur-Sauldre (18) 315
Val, château (15) 188
Valençay, château (36) 336
Varennes, abbaye (36) 414
Varetz (19) 141
Vassivière, île (23, 87) 217
Vassivière, lac (23, 87) 217
Vatan (36) 329
Vélo 496
Ventadour, Bernart de 210
Ventadour, ruines (19) 210
Verrerie, château (18) 315
Vertougit (19) 131
Vesvre, tour (18) 306
Veuil (36) 346
Vézère, gorges (19) 130
Vézère, vallée (19) 113, 483
Vic, fresques (36) 410
Vic, roche (19) 180
Vielzot, Étienne de 148
Vierzon (18) 327
Vigeois (19) 114
Le Vignaud (23) 231
Vignobles du cœur de France, route 495
Vignobles, route (Centre-Loire) 292
Villemonteix, château (23) 262
Villes et pays d'art et d'histoire 497
Vin 451
Vins 451, 452
Vitrail 459
Voueize, gorges (23) 251
Voutezac (19) 131

X-Y-Z

Xaintrie 174
Ydes (19) 186
Yssandonnais 134
Yssandon, puy (19) 134
Zizim, prince 269

Carte générale
Premier rabat de couverture

Cartes des microrégions

1 Limoges et le Haut-Limousin 32-33
2 Brive, Tulle et la vallée de la Dordogne 118-119
3 Parc naturel régional de Millevaches en Limousin.. 192-193
4 Guéret, Haute et Basse Marches....... 226-227
5 Bourges, le Sancerrois et la Sologne berrichonne... 274-275
6 Valençay, la Brenne et la vallée de la Creuse........ 334-335
7 La Champagne berrichonne et le Boischaut Sud 386-387

Plans de ville

Argenton-sur-Creuse 373
Aubusson 259
Bourges 282
Brive-la-Gaillarde.............................. 140
Châteauroux 390
Collonges-la-Rouge........................... 154
Issoudun 401
Limoges... 40-41
Saint-Benoît-du-Sault 365
Sancerre 300
Turenne.. 160

Plans de monuments

Saint-Étienne de Bourges (cathédrale)..................................... 279

Cartes thématiques

Relief et régions.................................. 481

Cartes des circuits

Nos itinéraires.................................... 18-25
Au bord de la Creuse......................... 375
Bort-les-Orgues et les rives de la Dordogne 185
Gorges de la Vézère 130
Haute vallée de la Corrèze 123
Les Monédières.................................... 208
Les monts d'Ambazac.......................... 78
Les monts de Guéret........................... 231
Le pays aux Mille Étangs.................... 349
Plateau de Millevaches....................... 199
Saint-Amand-Montrond - Circuits... 426
Le Sancerrois 303
Vallée de la Maulde et lac de Vassivière 216
La Xaintrie et la vallée de la Souvigne.......................... 174-175
L'Yssandonnais (depuis Saint-Robert)..................... 135

Note au lecteur

Michelin a apporté le plus grand soin à la rédaction de ce guide et à sa vérification. Toutefois, les informations pratiques (formalités administratives, prix, adresses, numéros de téléphone, adresses Internet, etc.) doivent être considérées comme des indications du fait de l'évolution constante de ces données.
Il n'est pas totalement exclu que certaines d'entre elles ne soient plus, à la date de parution du guide, tout à fait exactes ou exhaustives. N'hésitez pas à nous signaler toute omission ou inexactitude que vous pourriez constater, ainsi qu'à nous faire part de vos avis et suggestions sur les adresses contenues dans ce guide.
Avant d'entamer toute démarche, formalités administratives ou douanières notamment, vous êtes invité à vous renseigner auprès des organismes officiels. Ces informations ne sauraient, de ce fait, engager notre responsabilité.

Collection sous la direction de Philippe Orain

Responsable d'édition et rédactrice en chef du guide : Camille Bouvet

Secrétaire d'édition : Emmanuelle Souty

Rédaction : Juliette Dablanc, Élodie Ganneau, Renée Grimaud, Françoise Klingen, Isabelle Labernadie, Denis Montagnon, Laurence Michel, Christian Rault, Stéphanie Vinet

Ont contribué à ce guide : Steluța Anghel, Theodor Cepraga et Costina-Ionela Lungu (**Cartographie**), Véronique Aissani, Carole Diascorn (**Couverture**), Marion Capera, Ilona D'angela, Marie Simonet (**Iconographie**), Irina Răcaru (**Données objectives**), Bogdan Gheorghiu, Cristian Catona, Gabriel Dragu, Hervé Dubois, Pascal Grougon (**Prépresse**), Dominique Auclair (**Pilotage**)

Plans et cartes : © MICHELIN 2022

Remerciements : Gilles Bergeal de l'ADT de la Corrèze, Jennifer Desille de Tourisme et Territoires du Cher, Béatrice Faury de l'ADT de la Creuse, Élise Enique de l'agence d'attractivité de l'Indre et Sophie Trinques de Haute-Vienne Tourisme.

Conception graphique
Christelle Le Déan, Sandro Borel, Justeciel (maquette intérieure)
Véronique Aissani, Marie-Pierre Renier (couverture)

Contacts
Vous souhaitez nous contacter ?
Rendez-vous dans la rubrique contact de notre site internet :
editions.michelin.com

Parution 2023

MICHELIN Éditions
Société par actions simplifiée au capital de 487 500 EUR
57 rue Gaston Tessier – 75019 Paris (France)
R.C.S. Paris 882 639 354

Dépôt légal : 02-2023 – ISSN 0293-9436
Compograveur : MICHELIN Éditions, Voluntari (Roumanie)
Imprimeur : Lego Print, Lavis (Italie)
Imprimé en Italie : 02-2023

Usine certifiée 14001
Sur du papier issu de forêts bien gérées